TRAITÉ PRATIQUE

DE

VOIRIE VICINALE.

TRAITÉ PRATIQUE

DE

VOIRIE VICINALE

PRÉSENTANT,

DANS UN ORDRE MÉTHODIQUE,

LES DISPOSITIONS LÉGISLATIVES
QUI RÉGISSENT CETTE BRANCHE DE L'ADMINISTRATION,
AINSI QUE LES ORDONNANCES RÉGLEMENTAIRES, INSTRUCTIONS MINISTÉRIELLES,
AVIS DU CONSEIL D'ÉTAT,
DÉCISIONS EN LA FORME CONTENTIEUSE
ET ARRÊTS DE LA COUR DE CASSATION,

Intervenus depuis 1824 jusqu'à ce jour, sur les différentes parties du service vicinal.

Par E. HERMAN,

Conseiller d'État, ancien Préfet et Secrétaire général du Ministère de l'Intérieur.

PARIS,

IMPRIMERIE ET LIBRAIRIE ADMINISTRATIVES

DE PAUL DUPONT,

Rue de Grenelle-Saint-Honoré, n° 45.

—

1851

TRAITÉ PRATIQUE

DE

VOIRIE VICINALE.

INTRODUCTION.

CONSIDÉRATIONS GÉNÉRALES SUR L'ENSEMBLE DE LA LÉGISLATION.

1. Au premier rang des améliorations nombreuses qu'une administration habile et forte a apportées, depuis un demi-siècle, à la situation matérielle du pays, vient se placer, sans contredit, l'accroissement du parcours des voies de communication, et, mieux encore, la plus grande facilité de la circulation due à un meilleur système d'entretien.

2. En 1789, les *grandes routes*, celles qui avaient été ouvertes et qui étaient entretenues aux frais du trésor public ou par les pays d'Etat, avaient un développement d'environ 10,000 lieues ou 40,000 kilomètres. Au moment où nous écrivons, les routes impériales ont un parcours d'environ 35,000 kilomètres, et les routes départementales, qui ne sont que le complément des routes impériales, ont un parcours d'environ 37,000 kilomètres; l'ensemble de ces deux catégories de voies publiques, qui est de 72,000 kilomètres, dépasse donc d'environ 32,000 kilomètres, c'est-à-dire plus des 3/4, le développement des anciennes *grandes routes*.

3. Un changement plus important encore s'est opéré dans la facilité de la circulation sur nos grandes voies publiques.

Si l'on se reporte à ce que nos pères nous ont raconté, à ce que plusieurs de nos contemporains ont pu voir, on trouve, même à une faible distance de la capitale, le *coche de terre* faisant dix ou douze lieues pendant une longue journée de marche, et s'arrêtant chaque soir parce qu'un trajet de nuit ne pouvait se faire sans péril; un voyage de Lyon ou de Strasbourg à Paris était considéré comme si dangereux qu'on ne l'entreprenait pas sans crainte. Tels étaient enfin la difficulté des transports et par conséquent leur prix élevé, que la disette désolait une province, tandis que l'abondance régnait dans une province presque limitrophe.

Aujourd'hui, et par la voie du roulage, les marchandises les plus encombrantes peuvent être transportées de Marseille à Paris en 10 jours ; nos malles-postes, nos messageries peuvent traverser toute la France en faisant 12 ou 15 kilomètres par heure , et cela n'a plus suffi ; il a fallu créer des voies de fer qui permissent de transporter marchandises et voyageurs au train de 40 et 50 kilomètres par heure.

4. Dans une mesure plus modeste, mais avec non moins d'influence sur la prospérité du pays, se place l'amélioration des communications vicinales. Les routes, les canaux, les chemins de fer auraient-ils donné à notre agriculture, à notre industrie, les avantages qui dérivent de la réduction des frais de transport, si les produits agricoles et industriels n'avaient pu arriver à ces grandes voies de communication que grevés de frais considérables faits en pure perte sur les voies secondaires ?

5. Il y a vingt ans à peine, la moitié et plus de nos communes rurales étaient, pendant toute la mauvaise saison , à peu près inabordables pour tous autres que les piétons. Les travaux de l'agriculture étaient entravés par l'impossibilité de transporter les engrais sur les terres ; les produits des récoltes ne pouvaient être portés au marché le plus voisin qu'à grands renforts d'attelages, et encore à demi-charge, c'est-à-dire avec un accroissement de dépenses, sans profit pour le producteur et que devait payer le consommateur. Enfin, des cantons nombreux n'étaient accessibles , pour les voyageurs, qu'à cheval et non sans difficulté.

Aujourd'hui , des 2834 cantons de France, il n'en est pas un qui ne soit traversé par un ou plusieurs chemins vicinaux de grande communication, véritables routes départementales , à la dénomination près, construites par les efforts réunis des communes et des départements, et qui, présentant un développement de près de 60,000 kilomètres, sont complétement terminées sur plus de la moitié de ce parcours. Il n'est pas une seule commune qui n'ait pu, si elle l'a voulu avec énergie, ouvrir un chemin vicinal qui la mette en communication , soit avec une route impériale ou départementale, soit avec une ligne de grande vicinalité. Aussi, le prix du transport des produits agricoles a-t-il baissé dans une proportion très-considérable, souvent de plus de moitié, et la création de débouchés nouveaux a-t-elle augmenté partout le prix des baux et, par suite, la valeur des propriétés rurales. Enfin , des contrées où n'avait jamais pénétré la moindre carriole de voyage, sont aujourd'hui abordables aux voitures de luxe, et traversées par des entreprises de messageries.

6. Une seule loi, celle du 21 mai 1836, a suffi pour opérer, en moins de quinze années, de si notables changements dans l'état de nos voies de communication secondaires , mais c'est surtout parce que l'impulsion vive et soutenue imprimée à l'exécution de cette loi par l'administration centrale, a rencontré, dans tous les départements , des administrateurs qui comprenaient l'étendue du bien à faire et la force d'action qu'ils étaient appelés à mettre en œuvre ; c'est parce que, presque partout, les fonctionnaires municipaux ont aidé, par une franche coopération, l'exécution de projets dont ils avaient promptement apprécié les résultats ; c'est qu'enfin, presque partout aussi, les populations ont été au devant des sacrifices que l'amélioration des communications vicinales devait leur imposer, parce qu'elles savaient que c'était pour leur avantage direct et immédiat, que c'était sous leurs yeux et sur leur territoire que serait dépensé le produit des impôts qui leur étaient demandés.

7. Mais s'il a suffi de quelques articles de loi pour créer, d'ensemble, le système de vicinalité qui devait, à un si haut degré, contribuer à la prospérité du pays ; s'il a suffi de quelques pages d'une instruction ministérielle pour mettre en œuvre les principes écrits dans cette loi féconde, on comprend tout ce qu'une pratique de quinze années est venu ajouter à ces premiers principes et aux règles tracées dans l'instruction ministérielle du 24 juin 1836.

8. Le service vicinal, en effet, touche à toutes les parties de l'administration communale et de l'administration départementale. Ainsi, la création des ressources, la direction de l'emploi de ces ressources, et le compte qui doit en être annuellement rendu , se lient intimement au système financier des communes et des départements et à l'action des diverses autorités chargées d'administrer ou de contrôler cette partie de la fortune publique.

Par d'autres points, nombreux aussi, le service vicinal se rattache aux règles du droit administratif, du droit civil et même à celles de l'action répressive des tribunaux. Ainsi, le classement, le déclassement, l'élargissement des chemins vicinaux , et les travaux même , donnent souvent lieu à des difficultés qui viennent demander une solution aux tribunaux chargés de prononcer sur le contentieux administratif; les questions de propriété du sol des chemins vicinaux exigent fréquemment l'intervention des tribunaux civils, et il en est de même de la création de chemins nouveaux, en raison de l'acquisition des terrains pour laquelle il faut souvent recourir à l'expropriation ; enfin la répression des dégradations et des contraventions que peuvent commettre les propriétaires de constructions sises le long des chemins vicinaux , rentre dans la compétence des tribunaux répressifs, soit de simple police , soit de police correctionnelle.

9. On comprend donc que l'instruction ministérielle du 24 juin 1836 ait été suivie de circulaires nombreuses traitant, avec plus de développement, les points qui n'avaient été qu'indiqués d'abord ; que le conseil d'Etat ait été fréquemment consulté sur l'interprétation à donner à des principes posés par la loi, d'une manière sommaire; que la section du contentieux de ce conseil ait eu à rendre de nombreuses décisions sur différentes parties du service vicinal ; qu'enfin, la cour de cassation, soit en chambre civile, soit en chambre criminelle, ait été souvent appelée, aussi, à confirmer ou à rectifier la jurisprudence des juridictions qui lui sont subordonnées.

10. Nous avons cru faire une chose utile à une branche importante de l'administration publique, en colligeant toutes ces décisions administratives, contentieuses ou judiciaires, en les rapprochant des articles de la loi ou de l'instruction ministérielle qu'elles ont pour objet d'interpréter, en recherchant, même dans la législation antérieure, tout ce qui est resté en vigueur, et en formant, de ces nombreux documents, un corps complet auquel pussent recourir tous les fonctionnaires qui ont à s'occuper, à divers titres, du service vicinal, préfets et sous-préfets, conseillers de préfecture, membres des conseils généraux, maires, agents voyers.

11. Avant d'aborder ce travail, jetons un coup d'œil sur l'ensemble de la législation en matière de chemins vicinaux ; suivons-la dans ses phases successives, et voyons les résultats qu'a donnés cette législation, dans sa dernière expression, la loi du 21 mai 1836.

12. Il serait difficile, il serait sans objet, de rechercher ce qui se pratiquait avant 1789, quant à l'entretien des chemins qui servaient aux communications des communes entre elles ; chaque province , chaque fraction de province avait, sur ce point comme sur beaucoup d'autres parties de l'Administration, ses coutumes, ses usages.

13. Le premier acte de l'autorité publique où, après la révolution de 1789, il soit fait mention des chemins vicinaux, c'est la loi du 28 septembre—6 octobre 1791. Un des articles de cette loi, après avoir déclaré, en principe, que les chemins seraient entretenus aux frais des commu-

nautés, ajouta : « Il pourra y avoir, à cet effet, une imposition au marc
« la livre de la contribution foncière. » L'article suivant donnait au directoire du département le droit d'ordonner la réparation des chemins
dont l'état de viabilité donnerait lieu à des réclamations.

14. L'obligation imposée aux communes par la loi précitée fut confirmée bientôt après par le décret du 16-20 frimaire an II (6 décembre
1793) relatif à l'entretien des routes à la charge du trésor, et qui décida
que les chemins vicinaux *continueraient d'être aux frais des administrés.*

15. Quelle application fut donnée à ces deux lois ? c'est ce que nous ne
rechercherons pas. La situation du pays, à cette époque, ne permettait
guère qu'on s'occupât d'administration ; on avait d'ailleurs imposé à la
propriété foncière, en l'obligeant de pourvoir, seule, à la dépense de
l'entretien des chemins vicinaux, une charge à laquelle elle ne pouvait
suffire.

16. Sous le gouvernement du Directoire, nous avons à citer deux
actes relatifs aux chemins vicinaux.

Le premier, c'est l'arrêté du 23 messidor an V (11 juillet 1797), qui
ordonna de rechercher quels étaient les chemins nécessaires aux communications, de supprimer tous les autres et d'en rendre le sol à l'agriculture. Cette mesure, si elle eût été exécutée dans l'esprit qui l'avait
dictée, aurait rendu moins difficile l'entretien des chemins conservés ;
mais l'organisation donnée, par les lois de l'époque, aux administrations locales, ne permettait pas d'attendre d'elles une action suivie.
L'arrêté du 23 messidor an V a cependant son importance dans l'his-
toire de la vicinalité, car il est encore la base des droits des préfets
quant au classement et au déclassement des chemins vicinaux.

17. Le second des actes du gouvernement directorial relatif au service vicinal, c'est la loi du 11 frimaire an VII (1er décembre 1798), qui
rangea la dépense de l'entretien des chemins vicinaux parmi les dépenses
communales. La disposition de la loi du 28 septembre-6 octobre 1791
que nous avons rapportée plus haut, no 13, et qui mettait l'entretien
des chemins vicinaux à la charge de la seule propriété foncière, se
trouva donc implicitement abrogée ; mais, il faut le dire, c'était déplacer
la dépense à faire, ce n'était pas y pourvoir, car dès cette époque, les
revenus des communes ne pouvaient suffire aux besoins de tous les
services communaux.

18. Dès qu'une main puissante eut rétabli l'ordre en France et qu'elle
eut donné au pays cette organisation administrative si forte qu'elle a
pu survivre à trois révolutions, le Gouvernement reconnut la nécessité
d'apporter un prompt et efficace remède à l'état de dégradation dans
lequel le défaut d'entretien, pendant tant d'années, avait laissé tomber
les chemins vicinaux.

19. La loi du 28 pluviôse an VIII (17 février 1800) avait bien, comme
précédemment celle du 11 frimaire an VII, placé l'entretien des chemins vicinaux au nombre des dépenses communales, mais on comprit
bientôt que cette déclaration de principe resterait sans effet, en présence
de l'insuffisance des revenus communaux. Le Gouvernement dut donc
recourir à une autre nature de ressources, et un arrêté des consuls,
du 4 thermidor an X (23 juillet 1802), prescrivit aux conseils municipaux d'émettre leur vœu sur le mode qu'ils jugeraient le plus convenable pour parvenir à la réparation des chemins vicinaux, et de « pro-
« poser à cet effet l'organisation qui leur paraîtrait devoir être préférée
« pour la prestation en nature. »

20. C'est la première fois que, dans notre législation moderne, nous
trouvons les mots de *prestation en nature*, mais la brièveté même de la

disposition que nous venons de rapporter, annonce assez qu'il ne s'agissait pas d'un impôt nouveau, qu'il s'agissait seulement d'un mode de réparation des chemins, déjà connu des populations, qu'elles avaient pu apprécier, et auquel il ne fallait que donner une meilleure organisation. C'est ce que le ministre de l'intérieur chercha à faire, par une instruction du 7 prairial an XIII (27 mai 1805).

21. Le décret du 4 thermidor an X (23 juillet 1802), comme nous l'avons vu, n'avait pas prescrit, d'une manière formelle, le rétablissement de la prestation en nature, une loi eût été nécessaire à cet effet, mais l'impulsion de l'administration, si forte à cette époque, avait suppléé à l'insuffisance des termes du décret, et partout, ce mode de travail avait été repris sans difficulté. L'absence de règles générales sur le mode d'assiette de la prestation en nature avait cependant amené des différences notables entre ce qui se pratiquait, à cet égard, dans les différents départements. Le ministre s'attacha donc, dans la circulaire précitée, à faire cesser ces inégalités, et nous croyons devoir en transcrire ici quelques passages, parce qu'il n'est pas sans intérêt de voir se développer les principes qui ont servi de base à la législation actuelle :

Quant au mode d'entretien, il a déjà été réglé qu'on emploierait la prestation en nature, mais on n'a pas déterminé quels seraient les habitants qui devraient concourir à cette charge, et, dans quelques départements, on n'exige la prestation en nature que de la part des propriétaires fonciers, tandis que dans d'autres on y assujettit tous les habitants indistinctement, et que d'autres préfets établissent des exceptions fondées sur la cote des contributions.

En attendant que l'Empereur ait jugé à propos de faire un règlement d'administration générale sur cet objet, il convient, pour éviter l'arbitraire, d'adopter une base commune qui établisse une sorte d'égalité proportionnelle que réclame la justice. Il est certain que les chemins vicinaux sont utiles à tous les habitants, mais dans des proportions très-différentes. C'est en raison de l'intérêt de chacun que doivent être partagées, entre tous, les journées de travail nécessaires à la réparation des chemins.

On ne doit pas demander un travail gratuit à celui qui est obligé de travailler journellement pour assurer sa subsistance et celle de sa famille ; il faut excepter ces habitants : et pour y parvenir, il conviendra de ne point assujettir à la prestation ceux dont toutes les contributions ne s'élèvent pas au-dessus de trois ou quatre journées de travail.

Le ministre, s'occupe enfin en ces termes, de la conversion et du rachat en argent, des journées de prestation en nature :

Vous avez dû remarquer que les lois sur la matière ne donnent aucun moyen de pourvoir au paiement des ouvrages d'art dans les communes auxquelles il ne reste aucun fonds disponible. Beaucoup de chemins vicinaux exigent cependant des dépenses de cette nature ; pour y subvenir, il sera nécessaire d'évaluer le montant de cette dépense en journées de travail en nature : à cet effet, le conseil municipal devra fixer en même temps le prix pécuniaire de la journée de travail, afin de mettre les habitants à portée de choisir le mode de prestation qui leur sera le plus convenable ; les ouvrages d'art ne pouvant être exécutés par celui de la prestation en nature, on réservera les fonds provenant de la prestation pécuniaire volontaire, pour le paiement des ouvriers spécialement chargés de la confection de ces ouvrages. Si ce fonds paraît devoir être insuffisant, le maire devra engager les contribuables les plus aisés, à fournir un plus grand nombre de journées en numéraire.

22. Les règles tracées par l'instruction ministérielle du 7 prairial an XIII (27 mai 1805), demeurèrent en vigueur pendant toute la durée du Gouvernement impérial et pendant les premières années du Gouvernement de la Restauration, et la prestation en nature continua à être employée comme principal moyen d'entretien des chemins vicinaux, elle était votée par les conseils municipaux, et les rôles étaient approuvés par les préfets.

23. En 1818, intervint une disposition qui, bien que relative à une autre partie de l'administration communale, fit bientôt cesser l'emploi de la prestation en nature.

La loi de finances du 15 mai 1818 avait décidé, articles 39 et 41, qu'aucune imposition extraordinaire pour dépenses communales ne pourrait être votée par les conseils municipaux, qu'avec l'adjonction des plus imposés de la commune, convoqués en nombre égal à celui des membres du conseil, et que l'imposition votée dans cette forme ne pourrait être perçue qu'en vertu d'une ordonnance royale.

La prestation en nature fut considérée par l'administration centrale, comme une imposition extraordinaire, et par une circulaire du 18 mai 1818, le ministre de l'intérieur déclara qu'elle ne pourrait plus être votée et autorisée que dans les mêmes formes. Une seconde circulaire, du 22 mai 1818, donna même un effet rétroactif à cette mesure, et prescrivit de suspendre le recouvrement des rôles déjà approuvés et en cours d'exécution; cette circulaire ajoutait, qu'en aucun cas, la prestation votée par les conseils municipaux et les plus imposés ne serait autorisée par ordonnance royale, qu'autant que cette imposition, combinée avec les autres taxes locales, ne dépasserait pas le maximum de centimes fixé par la loi des finances.

24. Tant d'entraves apportées à l'emploi de la prestation en nature devaient détourner les administrations locales de recourir à cette ressource, et, en effet, à dater de cette époque, les travaux de prestation cessèrent complètement. D'un autre côté, les revenus ordinaires des communes, déjà insuffisants pour faire face aux dépenses obligatoires les plus urgentes, ne purent rien fournir pour l'entretien des chemins vicinaux, et ces chemins retombèrent bientôt dans l'état de dégradation d'où les avait retirés, seize ans auparavant, le décret du 4 thermidor an X (23 juillet 1802).

25. L'agriculture souffrait trop de cet état de choses, ses plaintes étaient trop fortement appuyées par les propriétaires fonciers qui siégeaient dans les deux chambres, pour que le Gouvernement ne reconnût pas enfin la nécessité de revenir au seul moyen efficace d'entretien des chemins vicinaux; il proposa donc, et les chambres adoptèrent la loi du 28 juillet 1824.

Cette loi, tout en maintenant le principe que les revenus ordinaires des communes devaient, en premier ordre, être affectés à la réparation des chemins vicinaux, décida qu'en cas d'insuffisance de ces revenus, il serait pourvu à l'entretien des chemins vicinaux, au moyen de prestations *en argent ou en nature*, au choix des contribuables. Le vote de la prestation par les conseils municipaux pouvait avoir lieu *sans le concours des plus imposés*, et les rôles, rendus exécutoires par les préfets, devaient être recouvrés comme les contributions directes. Le maximum des journées qui pouvaient être votées fut fixé à deux, qui pouvaient être imposées sur chaque habitant, chef de famille, pour lui et pour chacun de ses fils vivant avec lui, ainsi que pour chacun de ses domestiques mâles, pourvu que les uns et les autres fussent valides et âgés de 20 ans accomplis, et, en outre, pour chaque bête de trait ou de somme, pour chaque cheval de selle ou d'attelage de luxe, et pour chaque charrette en sa possession. Le taux de la conversion en argent, de la prestation en nature, devait être fixé par les conseils municipaux.

En cas d'insuffisance des deux journées de prestation, les conseils municipaux étaient autorisés à voter, *avec l'assistance des plus imposés*, jusqu'à cinq centimes additionnels au principal des contributions directes, dont le recouvrement pouvait être approuvé par le préfet ; le maximum de cinq centimes pouvait même être dépassé, si des travaux indispensables l'exigeaient, mais, dans ce cas, le vote devait être sanctionné par une ordonnance royale.

La loi du 28 juillet 1824 contenait encore quelques dispositions nouvelles, dont l'application devait être favorable à l'amélioration des chemins vicinaux.

Ainsi, elle permettait d'exiger des subventions particulières des exploitations de mines, de carrières, de forêts ou de toute autre entreprise industrielle qui dégraderaient les chemins. Les propriétés de l'État et de la couronne devaient contribuer aux dépenses des chemins dans la proportion que fixeraient les préfets. Enfin, elle donnait aux préfets le droit d'autoriser, par des arrêtés pris en conseil de préfecture, et jusqu'à une valeur de 3,000 fr., les acquisitions, aliénations et échanges de terrain ayant pour objet les chemins vicinaux ; ces magistrats pouvaient également autoriser, dans la même forme et les mêmes limites, les travaux d'ouverture ou d'élargissement des chemins, pour lesquels il fallait recourir à l'expropriation pour cause d'utilité publique.

26. La loi que nous venons d'analyser mettait donc à la disposition des administrations municipales des ressources, non pas égales aux besoins, sans doute, mais qui permettaient cependant d'améliorer l'état des communications vicinales, et partout où ces administrations appliquèrent la législation avec force, avec persistance, elles purent en obtenir d'heureux résultats. Pourtant on reconnut bientôt que le législateur n'avait pas encore assez fait pour arriver à ce que les intérêts de l'agriculture commandaient, l'entretien permanent des chemins vicinaux.

27. La loi du 28 juillet 1824, en effet, donnait aux conseils municipaux la faculté de voter les ressources nécessaires à cette dépense ; elle avait même employé la formule impérative, *il sera pourvu* ; mais cette injonction était dépourvue de sanction, et si, comme cela n'arrivait que trop souvent, les conseils municipaux étaient plus frappés des charges qu'il s'agissait d'imposer aux contribuables, que des avantages qu'on devait en obtenir, le vote des ressources n'avait pas lieu et les chemins restaient sans réparation.

Sur d'autres points encore, les dispositions de cette loi présentaient de fâcheuses lacunes. Ainsi, les conseils municipaux déterminaient le taux de la conversion des journées en argent, et leurs décisions n'étaient soumises à aucun contrôle, de sorte que dans telle commune on trouvait un tarif de conversion si élevé qu'aucun rachat ne se faisait, dans telle autre un tarif si bas que le rachat était presque général et que le produit du rôle était insignifiant. Aucun délai n'avait été fixé par la loi pour l'option des contribuables entre l'acquittement en nature ou en argent ; cette option n'était donc déclarée, le plus souvent, qu'au moment de l'exécution des travaux, ce qui rendait difficile la bonne organisation des ateliers. La loi n'avait rien dit, non plus, sur le délai dans lequel les prestations devaient être mises en œuvre ; la fixation de l'époque des travaux dépendait absolument des maires, qui, trop souvent, faisaient employer les journées dans une saison peu propre à la réparation des chemins, quelquefois, même, laissaient les rôles sans exécution. Enfin, et par-dessus tout, les travaux des chemins vicinaux étaient restés dans la catégorie des travaux communaux ordinaires, et, par conséquent, sous la seule direction des maires ; or, ces fonctionnaires manquaient, presque tous, des connaissances spéciales nécessaires pour diriger de semblables travaux ; dans un grand nombre des communes, la prestation en nature ne donnait donc que des résultats tels, que l'état des chemins en était empiré plutôt qu'amélioré.

28. Peu d'années s'écoulèrent sans que l'on reconnût l'insuffisance de la loi du 28 juillet 1824, et, de toutes parts, les conseils généraux des départements indiquaient, comme le seul remède efficace, l'extension de l'autorité des préfets sur cette branche du service public ; mais ce ne fut pas sans une longue hésitation, et on le comprend, que le Gouvernement se détermina à restreindre, sur ce point, les attributions, jusqu'alors sans limites . de l'administration municipale.

29. La vive impulsion donnée, après la révolution de 1830, à tous les travaux publics, notamment aux travaux des routes, devait nécessairement réagir sur ceux de la vicinalité. Dans tous les départements, de nombreux classements de routes départementales furent opérés en 1831, 1832 et 1833, et les conseils généraux furent autorisés à affecter, au moyen d'impositions extraordinaires , des sommes considérables à la construction de ces routes. On n'en fut que plus frappé de la nécessité d'améliorer les voies de communication secondaires, et, dans beaucoup de départements, les conseils généraux accordèrent, sur les fonds dont ils pouvaient disposer, des subventions aux communes, à titre d'encouragement pour la mise en bon état de leurs chemins vicinaux ; quelquefois même, des commissaires voyers salariés furent chargés d'aider les fonctionnaires municipaux dans l'emploi de ces fonds , mais ces essais ne démontraient que mieux l'insuffisance de la législation.

30. La loi du 21 mai 1836 , vint enfin satisfaire les vœux exprimés par tous les conseils généraux. Nous ne pourrions, mieux que ne l'a fait le ministre de l'intérieur, dans les premiers paragraphes de son instruction du 24 juin 1836, indiquer les différences entre cette loi et celle du 28 juillet 1824 ; nous nous bornerons donc à reproduire ici ces passages de l'instruction ministérielle :

Monsieur le préfet, la révision de la législation sur les chemins vicinaux était depuis longtemps demandée ; la loi du 21 mai 1836 vient de satisfaire à ce besoin.

La longue discussion dont cette loi a été l'objet dans les deux chambres pourrait, au besoin, y servir de commentaire. Vous l'aurez suivie, je n'en doute pas, avec l'intérêt que commandaient des débats où venaient se résoudre les plus importantes questions de l'administration pratique ; vous l'aurez suivie avec l'intérêt que pouvait y porter un administrateur chargé d'appliquer bientôt la législation nouvelle, et qui, avant d'en étudier les détails, devait en saisir l'esprit dans son ensemble.

Le caractère principal de la loi dont le pays vient d'être doté, c'est qu'elle n'est pas une loi de théorie: c'est une loi de pratique. Ses dispositions ne sont que le résumé de l'expérience acquise depuis plusieurs années; les changements qu'elle apporte à la législation précédente ne sont pas le fruit de seules études spéculatives; ils avaient tous été réclamés par les administrateurs dont les efforts étaient trop souvent paralysés par l'inefficacité des moyens mis à leur disposition; ils ne sont, pour la plupart enfin, que la traduction en articles de loi de ce qui se faisait depuis longtemps sur tous les points du royaume, de ce que les besoins de l'époque avaient suggéré d'améliorations au zèle des administrateurs, au bon esprit des administrés.

La législation précédente avait fait de la réparation et de l'entretien des chemins vicinaux une charge communale, mais elle l'avait laissée pour ainsi dire au rang des dépenses facultatives, en ne donnant à l'autorité supérieure qu'un droit de surveillance dépouillé de tout pouvoir coërcitif: désormais l'entretien des chemins vicinaux est classé au nombre des dépenses ordinaires et obligées des communes; les préfets sont investis du droit de faire suivre le conseil par l'injonction; ils pourront suppléer par l'action directe, s'il le faut, à l'indifférence et à l'inertie, et s'ils doivent n'user de ce pouvoir nouveau qu'avec une sage réserve, ils sauront cependant en faire usage dès que l'intérêt du pays le commandera.

Trop peu de liberté avait, d'un autre côté été laissée à l'autorité municipale dans le choix des moyens à employer pour la réparation des chemins vicinaux. La prestation en nature devait toujours être employée avant qu'il fût permis aux conseils municipaux de voter des centimes additionnels ; il leur sera loisible main tenant de donner la préférence à celle de ces ressources dont l'emploi leur paraîtra le plus conforme aux intérêts de la commune, ou même de les employer simultanément.

L'isolement des efforts des communes n'était pas le moindre obstacle qu'avait laissé subsister l'ancienne législation à l'amélioration des communications vicinales. Si c'est un principe incontestable que l'entretien des chemins vicinaux est d'abord une charge communale, il faut pourtant reconnaître qu'il est de ces voies publiques qui, par les dépenses qu'elles exigent, sont au-dessus des ressources d'une seule commune, et qui, par leur étendue, intéressent plusieurs communes. La nécessité avait donc amené les conseils généraux et les préfets à appliquer des fonds départementaux à des travaux que la loi regardait comme une charge exclusivement communale, et l'administration supérieure avait été contrainte de tolérer cette dérogation à la législation existante. Une faculté légale remplace aujourd'hui une simple tolérance, et l'affectation des fonds départementaux comme fonds de concours est maintenant autorisé par la loi, mais dans de justes limites, avec les précautions et les formes nécessaires pour en assurer l'utile emploi.

L'absence d'agents spéciaux chargés de préparer et de diriger les travaux se faisait vivement sentir, et si, dans quelques départements, leur création avait devancé la loi, les agents que l'administration employait sous divers titres étaient restés sans caractère officiel et légal ; il leur manquait surtout le droit de constater les contraventions. La loi nouvelle remplit cette lacune, et partout où le zèle et les lumières des ingénieurs et agents des ponts et chaussées ne pourront être employés au service des communications vicinales, les préfets pourront aujourd'hui choisir et commissionner des agents voyers qui recevront d'eux un caractère officiel, et qui assureront le succès des projets conçus par l'administration.

Les droits de l'administration avaient été incomplétement définis jusqu'à présent, quant à la reconnaissance des chemins vicinaux, à la fixation de leur largeur et à l'occupation des terrains nécessaires à l'élargissement de ces chemins. Il fallait rechercher péniblement quelques articles épars de lois, de décrets et d'ordonnances plus ou moins applicables, et former ainsi une jurisprudence par voie de simple induction. La loi du 21 mai 1856 a réuni et coordonné les principes consacrés déjà ; elle les a complétés comme le demandait l'expérience, et l'administration n'aura plus à craindre de tomber dans l'arbitraire en faisant ce que commande l'intérêt de la viabilité.

Enfin, Monsieur le préfet, et c'est là une des dispositions les plus importantes de la législation nouvelle, la loi du 21 mai 1856, générale dans tout ce qui est du domaine des principes généraux, est devenue aussi une loi locale, si je puis m'exprimer ainsi, par la faculté laissée aux administrateurs de faire des règlements spéciaux pour l'application de ces principes, décentralisant ainsi, dans une juste et sage mesure, cette portion de l'action administrative qui peut sans inconvénient être reportée du centre aux extrémités.

La loi du 21 mai 1836, si impatiemment attendue et si mûrement délibérée, ne manquera donc pas aux espérances du pays ; elle prendra place au rang des travaux législatifs les plus importants de l'époque actuelle ; mais si elle doit être, pour notre agriculture surtout, une source de prospérité, elle est aussi pour l'administration un gage de la confiance du roi et des chambres. Cette confiance, nous la justifierons en nous dévouant à son exécution, en consacrant tous nos efforts à l'amélioration de la branche du service public qui vient d'être régénérée, et dans le compte annuel que j'aurai à rendre au roi de l'emploi des ressources que la loi nouvelle met à notre disposition, je serai heureux de pouvoir lui signaler les administrateurs de tous les rangs qui sauront se distinguer par un zèle éclairé, par une volonté ferme et soutenue, par des succès marqués dans la voie d'amélioration où nous venons d'entrer.

31. Les prévisions de l'administration centrale sur l'application de la législation nouvelle, quelque étendues qu'elles fussent, se trouvèrent promptement dépassées, et si jamais loi a été justifiée par les résultats qu'elle a produits, c'est la loi du 21 mai 1836. Quelques chiffres en donneront la preuve.

Ainsi, en 1837, au début de l'application de cette loi, l'ensemble des ressources appliquées au service des chemins vicinaux, tant par les

communes que par les départements, ne s'éleva qu'à environ 44 millions de francs ; dès 1841, ces ressources dépassaient 53,000,000 fr. ; en
1851, elles se sont élevées à près de 65,000,000 fr.

32. Nous ne pouvons dire que d'une manière très-sommaire , on le
comprend, quels résultats ont été obtenus par l'application de ces
ressources, et c'est surtout pour les chemins vicinaux les plus importants, ceux que la loi du 21 mai 1836 a appelés chemins de grande
communication que ces résultats peuvent être constatés.

Dans la session de 1836, la première où les conseils généraux eurent
à s'occuper de la désignation de ces voies publiques, ces conseils avaient
classé 1,568 chemins vicinaux de grande communication dont le développement était de 34,932 kilom. Chaque année depuis, de nouveaux
classements ont été opérés, soit que l'achèvement de quelques lignes
permit de reporter une partie des ressources sur d'autres , soit, ce qui
arrive souvent, que les besoins de la circulation, satisfaits sur un point,
se manifestassent plus fortement sur d'autres. À la fin de la session
de 1841, le nombre des chemins vicinaux de grande communication
classés, était donc de 2,485, dont le parcours était de 52,975 kilom.

Plus du tiers du parcours des chemins vicinaux de grande communication était complétement terminé à la fin de 1841. Les travaux faits
depuis cette époque ne peuvent être constatés, puisque la publication
des rapports périodiques a cessé ; mais nous ne croyons pas être au-
dessous de la vérité, en disant que l'on peut considérer les chemins
vicinaux de grande communication comme terminés dans la proportion
des deux tiers environ. Si la marche des travaux neufs n'a pas été plus
rapide dans ces dernières années, c'est que, au fur et à mesure que la
construction de quelques lignes arrivait à son terme , une plus forte
portion de ressources devait être consacrée à l'entretien.

Ce que nous ne devons pas omettre de dire, c'est que, partout, les
chemins vicinaux de grande communication rivalisent avec les routes
départementales pour la solidité des travaux de construction, mais que,
étant établis avec moins de luxe et sur une largeur moindre, quoique
bien suffisante pour la circulation la plus active , ils ont été construits
avec une dépense bien moins considérable que les routes ; souvent, la
différence s'est élevée à plus de moitié.

33. Quant aux chemins vicinaux de petite communication , la constatation précise des travaux effectués, serait complétement impossible.

Ces chemins, d'ailleurs, dont le développement est d'environ 640,000
kilomètres, plus que décuple, par conséquent, de celui des chemins
vicinaux de grande communication, n'ont cependant que des ressources
qui ne dépassent guère celles affectées à ces derniers. La direction de
l'emploi de ces ressources est, en outre, laissée aux administrations
municipales, dans un très-grand nombre de départements, et l'insuffisance de cette direction n'est pas moins fâcheuse que celle des ressources. Malgré ces circonstances défavorables, il est au moins la moitié des
départements où les chemins vicinaux de petite communication ont
reçu de notables améliorations ; ce sont ceux où les ressources ont permis à l'administration d'attacher à ce service des agents voyers spécialement chargés de le diriger. Ce service spécial existe déjà dans 25 départements, et les bons résultats qu'on en obtient, doivent conduire graduellement à le faire établir partout. Dans 20 autres, sans qu'il y ait été
organisé de service spécial, les agents voyers prêtent cependant leur
concours aux maires ; dans 45 départements, donc, on peut considérer
les travaux des chemins vicinaux de petite communication comme
étant dans une situation comparativement satisfaisante.

34. En résumé, l'exécution donnée depuis quinze ans , à la loi du

21 mai 1836, a, dans le plus grand nombre des départements, changé complétement la face du pays; elle a amené, presque partout une notable diminution dans les frais de transport des denrées agricoles et accru, par conséquent, la valeur de la propriété foncière.

35. Après ce court exposé de la législation et de ses résultats, nous abordons le travail de codification que nous avons entrepris.

Dans le premier titre de notre ouvrage, nous traiterons de tout ce qui a rapport au classement des chemins vicinaux, à leur élargissement, à leur déclassement et à l'ouverture de nouveaux chemins.

Le titre deux sera consacré aux règles relatives à la création des ressources de toute nature, que la loi du 21 mai 1836 affecte à la construction et à l'entretien des chemins vicinaux.

Le titre trois aura pour objet l'emploi des ressources créées, c'est-à-dire l'exécution des travaux, soit en nature, soit à prix d'argent, non pas au point de vue technique, mais au point de vue des règles administratives.

Le titre quatre présentera les règles spéciales aux chemins vicinaux de grande communication et à ceux dits de moyenne communication.

Le titre cinq enfin contiendra de nombreuses dispositions qui n'auraient pu trouver place dans les titres précédents et qui ont pour objet principal les mesures de conservation et de police des chemins vicinaux.

Dans chacune des parties de notre travail, nous coordonnerons, dans un ordre méthodique, les dispositions législatives et réglementaires, les instructions ministérielles, les avis et décisions du conseil d'Etat, ainsi que les arrêts de la cour de cassation qui ont trait au service vicinal. Nous donnerons ces documents, non sous la forme d'une analyse qui pourrait laisser des doutes sur leur exacte interprétation, mais dans leur texte même, afin que nos lecteurs puissent en apprécier la portée et la signification.

TITRE I.

DISPOSITIONS RELATIVES AU CLASSEMENT ET AU DÉCLASSEMENT, A L'ÉLARGISSEMENT, A L'OUVERTURE ET AU REDRESSEMENT DES CHEMINS VICINAUX.

CHAPITRE I.

CARACTÈRE DES CHEMINS VICINAUX.

36. La catégorie de voies publiques à laquelle est consacré ce traité, n'a pas toujours été désignée par la même dénomination. Sans nous reporter à une époque antérieure à 1789, nous trouvons, dans les diverses dispositions législatives qui se sont succédé, les mots *chemins communaux* et *chemins vicinaux*, employés pour indiquer le même ordre de voies de communication. Le projet qui est devenu la loi du 21 mai 1836 conservait même les deux dénominations, mais en donnant à chacune d'elles une signification différente. Ainsi, les chemins les plus importants devaient recevoir le nom de *chemins vicinaux*, et les autres celui de *chemins communaux*, mais cette distinction ne fut pas admise ; le nom de *chemin vicinal* a été seul consacré par la législation actuelle, et le ministre de l'intérieur, dans son instruction du 24 juin 1836, a formellement invité les administrateurs à ne plus employer que cette dénomination dans tous leurs actes.

37. Mais le nom générique de *chemin vicinal*, appliqué à l'ensemble des voies publiques dont nous nous occupons, n'a pas suffi longtemps aux nécessités de la pratique, et il a fallu bientôt y joindre des qualifications propres à désigner les diverses classes de chemins vicinaux d'après les règles appliquées à leur entretien.

Ainsi, la loi du 21 mai 1836 a créé les *chemins vicinaux de grande communication*, dont la dépense est à la charge des communes, avec le concours du département ; par opposition et pour les distinguer, on a appelé les autres chemins vicinaux, *chemins vicinaux ordinaires* ou *chemins vicinaux de petite communication* ; c'est ce dernier nom qui est aujourd'hui le plus généralement employé. Une sous-division est encore née de l'article 6 de la loi précitée, qui permet de mettre à la charge de plusieurs communes l'entretien des chemins vicinaux, autres que ceux de grande communication, au bon état desquels elles ont un intérêt commun. Pour la facilité de l'administration, on a dû donner un nom spécial à cette classe de chemins vicinaux, et on les a appelés, tantôt *chemins d'intérêt commun*, tantôt *chemins de moyenne communication*, et cette dernière dénomination est restée la plus usitée.

Nous nous conformerons, dans le cours de cet ouvrage, à ce que la pratique a consacré, et nous emploierons le nom générique de *chemin vicinal*, lorsque nous aurons à traiter de dispositions communes à l'ensemble de cette catégorie de voies publiques ; nous nous servirons, au contraire, des mots *chemin vicinal de grande communication, chemin vicinal de moyenne communication,* et *chemin vicinal de petite communi-*

cation, toutes les fois que nous aurons à nous occuper de dispositions spéciales à l'une de ces trois divisions du chemin vicinal.

38. Mais qu'est-ce qu'un *chemin vicinal,* et à quels caractères peut-on reconnaître cet ordre de voies publiques ?

La plupart des auteurs qui ont, avant nous, écrit sur la matière, ont cherché la définition du chemin vicinal dans son utilité plus ou moins grande pour les communications, soit des communes, soit des différentes parties d'une même commune, et le second projet du Code rural, art. 381, avait défini ces chemins, « tous ceux qui, autres que les routes « royales et départementales, servent à communiquer d'un lieu public « à un autre, soit chef-lieu de commune, village ou hameau composé « de trois habitations au moins, soit grande route, marché, église, « édifice ou bien communal, soit fontaine publique, pont, bac, rivière « ou ruisseau d'un usage commun, ou qui servent à communiquer « d'un chemin vicinal à un autre. »

Ces circonstances, sans doute, sont de nature à faire reconnaître que tel ou tel chemin serait utilement rangé dans la catégorie des chemins vicinaux, mais elles ne suffisent pas pour lui imprimer le caractère de la vicinalité. Au lieu donc de rechercher une définition à peu près impossible, nous nous bornerons à dire, avec l'article 1er de la loi du 28 juillet 1824, que *les chemins vicinaux sont ceux qui ont été déclarés tels, par un arrêté du préfet.* Nous verrons, ci-après, quelles sont les formes et les conditions dans lesquelles le préfet peut prononcer la vicinalité d'un chemin, et quels sont les effets de cette déclaration.

39. Disons seulement ici que les chemins vicinaux sont imprescriptibles. Ce caractère, qu'ils tenaient déjà implicitement de l'article 2226 du Code Napoléon, leur a été attribué explicitement et formellement par l'article 10 de la loi du 21 mai 1836, et ils le conservent tant qu'un nouvel arrêté du préfet n'est pas venu changer leur état, en les déclassant.

CHAPITRE II.

CLASSEMENT DES CHEMINS VICINAUX.

SECTION I.

Compétence.

40. Les voies publiques commencent, le plus souvent, par avoir une existence de fait ; mais un acte de l'autorité publique a toujours été nécessaire pour consacrer cette existence et y imprimer un caractère de permanence. Cet acte a été réservé à l'autorité administrative suprême, au chef de l'État, pour les routes construites et entretenues soit aux frais du Trésor public, soit aux frais des départements ; mais on comprend qu'il était indispensable de déléguer à une autorité inférieure le classement des voies publiques secondaires, et en nous servant ici du mot de *classement,* nous le considérons comme ayant la même signification que ceux de *reconnaissance* ou de *déclaration de vicinalité.*

41. Ce n'est pas sans hésitation que s'est établie la compétence en

matière de classement des chemins vicinaux. Nous nous dispenserons
de relater ici toutes les variations de la jurisprudence sur ce point,
soit de la part du ministère de l'intérieur, soit de la part du conseil
d'Etat même, jusqu'en 1813 ; nous nous bornerons à dire qu'un décret
du 16 octobre 1813 (*de Jaucourt et Cazin c. Gavet*), rendu dans la
forme contentieuse, reconnut aux préfets seuls le droit de classement ; il est ainsi conçu ·

Considérant 1° que le conseil de préfecture a classé au nombre des chemins
vicinaux ceux qui sont l'objet de la contestation ; qu'il a, par cette disposition,
excédé les bornes de sa compétence, puisqu'aux termes de la loi du 9 ventôse
an 13, le droit de désigner les chemins vicinaux n'appartient qu'à l'administration
publique, c'est-à-dire aux préfets, sauf le recours à notre ministre de l'intérieur,
et ensuite à notre conseil d'Etat.

Plusieurs décrets ou ordonnances que nous nous abstiendrons de
citer ont maintenu cette règle, et si quelque incertitude avait pu subsister encore sur ce point de compétence, elle eût été levée par l'article 1er de la loi du 28 juillet 1824, qui ne reconnaît de chemins vicinaux que ceux qui ont été déclarés tels *par arrêté du préfet*.

La loi du 21 mai 1836 n'a pas innové sur ce point, ou plutôt elle ne
s'en occupe pas, se bornant à réglementer ce qui a rapport aux chemins *légalement reconnus,* d'après la législation antérieure.

42. Nous devons cependant faire connaître ici un cas où l'autorité suprême se trouve substituée à l'autorité préfectorale pour le classement
de certains chemins vicinaux : c'est celui où une route ou portion de
route impériale est supprimée, et où une ou plusieurs communes ont
intérêt à ce que cette voie publique demeure livrée à la circulation.
La loi du 24 mai 1842 permet que, dans ce cas, cette route ou portion
de route soit classée comme chemin vicinal, et c'est un décret de l'Empereur qui prononce ce classement. Cette exception s'explique par cette
circonstance qu'il s'agit ici de faire passer une voie publique du domaine de l'Etat dans le domaine communal, et cette concession ne
pouvait, en effet, être prononcée que par l'autorité souveraine.

SECTION II.

Formes du classement.

---

43. Aucune des dispositions législatives antérieures à la loi du 28 juillet
1824 n'avait déterminé les formes d'après lesquelles l'administration
publique devait procéder au classement des chemins vicinaux ; l'intervention des conseils municipaux dans cette opération n'y est pas même
indiquée.

44. Le ministre de l'intérieur, lorsqu'il eut à faire exécuter la loi du
9 ventôse an 13 (28 février 1805), comprit cependant que dans une matière où l'intérêt communal occupe une si grande place, il était indispensable que les conseils municipaux fussent consultés ; il lui parut
également nécessaire que les intérêts privés pussent se faire entendre,
car l'intérêt de la commune n'est pas le seul en jeu. En effet, l'inscription d'un chemin au tableau des chemins vicinaux peut léser les droits
de certains propriétaires ; l'omission d'un chemin sur ce tableau peut

nuire aux intérêts d'autres particuliers; elle peut même porter préjudice aux communes voisines. Par son instruction du 7 prairial an 13 (27 mai 1805), le ministre prescrivit donc de faire précéder le classement des chemins vicinaux des formes de publicité propres à mettre en demeure tous les intérêts et à éclairer complétement la religion du préfet.

45. La loi du 28 juillet 1824 rendit obligatoire l'intervention des conseils municipaux qui n'avait été prescrite jusqu'alors que par l'instruction ministérielle précitée. La loi du 21 mai 1836 garda le silence sur les formes du classement des chemins vicinaux, laissant ainsi subsister les règles précédemment posées, et le ministre de l'intérieur résuma ces règles ainsi qu'il suit, dans son instruction du 24 juin 1836 :

> Vous devez donc, Monsieur le préfet, rechercher immédiatement si la reconnaissance légale des chemins vicinaux a été opérée pour toutes les communes de votre département, soit par vous, soit par vos prédécesseurs.
>
> Dans le cas où cette opération aurait été négligée jusqu'à présent pour quelques communes, vous vous empresseriez de réparer cette omission. A cet effet, vous chargerez les maires de former sans délai l'état des chemins qu'ils regarderont comme nécessaires aux communications, et comme devant, à ce titre, être déclarés vicinaux. Cet état devra indiquer, 1° la direction de chaque chemin, c'est à-dire le lieu où il commence, celui où il aboutit, et les hameaux ou autres localités principales qu'il traverse; 2° la longueur des chemins sur le territoire de la commune; 3° leur largeur actuelle; le maire fera connaître également les portions de chemins qu'il pourrait être nécessaire d'élargir : je joins ici un modèle de ce tableau (côté A). L'état des chemins, ainsi préparé, devra être déposé à la mairie pendant un mois; les habitants de la commune seront prévenus de ce dépôt par une publication faite dans la forme ordinaire; ils seront invités à prendre connaissance de l'état des chemins dont le classement est projeté, et avertis que, pendant le délai du dépôt, ils pourront adresser au maire toutes les observations et réclamations dont le projet de classement leur paraîtrait pouvoir être l'objet, soit dans leur intérêt privé, soit dans l'intérêt de la commune.
>
> Après l'expiration du délai d'un mois ci-dessus prescrit, l'état dressé par le maire sera, ainsi que les oppositions ou réclamations auxquelles il aurait donné lieu, soumis au conseil municipal, qui devra donner son avis, tant sur les propositions du maire que sur les réclamations ou oppositions qui auraient été déposées à la mairie.
>
> La délibération du conseil municipal, ainsi que toutes les pièces à l'appui, vous sera transmise par le sous-préfet avec son avis motivé, et, après l'examen de ces divers documents, vous déclarerez, par un arrêté pris dans la forme ordinaire, que *tels chemins de telle largeur font partie des chemins vicinaux de la commune de*.......

46. Cette partie de l'instruction ministérielle s'applique, comme on voit, au cas où il s'agit d'opérer le classement général des chemins d'une commune, mais les mêmes formes sont applicables au cas où, après cette opération, il serait reconnu nécessaire de classer un chemin existant et non encore classé. La demande de classement pourrait être faite, soit par le maire de la commune sur le territoire de laquelle le chemin est situé, soit par les maires des communes limitrophes, aux communications desquelles ce chemin serait nécessaire, soit, même, par tout propriétaire qui aurait intérêt à ce que le chemin fût déclaré vicinal. Si, après l'instruction complète de l'affaire, le préfet reconnaît la nécessité du classement, il le prononce, et l'arrêté est annexé à celui précédemment pris pour opérer le classement général des chemins de ces communes.

47. Les formalités que nous venons d'indiquer sont toutes utiles, puisqu'elles peuvent éclairer l'autorité préfectorale, soit sur la nécessité de la voie de communication qu'il s'agit de classer, soit sur la valeur des oppositions que ce classement peut faire naître, mais elles ne sont pas *toutes* tellement *substantielles* que l'omission de quelques-unes d'entre elles pût faire annuler le classement.

C'est ce qui a été décidé par une ordonnance royale du 17 août 1836 (*Couderc c. commune de Saint-Michel*), ainsi conçue :

Sur l'exception tirée du non-accomplissement des formalités prescrites pour la reconnaissance et le classement des chemins vicinaux; considérant que les seules formalités prescrites par les lois et règlements consistent dans l'avis préalable des conseils municipaux et l'examen des oppositions ; que les publications et affiches, utiles et pratiquées dans certains cas, ne sont pas prescrites d'une manière générale et absolue, et que, dans l'espèce, le jugement de l'opposition n'exigeait pas l'accomplissement préalable de ces formalités ; art. 1er. La requête du sieur Couderc est rejetée.

Une décision semblable a été donnée par une autre ordonnance du 19 avril 1837 (*Asquié*).

48. Il a été décidé également par une ordonnance du 11 janvier 1837 (*Jousselin c. commune de Vienne-en-Val*), que s'il est loisible au conseil municipal d'entendre les observations verbales des opposants au classement, l'audition de ceux-ci n'est pourtant pas obligatoire pour le conseil ; cette ordonnance est ainsi conçue :

Vu l'arrêté du gouvernement du 23 messidor an v, la loi du 9 ventôse an XIII, celle du 28 juillet 1824, l'instruction ministérielle du 7 prairial an XIII ; *sur le moyen tiré de ce que le sieur Jousselin n'aurait point été appelé dans la séance du conseil municipal;* considérant que les lois et règlements ci-dessus visés, en exigeant l'avis du conseil municipal pour la reconnaissance et le classement des chemins vicinaux, ne prescrivent point d'appeler aux délibérations dudit conseil les propriétaires opposants ; art. 1er. La requête du sieur Jousselin est rejetée.

49. En résumé, les formes tracées par la loi et par les instructions ministérielles pour le classement des chemins vicinaux permettent à tous les droits et à tous les intérêts de se faire entendre avant qu'une décision soit prise par le préfet; nous verrons ailleurs quelles sont les garanties assurées aux parties intéressées après même que la décision du préfet est rendue.

SECTION III.

Conditions du classement.

50. Les circonstances qui doivent déterminer l'administration à classer un chemin au nombre des chemins vicinaux sont trop diverses pour qu'elles aient pu être déterminées par des dispositions législatives ou même réglementaires ; aussi, la loi du 21 mai 1836, de même que celles qui l'ont précédée, ont-elles gardé le silence sur ce point. Le ministre de l'intérieur, dans son instruction du 24 juin 1836, n'a donné lui-même, à cet égard, que des indications que l'on pourrait résumer ainsi, *la nécessité du chemin.*

On doit donc déclarer vicinaux tous les chemins qui sont reconnus nécessaires aux communications, mais ceux-là seulement, car l'entretien des chemins classés est une charge qu'il importe de ne pas accroître outre mesure, et c'est ce que le ministre recommande dans le passage suivant de son instruction :

Vous examinerez avec non moins de soin si le nombre des chemins dont le classement vous est proposé n'excède pas les besoins de la circulation, et s'il n'est pas hors de proportion avec les ressources que la commune peut appliquer à leur entretien. Si, par exemple, deux ou trois chemins conduisent du même lieu au même lieu, vous rechercherez s'il n'y aurait pas possibilité de réduire cette communication à un seul chemin, dût-il en résulter un léger détour pour quelques habitants. A plus forte raison, ne classeriez-vous pas des chemins qui ne serviraient pas de communication publique, dans le vrai sens de ce mot, mais qui ne serviraient qu'à l'exploitation de quelques propriétés privées, ou à la vidange temporaire des récoltes. Dans ces divers cas, ces chemins doivent être conservés, sans doute, mais leur entretien doit être à la charge des habitants qui en usent privativement, et cet entretien ne peut sans injustice être imposé à la communauté. Ils ne doivent donc pas être inscrits sur le tableau des chemins mis légalement à la charge des communes.

51. Mais si l'utilité d'un chemin doit être le motif déterminant pour en déclarer la vicinalité, l'administration ne doit cependant user de son droit que dans les limites qu'y assigne la loi, sainement interprétée, et bien que l'intérêt privé doive toujours céder devant l'intérêt général, ce ne peut être que dans les cas et sous les garanties des formes voulues par la loi. Un autre paragraphe de l'instruction du 24 juin 1836 s'exprime en ces termes à cet égard :

Je vous ai dit que, pour que vous puissiez déclarer un chemin *vicinal*, il fallait que ce chemin existât, et que le public en fût en jouissance, par droit ou par usage. S'il s'agissait au contraire d'une avenue, par exemple, qui aurait toujours été fermée de barrières, et dont le public n'aurait jamais joui, s'il s'agissait d'un chemin pratiqué dans un terrain privé, pour le seul usage de son propriétaire et sans que le public ait jamais été admis à s'en servir ; alors, bien évidemment, il n'y aurait plus lieu à déclaration de vicinalité, car il n'existerait pas de chemin, comme l'entend la loi. Sans doute, cette avenue, ce chemin particulier ne pourrait prétendre à un privilège d'inviolabilité plus étendu que toute autre partie de la propriété privée ; sans doute si l'administration publique reconnaissait l'indispensable nécessité d'occuper cette avenue ou ce chemin pour en faire un chemin public, l'administration le pourrait, parce que l'intérêt général l'emporte sur toute autre considération ; mais ce ne serait plus par une simple déclaration de vicinalité qu'il y aurait alors lieu de procéder. Il s'agirait véritablement, dans ce cas, de l'ouverture d'un chemin nouveau, et il faudrait procéder, non plus conformément à l'article 15, mais conformément à l'article 16 de la loi. Il en résulterait quelques longueurs sans doute, mais le respect dû à la propriété le commande, et ici il n'est plus prédominé par l'urgence. Il peut y avoir, il y a en effet *urgence* à maintenir le public en jouissance d'une voie de communication dont il jouit déjà ; il ne peut y avoir *urgence* à mettre le public en possession d'une voie de communication qui ne lui a jamais été ouverte.

Ne perdez jamais cette distinction de vue, Monsieur le préfet ; plus le pouvoir confié à l'administration est étendu, plus l'administration doit se montrer sage et réservée dans l'exercice de ce pouvoir.

52. Pour qu'une voie de communication puisse être déclarée *chemin vicinal*, il faut donc la réunion de deux conditions : 1° qu'elle existe en nature de chemin ; 2° que ce chemin soit public, c'est-à-dire que le public en ait actuellement la jouissance, ne fût-ce que par suite d'un long usage, ou au moins que cette jouissance ait existé à une époque peu reculée, et n'ait été interrompue que par un acte récent du propriétaire ou prétendu propriétaire du sol.

53. La première de ces deux conditions est un point de fait, toujours facile à vérifier. La seconde condition, la publicité du chemin, est plus susceptible de contestations. Nous verrons plus bas quelle est l'autorité à laquelle il appartient de déclarer qu'un chemin est public, et dans quelles formes il doit être procédé à cette déclaration.

54. Une autre restriction a encore été apportée par le ministre de l'intérieur au classement des chemins vicinaux ; elle a sa base dans la distinction constamment faite, soit par le conseil d'Etat prononçant en matière contentieuse, soit par l'autorité judiciaire, entre les *rues* des villes et villages et les *chemins*.

Ainsi, dès 1817, une ordonnance du 31 juillet (*Aumenier c. Barbery-Saint-Sulpice*) déclarait que la répression des anticipations commises sur le sol des *rues* des bourgs et villages appartenait aux tribunaux ordinaires et non aux conseils de préfecture, et il fut statué dans le même sens par un assez grand nombre d'ordonnances que nous nous abstiendrons de citer. La cour de cassation, de son côté, avait dit, dans un arrêt (ch. crim.), en date du 20 juillet 1809 (*Cheret*) :

Qu'il ne faut pas confondre les voies publiques dont parle l'art. 605, n° 2, du Code de brumaire an IV, qui ne peuvent s'entendre que des rues, places et carrefours des villes et villages, avec les chemins publics allant de ville à ville, de village à village, ou servant à l'exploitation des terres.

Dans un autre arrêt (ch. crim.), en date du 7 décembre 1826 (*Rigault*), la cour de cassation disait encore :

Que la législation relative aux chemins vicinaux, fixée par la loi du 28 juillet 1824, est inapplicable à ce qui regarde la facilité et la commodité du passage de la circulation dans l'intérieur des villes, bourgs et villages ; qu'on ne peut considérer comme chemin vicinal le devant des maisons ou terrains situés le long des rues ou quais, qui fait partie de la voirie urbaine régie par les règles qui lui sont propres.

Cette même distinction se retrouve dans un arrêt de la cour de cassation (ch. crim.) en date du 15 février 1828 (*Davoust*) où, conférant entre eux la loi du 6 octobre 1791, le Code du 3 brumaire an IV et le Code pénal, elle dit :

Que par *voie publique* on doit entendre les rues, places et carrefours des villes et villages ; que les *chemins publics* sont les communications plus ou moins importantes, suivant la classe à laquelle elles appartiennent, qui conduisent de villes en villes et qui servent dans le territoire des communes, *hors de leur enceinte*, à l'exploitation des propriétés rurales.

En présence de cette jurisprudence uniforme du conseil d'Etat et de la cour de cassation, le ministre de l'intérieur ne pouvait qu'inviter les préfets à s'y conformer, et c'est ce qu'il fit en ces termes, dans son instruction du 24 juin 1836 :

Vous devez donc, Monsieur le préfet, vous abstenir de comprendre les rues des bourgs et villages dans vos arrêtés de déclaration de vicinalité, et par suite vous devez veiller à ce que la répression des usurpations commises sur le sol de ces rues ne soit pas poursuivie devant le conseil de préfecture. Je reconnais qu'il pourra, dans certains cas, y avoir quelque incertitude sur le point précis où finit le chemin vicinal et où il commence ; mais vous sentirez qu'il ne peut être question ici d'une interprétation judaïque de la loi, et que c'est surtout son esprit qu'il faut consulter. Il est bien évident que trois ou quatre habitations éparses dans les champs, le long d'un chemin, ne peuvent donner à ce chemin le caractère d'une rue ; mais aussi, toutes les fois qu'il y aura ensemble un certain nombre d'habitations agglomérées, les voies de communication qui servent à leurs habitants sont des rues et non des chemins vicinaux.

55. Cette règle a été généralement observée, et, une seule fois, à notre connaissance, le ministre de l'intérieur a dû annuler un arrêté du préfet qui avait classé comme vicinale une voie publique située dans l'intérieur d'une commune; la décision du ministre, en date du 3 mai 1839, est motivée sur ce que :

Les maisons qui bordent cette voie publique ne sont pas éparses ni en rase campagne; qu'elles font partie de l'agglomération de maisons qui composent la commune; que le quai qui existe est rattaché par plusieurs rues à l'intérieur de la commune; qu'enfin, lorsque celle-ci présentera son plan d'alignement, très-certainement la voie publique en question sera comprise sur ce plan.

56. Nous devons rappeler, d'ailleurs, que c'est à l'autorité administrative seule qu'il appartient de déterminer et de déclarer dans laquelle des deux catégories, *rue* ou *chemin*, doit être rangée une voie publique. La cour de cassation a plusieurs fois prononcé en ce sens, notamment par un arrêt (ch. crim.), en date du 24 novembre 1841 (*Richard*), ainsi conçu, sur ce chef :

Attendu que, d'après l'art. 1er de la loi du 28 juillet 1824, il appartient au préfet seul, sur une délibération du conseil municipal, de déclarer la vicinalité d'un chemin; que ce pouvoir comprend nécessairement celui de fixer, pour chaque voie de communication déclarée chemin vicinal, le point où elle commence et celui où elle finit d'avoir ce caractère; que lorsque l'arrêté de classement n'indique pas ces deux limites extrêmes et que les parties sont en contestation à cet égard, il s'élève une question préjudicielle qui sort entièrement des attributions de l'autorité judiciaire; qu'en effet, les tribunaux, en la décidant, pourraient être amenés à déclarer eux-mêmes la vicinalité, ce qui serait un empiétement manifeste des droits réservés à l'autorité administrative.

Il a été prononcé dans le même sens par un autre arrêt de la cour de cassation (ch. crim.), en date du 7 février 1845 (*Rampon*), et le conseil d'Etat, section du contentieux, a jugé ce point de compétence dans le même sens, par une décision du 4 janvier 1851 (*Aulet*), ainsi conçue, sur ce chef :

Vu les lois des 9 ventôse an XIII et 21 mai 1836;
Considérant qu'en constatant, par son arrêté du 22 décembre 1848, les points de départ et d'arrivée des chemins nos 5 et 7, et en déclarant que les portions de voies publiques qui bordent, de chaque côté, la ferme de *la Mare*, font partie intégrante des deux chemins dont il s'agit, le préfet d'Eure-et-Loir n'est pas sorti des limites de sa compétence et n'a commis aucun excès de pouvoirs; que, dès lors, ledit arrêté ne peut être déféré directement au conseil d'Etat.

57. De la défense de comprendre aucune rue dans le classement des chemins vicinaux, découlaient implicitement, mais inévitablement, deux conséquences également nuisibles à l'intérêt de la vicinalité. La première, c'est que si, en vertu de l'article 21 de la loi du 21 mai 1836, les préfets peuvent se réserver le droit de donner les alignements le long des chemins, ce droit s'arrête à la limite de la réunion de maisons qui constituent une rue, et l'on sait que c'est toujours dans l'intérieur des villages que les alignements, laissés dans les attributions des maires, sont le plus défectueux. La seconde conséquence, c'est qu'on ne peut appliquer à l'entretien des rues, aucune partie des ressources créées par la loi du 21 mai 1836, puisque ces ressources ont été affectées à l'entretien des chemins vicinaux, et non à celui des voies urbaines; or, généralement, les rues des villages sont la partie la plus dégradée des voies publiques.

58. On reconnut tout d'abord ce qui devait en résulter de fâcheux, surtout pour les chemins vicinaux de grande communication, qui, livrés à une circulation plus active, ont besoin d'être mieux alignés et mieux entretenus dans tout leur parcours, et on se demanda si la création de cette catégorie de voies publiques ne devait pas amener la modification, sur ce point, des règles précédemment posées.

59. La question était trop délicate pour être tranchée légèrement, et le ministre de l'intérieur crut devoir la soumettre au conseil d'Etat, qui, après un mûr examen, pensa que la loi du 21 mai 1836 avait effectivement innové, à cet égard, et que les rues des communes formant le prolongement des chemins vicinaux de grande communication devaient être considérées comme faisant partie intégrante de ces chemins. L'avis du conseil d'Etat, en date du 25 janvier 1837, est ainsi conçu :

Le conseil d'Etat, qui a entendu le rapport du comité de l'intérieur sur la question de savoir s'il y a lieu de considérer les rues des villages comme faisant partie des chemins vicinaux dont ils sont la prolongation ;

Vu la loi des 16-24 août 1790 sur les attributions conférées aux corps municipaux ;

Les articles 6, 7 et 8 de la loi du 9 ventôse an XIII ;

Les lois des 28 juillet 1824 et 21 mai 1836 sur les chemins vicinaux ;

Considérant que, par la loi de 1836, il n'a pas été apporté de changement aux anciens règlements de voirie concernant les simples chemins vicinaux, mais qu'il n'en est pas de même à l'égard des nouvelles lignes vicinales classées sous le nom de *chemins vicinaux de grande communication*, lesquelles, aux termes de la section II de la loi du 21 mai 1836, sont régies par des dispositions qui leur sont propres ;

Qu'à la différence des chemins vicinaux, les lignes de grande communication offrent un intérêt à la fois départemental et communal ;

Qu'en effet, d'après l'article 7 de ladite loi, ces sortes de lignes vicinales ne peuvent être déclarées *chemins vicinaux de grande communication* que par le conseil général du département, qui en détermine la direction et désigne les communes qui doivent contribuer à leur construction et à leur entretien ; que le préfet en fixe la largeur et les limites et détermine annuellement la proportion dans laquelle chaque commune doit concourir à l'entretien de la ligne vicinale dont elle dépend ;

Qu'aux termes de l'article 8, ces chemins reçoivent des subventions sur les fonds départementaux ;

Qu'aux termes de l'article 9, les chemins vicinaux de grande communication sont placés sous l'autorité du préfet ;

Considérant qu'il résulte de ces dispositions que, par la loi de 1836, l'action départementale et préfectorale a été substituée à l'action purement municipale, en ce qui concerne les chemins vicinaux de grande communication, sans exception des rues qui en font partie ;

Que, s'il en était autrement, il pourrait se trouver, sur ces grandes lignes vicinales, autant de lacunes qu'il s'y trouverait de communes intermédiaires, puisque les intérêts particuliers de chacune d'elles ne tendent pas toujours au but commun ; que, souvent même, ces intérêts sont opposés entre eux ou contraires à l'intérêt départemental ;

Que, pour ce motif, l'esprit et le texte de la loi de 1836 ont eu pour but de placer l'action dans les mains du préfet, pour neutraliser la résistance d'un intérêt municipal mal entendu ;

Considérant que les anciennes dispositions des lois et règlements antérieurs ne sont pas applicables à des lignes vicinales qui n'avaient pas encore l'importance et le caractère co-départemental que la loi de 1836 s'est proposé de leur donner ;

Est d'avis :

Que les rues qui sont la prolongation des chemins vicinaux de grande communication, dans la traverse des communes, doivent être considérées comme faisant partie intégrante desdits chemins et être soumises aux règles qui leur sont applicables.

Le présent avis a été délibéré et adopté par le conseil d'Etat dans sa séance du 25 janvier 1837.

Cet avis, adopté par le ministre de l'intérieur, a été porté à la connaissance des préfets par une circulaire du 19 août 1837, et l'application du principe qu'il consacre a été évidemment d'un grand avantage pour le service des chemins vicinaux de grande communication.

60. Nous croyons, cependant, qu'en déclarant que « les rues qui « sont la prolongation des chemins vicinaux de grande communication, « dans la traverse des communes, doivent être considérées comme « faisant partie desdits chemins et être soumises aux règles qui leur « sont applicables, » le conseil d'Etat n'a pas pensé que cette assimilation pût produire d'autres effets que ceux qui auraient en vue les règles purement administratives, c'est-à-dire, d'une part, le droit, pour les préfets, de donner directement les alignements pour construire le long de ces rues, et, d'autre part, la faculté d'affecter à l'entretien de cette partie de la voie publique les ressources créées par la loi du 21 mai 1836 ; mais l'avis précité ne pourrait être considéré, ce nous semble, comme ayant changé, en matière de contraventions, l'ordre des juridictions établies par la loi, et, par suite, la répression des anticipations commises sur le sol des *rues* faisant traverse des chemins vicinaux de grande communication doit, selon nous, rester dans la compétence des tribunaux ordinaires, comme en matière de voirie urbaine. Aucune décision, au surplus, n'a encore été, à notre connaissance, donnée sur ce point.

SECTION IV.

Opposition au classement.

---

61. Nous avons vu, n° 45, que, préalablement au classement des chemins vicinaux, une enquête doit être ouverte sur le projet de classement, et que les particuliers intéressés doivent être appelés, par la voie des publications ordinaires, à produire les oppositions qu'ils auraient à former contre la déclaration de vicinalité.

Les moyens d'opposition que font valoir les réclamants se résument, le plus généralement, dans l'une de ces deux circonstances : ils prétendent être propriétaires du sol du chemin dont le classement est projeté, ou bien ils allèguent que ce chemin n'est pas public.

Nous allons examiner comment il doit être procédé au jugement de l'une et de l'autre de ces prétentions, et quel est leur effet sur la marche de l'instruction.

§ 1. — *Opposition fondée sur la propriété du sol.*

62. Lorsqu'un particulier prétend être propriétaire du sol du chemin dont le classement est projeté, le conseil municipal doit être appelé à examiner cette prétention, et, de la délibération du conseil, deux situations peuvent ressortir : ou bien le conseil municipal admet que l'opposant est propriétaire du sol, mais en considération de la nécessité du chemin, il persiste à en demander le classement sauf paiement de la valeur du sol, et, dans ce cas, il ne peut plus y avoir de difficulté que sur le montant de l'indemnité due ; nous verrons ailleurs comment cette indemnité se règle : ou bien le conseil municipal conteste la prétention de l'opposant à la propriété du sol ; comme conséquence, il persiste dans la demande de classement, et alors il devient nécessaire de faire juger la question de propriété.

63. C'est devant les tribunaux civils que doit être portée la contestation sur la propriété du sol. L'incompétence des conseils de préfecture, sur ce point, résulte du principe que ces conseils n'ont attribution que sur les matières qui leur ont été spécialement attribuées par une loi ; aussi ne rappelons-nous ici cette incompétence, que parce que fréquemment, et à une date qui n'est pas encore très-ancienne, le conseil d'Etat a dû annuler des arrêtés de conseils de préfecture prononçant sur des questions de propriété.

Ce n'est, d'ailleurs, on le sait aussi, qu'après s'y être fait autoriser par le conseil de préfecture que la commune peut se présenter devant le tribunal civil, soit en demandant, soit en défendant. Cette règle est générale pour toutes les contestations que les communes ont à suivre devant les tribunaux. Cette disposition a pour objet d'empêcher que les communes se laissent entraîner, par des considérations souvent mal fondées, à soutenir des procès dont les frais seraient, la plupart du temps, bien supérieurs à la valeur de l'objet du litige.

64. Ici se présente la question de savoir à qui, de la commune ou du particulier, incombe l'obligation d'apporter au tribunal la preuve de son droit.

Pour résoudre cette question, il faut examiner si la déclaration de vicinalité est antérieure ou postérieure au fait de possession prétendue.

65. Dans le premier cas, c'est au particulier à prouver son droit. C'est ce qui résulte d'un arrêt de la cour de cassation (ch. crim.) en date du 25 septembre 1836 (*Moreau*), ainsi conçu, sur ce chef :

Vu l'article 182 du Code forestier ; attendu que Moreau est prévenu, d'après les procès-verbaux dressés à sa charge, les 29 avril 1834 et 17 mai 1835, d'abord, d'avoir supprimé et labouré en partie un chemin reconnu vicinal depuis un temps immémorial, et ensuite de l'avoir usurpé et même intercepté en son entier par cinq fossés faits de distance en distance ; qu'en s'arrêtant devant la question préjudicielle par lui élevée dans le but d'échapper à l'application de l'article ci-dessus rappelé du Code pénal, le tribunal de simple police lui a régulièrement imposé l'obligation d'en poursuivre la décision, suivant la maxime *reus excipiendo fit actor*, consacrée par l'article 182 du Code forestier, et qui régit toutes les matières susceptibles de son application ; que, néanmoins, le jugement dénoncé a sursis à statuer sur l'appel par lui déclaré recevable, tant que la commune de Longeville-les-Metz, ou le ministère public n'aura pas prouvé qu'elle est propriétaire du chemin dont il s'agit ; en quoi il a faussement appliqué la règle *actori incumbit onus probandi*, et commis une violation expresse dudit article 182.

66. Dans le second cas, c'est-à-dire si le particulier était en possession du sol avant la date de l'arrêté du préfet, et si, par conséquent, le droit de la commune ne paraît résulter que de cet arrêté, c'est la commune qui est tenue de fournir, devant le tribunal, la preuve qu'elle est propriétaire. C'est ainsi que l'a jugé la cour de cassation par un arrêt (ch. civ.), en date du 22 novembre 1849 (*Renault c. commune de Velizy*), ainsi conçu, sur ce chef :

Vu l'article 1315 du Code civil ;

Attendu que, pour écarter le bénéfice de la possession et de la bonne foi de Renault, quant à la propriété dudit terrain, l'arrêt attaqué s'est fondé uniquement sur les plans, enquêtes et actes administratifs, qui ont déterminé le classement du terrain comme chemin vicinal, lesquels n'ont pu avoir pour objet que la destination donnée par l'autorité audit terrain, sans rien préjuger sur la question du procès, réservée par l'arrêté même de classement, à savoir: la propriété antérieure de ce terrain et les indemnités qui pouvaient en être la conséquence ;

Attendu, sur cette question du procès, que ledit arrêté s'est borné à déclarer que

Renault ne justifiait pas de sa propriété antérieure, sans établir que cette propriété antérieure appartînt à la commune de Vélizy, autrement qu'en se référant aux actes de vente nationale mentionnés ci-dessus, déclarés insuffisants sur ce point par l'autorité qui était compétente pour les interpréter ;

Attendu, en droit, qu'aux termes de l'article précité du Code civil, ce n'était pas à Renault, qui était défendeur et avait la possession, qu'incombait l'obligation de prouver le droit de propriété que revendiquait la commune de Vélizy, par l'action qu'elle avait intentée contre lui.

67. Mais le jugement, par les tribunaux civils, de la question de propriété entraîne souvent de fort longs délais. Le préfet doit-il surseoir à la déclaration de vicinalité jusqu'à la solution du litige ? Doit-il, au contraire, passer outre avant le jugement, et classer le chemin qu'il a reconnu être nécessaire aux communications ?

68. Cette question, dont on comprend toute la gravité, puisqu'elle touche tout à la fois au droit de propriété et au droit qu'a l'administration de faire prévaloir l'intérêt général sur l'intérêt privé, cette question avait été, pendant un certain nombre d'années, décidée par le conseil d'Etat, dans le sens le plus favorable à l'intérêt privé. Ainsi, de 1808 à 1813, un assez grand nombre de décrets rendus dans la forme contentieuse établirent que le classement d'un chemin ne pouvait avoir lieu lorsque la propriété du sol était contestée.

Du principe posé dans ses décrets résultait encore la nécessité de recourir à la longue procédure de l'expropriation pour cause d'utilité publique, lorsque le jugement intervenu avait déclaré que le sol du chemin n'appartenait pas à la commune.

69. Nous n'avons pas besoin de faire ressortir tout ce que les conséquences de cette jurisprudence avaient de contraire à l'intérêt, toujours si pressant, de la viabilité. On le reconnut enfin, et l'on comprit que le droit de propriété serait suffisamment sauvegardé par le paiement de la valeur du sol du chemin ; que, par suite, le public pouvait, nonobstant le litige, être maintenu en jouissance du chemin contesté.

Le conseil d'Etat admit ce principe, pour la première fois, dans un décret du 16 octobre 1813 (*Bonnet Dumolard*), que nous rapporterons ici, parce qu'il a été le premier jalon de la législation actuelle, sur ce point ; il est ainsi conçu :

Considérant que l'arrêté d'un préfet qui déclare un chemin vicinal ne fait pas obstacle à ce que la question concernant la propriété du terrain soit soumise aux tribunaux , car tout ce qui résulte de l'arrêté, c'est que le chemin est reconnu nécessaire et doit être maintenu , sauf à indemniser le tiers qui serait judiciairement reconnu propriétaire du terrain.

Depuis cette époque, la jurisprudence du conseil d'Etat est restée constante , et un grand nombre d'ordonnances antérieures à 1836, que nous croyons inutile de citer, ont constamment décidé que les préfets pouvaient déclarer la vicinalité d'un chemin avant le jugement du litige sur la propriété du sol, *les droits des propriétaires se résolvant, s'il y a lieu, en une indemnité.* Ces derniers mots ont servi de base à l'article 15 de la loi du 21 mai 1836, dont la portée est appréciée ainsi qu'il suit, dans l'instruction ministérielle du 24 juin 1836 :

Ce principe est aujourd'hui formellement consacré par l'article dont nous nous occupons. En le rédigeant, le législateur a compris qu'il était impossible d'appliquer à ces dépossessions, d'un intérêt souvent minime, les longues formalités de la loi du 7 juillet 1833 : voyons donc quels droits sont aujourd'hui conférés à l'administration publique.

Un chemin existe, en nature de chemin ; il est fréquenté par le public, soit en vertu d'un droit positif si le sol appartient à la commune, soit en vertu d'un long usage si le sol est la propriété d'un particulier ; le chemin n'avait pas été déclaré vicinal, mais vous jugez cette déclaration nécessaire, et je vous ai dit, à propos de l'article 1er, quels étaient les motifs et les considérations qui devaient vous guider à cet égard. Vous prenez alors, après les formalités préalables voulues, un arrêté portant que tel chemin, allant de.... à.... et ayant une largeur de.... mètres, fait partie des chemins vicinaux de la commune de........ Dès cet instant, le public est en jouissance légale du chemin. Il reste sans doute à régler la question de l'indemnité, s'il y a lieu d'en accorder ; mais cette circonstance ne saurait suspendre la jouissance du public, et dès que votre arrêté est rendu et notifié, nul ne peut s'opposer à la libre circulation sur le chemin déclaré vicinal. Tout obstacle apporté à la circulation, toute barrière placée, tout fossé pratiqué à l'effet de l'empêcher, seraient une usurpation sur un chemin vicinal ; cette usurpation devrait être aussitôt constatée par procès-verbal et poursuivie devant le conseil de préfecture.

La cour de cassation, qui, non moins que le conseil d'Etat, se montre soigneuse du maintien du droit de propriété, dans toute son étendue, la cour de cassation n'a pas hésité à admettre les conséquences de la législation nouvelle. Ainsi, un arrêt (ch. crim.) du 7 juin 1838 (*Barghon*) porte :

Attendu que la loi sur les chemins vicinaux a distingué entre le cas d'ouverture et de redressement de ces chemins, et celui où il s'agit seulement de fixer et de reconnaître la largeur que doivent avoir les chemins existants ; que, dans le premier cas et lorsque la nouvelle direction d'un chemin doit entraîner la dépossession d'une propriété privée, l'article 16 s'en est référé, en les simplifiant, aux formes prescrites par la loi du 7 juillet 1833 sur l'expropriation pour cause d'utilité publique ; mais que, dans le second cas, l'article 15 a eu précisément pour objet d'affranchir de ces formalités l'exécution des mesures prises pour rendre ou donner aux chemins vicinaux la largeur qu'ils doivent avoir ; que, si ces mesures atteignent une partie de la propriété des riverains, le droit de ceux-ci se résout en une indemnité, *sans que ce droit puisse arrêter ou paralyser l'élargissement ordonné* d'une voie de communication qui doit toujours rester libre ou ouverte pour le public.

Plusieurs arrêts subséquents de la cour de cassation (ch. civ.) ont prononcé dans le même sens. Nous citerons ceux des 20 août 1838 (*préfet de l'Orne c. commune de Charencey*), 8 juillet 1841 (*Renault c. commune de Velizy*), 21 février 1842 (*Dubois c. Mesnier*), 2 février 1844 (*Louvrier et autres*) et (ch. crim.) 10 février 1848 (*Peigné*).

Le conseil d'Etat et la cour de cassation sont donc complétement d'accord sur la portée de l'article 15 de la loi du 21 mai 1836. En présence de cette unanimité, il ne serait plus possible d'hésiter à reconnaître que les préfets ont le droit de déclarer la vicinalité d'un chemin sans avoir à s'arrêter devant la question de savoir si le sol est ou n'est pas la propriété de la commune. Le classement prononcé, la solution de cette question suit son cours devant les tribunaux ordinaires, et lorsqu'elle est résolue en faveur du réclamant, le règlement et le paiement de l'indemnité ont lieu ensuite.

70. Il est un cas, cependant, où le préfet pourrait regarder comme prudent de ne déclarer la vicinalité d'un chemin dont la propriété est contestée, qu'après le jugement de la question de propriété, et ce cas a été indiqué en ces termes par l'instruction ministérielle du 24 juin 1836 :

Il n'y aurait d'exception à cet égard que dans le cas où la commune reconnaissant, avant jugement, le droit de propriété du réclamant, et ne voulant ou ne pouvant lui payer le prix de son terrain, retirerait sa demande en classement

Encore même pourrait-il y avoir lieu de donner également suite à la demande de classement, si, par exemple, une ou plusieurs communes, intéressées à ce que le chemin soit déclaré vicinal, offraient de faire ce que ne pourrait faire la commune sur le territoire de laquelle il est établi, c'est-à-dire en payer la valeur.

Le ministre ne pose ici, comme empêchement au classement, que le cas où la commune, reconnaissant qu'elle n'est pas propriétaire du sol, est hors d'état d'en payer la valeur ; mais la même considération devrait évidemment déterminer le préfet à surseoir au classement, dans le cas où, la propriété étant contestée, la commune n'aurait pas les ressources nécessaires pour payer la valeur du sol, si elle venait à succomber dans le litige. Surseoir, en semblable circonstance, ne serait pas méconnaître le droit absolu de classement, qu'il tient de la loi ; ce serait faire acte de prudence et de justice, car si le paiement de l'indemnité ne doit pas, nécessairement, être *préalable*, il est cependant indispensable que ce payement soit assuré.

§ 2. — *Opposition fondée sur la non-publicité du chemin.*

71. Nous avons vu plus haut, n° 51, que pour qu'un chemin puisse être déclaré vicinal, il faut qu'il soit public, c'est-à-dire que le public en ait actuellement ou en ait eu récemment la jouissance. La nécessité de cette condition, si formellement déclarée par l'instruction ministérielle du 24 juin 1836, a été rappelée par le conseil d'Etat, dans un arrêté du gouvernement rendu dans la forme contentieuse, en date du 11 avril 1848 (*Delpont*), ainsi conçu :

Vu la loi du 21 mai 1836 ;
Considérant qu'il résulte de l'instruction, et notamment du procès-verbal du juge de paix du canton de Sèvres, que le chemin dit *des Cinquante-Arpents* n'était point un ancien chemin vicinal ; que, par conséquent, il s'agissait, dans l'espèce, non point de la reconnaissance d'une vicinalité ancienne, mais de l'ouverture d'un chemin vicinal nouveau, et qu'il devait y être procédé conformément aux dispositions de l'article 16 de la loi du 21 mai 1836 ;
Considérant, dès lors, que le préfet de Seine-et-Oise et le ministre de l'intérieur, en décidant qu'il serait procédé conformément à l'article 15 de la loi du 21 mai 1836, ont excédé leurs pouvoirs.

72. La non-publicité du chemin dont le classement est demandé est un moyen fréquemment présenté par les propriétaires qui s'opposent au classement, et il est évident que cette question est préjudicielle, c'est-à-dire qu'elle doit être vidée avant le classement, puisque si, postérieurement au classement, elle venait à être résolue négativement, la déclaration de vicinalité se trouverait frappée de nullité.

73. A quelle autorité appartient-il de déclarer qu'un chemin est public, et dans quelles formes ce fait doit-il être recherché et constaté ?
La jurisprudence du conseil d'Etat a été longtemps incertaine sur la question de compétence. Ainsi, des décrets rendus en 1807 attribuent la décision aux conseils de préfecture ; d'autres décrets rendus de 1809 à 1812 la renvoient aux tribunaux ordinaires.
Mais, en 1819, le droit de prononcer sur la publicité fut attribué aux préfets, et nous donnerons ici le dispositif d'une ordonnance du 23 juin 1819 (*Chausson-Lassalle c. commune de Gisnay*), parce qu'elle ne statue pas seulement sur le point de compétence, mais qu'elle indique encore les formalités au moyen desquelles doit être recherchée et éclairée la question de publicité.

Considérant que le sieur Chausson-Lassalle soutient que le chemin dont il s'agit est sa propriété ; qu'il n'a été originairement établi que pour le service des propriétés particulières aujourd'hui réunies dans sa main ; qu'il a toujours été clos par des barrières aux deux extrémités, et que, si des habitants des communes réclamantes y passaient, c'était de pure tolérance, tandis que, par les déclarations de 1816, la commune présente l'apposition des barrières comme une entreprise récente et une usurpation sur le chemin vicinal ; considérant qu'en cet état, avant de statuer sur la nature et la nécessité de ce chemin, il est indispensable de vérifier les faits contredits et diversement présentés par la commune même de Gisnay ; — Art. 1er. Il sera, par le préfet du département de l'Orne, ou par un commissaire par lui délégué, en présence de l'ingénieur du département, des maires de Gisnay et autres communes réclamantes et du sieur Chausson-Lassalle, appelés, pris tous les renseignements propres à constater, 1° si le chemin dont il s'agit était anciennement vicinal ; 2° depuis quel temps ce chemin est fermé par des barrières ; 3° si, dans le cas où le chemin n'aurait pas été anciennement vicinal, il est nécessaire de l'établir. — Art. 2. Les parties seront entendues dans leurs dires, et l'ingénieur du département donnera son avis particulièrement sur l'état des chemins existants à Gisnay, indiqués au plan joint aux pièces, et qui sera par lui vérifié, et sur le point de savoir s'il est nécessaire que le chemin contesté soit vicinal. — Art. 3. Il sera, du tout, dressé procès-verbal, pour être, sur icelui, statué ce qu'il appartiendra.

Il résulte clairement de cette ordonnance, que c'est par une instruction administrative que doit être recherché et établi le point de savoir si un chemin existant est ou n'est pas public, et que c'est au préfet qu'il appartient de prononcer sur le résultat de cette instruction. Nous n'avons sans doute pas besoin de faire remarquer que les fonctions attribuées, par cette ordonnance, à l'ingénieur des ponts et chaussées, seraient aujourd'hui remplies par l'agent voyer en chef.

On aura remarqué, sans doute, que, dans les actes que nous venons de citer, les mots *anciennement vicinal* sont employés comme équivalents de ceux de *publicité*. C'est qu'en effet, la déclaration de vicinalité n'est que la déclaration d'une publicité préexistante ; ce n'est que la consécration de ce fait, et le maintien, pour le public, de la jouissance du chemin dont il se servait déjà.

La cour de cassation a également reconnu que c'est à l'autorité administrative, c'est-à-dire au préfet, qu'il appartient de prononcer sur la question de savoir si un chemin est ou n'est pas public. Nous citerons, sur ce point, un arrêt (ch. crim.) en date du 12 juin 1845 (*Vve Lignon*), ainsi conçu :

Attendu que Louise Estival, veuve Lignon, et Emmanuel Bonnel, son fermier, sont poursuivis, suivant procès-verbal dressé contre eux par le commissaire de police de Saint-Pons, le 13 novembre 1844, comme prévenus d'avoir édifié deux murs sur ou joignant la voie publique, sans avoir demandé à l'autorité municipale et obtenu d'elle l'alignement dont ils étaient tenus de se pourvoir ;

Qu'en contestant d'avoir fait cette construction *le long d'un chemin public* de ladite commune, ils ont opposé à la poursuite une exception préjudicielle dont la décision appartient exclusivement à l'autorité administrative ;

Qu'il suit de là qu'en s'attribuant le pouvoir de la résoudre au profit des défendeurs, au lieu de surseoir à statuer sur la prévention jusqu'à ce qu'elle aurait été vidée par cette autorité, le jugement dénoncé a commis une violation expresse des règles de la compétence.

Il a été prononcé de même par les arrêts (ch. crim.) en date des 26 septembre 1845 (*de Gineste*) et 11 octobre 1845 (*Lebrun*).

74. En résumé, lorsque dans l'instruction préliminaire relative au classement d'un chemin, la publicité de ce chemin est contestée, c'est au préfet qu'il appartient de prononcer sur ce point, après s'être éclairé par tous les moyens qui sont à sa disposition, même, au besoin, par la voie d'une enquête administrative. S'il est établi que le chemin n'est pas public, il ne doit pas être déclaré vicinal, sauf, dans le cas où il serait d'une grande utilité pour les communications, à procéder, non plus comme l'indique l'article 15 de la loi, mais bien comme le veut l'article 16, pour l'ouverture d'un chemin nouveau.

SECTION V.

Classement d'office.

75. L'avis du conseil municipal est, comme nous l'avons dit n° 45, un préalable nécessaire pour que le préfet puisse classer un chemin ; mais cet avis est-il obligatoire, en ce sens, que le préfet ne puisse prononcer le classement contrairement au vœu du conseil municipal ?

76. Cette question a été un moment controversée, mais, à nos yeux, le droit du préfet est de la plus entière évidence.

En effet, la loi du 6 octobre 1791, titre 1er, section vi, article 2, avait chargé les administrations de district *de reconnaître les chemins nécessaires à la communication des paroisses.* L'arrêté du directoire du 23 messidor an v (11 juillet 1797), avait chargé les administrations centrales (aujourd'hui remplacées par les préfets) *de constater l'utilité de chaque chemin et de désigner ceux qui, à raison de leur utilité, doivent être conservés.* D'après ces deux actes, le pouvoir des préfets en cette matière est donc entier et absolu. A la vérité, la loi du 28 juillet 1824 a dit plus tard, article 1er, « les chemins reconnus, par un arrêté du préfet, *sur une déli-* « *bération du conseil municipal,* pour être nécessaires à la communication « des communes, etc.; » mais en imposant au préfet l'obligation d'entendre le conseil municipal, le législateur n'a pas dit que ce magistrat prononcerait *conformément* à l'avis de ce conseil ; la délibération exigée a donc pour objet d'éclairer l'autorité supérieure, mais elle ne lie pas son action, elle lui laisse le pouvoir que lui avaient donné la loi du 6 octobre 1791 et l'arrêté du 23 messidor an v (11 juillet 1797).

77. Les plus graves inconvénients pour la vicinalité, c'est-à-dire pour l'intérêt public, surgiraient en effet de l'obligation qui eût été imposée aux préfets de statuer *conformément* aux avis des conseils municipaux, c'est-à-dire de se borner à homologuer leurs délibérations. Trop souvent, on le sait, les délibérations des conseils municipaux sont dictées par un intérêt communal trop étroit ou influencé par des intérêts privés habilement soutenus. Ainsi, dans telle commune, le conseil municipal aura proposé le classement d'un chemin qui n'est utile qu'à une fraction minime de la commune, peut-être qu'à l'exploitation d'un seul domaine. Ne faut-il pas que le préfet puisse rejeter cette proposition mal justifiée ? Ailleurs, un conseil municipal repousse le classement d'un chemin situé à l'extrémité du territoire d'une commune et peu utile à cette commune, mais indispensable, au contraire, aux communications de deux communes limitrophes de celle-ci. Si le préfet devait s'arrêter devant cet avis, une communication utile à plusieurs communes se trouverait ainsi interceptée, ce qui n'est pas admissible. Le préfet peut donc passer outre, car il a pour mission de faire prédominer l'intérêt général sur l'intérêt purement local.

78. A l'appui de notre opinion, à cet égard, nous citerons une ordon nance du 9 décembre 1845 (*commune de Cérences*), qui rejette un pourvoi formé contre une décision ministérielle portant confirmation d'un arrêté par lequel le préfet avait déclaré vicinal un chemin auquel le conseil municipal ne voulait pas reconnaître cette qualité. Cette ordonnance est ainsi conçue :

Vu l'arrêté du 23 messidor an v ; vu les lois des 9 ventôse an XIII, 28 juillet 1824 et 21 mai 1836,

En ce qui touche l'arrêté du préfet et la décision de notre ministre de l'intérieur ;

Considérant qu'aux termes des lois ci-dessus visées, les préfets sont seuls compétents pour reconnaître et déclarer la vicinalité des chemins communaux ;

Considérant que l'arrêté du préfet de la Manche, qui a reconnu et maintenu la vicinalité du chemin dit *des Arzilliers*, et la décision de notre ministre de l'intérieur qui a confirmé cet arrêté ont été pris dans la limite de leurs pouvoirs et sont des actes administratifs qui ne sont pas de nature à nous être déférés par la voie contentieuse.

79. Mais si, au lieu d'émettre un avis contraire au classement d'un chemin, un conseil municipal, mis en demeure, refuse d'en délibérer, ce silence peut-il apporter à l'action de l'autorité supérieure un obstacle absolu ? Évidemment non.

Lorsque l'avis d'un conseil municipal est exigé par la loi, il est toujours sous-entendu que le conseil municipal remplira l'obligation qui lui est imposée par cette loi, et qu'il donnera un avis affirmatif ou négatif. Si, après mise en demeure, le conseil municipal refuse de délibérer, l'autorité ne peut être arrêtée par cette force d'inertie ; elle tient, non pas de la loi vicinale, mais de la législation générale, le droit de passer outre. Le préfet pourrait donc, dans ce cas, et après une mise en demeure régulière, procéder au classement, et nous ne doutons pas que si son arrêté était attaqué, il serait maintenu.

Telle est, sur ce point, la doctrine du ministère de l'intérieur, et nous en trouvons la preuve dans une circulaire émanée de ce ministère, à la date du 20 juillet 1844.

A cette époque, et malgré l'injonction formelle contenue dans l'instruction du 24 juin 1836, il y avait encore quelques communes, en petit nombre, il est vrai, où le classement des chemins vicinaux n'avait pas encore été opéré, les préfets des départements où sont situées ces communes ayant sans doute hésité à surmonter, par des mesures coërcitives, soit la résistance, soit l'inertie des administrations locales. Il fallait cependant faire cesser un état de choses aussi irrégulier, aussi contraire aux véritables intérêts des communes, aussi contraire à la législation même. Le ministre a donc pensé qu'il y avait lieu de faire procéder d'office au classement des chemins vicinaux, dans toutes les communes où ce classement n'avait pas encore été effectué ; c'est ce qu'il a prescrit par sa circulaire précitée.

SECTION VI.

Effets de l'arrêté de classement.

80. Lorsque, après l'accomplissement des formalités voulues, le préfet a rendu son arrêté prononçant le classement ou la déclaration de vicinalité d'un chemin, l'effet immédiat de cet arrêté est de ranger ce chemin parmi les voies de communication de la commune, et, alors même que le sol de ce chemin serait la propriété d'un tiers, de transférer cette propriété à la commune, sauf paiement ultérieur de l'indemnité due.

Cette conséquence des termes mêmes de l'article 15 de la loi du 21 mai 1836 a été constamment proclamée par le conseil d'Etat, il est à peine besoin de le dire ; la cour de cassation l'a reconnue d'une manière non moins formelle. Ainsi, dans un arrêt (ch. crim.) en date du 2 février 1844 (*Louvrier et autres*), on lit :

Attendu que cet arrêté du préfet, constatant la vicinalité du chemin dont il s'agit, a eu pour effet de transporter immédiatement à la commune de Ville-d'Avray la propriété du sol attribué au chemin, ainsi que des arbres qui le bordent et qui en sont une dépendance, sauf le règlement des indemnités auxquelles les anciens possesseurs pourraient avoir droit.

Il a été prononcé d'une manière plus explicite encore, sur ce point, par un autre arrêt de la cour de cassation (ch. crim.), en date du 10 février 1848 (*Peigné*), où, raisonnant sur la portée de l'article 15 précité, la cour déclare,

Que l'arrêté du préfet attribue alors définitivement au chemin le sol compris dans les limites par lui déterminées, et que le droit du propriétaire dépossédé se résout en une indemnité à fixer à l'amiable ou par le juge de paix du canton ; que cette dérogation au droit de propriété a été introduite dans un intérêt général plus puissant encore et non moins sacré, et pour qu'il ne fût pas permis à des particuliers de priver des communes des voies de communication dont un long usage avait constaté la nécessité.

81. De ce principe, que la propriété du sol du chemin est transférée à la commune par l'arrêté de classement, il résulte qu'après cet arrêté rendu, les tribunaux ordinaires ne peuvent plus admettre aucune action possessoire sur ce sol. C'est ce qu'a déclaré le conseil d'Etat par une ordonnance du 12 mai 1847 (*Guillemot c. commune de Tournus*), ainsi conçue, sur ce chef :

Considérant que l'action intentée par le sieur Guillemot contre la commune de Tournus a pour objet de faire maintenir le requérant dans la possession d'un terrain sur lequel le maire de ladite commune aurait indûment fait établir un chemin ;

Considérant que les chemins vicinaux reconnus comme tels sont imprescriptibles, et ne sont, dès lors, pas susceptibles de possession privée ; qu'ainsi, dans l'espèce, tant que les arrêtés du préfet de Saône-et-Loire, des 26 février 1825 et 5 février 1847, n'avaient pas été réformés par l'autorité administrative supérieure, et sauf l'indemnité à laquelle le sieur Guillemot pouvait avoir droit en vertu de l'article 15 de la loi du 21 mai 1836, le tribunal civil de Mâcon était incompétent pour connaître de l'action possessoire formée par ledit sieur Guillemot ;

Art. 1er. L'arrêté de conflit pris par le préfet du département de Saône-et-Loire, le 11 mars 1847, est confirmé.

La cour de cassation n'avait pas attendu cette ordonnance pour faire prévaloir la même règle, et dans un arrêt (ch. civ.) en date du 8 juillet 1841 (*Renault c. commune de Vélisy*), on lit :

Que, si la connaissance des questions relatives à la propriété des terrains qui ont été déclarés chemins vicinaux appartient à l'autorité judiciaire, de même que l'appréciation des faits de possession antérieure aux actes administratifs qui ont déclaré la vicinalité, *nulle action en maintenue ou en renvoi en possession ne peut être considérée comme recevable lorsqu'elle est relative à des faits de possession postérieurs au classement administratif des chemins vicinaux* ; attendu, en effet, qu'on ne peut, aux termes de l'article 2226 du Code civil, prescrire le domaine des choses qui ne sont pas dans le commerce, *et qu'un chemin vicinal, après que le sol en a été mis hors du commerce par le classement, n'est plus susceptible de possession privée*; attendu qu'en jugeant, dans ces circonstances, que l'action en maintenue possessoire formée par Renault contre la commune de Vélisy n'était pas recevable, le tribunal civil de Versailles, loin d'avoir méconnu les règles de sa compétence, en a fait, au contraire, une juste application, et s'est, en cela, exactement conformé à la loi.

Il a été prononcé dans le même sens par un arrêt de la cour de cassation (ch. civ.), en date du 21 février 1842 (*Dubois c. Mesnier*).

82. Si cependant l'action possessoire intentée après le classement du chemin avait pour objet, non de ressaisir le sol, mais seulement de faire établir le droit de propriété pour arriver au droit à indemnité, alors, cette action pourrait être reçue par les tribunaux. Cette exception a été admise par la cour de cassation dans un arrêt (ch. civ.) en date du 26 juin 1842 (*Labarthe c. commune de Saint-Pierre-du-Mont*), ainsi conçu, sur ce chef :

Attendu qu'il résulte du jugement attaqué que les demandeurs avaient réduit leurs conclusions à ce qu'il fût déclaré qu'ils étaient, avant le classement du chemin comme vicinal, en possession plus qu'annale de la totalité du sol dudit chemin, sur une longueur déterminée ;

Attendu qu'ils avaient un intérêt légal à former cette demande, puisque la constatation de leur possession plus qu'annale des terrains attribués au chemin par l'arrêté du préfet créait en leur faveur, jusqu'à preuve contraire, la présomption qu'ils étaient alors propriétaires desdits terrains ; que cette demande devait être formée par action possessoire, puisqu'elle tendait à faire déclarer judiciairement l'existence d'un fait de possession ; ....

....

Attendu que l'action possessoire, telle qu'elle a été définitivement libellée par les demandeurs, ne porte atteinte directe ni indirecte à l'arrêté du préfet, puisqu'elle a pour but unique de faire constater un droit ou un fait dont les conséquences légales se résoudraient en une indemnité.

83. Nous ajouterons que ce ne sont pas seulement les arrêtés de classement rendus en exécution de la loi du 21 mai 1836 qui produisent les effets que nous venons d'indiquer, mais que l'article 15 de cette loi rétroagit, en quelque sorte, sur les arrêtés de classement antérieurs.

C'est ce qui résulte d'un arrêt de la cour de cassation (ch. crim.), en date du 29 mai 1852 (*Chaintreuil*), ainsi conçu, sur ce chef :

Vu les articles 1 et 10 de la loi du 28 juillet 1824, 15 et 16 de la loi du 21 mai 1836 ; vu l'arrêté du préfet du département de Saône-et-Loire, en date du 15 janvier 1853 ;

Attendu que la disposition générale et absolue de l'article 15 de la loi du 21 mai 1836 comprend tous les arrêtés de classement des chemins vicinaux qui ont été pris par les préfets avant comme depuis sa promulgation, et qu'il n'y a lieu de recourir à l'expropriation préalable pour leur exécution, que dans le seul cas où ils autorisent, en vertu de l'article 16 de la même loi, l'ouverture ou le redressement de ces chemins ;

Et attendu, dans l'espèce, qu'il est établi par l'arrêté susdaté du 15 janvier 1853, qu'il n'a pour objet d'ordonner ni l'ouverture ni le redressement du chemin qu'il concerne ; qu'il n'a fait, au contraire, que le classer parmi les chemins vicinaux de la commune de Charnay, et lui donner pour limites sa largeur actuelle, 8 mètres, sur la demande du conseil municipal ; que le droit de Chaintreuil, en supposant qu'il pût se prétendre propriétaire du sol de ce chemin, se serait aussitôt résolu, d'après l'article 15 de la loi du 21 mai 1836, en une indemnité à régler conformément à cet article.

SECTION VII.

Recours contre le classement.

84. Lorsque, après l'accomplissement de toutes les formalités voulues, le préfet a déclaré la vicinalité d'un chemin, son arrêté peut être attaqué devant l'autorité supérieure. Ce droit n'est écrit dans aucun des articles de la législation vicinale ; il est la conséquence du principe que tous les actes administratifs des préfets sont susceptibles de recours et les arrêtés de classement des chemins vicinaux ne sont que des actes administratifs.

85. Le recours peut être exercé par la commune, si le classement a été opéré d'office, c'est-à-dire contrairement à l'avis du conseil municipal. Dans ce cas, le pourvoi est formé par le maire, en vertu d'une délibération du conseil municipal.

86. Le recours peut être exercé par le propriétaire qui s'était opposé au classement, et dont l'opposition a été rejetée par le préfet.

87. Ce n'est pas devant le conseil de préfecture que doit être porté le recours contre les arrêtés de classement, car ces conseils n'ont pas à connaître des arrêtés des préfets, excepté sur quelques matières exceptionnelles. Ce principe a été quelquefois perdu de vue ; il a été rappelé formellement, en matière de chemins vicinaux, par une ordonnance du 15 octobre 1826 (*Savy*), ainsi conçue :

Considérant qu'en rejetant l'opposition aux arrêtés du préfet, il (le conseil de préfecture) a justement prononcé que ces arrêtés, déclaratifs de vicinalité ne pouvaient être déférés qu'à notre ministre de l'intérieur.

Il a été prononcé dans le même sens par une autre ordonnance du 16 décembre 1831 (*Dionis et consorts c. commune d'Origny-Sainte-Benoîte*).

88. Le recours contre l'arrêté de classement ne doit pas non plus être porté directement devant le conseil d'Etat. Il s'agit, en effet, d'un acte qui peut être sujet à critique, mais qui, cependant, a été fait dans les limites de la compétence du préfet ; or, il est de principe qu'on ne peut se pourvoir directement devant le conseil d'Etat contre un arrêté de préfet, que pour incompétence ou excès de pouvoir.

89. C'est donc devant le ministre de l'intérieur que doivent être portés les recours contre les arrêtés de préfet portant déclaration de vicinalité d'un chemin. Ce principe a été posé, une première fois, par un décret du 16 octobre 1813 (*Bonnet-Dumolard*), ainsi conçu, sur ce chef :

Vu la requête à nous présentée par le sieur Bonnet-Dumolard, tendante à ce qu'il nous plaise annuler un arrêté rendu par le préfet du département de l'Isère, qui déclare vicinal le chemin dont il s'agit ; considérant que cette décision *ayant été compétemment rendue, et n'ayant pas été attaquée devant notre ministre de l'intérieur*, ne peut, quant à présent, être soumise à notre examen ; art. 5. La demande en annulation de l'arrêté du préfet qui déclare vicinal le chemin dont il s'agit est rejetée, sauf aux parties intéressées à l'attaquer devant notre ministre de l'intérieur, si elles s'y croient fondées.

Ce principe a été constamment maintenu, et la jurisprudence sur ce point est invariable.

90. Aucun délai n'est fixé pour l'exercice du droit de recours contre un arrêté de classement. C'est un principe qui s'applique à tous les actes des préfets ; en matière vicinale, il est clairement établi dans une ordonnance du 1er mars 1826 (*Dervaux-Paulée c. commune de Flines*), ainsi conçue, sur ce chef :

Considérant que l'exécution que l'arrêté du préfet avait reçue par la décision du conseil de préfecture, *ne pouvait être que provisoire* comme l'arrêté qui lui avait servi de base, et qu'ainsi elle ne faisait pas obstacle à ce que le ministre statuât sur le recours contre la déclaration de vicinalité, sauf l'appel devant nous en notre conseil d'Etat.

Le recours devant le ministre de l'intérieur peut donc toujours être exercé contre un arrêté de classement, quelque ancienne que soit l'époque à laquelle il a été rendu.

91. Le droit de recours ne serait même pas prescrit par la circonstance que le conseil de préfecture aurait prononcé sur une anticipation commise par le réclamant lui-même. C'est-ce qui a été prononcé par une ordonnance du 25 octobre 1826 (*Pauzier*), ainsi conçue, sur ce chef :

Considérant d'ailleurs que cette décision (du conseil de préfecture) ne fait pas obstacle à ce que le sieur Pauzier, s'il s'y croit fondé, donne suite à son pourvoi devant notre ministre de l'intérieur, sur la déclaration de vicinalité.

Une autre ordonnance du 15 novembre 1826 (*veuve Dossaris*), a statué dans le même sens.

92. Nous ferons remarquer, toutefois, que le recours devant le ministre, contre un arrêté de classement, n'a pas d'effet suspensif, et que cet arrêté doit continuer à recevoir son exécution, tant qu'il n'est pas annulé. C'est ce qui a été jugé par l'ordonnance du 1er mars 1826 (*Dervaux-Paulée c. commune de Flines*), ainsi conçue, sur ce chef :

Considérant que la déclaration faite par le préfet ne pouvait être déférée qu'au ministre que la matière concerne ; qu'en effet, la dame Dervaux-Paulée s'est déjà pourvue devant notre ministre de l'intérieur, mais que, dans cette matière, un tel recours n'est pas suspensif de sa nature.

Il a été prononcé dans le même sens par deux autres ordonnances des 15 octobre 1826 (*Savy*) et 25 octobre 1826 (*Pauzier*).

Il s'ensuit que tant que l'arrêté de classement n'a pas été réformé, et nonobstant le recours dont il est l'objet, le conseil de préfecture doit prononcer sur les anticipations commises. C'est ce qui a été déclaré par l'ordonnance du 15 novembre 1826 (*veuve Dossaris*), ainsi conçue, sur ce chef :

Considérant qu'il est reconnu par la dame veuve Dossaris, que le chemin dont il s'agit a été compris dans l'état des chemins vicinaux de la commune de Bransat, arrêté par le préfet le 26 juillet 1825 ; que l'opposition formée par elle à cet arrêté ne pouvait ni en suspendre l'exécution ni conséquemment empêcher que le conseil de préfecture ne réprimât la contravention qui lui était reprochée.

Si, cependant, de l'exécution de l'arrêté de classement il devait résulter quelque dommage notable qu'il faudrait réparer en cas d'annulation de l'arrêté, nous pensons qu'il serait prudent de surseoir à l'exécution de cet arrêté, jusqu'à ce que le ministre de l'intérieur ait prononcé sur le recours formé devant lui.

SECTION VIII.

Annulation du classement.

---

93. Le ministre de l'intérieur, comme nous l'avons vu, n° 90, a donc toujours, et quel que soit le temps écoulé depuis le classement d'un chemin, le droit d'annuler l'arrêté de classement. La conséquence de l'annulation est de faire tomber également tout ce qui avait été fait par suite du classement, comme, par exemple, un arrêté de conseil de préfecture qui aurait réprimé une usurpation sur le chemin d'abord classé.

C'est ce qui a été décidé par une ordonnance du 25 avril 1828 (*Lemonnier*), ainsi conçue :

Vu la loi du 26 février 1805 (9 ventôse an XIII); considérant que l'arrêté du conseil de préfecture était fondé sur la déclaration de vicinalité faite par le préfet, mais que cette déclaration de vicinalité a été annulée par une décision de notre ministre de l'intérieur, laquelle décision n'a pas été attaquée. — Art. 1er. L'arrêté pris par le conseil de préfecture du département de la Seine-Inférieure, le 11 août 1826, est annulé.

Une autre ordonnance du 14 septembre 1830 (*Dreux c. commune de Pomponne*) a statué dans le même sens. Nous en citerons encore une, du 9 février 1837 (*de Lamberville c. commune de la Celle-Saint-Cloud*) dont les termes sont encore plus précis ; elle est ainsi conçue :

Considérant que le chemin dont il s'agit avait été classé comme chemin vicinal par arrêté du préfet de Seine-et-Oise, du 16 janvier 1828 ; qu'ainsi c'est avec raison que le conseil de préfecture a ordonné l'enlèvement des bornes plantées en contravention sur ledit chemin, et a condamné le sieur de Lamberville au paiement des frais de la constatation de la contravention ; mais considérant que depuis, et par arrêté du 12 novembre 1835, approuvé par le ministre de l'intérieur, le chemin a été déclassé; que, dès lors, les arrêtés attaqués ne peuvent plus recevoir leur exécution dans la disposition qui ordonne l'enlèvement des bornes.

Dans ce dernier cas, à la vérité, l'arrêté de classement n'avait pas été annulé par le ministre ; il avait été rapporté par le préfet lui-même ; mais les conséquences de cette annulation sont évidemment les mêmes.

94. La portée donnée ici à l'annulation des arrêtés de classement, pourrait, au premier coup d'œil, paraître porter atteinte à la chose jugée, mais on reconnaitra qu'il n'en est pas ainsi, si on va au fond de la question.

En effet, un chemin est déclaré vicinal; pendant qu'il a ce caractère, une anticipation est commise ; le conseil de préfecture la réprime, c'est-à-dire ordonne que le sol anticipé sera rendu au chemin. Mais, par une décision administrative postérieure, le chemin est dépouillé du caractère de vicinalité ; dès lors, comment pourrait être maintenue, comment pourrait être exécutée la décision du conseil de préfecture ordonnant la réintégration du sol à un chemin qui n'est plus vicinal? La décision s'appliquait à un chemin investi du caractère de la vicinalité ; elle tombe dès que le chemin est dépouillé de ce caractère, par cette seule considération que les conseils de préfecture n'ont attribution qu'à l'égard des chemins vicinaux.

95. Les autres conséquences d'un arrêté de classement tombent également devant l'annulation de cet acte, comme seraient, par exemple, des droits de passage qui n'auraient d'autres bases que cet arrêté. C'est ce qui résulte d'une ordonnance du 19 juin 1828 (*Dervaux-Paulée*), ainsi conçue :

Considérant que l'arrêté du conseil de préfecture, dans ses dispositions confirmées par notre ordonnance du 1er mars 1826, ne statue que sur une contravention résultant de l'établissement des barrières, à une époque où le chemin en litige avait été déclaré vicinal par un arrêté du préfet qui a dû être exécuté aussi longtemps qu'il a existé; considérant que cet arrêté du préfet a été postérieurement annulé par une décision de notre ministre de l'intérieur, du 15 mai 1827, qui n'est point attaquée; que, depuis cette décision, la vicinalité déclarée par le préfet ne subsistant plus, le droit que la dame Paulée prétend avoir de rétablir les barrières, et le droit de passage que la commune de Flines-les-Marchiennes pourrait y opposer, ne présentent plus que des questions de droit commun dont la connaissance appartient aux tribunaux.

SECTION IX.

Pourvoi contre les décisions ministérielles.

96. Les décisions ministérielles en matière de déclaration de vicinalité sont-elles définitives, ou peuvent-elles être attaquées devant le conseil d'Etat?

Sur ce point, la jurisprudence a plusieurs fois varié.

97. Jusqu'en 1833, le pourvoi contre les décisions de cette nature était considéré comme admissible, car, dans plusieurs ordonnances rendues sur des recours formés directement devant le conseil d'Etat contre des arrêtés de préfets, les parties sont renvoyées devant le ministre de l'intérieur, mais avec cette réserve, *sauf l'appel devant nous en notre conseil d'Etat.*

98. Une première ordonnance du 14 novembre 1833 (*Turodin*) a statué différemment; elle est ainsi conçue :

Considérant que la question de savoir s'il y a lieu de supprimer, comme inutile, un chemin vicinal, ne peut nous être déférée par la voie contentieuse, et que la décision (ministérielle) attaquée ne fait pas obstacle à ce que ledit sieur Turodin se présente devant les tribunaux pour y faire statuer sur l'indemnité à laquelle il aurait droit, dans le cas où il serait reconnu propriétaire du sol dudit chemin.— Art. 1er. La requête est rejetée.

99. Une ordonnance du 7 février 1834 (*Héritiers de Barral c. commune de Saint-Etienne-de-Crossey*) a, au contraire, admis le pourvoi en ces termes :

Considérant que les contestations relatives aux déclarations de vicinalité des chemins, émanées des préfets, sont de la compétence de notre ministre du commerce et des travaux publics, et que les décisions en cette matière sont de nature à nous être déférées en conseil d'Etat par la voie contentieuse.

100. Mais une autre ordonnance du 12 avril 1838 (*Cholais c. commune de Joussais*) a, de nouveau, déclaré que les décisions ministérielles en cette matière n'étaient pas de nature à être attaquées devant le conseil d'Etat·

Considérant que la question de savoir s'il y a lieu de déclarer ledit chemin comme inutile aux communications de la commune, est une question purement administrative qui ne peut nous être soumise par la voie contentieuse.

Il a été prononcé dans le même sens par l'ordonnance du 18 juillet 1838 (*commune de Vertheuil c. Malvezin*) portant :

Considérant que, par la décision attaquée, notre ministre de l'intérieur, en annulant l'arrêté du préfet de la Gironde, du 23 septembre 1836, a refusé de classer comme vicinaux des chemins dont le conseil municipal de Vertheuil demandait le classement à ce titre ; qu'un tel refus est un acte de pure administration qui ne peut nous être déféré par la voie contentieuse.

Une ordonnance du 16 juin 1841 (*ville de Châteaudun*) porte également :

Considérant que, par la décision attaquée, notre ministre de l'intérieur s'est borné à approuver les deux arrêtés du préfet du département d'Eure-et-Loir qui ont refusé de classer comme vicinaux les chemins dont il s'agit ; que cette décision est un acte purement administratif qui n'est pas de nature à nous être déféré, par la voie contentieuse.

Une ordonnance du 23 décembre 1842 (*Barré et consorts c. Hecquet*) a prononcé dans le même sens.

Nous citerons encore celle du 17 janvier 1846 (*Hautefeuille*), ainsi conçue :

Vu l'arrêté du gouvernement du 23 messidor an v ;
Vu les lois des 9 ventôse an XIII, 28 juillet 1824, 21 mai 1836 ;
Considérant qu'aux termes de l'arrêté du gouvernement du 23 messidor an v, il appartenait au préfet de dresser l'état général des chemins vicinaux de la commune ;
Considérant que, par la décision attaquée, notre ministre de l'intérieur s'est borné à approuver l'arrêté du préfet de l'Aisne, en date du 4 décembre 1841, lequel n'a pas compris le chemin n° 33, dit *de Creciamont*, parmi les chemins vicinaux de la commune de la Ferté-Milon ; que cette décision est un acte purement administratif pris par notre ministre de l'intérieur dans la limite de ses pouvoirs, et qui n'est pas de nature à nous être déféré par la voie contentieuse.

Enfin, une décision du conseil d'État, section du contentieux, en date du 1er juin 1849 (veuve et héritiers Remy-Cubat), et un décret en date du 30 avril 1852 (commune de Sarron) ont statué de même. La jurisprudence paraît donc fixée sur ce point.

SECTION X.

Refus de classement.

101. De même que le préfet a le droit de déclarer un chemin *vicinal*, soit contrairement à l'avis du conseil municipal, soit malgré les oppositions de particuliers, de même, aussi, il peut refuser de classer un chemin, alors même que ce classement est demandé, soit par la commune, soit, ce qui est plus rare, par des particuliers.

102. Ce refus est déterminé, la plupart du temps, par le peu d'utilité de la communication ou par la situation financière de la commune. Celle-ci pourrait ne pas avoir la possibilité de payer la valeur du sol du chemin, si ce sol ne lui appartient pas ; ou bien le nombre des chemins déjà classés est tel qu'il absorbe la totalité des ressources qui peuvent être affectées à leur entretien, et, par suite, le chemin dont le classement est demandé grèverait la commune d'une nouvelle charge qu'elle ne pourrait pas supporter.

103. Dans ces différents cas, on comprend que le préfet refuse de prononcer le classement, mais la commune de la situation du chemin, quelquefois des communes voisines, plus rarement des particuliers, peuvent avoir intérêt à réclamer contre la décision du préfet. Ici, le droit de recours est ouvert aux intéressés, car le refus de classement est un acte administratif.

C'est devant le ministre de l'intérieur que serait exercé le recours, comme nous l'avons dit. n° 89, à l'égard du recours contre les arrêtés de classement ; si le ministre croit le refus mal fondé, s'il reconnaît, que le besoin des communications commande le classement, il peut prescrire au préfet de prendre un arrêté pour déclarer la vicinalité du chemin. Ce ne serait là que l'exercice du droit de contrôle que le ministre de l'intérieur exerce sur tous les actes administratifs des préfets.

SECTION XI.

Interprétation des arrêtés de classement.

104. Du principe que c'est aux préfets qu'appartient le classement des chemins vicinaux, découle naturellement la conséquence que lorsqu'un arrêté préfectoral prononçant le classement d'un chemin vicinal a besoin d'être interprété, c'est au préfet seul qu'il appartient de donner cette interprétation.

C'est l'application de la doctrine constamment soutenue par le conseil d'Etat, qu'à l'Administration seule appartient l'interprétation de ses propres actes, et ce principe a été de nouveau proclamé par l'ordonnance du 12 mai 1847 (*Guillemot c. commune de Tournus*), ainsi conçue, quant à ce chef :

Vu les lois des 16-24 août 1790, 16 fructidor an III, 9 ventôse an XIII, 28 juillet 1824 et 21 mai 1836 ;

Considérant qu'il a été articulé par le préfet de Saône-et-Loire, dans son déclinatoire du 6 juillet 1846, que le terrain dont il s'agit fait partie du sol du chemin dit *du Pont de Tournus à Simandre*, déclaré vicinal par un arrêté préfectoral du 26 février 1825 ; que cette énonciation a été contestée par le sieur Guillemot ; que, dès lors, l'action possessoire intentée par ledit sieur Guillemot était subordonnée à l'interprétation de l'arrêté précité du 26 février 1825 ; qu'il n'appartenait qu'à l'autorité administrative de donner cette interprétation, laquelle a, en effet, fait l'objet de l'arrêté préfectoral du 5 février 1847 ; et que ce dernier arrêté, duquel il résulte que le terrain litigieux est compris dans les limites du chemin vicinal *du Pont de Tournus à Simandre*, a été produit devant le tribunal avant que ledit tribunal eût statué sur la contestation dont il était saisi. — Art. 1er. L'arrêté de conflit pris par le préfet du département de Saône-et-Loire, le 11 mars 1847, est confirmé.

Il a été prononcé de même, par un décret du 14 septembre 1852 (*Colle c. commune de Condé-sur-Risle*).

SECTION XII.

Fixation de la largeur des chemins vicinaux.

105. La déclaration de vicinalité serait incomplète, si la largeur du chemin et ses limites n'étaient déterminées, soit par l'arrêté de classement, soit par un arrêté postérieur ; c'est ce qu'ont décidé un assez grand nombre d'ordonnances. Nous citerons seulement celle du 11 janvier 1829 (*D'Argent*), ainsi conçue :

Considérant que, par son arrêté du 5 décembre 1827, le préfet a déclaré la vicinalité du chemin litigieux, sans statuer sur sa direction ni sur sa largeur ; que cependant, aux termes de la loi du 28 février 1805 (9 ventôse an XIII), les préfets doivent rechercher et reconnaître les anciennes limites des chemins vicinaux, et fixer, d'après cette reconnaissance, leur largeur, suivant les localités. Art. 1er. Il est sursis à statuer jusqu'à ce que le préfet ait complété sa déclaration de vicinalité.

§ 1. — *Compétence.*

106. Nous avons vu plus haut, n° 41, combien la jurisprudence avait été lente à se fixer sur la question de savoir à quelle autorité il appartient de déclarer la vicinalité des chemins ; la même hésitation a existé quant au droit de fixer la largeur des chemins vicinaux.

L'incompétence des tribunaux, en cette matière, avait été trop formellement établie par la loi du 9 ventôse an XIII, pour que ce point pût être contesté. Ce n'est donc qu'entre les préfets et les conseils de préfecture que pouvait exister le doute sur la compétence, et jusqu'en 1813, le conseil d'Etat l'avait tranché en faveur des conseils de préfecture.

A cette époque, comme nous l'avons dit, n° 41, le droit de déclarer la vicinalité des chemins fut attribué aux préfets ; la fixation de la largeur leur revint, comme conséquence, et une ordonnance du 16 octobre 1813 (*Bonnet-Dumolard*) statue en ces termes :

Considérant qu'aux termes de l'article 6 de la loi du 9 ventôse an XIII, le droit de fixer la largeur des chemins vicinaux n'appartient qu'à l'administration publique, c'est-à-dire aux préfets, sauf le recours à notre ministre de l'intérieur et ensuite à notre conseil d'Etat ; que, sous le premier rapport, le conseil de préfecture du département de l'Isère a excédé les bornes de sa compétence, en fixant lui-même la largeur du chemin qui fait l'objet de la contestation.

Depuis cette époque, la jurisprudence du conseil d'Etat n'a plus varié, sur ce point, et elle a été consacrée par l'article 15 de la loi du 21 mai 1836.

107. Du droit de fixer la largeur des chemins vicinaux ressort naturellement celui de réparer une erreur qui aurait été commise dans cette fixation. C'est ce qui a été décidé par l'ordonnance du 23 décembre 1835 (*Dellier c. Garnier*), ainsi conçue :

Vu les lois des 6 octobre 1791, 9 ventôse an XIII et 28 juillet 1824 ; considérant qu'aux termes des lois des 9 ventôse an XIII et 28 juillet 1824, il appartenait au préfet de déclarer la vicinalité du sentier dont il s'agit, et d'en déterminer la direction et les limites ; que c'est par erreur, ainsi qu'il est expliqué dans l'arrêté du 12 novembre 1832, que la largeur dudit sentier avait été indiquée comme d'un mètre seulement dans l'état des chemins et sentiers vicinaux de la commune de Lives, approuvé le 7 mars 1826, et qu'il résulte de l'instruction que, par l'arrêté du 12 novembre 1832, la direction et les anciennes limites dudit sentier ont été exactement reconnues et déterminées.— Art. 1er. La requête du sieur Dellier est rejetée.

§ 2. — *Étendue du droit de fixation de la largeur.*

108. En fixant la largeur des chemins vicinaux, le préfet use-t-il d'un droit qui n'a d'autres bornes que les besoins de la viabilité? son pouvoir est-il, au contraire, resserré dans certaines limites qui ne peuvent être franchies? Il pouvait y avoir quelques doutes sur ce point sous l'empire de la loi du 9 ventôse an XIII, qui, en chargeant l'Administration publique de fixer la largeur des chemins vicinaux, ajoutait ces mots : « Sans pouvoir, cependant, lorsqu'il sera nécessaire de l'augmen-« ter, la porter au delà de six mètres. »

Sans rechercher ici quelle est la portée que pouvait avoir cette disposition, nous nous bornerons à faire remarquer qu'elle se trouve virtuellement abrogée par l'article 15 de la loi du 21 mai 1836, qui, en remettant aux préfets le soin de fixer la largeur des chemins vicinaux, ne détermine aucune limite pour cette largeur. Si l'abrogation, par voie de prétérition, de la disposition précitée de la loi du 9 ventôse an XIII, ne paraissait pas assez évidente, nous ajouterions que l'article 21 de la loi du 21 mai 1836, qui charge les préfets de faire un règlement pour assurer l'exécution de cette loi, porte que ce règlement *fixera, dans chaque département, le maximum de la largeur des chemins vicinaux ;* or, comment les préfets pourraient-ils fixer le maximum de la largeur des chemins, si la loi du 9 ventôse an XIII restait en vigueur sur ce point? Comment, surtout, le maximum pourrait-il varier entre les départements?

C'est en ce sens et de la manière la plus large, que le ministre de l'intérieur a entendu, dans son instruction du 24 juin 1836, le pouvoir donné aux préfets par l'article 15 de la loi du 21 mai 1836 ; seulement, et à titre de conseil, il engage ces magistrats à ne pas dépasser, dans leurs déclarations de largeur, la limite de 6 mètres pour les chemins vicinaux de petite communication et de 8 mètres pour ceux de grande communication, sauf, bien entendu, les cas exceptionnels où les besoins de la viabilité exigeraient qu'une plus grande largeur fût attribuée aux chemins.

109. Nous ajouterons que dans la largeur de 6 mètres et de 8 mètres, indiquée comme maximum, ne sont pas compris les fossés, là où il doit en être ouvert, ni les talus dans les endroits où les chemins sont en contre-haut ou en contre-bas du sol. Ce sont là des accessoires des chemins dont les préfets ont le droit d'ordonner l'établissement, et qui sont considérés comme faisant partie intégrante des chemins mêmes.

110. Pour l'exécution de cette partie de l'instruction ministérielle, les préfets ont dû, dans leurs règlements généraux, déterminer le maximum de largeur à donner aux chemins vicinaux de petite et de grande communication, mais la fixation d'un maximum de largeur, comme règle générale, ne suffit pas, on le comprend, pour établir, d'une manière précise, la ligne qui sépare le chemin de la propriété riveraine ; il faut encore que la largeur de chaque chemin vicinal, en particulier, soit fixée. Quelquefois même, la largeur d'un chemin peut être différente en différents endroits de son parcours. Dans l'instruction précitée, le ministre de l'intérieur a donc invité les préfets à déterminer, dans leurs arrêtés de classement, la largeur que doit avoir chaque chemin, après avoir pris l'avis du maire et du conseil municipal de la commune.

111. Lorsqu'il y a nécessité d'augmenter la largeur actuelle d'un chemin, il convient, comme l'a recommandé l'instruction ministérielle, de prendre le sol nécessaire à l'élargissement par égale portion sur chacune des deux rives, autant que possible, afin de tenir une balance égale entre les différents propriétaires. Il doit cependant être dérogé à cette règle toutes les fois que des obstacles naturels ou des circonstances locales s'opposent à ce qu'elle soit observée, notamment, lorsque le sol, sur l'une des deux rives, est occupé par des constructions, clôtures ou plantations, et que, sur l'autre rive, il est complétement libre. Dans ce cas, l'élargissement peut avoir lieu en le faisant porter entièrement sur la rive où l'occupation présente le moins de difficultés et exige le moins de dépenses. Ces circonstances, étudiées à l'avance, doivent être déterminées dans l'arrêté du préfet, c'est-à-dire que cet acte doit déclarer sur quelle rive l'élargissement doit être porté.

§ 3. — *Effets de l'arrêté portant fixation de la largeur.*

112. Lorsque l'arrêté par lequel le préfet détermine la largeur d'un chemin vicinal ne fait que maintenir la largeur actuelle du chemin, c'est la simple consécration d'un état de choses existant, et il ne peut en résulter aucune difficulté.

113. Lorsque, au contraire, l'arrêté attribue au chemin une largeur plus grande que celle qu'il a actuellement, alors s'élève, ou au moins peut s'élever la question de savoir si le sol qui doit être incorporé au chemin est la propriété de la commune ou celle des riverains du chemin.

Tout ce que nous avons dit plus haut, nº 69, à l'occasion du classement des chemins dont le sol n'appartient pas à la commune ou à l'égard desquels la propriété du sol est contestée, s'applique, sans exception, aux contestations de même nature relatives aux élargissements. En nous référant aux explications données ci-dessus sur ce point, nous dirons seulement que le droit, pour les préfets, de déterminer la largeur des chemins vicinaux et d'ordonner leur élargissement, au besoin, est pleinement reconnu, mais, comme l'exprime l'article 15 de la loi, sous la réserve du droit à indemnité des propriétaires riverains, s'il y a lieu.

114. Dans un petit nombre de départements, on avait cru pouvoir donner aux arrêtés de préfet ordonnant l'élargissement des chemins vicinaux, une plus grande portée. Se fondant sur la présomption que les chemins vicinaux auraient été rétrécis par l'effet d'anticipations successives et anciennes, des préfets avaient cru pouvoir, par application de l'article 15 de la loi, ordonner la reprise pure et simple des terrains qu'ils considéraient comme ayant été anticipés.

Le ministre de l'intérieur a pensé, et nous croyons avec lui, que c'était là dépasser les limites du droit résultant de cet article de la loi. Nous admettons que, dans beaucoup de cas, les chemins vicinaux se trouvent réduits à une largeur insuffisante par le seul effet des anticipations des propriétaires riverains ; mais ces anticipations sont un fait dont la répression appartient aux conseils de préfecture et non aux préfets. Si l'anticipation paraît constante, il faut la faire constater par procès-verbal régulier et la déférer au tribunal compétent. Si l'ancienneté de l'usurpation a fait disparaître toutes les preuves nécessaires pour motiver la répression, c'est une chose fâcheuse, sans doute, mais qui ne saurait justifier un excès de pouvoir contre lequel les particuliers auraient à exercer un recours dont le succès ne saurait être douteux.

115. Nous devons faire remarquer aussi que l'élargissement d'un chemin vicinal ne saurait avoir d'effet rétroactif, en ce sens qu'il puisse faire considérer, comme faites sans autorisation préalable, et par conséquent, comme sujettes à démolition, sans indemnité, des constructions élevées, avant l'arrêté prononçant l'élargissement, sur un terrain situé en dehors des anciennes limites. C'est l'application du principe de non-rétroactivité écrit dans toutes nos lois, et la cour de cassation l'a rappelé par un arrêt (ch. crim.) en date du 28 juin 1839 (*Dupont*), ainsi conçu :

Attendu qu'à l'époque où la construction dont il s'agit fut entreprise, aucune disposition réglementaire n'avait encore décidé que, outre les six mètres de largeur, le chemin de Ducey, par la Tourfaudière, pourrait avoir des fossés de chaque côté là où il y aurait lieu d'en établir ; qu'il est déclaré par le jugement dénoncé que cette construction est en dehors de la largeur légale dudit chemin, telle que l'autorité administrative l'avait jusqu'alors fixée ; d'où il suit qu'en relaxant le prévenu, par le motif qu'il n'était pas tenu de demander alignement avant de construire, ce jugement, lequel est d'ailleurs régulier en la forme, n'a fait, dans l'espèce, qu'une juste application des règles de la matière.

§ 4. Recours contre les arrêtés portant fixation de la largeur.

116. Les arrêtés de préfet portant fixation de la largeur des chemins vicinaux peuvent être attaqués, tout comme ceux prononçant le classement de ces chemins, et c'est également devant le ministre de l'intérieur et non pas devant le conseil d'Etat, que doit être exercé ce recours.

C'est ce qu'a déclaré une ordonnance du 13 décembre 1845 (*veuve Chapzier*), ainsi conçue :

Vu la loi du 21 mai 1836, et notamment les articles 15 et 16 de ladite loi ;
Considérant que, par son arrêté en date du 7 mai 1841, qui procède à la reconnaissance et à la fixation de la largeur du chemin de Chabrignac à Vignols, le préfet de la Corrèze n'a ni dépassé les limites de la compétence qui lui est attribuée par l'article 15 de la loi du 21 mai 1836, ni excédé les pouvoirs qui lui ont été conférés par ladite loi ; que, dès lors, le susdit arrêté ne saurait nous être déféré directement par la voie contentieuse.

Il a été prononcé dans le même sens, par un arrêté du Gouvernement, en date du 22 juillet 1848 (*Granier-Saint-Aubin*).

§ 5. Interprétation des arrêtés portant fixation de la largeur.

117. Si des contestations s'élevaient sur l'effet de l'arrêté de classement, si, par exemple, un propriétaire riverain prétendait que telle parcelle de terrain n'est pas comprise dans les limites fixées par cet arrêté, l'autorité administrative serait seule compétente pour statuer, attendu qu'il s'agirait là de l'interprétation d'un acte administratif.

C'est ainsi qu'il a été prononcé par une ordonnance royale du 9 février 1847 (*Bérard, contre commune de Lunel*) ainsi conçue :

Vu les lois des 9 ventôse an XIII, 28 juillet 1824 et 21 mai 1836 ; vu les lois des 16-24 août 1790 et 16 fructidor an III ;
Considérant que l'action portée par le sieur Bérard devant le tribunal de première instance de Montpellier, ne tend point à faire reconnaître les droits dudit sieur Bérard à la propriété du terrain dont il s'agit avant l'incorporation de ce terrain au chemin vicinal de Lunel au Mas-d'Asport ; que ce droit n'a pas été contesté, et qu'il a même donné lieu à l'indemnité qui a été réglée au profit du sieur Bérard par le juge de paix du canton de Lunel, le 5 juillet 1845 ; que la prétention du demandeur a pour but et aurait pour résultat, d'une part, de faire décider que le terrain qui fait l'objet du débat n'avait pas été régulièrement désigné comme devant servir à l'élargissement dudit chemin, et qu'en conséquence ledit demandeur n'a pas cessé d'en être le propriétaire ; d'autre part, de faire ordonner la restitution de ce terrain et le rétablissement des lieux dans leur état primitif ; que, dans cette situation, la demande du sieur Bérard a pour objet, soit de faire interpréter

ou annuler l'arrêté de classement du chemin vicinal et les actes administratifs intervenus pour son exécution, soit de faire ordonner la destruction des travaux effectués sur ledit chemin, et qu'il n'appartient qu'à l'autorité administrative de statuer sur cette contestation.—Art. 1er. L'arrêté de conflit est confirmé.

§ 6. *Exécution des arrêtés portant fixation de la largeur.*

118. Lorsque l'élargissement d'un chemin vicinal a été régulièrement ordonné, le sol compris dans les limites déterminées par cet arrêté est, comme nous l'avons vu, n° 113, virtuellement attribué au chemin ; il en est de même des fossés, talus et autres accessoires qui forment une dépendance du chemin. Reste alors à procéder à l'opération matérielle de l'élargissement du chemin.

Cette opération doit, en général, être exécutée aussitôt après que l'arrêté a été rendu. Toutefois, si le sol à incorporer au chemin était occupé par des constructions, il pourrait être sursis à l'élargissement effectif jusqu'à la destruction, par vétusté, de ces constructions, afin d'éviter le paiement des indemnités que, par l'effet de l'élargissement immédiat, il faudrait payer aux propriétaires, en sus de la valeur des terrains à occuper. C'est ainsi qu'il est procédé, on le sait, en matière de voirie urbaine ; la même marche peut être suivie pour l'élargissement des chemins vicinaux, si d'ailleurs, la viabilité n'exige pas l'élargissement immédiat.

119. Pour procéder régulièrement à l'élargissement d'un chemin vicinal, le maire de la commune sur le territoire de laquelle il est situé doit notifier aux propriétaires des parcelles à occuper l'arrêté préfectoral qui a déterminé la largeur de ce chemin, et les inviter à se trouver sur les lieux pour que la délimitation du terrain à occuper s'effectue contradictoirement. Si les propriétaires, ainsi mis en demeure, ne comparaissaient pas, il est procédé en leur absence et il est rédigé procès-verbal de l'opération.

Lorsqu'il s'agit d'un chemin vicinal de petite communication, le maire doit, autant que faire se peut, être assisté d'un agent voyer ; la présence de cet agent est indispensable s'il s'agit d'un chemin vicinal de grande communication.

120. Si quelque propriétaire apportait violemment obstacle à l'exécution de l'arrêté préfectoral portant fixation de la largeur d'un chemin vicinal, il commettrait un délit passible de peines correctionnelles, ainsi que l'a déclaré la cour de cassation, par un arrêt (ch. crim.) en date du 2 février 1844 (*Louvrier et autres*), ainsi conçu, sur ce chef :

Attendu qu'il résulte du procès-verbal dressé à la charge des susnommés, que ces individus se sont opposés *avec violence* à la continuation des travaux légalement entrepris pour l'élargissement du chemin vicinal qui conduit de Mont-et-Maré au canal du Nivernais, et qu'ils ont détruit ceux qui avaient été commencés sur leurs propriétés respectives ; que ces faits constituent tout à la fois le délit prévu par l'article 438 du Code pénal, et la contravention que le n° 11 de l'article 479 du même Code punit ; qu'ils rentrent exclusivement, dès lors, dans la juridiction de la police correctionnelle ;..............................
....
.....................; qu'en décidant donc que les prévenus n'ont commis ni délit, ni contravention, sur le motif que l'indemnité préalable à laquelle ils ont droit n'avait pas encore été fixée lorsqu'ils s'opposèrent à la confection des travaux exécutés sur leur propriété, le même jugement a faussement appliqué tant l'article 9 de la Charte constitutionnelle, que la loi du 7 juillet 1833, et violé expressément l'article 15 ci-dessus transcrit.

§ 7. — *Rétrocession des terrains non employés.*

121. Lorsqu'une expropriation a été prononcée en vue de travaux publics projetés, et que l'administration a régulièrement pris possession des terrains ou bâtiments expropriés, il peut arriver que l'administration renonce à exécuter ces travaux. Il arrive, bien plus fréquemment, qu'après l'exécution des travaux, des portions plus ou moins considérables des terrains expropriés n'y sont pas employées et restent, entre les mains de l'administration.

L'art. 60 de la loi du 3 mai 1841 permet, dans ces différents cas, aux anciens propriétaires ou à leurs ayants droit de demander la remise de ces terrains, et l'art. 61 détermine le délai dans lequel ces propriétaires doivent user du droit qui leur est ouvert.

Ces dispositions sont applicables aux terrains occupés en vertu de l'art. 15 de la loi du 21 mai 1836. Si quelque doute avait pu s'élever à cet égard, il serait levé par l'ordonnance du 27 mai 1846 (*de Cuzieux*), ainsi conçue :

Vu la loi du 21 mai 1836; les lois des 7 juillet 1833 et 3 mai 1841 ;

Considérant qu'aux termes de l'article 60 de la loi du 7 juillet 1833, les anciens propriétaires ont le droit de demander la remise des terrains acquis pour des travaux d'utilité publique qui ne reçoivent pas cette destination ; que, dès lors, si par suite de l'inexécution des talus primitivement projetés, la parcelle de terrain cédée par madame de Cuzieux pour la construction du chemin dont il s'agit n'est pas entièrement et définitivement occupée par ledit chemin ou les travaux accessoires, il y aura lieu de faire remise à la dame de Cuzieux, sur sa demande, de la partie de la susdite parcelle qui ne sera pas occupée.

122. Mais il est à remarquer que c'est à l'autorité administrative seule qu'appartient le droit de déclarer si les terrains expropriés et non encore employés restent ou non affectés au chemin. C'est ce qu'a décidé la cour de cassation par un arrêt (ch. civ.), en date du 28 décembre 1852 (*préfet du Rhône et Rayre contre veuve de Cuzieux*), ainsi conçu :

Vu la loi du 16 fructidor an III et les articles 60 et 61 de la loi du 3 mai 1841 ;

Attendu qu'il résulte des faits établis par l'arrêt attaqué que la dame de Cuzieux, ayant été légalement expropriée par arrêté du préfet du Rhône, en vertu de la loi du 21 mai 1836, d'une parcelle de terrain nécessaire pour la confection du chemin vicinal de grande communication de Brignais à la route royale n° 7, l'indemnité due à cette dame a été régulièrement fixée et liquidée suivant procès-verbal du juge de paix du canton de Saint-Genis-Laval, en date du 18 mars 1840; que, par l'effet de cette expropriation régulièrement prononcée, et de la liquidation de l'indemnité qui en était la suite, le département est définitivement devenu propriétaire de la parcelle de terrain ainsi attribuée au chemin ; que, depuis, la dame de Cuzieux ayant prétendu qu'une partie de cette parcelle n'était pas nécessaire à la confection du chemin, et une instance administrative s'étant, à cet égard, engagée, il est intervenu une ordonnance rendue en conseil d'État le 27 mai 1846, laquelle considérant qu'aux termes de l'article 60 de la loi du 3 mai 1841, les anciens propriétaires ont le droit de demander la remise des terrains acquis pour les travaux d'utilité publique qui ne reçoivent pas cette destination, a décidé que, dans le cas où, après la complète exécution du chemin vicinal dont il s'agit, la parcelle de terrain réclamée par la dame de Cuzieux ne serait pas occupée par ledit chemin ou ses travaux accessoires, il en serait fait remise à la dame de Cuzieux, conformément aux articles 60 et suivants de la loi du 3 mai 1841 ;

Attendu que, postérieurement aux faits ci-dessus, un arrêté du préfet du Rhône, en date du 30 mars 1847, a décidé que le terrain litigieux serait attribué au chemin et ferait partie de ses dépendances pour l'établissement de gares de dépôt destinées à l'approvisionnement des matériaux nécessaires à l'entretien du chemin ; que, dès lors, loin que la portion de terrain appartenant précédemment à la dame de Cuzieux ait été inutile à la confection du chemin, il avait été, au contraire, décidé par l'autorité administrative qu'elle y serait incorporée ; que la dame de Cuzieux avait, d'ailleurs, été régulièrement indemnisée par suite de l'expropriation prononcée contre elle ; que l'autorité judiciaire était incompétente pour apprécier l'acte émané de l'autorité administrative ; qu'en conséquence, en décidant, au contraire, et malgré l'attribution faite au chemin de cette parcelle de terrain par l'arrêté du 30 mars 1847, qu'elle était inutile à sa confection, que la dame de Cuzieux en était reconnue propriétaire et que la restitution lui en serait faite, l'arrêt attaqué a violé les règles de la compétence et les articles précités.

SECTION XIII.

Bornage des chemins vicinaux.

123. Le complément de la fixation de la largeur d'un chemin vicinal, c'est le bornage de ce chemin, c'est-à-dire la détermination précise et permanente de la ligne séparative entre la voie publique et les propriétés riveraines. Cette mesure est, d'ailleurs, le plus sûr moyen de prévenir les anticipations ; l'administration a donc un grand intérêt à la faire exécuter partout. Sans la prescrire, le ministre de l'intérieur l'a conseillée par son instruction du 24 juin 1836.

124. Sur la forme d'après laquelle il doit être procédé au bornage des chemins vicinaux, un doute s'est d'abord élevé dans l'esprit de quelques fonctionnaires.

Cette opération doit-elle être considérée comme purement administrative ? doit-il, au contraire, y être procédé comme en matière de bornage entre voisins, c'est-à-dire, avec toutes les formes prescrites par la procédure en bornage ?

Consulté sur cette question, le ministre de l'intérieur n'a pas hésité à la résoudre en faveur de l'attribution administrative, et à déclarer que le bornage des chemins vicinaux ne lui paraissait nullement rentrer dans l'application de l'article 646 du Code civil, et des règles qui dérivent de cet article ; la raison en est facile à saisir.

En effet, l'article susénoncé a pour but de faire opérer, au moyen du bornage, la délimitation de deux héritages contigus. Les deux propriétaires ont, cela est incontestable, le plus grand intérêt à être tous les deux présents à l'opération. Chacun a ses droits à soutenir ; chacun a à veiller à ce que le propriétaire opposé ne porte pas les limites de son héritage sur le domaine voisin et ne s'approprie point ainsi des portions de terrains qui ne lui appartiennent pas.

Mais en matière de bornage des chemins vicinaux, il n'y a pas deux propriétaires en présence l'un de l'autre. Aux termes de l'article 6 de la loi du 9 ventôse an XIII (28 février 1805) et de l'article 15 de la loi du 21 mai 1836, c'est à l'administration qu'appartient le droit de fixer la largeur des chemins vicinaux et d'en déterminer les limites. Suivant l'article 15 précité, l'arrêté pris à cet effet par le préfet attribue définitivement au chemin le sol compris dans les limites qu'il a déterminées. L'opération du bornage n'a pour but que de constater ces limites. Du moment qu'un arrêté préfectoral a fixé la largeur d'un chemin vicinal, les propriétaires riverains se trouvent, par ce fait seul, dépossédés des portions de terrains nécessaires pour donner au chemin la largeur déterminée. Qu'ils soient ou non présents à l'opération du bornage, ils ne peuvent s'opposer à ce que l'administration place des bornes à l'endroit où finit le chemin. En vain prétendraient-ils que les bornes sont plantées sur leurs propriétés. Leurs réclamations n'auraient pas pour effet de mettre obstacle au bornage, puisqu'en définitive, leur droit de propriété se résoudrait en une indemnité.

125. La conséquence rigoureuse des observations qui précèdent, c'est que l'administration pourrait se dispenser de mettre les propriétaires riverains des chemins vicinaux en demeure d'assister au bornage de ces chemins. Mais ce serait évidemment aller trop loin, et il suffit que la présence des propriétaires puisse être utile à leurs intérêts, pour qu'il y ait convenance à les appeler. Voici donc comment il doit être procédé, d'après les instructions ministérielles qui ont servi de base à la rédaction des règlements généraux arrêtés par les préfets.

126. Lorsqu'il y a lieu de procéder au bornage d'un ou de plusieurs chemins vicinaux, le maire donne avis aux propriétaires riverains du jour où cette opération doit se faire et les invite à se trouver sur les lieux. Cet avis doit être donné par voie administrative, c'est-à-dire au moyen d'avertissements individuels portés par le garde champêtre, ou d'avertissements collectifs donnés par les voies de publicité en usage dans la commune.

127. Au jour dit, le maire se rend sur les lieux, assisté de deux membres du conseil municipal choisis par le maire, et autant que possible, d'un agent voyer; la présence de ce dernier est indispensable, s'il s'agit du bornage d'un chemin vicinal de grande communication.

Si les propriétaires ont répondu à l'appel qui leur a été fait et qu'ils soient présents, il est procédé au bornage contradictoirement entre le maire et eux; s'ils s'abstiennent de comparaître, il est passé outre à l'opération sans leur concours.

128. Trois cas peuvent se présenter ici.

Ou bien le chemin a, lors du bornage, la largeur fixée par l'arrêté préfectoral, tant pour la voie livrée à la circulation que pour les fossés et ouvrages accessoires;

Ou bien la largeur actuelle du chemin dépasse celle fixée par l'arrêté préfectoral;

Ou bien, enfin, le chemin n'a pas encore la largeur fixée.

Dans le premier cas, des bornes doivent être placées de distance en distance, sur la limite qui sépare le sol appartenant au chemin du sol des propriétés riveraines.

Dans le second cas, l'excédant de largeur devant être conservé jusqu'à ce qu'il en soit autrement ordonné, les bornes sont placées, non plus à la limite de la largeur légale du chemin, mais à la limite du sol formant l'excédant de largeur.

Dans le troisième cas, l'administration doit, autant que possible, profiter de l'opération du bornage pour donner au chemin sa largeur légale, et il est, à cet effet, procédé comme il a été dit plus haut, n° 111.

129. Des circonstances particulières, telles que l'existence de constructions en bon état, ou de clôtures dont l'enlèvement immédiat serait d'un trop grand dommage, pourraient cependant déterminer l'administration à surseoir à l'élargissement, et dans ce cas, le bornage ne pouvant plus être fait dans la forme ordinaire, on placerait au milieu de l'axe du chemin, tel que cet axe résulte de la largeur légale, on placerait de distance en distance, disons-nous, des bornes médiaires arrasées au-dessous du sol du chemin, de manière à ne pas gêner la circulation. Ces bornes médiaires doivent être entourées au pied, de ce que, dans le langage ordinaire, on appelle témoins, c'est-à-dire de tuileaux, de fragments de brique ou de charbon destinés à les faire reconnaître ; elles servent de point de repère, soit lorsque le moment est arrivé de donner au chemin vicinal sa largeur légale, soit lorsqu'il y a lieu de rechercher les usurpations qui aurait été commises depuis le placement des bornes.

130. Les bornes placées au bord des chemins, doivent, autant que possible, être en pierre dure et assez saillantes hors de terre pour être facilement reconnaissables ; les bornes médiaires peuvent être en pierre brute.

131. Dans quelques départements on a placé des bornes médiaires, même sur les chemins dont le sol était délimité par des bornes extérieures ; c'est un moyen de contrôle qui peut être très-utile en cas de disparition des bornes limitatives.

132. Lorsque l'opération du bornage est terminée, il doit en être dressé un procès-verbal détaillé, dans lequel sont spécialement indiqués : 1° tous le points où les bornes, soit apparentes, soit médiaires, ont été placées ; 2° la distance qui se trouve entre ces bornes ainsi que les indications de repère nécessaires pour les retrouver ; 3° la largeur actuelle du chemin, tant aux points abornés qu'aux endroits où il n'a pas encore la largeur légale ; 4° les noms des propriétaires riverains des endroits où le chemin n'a pas encore sa largeur légale ; 5° les lieux où le chemin a plus que sa largeur légale ; 6° enfin, les autres renseignements et les observations qu'il pourrait être utile de constater dans l'intérêt de la commune.

133. Les procès-verbaux doivent être signés par le maire, par les conseillers municipaux présents à l'opération, par les propriétaires riverains qui y ont assisté, ainsi que par l'agent voyer qui y a concouru. Si quelques propriétaires riverains s'étaient abstenus d'assister au bornage, mention en serait faite au procès-verbal ; on y consignerait également les observations de ceux qui, étant présents, refuseraient de signer.

134. Les procès-verbaux de bornage doivent être dressés en double expédition pour les chemins vicinaux de petite communication et en triple expédition pour les chemins vicinaux de grande communication ; ils sont aussitôt adressés au sous-préfet qui les transmet, avec son avis au préfet pour être, s'il y a lieu, approuvés par ce magistrat. Après cette approbation, une des expéditions est déposée dans les archives de la commune, une autre aux archives de la sous-préfecture, enfin la troisième expédition, pour les chemins vicinaux de grande communication, reste déposée à la préfecture.

135. L'opération du bornage étant faite surtout dans l'intérêt du service vicinal, il serait peu équitable de mettre une partie des frais à la charge des propriétaires ; peut-être même, serait-il difficile de les contraindre, en cas de refus de leur part, à supporter cette dépense, quelque faible qu'elle soit. Les frais de bornage doivent donc être imputés sur les ressources affectées au service des chemins vicinaux, soit de petite, soit de grande communication, selon la catégorie à laquelle appartient le chemin aborné.

136. Enfin, lorsque les ressources de la commune le permettent, il est dressé, aussitôt après le bornage des chemins vicinaux, un plan sur lequel sont tracés tous ces chemins, de manière à pouvoir toujours reconnaître les anticipations qui seraient faites par la suite.

137. Nous ajouterons que si, dans le cours de l'opération du bornage, il était reconnu que le chemin eût été graduellement rétréci par des anticipations des propriétaires riverains, le maire devrait chercher à obtenir de ces propriétaires la restitution du sol usurpé, et s'ils y consentaient, les bornes seraient placées en conséquence. Si la restitution ne pouvait être obtenue, il serait dressé procès-verbal de l'usurpation, pour y être donné telle suite que de droit.

CHAPITRE III.

DES INDEMNITÉS DUES EN CAS DE CLASSEMENT OU D'ÉLARGISSEMENT DE CHEMINS VICINAUX.

138. Le droit conféré aux préfets par l'art. 15 de la loi du 21 mai 1836, d'attribuer à la vicinalité des terrains constituant une propriété privée, ne s'exerce que sous la réserve, pour les propriétaires, d'une indemnité représentative de la valeur du sol dont ils sont ainsi expropriés. Quelquefois ils exercent cette réserve dans toute son étendue ; plus souvent ils consentent à abandonner gratuitement les parcelles de terrains nécessaires aux chemins. Nous allons voir comment il est procédé dans l'un et dans l'autre cas.

SECTION 1.

Abandon gratuit des terrains.

139. Les avantages qui résultent, spécialement pour les propriétaires riverains, de l'amélioration des communications vicinales, sont si évidents, que très-souvent, le plus souvent même, ces propriétaires consentent à abandonner gratuitement à l'administration les terrains dont elle a besoin ; ce cas se présente surtout lorsqu'il s'agit de l'élargissement des chemins vicinaux, parce qu'alors les parcelles à céder n'ont qu'une faible valeur.

140. Mais il arrive fréquemment que ces cessions gratuites ne sont consenties que verbalement, et que les propriétaires se refusent à les constater par un acte écrit. Cela s'explique par le désir d'éviter les formalités qu'entraîne toujours la translation de la propriété, formalités qui paraissent d'autant plus fastidieuses qu'il s'agit d'intérêts plus faibles.

141. L'administration peut-elle se contenter de ces cessions verbales, et n'aurait-elle pas à craindre d'en voir contester l'effet, plus tard, soit par les cessionnaires eux-mêmes, soit par leurs héritiers.

Tout en admettant cette éventualité, nous pensons qu'elle doit se présenter trop rarement pour que l'administration, par son insistance à obtenir un titre écrit, s'expose à éprouver un refus absolu d'abandon des terrains que les propriétaires seraient disposés à lui céder verbalement. Que peut-il advenir en effet? Le sol a été légalement incorporé au chemin par l'arrêté du préfet qui a ordonné l'élargissement de cette voie publique, et la commune est, dès ce moment, en possession. Sera-ce après plusieurs années de cette possession que des particuliers qui ont cédé les terrains, ou leurs héritiers, viendront intenter une action en indemnité, dont les frais seront souvent supérieurs à la valeur du sol.

Il nous semble donc qu'il ne faut pas, dans la crainte d'une éventualité qui se réalisera bien rarement, risquer de priver une commune de l'avantage que lui procure la cession volontaire et gratuite des terrains nécessaires à l'amélioration des voies vicinales.

SECTION II.

Règlement des indemnités de terrain.

142. Lorsque les propriétaires dépossédés en vertu de l'art. 15 de la loi du 21 mai 1836, ne consentent pas à abandonner gratuitement le sol attribué au chemin par l'arrêté du préfet, il doit être procédé au règlement des indemnités qui leur sont dues.

143. Il n'est pas nécessaire que ce règlement ait lieu avant la prise de possession des terrains, puisque l'arrêté du préfet a opéré la dépossession d'une manière définitive, mais il faut qu'il ait lieu sans retard. L'équité seule le commanderait, car si, en vue de l'intérêt général, le législateur a permis à l'administration d'exercer le droit d'expropriation d'une manière aussi sommaire, et de prendre possession immédiatement et avant paiement, des terrains nécessaires à l'amélioration des communications, le droit de propriété n'en reste pas moins sacré, quoique transformé en un droit à indemnité. Ce serait donc abuser du pouvoir attribué à l'administration, que d'apporter un retard volontaire dans le règlement et le paiement de l'indemnité due. La commune pourrait d'ailleurs se trouver exposée, par ce retard, à une demande d'intérêts qui pourrait remonter au moment de la dépossession. Il est des cas, d'ailleurs, où l'exécution des travaux d'élargissement pourrait rendre plus difficile l'appréciation des indemnités dues. Tout se réunit donc pour faire un devoir à l'administration de procéder sans délai au règlement de ces indemnités.

144. Deux voies sont ouvertes pour la fixation des sommes dues : le règlement à l'amiable et le règlement judiciaire.

§ 1. — *Règlement à l'amiable.*

145. Pour toutes les acquisitions qu'ont à faire les communes dans l'intérêt d'un des services communaux, le prix peut être fixé à l'amiable, mais la convention devait être approuvée par le chef de l'État, quelle que fût l'importance de l'acquisition.

Pour le service des chemins vicinaux, la loi du 28 juillet 1824 avait rendu les acquisitions plus faciles et plus rapides, en donnant aux préfets, par son article 10, le droit de les approuver jusqu'à concurrence d'une valeur de 3,000 fr.

146. La loi du 21 mai 1836 a été plus loin encore, et en attribuant aux arrêtés des préfets, par son article 15, un effet définitif, elle a virtuellement décidé que les préfets pourraient désormais sanctionner les acquisitions de terrains, faites pour le service vicinal, quelle qu'en fût la valeur. C'est ce qu'a expliqué le ministre de l'intérieur dans son instruction du 24 juin 1836. Il fait remarquer que ces acquisitions sont même dispensées de la formalité de l'enquête *de commodo et incommodo* prescrite pour toutes les acquisitions communales. Il suffit que les conditions du traité soient débattues entre le maire et le propriétaire intéressé et acceptées par le conseil municipal.

Nous ajouterons que la délibération que le conseil municipal est appelé à prendre sur l'arrangement provisoirement arrêté entre le maire et le propriétaire du terrain, ne peut porter que sur la quotité de l'indemnité à allouer au propriétaire ou sur le mode de payement de cette indemnité, mais que le conseil ne peut jamais avoir à délibérer sur la question de fonds, c'est-à-dire celle de savoir si la commune doit ou ne doit pas payer. En effet, l'arrêté du préfet a définitivement incorporé au chemin le sol compris dans les limites fixées par cet arrêté ; il n'appartient plus au conseil municipal, dès lors, de mettre en question ce qui a été décidé par l'arrêté du préfet, et de contester la nécessité de l'élargissement ou de refuser le payement du terrain ; ce serait détruire indirectement l'effet de l'arrêté du préfet. En un mot, l'arrêté pris, la valeur des terrains occupés devient une dette communale, et le conseil municipal n'a plus à délibérer que sur les moyens de solder cette dette. C'est ce qui résulte de l'ordonnance du 30 décembre 1841 (*Breton*), ainsi conçue :

Vu la loi du 28 juillet 1824 et celle du 21 mai 1836 ; considérant qu'aux termes de l'article 15 de la loi du 21 mai 1836 les arrêtés des préfets, portant reconnaissance des chemins vicinaux et fixation de leur largeur, attribuent définitivement au chemin le sol compris dans les limites qu'ils déterminent, et que le droit des propriétaires riverains ainsi dépossédés se résout en une indemnité ; considérant que, par un arrêté du 19 juillet 1838, le préfet du département de Seine-et-Oise a fixé la largeur du chemin vicinal de grande communication, n° 33 ; qu'une portion de terrain appartenant au sieur Breton a été comprise dans les limites dudit chemin ; qu'il ne s'agissait plus que de fixer l'indemnité qui pourrait être due au sieur Breton, et qu'il n'y avait pas lieu à consulter le conseil municipal préalablement à cette fixation.

147. Il est évident, du reste, que l'action du préfet se réduit ici à approuver la délibération prise par le conseil municipal sur la quotité de l'indemnité à allouer, si cette quotité lui parait convenablement fixée, ou à refuser son homologation à cette délibération, si les conditions lui en paraissent désavantageuses à la commune. Mais le préfet ne pourrait, dans le but de prévenir un litige entre la commune et le propriétaire, imposer à la commune une indemnité plus considérable que celle que le conseil municipal avait cru devoir consentir. S'il ne peut, sur ce point, s'établir un accord à l'amiable entre les parties intéressées, le préfet ne peut y suppléer par voie de décision, pas plus qu'il ne le pourrait pour toute autre acquisition communale. Il faudrait, dans ce cas, recourir au règlement judiciaire, c'est-à-dire par l'intermédiaire du juge de paix.

§ 2. — *Règlement par le juge de paix.*

148. Lorsque la commune n'a pu obtenir la cession gratuite des terrains occupés en vertu de l'article 15 de la loi du 21 mai 1836, et qu'elle n'a pu tomber d'accord avec les propriétaires de ces terrains sur la quotité de l'indemnité qui leur est due, il y a nécessité de faire régler judiciairement la valeur de ces terrains.

La législation antérieure à 1824 était restée muette sur les formes d'après lesquelles il devait être procédé à ce règlement ; la conséquence de ce silence était l'obligation de recourir aux formes prescrites par la loi relative aux expropriations pour cause d'utilité publique. C'est ce qui résulte de plusieurs décrets et ordonnances sur ce point.

La loi du 28 juillet 1824, en donnant aux préfets, par son article 10, le droit d'autoriser les acquisitions jusqu'à concurrence de 3,000 francs, n'avait évidemment en vue que les acquisitions dont le prix était consenti à l'amiable et non celles pour lesquelles la valeur du sol était contestée. Le conseil d'Etat continua donc de renvoyer aux tribunaux le règlement des indemnités, ainsi qu'on le voit par un assez grand nombre d'ordonnances rendues de 1824 à 1836.

149. On comprend tout ce qu'avait de fâcheux pour les communes et même pour les propriétaires l'application des formes lentes et dispendieuses de l'expropriation pour cause d'utilité publique au règlement d'indemnités qui sont, la plupart du temps, d'une très-faible importance. Le législateur reconnut la nécessité de simplifier les formes à suivre, en cette matière, et c'est ce qu'il fit par l'article 15 de la loi du 21 mai 1836, qui, dans le cas où l'indemnité n'a pu être réglée à l'amiable, charge le juge de paix de la régler sur le rapport d'experts nommés, l'un par le sous-préfet, l'autre par le propriétaire, et le tiers expert, s'il y a lieu, par le conseil de préfecture.

En voyant le législateur instituer une forme de procéder aussi simple, il est permis de penser qu'il avait eu en vue d'éviter les lenteurs et les frais qu'entraînent généralement les instances judiciaires, et qu'en donnant au juge de paix la mission de régler les indemnités dues pour cette nature de dépossession, il avait entendu faire prononcer le juge de paix plutôt comme arbitre que comme juge ; que, par conséquent, aucune formalité préalable n'était nécessaire pour que le juge de paix pût remplir sa mission, et que la décision rendue ne pouvait être l'objet d'aucune contestation.

C'est évidemment ainsi que l'avait compris le ministre de l'intérieur, en traitant ce point dans son instruction du 24 juin 1836 ; mais nous avons, en France, un grand attachement pour les formes de la procédure, et bien peu de temps s'écoula sans que des difficultés s'élevassent ; la solution qui leur fut donnée rendit le caractère de véritables procès à ce qui avait paru, d'abord, pouvoir être considéré comme de simples décisions sur des contestations sans importance.

ı. — Caractère de l'instance.

150. La première difficulté qui surgit fut relative au caractère de l'instance entre la commune et le propriétaire, en d'autres termes, à la question de savoir si, pour procéder devant le juge de paix, les parties devaient, comme dans les litiges ordinaires, se faire autoriser par le conseil de préfecture.

151. La question, tranchée affirmativement par le refus d'un juge de paix de procéder en l'absence de l'autorisation du conseil de préfecture, parut, au ministre de l'intérieur, assez grave pour être soumise au conseil d'Etat : elle fut examinée par le comité de législation et résolue dans un avis du 19 mars 1840 dont nous allons rapporter la partie qui a rapport à ce point.

Les membres du conseil d'Etat composant le comité de législation, qui, sur le renvoi de M. le garde des sceaux, ministre de la justice et des cultes, ont pris connaissance de deux lettres à lui adressées sous la date des 5 et 17 février 1840, par M. le ministre de l'intérieur, à l'effet de connaître son opinion sur les questions suivantes :

1° Les communes qui, pour l'exécution de l'article 15 de la loi du 21 mai 1836, ont à plaider sur la question de l'indemnité due aux propriétaires dépossédés par suite de l'élargissement des chemins vicinaux, ont-elles besoin de l'autorisation préalable du conseil de préfecture ?

. . . .

Sur la première question ; considérant que la loi du 18 juillet 1837 exige l'autorisation du conseil de préfecture pour toute action en justice, sans distinction, qu'une commune veut introduire, ou qui est dirigée contre elle; que les communes ayant, dans le cas sur lequel le comité est appelé à délibérer, la faculté de s'entendre à l'amiable avec le propriétaire dépossédé, pour le règlement de l'indemnité, le débat qui, faute d'accord entre les parties, est porté devant le juge de paix, a le caractère d'une action judiciaire ; considérant, d'ailleurs, que la nécessité de l'intervention de la tutelle administrative peut donner lieu de reconnaître si les communes refusent de faire droit à des demandes d'indemnité équitables, et permettrait de les empêcher de s'exposer à des frais qu'il importe d'éviter avec d'autant plus de soin que les affaires de cette nature sont très-multipliées, et que chacune d'elles n'offre, le plus souvent, qu'un faible intérêt pécuniaire; qu'enfin, les contestations relatives aux indemnités dues, ou à leur quotité, ont le caractère d'une action judiciaire, tout aussi bien que les contestations sur le droit même de propriété,

Sont d'avis:

Sur la première question, que l'autorisation du conseil de préfecture est nécessaire aux communes pour soutenir les actions engagées devant les juges de paix, aux termes de l'article 15 de la loi du 21 mai 1836.

Cet avis, adopté par le ministre de l'intérieur, a fait règle sur ce point, et, depuis lors, il doit être procédé d'après les formes prescrites par le titre V de la loi du 18 juillet 1837 sur l'administration municipale.

152. Tout en protestant de notre respect pour l'opinion du conseil d'Etat, nous croyons cependant encore que le caractère *judiciaire* de l'instance dont il s'agit ne ressort pas, d'une manière bien évidente, des termes de l'article 15 de la loi du 21 mai 1836, et que, même, le silence du législateur, à cet égard, opposé au soin qu'il a eu de régler par l'article 16 la procédure en expropriation, que ce silence, disons-nous, peut autoriser à penser qu'il n'avait pas eu l'intention de considérer l'instance devant le juge de paix, pour le cas de l'article 15, comme un véritable procès. Nous reconnaissons, toutefois, que l'intervention du conseil de préfecture, déclarée nécessaire par le conseil d'Etat, ne peut qu'être également favorable aux communes et aux propriétaires : aux communes, parce que le conseil de préfecture, en leur refusant l'autorisation de plaider, pourra souvent les empêcher d'intenter ou de soutenir des actions mal fondées ou sans intérêt pour elles ; aux propriétaires, parce que le conseil de préfecture pourra arrêter également l'effet des passions privées qui, quelquefois, dirigent les délibérations des conseils municipaux.

153. Le propriétaire dont le terrain est occupé pour l'élargissement d'un chemin est bien évidemment la partie la plus diligente dans cette instance, puisque la commune est en possession du sol en vertu de l'arrêté du préfet, et que ce sol ne peut plus lui être enlevé. C'est donc au propriétaire qu'il incombe d'introduire l'instance, et, aux termes de l'article 51 de la loi du 18 juillet 1837 précitée, il doit présenter au préfet un mémoire exposant les motifs de sa réclamation. Il est procédé alors, conformément à l'article 52, et si, sur la demande du conseil municipal, le conseil de préfecture autorise la commune à défendre, il y a lieu de nommer les experts sur le rapport desquels le juge de paix doit statuer. Si, au contraire, le conseil de préfecture, reconnaissant les prétentions du conseil municipal mal fondées, refuse à la commune l'autorisation de défendre, et que l'arrêté du conseil devienne définitif, soit faute de recours dans le délai voulu, soit par le rejet du pourvoi, la commune se trouve-

raît virtuellement condamnée à payer la somme réclamée par le propriétaire pour prix de son terrain.

II. — Nomination des experts.

154. Une difficulté s'est également élevée sur la nomination des experts dont le rapport sert de base à la décision du juge de paix.

155. L'article 15 de la loi du 21 mai 1836 se réfère, pour le mode
de nomination de ces experts, à l'article 17, lequel porte que les experts
sont nommés, l'un par le sous-préfet, l'autre par le propriétaire, et le
tiers expert, en cas de discord, par le conseil de préfecture ; mais la loi
n'a pas prévu le cas où le propriétaire refuserait de nommer son expert,
et il avait paru, ce cas survenant, que le préfet pouvait nommer cet expert au lieu et place du propriétaire, et après mise en demeure de celui-ci. Ce mode de procéder n'a pas été admis par le conseil d'Etat, ainsi
qu'il résulte de l'ordonnance du 30 décembre 1841 (*Breton*), ainsi conçue :

> Vu la loi du 28 juillet 1824 et celle du 21 mai 1836 ; *en ce qui touche la no-*
> *mination d'experts*; considérant qu'aux termes de l'article précité de la loi du
> 21 mai 1836, l'indemnité, si elle ne peut être fixée à l'amiable, doit être réglée
> par le juge de paix, sur le rapport d'experts nommés, conformément à l'article 17
> de ladite loi, l'un par le sous-préfet et l'autre par le propriétaire; que le préfet,
> en désignant d'office l'expert du sieur Breton, a excédé ses pouvoirs.

156. Cette ordonnance, comme on voit, décide bien que la nomination d'office n'appartient pas au préfet, ni par conséquent au sous-préfet, mais elle n'a pas indiqué à quel fonctionnaire appartenait la nomination. Cette solution a été donnée dans une autre ordonnance du
26 avril 1844 (*Breton*), ainsi conçue :

> Vu la loi du 21 mai 1836; considérant que, d'après l'article 15 de la loi du
> 21 mai 1836, c'est au juge de paix qu'il appartient de régler, sur le rapport
> d'experts nommés conformément à l'article 17 de ladite loi, l'indemnité due aux
> propriétaires dont une portion de terrains est réunie aux chemins vicinaux;
> qu'aux termes de cet article 17, les experts doivent être nommés, l'un par le
> sous-préfet, l'autre par le propriétaire, et que la désignation du tiers expert
> doit être faite par le conseil de préfecture *comme autorité chargée de statuer*
> *dans le cas dudit article*; que, dans le cas de l'article 15, l'indemnité devant
> être réglée par le juge de paix, c'est à ce juge qu'il appartient de nommer ce
> tiers expert; que, dès lors, le conseil de préfecture de Seine-et-Oise n'était pas
> compétent pour nommer le tiers expert chargé de procéder à l'évaluation de
> l'indemnité due au sieur Breton.

157. Il résulte des termes de cette ordonnance, implicitement au
moins, que c'est l'autorité chargée de statuer, c'est-à-dire le juge de paix,
qui doit nommer le tiers expert, lorsqu'il y a lieu de faire une semblable
nomination. Par une conséquence toute naturelle, ce serait au juge de
paix, également, qu'il appartiendrait de nommer d'office l'expert que le
propriétaire refuserait de nommer. Sans contester ce que cette décision
du conseil d'Etat a de conforme à la logique, nous ne pouvons nous
dispenser de faire remarquer qu'elle est une *interprétation* plutôt qu'une
application de la loi.

158. Au surplus, il ne peut y avoir lieu que bien rarement à la nomination d'office d'experts, au lieu et place des propriétaires, dans le cas
prévu par l'article 15. En effet, l'arrêté du préfet portant reconnaissance
d'un chemin vicinal ou fixation de sa largeur, a définitivement attribué

le sol au chemin. L'administration n'est donc pas la partie la plus diligente, quant au règlement de l'indemnité qui peut être due. Elle est en possession ; elle n'a qu'à attendre que l'indemnité lui soit demandée et que le propriétaire lui notitie la nomination de son expert.

159. Nous ajouterons que les experts doivent prêter serment avant de commencer leurs opérations. Cette formalité est prescrite, à peine de nullité, pour toutes les expertises administratives. C'est devant le juge de paix que le serment doit être prêté, puisque c'est ce magistrat qui prononce sur l'expertise.

III. — Evaluation des terrains.

160. L'évaluation, par les experts, tant des terrains incorporés au chemin vicinal que des indemnités accessoires qui peuvent être réclamées, dans certains cas, pour les haies et autres clôtures qui se trouveraient sur ces terrains, cette évaluation, disons-nous, est une opération trop simple pour que nous ayons à nous y arrêter.

161. Nous devons, toutefois, faire remarquer que l'indemnité à accorder peut, s'il y a lieu, être réduite dans sa quotité, en considération de l'augmentation de valeur qui résulterait, pour le restant de la propriété, des travaux d'élargissement du chemin. On aurait pu croire que cette disposition ne pouvait recevoir son application que pour les expropriations faites dans les formes voulues par la loi du 3 mai 1841; mais la cour de cassation a déclaré qu'elle était applicable aux dépossessions effectuées en vertu de l'article 15 de la loi du 21 mai 1836 ; son arrêt (ch. civ.), en date du 14 décembre 1847 (*le préfet de l'Eure c. Surgis*), est ainsi conçu :

Vu l'article 51 de la loi du 3 mai 1841 ;

Attendu qu'un arrêté du préfet de l'Eure, du 6 mars 1845, ayant ordonné l'élargissement d'un chemin vicinal de grande communication, qui touchait à la terre du défendeur en cassation, située commune de Martainville, il fut procédé devant le juge de paix de Beuzeville, aux termes de l'article 15 de la loi du 21 mai 1836, à l'évaluation de l'indemnité due audit défendeur, pour les parcelles de terrains à lui appartenant, qui devaient entrer dans ledit chemin en vertu de l'arrêté ci-dessus ;

Attendu que l'un des experts désignés, et le tiers-expert régulièrement appelé, estimèrent que l'élargissement du chemin produisait pour la propriété du défendeur une plus-value spéciale et immédiate, laquelle devait venir en déduction de l'indemnité évaluée par eux et la réduire à la somme de 196 francs ;

Attendu que la sentence du juge de paix, et, sur l'appel, le jugement attaqué, se sont refusés à prendre en considération cette plus-value, par le motif que la loi du 21 mai 1836, sur les chemins vicinaux, ne contenait aucune disposition à ce sujet, et que la loi du 3 mai 1841 ne pouvait recevoir d'application à la matière spéciale réglée par ladite loi du 21 mai 1836 ;

Attendu, en droit, que, si l'article 15 de cette dernière loi a établi des formalités abrégées et spéciales pour l'évaluation des indemnités dues par suite de l'élargissement des chemins vicinaux, ces indemnités n'en ont pas moins pour objet l'expropriation pour cause d'utilité publique des terrains nécessaires auxdits chemins, et doivent être soumises aux mêmes règles d'appréciation ;

Attendu que ces règles sont déterminées par la loi du 3 mai 1841, qui est générale pour tous les cas d'expropriation pour cause d'utilité publique, et doit être appliquée dans chacune de ses dispositions auxquelles il n'est pas formellement dérogé par une loi spéciale ;

Attendu que l'article 51 de cette loi porte que l'augmentation de valeur immédiate et spéciale, procurée par l'exécution des travaux, sera prise en considération dans l'évaluation de l'indemnité, et que l'article 15 précité de la loi du 21 mai 1836 ne contient aucune disposition contraire ;

D'où il suit qu'en se fondant uniquement sur ce dernier article pour écarter en principe, dans l'espèce. la prise en considération d'une plus-value, le jugement attaqué a fait une fausse application dudit article 15, et a expressément violé ledit article 51 de la loi du 5 mai 1841 ;

162. Toutefois, le chiffre de la plus-value ne doit jamais absorber la valeur des parcelles incorporées au sol du chemin vicinal. C'est ce qu'a déclaré la cour de cassation par un arrêt (ch. civ.), en date du 28 février 1848 (*Bardout c. préfet de l'Orne*), ainsi conçu :

Vu les articles 38, § 3, de la loi du 5 mai 1841 et 545 du Code civil ;

Attendu qu'aux termes de l'article 545, Code civil, nul ne peut être contraint de céder sa propriété, si ce n'est pour cause d'intérêt public légalement constaté, et moyennant une indemnité préalable ; et qu'aux termes de l'article 58 de la loi du 5 mai 1841, la mission du jury est de fixer le montant de l'indemnité ;

Attendu que l'article 51 de ladite loi veut que, dans l'évaluation du montant de l'indemnité, l'augmentation de valeur immédiate et spéciale que l'exécution des travaux doit procurer au restant de la propriété soit prise en considération, mais qu'il n'autorise pas le jury à n'allouer aucun chiffre d'indemnité ;

Attendu que la décision attaquée, après avoir fixé à la somme de 1,250 francs la valeur des parcelles expropriées, a ordonné que l'indemnité serait réduite à néant, à raison de la plus-value résultant du passage de la route vicinale pour le redressement de laquelle l'expropriation avait été prononcée ; qu'en statuant ainsi, elle a expressément violé les lois précitées.

Il s'agit, dans ce dernier arrêt, d'un règlement d'indemnité fait dans les formes propres à l'expropriation d'après la loi du 3 mai 1841, mais le principe qui s'y trouve posé s'applique. ainsi que nous l'avons dit, n° 161, aux règlements faits en vertu de l'article 15 de la loi du 21 mai 1836.

IV.—Caractère de la décision du juge de paix.

163. Le caractère de la décision que rend le juge de paix, en vertu de l'article 15 de la loi du 21 mai 1836, a été d'abord diversement apprécié, soit par l'autorité administrative, soit par l'autorité judiciaire. Cette décision est-elle souveraine ? constitue-t-elle, au contraire, un jugement ordinaire, susceptible d'appel, par conséquent, lorsque le montant de l'indemnité dépasse la somme sur laquelle les juges de paix peuvent statuer en dernier ressort ?

164. Cette difficulté a été soumise au conseil d'État qui l'a résolue dans l'avis du 19 mars 1840. dont nous avons rapporté une partie plus haut, n° 151, et dont nous allons transcrire ce qui a rapport à la question sur l'appel :

Les membres du conseil d'État composant le comité de législation, qui, sur le renvoi de M. le garde des sceaux, ministre de la justice et des cultes, ont pris connaissance de deux lettres à lui adressées sous la date des 3 et 17 février 1840, par M. le ministre de l'intérieur, à l'effet de connaître son opinion sur les questions suivantes :

1° . . . .

2° Les jugements rendus par les juges de paix, conformément au même article 15 de la loi du 21 mai 1836, peuvent-ils être attaqués par la voie de l'appel, lorsque l'importance de l'indemnité réclamée excède la compétence qui leur est attribuée en dernier ressort ?

Vu l'article 15 de la loi du 21 mai 1836, les articles 4 et suivants de la loi du 18 juillet 1837. la loi du 25 mai 1838 ; vu un jugement du tribunal civil de Marseille, en date du 3 janvier 1840, rendu sur l'appel formé par le sieur Janselme contre un jugement du juge de paix du quatrième canton de cette ville, ayant pour objet de régler l'indemnité due audit sieur Janselme, à raison de l'expropriation, par suite des travaux d'un chemin vicinal de grande communication, de terrains à lui appartenant ;

Sur la deuxième question :

Considérant que le règlement d'indemnité fait par le juge de paix, dans les cas prévus par l'article 15 de la loi du 21 mai 1836, est un jugement; que si, pour l'exercice de l'attribution spéciale qui lui est conférée par la loi précitée, le juge de paix est obligé de s'éclairer par un rapport d'experts, il n'est pas forcé d'admettre les conclusions de ce rapport, et peut faire usage de tous les autres moyens d'information qu'il est autorisé à employer dans les affaires de sa compétence administrative ; considérant que, d'après les principes sur lesquels repose notre organisation judiciaire, l'appel à une juridiction supérieure est de droit commun; qu'il ne peut être interdit, dans les limites générales établies par la loi, qu'autant qu'il existe, à cet égard, une prohibition expresse; que, dans la matière dont il s'agit, il n'en existe point de semblables; considérant, d'ailleurs, que si, d'après l'article 16 de la loi du 21 mai 1836, le juge de paix, assisté du jury spécial d'expropriation, statue en dernier ressort sur des demandes en indemnités qui portent ordinairement sur des sommes plus importantes que celles qui sont soumises à l'appréciation des juges de paix, aux termes de l'article 15, il faut remarquer qu'il ne s'agit pas, dans cet article (16), d'un acte de juridiction du juge de paix, mais d'une décision du jury dont le juge de paix est l'organe, et que dans notre organisation judiciaire, il n'y a point de tribunal qui soit le supérieur hiérarchique du jury, et auquel l'appel de ses décisions puisse être portée; que l'intervention du jury présente, dans le cas prévu par l'article 16, des garanties spéciales qui ont paru suffisantes au législateur, et que ce n'est pas une raison pour supprimer les garanties de droit commun, dans les cas prévus par l'article 15; considérant qu'il est aussi à remarquer que l'article 17 de la même loi, qui appelle les conseils de préfecture à faire le règlement d'indemnités souvent moins considérables que celles auxquelles peut donner lieu l'article 15, n'a pas interdit le recours de droit au conseil d'Etat;

Sont d'avis :

Sur la seconde question ; que dans le silence gardé par la loi sur l'appel des jugements intervenus à l'occasion de ces actions, il n'est pas possible de refuser aux parties l'exercice d'une faculté qui est de droit commun.

165. La cour de cassation a adopté sur cette question, une opinion conforme à celle du conseil d'Etat, ainsi que cela résulte d'un arrêt (ch. civ.) du 19 juin 1843 (*Breton*), ainsi conçu :

Vu l'article 15 de la loi du 21 mai 1836 ; attendu qu'en attribuant, dans le cas qu'il prévoit, au juge de paix le règlement de l'indemnité, l'article précité ne lui reconnaît pas d'autre qualité que celle de juge, et ne contient aucune exception à la règle du double degré de juridiction ; d'où il suit qu'en se déclarant incompétent pour connaître de l'appel du sieur Breton « par le motif que le juge de paix avait prononcé comme arbitre commis par la loi, et faisant fonctions de jury spécial ; qu'en pareil cas il n'exerce point de fonctions judiciaires, et que sa décision ne peut être considérée comme un jugement dont on puisse interjeter appel, » le tribunal civil de Versailles a méconnu la règle du double degré de juridiction, faussement appliqué, et par suite violé l'article précité.

Il a été prononcé dans le même sens par plusieurs arrêts de la cour de cassation; la jurisprudence est donc fixée sur ce point.

166. De ce que les juges de paix agissent en qualité de juges, lorsqu'ils remplissent la mission que leur confère l'article 15 de la loi du 21 mai 1836, il résulte également qu'ils ont droit, pour les déplacements que cette mission leur occasionne, à des indemnités qui doivent être calculées d'après l'article 8 du tarif du 16 février 1807. Tel a été l'avis de M. le garde des sceaux, consulté, à cet égard, par M. le ministre de l'intérieur.

167. L'application de l'article 15 de la loi du 21 mai 1836 se trouve donc ramenée, pour le règlement des indemnités, aux formes d'une action ordinaire, et aux lenteurs ainsi qu'aux frais qu'une procédure semblable entraine, soit pour les communes, soit pour les particuliers ; mais si cela est fâcheux, pour les uns comme pour les autres, nous devons rappeler qu'au moins l'intérêt de la vicinalité est hors du débat. L'arrêté du préfet a définitivement incorporé au chemin le sol compris dans les limites déterminées par cet arrêté, s'il s'agit d'élargissement; il a mis le public en jouissance du chemin, s'il s'agit de déclaration de vicinalité; l'arrêté reçoit son exécution immédiate, quelle que soit la marche des contestations qui peuvent surgir sur le règlement des indemnités.

§ 3. — *Droits d'enregistrement.*

168. Lorsque, sous l'empire de la législation antérieure, les communes acquéraient *à l'amiable* des terrains nécessaires au service vicinal, elles étaient obligées d'acquitter un droit d'enregistrement proportionnel, comme s'il se fût agi de toute autre acquisition communale.

169. L'amélioration des chemins vicinaux pouvant être considérée comme d'intérêt public autant que d'intérêt communal, il a paru juste d'exonérer les communes, en grande partie du moins, des droits d'enregistrement pour ces acquisitions, et l'article 20 de la loi du 21 mai 1836 a décidé que tous les actes ayant pour objet exclusif la construction, l'entretien et la réparation des chemins vicinaux seraient enregistrés moyennant le droit fixe d'un franc; les actes d'acquisition, soit à l'amiable, soit par l'action du juge de paix, sont nécessairement compris dans l'énumération donnée par l'article 20 précité. Pour assurer l'exécution de cette disposition, le ministre de l'intérieur, dans son instruction du 24 juin 1836, a formellement recommandé de toujours insérer dans les actes dont il s'agit la mention expresse qu'ils sont faits en vue de la construction des chemins vicinaux.

Nous ajouterons que lorsque des acquisitions de parcelles de terrains appartenant à différents propriétaires sont comprises dans un même acte, il n'est dû qu'un seul droit, quel que soit le nombre de ces parcelles. L'administration de l'enregistrement avait longtemps procédé d'une manière différente, et elle percevait le droit fixe de un franc pour chaque parcelle, se fondant, à cet égard, sur l'article 11 de la loi du 22 frimaire an VII; mais le ministre des finances a reconnu que cette disposition n'était pas applicable, et, par une décision du 26 août 1846, il a admis qu'il ne serait perçu qu'un seul droit par acte d'acquisition, quel que soit le nombre des parcelles qui s'y trouvent comprises.

SECTION III.

Paiement des indemnités.

---

170. Lorsque la valeur des terrains pris en vertu du 1er paragraphe de l'article 15 de la loi du 21 mai 1836 a été définitivement réglée, soit par un accord amiable, soit par un jugement du juge de paix devenu définitif, le montant de cette indemnité constitue une dette communale exigible, et si la commune refusait d'y pourvoir, le préfet aurait à procéder conformément aux règles tracées par l'article 39 de la loi du 18 juillet 1837 sur l'administration municipale.

171. Une formalité reste pourtant à remplir pour que la somme à payer au propriétaire puisse lui être remise: c'est la purge des hypothèques qui doit être faite selon les règles tracées par le Code Napoléon.

172. Il y a eu, pendant assez longtemps, de l'incertitude sur la question de savoir quel était l'acte translatif de propriété dont la transcription devait être opérée au bureau des hypothèques. Cette incertitude ne pouvait exister lorsque le règlement de l'indemnité avait lieu à l'amiable, car il était bien évident, dans ce cas, que c'était la convention même qui opérait la translation de propriété et qui devait être transcrite. Mais lorsqu'il n'existait pas de convention amiable et que le règlement de l'indemnité avait été fait par le juge de paix, quel était l'acte à transcrire? Etait-ce la décision du juge de paix fixant l'indemnité due au propriétaire? était-ce l'arrêté préfectoral qui a ordonné l'élargissement du chemin?

Cette question, de forme en apparence, mais qui pouvait, au fond, jeter de l'hésitation sur la valeur des arrêtés de préfet, en cette matière, a été longtemps controversée entre les ministères des finances et de l'intérieur. Il a été enfin reconnu que ces arrêtés suffisant, en vertu de l'article 15 de la loi du 21 mai 1836, pour opérer, au profit des communes, la dépossession des terrains nécessaires à l'élargissement des chemins vicinaux, ils tiennent réellement lieu du jugement d'expropriation qui doit être rendu pour les cas d'ouverture ou de redressement; que les sentences des juges de paix réglant la valeur des terrains ne sont que des actes complémentaires des arrêtés des préfets, et que, par conséquent, ce sont ces arrêtés qui doivent être présentés à la transcription.

173. Ces dispositions ont été portées à la connaissance des préfets par une circulaire du ministre de l'intérieur en date du 21 décembre 1846. Cette circulaire leur recommande d'ailleurs, pour la facilité des opérations des conservateurs des hypothèques, de prendre un arrêté spécial pour chaque chemin, et d'y relater la contenance de chaque parcelle de terrain à incorporer à la voie publique, les tenants et aboutissants de ces parcelles et enfin les noms, prénoms et qualités des propriétaires dépossédés.

SECTION IV.

Prescription du droit à indemnité.

174. Une circonstance, autre que l'abandon à titre gratuit du terrain occupé, peut encore affranchir les communes de l'obligation de payer la valeur de ce terrain; c'est la prescription de l'action en indemnité, fixée à deux années par l'article 18 de la loi du 21 mai 1836. La prétention, de la part d'une commune, de se prévaloir de cette disposition de la loi précitée pour refuser le paiement de l'indemnité, constituerait un litige ordinaire de la compétence exclusive des tribunaux ; nous allons voir comment il doit être procédé dans ce cas.

175. C'est évidemment au propriétaire dépossédé qu'il incombe de faire les diligences nécessaires pour faire décider par l'autorité judiciaire si les prétentions de la commune sont bien ou mal fondées. Mais ici une première difficulté se présente : devant quel tribunal la question de prescription doit-elle être portée? est-ce devant le juge de paix, chargé par la loi de régler l'indemnité, ou devant le tribunal de première instance? Nous n'hésitons pas à dire que ce dernier tribunal est seul compétent pour prononcer.

En effet, le juge de paix a bien reçu de l'article 15 de la loi du 21 mai 1836 la mission de régler les indemnités dues pour les terrains expropriés en vertu de cet article, mais cette mission ne peut s'accomplir que lorsqu'il n'y a pas contestation sur le fond du droit, c'est-à-dire lorsque la commune reconnaît le droit de propriété. Lorsque, au contraire, la commune veut faire valoir la prescription pour refuser l'indemnité, elle se prétend propriétaire en vertu de l'article 712 du Code Napoléon, et l'application de cet article appartient exclusivement aux tribunaux civils.

Lors donc qu'une commune oppose la prescription à la demande en indemnité formée par un propriétaire, celui-ci doit remplir toutes les formalités prescrites par les articles 51 et 52 de la loi du 18 juillet 1837 sur l'administration municipale ; nous n'avons pas besoin de les rappeler ici.

176. Une autre question, qui touche au fond du droit de prescription, était restée quelque temps incertaine.

L'article 18 de la loi du 21 mai 1836, en fixant à *deux ans* le délai de la prescription, n'a pas dit quel est l'acte qui fait courir ce délai. Le ministre de l'intérieur, en parlant de cet article dans son instruction du 24 juin 1836, parut être d'avis que le délai de la prescription devait courir du jour de l'occupation des terrains, et cette interprétation fut admise par les tribunaux pendant assez longtemps.

Ce n'est que récemment que la cour de cassation s'est prononcée d'une manière différente. Par un arrêt (ch. civ.), en date du 13 janvier 1847 (*commune de Happoncourt c. Pierrot et Claudot*), elle a décidé que l'acte à partir duquel commence à courir la prescription, ou, en termes de procédure, celui qui constitue le trouble, ce n'est ni l'arrêté du préfet ordonnant l'élargissement du chemin, ni le fait de la prise de possession du sol, mais uniquement le rejet, par l'administration, de la demande en indemnité. Cet arrêt est ainsi conçu :

Attendu que l'article 25 du Code de procédure civile déclare que les actions possessoires ne seront recevables qu'autant qu'elles auront été formées dans l'année du trouble ; et que, dans les cas ordinaires prévus par cet article, le fait de trouble est la contradiction la plus énergique du fait de possession ;

Attendu que, lorsqu'il s'agit d'une attribution de terrain au sol d'un chemin vicinal, on ne peut considérer comme un trouble ni l'arrêté régulièrement rendu par le préfet, ni le fait licite de la prise de possession en exécution de l'arrêté, et que l'état de possession antérieur ne s'en trouve aucunement affecté ni modifié ;

Attendu que l'intérêt et les effets de l'action possessoire se bornant, en cette matière spéciale, à la constatation de l'état de possession antérieur à l'arrêté du préfet, la contradiction à la possession ne résulte ni de cet arrêté, ni de l'exécution des travaux du chemin ; qu'elle ne prend naissance que par les faits ou les actes inconciliables avec la reconnaissance de cette possession antérieure ;

Attendu qu'il est déclaré, en fait, par les jugements attaqués, que la première contradiction de la commune à l'ancienne possession des défendeurs à la cassation, n'a pu être connue de ces défendeurs que par la communication de la décision du préfet portant qu'il ne pouvait donner suite à leur demande d'indemnité ; qu'il est, de plus, déclaré en fait, d'une part, que leur demande d'indemnité fondée sur l'allégation de leur propriété et de leur possession a été adressée au préfet le 28 septembre 1841, c'est-à-dire alors que le délai établi par l'article 18 de la loi de 1836 ne s'était point écoulé ; et, d'autre part, que la décision du préfet portant rejet de cette demande, par suite de la contradiction de la commune, n'avait pas été portée à leur connaissance depuis une année, lorsqu'ils ont, par exploit du 2 juin 1843, dirigé contre la commune leur action possessoire ;

Qu'il suit de là qu'en ne rejetant pas comme tardive l'action formée par Pierrot et Claudot, les jugements attaqués n'ont point violé l'article 25, Code de procédure.

Il a été prononcé de même, par un autre arrêt de la cour de cassation (ch. civ.) en date du 28 décembre 1852 (*Petit et Gigneaux c. commune de Saint-Geniès-de-Lombard.*)

177. On ne peut se dissimuler que la règle adoptée ici par la cour de cassation, détruit en très-grande partie les effets de l'article 18 de la loi du 21 mai 1836, et les avantages que l'administration pouvait en attendre. Faire dépendre la prescription d'un acte que le propriétaire dépossédé peut seul provoquer, c'est suspendre indéfiniment le délai de la prescription ; c'est laisser l'administration exposée à des demandes tardives, soit de la part des propriétaires dépossédés, soit de la part de leurs héritiers, alors que, cependant, l'administration avait pu se croire valablement libérée par un abandon gratuit verbalement consenti. Il est d'ailleurs difficile de comprendre comment on refuserait de reconnaître le caractère de *trouble* à la possession, dans un arrêté du préfet qui, en vertu de l'article 15 de la loi, opère une véritable expropriation, et transporte la propriété à la commune, sauf une indemnité à régler ultérieurement. Ce ne sera malheureusement pas la seule fois où nous verrons la jurisprudence judiciaire contrarier l'intention évidente, mais incomplétement exprimée, du législateur.

178. Nous terminons ce qui a rapport à la prescription des indemnités de terrain, en faisant remarquer que les dispositions de l'article 18 de la loi du 21 mai 1836 ne peuvent être invoquées que lorsqu'il s'agit de terrains occupés pour *la construction* ou *l'élargissement* d'un chemin vicinal, mais qu'elles sont inapplicables au cas où il s'agit du sol d'un chemin existant et qui aurait été déclaré vicinal. Cela résulte des termes même de l'article précité, *pour les terrains qui auront servi à la confection d'un chemin vicinal ;* or, lorsqu'un chemin existant a été déclaré vicinal, on ne peut dire qu'il y ait eu là *confection d'un chemin.* Nous ne doutons pas que telle serait la solution que donneraient les tribunaux à cette question, car toutes les exceptions sont de droit étroit, comme on sait, et la prescription établie par l'article précité est une exception aux règles générales en matière de prescription.

CHAPITRE IV.

OUVERTURE DE NOUVEAUX CHEMINS ET REDRESSEMENT DES ANCIENS CHEMINS.

---

179. Nous nous sommes occupé, dans les chapitres précédents, du classement des chemins existants et de leur élargissement, c'est-à-dire de l'application des dispositions de l'article 15 de la loi du 21 mai 1836. Nous allons nous occuper, maintenant, de l'ouverture de nouveaux chemins, c'est-à-dire de l'application des dispositions de l'article 16 de la même loi. Nous avons vu, pour le premier cas, combien sont étendus les pouvoirs donnés à l'administration, et combien sont promptes et sommaires les formalités qu'elle doit remplir pour attribuer au domaine vicinal les parcelles de terrain qu'il est nécessaire d'y incorporer ; c'est qu'il y a là un intérêt public urgent ; c'est que, d'ailleurs, les parcelles de terrain à occuper sont presque toujours d'une faible valeur. Dans le second cas, au contraire, celui de l'ouverture de nouveaux chemins, nous allons voir l'administration obligée de procéder avec plus de lenteur et de remplir des formalités plus nombreuses ; c'est qu'ici l'urgence ne peut être invoquée au même degré ; c'est que les terrains à occuper sont souvent d'une assez grande valeur ; c'est qu'enfin, le morcellement qu'occasionne quelquefois l'ouverture d'un chemin qui doit traverser une propriété compacte peut avoir, pour le propriétaire, des inconvénients réels. Le législateur a donc cru devoir donner à la propriété privée, pour ce cas, des garanties plus nombreuses.

180. Faisons remarquer avant d'aller plus loin que l'article 16 de la loi applique les mêmes règles à l'ouverture de nouveaux chemins et au redressement des chemins anciens ; cette dernière opération n'est, en effet, qu'une ouverture de chemins, dans un parcours moins étendu.

SECTION I.

Compétence.

181. La loi du 28 septembre-6 octobre 1791, l'arrêté du directoire exécutif du 23 messidor an v (11 juillet 1797), et la loi du 7 ventôse an XIII (28 février 1805) avaient uniquement en vue la conservation et l'amélioration des chemins existants, et aucun de ces actes ne s'occupait des cas où il serait nécessaire d'ouvrir un chemin nouveau ; mais lorsque cette nécessité se présentait, il est bien évident que c'est aux administrations départementales, et ensuite aux préfets qui ont succédé à ces administrations, qu'il pouvait appartenir d'ordonner cette mesure.

182. La compétence exclusive des préfets a été reconnue par une ordonnance du 1er novembre 1820 (*communes d'Orsy et de Coulanges*), ainsi conçue :

Vu le rapport de notre ministre secrétaire d'Etat de l'intérieur, tendant à ce qu'il nous plaise annuler pour cause d'incompétence, un arrêté du 30 mars 1813, par lequel le conseil de préfecture du département de la Nièvre a ordonné l'ouverture d'un chemin vicinal qui sépare les communes d'Orsy et de Coulanges ; vu la loi du 9 ventôse an XIII ; *considérant qu'il n'appartient qu'aux préfets d'ordonner l'ouverture d'un chemin vicinal* et d'en fixer le classement, la largeur et la direction.— Art. 1er. L'arrêté du conseil de préfecture du département de la Nièvre est annulé pour excès de pouvoirs.

Il a été prononcé dans le même sens par l'ordonnance du 18 juillet 1821 (*Rigobert-Friquet et autres*).

L'attribution faite aux préfets par la jurisprudence a été confirmée par le deuxième paragraphe de l'article 10 de la loi du 28 juillet 1824, et, ensuite, par le premier paragraphe de l'article 16 de la loi du 21 mai 1836 ; il ne saurait donc y avoir de contestation sur ce point.

183. La conséquence du droit donné aux préfets, c'est qu'en aucun cas il n'y a lieu de recourir à un acte du pouvoir exécutif pour faire déclarer l'utilité publique de cette nature de travaux ; c'est ce que la cour de cassation a reconnu, par un arrêt (ch. civ.), en date du 27 mars 1839 (*préfet du Var c. Perreymond*), ainsi conçu, sur ce chef :

Vu l'article 16 de la loi du 21 mai 1836 ; attendu qu'il résulte de cet article qu'en matière de chemins vicinaux, l'arrêté du préfet qui ordonne l'ouverture ou le redressement d'un chemin vicinal, tient la place et produit les effets de l'ordonnance du roi ou de la loi qui déclarent l'utilité publique en matière de travaux publics d'un intérêt général.

SECTION II.

Formes.

184. L'article 15 de la loi du 21 mai 1836 n'a pas réglé les formes d'après lesquelles doivent être rendus les arrêtés de préfet prononçant le classement des chemins vicinaux ou ordonnant l'élargissement de ces chemins ; l'article 16 n'a pas déterminé non plus comment le préfet doit procéder lorsqu'il a à autoriser l'ouverture d'un chemin nouveau ou le redressement d'un ancien chemin ; c'est donc dans la jurisprudence et dans les instructions ministérielles que nous devons rechercher les règles qui doivent être suivies.

185. Nous ferons remarquer, d'abord, comme nous l'avons déjà dit plus haut, n° 146, que les préfets ne sont plus restreints, comme sous l'empire de la loi du 28 juillet 1824, dans la limite d'une valeur de 3,000 fr. pour les acquisitions à faire, en cas d'ouverture ou de redressement de chemins vicinaux. L'article 16 de la loi du 21 mai 1836 n'a pas reproduit cette disposition, et le ministre de l'intérieur l'a considérée comme abrogée.

186. Quant aux formalités à remplir, elles diffèrent, en quelques points, lorsqu'il s'agit d'un chemin vicinal de petite communication ou d'un chemin vicinal de grande communication ; nous allons donc nous occuper successivement de chacun de ces deux cas.

187. Si le chemin qu'il s'agit d'ouvrir ou de redresser est de petite communication, l'initiative de la proposition est, la plupart du temps, prise par la commune ; cependant, le préfet pourrait agir d'office, si le besoin des communications l'exigeait. Il userait ici du pouvoir qu'il tient de la législation, notamment de l'arrêté du directoire exécutif du 23 messidor an v (11 juillet 1797), comme nous l'avons dit n° 76, en parlant du classement d'office.

Mais on comprend que, dans tous les cas, le conseil municipal de la commune doit être entendu préalablement sur l'utilité de la mesure projetée, puisqu'il doit en résulter une dépense pour la commune. Si plusieurs communes étaient intéressées, les différents conseils municipaux devraient être entendus. Toutefois, la délibération négative d'un ou de plusieurs conseils municipaux ne pourrait mettre obstacle à l'ouverture ou au redressement, si le préfet persistait à le considérer comme nécessaire.

La loi du 28 juillet 1824 avait voulu que l'arrêté du préfet fût précédé d'une enquête *de commodo et incommodo*. Cette disposition n'a pas été reproduite par la loi du 21 mai 1836, et le ministre de l'intérieur en a conclu que cette enquête n'est plus nécessaire. Cela est exact, pour le cas où l'administration a la certitude d'obtenir, à l'amiable, la cession des terrains à occuper ; mais lorsqu'il y a nécessité de recourir à l'expropriation pour cause d'utilité publique, l'enquête étant l'une des formalités exigées par la loi du 3 mai 1841, on ne peut se dispenser de remplir cette formalité, au moins lorsqu'il s'agit d'un chemin de petite communication.

Enfin, c'était *en conseil de préfecture*, qu'aux termes de la loi du 28 juillet 1824, le préfet devait prendre l'arrêté qui autorisait les travaux d'ouverture d'un chemin. La loi du 21 mai 1836 n'a pas maintenu cette disposition non plus. C'est donc sans le concours du conseil de préfecture qu'agit le préfet, en vertu du premier paragraphe de l'article 16 de cette dernière loi. C'est à une autre phase de l'instruction, et lorsqu'il y a lieu de procéder à la désignation des terrains que le préfet doit prendre un second arrêté *en conseil de préfecture,* ainsi que nous le verrons plus bas, n° 225.

188. Si le chemin qu'il s'agit d'ouvrir ou de redresser est de grande communication, il n'est pas nécessaire que les conseils municipaux soient entendus avant que le préfet prenne l'arrêté par lequel il autorise cette mesure. En effet, ces conseils municipaux ont été nécessairement appelés à délibérer sur le classement du chemin par le conseil général du département : la décision du conseil général rendue, les conseils municipaux ne pourraient plus s'opposer à l'ouverture ou au redressement. Ce n'est que pour le cas d'expropriation des terrains, que les conseils municipaux doivent être appelés à délibérer sur le tracé, comme nous le verrons plus bas, n° 223.

La formalité de l'enquête n'est nécessaire, ici, dans aucun cas, même dans celui où il devrait être procédé à l'expropriation des terrains à occuper. Les délibérations des conseils municipaux qui ont précédé celle du conseil général sont considérées comme tenant lieu de l'enquête, ainsi que nous le verrons plus bas, n° 201.

Enfin, et comme nous l'avons dit ci-dessus, ce n'est pas *en conseil de préfecture* que doit être rendu l'arrêté du préfet, ordonnant l'ouverture ou le redressement. C'est à une autre époque, et en cas d'expropriation, que doit être pris un second arrêté en conseil de préfecture.

189. Nous nous bornerons ici à ces indications sommaires sur les formes à suivre par le préfet pour l'arrêté qu'il doit prendre, attendu que nous aurons à revenir sur ces différents points, à l'occasion de l'expropriation des terrains.

190. Nous ne terminerons pas ce qui a rapport au droit des préfets en matière d'ouverture ou de redressement des chemins vicinaux, sans faire remarquer que ce droit est restreint, jusqu'à un certain point, dans les départements compris dans la zone frontière, par la législation sur *les travaux mixtes,* c'est-à-dire par la loi du 19 janvier 1791, le décret du 22 décembre 1812, l'ordonnance du 18 septembre 1816, et la loi du 7 avril 1851.

Aux termes de cette législation, aucuns travaux *autres que ceux de réparation et de simple entretien* ne doivent, dans l'étendue de la zone frontière, être entrepris sur aucune voie publique, qu'après avoir été l'objet de conférences entre les ingénieurs des ponts et chaussées et les officiers du génie, et avoir été autorisés par le Gouvernement, sur le rapport de la commission mixte des travaux publics. Une circulaire du ministre de l'intérieur, en date du 13 novembre 1819, a expliqué ce qu'on devait entendre par travaux *de réparation et d'entretien ;* ce sont ceux qui ont pour objet de *maintenir* les chemins existants dans un bon état de viabilité, mais sans y apporter de modifications qui aient pour résultats d'en changer la nature. Ainsi, tout changement dans le tracé, la largeur, l'inclinaison des pentes, et les empierrements, rentre dans la catégorie des travaux qui ne peuvent être exécutés qu'après une autorisation préalable du Gouvernement.

Une circulaire du ministre de l'intérieur, en date du 21 novembre 1842, a rappelé aux préfets les obligations que leur imposait l'ordonnance du 18 septembre 1816 ; une seconde circulaire, en date du 27 octobre 1849, a renouvelé les instructions données par la précédente.

191. Ces deux circulaires témoignent assez combien a toujours été difficile l'application aux chemins vicinaux de la législation sur les travaux mixtes. Aussi le législateur a-t-il reconnu la nécessité de réduire la sévérité des règles posées à une époque où le système de la défense du territoire était tout autre qu'aujourd'hui. Une loi du 7 avril 1851 a donc prononcé que, même dans l'étendue de la zone frontière, les travaux des chemins vicinaux pourraient s'exécuter librement, sauf certaines portions de territoire réservées et indiquées par un règlement d'administration publique. Dans ces portions de territoire, mais là seulement, les lois, décrets et règlements relatifs aux travaux mixtes continuent d'être appliqués aux chemins vicinaux de toutes classes.

192. Si, donc, il faut recourir à une autorisation préalable pour tous les travaux *autres que ceux d'entretien* qui seront à faire aux chemins vicinaux *dans les portions réservées du territoire*, on comprend que les préfets ne pourraient, à plus forte raison, ordonner l'ouverture de chemins nouveaux ou le redressement d'anciens chemins, dans ces mêmes portions du territoire, sans l'accomplissement préalable des formalités prescrites par la législation spéciale sur les travaux mixtes. Agir autrement, serait s'exposer à voir les travaux indûment faits, détruits par application de la loi du 7 avril 1851.

SECTION III.

Occupation des terrains à l'amiable.

193. Lorsque, en vertu du premier paragraphe de l'article 16 de la loi du 21 mai 1836, le préfet a autorisé *les travaux d'ouverture ou de redressement d'un chemin vicinal*, il n'a fait qu'un des premiers actes de l'instruction de l'affaire, et les travaux ne peuvent être entrepris que lorsque l'administration a pu prendre régulièrement possession des terrains dont l'occupation est nécessaire.

On a vu plus haut, nº 80, que lorsqu'il s'agit de la déclaration de vicinalité d'un chemin existant et de la fixation de la largeur de ce chemin, les parcelles de propriétés privées qu'il est nécessaire d'occuper sont attribuées au chemin par l'arrêté du préfet, et que, aux termes de l'article 15 de la loi précitée, l'administration se trouve en possession par le seul effet de cet arrêté, sauf règlement ultérieur des indemnités dues s'il y a lieu.

L'article 16 de la loi n'a pas donné aux préfets un pouvoir aussi étendu, en ce qui concerne l'ouverture de chemins nouveaux et le redressement des chemins anciens. Il a laissé sous l'empire des règles du droit commun l'occupation des terrains nécessaires à ces travaux ; il s'ensuit que lorsque l'arrêté qui les autorise est rendu, les terrains à occuper pour le tracé nouveau ne peuvent être occupés qu'en vertu d'un accord amiable avec le propriétaire, ou, à son refus, après l'accomplissement des formalités prescrites pour l'expropriation pour cause d'utilité publique.

§ 1. — *Abandon gratuit des terrains.*

194. Bien que les terrains nécessaires pour l'ouverture ou le redressement d'un chemin soient quelquefois d'une valeur considérable, les propriétaires de ces terrains offrent souvent de les abandonner gratuitement, tant est grand l'avantage que leur présente l'entreprise projetée par l'administration. C'est là une des *offres* prévues par le troisième paragraphe de l'article 7 de la loi du 21 mai 1836, et dont l'acceptation rentre dans les attributions du préfet. Mais, contrairement à ce que nous disions, n° 141, à l'occasion de l'élargissement des chemins vicinaux de petite communication, nous pensons qu'il est prudent de faire consigner par écrit les offres d'abandon de terrains pour l'ouverture ou le redressement des chemins vicinaux de grande communication. Comme il s'agit, dans ce dernier cas, d'une valeur quelquefois importante, il ne faudrait pas qu'après avoir entrepris les travaux avec l'espérance de n'avoir rien à débourser pour l'acquisition des terrains, l'administration pût se voir répéter le prix de ces terrains dont l'abandon lui avait été fait par une simple offre verbale.

§ 2. — *Cessions à l'amiable.*

195. Si les terrains à occuper pour l'ouverture ou le redressement d'un chemin ne peuvent être obtenus gratuitement, l'administration doit faire les démarches nécessaires pour les acquérir par convention amiable, et, comme nous l'avons dit précédemment, le préfet n'est plus restreint, pour ces acquisitions, par les limites qu'y avait apportées la loi du 28 juillet 1824. Quant aux formes à suivre, nous ne pouvons que nous référer à ce que nous avons dit, n° 141, relativement au règlement à l'amiable du prix des terrains pris pour l'élargissement des chemins vicinaux.

196. Lorsque l'administration a ainsi acquis à l'amiable les terrains qui lui sont nécessaires, elle ne pourrait, régulièrement, en prendre possession qu'après en avoir soldé la valeur ; mais il arrive assez souvent que les propriétaires consentent à la prise de possession en fixant une époque plus ou moins éloignée pour le paiement. L'administration est ordinairement fort empressée d'accepter ces offres d'ajournement, qui lui permettent d'affecter aux travaux du chemin les sommes qu'elle aurait dû consacrer à solder le prix des terrains ; mais quelque avantage que ce moyen présente, nous pensons qu'il ne faut y recourir qu'avec une grande réserve. Dans certains départements où l'administration avait trop souvent ajourné le paiement des terrains, elle s'est ensuite trouvée embarrassée par des dettes exigibles, quelquefois considérables, et le service vicinal a eu à en souffrir. La cour des comptes a plus d'une fois, d'ailleurs, fait des observations sur cette marche peu régulière, et, nous le répétons, il faut éviter de se laisser trop entrainer par le désir d'agir promptement.

SECTION IV.

Expropriation des terrains.

---

197. Si l'administration ne peut obtenir, ni par abandon gratuit, ni par cession à l'amiable, les terrains nécessaires pour l'ouverture ou le redressement d'un chemin vicinal, elle est obligee, comme nous l'avons dit, de recourir à la voie de l'expropriation pour cause d'utilité publique.

198. On sait combien sont nombreuses les formalités à remplir, combien est lente et compliquée la procédure à suivre pour arriver à la prise de possession des terrains par cette voie. La mauvaise volonté d'un propriétaire, l'habileté d'un homme d'affaires, peuvent, d'incidents en incidents, faire traîner cette procédure des mois entiers, et suspendre ainsi l'exécution de travaux utiles à tout un canton. Le législateur qui, en rédigeant l'article 15 de la loi du 21 mai 1836, s'était montré si préoccupé des intérêts de la vicinalité, crut devoir simplifier aussi les formes de l'expropriation, pour les terrains à occuper en cas d'ouverture ou de redressement des chemins vicinaux, et c'est évidemment dans cette vue qu'il formula l'article 16 de la même loi.

Lorsque, dans son instruction du 24 juin 1836, le ministre de l'intérieur eut à interpréter cet article de la loi, il ne douta pas que l'intention du législateur n'eût été de réduire l'expropriation, en matière vicinale, aux seules formes indiquées par le texte même de cet article, et que, notamment, l'administration n'avait pas à remplir les formalités prescrites par le titre II de la loi du 7 juillet 1833, qui régissait alors la matière de l'expropriation pour cause d'utilité publique ; c'est en ce sens qu'il rédigea ce paragraphe de son instruction.

L'autorité judiciaire partagea d'abord, sur ce point, l'opinion du ministre de l'intérieur, et, pendant plus de deux ans, les tribunaux civils appliquèrent, en ce sens, l'article 16 de la loi du 21 mai 1836. La cour de cassation confirma elle même cette interprétation par un arrêt (ch. civ.), en date du 26 avril 1838 (*préfet des Vosges c. Tollot et autres*), ainsi conçu :

Vu l'article 16 de la loi du 21 mai 1836 ; attendu que cet article n'exige, en fait d'*ouverture* et de *redressement* des chemins vicinaux, d'autorisation préalable au recours en expropriation qu'un arrêté du préfet qui en autorise les travaux, arrêté qui, dans l'espèce de la cause, s'appliquant à un chemin vicinal de grande communication, rentre dans les dispositions prescrites par l'article 7 de la même loi ; qu'ainsi, pourvu qu'apparaisse au tribunal un arrêté du préfet *rendu en conformité des lois* et *non attaqué par les parties devant l'autorité administrative supérieure*, il est du devoir de l'autorité judiciaire d'y donner effet, sans imposer au demandeur l'obligation d'accomplir des formalités étrangères à la nature des expropriations relatives aux chemins vicinaux, et dont la loi n'exige l'observation que dans les cas généraux d'expropriation pour utilité publique, régis par la loi du 7 juillet 1833 ; et attendu, dans l'espèce, que le tribunal de Neufchâtel, qui, par un premier jugement interlocutoire du 22 janvier 1838, avait ordonné que le procureur du roi produirait les pièces prescrites par l'article 2 du titre Ier et par le titre II de la loi du 7 juillet 1833, a, par son jugement du 1er février suivant, déclaré le procureur du roi, quant à présent, non recevable, faute de les avoir produites ; qu'en cela ce même tribunal a faussement appliqué l'article 14 de la loi du 7 juillet 1833, et formellement violé l'article 16 de celle du 21 mai 1836.

199. Mais bientôt après, par un revirement d'opinion bien regrettable au point de vue de la vicinalité, la cour de cassation revint sur sa première interprétation, et par un arrêt (ch. civ.), en date du 20 août 1838 (*préfet de l'Orne c. de Charencey*), elle décida qu'il fallait, pour cette nature d'expropriation aussi bien que pour toutes les autres, remplir toutes les formalités prescrites par la loi du 7 juillet 1833, attendu que celle du 21 mai 1836 n'avait innové qu'en ce qui concerne le nombre des jurés. Par deux autres arrêts, rendus également par la chambre civile, l'un le 21 août 1838 (*préfet des Vosges c. Aptel et Demangeon*), l'autre, le 25 mars 1839 (*de Saint-Phar c. préfet de Seine-et-Marne*), la cour de cassation prononça de même, dans des espèces semblables. Enfin, elle décida dans le même sens par un arrêt (ch. civ.), en date du 24 juin 1844 (*Laroche*), que nous croyons devoir rapporter.

parce que, rendu sous l'empire de la loi du 3 mai 1841, il établit d'une manière plus actuelle les formalités à remplir ; il est ainsi conçu :

Vu les articles 7 et 16 de la loi du 21 mai 1836, 4, 5, 6, 7,8,9,10, 11 et 12. de celle du 3 mai 1841 ; attendu que l'article 7 de la loi de 1836, en attribuant au conseil général le droit de déclarer les chemins vicinaux de grande communication, et au préfet celui d'en fixer la largeur et les limites, n'a rien de contraire au principe fondamental établi dans les articles 1er et 14 de la loi du 3 mai 1841, d'après lesquels l'expropriation s'opère par autorité de justice, après l'accomplissement des formalités prescrites, notamment dans le titre II de cette loi ; attendu que l'article 12 de cette même loi, qui dispose notamment pour le cas où il y a lieu à ouverture ou à redressement de chemins vicinaux, ne dispense que de l'exécution des articles 8, 9 et 10 ; en quoi il laisse subsister l'obligation de se conformer aux autres dispositions du titre II, notamment à celles des articles 4, 5, 6 et 7 ; que l'intention du législateur à cet égard est d'autant moins douteuse, que la loi du 7 juillet 1833 n'ayant, d'abord, par son article 12, dispensé de l'exécution des articles 8, 9 et 10 que les expropriations demandées par une commune et dans un intérêt communal, on avait douté si sa disposition s'étendait aux expropriations demandées par un préfet pour un chemin de grande communication, et que c'est pour lever ce doute que la loi du 3 mai 1841 a ajouté à son article 12 ces mots : *non plus qu'aux travaux d'ouverture ou de redressement des chemins vicinaux*, addition dont le but est d'étendre aux travaux de ce genre les garanties que le titre II donne au droit de propriété ; attendu, en fait, que le jugement attaqué ne déclare pas que les formalités des articles 5, 6, 7 et 12 ont été observées, et qu'il résulte de l'ensemble de la procédure qu'elles ne l'ont pas été ; qu'ainsi, en prononçant une expropriation sans que les formalités prescrites pour constater l'utilité publique aient été remplies, le jugement attaqué a commis un excès de pouvoir.

La jurisprudence de la cour régulatrice étant ainsi fixée, l'administration ne peut que s'y conformer lorsqu'elle est obligée de recourir à l'expropriation pour obtenir les terrains nécessaires à l'ouverture ou au redressement des chemins vicinaux.

Nous ne pourrions, sans entrer dans de trop grands développements, tracer ici la longue série des formalités à remplir, et nous nous bornerons à indiquer celles qui sont spéciales à la matière des chemins vicinaux.

§ 1. — *Dispositions préliminaires.*

I. — Enquête administrative.

200. Aux termes de l'article 3 de la loi du 3 mai 1841, les travaux que font exécuter l'Etat, les départements ou les communes, ne peuvent être déclarés *d'utilité publique* qu'après une enquête administrative. Cette enquête a pour objet de mettre les localités intéressées à portée d'exprimer leur opinion sur l'utilité de ces travaux ; elle ne porte donc que sur l'ensemble du projet, et elle diffère, à cet égard, de l'information qui doit avoir lieu, ultérieurement, sur les détails d'application du projet sur le terrain.

201. Nous devons dire, d'abord, que la cour de cassation paraît avoir admis que l'enquête n'est pas nécessaire lorsqu'il s'agit d'un chemin vicinal de grande communication. Nous citerons, sur ce point, un premier arrêt (ch. civ.), en date du 2 janvier 1844 (*Dupontavice*), ainsi conçu .

Vu les articles 2, § 1er, et 14 de la loi du 3 mai 1841 ; attendu qu'aux termes des articles 2 et 14 de la loi du 3 mai 1841, un jugement ne peut prononcer une expropriation pour cause d'utilité publique qu'après vérification, par le tribunal, des formalités prescrites par la loi ; attendu qu'au nombre des vérifications que le tribunal ne peut se dispenser de faire, se trouve celle de savoir si l'utilité publique a été légalement déclarée ; attendu que la déclaration légale d'utilité publique est attribuée, par l'article 7 de la loi du 21 mai 1836, au conseil général du département lorsqu'il s'agit de déterminer la direction des chemins vicinaux de grande communication ; attendu que, dans l'espèce, la délibération du conseil général du département du Calvados, qui classe comme chemin vicinal de grande communication le chemin de Condé à Caumont par Aulnay, et qui désigne les communes que ce chemin doit traverser, n'a point été visée par le jugement attaqué ; qu'en prononçant l'expropriation, sans vérification de la légalité de la déclaration d'utilité publique, le jugement attaqué a formellement violé les lois précitées.

Il résulte implicitement, mais évidemment, des termes de cet arrêt, que si la délibération du conseil général avait été produite, et qu'elle eût été visée dans le jugement d'expropriation, cette délibération eût été considérée comme déclarant suffisamment l'utilité publique, sans qu'elle ait dû être précédée d'une enquête.

Un second arrêt de la cour de cassation (ch. civ.), en date du 22 janvier 1845 (*préfet de l'Ain c. Grassy et autres*), a déclaré que lorsque la délibération du conseil général est produite, le tribunal devant lequel se poursuit l'expropriation n'a pas à rechercher si les formalités qui devaient précéder cette délibération, laquelle constitue la déclaration d'utilité publique, ont été accomplies. Cet arrêt est ainsi conçu sur ce chef :

Vu l'article 7 de la loi du 21 mai 1836, l'article 2, § 1er, de la loi du 3 mai 1841 et l'article 14, § 1er, de la même loi ; attendu, en fait, que le jugement attaqué s'est fondé pour refuser, quant à présent, l'expropriation demandée, sur ce que la délibération du conseil général de l'Ain, qui classe le chemin de Montluel à Chalamont parmi les chemins vicinaux de grande communication, n'aurait pas été précédée des formalités requises ;..

Attendu, en droit, que l'article 7 de la loi du 21 mai 1836 attribue aux conseils généraux de département le droit de déclarer que les chemins vicinaux sont de grande communication, et d'en déterminer la direction ;.............................

Attendu que les tribunaux, chargés par la loi de prononcer l'expropriation pour cause d'utilité publique, ont le devoir de vérifier si une délibération du conseil général est intervenue dans le cas où elle est nécessaire, et s'il elle a été prise compétemment, mais qu'ils n'ont pas mission de juger la délibération du conseil général, soit quant au fond, soit quant à l'accomplissement des formalités suivant lesquelles le conseil général a dû procéder ;.................................

d'où il suit que le jugement attaqué, en jugeant des actes dont il ne lui appartenait pas de connaître, a excédé sa compétence, faussement appliqué les articles 2 et 14 de la loi du 3 mai 1841, et, par suite, violé tant ces articles que l'article 7 de la loi du 21 mai 1836.

De la combinaison de ces deux arrêts, il nous paraît résulter que, ainsi que nous venons de le dire, l'enquête administrative ordonnée par l'article 3 de la loi du 3 mai 1841, comme préalable de la déclaration d'utilité publique, n'est pas nécessaire lorsqu'il s'agit de l'expropriation de terrains à occuper pour l'ouverture ou le redressement d'un chemin vicinal de grande communication, et l'on comprend la distinction faite, à cet égard, par la cour de cassation. En effet, le conseil général ne peut classer un chemin vicinal parmi les chemins vicinaux de grande communication sans que les conseils municipaux de toutes les communes intéressées aient été appelés à en délibérer. Le but que l'enquête aurait eu en vue n'est-il pas atteint par la publicité donnée au projet, et les intérêts des localités n'ont-ils pas été mis en demeure de se faire entendre?

202. Ce n'est donc que pour les expropriations ayant pour objet l'ouverture ou le redressement de chemins vicinaux de petite communication qu'il est nécessaire de procéder à l'enquête prescrite par l'article 3 de la loi du 3 mai 1841.

203. Si les travaux à faire sont circonscrits dans le territoire d'une seule commune, ils doivent, aux termes de l'article 1er de l'ordonnance du 23 août 1835, être considérés comme faits dans l'intérêt exclusif de la commune, et l'enquête doit être faite dans les formes prescrites par les articles 2 à 5 de cette ordonnance.

204. Si, au contraire, les travaux doivent s'étendre sur le territoire de plusieurs communes, ou même si, bornés au territoire d'une seule commune, la dépense doit en être payée par plusieurs communes, comme le prévoit l'article 6 de la loi du 21 mai 1836, on se trouve dans le cas spécifié par l'article 6 de l'ordonnance du 23 août 1835, et l'enquête doit être faite dans les formes prescrites par les articles 9 et 10 de celle du 18 février 1834.

Nous ne croyons pas devoir donner ici le détail des formes de l'enquête ; ce ne serait que reproduire les termes des deux ordonnances précitées.

205. Que l'enquête ait lieu dans les formes prescrites par l'une ou par l'autre de ces ordonnances, elle ne peut s'ouvrir que sur un projet, ou, au moins, sur un avant-projet des travaux, qui en fasse connaître le tracé ; il peut donc être nécessaire que, pour préparer cet avant-projet, les agents pénètrent dans les propriétés particulières qui seront atteintes par le tracé.

Les agents voyers doivent, dans ce cas, s'adresser aux propriétaires, leur justifier de la mission dont ils sont chargés et demander l'autorisation de pénétrer dans les terrains qu'ils ont besoin d'explorer. Cette autorisation ne peut leur être refusée, et toute opposition, par voies de fait, aux opérations des agents voyers serait un délit passible de peines correctionnelles. Cela a été déclaré, relativement aux explorations des ingénieurs des ponts et chaussées, par un arrêt de la cour de cassation (ch. crim.), en date du 4 mars 1825 (*Mayet et autres*), et bien que cet arrêt ait été rendu en vue d'études faites pour des travaux de routes, le principe qu'il pose est évidemment applicable à celles qui se font pour les travaux des chemins vicinaux.

Le conseil d'Etat, de son côté, a décidé que lorsque de semblables études ont été ordonnées par l'administration, pour le tracé de chemins vicinaux, nul n'a le droit de s'y opposer et que les tribunaux même ne peuvent y mettre obstacle. C'est ce qui résulte d'une ordonnance du 19 octobre 1825 (*Berthelot c. Vicquelin*), ainsi conçue :

Vu les lois des 6 octobre 1791 et 28 février 1803 (9 ventôse an XIII) ;

Considérant que les opérations du sieur Berthelot ont été faites en sa qualité de commissaire délégué par l'administration, pour fixer l'emplacement de deux chemins publics, dans la commune de Routot;

Considérant qu'il s'agissait d'opérations préparatoires qui n'engageaient, en aucune manière, les questions de propriété ;

Considérant que nul n'a le droit de s'opposer, par la voie judiciaire, à ces sortes d'opérations, et que, dès lors, le président du tribunal de Pont-Audemer a excédé ses pouvoirs en interdisant la suite des opérations du sieur Berthelot.

206. Si les opérations des agents voyers ont occasionné quelque dommage aux propriétés qu'ils ont dû explorer, les propriétaires ont droit à une indemnité ; cela est incontestable. Le règlement de cette indemnité appartient à l'autorité administrative, car il s'agit là de dommages temporaires, et nous verrons plus bas que les tribunaux ne sont pas compétents pour faire ce règlement. Quant à la forme dans laquelle l'indemnité doit être réglée, nous pensons que c'est celle prescrite par l'article 17 de la loi du 21 mai 1836, pour le cas d'occupation temporaire de terrains ; il y a là, en effet, une analogie évidente.

207. Lorsque les opérations préparatoires exigent que les agents du service vicinal pénètrent dans des terrains soumis au régime forestier, et qu'il est nécessaire qu'ils abattent des arbres, ils doivent, préalablement, remplir les formalités voulues par le Code forestier et par l'ordonnance réglementaire rendue pour l'exécution de ce Code. S'ils négligent d'accomplir ces formalités, ils se rendent passibles de peines correctionnelles.

C'est ce qu'a déclaré la cour de cassation par un arrêt (ch. crim.), en date du 29 mars 1845 (*Tocquaine et autres*), ainsi conçu :

Attendu qu'il résulte d'un procès-verbal régulier et non attaqué, que les nommés Tocquaine, agent voyer, Perrin et Fleurot, cantonniers. ont abattu un certain nombre d'arbres sur une ligne prise au travers des forêts communales de Rosières et du Val-d'Ajol ;

Attendu que ces faits sont prévus et punis par les articles 192 et 202 du Code forestier ;

. . . .

Mais, attendu que le jugement attaqué reconnaît que la coupe d'arbres dont il s'agit a eu lieu sans autorisation préalable de l'administration forestière ;

Attendu que les dispositions des articles 192 et 202 du Code forestier sont générales et absolues, et s'appliquent à tout fait de coupes d'arbres appartenant à autrui ;

Attendu que les bois communaux, bien que soumis au régime forestier et confiés à la surveillance de l'administration forestière chargée de la conservation des bois de l'Etat, n'en constituent pas moins une propriété distincte de ceux-ci et qui doit jouir de toutes les garanties attachées à la propriété privée ; que, dès lors, l'abatage d'arbres dans des bois appartenant à des communes, sans autorisation des fonctionnaires auxquels est imposé par la loi le devoir de veiller à la conservation de ces bois, est un délit qui rentre dans l'application des articles précités du Code forestier ;

Attendu que l'ordre donné par le préfet de se livrer à des études relatives à la rectification d'un chemin vicinal, ne comportait pas évidemment l'injonction d'attenter à la propriété communale et de commettre des délits ;

Attendu que les auteurs du délit étant connus, c'était contre eux que l'administration forestière devait diriger ses poursuites, sauf à eux à mettre en cause, s'ils le jugeaient à propos, les supérieurs dont ils disaient que les ordres les avaient fait agir ;

Qu'ainsi le jugement attaqué, en renvoyant les prévenus des poursuites, a méconnu les règles légales sur le caractère de la propriété communale, et violé les articles 192 et 202 du Code forestier.

ii. — Déclaration d'utilité publique.

208. Lorsque l'enquête prescrite par l'article 3 de la loi du 3 mai 1841 a eu lieu, et que les résultats de cette enquête déterminent l'administration à persister dans son projet, les travaux doivent, aux termes de l'article 2 de la même loi, être déclarés d'utilité publique.

Pour les travaux des chemins vicinaux, et en vertu du premier paragraphe de l'article 16 de la loi du 21 mai 1836, la déclaration d'utilité publique résulte de l'arrêté du préfet qui autorise ces travaux. Cet arrêté qui, ainsi que nous l'avons dit plus haut, n° 187, doit être pris par le préfet, seul, et sans l'assistance du conseil de préfecture, a la même valeur que la loi ou l'acte du pouvoir exécutif, pour les autres travaux, ainsi que l'a déclaré la cour de cassation par un arrêt (ch. civ.), en date du

27 mars 1839 (*préfet du Var c. de Perreymond*), ainsi conçu, sur ce chef :

Vu l'article 16 de la loi du 21 mai 1836; attendu qu'il résulte de cet article qu'en matière de chemins vicinaux l'arrêté du préfet qui ordonne l'ouverture ou le redressement d'un chemin vicinal, tient la place et produit les effets de l'ordonnance du Roi ou de la loi qui déclarent l'utilité publique, en matière de travaux publics d'un intérêt général.

209. Une question d'attributions assez délicate a été soulevée à l'occasion de la déclaration d'utilité publique, pour les expropriations relatives aux chemins vicinaux de grande communication; c'est celle de savoir si, dans ce cas, le préfet doit prendre l'arrêté déclarant l'utilité publique, ou bien si cet arrêté n'est pas rendu sans objet par la délibération du conseil général portant classement du chemin au nombre des chemins vicinaux de grande communication.

On a vu, en effet, que dans son arrêt (ch. civ.), en date du 2 janvier 1844 (*Dupontavice*), que nous avons rapporté plus haut, n° 202, la cour de cassation dit que « la déclaration d'utilité publique est attribuée, par « l'article 7 de la loi du 21 mai 1836, au conseil général du départe- « ment, lorsqu'il s'agit de déterminer la direction des chemins vici- « naux de grande communication. » Or, pourrait-on dire, si la délibé- ration du conseil général a déclaré l'utilité publique, il n'est pas nécessaire que le préfet prenne, de son côté, un arrêté pour faire la même déclaration.

Nous pensons que ce serait là donner une trop grande portée aux termes de l'arrêt que nous venons de citer; ce serait admettre que la cour de cassation a pu, dans un arrêt d'espèce, modifier les disposi- tions formelles des articles 7 et 16 de la loi du 21 mai 1836, et celles des articles 2 et 3 de la loi du 3 mai 1841.

Que dit, en effet, l'article 7 de la première de ces deux lois, article sur lequel s'appuie l'arrêt précité? Que les chemins vicinaux peuvent être déclarés chemins vicinaux de grande communication *par le conseil général ;* que *le conseil général* détermine la direction de chaque chemin vicinal de grande communication.

Sans aucun doute, lorsque le conseil général a accompli la mission qui lui est ici donnée, le chemin a reçu le caractère de chemin vicinal de grande communication, et les actes que le même article attribue au préfet ne sont plus que des actes complémentaires. Mais nous ne pen- sons pas qu'en conférant cette attribution au conseil général, le légis- lateur ait entendu que le classement du chemin vicinal de grande com- munication emportait virtuellement la déclaration d'utilité publique des travaux qu'il pourrait être nécessaire d'y faire. Ce qui nous con- firme surtout dans cette opinion, c'est que, par l'article 16 de la loi du 21 mai 1836, compris dans le titre intitulé *dispositions générales*, le législateur a dit « Les travaux d'ouverture et de redressement des « chemins vicinaux seront autorisés par arrêté du préfet. » Ces termes embrassent évidemment les chemins vicinaux des deux catégories.

Nous croyons donc que, nonobstant la signification apparente de l'ar- rêt précité de la cour de cassation, lorsqu'il s'agit d'une expropriation en vue de l'ouverture ou du redressement d'un chemin vicinal de grande communication, le préfet doit prendre l'arrêté portant autorisation des travaux, tout comme s'il s'agissait d'un chemin vicinal de petite com- munication.

210. L'article 2, n° 2, de la loi du 3 mai 1841 prévoit le cas où la loi ou l'ordonnance qui autorise les travaux n'aurait pas désigné *les localités ou territoires* sur lesquels ces travaux doivent avoir lieu, et, dans ce cas, il prescrit au préfet de prendre un arrêté pour faire cette désignation ; c'est, comme on voit, un acte complémentaire de celui qui a déclaré l'utilité publique.

Pour les travaux des chemins vicinaux, qui sont autorisés par arrêté du préfet, nous ne pensons pas qu'il y ait jamais lieu de prendre le second arrêté prévu par l'article précité. S'il s'agit, en effet, d'un chemin vicinal de petite communication, le parcours en est toujours assez peu étendu pour que le préfet ait pu, dès l'origine, connaître *les localités et territoires* que ce chemin doit traverser, et il a pu et dû en faire la désignation dans l'arrêté portant déclaration de l'utilité publique. S'il s'agit d'un chemin vicinal de grande communication, le conseil général ayant dû en déterminer *la direction* en même temps qu'il en prononce le classement, les localités et territoires se trouvent suffisamment désignés par la délibération du conseil général.

Dans l'un comme dans l'autre cas, l'arrêté prévu par le n° 2 de l'article précité est donc inutile.

211. Il reste à examiner la question de savoir si l'arrêté préfectoral pris en vertu du premier paragraphe de l'article 16 de la loi du 21 mai 1836, et pour l'exécution des articles 2 et 3 de la loi du 3 mai 1841, est susceptible de recours.

Pour résoudre cette question, il faut distinguer entre les deux catégories de chemins.

212. S'il s'agit d'un chemin vicinal de grande communication, le recours ne nous paraît pas admissible. En effet, l'arrêté préfectoral n'est pris, dans ce cas, que pour l'exécution de la délibération du conseil général qui a classé le chemin. Or, une semblable délibération, comme nous aurons occasion de le dire dans un autre chapitre, ne tombe pas sous le contrôle de l'autorité ministérielle ; elle ne peut être attaquée que devant le conseil d'Etat, et encore, pour le seul motif de violation des formes prescrites par la loi. Si, cependant, l'arrêté préfectoral était annulé par le ministre, la délibération du conseil général se trouverait annulée indirectement, ce qui ne peut être.

213. Si, au contraire, il s'agit d'un chemin vicinal de petite communication, l'arrêté est susceptible de recours, tout comme celui qui, en vertu de l'article 15 de la loi du 21 mai 1836, aurait prononcé le classement ou l'élargissement d'un chemin vicinal existant. Bien qu'en matière d'ouverture ou de redressement, l'arrêté préfectoral pris en vertu de l'article 16 remplace une ordonnance royale, il n'est cependant, en fait, qu'un acte administratif, comme l'est, au surplus, l'ordonnance elle-même. Nous nous référons donc à ce que nous avons dit, n° 89, sur le recours contre les arrêtés de classement.

214. Nous ferons observer, cependant, que le recours ne produirait pas d'effet suspensif, quant à la procédure en expropriation commencée devant le tribunal ; c'est ce qui résulte de l'arrêt de la cour de cassation (ch. civ.) du 27 mars 1839 (*préfet du Var c. Perreymond*), ainsi conçu, sur ce chef :

Vu l'article 16 du 21 mai 1836 ; attendu qu'il résulte de cet article qu'en matière de chemins vicinaux l'arrêté du préfet, qui ordonne l'ouverture ou le redressement d'un chemin vicinal, tient la place et produit les effets de l'ordonnance du Roi ou de la loi qui déclarent l'utilité publique, en matière de travaux d'intérêt général ; que, sans qu'il soit besoin d'examiner si un pareil arrêté est susceptible d'être réformé par l'autorité administrative supérieure, le recours dirigé contre cet acte de l'autorité du préfet ne serait point suspensif de sa nature, puisqu'il est de principe que les actes de l'autorité administrative, contre lesquels le recours est autorisé par la loi, sont exécutoires par provision, à moins qu'il n'ait été sursis à leur exé cution par l'autorité compétente; attendu que la législation spéciale des chemins vicinaux, et notamment la loi du 21 mai 1836, n'ont point dérogé à ce principe, et qu'en jugeant le contraire le tribunal de Draguignan a formellement violé la loi précitée.

§ 2. — *Mesures d'administration relatives à l'expropriation.*

215. La déclaration d'utilité publique est donnée, comme nous l'avons dit, n° 206, sur l'ensemble du projet ; il faut, ensuite, désigner les terrains dont l'expropriation est nécessaire pour l'exécution de ce projet, et cette désignation ne peut être faite qu'après l'accomplissement des formalités que le titre II de la loi du 3 mai 1841 énumère, sous le nom de *mesures d'administration relatives à l'expropriation.*

Nous ne nous occuperons pas, ici, de la série entière des formalités administratives à remplir, lorsqu'il y a refus. au fond, de céder les terrains à occuper ; nous ne parlerons que de celles de ces formalités qui peuvent présenter des difficultés spéciales à la matière vicinale

216. Mais nous devons dire ici, tout d'abord, que l'accomplissement de ces formalités n'est nécessaire que lorsque les propriétaires refusent, d'une manière absolue, la cession de leurs terrains. Lorsque, au contraire, ils ne s'opposent pas à ce que ces terrains soient occupés, et qu'il n'y a discord entre eux et l'administration que sur le prix, le § 5 de l'article 14 de la loi précitée dispense de remplir les formalités prescrites par le titre II. Dans ce cas, le tribunal ne prononce pas le jugement d'expropriation, qui serait sans objet, et il se borne à désigner le magistrat qui doit diriger les opérations du jury ; la décision du jury est, en effet, le seul acte nécessaire, puisqu'on n'est en désaccord que sur le prix.

ı.—Dépôt du plan parcellaire à la mairie.

217. Le plan parcellaire levé par les agents voyers doit, aux termes de l'article 5 de la loi du 3 mai 1841, être déposé à la mairie de la commune où les propriétés sont situées, afin que chacun puisse en prendre connaissance ; il doit y rester déposé pendant huit jours.

218. Si le chemin est situé sur le territoire de plusieurs communes, le dépôt du plan doit avoir lieu. par extrait, à la mairie de chacune de ces communes, à peine de nullité.

C'est ce qui résulte d'un arrêt de la cour de cassation (ch. civ.), en date du 2 février 1836 *(préfet du département du Nord c. Houzet et autres)*, ainsi conçu, sur ce chef :

Vu l'article 2 du titre Iᵉʳ de la loi du 7 juillet 1833; vu pareillement les articles 5 et suivants du titre II de la même loi ; vu enfin l'article 15 du titre III de la même loi ;..

....

Attendu, 2° que le vœu de la loi n'est pas rempli par cela seul qu'un tribunal aura déclaré que toutes les formalités prescrites par la loi du 7 juillet 1833 ont été remplies;—Que le jugement en matière d'expropriation pour cause d'utilité publique doit porter avec lui la justification de sa légalité, par le visa ou du moins l'énonciation des pièces constatant l'accomplissement des formalités prescrites ;— Que le jugement attaqué n'indique d'autre pièce qu'un arrêté préfectoral, qu'il date du 17 février 1835 ; — Qu'à la vérité, cet arrêté paraît prononcer, d'un côté, qu'un plan parcellaire des terrains ou des édifices dont la cession serait nécessaire pour l'exécution du chemin projeté a été déposé à la municipalité de Roubaix, et qu'il n'a été fait aucune réclamation ; d'un autre côté, que l'ouverture de ce chemin provoquée par la ville de Roubaix, est poursuivie dans un intérêt purement communal;— Que, si cette dernière circonstance a dispensé, dans l'espèce, de convoquer une commission d'examen, dans les formes prescrites par les articles 8, 9 et 10 du titre II, elle n'a pas dispensé de l'observation des articles 5, 6 et 7 du même titre, et notamment du dépôt du plan parcellaire à la mairie de la commune où sont situées les propriétés qu'il s'agit d'exproprier;—Que cette commune est celle de Croix, et que, d'un certificat produit à la Cour et délivré par le maire de Croix, sous la date du 11 décembre dernier, il résulte, 1º *qu'aucun plan parcellaire n'a été déposé, ni en ses mains, ni en la maison commune de Croix; qu'en conséquence, il n'a pu appeler les habitants de sa commune pour en prendre communication et recevoir leurs observations, ni le publier et afficher, au désir de la loi; 2º que le conseil municipal de la même commune n'a point été appelé à délibérer sur l'utilité ou l'inutilité de l'embranchement projeté;—* Que, dans ces circonstances, le jugement attaqué, en prononçant l'expropriation des propriétés situées sur le territoire de la commune de Croix, a formellement violé l'article 2, titre Iᵉʳ, et les articles 5, 6, 7 et 15 de la loi du 7 juillet 1835.

II.—Délibération du conseil municipal.

219. Pour les grands travaux publics, l'article 8 de la loi du 3 mai 1841, veut qu'après la clôture du procès-verbal prescrit par l'article 7, il soit formé une commission au chef-lieu de la préfecture. Les articles 9 et 10 déterminent les fonctions et la forme de procéder de cette commission, et l'article 11 indique les actes à faire par le préfet, en suite des opérations de la commission.

220. Pour les travaux d'intérêt purement communal, et pour ceux *d'ouverture ou de redressement des chemins vicinaux,* l'article 12 de la même loi simplifie les formalités à remplir à ce point de la procédure administrative et dispense de recourir à la formation de la commission dont nous venons de parler; l'avis de la commission, dans ce cas, est remplacé par celui du conseil municipal des communes sur le territoire desquelles le chemin est situé.

221. L'avis du conseil municipal devient ainsi un acte substantiel de la procédure, et il doit être donné, à peine de nullité.

C'est ce qu'a déclaré la cour de cassation, (ch. civ.) par un arrêt du 4 avril 1843, (*Soulbien et Prévost*), ainsi conçu.

Vu les articles 2, 6, 12 et 14 de la loi du 3 mai 1841; attendu qu'aux termes des articles 2 et 14 de la loi du 3 mai 1841, les tribunaux ne peuvent prononcer l'expropriation pour cause d'utilité publique d'aucune propriété particulière qu'après que les parties intéressées ont été mises en état de fournir leurs contredits selon les règles exprimées au titre II de la même loi, et sur la production des pièces constatant que les formalités prescrites par ce titre ont été remplies; attendu que l'article 12, compris dans le même titre, exige, en matière d'ouverture ou de redressement des chemins vicinaux, que le procès-verbal prescrit par l'article 7 soit transmis par le maire au sous-préfet ou au préfet, avec l'avis du conseil municipal; attendu que cet avis, destiné à remplacer celui que donne, dans les cas ordinaires, la commission instituée par les articles 8, 9 et 10, ne peut s'entendre que d'un avis spécial, rendu sur le vu du procès-verbal dont l'article 7 ordonne l'ouverture, et avant le jugement de l'expropriation prononcé par le tribunal devant lequel il doit être produit; attendu qu'il ne résulte, ni du jugement attaqué, ni des pièces visées audit jugement, ni même des pièces produites devant la cour, que l'avis du conseil municipal exigé par l'article 12 ait été mis sous les yeux du tribunal ni même qu'il ait existé; d'où il suit que le jugement attaqué, en prononçant, dans les circonstances, l'expropriation, a ouvertement violé les lois précitées.

Il a été prononcé de même par un autre arrêt (ch. civ.), en date du 30 avril 1845 (*Desplats et autres*).

222. Mais si, aux termes des arrêts que nous venons de citer, il est indispensable, à peine de nullité, que le conseil municipal donne l'avis prescrit par l'article 12 de la loi du 3 mai 1841, il faut, également à peine de nullité, que le conseil municipal ne soit appelé à donner cet avis qu'après la clôture du procès-verbal contenant les déclarations et réclamations des parties intéressées, et sur le vu de ce procès-verbal, de manière que le conseil puisse faire connaître son opinion sur ces déclarations.

C'est ce que la cour de cassation a décidé par un arrêt (ch. civ.), en date du 14 décembre 1842 (*Dupontavice c. le préfet du Calvados*), ainsi conçu, sur ce chef :

Vu les articles 2, 12 et 14 de la loi du 3 mai 1841 ;

Attendu que, aux termes des articles 2 et 14 de la loi du 3 mai 1841, un jugement ne peut prononcer une expropriation pour cause d'utilité publique qu'après vérification par le tribunal des formalités prescrites par le titre II de ladite loi ;

Attendu qu'après l'avertissement collectif publié conformément à l'article 6, un procès-verbal est ouvert à la mairie, pour recevoir, pendant huit jours, les observations et contredits des intéressés ;

Attendu que, d'après l'article 12, ce procès-verbal est transmis, avec l'avis du conseil municipal, par le maire, au sous-préfet ou au préfet ;

Attendu que l'avis du conseil municipal, pour garantir efficacement tous les droits, et pour être rendu en entière connaissance de cause, ne doit intervenir que quand le procès-verbal est complet et clos, après épuisement du temps accordé aux intéressés pour fournir leurs observations ;

Attendu, dans l'espèce, que l'avertissement collectif a été publié le 19 juin ; qu'ainsi, les huit jours pendant lesquels le procès-verbal a dû être ouvert ont commencé le 20 juin ; que cependant l'avis du conseil municipal d'Airan a été rendu le 26 juin, avant l'expiration de la huitaine et avant la clôture du procès-verbal, laquelle a eu lieu le 27 ; d'où il suit que ledit avis, qui est au nombre des formalités essentielles exigées par l'article 2 pour appliquer l'expropriation aux propriétés particulières, n'a point été rendu conformément à la loi.

223. Nous n'avons sans doute pas besoin de dire qu'alors même que les conseils municipaux exprimeraient un avis contraire à l'expropriation, cette circonstance ne serait pas un obstacle absolu à ce qu'il fût passé outre. En effet, les délibérations des conseils municipaux n'emportent *décision* que dans les cas formellement énoncés par une loi, et celle du 3 mai 1841; article 12, n'attribue pas cette portée à l'avis qui doit être demandé au conseil municipal. Cet avis tient la place de celui que doit donner la commission créée par l'article 8 de la même loi pour les expropriations autres que celles relatives au service vicinal; il ne peut donc avoir plus de force que ce dernier. Si la délibération du conseil municipal était défavorable, il y aurait seulement lieu, pour le préfet, d'en référer à l'autorité supérieure, comme l'exige l'article 11, pour l'avis de la commission qui proposerait des modifications au projet.

III. — Arrêté du préfet désignant les propriétés à exproprier.

224. Sur le vu des pièces énumérées ci-dessus, le préfet doit, aux termes du troisième § de l'article 1er de la loi du 3 mai 1841, prendre, *en conseil de préfecture*, un arrêté motivé, déterminant les propriétés qui doivent être cédées, et indiquant l'époque à laquelle il sera nécessaire d'en prendre possession.

225. Cet arrêté est un acte indispensable, dans la procédure administrative, et que ne pourrait suppléer l'insertion, dans l'arrêté portant déclaration d'utilité publique, des indications que le second arrêté doit contenir.

La nécessité de ces deux arrêtés successifs a été formellement déclarée par la cour de cassation , dans un arrêt (ch. civ.) **en date du 30 avril 1845** (***Desplats et autres***), ainsi conçu, quant à ce chef :

Sur le premier moyen ;
Attendu que d'après les articles 2, 11 et 12 de la loi du 3 mai 1841, l'expropriation pour cause d'utilité publique ne peut être prononcée qu'autant que le préfet aura rendu deux arrêtés successifs, le premier pour désigner les localités ou territoires sur lesquels les travaux doivent avoir lieu; le second pour déterminer à une autre phase de la procédure les propriétés particulières auxquelles l'expropriation est applicable ;
Attendu que le préfet du Tarn n'a rendu, dans l'espèce, qu'un seul arrêté pour ordonner l'ouverture du chemin vicinal et désigner les localités qu'il devait traverser, mais qu'il n'a pas rendu l'arrêté ultérieur pour déterminer, après l'accomplissement des formalités prescrites par le titre II de la même loi, les propriétés particulières auxquelles l'expropriation est applicable.

226. L'obligation, pour le préfet, de prendre cet arrêté *en conseil de préfecture*, a été déclarée subtantielle également par un arrêt de la cour de cassation (ch. civ.) du 22 mai 1843 (*de Mauduit*), ainsi conçu :

Vu les articles 2 et 12 de la loi du 3 mai 1841; attendu qu'aux termes de l'article 2 de la loi du 3 mai 1841, les tribunaux ne peuvent prononcer l'expropriation qu'autant que l'utilité publique en a été constatée et déclarée dans les formes prescrites, et qu'au nombre de ces formes se trouve l'arrêté du préfet qui doit déterminer les propriétés auxquelles l'expropriation est applicable; qu'en ce qui concerne, soit les travaux de simple intérêt communal, soit les travaux d'ouverture ou de redressement des chemins vicinaux, l'article 12 de la loi précitée qui dispense, dans ces deux cas, de la formation de la commission d'enquête instituée par les deux articles précédents, dispose que l'arrêté du préfet indicatif des propriétés à exproprier sera rendu *en conseil de préfecture*; que cette disposition est expresse; qu'on ne peut la restreindre aux travaux d'intérêt purement communal, sans en méconnaître le texte qui porte également, et d'une manière non moins formelle, *sur l'ouverture et le redressement des chemins vicinaux*, dénomination générique dans laquelle la loi comprend les chemins de grande communication; que s'agissant dans la cause d'un chemin de cette dernière espèce, et l'arrêté du préfet du 14 juillet 1841 n'ayant pas été rendu *en conseil de préfecture*, l'une des formalités prescrites par l'article 2 de la loi, préalablement à la prononciation de l'expropriation n'était pas accomplie, le jugement attaqué a commis un excès de pouvoir en la prononçant dans l'état.

227. Aux termes de l'article 12 de la loi du 3 mai 1841, l'arrêté que le préfet doit prendre, en conseil de préfecture, pour déterminer les propriétés qui doivent être cédées, est pris *sauf l'approbation de l'administration supérieure*, c'est-à-dire du ministre de l'intérieur , dans les attributions duquel se trouve le service des chemins vicinaux. Cette restriction n'eût pas été insérée dans la loi, que le ministre n'en eût pas moins eu le droit d'examiner et d'annuler, au besoin, les arrêtés ainsi pris, car les arrêtés *pris en conseil de préfecture* n'en restent pas moins des arrêtés de préfet, et, comme nous l'avons déjà plusieurs fois rappelé, tous les actes administratifs des préfets sont soumis au contrôle et à la surveillance du ministre compétent. Mais en disant , dans cet article de la loi, que les arrêtés en matière d'expropriation pour chemins vicinaux seraient pris *sauf approbation*, le législateur a sans doute eu l'intention d'exprimer que le ministre n'aurait pas à exercer seulement son droit général de contrôle et d'annulation, en cas de recours par-devers lui, mais, au contraire, qu'il aurait à examiner, sans qu'il fût besoin de recours, si les arrêtés dont il s'agit sont, en tout point, conformes à la loi.

228. Nous dirons, au surplus, que cette disposition a été diversement entendue par les tribunaux. Il en est qui exigent que l'arrêté pris en vertu de l'article 12 soit effectivement et matériellement revêtu de l'approbation du ministre ; il en est d'autres, au contraire, et ils sont en plus grand nombre, qui n'exigent pas la représentation matérielle de cette approbation, considérant sans doute la non-annulation comme une expression suffisante de l'approbation.

La cour de cassation n'a pas encore été appelée à prononcer sur cette question, d'une manière générale; mais déjà, par un arrêt (ch. civ.) en date du 31 mars 1845 (*Préfet de l'Aisne c. Seigne-Martin*), elle a déclaré que l'arrêté dont il s'agit n'avait point de valeur en l'absence de l'approbation ministérielle, dans le cas où le conseil municipal aurait exprimé un avis contraire à l'établissement du chemin.

Cet arrêt est ainsi conçu :

Attendu qu'aux termes de l'article 16 de la loi du 21 mai 1836, les travaux d'ouverture des chemins vicinaux sont autorisés par arrêté du préfet;

Attendu que les jugements d'expropriation pour cause d'utilité publique, nécessaires à l'exécution de ces arrêtés, sont rendus conformément aux dispositions de la loi du 3 mai 1841 ;

Attendu que l'article 7 de cette dernière loi, relatif à l'ouverture d'un procès-verbal d'enquête, est applicable aux travaux pour les chemins vicinaux ; que, d'après l'article 12, le procès-verbal est adressé au préfet qui statue en conseil de préfecture ;

Attendu que l'article 12, en disant que le préfet prononcera en conseil de préfecture et sauf l'approbation de l'autorité supérieure, dit, en même temps, qu'il prononcera comme il est dit en l'article 11 ;

Attendu que l'article 11 ordonne qu'il en soit référé à l'autorité supérieure dans les cas où il résulterait de l'avis de la commission qu'il y aurait lieu de modifier le tracé des travaux; qu'il suit de là que, lorsque le préfet statue dans les cas de l'article 12, son arrêté doit être soumis à l'autorité supérieure, au cas où l'avis du conseil municipal ne contient point une adhésion au tracé proposé ;

Attendu que, dans l'espèce, l'avis du conseil municipal de Champagne, en date du 24 septembre 1843, rendu à la suite du procès-verbal d'enquête ouvert conformément à l'article 7 de la loi du 3 mai 1841, avait été contraire à l'établissement du chemin projeté;

Attendu qu'en jugeant, dans ces circonstances, qu'il n'y avait pas lieu, quant à présent, à prononcer l'expropriation en vertu de l'arrêté du préfet qui déterminait les propriétés à exproprier, mais qui n'était pas revêtu de l'approbation de l'autorité supérieure, le tribunal de Bellay, loin de violer l'article 12 de la loi du 3 mai 1841, en a, au contraire, fait, en cela, une juste application.

Il a été prononcé dans le même sens, par un autre arrêt de la cour de cassation (ch. civ.) en date du 30 avril 1845 (*Desplats et autres*).

229. L'arrêté pris par le préfet en conseil de préfecture pour déterminer les propriétés auxquelles l'expropriation est applicable, est limitatif dans ses indications, et le tribunal ne pourrait, sans excès de pouvoir, comprendre dans le jugement d'expropriation des terrains autres que ceux désignés dans l'arrêté.

C'est ce qui a été déclaré par un arrêt de la cour de cassation (ch. civ.), en date du 7 juillet 1846 (*habitants de Grasse*), qui est relatif au tracé d'une route départementale, mais qui recevrait son application également en matière de voirie vicinale.

Vu les articles 2, 14 et 20 de la loi du 3 mai 1841 ;

Attendu que les tribunaux ne peuvent prononcer l'expropriation qu'autant que l'utilité publique a été constatée et déclarée dans les formes prescrites par la loi, et que cette expropriation ne peut comprendre que les terrains et bâtiments indiqués dans l'arrêté du préfet ;

Qu'au lieu de prononcer l'expropriation des terrains déterminés par l'arrêté du préfet, et désignés à cet effet dans la colonne indicative de la portion à occuper par la route, terrains s'élevant ensemble à une contenance de 4 hectares 32 ares et une fraction, le jugement attaqué a prononcé l'expropriation de toutes les parcelles atteintes par les travaux, et désignées dans la colonne indicative de la contenance totale des parcelles, terrains s'élevant ensemble à 55 hectares 22 ares et une fraction ;

Attendu que, par résultat *de cette erreur*, le tribunal de Grasse a prononcé des expropriations non demandées ; qu'une telle erreur dégénère en *excès de pouvoir* et constitue la violation expresse des lois précitées.

§ 3. *De l'expropriation.*

i. — Transmission des pièces au Procureur impérial.

230. L'arrêté que prend le préfet, en conseil de préfecture, pour désigner les propriétés qui doivent être cédées, termine la série des formalités administratives à accomplir, en exécution des titres I et II de la loi du 3 mai 1841 ; c'est à ce point de l'instruction que commence la série des formalités judiciaires, telles qu'elles sont indiquées au titre III de la même loi.

231. Lorsque la procédure administrative a été épuisée sans qu'il ait été possible d'arriver à un accord amiable avec les propriétaires des terrains ou bâtiments dont la cession est nécessaire, le préfet doit, en exécution de l'article 13 de la loi précitée, transmettre au procureur impérial près le tribunal dans le ressort duquel les propriétés sont situées, toutes les pièces de l'instruction administrative. Nous rappellerons ici que lorsqu'il s'agit d'un chemin vicinal de grande communication, la délibération du conseil général portant classement et fixation de la direction des chemins, fait partie des pièces à transmettre au procureur impérial. C'est ce qu'a formellement décidé la cour de cassation par son arrêt (ch. civ.) du 2 janvier 1844 (*Dupontavice*) que nous avons rapporté plus haut n° 202.

ii. — Désistement.

232. Dans l'intervalle qui sépare la remise des pièces au procureur impérial et le prononcé du jugement, l'administration peut se désister de la poursuite en expropriation, mais le désistement ne peut être donné que par le fonctionnaire qui a provoqué l'instance.

Ainsi, lorsqu'une instance en expropriation pour cause d'utilité publique a été provoquée par le préfet, un maire est sans qualité pour donner un désistement des bénéfices de la décision intervenue.

C'est ce que la cour de cassation a décidé par un arrêt (ch. civ.), en date du 7 avril 1845 (*Charleuf*), ainsi conçu, quant à ce chef :

En ce qui touche le désistement notifié par acte du 11 novembre 1844, à la requête du maire de Villapourçon et au nom de sa commune ;

Attendu que l'instance en expropriation pour cause d'utilité publique provoquée par arrêté de l'administration départementale de la Nièvre pour la confection des chemins de grande communication de Moulins-en-Gilbert à Autun, a été suivie et jugée entre M. le préfet de la Nièvre, représenté par le sous-préfet de Château-Chinon et le demandeur ; d'où il suit que le maire de Villapourçon était sans qualité pour se désister du bénéfice de la décision intervenue.

iii. — Jugement d'expropriation.

233. Avant de prononcer l'expropriation, le tribunal a le droit et le devoir d'examiner si toutes les formalités voulues par la loi ont été accomplies, et le jugement doit, à peine de nullité, contenir l'énonciation des pièces constatant l'accomplissement de ces formalités. Lorsque l'expropriation a pour objet des terrains nécessaires pour un chemin vicinal de grande communication, le tribunal doit, notamment, s'assurer qu'il existe une délibération du conseil général du département portant classement de ce chemin.

C'est ce que la cour de cassation a déclaré par un arrêt (ch. civ.) en date du 12 février 1845 (*Grassy et autres*), ainsi conçu, sur ce chef :

> Attendu que les tribunaux chargés par la loi de prononcer l'expropriation pour cause d'utilité publique, ont le devoir de vérifier si une délibération du conseil général est intervenue, dans le cas où elle est nécessaire, et si elle a été prise compétemment.

234. En reconnaissant ici aux tribunaux le droit de vérifier si la délibération du conseil général, nécessaire pour autoriser l'ouverture d'un chemin vicinal de grande communication, a été prise *compétemment*, la cour de cassation n'a eu évidemment en vue que la régularité de cet acte, c'est-à-dire, si la délibération a été prise par un nombre suffisant de membres ; mais elle n'a pas entendu que les tribunaux eussent le droit de critiquer la délibération, au fond, ou de rechercher si elle a été précédée des formalités requises.

C'est ce qui résulte du même arrêt (ch. civ.) en date du 22 janvier 1845 (*Grassy et autres*), qui est ainsi conçu, quant à ce chef :

> Vu l'article 7 de la loi du 21 mai 1836 ; l'article 2, § 1er, de la loi du 3 mai 1841, et l'article 14, § 1er, de la même loi ;
>
> Attendu, en fait, que le jugement attaqué s'est fondé, pour refuser, quant à présent, l'expropriation demandée, sur ce que la délibération du conseil général de l'Ain, qui classe le chemin de Montluel à Chalamont parmi les chemins vicinaux de grande communication, n'aurait pas été précédé des formalités requises ; .....
>
> Attendu, en droit, que l'article 7 de la loi du 21 mai 1836 attribue aux conseils généraux de département le droit de déclarer que des chemins vicinaux sont de grande communication, et d'en déterminer la direction ; ....
>
> Attendu que les tribunaux chargés par la loi de prononcer l'expropriation pour cause d'utilité publique, ont le devoir de vérifier si une délibération du conseil général est intervenue dans le cas où elle est nécessaire, et si elle a été prise compétemment ; mais qu'ils n'ont pas mission de juger la délibération du conseil général, soit quant au fond, soit quant à l'accomplissement des formalités suivant lesquelles le conseil général a dû procéder.

235. Lorsqu'il s'agit d'un chemin vicinal de grande communication, le tribunal a également le droit de vérifier si les terrains désignés dans l'arrêté du préfet, en conseil de préfecture, sont bien compris dans la direction de ce chemin, telle qu'elle a été fixée par le conseil général. C'est ce qui résulte d'un arrêt de la cour de cassation (ch. civ.) en date du 4 août 1841 (*de Couiac*), ainsi conçu :

> Vu les articles 2 et 15 de la loi du 7 juillet 1833 ; vu l'article 7 de la loi du 21 mai 1836 ; attendu qu'aux termes des articles 2 et 14 de la loi du 7 juillet 1833, un jugement ne peut prononcer une expropriation pour cause d'utilité publique qu'après vérification, par le tribunal, de l'accomplissement des formalités prescrites par la loi ; attendu qu'au nombre des vérifications qu'un tribunal ne peut se dispenser de faire, lorsqu'il s'agit de prononcer des expropriations pour l'établissement d'un chemin, se trouve celle de savoir si les terrains dont on demande l'expropriation, sont atteints par le tracé légalement assigné à ce chemin ; attendu que le droit de déterminer la direction des chemins de grande communication est formellement attribué par l'article 7 de la loi du 21 mai 1836 au conseil général du département, et que les attributions conférées au préfet par le même article ne l'in-

vestissent pas du droit de changer cette direction ; attendu que le demandeur en cassation, dans un dire par lui déposé à la mairie de Pleslin, antérieurement au jugement d'expropriation, et pendant le délai imparti aux propriétaires pour fournir leurs observations, avait formellement reproché au tracé adopté par le préfet de modifier indûment la direction déterminée par le conseil général ; attendu qu'il résulte du jugement attaqué que la vérification des formalités prescrites par l'article 7 de la loi du 21 mai 1836, vérification d'autant plus nécessaire, dans l'espèce, que la violation dudit article avait été attaquée dans la procédure préparatoire, n'a ni été ni pu être faite par le tribunal ; attendu, en effet, que la délibération du conseil général du département des Côtes-du-Nord n'est point au nombre des pièces visées par le jugement.

236. Toutefois, le tribunal ne pourrait se refuser à prononcer l'expropriation sur le motif que la largeur assignée au chemin par le préfet excède celle fixée par de précédents arrêtés. En effet, l'article 7 de la loi du 21 mai 1836, qui attribue au préfet le droit de fixer la largeur de ces voies publiques, après leur classement par le conseil général, n'ayant posé aucune limite à cette largeur, les préfets ont, à cet égard, toute latitude d'agir d'après les besoins du service vicinal.

C'est ce que la cour de cassation a reconnu par un arrêt (ch. civ.), en date du 22 janvier 1845 (*Grassy et autres*), ainsi conçu, quant à ce chef :

Vu l'article 7 de la loi du 21 mai 1836 :
L'article 2, § 1er, de la loi du 3 mai 1841 ;
Et l'article 14, § 1er, de la même loi ;
Attendu, en fait, que le jugement attaqué s'est fondé, pour refuser quant à présent, l'expropriation demandée,....... et sur ce que l'arrêté du préfet aurait excédé la largeur fixée, en règle générale, par un précédent arrêté préfectoral ;
Attendu, en droit, que par le même article (article 7)....... le droit de fixer la largeur du chemin est attribué au préfet ;
D'où il suit que le jugement attaqué, en jugeant des actes dont il ne lui appartenait pas de connaître, a excédé sa compétence, faussement appliqué les articles 2 et 14 de la loi du 3 mai 1841, et par suite violé tant ces articles que l'article 7 de la loi du 21 mai 1836.

iv. — *Publication et notification du jugement.*

237. Lorsque le jugement d'expropriation est rendu, il doit, aux termes de l'article 15 de la loi du 3 mai 1841, être publié et affiché, par extrait, dans la commune de la situation des biens, de la manière indiquée en l'article 6. Il est en outre inséré dans l'un des journaux publiés dans l'arrondissement, ou, s'il n'en existe aucun, dans l'un de ceux du département.

Cet extrait, contenant les noms des propriétaires, les motifs et le dispositif du jugement, leur est notifié au domicile qu'ils auront élu dans l'arrondissement de la situation des biens, par une déclaration faite à la mairie de la commune où les biens sont situés ; et, dans le cas où cette élection de domicile n'aurait pas eu lieu, la notification de l'extrait est faite en double copie au maire et au fermier, locataire, gardien ou régisseur de la propriété.

238. Nous dirons, à cette occasion, que d'un avis de M. le garde des sceaux, consulté sur ce point par M. le ministre de l'intérieur, il résulte que c'est à l'administration qui poursuit l'expropriation qu'incombe le soin de faire faire toutes les notifications que comporte la procédure devant le tribunal, ou qui sont la conséquence du jugement d'expropriation ; le procureur impérial ne peut être tenu que des actes qui lui sont nominativement attribués par la loi.

239. L'administration n'est pas tenue d'employer exclusivement les huissiers pour les notifications qu'elle fait faire en matière d'expropriation ; elle peut aussi en charger tout agent de l'administration dont les procès-verbaux font foi en justice, et notamment les porteurs de contraintes.

C'est ce qui a été décidé par un arrêt de la cour de cassation, (ch. civ.) du 14 août 1843 (*Armspach c. préfet de Seine-et-Oise*), ainsi conçu :

Attendu que l'arrêté consulaire du 16 thermidor an VIII, qui a créé les porteurs de contraintes (article 18), exige qu'ils soient nommés par le sous-préfet et approuvés par le préfet (article 20), et qu'ils prêtent serment entre les mains du premier de ces fonctionnaires (article 21), qu'enfin l'article 24 prouve qu'ils ont le droit de rédiger des procès-verbaux ayant foi en justice, attendu que, d'après l'article 209, Code pénal, ils sont classés parmi les agents de l'autorité publique ; d'où il suit qu'ils sont revêtus du caractère exigé par l'article 57 de la loi du 3 mai 1841, et que les notifications et significations par eux faites en matière d'expropriation pour cause d'utilité publique, sont efficaces et obligatoires.

v. — Pourvoi contre le jugement d'expropriation.

240. Le dernier § de l'article 16 de la loi du 21 mai 1836 porte que le recours en cassation contre le jugement d'expropriation n'aura lieu que dans les cas prévus et selon les formes déterminées par la loi du 7 juillet 1833, laquelle est aujourd'hui remplacée par celle du 3 mai 1841 ; ces cas et ces formes sont déterminés par l'article 20 de cette loi.

L'applicabilité aux expropriations faites pour le service vicinal, des délais fixés par l'article 20 précité, a été rappelée par un arrêt de la cour de cassation (ch. civ.) en date du 5 juin 1850 (*commune de Cazillac*), ainsi conçu :

Attendu, en droit, que l'article 16 de la loi spéciale des chemins vicinaux, en date du 21 mai 1836, renvoie à la loi du 7 juillet 1833 pour les règles à suivre quant aux pourvois relatifs à l'expropriation ;

Que la loi du 7 juillet 1833 ayant été abrogée par l'article 77 de la loi du 3 mai 1841, on ne peut soutenir que les pourvois qui ont trait à ces chemins sont rentrés dans le droit commun ;

Qu'en effet, la loi de 1841, en anéantissant celle de 1833, s'y est entièrement substituée comme loi organique de l'expropriation pour cause d'utilité publique ; que ce n'est même que parce que ladite loi comprend aussi les chemins de petite et de grande vicinalité, que son article 12 pose l'exception formelle qu'il renferme ;

D'où il suit que la déchéance dont les articles 20 et 42 frappent le pourvoi qui serait signifié après la huitaine expirée depuis sa déclaration au greffe, est nécessairement applicable en matière d'expropriation intéressant les chemins vicinaux, sans distinction des classes dans lesquelles ils sont administrativement rangés ;

Attendu, en fait, qu'il s'agit d'expropriation pour redressement d'un chemin vicinal ordinaire ; que le pourvoi déclaré le 1er mars 1850 au greffe du tribunal civil de Carcassonne n'a été notifié au préfet de l'Aude que le 16 avril ; qu'ainsi la déchéance est encourue.

241. Nous devons encore faire connaître une décision de la cour de cassation en matière de pourvoi dans les cas d'expropriation, et qui n'est pas sans importance ; elle a pour objet la consignation de l'amende préalable, exigée, comme on sait, pour l'admission des pourvois, quels qu'ils soient.

La cour avait plusieurs fois déclaré qu'il n'était pas nécessaire que la consignation eût lieu *avant la formation du pourvoi* ; nous citerons, sur ce point, l'arrêt (ch. civ.) du 13 décembre 1842 (*Dupontavice c. préfet du Calvados*), ainsi conçu :

Attendu que les lois qui exigent, pour la recevabilité des pourvois en cassation, la consignation préalable de l'amende, ne sont point applicables aux pourvois contre les jugements d'expropriation pour cause d'utilité publique, pourvois qui doivent être déclarés dans les trois jours de la notification du jugement, et qui sont reçus, non au greffe de la cour de cassation, mais au greffe du tribunal qui a rendu le jugement; attendu qu'il suffit, en cette matière, pour la régularité du pourvoi, que l'amende ait été consignée avant l'époque où l'affaire est en état de recevoir arrêt.

Une décision plus favorable encore a été rendue par l'arrêt (ch. civ.) du 20 décembre 1842 (*préfet d'Ille-et-Vilaine c. Thomas*), qui a statué en ces termes sur une fin de non-recevoir prise de ce que le préfet n'avait pas consigné l'amende :

Sur la fin de non-recevoir : — attendu que dans le système des lois qui régissent les routes, tant royales que départementales *et chemins vicinaux de grande communication*, les préfets sont chargés de la suite et de la direction de toutes les opérations administratives, et de l'exercice de toutes les actions judiciaires qui concernent l'ouverture, la construction ou la reconstruction de ces routes ; qu'ils sont, en cette matière, les délégués et les représentants de l'administration générale de l'État, et qu'ils agissent dans un but d'utilité nationale ; d'où il suit que ce n'est pas comme représentants du département qu'ils administrent, et dans un intérêt purement départemental, qu'ils se pourvoient contre le jugement d'expropriation ou contre la décision du jury d'expropriation, statuant sur une indemnité à cause d'une expropriation ordonnée pour cause d'utilité publique, pour l'établissement d'une route départementale, mais dans un intérêt public et général, et à l'occasion d'un débat qui se rapporte au système d'ensemble des voies de communication du royaume.

D'après cet arrêt, la consignation de l'amende n'est donc plus nécessaire lorsque l'expropriation, à l'occasion de laquelle le pourvoi est formé, est relative à des terrains destinés à l'établissement d'un chemin vicinal de grande communication.

§ 4. — *Règlement des indemnités.*

ɪ. — Formation du jury d'expropriation.

242. Le chapitre 1 du titre IV de la loi du 3 mai 1841 indique, sous le nom de *mesures préparatoires*, les formalités que l'administration et les propriétaires expropriés ont à remplir, respectivement, pour s'entendre, s'il est possible sur le chiffre de l'indemnité. Si on ne peut, définitivement, se mettre d'accord, sur ce point, il y a nécessité de provoquer la formation du jury qui doit régler le montant de cette indemnité.

243. L'article 30 de la loi précitée détermine le mode de formation du jury d'expropriation pour les grands travaux publics ; mais cet article n'est pas applicable aux expropriations relatives aux chemins vicinaux, et c'est dans les 2e et 3e § de l'article 16 de la loi du 21 mai 1836 qu'il faut chercher les règles à suivre. Le jury spécial est, dans ce cas, choisi par le tribunal d'arrondissement, sur la liste annuelle formée, pour l'arrondissement, par le conseil général du département ; ce jury ne se compose que de quatre membres et le nombre des jurés supplémentaires est de trois.

244. Les modifications apportées par l'article 16 de la loi du 21 mai 1836 au mode de désignation des jurés, laissent subsister les dispositions de l'article 30 de celle du 3 mai 1841 relatives aux exclusions et aux incompatibilités. Il en est de même des dispositions relatives aux récusations ; seulement, l'article 16 précité a limité le droit de récusation péremptoire à une seule, tant pour l'administration que pour les parties intéressées.

II. — Tenue des séances et opérations du jury.

245. Le jury d'expropriation a pour mission de fixer le montant des indemnités dues aux propriétaires dépossédés. Sur la tenue des séances du jury, nous devons d'abord signaler la différence qui existe entre les attributions données au magistrat directeur par la loi du 3 mai 1841 et celles qui lui sont conférées par la loi du 21 mai 1836.

Aux termes de l'article 14 de la première de ces lois, le magistrat directeur est nécessairement un des membres du tribunal devant lequel se poursuit l'expropriation. Il est chargé de diriger l'instruction de l'affaire et toutes les opérations qui ont lieu pour préparer la décision du jury, mais lorsque l'instruction est close, il n'assiste pas à la délibération du jury ; l'article 38 défère la présidence du jury à l'un de ses membres. Le magistrat directeur n'a plus ensuite, d'après l'article 41, qu'à recevoir la décision du jury, à la rendre exécutoire et à envoyer l'administration en possession.

Aux termes de la loi de 1836, article 16, le tribunal peut charger des fonctions de directeur du jury, soit l'un ses membres, soit le juge de paix du canton ; mais le rôle du magistrat directeur ne se borne pas à diriger l'instruction ; il assiste aux délibérations du jury, il y préside, avec voix délibérative en cas de partage.

Cette disposition est obligatoire, et le jury ne peut, à peine de nullité, opérer en l'absence du magistrat directeur et sous la présidence de l'un de ses membres.

C'est ce qu'a décidé la cour de cassation par un arrêt (ch. civ.), en date du 2 février 1848 (*Trabaud*), ainsi conçu :

Vu les articles 16 de la loi du 21 mai 1836, 38 et 42 de la loi du 3 mai 1841 ;

Attendu qu'aux termes de la première de ces dispositions, le tribunal d'arrondissement, en prononçant l'expropriation, désigne, pour présider le jury, l'un de ses membres, ou le juge de paix du canton, lequel, en cas de partage, aura voix délibérative ; et, qu'en matière de chemins vicinaux, cette disposition tient lieu de l'article 38 de la loi du 3 mai 1841, dont la sanction est dans l'article 42 de la même loi ;

Attendu, dans l'espèce, qu'il résulte du procès-verbal des opérations que les jurés ont délibéré dans la chambre du conseil sur la question de savoir s'ils visiteraient les lieux ; que la délibération a été prise sous la présidence de l'un d'eux, et en l'absence du magistrat commis par le tribunal ; que la délibération relative à la fixation de l'indemnité a commencé en l'absence du magistrat commis, lequel n'a été appelé que par suite de la déclaration de partage entre les jurés, et que la décision définitive a été arrêtée sous la présidence de l'un d'eux ;

D'où il suit qu'à ces deux périodes de ses opérations le jury, non-seulement n'a point été présidé par le magistrat commis, mais l'a été par un de ses membres, ce qui constitue la violation des lois précitées.

246. D'après l'article 35 de la loi du 3 mai 1841, le jury spécial n'est constitué que lorsque les douze jurés sont présents et il ne peut valablement délibérer qu'au nombre de neuf, au moins.

L'article 16 de la loi du 21 mai 1836, qui, en matière d'expropriation pour le service vicinal, réduit à quatre le nombre des jurés, n'a pas déterminé le nombre nécessaire pour qu'ils puissent délibérer. Il faut, ce

6

nous semble, en conclure que la présence de quatre jurés ou suppléants est indispensable pour que la délibération soit valable. La disposition qui permettrait au jury de délibérer au-dessous du nombre de quatre serait une disposition exceptionnelle ; il eût donc fallu qu'elle fût formellement exprimée par la loi.

III. — Pourvoi contre les décisions du jury.

247. Le dernier § de l'article 16 de la loi du 21 mai 1836 porte que le recours en cassation contre la décision du jury d'expropriation n'aura lieu que dans les cas prévus et selon les formes déterminées par la loi du 7 juillet 1833 sur l'expropriation pour cause d'utilité publique, remplacée aujourd'hui par celle du 3 mai 1841.

C'est dans l'article 42 de cette dernière loi, que sont déterminées les causes qui donnent ouverture à un recours en cassation.

Parmi ces causes, se trouve la violation des règles posées par les articles 30, 31 et 34, sur la formation du jury. En se reportant à ces articles, il importe de ne pas perdre de vue les dispositions spéciales portées dans l'article 16 de la loi du 21 mai 1836, sur le nombre des jurés, et sur les récusations. Nous avons fait connaître ces dispositions plus haut. n° 244.

248. Lorsqu'il y a lieu de recourir à l'expropriation pour l'ouverture d'un chemin vicinal de grande communication, c'est le préfet qui agit, parce qu'il y a là un intérêt collectif qu'il peut seul représenter : mais, lorsque l'expropriation s'opère en vue d'un chemin vicinal de petite communication, c'est le maire seul qui a qualité pour agir. Il n'y a plus en jeu dans cette circonstance, en effet, qu'un intérêt purement communal, et l'exercice des actions d'une commune, comme on sait, n'appartient qu'au maire. Il n'y a d'exception à ce principe que dans le cas prévu par l'article 15 de la loi du 18 juillet 1837 sur l'administration municipale.

C'est ce que la cour de cassation a rappelé par un arrêt (ch. civ.). en date du 7 juillet 1852 (*préfet des Ardennes c. de Rivals*, ainsi conçu :

Attendu que l'expropriation de la parcelle de terrain dont il s'agit a été prononcée dans un intérêt purement communal, et pour le redressement d'un chemin vicinal situé sur le territoire de la commune de Louvergny ; que la commune de Louvergny, seule débitrice de l'indemnité due au propriétaire exproprié, avait seule action pour se pourvoir en cassation contre la décision qui l'a réglée ;

Attendu que l'article 10 de la loi du 18 juillet 1837 charge le maire, sous la surveillance de l'administration supérieure, de représenter la commune en justice, soit en demandant, soit en défendant ; que l'exercice des actions de la commune n'appartient au préfet que dans le cas exceptionnel prévu par l'article 15 de ladite loi, lorsque le maire refuse ou néglige de faire un acte qui lui est prescrit par la loi, et lorsque le préfet, après l'avoir requis, y procède d'office par lui-même ou par un délégué spécial ;

Attendu qu'aucune circonstance de ce genre n'est alléguée au procès, où le pourvoi en cassation a été formé et suivi par le préfet au nom de la commune de Louvergny, sans la participation de son maire ;

Attendu qu'en cet état des faits le pourvoi a été formé par une personne sans qualité pour représenter la commune ;

Déclare le pourvoi non recevable.

IV. — Droits d'enregistrement.

249. L'article 58 de la loi du 3 mai 1841 porte que les actes faits en vertu de ladite loi seront visés pour timbre et enregistrés gratis, lorsqu'il y aura lieu à la formalité de l'enregistrement. Cette exception semblait devoir s'appliquer, de droit, aux acquisitions de terrains faites pour le service vicinal, par la voie de l'expropriation pour cause d'utilité publique; mais à la disposition de la loi précitée, le ministère des finances opposait celle de l'article 20 de la loi du 21 mai 1836. Cette dernière, disait-il, étant spéciale au service des chemins vicinaux, elle doit, seule, être appliquée pour la perception des droits de timbre et d'enregistrement sur toutes les acquisitions faites pour ce service. Malgré les justes réclamations des communes, le droit fixe d'enregistrement de 1 franc, fut donc perçu, pendant plusieurs années, sur les actes relatifs aux acquisitions de terrains faites pour le service vicinal par la voie de l'expropriation pour cause d'utilité publique.

Sur la demande du ministre de l'intérieur, la question fut cependant examinée de nouveau, et le ministre des finances reconnut enfin qu'il y avait lieu d'appliquer le bénéfice de l'article 58 de la loi du 3 mai 1841, aux actes relatifs à l'expropriation des terrains nécessaires à l'ouverture ou au redressement des chemins vicinaux. Cette nouvelle décision fut portée à la connaissance des préfets, par une circulaire du ministre de l'intérieur, en date du 4 février 1847.

250. Il importe de ne pas perdre de vue que, pour que les acquisitions de terrains faites pour le service vicinal jouissent de l'exemption de droits prononcée par l'article 58 précité de la loi du 3 mai 1841, il n'est pas nécessaire que l'expropriation ait été prononcée par le tribunal. Il suffit que ces acquisitions aient été précédées de l'arrêté du préfet ordonnant l'ouverture ou le redressement du chemin, et de l'arrêté pris par le préfet en conseil de préfecture déterminant les propriétés à occuper. C'est ce qui résulte de la circulaire précitée.

SECTION V.

Occupation irrégulière de terrains.

251. Nous avons dit, n° 199, que, lorsque l'administration ne peut obtenir, à l'amiable, les terrains nécessaires à l'ouverture ou au redressement des chemins vicinaux, ces terrains ne peuvent être occupés qu'après l'accomplissement des formalités prescrites par la loi du 3 mai 1841 sur l'expropriation pour cause d'utilité publique et après le paiement de l'indemnité due aux propriétaires expropriés.

Quelque soin que mette l'administration à faire observer par ses agents les dispositions de la loi précitée, il arrive cependant quelquefois que des entrepreneurs de travaux publics, pressés de mettre la main à l'œuvre, occupent les terrains nécessaires aux travaux avant qu'aient été remplies les formalités voulues pour que ces terrains puissent être régulièrement occupés, et cette prise de possession irrégulière peut donner lieu, de la part du propriétaire indûment dépossédé, non-seulement à une action en revendication, mais encore à une demande en dommages-intérêts pour le trouble apporté à sa jouissance, à une demande en rétablissement des lieux dans leur état primitif, et, enfin, à une demande en indemnité si les travaux ont causé des dégradations aux propriétés contiguës à celles sur lesquelles les travaux ont eu lieu.

Est-ce à l'autorité administrative, est-ce à l'autorité judiciaire qu'il appartient de prononcer sur ces diverses demandes ?

252. Disons d'abord que le conseil d'État a toujours reconnu que dans ce cas, il appartenait aux tribunaux de prononcer sur la question possessoire. Il a constamment déclaré, aussi, que l'autorité judiciaire ne pouvait, sans excéder ses pouvoirs, ordonner la destruction ou la suspension des travaux prescrits par l'administration. Enfin, il a également maintenu dans le domaine de l'administration, le règlement des indemnités qui pourraient être dues pour dommages causés aux propriétés contiguës, même lorsque l'occupation des terrains avait eu lieu irrégulièrement.

253. Mais, relativement aux demandes en dommages-intérêts pour troubles apportés à la jouissance par une occupation irrégulière, la jurisprudence du conseil d'État a été plus lente à se former. Ainsi, et jusqu'en 1841, le conseil d'État avait considéré les demandes de cette nature comme devant être jugées par le conseil de préfecture, par application de l'article 4 de la loi du 28 pluviôse an VIII. Plus tard, et depuis 1842, le conseil d'État a admis que le conseil de préfecture n'est pas compétent, lorsqu'il s'agit de travaux irrégulièrement commencés, et d'une entreprise illicite sur une propriété privée. Plusieurs ordonnances royales ont été rendues en ce sens, et nous citerons celles du 29 juin 1842 (*Carol c. Coste*), 5 septembre 1842 (*Parmentier et Couterot c. Batines*), 15 septembre 1843 (*Doré c. Reymont*), 21 décembre 1843 (*Roussey c. Reymont*) et 4 juillet 1845 (*Delaruelle-Duport et autres c. Raguet et Picard*).

L'application de ces principes a été faite au service vicinal, par une ordonnance royale du 13 décembre 1845 (*Leloup c. commune de Quelaines*), ainsi conçue :

Vu les lois des 28 pluviôse an VIII, 21 mai 1836 et 3 mai 1841 ;

Considérant que l'action intentée par le sieur Leloup contre la commune de Quelaines a pour objet 1° de faire cesser l'occupation de terrains appartenant au requérant, et dont la commune de Quelaines se serait emparée pour y établir un chemin vicinal, sans accomplir les formalités prescrites par les lois sur l'expropriation pour cause d'utilité publique ; 2° d'obtenir des dommages-intérêts pour le trouble apporté à la jouissance du demandeur par cette entreprise illicite ; 3° de faire rétablir les lieux dans l'état où ils étaient avant la prise de possession par la commune ; 4° d'obtenir une indemnité pour les dégradations commises sur d'autres parties des propriétés du sieur Leloup ;

Considérant que le tribunal civil de l'arrondissement de Château-Gontier s'est déclaré incompétent pour connaître des troisième et quatrième chefs de la demande du sieur Leloup, et qu'il n'a réservé pour l'autorité judiciaire que la connaissance de l'action possessoire et celle des conclusions relatives aux dommages-intérêts réclamés pour inexécution des lois sur l'expropriation pour cause d'utilité publique ; qu'aux termes des lois susvisées, l'autorité judiciaire est compétente pour prononcer sur ces questions ;

Art. 1er. L'arrêté de conflit pris, le 14 août 1845, par le préfet de la Mayenne est annulé.

Il a été prononcé dans le même sens, par un arrêté du gouvernement, du 16 mars 1848 (*De Pastoret*).

SECTION VI.

Indemnité de plus-value.

---

254. L'article 51 de la loi du 3 mai 1841 porte que « si l'exécution
« des travaux doit procurer une augmentation de valeur immédiate et
« spéciale au restant de la propriété, cette augmentation sera prise en
« considération du montant de l'indemnité, » et nous avons vu plus
haut, n° 161, que ce principe est applicable au service vicinal, non-
seulement quant aux terrains occupés par voie d'expropriation pour
cause d'utilité publique, c'est-à-dire en vertu de l'article 16 de la loi
du 21 mai 1836, mais encore quant aux terrains occupés en vertu de
l'article 15 de la même loi.

Mais les travaux d'ouverture et de redressement des chemins vicinaux
peuvent-ils donner lieu à demander l'indemnité de plus-value prévue
par l'article 30 de la loi du 16 septembre 1807 ? Avant de résoudre cette
question, établissons, d'abord, la différence qui existe entre les cas
auxquels s'appliquent ces deux lois.

255. L'article 51 de la loi du 3 mai 1841 a en vue les propriétés
atteintes partiellement par l'expropriation, et dont la partie laissée à leur
propriétaire doit recevoir, par l'effet de l'exécution des travaux, une
augmentation de valeur immédiate ; une compensation peut alors être
faite entre cette augmentation de valeur et l'indemnité due, sans que,
cependant, la compensation puisse jamais absorber la totalité de l'indemnité, ainsi que l'a décidé la cour de cassation par son arrêt (ch. civ.),
en date du 28 février 1848 (*Bardout c. préfet de l'Orne*), rapporté plus
haut, n° 162.

256. L'article 30 de la loi du 16 septembre 1807 a en vue, au contraire, non pas seulement les propriétés atteintes en partie par les
travaux, mais encore toutes celles situées à proximité de ces travaux,
et qui peuvent être considérées comme en recevant une notable augmentation de valeur. Les travaux que cet article indique comme pouvant donner lieu à la plus-value sont, outre ceux que la loi concerne
plus spécialement, l'ouverture de nouvelles rues, la formation de places
nouvelles, la construction de quais, *et tous autres travaux publics généraux, départementaux ou communaux, ordonnés ou approuvés par le
gouvernement.*

257. La distinction entre les deux espèces de plus-value étant
ainsi établie, nous devons dire que le principe posé par l'article 30 de
la loi du 16 septembre 1807, appliqué plusieurs fois en matière de
désséchement de marais, était resté, pendant longues années, sans application, quant aux autres natures de travaux publics qui s'y trouvent énu-
mérés. Il en résulta que l'on était arrivé à douter si cette disposition ne
devait pas être considérée comme tombée en désuétude, ou même
comme virtuellement abrogée par les lois des 8 mars 1810, 7 juillet 1833
et 3 mai 1841, sur l'expropriation pour cause d'utilité publique. Aussi,
à l'occasion d'une demande en plus-value pour l'ouverture d'une rue,
le ministre de l'intérieur crut-il devoir, en 1843, prendre l'avis du conseil d'État sur l'applicabilité actuelle des dispositions de l'article 30
précité. Par un avis longuement motivé, à la date du 26 avril 1843, le
conseil déclara que ces dispositions avaient conservé toute leur force.

et que l'application pouvait en être faite, dans les formes indiquées par cette loi même.

258. Dès qu'il est reconnu que les dispositions de la loi du 16 septembre 1807, relatives à la plus-value, peuvent être appliquées en matière de voirie urbaine, il ne saurait être contesté, ce nous semble, qu'elles puissent l'être également en cas d'ouverture ou de redressement de chemins vicinaux. Ces travaux, en effet, sont des *travaux publics communaux*, et s'ils ne sont pas *ordonnés ou approuvés par le gouvernement*, ils le sont par le préfet qui remplace le gouvernement en cette matière, par l'effet de la délégation que lui donne le 1er paragraphe de l'article 16 de la loi du 21 mai 1836.

Mais s'il est suffisamment établi, en principe, que l'article 30 de la loi du 16 septembre 1807 peut être appliqué au cas d'ouverture ou de redressement de chemins vicinaux, il faut reconnaître aussi, que l'application de cette disposition présente de telles difficultés d'exécution, qu'elle exige l'accomplissement de formalités si nombreuses, qu'il est à peu près impossible d'y avoir recours. En fait, cette application n'a pas encore eu lieu. Le plus souvent, d'ailleurs, les propriétaires intéressés l'ont rendue inutile, par le concours volontaire qu'ils offraient afin de rendre possibles des travaux qui devaient augmenter la valeur de leurs propriétés.

CHAPITRE V.

RÉTABLISSEMENT D'ANCIENS CHEMINS.

---

259. Le préfet peut ordonner l'ouverture d'un chemin nouveau : il peut, à plus forte raison, ordonner le rétablissement d'un chemin anciennement ouvert, et qui aurait été supprimé sans l'accomplissement des formalités légales.

C'est ce qui résulte d'une ordonnance du 1er mai 1822 (*commune de Baluzé, c. commune de Châtenais*), qui, en reconnaissant ce droit au préfet, déclare qu'il n'appartient pas au conseil de préfecture. Cette ordonnance est ainsi conçue ·

Considérant qu'aux termes de la loi du 9 ventôse an XIII, le préfet était seul compétent pour faire reconnaître et rétablir l'ancien chemin vicinal, et qu'en statuant sur ce point, le conseil de préfecture a excédé les bornes de sa compétence.

Une seconde ordonnance du 12 juin 1822 (*Boutet c. Limages*) a statué dans le même sens.

260. On voit dans l'ordonnance que nous venons de citer, que le chemin dont le rétablissement était ordonné, avait le caractère de chemin vicinal avant sa suppression. Cette condition est en effet nécessaire pour que le préfet puisse agir dans cette forme. Si le chemin n'avait pas été anciennement déclaré vicinal, ce serait, non par voie de rétablissement, mais par voie de déclaration de vicinalité que le préfet devrait procéder.

C'est ce qu'a décidé l'ordonnance du 6 janvier 1830 (*Dupeyron*), ainsi conçue :

Considérant que l'arrêté du préfet de Tarn-et-Garonne, du 10 décembre 1828, est intervenu sur un procès-verbal constatant un changement de direction opéré par le sieur Dupeyron sur un chemin que la commune de Montaigut soutient être vicinal ; considérant que le tableau des chemins vicinaux de la commune de Montaigut n'a point encore été arrêté par le préfet ; que, dès lors, ce magistrat n'était compétent que pour ordonner une enquête et prendre un arrêté sur la vicinalité du chemin contesté ; qu'il devait se borner, en attendant, à maintenir, provisoirement et par voie de police, le public en jouissance du chemin que le sieur Dupeyron avait fermé par des barrières, mais qu'il a excédé sa compétence en ordonnant le rétablissement de l'ancien chemin dont la vicinalité n'avait point encore été déclarée et reconnue.

261. Il est à remarquer, toutefois, que si la suppression d'un chemin remontait à une époque très-ancienne, et surtout, si le propriétaire qui l'a supprimé pouvait se prévaloir de titres valables, le préfet ne pourrait ordonner simplement le rétablissement du chemin. Il faudrait, pour rendre cette voie de communication au public, procéder comme s'il s'agissait de l'ouverture d'un nouveau chemin.

C'est ce qui résulte d'une ordonnance du 8 septembre 1819 (*Fauquez, c. commune d'Echouboulain*), ainsi conçue :

Considérant que le chemin vicinal réclamé par la commune d'Echouboulain a été compris, sous le nom de *voirie*, par les experts, dans l'estimation de la pièce n° **4**, vendue au sieur Fauquez, et que, si ce mot de *voirie* n'a pas été rappelé dans les affiches et dans le procès-verbal d'adjudication, rien ne prouve qu'il ait été retranché à dessein et par suite de réclamations antérieures à la vente ; considérant d'ailleurs que le sieur Fauquez a pris possession de cette voirie, qu'il l'a fait clore, et qu'il en a joui sans trouble en cet état pendant dix-neuf ans, en présence de l'administration du domaine et de la commune d'Echouboulain ; considérant que, si la commune est intéressée à rétablir ledit chemin vicinal, rien ne s'oppose à ce qu'elle en provoque l'ouverture, sauf indemnité envers qui de droit.

CHAPITRE VI.

DÉCLASSEMENT ET SUPPRESSION DES CHEMINS VICINAUX.

SECTION I.

Déclassement.

262. Donner au public toutes les voies de communication qui lui sont réellement nécessaires, c'est le devoir de l'administration, et c'est à cet effet qu'elle a été investie du droit, tant de déclarer vicinaux les chemins existants, que d'ordonner l'ouverture de nouveaux chemins. Mais il peut arriver que le nombre des chemins qui existent excède les besoins réels de la viabilité, et on a vu plus haut, n° 50, que, dans ce cas, le ministre de l'intérieur conseillait de déclasser les chemins inutiles. Le déclassement, faisait-il observer dans son instruction du 24 juin 1836, est d'autant plus désirable, que les communes pouvant être contraintes aujourd'hui à entretenir ceux de leurs chemins qui qui ont le caractère de la vicinalité, elles ont intérêt à ce que le nombre de ces chemins ne soit pas trop considérable. Ce que le ministre conseillait avait d'ailleurs été prescrit, dès longtemps, par l'arrêté du

Directoire du 23 messidor an 5 (11 juillet 1797), dont l'article 3 charge l'administration de prononcer *la suppression des chemins vicinaux reconnus inutiles.*

263. Mais ni l'arrêté précité, ni aucun des actes législatifs intervenus depuis. n'ont tracé les formes à suivre pour le déclassement des chemins vicinaux. Pour déterminer ces formes, le ministre de l'intérieur a cru devoir, dans son instruction du 24 juin 1836, prescrire l'application des règles données pour le classement. Aux formalités indiquées dans ce cas, il a seulement ajouté l'intervention d'une délibération des conseils municipaux des communes qui pourraient avoir intérêt à ce que le chemin qu'il s'agit de déclasser fût, au contraire, conservé au nombre des voies publiques, et s'il n'y a pas unanimité dans les délibérations des diverses communes, une enquête doit être ouverte, afin de mettre tous les intérêts à portée de se manifester.

Les arrêtés prononçant le déclassement des chemins vicinaux sont susceptibles de recours devant le ministre de l'intérieur, comme ceux qui prononcent le classement, car ce sont des actes de la même nature. Sur la forme des recours, nous ne pouvons que nous référer à ce que nous avons dit plus haut, n° 84, à l'occasion du classement des chemins vicinaux.

SECTION II.

Suppression.

---

264. Lorsque le déclassement d'un chemin vicinal a eu principalement pour motif d'exonérer la commune de l'obligation de pourvoir à l'entretien de ce chemin, il se peut, cependant, que la commune ait intérêt à le conserver comme chemin d'exploitation rurale. Si, au contraire, le déclassement a été déterminé par l'inutilité absolue de cette voie de communication, il y a lieu d'en prononcer la suppression, comme le prescrit l'arrêté du Directoire exécutif en date du 23 messidor an 5 (11 juillet 1797), et d'en rendre le sol à l'agriculture.

Le ministre de l'intérieur, dans son instruction du 24 juin 1836, recommande donc, en cas de déclassement d'un chemin vicinal, que le conseil municipal soit consulté sur la question de suppression de ce chemin, et en cas d'avis affirmatif, sur l'aliénation du sol.

265. La jurisprudence a varié sur la compétence en matière de suppression de chemins. comme en matière de classement; mais une ordonnance du 23 avril 1818 (*commune de Bon-Saint-Martin c. Jacquin*), déclare en ces termes la compétence exclusive des préfets :

Considérant que, aux termes de la loi du 9 ventôse an XIII, c'est à l'administration publique, c'est-à-dire au préfet, de prononcer sur la conservation ou la suppression des chemins et sentiers vicinaux.

Depuis cette époque, le droit des préfets en cette matière, n'a plus été contesté.

266. Le déclassement et la suppression d'un chemin en rase campagne donnent rarement lieu à difficulté, mais il pourrait en surgir si des habitations avaient été construites le long de ce chemin. Ainsi, il pourrait s'élever des questions relatives aux droits de vue ou de passage qui auraient été acquis sur cette voie, alors qu'elle était chemin public.

Ces questions ne pourraient être tranchées par l'administration ; elles sont de la compétence exclusive des tribunaux.

C'est ce qu'a rappelé l'ordonnance du 10 décembre 1817 (*Guérin c. Delabrosse*), ainsi conçue :

Vu le jugement du 15 juillet 1817, par lequel le juge de paix du canton de Pellerin condamne le sieur Delabrosse à combler les fossés par lui ouverts pour intercepter ledit chemin, dont la propriété lui avait été conférée par un arrêté du préfet du 21 septembre 1816, en dédommagement du terrain cédé par ledit sieur Delabrosse, pour l'emplacement d'un nouveau chemin qu'il a fait construire à ses frais ; considérant qu'il s'agit, dans l'espèce, d'une question de servitudes dont la connaissance appartient aux tribunaux. — Art. 1er L'arrêté de conflit pris le 18 septembre 1817, par le préfet du département de la Loire-Inférieure, est annulé.

Une autre ordonnance du 21 juin 1826 (*André c. Courbec*) maintient le même principe :

Considérant qu'il s'agit, dans l'espèce, d'une portion d'ancien chemin qui a cessé d'être voie publique et qui a été abandonné au sieur Courbec, en échange d'un terrain par lui cédé pour la formation d'une route départementale ; considérant que la question de savoir si le terrain d'une voie publique reste grevé, envers les propriétaires limitrophes, des servitudes du genre de celles que la dame André réclame, est du ressort des tribunaux.

Il a été statué dans le même sens, par une ordonnance du 25 avril 1833 (*Hersent*).

Avant de prononcer la suppression d'un chemin et d'autoriser la vente du sol de ce chemin, il est donc prudent de rechercher s'il ne serait pas grevé de quelques-unes de ces servitudes de vue ou de passage qui pourraient faire naître des contestations toujours difficiles et souvent onéreuses aux communes.

267. Il est à remarquer, toutefois, que l'existence, même constatée et convenue, des servitudes dont nous venons de parler, ne formerait pas un obstacle absolu à ce que le chemin inutile à la commune fût supprimé et à ce que le sol en fût aliéné ; tout ce qui pourrait s'en suivre, serait une action en dommages-intérêts de la part des particuliers qui se prétendraient lésés.

C'est ce qui résulte d'un arrêt de la cour de cassation (ch. req.), en date du 15 juillet 1851 (*Rouffigny c. Rattier*), ainsi conçu :

Sur le moyen unique pris de la violation des articles 1382, 537, 538, 545, 681 du Code civil, 25 de la section 5 de la loi du 10 juin 1793, et de la fausse application des articles 682 et 691 du Code civil ;

Attendu que le terrain qui a été clos par le défendeur éventuel est une portion d'un ancien chemin vicinal qui lui a été vendue par la commune de Condé-sur-Sarthe, après que le chemin eut été déclassé et supprimé par un arrêté du préfet de l'Orne contre lequel les demandeurs se sont inutilement pourvus devant l'autorité administrative supérieure ;

Que, dénués de titres établissant en leur faveur un droit de servitude, et ne pouvant alléguer le cas d'enclave puisque le chemin supprimé a été remplacé par un autre qui longe, comme le premier, leur héritage, les demandeurs ne pouvaient agir par voie de complainte pour se faire maintenir dans la possession du passage qu'ils avaient précédemment exercé ;

Qu'en supposant que la suppression de l'ancien chemin leur fût dommageable et pût donner lieu en leur faveur à une indemnité, c'eût été contre la commune, et par action ordinaire, qu'ils auraient dû poursuivre la réparation de ce dommage ;

Que, dès lors, en refusant d'accueillir leur action en complainte, le jugement attaqué n'a contrevenu à aucun des articles invoqués dans le pourvoi.

CHAPITRE VII.

PROPRIÉTÉ DU SOL DES CHEMINS VICINAUX.

268. Les chemins vicinaux sont la propriété des communes, mais une distinction doit être faite, quant au caractère de cette propriété.

Tant que les chemins conservent le caractère de la vicinalité, ils font partie du *domaine public communal*, de même que les églises, les fontaines publiques et autres choses qui servent à un usage public, et qui, tant qu'elles sont affectées à cette destination, ne sont pas aliénables.

Lorsque, au contraire, des chemins vicinaux ont été déclassés par arrêté du préfet et ont ainsi perdu le caractère de la vicinalité, ils deviennent une propriété *communale*, de la nature de celles qui peuvent, sous certaines conditions et avec certaines formes, être aliénées.

269. Le droit des communes à la propriété du sol des chemins vicinaux déclassés, a été un moment mis en question, et l'administration des domaines, s'appuyant sur l'article 3 de la loi du 1er décembre 1790, prétendait qu'en perdant l'affectation qu'il avait eue primitivement, ce sol rentrait dans le domaine public, et que l'aliénation ne pouvait en être faite qu'au profit de l'Etat. Cette prétention avait même été confirmée par une circulaire du ministre des finances en date du 4 germinal an VII (26 mars 1798).

Mais les droits des communes ont été formellement reconnus par un arrêté des consuls, rendu en la forme contentieuse, le 24 vendémiaire an XI (16 octobre 1802), (*commune de Sainte-Foy, c. Clavel*), ainsi conçu :

Vu enfin ladite loi du 1er décembre 1790 sur la législation domaniale ; considérant que cette loi n'est relative qu'aux biens qui composaient et qui doivent continuer à composer le domaine national; que les chemins publics dont elle parle sont les routes faites et entretenues aux frais de la nation ; que celle-ci n'a jamais entendu s'emparer des chemins vicinaux composés de terrains achetés ou échangés par les communes ou fournis gratuitement par les propriétaires pour le service particulier des communes ; que les lois des 6 octobre 1791, 16 frimaire an VI, et 11 frimaire an VII, qui ont laissé l'entretien des chemins à la charge des communes, sauf le cas où ils deviendraient nécessaires au service public, ne donnent point à croire qu'ils soient des propriétés nationales.

Depuis la date de cet arrêté, le droit des communes à la propriété du sol de leurs chemins n'a plus été contesté.

CHAPITRE VIII.

ALIÉNATION DU SOL DES CHEMINS VICINAUX SUPPRIMÉS.

SECTION I.

Aliénation.

270. Il est rare que le sol d'un chemin vicinal déclassé et supprimé puisse être utilisé pour un usage communal ; que faire, en effet, d'une longue bande de terrain, dont la largeur ne dépasse guère cinq ou six mètres ?

A moins de circonstances exceptionnelles, les conseils municipaux qui doivent, comme nous l'avons vu, n° 264, être appelés à délibérer sur la question de savoir si ce terrain doit être conservé ou vendu, ces conseils, disons-nous, se prononcent généralement pour l'aliénation.

271. La loi du 21 mai 1836 n'a rien réglé, quant à la forme dans laquelle doit être autorisée l'aliénation des terrains provenant de chemins supprimés ; elle a donc laissé en vigueur, sur ce point, l'article 10 de la loi du 28 juillet 1824.

Aux termes de cet article, il ne suffit pas que le conseil municipal ait délibéré et voté l'aliénation ; une enquête *de commodo et incommodo* doit être ouverte, dans la commune, sur la vente de ces terrains.

Si les résultats de cette enquête ne font pas abandonner le projet d'aliénation, la délibération doit, pour être exécutoire, être approuvée par l'autorité supérieure.

Aux termes de l'article précité, l'approbation était donnée par le préfet, en conseil de préfecture, lorsque la valeur des terrains à vendre ne dépassait pas 3,000 fr. ; un acte du pouvoir exécutif était nécessaire si les terrains dépassaient cette valeur. Le décret du 25 mars 1852, sur la décentralisation administrative, a fait disparaître cette restriction, et le préfet autorise l'aliénation, quelle que soit la valeur des terrains.

272. L'arrêté pris par le préfet pour autoriser l'aliénation du sol d'un chemin supprimé, bien que rendu *en conseil de préfecture*, n'est pourtant qu'un acte administratif, et à ce titre il est susceptible d'être attaqué.

C'est devant le ministre de l'intérieur et non devant le conseil d'Etat que le recours doit être formé, ainsi que l'a déclaré une ordonnance royale du 28 décembre 1825 (*Goulin c. Husson*) ainsi conçue :

Vu l'article 10 de la loi du 28 juillet 1824 ; considérant, dans l'espèce, que l'arrêté du préfet du département de la Moselle, qui, en vertu de l'article 10 de la loi ci-dessus visée, a autorisé l'aliénation d'une partie d'un chemin communal, est un acte de son administration qui doit être préalablement déféré à notre ministre de l'intérieur ; qu'ainsi le sieur Goulin est non recevable dans son pourvoi.

273. Mais si la loi du 21 mai 1836 n'a pas innové, quant à la forme dans laquelle doit être délibérée et autorisée l'aliénation du sol des chemins vicinaux déclassés et supprimés, elle a imposé à la faculté d'aliénation une réserve d'une grande importance pour les propriétaires riverains, en leur accordant, par son article 19, un droit de préférence pour l'acquisition de ce sol.

Des difficultés s'élevèrent presque aussitôt sur l'étendue du droit conféré à ces propriétaires. Il s'agissait de savoir s'ils pouvaient contraindre les communes à leur vendre le sol des chemins supprimés, ou si, au contraire, les communes pouvaient le conserver pour l'utiliser dans un but d'intérêt communal. Cette question a été tranchée par une circulaire du ministre de l'intérieur, en date du 26 mars 1836, qui décide que les propriétaires riverains ne tiennent de la loi qu'un simple droit de préférence, et qu'ils ne peuvent s'opposer à ce que la commune conserve le sol des chemins supprimés, si l'intérêt communal l'exige.

274. Lors donc que l'aliénation a été autorisée par arrêté du préfet en conseil de préfecture, les propriétaires riverains du chemin supprimé doivent être mis en demeure de déclarer, dans un délai déterminé, s'ils ont l'intention d'user du droit que leur confère l'article 19 de la loi du 21 mai 1836. S'ils répondent affirmativement, la valeur du sol à céder à chacun d'eux est fixée par experts nommés conformément à l'article 17 de la même loi, c'est-à-dire, l'un par le propriétaire intéressé, et l'autre par le sous-préfet, dans l'intérêt de la commune ; le tiers-expert, s'il en était besoin, serait nommé par le conseil de préfecture.

Les experts doivent prêter serment, avant de commencer leurs opérations ; c'est une formalité prescrite pour toutes les expertises administratives, et dont l'omission entraîne la nullité des opérations, comme nous avons eu occasion de le dire déjà. Nous pensons que le sous-préfet a qualité pour recevoir le serment des experts. Le procès-verbal d'expertise doit, pour être exécutoire être homologué par le préfet.

Si les propriétaires riverains du chemin supprimé refusent d'acquérir les terrains, ou s'ils s'abstiennent de répondre dans le délai qui leur avait été imparti, la commune rentre dans le droit d'aliéner ces terrains dans la forme ordinaire, c'est-à-dire par la voie des enchères.

275. Nous rappellerons ici, que pour les aliénations que font les communes, de même que pour les acquisitions, le ministère d'un notaire n'est pas nécessaire, d'une manière obligatoire. Dans l'un et dans l'autre cas, il peut être procédé dans la forme administrative.

276. Le prix des terrains aliénés en exécution des dispositions qui précèdent, doit être versé dans la caisse municipale, à titre de *recette accidentelle*.

On a quelquefois cru pouvoir appliquer ce produit au service vicinal, directement et sans aucune des formalités qui régissent l'emploi des deniers communaux, et l'on se fondait, pour cela, sur son origine. C'est une erreur que l'administration supérieure a toujours relevée, quand elle lui est apparue.

En effet, les terrains dont il s'agit ont cessé d'être affectés au service vicinal ; ils sont rentrés, par le fait du déclassement, dans le domaine communal, et le produit de leur aliénation constitue une recette communale, dont le montant ne peut plus recevoir de destination qu'en vertu d'une délibération du conseil municipal, dûment approuvée.

277. Une autre question s'est élevée à l'occasion de l'application de l'article 19 de la loi du 21 mai 1836, et quoiqu'elle ne doive pas se présenter fréquemment, nous croyons cependant devoir faire connaître quelle solution y a été donnée.

Il s'agissait de savoir si un maire, propriétaire riverain d'un chemin supprimé, se trouvait, en raison de ses fonctions, privé du bénéfice de cet artic'e. Le doute naissait des termes de l'article 1597 du Code civil, portant que « *ne peuvent se rendre adjudicataires, sous peine de* « *nullité, ni par eux-mêmes, ni par personnes interposées............* « *les administrateurs de ceux (des biens) des communes ou des établisse-* « *ments publics confiés à leurs soins.*

Consulté sur cette question, le ministre de l'intérieur a répondu que cette disposition du Code civil n'était pas applicable au cas prévu par l'article 19 de la loi du 21 mai 1836. Il ne s'agit pas ici, en effet, d'une aliénation de terrains communaux faite dans les conditions et dans les formes ordinaires. Les terrains provenant d'un chemin abandonné sont grevés d'un droit de préférence accordé par la loi aux propriétaires riverains ; ils ne peuvent être vendus qu'à ces propriétaires, si ceux-ci veulent s'en rendre acquéreurs, et si l'un des propriétaires se trouve être maire de la commune, il ne peut être, en raison de cette qualité, dépouillé du droit que lui avait conféré la loi.

278. On a demandé également, si, pour les cessions de terrains faites en exécution de l'article 19 de la loi du 21 mai 1836, il était indispensable de passer un acte de vente, et quelle était la quotité du droit d'enregistrement dont ces cessions étaient passibles.

En principe, nous ne pensons pas qu'il soit indispensable de passer un acte de vente des terrains dont il s'agit. En effet, lorsque la commune, dûment autorisée, a déclaré consentir à la vente et que le propriétaire riverain a fait sa soumission de se rendre acquéreur, le contrat est parfait. La commune ne peut plus revenir sur son consentement à l'aliénation et le propriétaire ne peut plus renoncer à l'acquisition ; il ne reste plus qu'à déterminer le prix de la cession, qui doit être fixé par des experts nommés dans la forme prescrite par l'article 17 de la loi du 21 mai 1836. Or, admettre la nécessité d'un acte de vente postérieurement à l'évaluation du terrain faite par les experts, ce serait reconnaître aux parties le droit de se refuser à signer cet acte. Une telle conséquence serait évidemment contraire au principe posé dans l'article 19. Sans doute, il n'y a aucun inconvénient à faire intervenir un acte de cession pour régulariser, en quelque sorte, l'opération, puisque cet acte peut être passé dans la forme administrative, c'est-à-dire sans frais ; mais il n'en est pas moins vrai qu'au point de vue légal, cet acte n'aura pas pour effet de donner plus de force à un contrat qui était complet avant son intervention et que, par conséquent, il n'est pas indispensable.

Dans tous les cas et qu'il soit ou qu'il ne soit pas intervenu d'acte de vente, des droits d'enregistrement sont dus. Quels sont ces droits ? L'article 20 de la loi du 21 mai 1836 permet d'enregistrer, moyennant le droit fixe de *un* franc, les plans, procès-verbaux, certificats, significations, jugements, contrats, marchés, adjudications de travaux, quittances et autres actes ayant *pour objet exclusif la construction, l'entretien et la réparation des chemins vicinaux.* Or, les cessions de terrains retranchés de la vicinalité ne peuvent être considérées comme des actes qui ont pour objet exclusif, la construction ou la réparation d'un chemin vicinal.

Par conséquent, il n'y a pas lieu d'admettre ces actes à profiter de la réduction de droits établie par l'article ci-dessus rappelé. Ces cessions rentrent dans la catégorie des ventes ordinaires des biens des communes et, comme telles, elles sont assujetties au droit proportionnel, par application des articles 4 et 69 de la loi du 22 frimaire an VII, modifiés par l'article 52 de la loi du 28 avril 1816. Le droit à payer étant proportionnel au prix d'acquisition, on devra présenter à l'enregistrement l'acte de vente, s'il a été passé, et, à son défaut, le rapport d'experts qui détermine la somme à payer par l'acquéreur.

SECTION II.

Echanges.

279. L'article 10 de la loi du 28 juillet 1824 mentionne, au nombre des actes qu'il donne au préfet le pouvoir de faire, *les échanges ayant pour objet les chemins communaux*, et comme cette disposition n'a été abrogée ni modifiée par la loi du 21 mai 1836, elle doit être considérée comme étant encore en vigueur.

La voie de l'échange est un moyen que l'administration peut souvent employer avec avantage pour améliorer l'assiette d'un chemin vicinal, par exemple, en matière de redressement, lorsque le chemin à abandonner traverse les propriétés d'un particulier qui a intérêt à en recevoir le sol, et qui offre de fournir du terrain pour le tracé nouveau.

280. Le préfet a qualité pour opérer cet échange, dans les termes posés par l'article 10 précité, c'est-à-dire après enquête et délibération du conseil municipal ; mais il est indispensable que le chemin à céder soit préalablement déclassé, car, tant qu'il n'a pas perdu le caractère de chemin vicinal, il n'est pas susceptible de devenir propriété privée.

281. L'arrêté que prend le préfet pour autoriser l'échange du sol d'un ancien d'un chemin contre un autre terrain, est susceptible de recours devant le ministre de l'intérieur et non devant le conseil d'Etat ; c'est ce qui résulte de l'ordonnance du 10 août 1828 (*Rolle*) ainsi conçue :

Considérant que l'arrêté par lequel le préfet de la Loire, statuant en conseil de préfecture, aux termes de la loi du 28 juillet 1824, a autorisé un échange de chemin vicinal entre la commune de Savigneux et le sieur Rolle, est un acte administratif qui n'est pas susceptible de nous être déféré par la voie contentieuse.

282. Mais pour que les échanges dont il s'agit puissent se faire, il faut que le sol du chemin à céder ne soit pas soumis à la condition prévue par l'article 19 de la loi du 21 mai 1836, c'est-à-dire qu'aucun propriétaire riverain ne demande la cession, à son profit de la parcelle qui confine à sa propriété. On comprend, en effet, que *le droit* qu'il tient de cet article de la loi, prime *la faculté* qu'a la commune d'opérer un échange avec un autre propriétaire.

CHAPITRE IX.

ACTIONS DES COMMUNES.

283. Les communes, propriétaires du sol des chemins vicinaux, comme on l'a vu n° 269, peuvent avoir des actions civiles à intenter ou à soutenir devant les tribunaux, sur des questions de propriété, de prescription, de servitudes et autres qui rentrent dans la compétence de l'autorité judiciaire.

284. La solution de ces litiges est presque toujours urgente, puisqu'ils intéressent la viabilité; aussi le législateur a-t-il voulu que le jugement en fût aussi prompt que possible, et par le 2e paragraphe de l'article 20 de la loi du 21 mai 1836, il a statué que ces actions seraient jugées *comme affaires sommaires et urgentes*. Les articles 405 à 413 du Code de procédure civile déterminent les formes à suivre dans ce cas ; nous ne pouvons qu'y renvoyer.

Nous croyons cependant devoir rappeler ici, qu'à l'exception des actions possessoires, les communes ne peuvent ester en justice qu'après y avoir été autorisées par le conseil de préfecture. Cette règle, déjà ancienne, a été confirmée par les articles 49 et 52 de la loi du 18 juillet 1837.

285. A défaut, par une commune d'agir, lorsque cependant elle paraîtrait avoir intérêt à le faire, *tout contribuable inscrit au rôle de la commune, a le droit* aux termes du 3e paragraphe de l'article 49 de la loi précitée, *d'exercer à ses frais et risques avec l'autorisation du conseil de préfecture les actions de la commune.*

Cette disposition a été déclarée applicable aux actions relatives aux chemins vicinaux, par ordonnance du 29 juillet 1847 (*communes de Bénévent, Marsac et Arrènes*), ainsi conçue sur ce chef :

Vu la loi du 18 juillet 1837 et celle du 21 mai 1836;

Sur l'intervention des sieurs Leyraud, Bouchardon et consorts;

En ce qui touche la qualité des sieurs Leyraud, Bouchardon et consorts ;

Considérant qu'aux termes de l'article 39 de la loi du 18 juillet 1837, les contribuables inscrits au rôle d'une commune peuvent exercer à leurs frais et risques les actions qu'ils croiraient appartenir à la commune, et que la commune, préalablement appelée à en délibérer, aurait refusé ou négligé d'exercer ;

Considérant qu'il résulte de l'instruction que le conseil municipal de la ville de Guéret a refusé d'intervenir dans l'instance introduite devant nous, en notre conseil d'Etat, par la requête susvisée des communes de Bénévent, Marsac et Arrènes ; que, dès lors, les sieurs Leyraud, Bouchardon et autres contribuables de la ville de Guéret ont qualité pour intervenir à leurs frais et risques dans l'instance dont il s'agit, aux lieu et place de ladite ville.

TITRE II.

DISPOSITIONS RELATIVES A LA CRÉATION DES RESSOURCES DESTINÉES A LA DÉPENSE DES CHEMINS VICINAUX

CHAPITRE I.

CARACTÈRE DES DÉPENSES.

---

286. L'article 1er de la loi du 21 mai 1836 fait, de la dépense des chemins vicinaux, une dépense communale, comme la législation précédente, mais cette déclaration n'est plus dépourvue de sanction, comme elle l'était précédemment.

Lorsqu'en effet, le législateur écrivait les dispositions portées dans les lois de 1791, de l'an VIII, de l'an X et de 1824, il n'avait pas prévu, sans doute, ce que peut la force d'inertie contre les dispositions les plus sages ; il n'avait pas prévu que les administrations municipales ne verraient, dans l'obligation d'entretenir les chemins vicinaux, que les charges qui leur étaient imposées, et non les avantages qui devaient en résulter. Les administrations de département, les préfets ensuite, prescrivaient bien aux communes de réparer leurs chemins ; mais là s'arrêtait leur action, parce qu'aucun pouvoir coërcitif ne leur avait été donné.

287. Eclairé par une longue et fâcheuse expérience, le législateur ne se borna plus, en 1836, à énoncer les obligations des communes. Après avoir nettement établi ces obligations dans les articles 1er et 2 de la loi du 21 mai, il remit aux mains des préfets, par l'article 5, le droit de contraindre, après avoir averti. En cas d'abstention ou de refus du conseil municipal, le préfet peut imposer la commune, d'office, dans de certaines limites ; il peut même faire exécuter, d'office, les travaux que l'administration municipale ne ferait pas faire dans les délais prescrits. Cette disposition est l'une des modifications les plus importantes, la plus importante même que la loi du 21 mai 1836 ait apportée à la législation précédente.

Du rapprochement des articles 1er, 2 et 5 de cette loi, il ressort donc, de la manière la plus évidente, que les dépenses des chemins vicinaux sont aujourd'hui au nombre des dépenses obligatoires des communes ; mais l'obligation ne s'applique qu'aux chemins dont la vicinalité a été déclarée par arrêté du préfet. C'est ce qui résulte des termes mêmes de l'article 1er ; aussi le ministre de l'intérieur a-t-il formellement prescrit, par son instruction du 24 juin 1836, de n'employer que sur les chemins vicinaux les ressources diverses dont la loi précitée permet la création ; toute autre application de ces ressources serait un acte illégal.

288. Nous ferons remarquer, en terminant sur ce point, que l'article 2 de la loi du 21 mai 1836 ne parle que de l'*entretien* des chemins vicinaux, mais qu'il a toujours été entendu que la dépense de *construction* devait être considérée comme obligatoire, aussi bien que celle de l'entretien. Cette interprétation, qui n'a jamais été contestée, serait justifiée, au besoin, par l'article 6 de la même loi, qui, en parlant des chemins intéressant plusieurs communes, permet de mettre à leur charge, non-seulement l'entretien, mais encore la construction de ces chemins.

CHAPITRE II.

APPRÉCIATION ANNUELLE DES BESOINS DU SERVICE.

---

289. Les dépenses que les communes ont à faire pour le service vicinal sont de diverses natures :

1° Les communes ont à pourvoir chaque année, en exécution de l'article 1er de la loi du 21 mai 1836, à la réparation et à l'entretien des chemins vicinaux de petite communication ;

2° Elles peuvent être appelées à contribuer, en vertu de l'article 6 de la même loi, à la construction, à la réparation et à l'entretien des chemins vicinaux qui auraient été déclarés d'intérêt commun par arrêté du préfet ;

3° Elles peuvent être appelées, en vertu de l'article 7 de la loi précitée, à fournir un contingent dans la construction, la réparation et l'entretien des chemins vicinaux de grande communication auxquels elles ont été déclarées intéressées ;

4° Elles peuvent avoir à faire des dépenses pour le personnel du service vicinal, soit pour le salaire des cantonniers qu'elles auraient institués, soit qu'elles aient à contribuer au paiement du traitement des agents voyers chargés du service des chemins vicinaux de petite communication ;

5° Elles peuvent, enfin, avoir à pourvoir à des dépenses éventuelles, comme seraient celles du paiement de la valeur de terrains pris pour élargissement ou ouverture de chemins, d'indemnités pour terrains occupés temporairement ou fouillés pour extraction de matériaux, ou, enfin, d'indemnités pour dommages causés aux propriétés riveraines par les travaux et autres dépenses de cette nature.

L'appréciation des besoins pour les différentes parties du service vicinal est la base du vote des ressources nécessaires pour faire face à ces besoins ; nous allons dire comment il est procédé à cette appréciation.

290. En ce qui concerne la première catégorie de dépenses, celle relative aux chemins vicinaux de petite communication, l'appréciation en est faite, par les agents voyers, dans les départements où le personnel a été constitué de manière à ce que ces agents soient chargés du service de ces chemins.

Dans ce cas, les agents voyers doivent, entre le 1er janvier et le 1er avril de chaque année, faire la visite des chemins vicinaux de petite communication de leur circonscription, et dresser, commune par commune et pour chaque chemin, un état sommaire estimatif, tant en argent qu'en nature, des matériaux et des journées de charroi et de main-d'œuvre nécessaires pour les travaux à faire *pendant l'année suivante* ; ils indiquent, sur ces états, les lieux où les matériaux devront être extraits ou ramassés, et les parties de chemins dont l'élargissement ou le redressement leur paraîtrait nécessaire. Les agents voyers sont, autant que possible, assistés dans cette visite par le maire ou un membre du conseil municipal délégué par le maire.

Les états sommaires dont nous venons de parler sont transmis par l'agent voyer au sous-préfet de l'arrondissement, au fur et à mesure qu'ils sont rédigés, et de manière que les derniers soient transmis le 10 avril au plus tard. Ces documents sont aussitôt revus et contrôlés par le sous-préfet, qui les adresse, avant le 1er mai, au maire de chaque commune, pour servir de base aux votes des conseils municipaux.

291. Dans les départements où le personnel des agents voyers n'est pas assez nombreux pour que ces agents soient chargés du service des chemins vicinaux de petite communication, ce sont les maires qui doivent, avant le 15 avril, reconnaître l'état de ces chemins, et établir l'appréciation sommaire des travaux et des dépenses à faire, pendant l'année suivante, sur chacune de ces voies publiques. Ces appréciations sommaires doivent indiquer, aussi approximativement que possible, la quantité de matériaux, de journées de charroi et de main-d'œuvre nécessaires, ainsi que la dépense à faire en argent ; elles sont mises sous les yeux du conseil municipal, à sa session de mai, afin qu'il puisse connaître les ressources dont la création est nécessaire.

292. Les dépenses de la deuxième et de la troisième catégorie, c'est-à-dire celles relatives aux chemins vicinaux de grande communication et aux chemins vicinaux d'intérêt commun, sont réglées annuellement

7

par le préfet, d'après des bases que nous ferons connaître ailleurs; avant la session de mai, le préfet notifie au maire de chaque commune le montant du contingent que cette commune aura à fournir, à cet effet, l'année suivante.

Enfin, les dépenses de la quatrième catégorie. celles du personnel, sont généralement fixes; quant à celles de la cinquième catégorie, qui ne sont qu'éventuelles, elles sont faciles à établir.

293. On aura remarqué sans doute que les états sommaires de travaux que les agents voyers ou les maires ont à rédiger avant le mois d'avril, doivent indiquer, non pas les dépenses à faire *dans l'année courante*, mais bien *dans l'année suivante*.

Cela tient au système de notre comptabilité communale. On sait, en effet, que, dans leur session annuelle de mai, les conseils municipaux établissent le budget de l'*année suivante*. Il est donc indispensable qu'ils connaissent l'ensemble des besoins du service municipal pour l'année suivante, et les dépenses des chemins vicinaux étant rattachées au budget communal, elles doivent être soumises aux mêmes règles.

Il peut y avoir quelque difficulté, sans doute, à apprécier ainsi, un an à l'avance, les travaux qui seront à faire sur des voies de communication dont tant de causes accidentelles peuvent augmenter l'état de dégradation, mais cette difficulté est inévitable. Il faut dire, d'ailleurs, que, dans le plus grand nombre des communes, les besoins du service vicinal sont tels qu'ils exigent, chaque année, le vote de la totalité des ressources ordinaires qui peuvent y être appliquées, et souvent même des ressources extraordinaires; là, par conséquent, l'appréciation des besoins n'est plus, pour ainsi dire, qu'une chose de forme. Quant aux communes où le vote de la totalité des ressources ordinaires n'est pas nécessaire, l'expérience d'un petit nombre d'années a suffi pour établir une sorte de moyenne des besoins du service vicinal.

CHAPITRE III.

RESSOURCES COMMUNALES.

SECTION I.

Différences entre la législation actuelle et la législation précédente.

---

294. Avant de nous occuper du vote des ressources au moyen desquelles les communes doivent pourvoir aux dépenses du service vicinal, nous croyons devoir faire ressortir les modifications considérables que la loi du 21 mai 1836 a apportées, sur ce point, à la législation précédente.

Rien n'a été changé quant à la nature de ces ressources; la loi nouvelle indique, comme l'ancienne, les revenus ordinaires des communes, et, en cas d'insuffisance de ces ressources, des journées de prestation et des centimes additionnels au principal des quatre contributions.

Mais, sous l'empire de la loi du 28 juillet 1824, les communes devaient, en cas d'insuffisance de leurs revenus ordinaires, commencer par voter intégralement la prestation en nature, jusqu'à concurrence de trois journées, avant de pouvoir recourir aux centimes additionnels ; quant à ces centimes, les conseils municipaux ne pouvaient les voter qu'avec le concours des plus imposés.

La loi du 21 mai 1836 a, non-seulement élevé de trois à cinq le maximum des journées de prestation que les conseils municipaux peuvent voter, mais elle a encore affranchi ces conseils de l'obligation de voter la totalité des journées avant de recourir aux centimes additionnels. D'après l'article 2 de cette loi, les conseils municipaux peuvent, suivant les besoins du service, voter *l'une ou l'autre de ces ressources ou toutes les deux concurremment*, et il y a, à cela, pour le service vicinal, un avantage très-considérable. On sait, en effet, qu'il est à peu près impossible de faire un bon emploi de la prestation si l'administration ne peut disposer de quelques fonds, soit pour faire diriger les travaux par des hommes habitués à les exécuter, soit pour acheter les instruments et outils dont les prestataires manquent la plupart du temps. Le vote des centimes additionnels a été, de son côté, affranchi du concours des plus imposés, ce qui simplifie et facilite beaucoup ce vote.

Ces différentes modifications sont entrées pour une grande part, sans aucun doute, dans l'extension qu'a prise, dès le début, l'application de la législation nouvelle ; passons maintenant au vote des ressources.

SECTION II.

Délibération des conseils municipaux.

295. Les documents qui, ainsi que nous l'avons dit plus haut, n° 290, servent de base à l'appréciation des besoins du service vicinal, doivent être soumis au conseil municipal à l'ouverture de sa session de mai ; le conseil les contrôle, en ce qui concerne les dépenses autres que celles dont la quotité est fixée par le préfet, et il délibère sur les moyens de pourvoir à l'ensemble des dépenses.

296. Les conseils municipaux peuvent recourir, pour faire face aux besoins du service vicinal, à quatre espèces de ressources ; trois sont considérées comme *ordinaires*, et, par suite, peuvent être votées sans le concours des plus imposés ; ce sont les revenus ordinaires des communes, des prestations en nature au maximum de 3 journées, et des centimes spéciaux dont le maximum est fixé à cinq ; la quatrième se compose de centimes additionnels qui peuvent être votés en cas d'insuffisance des trois premières, mais, comme c'est là une ressource extraordinaire, elle ne peut être votée qu'avec le concours des plus imposés.

297. Nous allons nous occuper, successivement, de la création de chacune de ces natures de ressources, mais nous croyons devoir, auparavant, faire connaître quelques propositions irrégulières faites par des conseils municipaux, par suite d'une interprétation erronée de la loi, et qu'il importe de ne plus voir se reproduire.

298. Ainsi, il est arrivé plusieurs fois que des conseils municipaux ont demandé à remplacer la prestation en nature par une imposition extraordinaire, c'est-à-dire qu'ils s'abstenaient de voter des journées de prestation, et votaient des centimes extraordinaires, en addition aux cinq centimes spéciaux dont l'assiette est autorisée par l'article 2 de la loi du 21 mai 1836. Le ministre de l'intérieur, d'accord avec le conseil d'État, a toujours refusé de donner cours à ces votes, et le motif en est facile à apprécier.

En effet, en indiquant la prestation en nature et les centimes spéciaux comme ressources applicables à la construction et à l'entretien des chemins vicinaux, le législateur a évidemment voulu répartir la charge de ces dépenses entre l'habitant, qui fait journellement usage des chemins, et la propriété, qui a un si grand intérêt au bon état des communications. L'habitant, est atteint par la prestation en nature qui peut lui être imposée jusqu'à concurrence de trois journées par an ; la propriété, est atteinte par les centimes spéciaux qui peuvent être imposés jusqu'à concurrence de cinq. Or, ne pas voter de prestations en nature, c'est exonérer l'habitant de la charge que la loi a voulu lui imposer en considération de l'usage qu'il fait des chemins vicinaux ; remplacer les journées de prestation par des centimes extraordinaires ajoutés aux centimes spéciaux, c'est frapper uniquement la propriété foncière, et non-seulement cette nature de propriété doit être ménagée, mais encore, comme il arrive très-souvent qu'elle se trouve dans les mains de propriétaires non domiciliés dans la commune, il y a une espèce d'injustice à faire peser sur eux la majeure partie de la charge de l'entretien de chemins qu'ils ne fréquentent pas. Remplacer la prestation en nature par des *centimes extraordinaires*, c'est donc dénaturer le caractère que la loi a voulu imprimer au vote des ressources applicables au service vicinal.

Sans doute, si l'état des chemins vicinaux d'une commune était tel que l'emploi des cinq centimes spéciaux suffit pour les entretenir, le conseil municipal pourrait se dispenser de voter des prestations en nature, puisque l'article 2 de la loi du 21 mai 1836 dit que « le conseil « municipal pourra voter *l'une ou l'autre* de ces ressources, ou toutes les « deux concurremment ; » mais si les cinq centimes spéciaux sont insuffisants pour l'entretien des chemins vicinaux, il faut nécessairement avoir recours à l'emploi des trois journées de prestation avant de voter des centimes extraordinaires, car ces deux natures de ressources sont spécifiées par la loi, comme applicables, en premier ordre, aux dépenses dont il s'agit, et ce n'est qu'en cas d'insuffisance de l'une et de l'autre des deux ressources qu'il est permis de recourir aux centimes extraordinaires. Ces dispositions ont été rappelées par une circulaire du ministre de l'intérieur en date du 8 septembre 1836.

299. D'autres fois, au contraire, des conseils municipaux ont voté, avec le concours des plus imposés, non pas l'imposition de centimes additionnels extraordinaires, mais l'imposition de journées de prestation, par addition aux trois journées dont la loi du 21 mai 1836 permet l'assiette chaque année. Le ministre de l'intérieur a également refusé de donner cours à ces délibérations. C'était, en effet, établir une analogie tout à fait fausse entre deux natures d'impositions à l'égard desquelles la loi a statué d'une manière complétement distincte.

En cas d'insuffisance des cinq centimes spéciaux ordinaires, dont parle l'article 2 de la loi précitée, les conseils municipaux peuvent, comme nous l'avons dit, voter, avec adjonction des plus imposés, un certain nombre de centimes additionnels *extraordinaires* ; c'est l'application de l'article 6 de la loi du 28 juillet 1824 qui n'est pas abrogé. Mais, en ce qui concerne l'imposition de la prestation en nature, aucune loi n'autorise les conseils municipaux à dépasser, même avec le concours des plus imposés, le maximum de trois journées fixé par l'article 2 de la loi du 21 mai 1836. En déterminant ce maximum, d'une manière absolue, il est donc évident que le législateur a voulu qu'il ne fût jamais exigé des contribuables plus de trois journées de leur temps, chaque année, pour le service des chemins vicinaux. Autoriser une *imposition extraordinaire de journées de prestation en nature* serait évidemment fausser l'esprit de la loi autant que contrevenir à son texte, et nous ne douons pas que les contribuables ne fussent fondés à se refuser à l'acquittement de cette charge.

300. Il est arrivé quelquefois, aussi, qu'aux ressources qu'ils pouvaient affecter à la dépense des chemins vicinaux, des conseils municipaux proposaient d'ajouter un prélèvement sur le produit des taxes d'affouage. Les délibérations prises à cet effet n'ont pas pu recevoir la sanction de l'autorité supérieure.

Il est de principe, en effet, que les taxes d'affouage sont établies pour acquitter spécialement les contributions assises sur les bois, les frais de garde, d'exploitation de la coupe et de sa division en lots d'affouage. Une circulaire du ministre de l'intérieur, en date du 10 janvier 1839, adressée aux préfets, sur la demande de l'administration forestière, leur a rappelé ces principes, et leur a enjoint d'empêcher que *les taxes d'affouage ne fussent jamais élevées au-dessus du montant des frais inhérents aux bois*, sauf dans des cas exceptionnels dont il serait rendu compte au ministre.

Il suit de là que le produit des taxes affouagères ne peut être considéré comme une ressource communale, ni être appliqué, à ce titre, à l'entretien des chemins vicinaux, pas plus qu'à l'exécution de tous autres travaux communaux,

SECTION III.

Allocations sur les revenus ordinaires des communes.

301. L'article 2 de la loi du 28 juillet 1824 avait indiqué les revenus ordinaires des communes comme la première des ressources affectées à l'entretien des chemins vicinaux; l'article 2 de la loi du 21 mai 1836 répète la même indication à peu près dans les mêmes termes.

302. Le ministre de l'intérieur n'a pas cru qu'il fût nécessaire d'expliquer, dans son instruction du 24 juin 1836, cette disposition de la loi, et nous ne pensons pas qu'il y ait lieu de suppléer, sur ce point, au silence de l'instruction ministérielle; l'affectation d'une partie des revenus communaux à la dépense des chemins vicinaux rentre, en effet, pour la forme comme pour le fond, dans le vote des autres dépenses communales ordinaires. Nous verrons ailleurs comment il pourrait être procédé par l'autorité supérieure à l'égard des communes qui, pouvant affecter une portion de leurs revenus au service vicinal, s'abstiendraient ou refuseraient de le faire.

303. Mais nous devons dire, dès à présent, que le nombre des communes dont les revenus ordinaires peuvent concourir à la dépense des chemins vicinaux est, relativement, très peu considérable. Il résulte des rapports annuellement publiés par le ministre de l'intérieur sur la situation financière des communes, que plus des quatre cinquièmes d'entre elles sont obligées de s'imposer *extraordinairement*, chaque année, pour faire face à leurs dépenses *ordinaires*, et celles-là ne peuvent évidemment rien donner au service vicinal *sur leurs revenus ordinaires*

Quant à celles qui sont dans une position meilleure, on voit, dans un rapport de 1841, le dernier publié par le ministre de l'intérieur sur l'ensemble du service vicinal, on voit, disons-nous, que 673 communes, seulement, ont pu pourvoir entièrement, sur leurs revenus ordinaires, aux besoins de ce service. Un certain nombre d'autres communes ont sans doute affecté à la dépense des chemins vicinaux quelques allocations ; mais, en définitive, la première des ressources indiquées par la loi n'entre que pour environ 0,05 (1/20) dans l'ensemble des ressources qui y sont annuellement affectées.

SECTION IV.

Prestation en nature.

§ 1er. — *Bases de l'impôt.*

364. L'article 2 de la loi du 21 mai 1836 pose le principe du vote de la prestation en nature ; l'article 3 détermine les bases de l'assiette de cet impôt. Il nous serait difficile de donner plus succinctement et en termes plus précis que ne l'a fait l'instruction ministérielle du 24 juin 1836, les explications nécessaires pour l'application de ce dernier article ; nous nous bornerons donc à reproduire les paragraphes de l'instruction qui s'en occupent :

L'application de l'article dont nous nous occupons est facile, quelque compliquée que puisse paraître sa rédaction, lorsqu'on a bien saisi l'esprit dans lequel il a été conçu, lorsqu'on a bien compris la distinction à faire entre l'obligation imposée à l'habitant, comme habitant et en vue de sa personne seulement, et l'obligation imposée à tout individu en vue de la famille dont il est le chef, ou de l'établissement agricole ou autre dont il est propriétaire ou gérant à quelque titre que ce soit. Dans le premier cas, l'obligation est personnelle et directe, en ce sens qu'elle atteint directement le contribuable pour sa personne seule : dans le second cas l'obligation est indirecte, en ce sens qu'elle n'est plus imposée au contribuable pour sa personne, mais bien pour les moyens d'exploitation de son établissement, lesquels se composent des membres de sa famille et de ses serviteurs, et encore de ses instruments de travail, tels que charrettes, voitures, bêtes de somme, de trait et de selle.

Ainsi donc, tout habitant peut être imposé à la prestation en nature, directement ou pour sa personne, s'il est porté au rôle des contributions, mâle, valide, et âgé de dix-huit ans au moins et de soixante ans au plus. Dans ce cas, l'habitant est considéré comme individu, et la prestation en nature lui est demandée, seulement comme membre de la communauté, intéressé par conséquent à tout ce qui peut contribuer à sa prospérité, notamment au bon état des chemins. Voilà l'obligation personnelle, l'obligation directe, résultant de la seule qualité d'habitant de la commune, et abstraction faite de toute qualité de propriétaire, de chef de famille ou d'établissement.

Mais s'il a une famille, s'il est propriétaire, s'il gère une exploitation agricole, comme régisseur, fermier ou colon partiaire, s'il administre un établissement industriel, cet habitant a nécessairement un intérêt plus étendu à la prospérité de la communauté et au bon état des communications ; d'ailleurs l'exploitation de son établissement, quel qu'il soit, ne peut se faire sans dégrader les chemins de sa commune, et il est juste qu'il contribue à la réparation ordinaire de ces chemins, dans la proportion des moyens d'exploitation qui les dégradent. La loi permet donc de lui demander la prestation en nature pour chaque membre ou serviteur de la famille, mâle, valide, âgé de dix-huit ans au moins et de soixante ans au plus, résidant dans la commune, et encore pour chaque charrette ou voiture attelée, pour chaque bête de somme, de trait et de selle, au service de la famille ou de l'établissement dans la commune. Voilà l'obligation, non plus directe et imposée personnellement, en vue de la seule qualité de membre de la communauté, mais indirecte et imposée en vue de la famille et de l'exploitation agricole ou industrielle. A vrai dire, c'est dans ce cas l'exploitation ou l'établissement qui sont imposés en raison de leur importance et de leur intérêt présumé au bon état des chemins et de l'usage qu'ils en font, et c'est le chef de la famille, de l'exploitation agricole ou de l'établissement industriel, qui doit acquitter la contribution assise sur ce qui lui appartient ou sur sur ce qu'il exploite.

Il s'ensuit donc évidemment que, pour qu'une exploitation agricole ou industrielle puisse être imposée dans tous ses moyens d'action, dans tous ses instruments de travail, il n'est plus nécessaire que le chef de l'exploitation ou de l'établissement soit mâle, valide, âgé de dix-huit à soixante ans, ni même résidant dans la commune. C'est l'exploitation agricole, c'est l'établissement industriel existant dans la commune, qui doit la prestation, abstraction faite du sexe, de l'âge et de l'état de validité du chef de l'exploitation ou de l'établissement ; ce chef, sans doute, ne sera pas imposé personnellement s'il ne réunit pas les conditions nécessaires pour que sa cote personnelle lui soit demandée ; mais il sera, dans tous les cas, tenu d'acquitter la prestation imposée dans les limites de la loi, pour tout ce qui dépend de l'exploitation agricole ou de l'établissement industriel situé dans la commune.

En résumé,

1° La prestation en nature est due pour sa personne, par tout habitant de la commune, qu'il soit célibataire ou marié, et quelle que soit sa profession, si, d'ailleurs, il est porté au rôle des contributions directes, mâle, valide et âgé de dix-huit ans au moins et soixante ans au plus.

2° La prestation en nature est due par tout habitant de la commune, qu'il soit célibataire ou marié, s'il est porté au rôle des contributions directes, mâle, valide, âgé de dix-huit ans au moins et de soixante ans au plus, chef de famille ou d'établissement, à titre de propriétaire, de régisseur, de fermier ou de colon partiaire. Dans ce cas, il doit la prestation pour sa personne d'abord, puisqu'il réunit toutes les conditions nécessaires ; il la doit en outre pour chaque individu mâle, valide, âgé de dix-huit au moins et de soixante ans au plus, membre et serviteur de la famille, et résidant dans la commune ; il la doit encore pour chaque charrette ou voiture attelée et pour chaque bête de somme, de trait ou de selle, au service de la famille ou de l'établissement dans la commune.

3° La prestation en nature est due par tout individu, même non porté nominativement au rôle des contributions directes de la commune, même âgé de moins de dix-huit ans et de plus de soixante ans, même invalide, même du sexe féminin, même enfin n'habitant pas la commune, si cet individu est chef d'une famille qui habite la commune, ou si, à titre de propriétaire, de régisseur, de fermier ou de colon partiaire, il est chef d'une exploitation agricole ou d'un établissement situé dans la commune. Dans ce cas, toutefois, il ne devra pas la prestation pour sa personne, puisqu'il n'est pas dans les conditions voulues par la loi, mais il la devra pour tout ce qui, personnes ou choses, dans les limites de la loi, dépend de l'établissement dont il est propriétaire ou qu'il gère à quelque titre que ce soit.

§ 2. — *Formation des états-matrices.*

305. La nature toute spéciale de l'impôt qui nous occupe et les abus auxquels pourraient donner lieu son assiette et son recouvrement exigeaient que des dispositions spéciales, aussi, fussent prises pour prévenir ces abus. En raison de la diversité des éléments qui servent de base à l'imposition de la prestation en nature, il importait que le recensement des personnes et des choses fût fait avec la plus grande régularité. Le ministre de l'intérieur prescrivit donc, par son instruction du 24 juin 1836, que, dans chaque commune, il fut établi un état-matrice présentant à chaque article, 1° le nom de l'individu sur lequel la cote est assise ; 2° le nombre des membres de la famille et des serviteurs qui doivent également donner lieu à imposition ; 3° le nombre des charrettes ou voitures attelées et des bêtes de somme, de trait ou de selle qui sont au service de la famille ou de l'établissement dans la commune. Cet état-matrice devait être rédigé par une commission composée du maire et des répartiteurs et déposé à la mairie pendant un mois, pour que chaque habitant pût en prendre connaissance et présenter des réclamations, s'il y avait lieu. Pour assurer l'uniformité de ces états-matrices les préfets étaient invités à en faire imprimer les cadres.

306. Peu après la publication de l'instruction ministérielle du 24 juin 1836, et sur des observations présentées par le ministre des finances, il fut reconnu nécessaire d'entourer de plus de garanties encore, l'assiette de la prestation en nature, et à cet effet, d'y faire intervenir l'agence des contributions directes. Il fut donc décidé, de concert entre les deux ministres, que les états-matrices seraient rédigés et revisés comme le sont les matrices des contributions directes, c'est-à-dire par les contrôleurs en commission de répartition, à l'époque où ces agents font leur tournée annuelle des mutations. Par suite, les préfets n'eurent pas à faire imprimer les cadres des états-matrices, les directeurs des contributions furent chargés de ce soin.

Ces modifications à l'instruction précitée ont été consignées dans une circulaire du ministre de l'intérieur en date du 12 septembre 1836.

§ 3. — *Taux de la conversion en argent.*

307. Dès l'origine de l'application de la prestation en nature à l'entretien des voies de communication, les contribuables ont eu la faculté de se libérer du travail qui leur était demandé, au moyen d'une contribution équivalente en argent. Cette faculté leur a été conservée par l'article 4 de la loi du 21 mai 1836, mais une modification importante a été apportée par cet article à ce qu'avait réglé l'article 5 de celle du 28 juillet 1824.

C'était, en effet, aux conseils municipaux qu'avait été confié, par cette dernière loi, le droit de déterminer le taux de la conversion en argent des journées de prestation en nature, et il en était résulté de nombreux inconvénients, de véritables abus. Tantôt le tarif de conversion était tellement élevé qu'il y avait un véritable préjudice pour le contribuable à se libérer en argent; tantôt au contraire, le tarif était tellement faible, que la conversion ne produisait que des ressources minimes. Les conseils municipaux, ne pouvant d'ailleurs se concerter entre eux pour la confection des tarifs, il existait souvent les disparates les plus choquantes entre ceux arrêtés pour des communes limitrophes.

308. Pour faire cesser ces inconvénients, le législateur décida par l'article 4 de la loi du 21 mai 1836, que les tarifs de conversion seraient arrêtés, pour chaque espèce de journée, par le conseil général du département, sur les propositions des conseils d'arrondissement.

Le ministre de l'intérieur, en traitant de cette mesure dans son instruction du 24 juin 1636, expliqua que rien n'oblige le conseil général à arrêter un seul tarif pour tout le département, pas plus qu'à en avoir un pour chaque commune. Ces tarifs peuvent être arrêtés, soit pour une certaine étendue de territoire, soit pour certaines catégories de communes, eu égard à leur importance et au plus ou moins d'aisance de leur population; ils doivent, aux termes de l'article 4 précité, être délibérés annuellement, afin que le conseil général puisse y introduire les modifications dont la nécessité serait reconnue, mais, le plus souvent, la délibération se borne à maintenir le tarif existant.

309. S'il est impossible que les tarifs de conversion soient uniformes, il importe, au moins, qu'ils ne présentent pas des dissemblances telles que leur application en devint trop difficile pour les agents chargés de rédiger les rôles de prestation. Le ministre de l'intérieur a cherché à prévenir cet inconvénient par une circulaire du 2 août 1837, peu susceptible d'analyse, et qui contient les indications les plus propres à diriger les conseils généraux dans l'établissement des tarifs de conversion des journées en argent.

310. La bonne rédaction de ces tarifs doit, on le comprend, avoir une grande influence sur cette partie des ressources du service vicinal. Le ministre de l'intérieur, dans son instruction précitée, engage donc les conseils généraux à les arrêter, non pas trop au-dessous du taux réel des journées de travail, mais assez bas, cependant, pour déterminer les contribuables, autant que possible, à s'acquitter en argent, de manière que les communes aient la possibilité de faire faire une partie des travaux par des ouvriers salariés dont on pouvait espérer de meilleurs travaux.

Sans méconnaître la valeur des observations présentées ici par le ministre, nous croyons pouvoir dire, cependant, que ce paragraphe de l'instruction a été écrit sous l'influence du souvenir des difficultés qu'éprouvait l'administration, sous l'empire de la législation précédente, à obtenir quelques résultats de l'emploi de la prestation en nature.

Appliquée sous la seule surveillance des maires, et, par conséquent, sans direction réelle, sans contrôle efficace, cette ressource était en grande partie perdue, et il était vrai, alors, que le rachat en argent, même pour un prix beaucoup inférieur à la valeur effective des journées, était désirable dans l'intérêt du service vicinal. Mais les choses ont bien changé depuis, surtout dans les départements où les agents voyers sont assez nombreux pour diriger et surveiller partout, et dans tous ses détails, l'exécution des travaux de prestation. Là, les résultats obtenus ont bientôt dépassé ce qu'il avait été permis d'espérer, et les journées des prestataires ont donné une masse de travail qui ne différait que peu de celui d'ouvriers salariés. Cette amélioration est constatée, non-seulement par les rapports de l'autorité, mais par les délibérations des conseils généraux, et, nous ajouterons, par cette circonstance que, dans plus d'un département, les maires et les conseils municipaux ont demandé que les tarifs de conversion en argent fussent relevés, attendu que les prix de rachat leur paraissaient trop au-dessous du travail qui pouvait être obtenu de la journée acquittée en nature. Il n'y a donc plus intérêt, faisaient-ils observer, à favoriser le rachat des journées.

Au surplus, l'expérience a fait reconnaître que le taux des tarifs de conversion en argent exerçait moins d'influence qu'on ne l'avait d'abord pensé sur l'importance des rachats. Il est une partie de la population, c'est la classe aisée, qui n'acquittera jamais les journées en nature, le taux de rachat fût-il même un peu élevé ; une autre partie, au contraire, préférera toujours l'acquittement en nature, au rachat en argent, même à un taux très-bas, soit parce qu'un sacrifice à faire en argent lui paraît toujours une charge pesante, soit parce que les journées de prestation étant, autant que possible, demandées aux époques où les travaux de l'agriculture laissent quelques loisirs, acquitter alors les journées en nature est à peine un sacrifice. C'est ce qu'ont pleinement démontré les essais faits dans quelques départements, où l'on a successivement abaissé ou relevé les tarifs. Aussi, en vient-on généralement, aujourd'hui, à mettre les tarifs de conversion en argent en rapport avec la valeur réelle de la journée de travail.

§ 4. — *Vote des journées.*

311. Lorsque, par l'examen combiné de la situation financière de la commune et des besoins du service vicinal, le conseil municipal a reconnu la nécessité de recourir à l'emploi de la prestation en nature, il vote *sans le concours des plus imposés*, et dans les limites du maximum de trois journées, le nombre de journées qui lui paraît nécessaire.

312. Les journées doivent être votées par nombres entiers, c'est-à-dire, qu'il ne doit pas être voté de fractions de journée; l'assiette en serait difficile et la reddition des comptes compliquée.

313. Le vote de la prestation doit porter sur l'ensemble des bases de cet impôt, et non pas seulement sur quelques-unes d'entre elles. S'appuyant sur la considération que la réparation des chemins vicinaux exigeait ici un plus grand nombre de journées de bras, là un plus grand nombre de journées de charrois, quelques conseils municipaux avaient cru pouvoir faire varier, dans la limite de trois, le nombre des unes et des autres, et imposer, par exemple, trois journées de bras et une journée de charroi, et *vice versâ*. Quelquefois même, une des natures de travail était laissée de côté absolument.

Le ministre de l'intérieur a pensé que c'était là une application erronée de la loi, et après avoir pris l'avis du comité de l'intérieur du conseil d'Etat, il invita les préfets, par une circulaire du 11 avril 1839, à veiller à ce que, dorénavant, le vote de la prestation en nature portât également sur toutes les bases de l'impôt.

§ 5. — *Rédaction des rôles et des avertissements.*

314. La rédaction des rôles et des avertissements avait été attribuée, par l'instruction ministérielle du 24 juin 1836, aux percepteurs receveurs municipaux ; mais cette disposition fut modifiée, comme celle relative à la rédaction des états-matrices, par la décision qui appela l'agence des contributions directes à intervenir dans l'assiette de la prestation en nature. Les états-matrices sont donc, après leur rédaction ou leur révision annuelle, adressés par les contrôleurs aux directeurs. Les préfets, de leur côté, après avoir approuvé les délibérations des conseils municipaux portant vote des journées de prestation, adressent ces délibérations aux directeurs qui rédigent les rôles, en prenant pour base de la conversion en argent, les décisions annuellement prises par le conseil général du département. Ces rôles, ainsi rédigés, sont rendus exécutoires par le préfet et adressés aux percepteurs receveurs municipaux, par l'intermédiaire du receveur général des finances.

315. Il est indispensable, on le comprend, que les contribuables connaissent, aussitôt après la publication des rôles, les obligations qui leur sont imposées, afin de pouvoir, soit présenter une demande en dégrèvement dans le cas où ils se croiraient surtaxés, soit faire leur déclaration d'option s'ils n'ont pas de réclamation à présenter. L'instruction précitée a donc prescrit d'adresser à chaque contribuable un avertissement indiquant le nombre et l'espèce des journées qu'il doit fournir, et contenant, en outre, l'invitation de déclarer, dans le mois, s'il entend se libérer en argent ou en nature; mention y est également faite, qu'aux termes de l'article 4 de la loi du 21 mai 1836, la cote sera, de droit, exigible en argent, si le contribuable n'a pas déclaré, devant le maire, son option, dans le délai d'un mois. Les directeurs des contributions directes sont chargés de la rédaction de ces avertissements, qui sont adressés, avec les rôles. aux percepteurs receveurs municipaux pour être, par les soins de ceux-ci, remis aux contribuables.

316. La publication des rôles devait, d'après l'instruction ministérielle du 24 juin 1836, être faite en même temps que celle des rôles des contributions directes, c'est-à-dire le 1er janvier; mais cette époque était trop rapprochée de celle de l'ouverture des travaux pour que toutes les formalités à remplir, avant d'ouvrir les travaux, pussent être accomplies. Une circulaire du ministre de l'intérieur, en date du 13 juin 1838, concertée avec le ministre des finances, a donc prescrit que les rôles fussent rédigés de manière à pouvoir être publiés dans les premiers jours de novembre. Une seconde circulaire du 30 janvier 1839 a complété les instructions données par celle du 13 juin 1838.

317. Les rôles sont rédigés, généralement, en suivant l'ordre alphabétique des noms des contribuables. Dans quelques départements, cependant, on a trouvé plus avantageux de suivre, pour la rédaction des rôles, la division des habitations par section, ce qui, dans les communes fort étendues, facilite la répartition des prestations sur les différents chemins à réparer. Cette dérogation au système général a été approuvée par les ministres de l'intérieur et des finances, ainsi que cela résulte d'une circulaire du 2 août 1845.

318. Les frais d'impression et de rédaction des états-matrices, des rôles et des avertissements, avaient été réglés par l'instruction ministérielle du 24 juin 1836, d'après le système qui faisait, de ce travail, une affaire purement communale. L'agence des contributions directes en ayant été chargée, comme nous l'avons vu, les frais furent réglés, de concert entre les ministres de l'intérieur et des finances, ainsi qu'il suit :

Le directeur, chargé de la rédaction des rôles et des avertissements, ainsi que de la fourniture des imprimés nécessaires, non-seulement pour ces documents, mais encore pour les états-matrices, a droit à une indemnité réglée à quatre centimes par article ;

Les contrôleurs, qui ont à rédiger les états-matrices. à les reviser et à vérifier les avertissements, ont droit, pour ce travail. à un centime et demi par article.

Le montant des indemnités dues, tant au directeur qu'aux contrôleurs, est imputé, soit sur les fonds affectés, dans chaque commune, au service des chemins vicinaux, soit sur le fonds des cotisations municipales.

Quant aux percepteurs receveurs municipaux. les remises auxquelles ils ont droit sont réglées comme pour les autres recettes municipales. attendu que la prestation en nature figure. en recette et en dépense. au budget de chaque commune.

§ 6. — *Assiette des journées d'homme.*

I. — Habitation.

319. Pour être imposable à la prestation en nature dans une commune, *pour sa personne,* il faut, aux termes de l'article 3 de la loi du 21 mai 1836, être *habitant* de cette commune, et la qualité d'habitant ne peut donner lieu à difficulté, à l'égard des citoyens qui résident dans une commune d'une manière fixe et permanente.

320. Mais. dans beaucoup de départements. les fermiers, les métayers. les colons partiaires. changent fréquemment de résidence. et on a demandé si, pour qu'ils puissent être imposés à la prestation en nature, il fallait qu'ils habitassent la commune au moment de la confection du rôle ou au 1er janvier de l'année à laquelle le rôle est applicable.

Consulté sur cette question, le ministre de l'intérieur a été d'avis que c'était l'époque de la mise en recouvrement du rôle, c'est-à-dire le 1er janvier de chaque année, qui devait servir de base à la solution de la question de la résidence; qu'ainsi, lorsque le changement de résidence s'effectuait avant la mise en recouvrement du rôle, il y avait lieu de considérer la cote comme *indûment imposée* et de l'admettre en non-valeur; que si, au contraire, le changement de résidence s'effectuait après la mise en recouvrement du rôle, la cote ayant été *bien assise*, elle restait due, malgré le départ du contribuable, et que le recouvrement pouvait en être poursuivi à sa nouvelle résidence.

Ces solutions, conformes à ce qui se pratique en matière de contributions directes, ont été données par une circulaire du ministre de l'intérieur, en date du 14 juin 1838; elles ont été confirmées par une décision du conseil d'État, section du contentieux, en date du 13 août 1851 (*De Piperey*), ainsi conçue :

Vu les lois des 21 avril 1832 et 21 mai 1836;
Considérant qu'il résulte de l'instruction que le sieur de Piperey a cessé d'habiter la commune de Saint-Victor-l'Abbaye dès le mois de novembre 1849; que, dès lors, il n'aurait pas dû, pour l'année 1850, être porté sur le rôle des prestations dressé dans cette commune en exécution de l'article 3 de la loi du 21 mai 1836.

321. Une autre difficulté s'était aussi présentée sous l'empire de la loi du 28 juillet 1824, relativement aux propriétaires qui, possédant des habitations dans différentes communes, passent une partie de l'année, successivement, dans ces diverses résidences. On se demandait où ils devaient être imposés, *pour leur personne*, à la prestation en nature?

Le ministre de l'intérieur, dans son instruction du 24 juin 1836, a résolu cette question en disant que la prestation en nature pouvant être considérée comme du même ordre que la contribution personnelle, c'est, de même que celle-ci, au lieu du principal établissement qu'elle est due.

Le conseil d'État avait d'abord admis l'interprétation donnée par le ministre; c'est ce qui résulte de l'ordonnance royale du 19 mars 1845 (*Lecomte*), ainsi conçue :

Vu la loi du 21 mai 1836;
En ce qui touche la prestation en nature à laquelle le sieur Lecomte a été imposé pour sa personne au rôle de la commune de Tournon; considérant que le sieur Lecomte a son principal établissement dans la commune de Condé; que dès lors, c'est à tort qu'il a été maintenu pour sa personne au rôle de la commune de Tournon pour trois journées de prestation en nature.

Il avait été statué dans le même sens par une autre ordonnance royale en date du 14 juin 1845 (*Pringet*).

322. Depuis, le conseil d'État a modifié sa jurisprudence sur ce point, au moins à l'égard des propriétaires ayant leur principal établissement dans une ville où ils ne sont pas imposés à la prestation en nature. Ainsi, un particulier, domicilié à Paris où il demeure habituellement, va passer chaque année trois mois dans une terre qu'il possède; il y avait été imposé à la prestation en nature non-seulement pour les hommes et les choses attachés, d'une manière permanente, à l'exploitation de son domaine, mais encore pour sa personne et pour les domestiques qui le suivent. Le conseil de préfecture a maintenu la cote, et le conseil d'Etat a rejeté le pourvoi; l'arrêté du gouvernement, en date du 29 avril 1848 (*Porriquet*), est ainsi conçu :

Vu la loi du 21 mai 1836 ;
. . . .
Considérant qu'il résulte de l'instruction que le sieur Porriquet a habité, en 1846, la commune de Montigny-sur-Avre, et qu'il y est porté au rôle des contributions directes; qu'il résulte également de l'instruction que les quatre serviteurs à raison desquels ledit sieur Porriquet a été imposé résident avec lui dans la commune, et que la voiture suspendue et les deux chevaux pour lesquels il réclame la décharge sont à son service dans ladite commune ; que, dès lors, c'est avec raison que le conseil de préfecture a maintenu le sieur Porriquet au rôle des prestations en nature pour sa personne, ainsi que pour les quatre serviteurs, la voiture attelée et les deux chevaux qui font l'objet de sa réclamation.

Un second arrêté, à la même date (*Adam*), prononce dans le même sens. Il a été statué de même, par une décision du conseil d'Etat, section du contentieux, en date du 28 juillet 1849 (*veuve Chabouillé-Saint-Phar*).

II. — Inscription au rôle des contributions directes.

323. L'inscription au rôle des contributions directes est l'une des conditions voulues par l'article 3 de la loi du 21 mai 1836, pour qu'un particulier puisse être imposé à la prestation en nature. Il s'ensuit qu'on ne peut imposer nominativement celui qui n'est pas inscrit sur ce rôle.

C'est ce qu'a rappelé le conseil d'Etat, dans un décret du 19 novembre 1852 (*Nadal*), ainsi conçu :

Vu la loi du 21 mai 1836;
Considérant qu'aux termes de l'article 3 de la loi du 21 mai 1836, la contribution des prestations en nature ne peut être exigée que des habitants portés au rôle des contributions directes;
Considérant qu'il résulte de l'instruction que le sieur Nadal n'a point été porté, pour l'année 1851, au rôle des contributions de la commune d'Aix; que, dès lors, c'est à tort que le conseil de préfecture des Bouches-du-Rhône a maintenu le sieur Nadal, pour ladite année, au rôle des prestations en nature de ladite commune.

324. On comprend que cette décision n'est applicable qu'aux particuliers qui auraient été portés au rôle de la prestation nominativement et pour leur compte, et qu'elle ne l'est pas aux personnes qui seraient comprises, collectivement, dans la cote d'un chef de famille, comme membres ou serviteurs de la famille. Pour ceux-ci en en effet, l'inscription au rôle de la contribution directe n'est plus un préalable nécessaire, ainsi que l'a positivement déclaré une ordonnance du 13 février 1840 (*de Saint-Oyant*) que l'on verra plus bas, n° 326.

III. — Membres ou serviteurs de la famille.

325. L'article 3 de la loi 28 juillet 1824 astreignait le chef de famille à payer la prestation en nature *pour chacun de ses fils* résidant avec lui ; la loi de 1836 a remplacé ces mots par ceux *de membres de sa famille*, ce qui permet d'atteindre les parents du contribuable, à quelque degré que ce soit. Il faut, cependant, qu'ils résident avec le chef de famille, sans quoi ils ne pourraient être compris dans sa cote.

C'est ce qu'avait dit le ministre de l'intérieur dans son instruction du 24 juin 1836, et cette interprétation a été confirmée par une ordonnance du 26 novembre 1839 (*Dufour*), ainsi conçue :

Vu l'article 5 de la loi du 21 mai 1836 ; considérant qu'aux termes de l'article susvisé de la loi du 21 mai 1836, les chefs de famille ne sont assujettis à fournir de prestation que pour les membres de la famille résidant dans la commune ; qu'il résulte de l'instruction que le sieur Dufour fils, dans le cours de l'année 1838, était étudiant à la Faculté de droit de Paris et ne résidait pas dans la commune de la Souterraine ; que, dès lors, c'est à tort que le sieur Dufour père a été imposé pour son fils au rôle des prestations de ladite commune.

Il a été prononcé dans le même sens par un arrêté du gouvernement en date du 15 mai 1848 (*Collardeau*).

326. De ce que les membres de la famille ne sont pas imposés nominativement au rôle de la prestation en nature, mais sont seulement compris, en nombre, dans la cote du chef de famille, il résulte que, pour qu'ils y soient compris, il n'est pas nécessaire qu'ils figurent au rôle des contributions directes : cette condition prescrite par le paragraphe 1er de l'article 3 de la loi du 21 mai 1836 ne s'applique qu'au chef de famille ou d'établissement. C'est qu'en effet, ce n'est pas aux membres de la famille que la prestation est demandée ; mais bien au chef de la famille, à cause d'eux. Cette règle a été rappelée par l'ordonnance du 13 février 1840 (*de Saint-Oyant*), ainsi conçue :

Vu la loi du 21 mai 1836 ; considérant que l'article 5 de la loi du 21 mai 1836 appelle le chef d'un établissement porté au rôle des contributions directes à fournir chaque année une prestation de trois jours pour sa personne et pour chaque individu membre ou serviteur de la famille et résidant dans la commune, mais que ladite loi n'exige pas que les membres ou serviteurs de la famille figurent eux-mêmes au rôle des contributions directes, pour être soumis à la prestation.

327. Mais alors même que des membres ou serviteurs de la famille seraient inscrits pour leur compte au rôle des contributions directes, ils n'en devraient pas moins être compris dans la cote de prestation en nature imposée au nom du chef de la famille. En effet, leur inscription nominative au rôle des contributions directes ne change pas leur situation, et ils n'en restent pas moins membres de la famille.

C'est ce qui a été décidé par un décret du 3 juin 1852 (*Bucquet*), ainsi conçu :

Vu les lois des 21 juillet 1824 et 28 mai 1836 ;

. . . .

Considérant qu'il résulte de l'instruction que si les deux fils du sieur Bucquet sont imposés en leur nom au rôle de la contribution personnelle pour 1851, ils ont continué de demeurer chez leur père et d'exploiter avec lui son établissement agricole dans la commune d'Aire ; que, dans ces circonstances, ils ont pu être considérés comme membres de la famille ; que, dès lors, c'est avec raison que le conseil de préfecture du Pas-de-Calais a maintenu au nom du sieur Bucquet père les prestations auxquelles il avait été imposé, pour ses deux fils, au rôle des prestations de la commune d'Aire pour l'année 1851.

328. Le parent d'un propriétaire, travaillant pour lui au mois, doit, s'il habite la maison de ce dernier, être considéré comme membre de la famille, dans le sens de la loi, et être imposé en conséquence à la prestation en nature pour le compte de ce propriétaire.

C'est ce qui est décidé par un décret du 23 avril 1852 (*Vairetti*), ainsi conçu :

Vu la loi du 21 mai 1836 ;

. . . .

Considérant qu'il résulte de l'instruction, et qu'il est reconnu par le sieur Vairetti lui-même, que son neveu, pour lequel il a été imposé, en 1851, à la prestation en nature dans la commune de Tôtes, demeurait avec lui dans ladite commune et travaillait au mois chez le requérant ; qu'ainsi c'est avec raison qu'il a été considéré comme membre de la famille dudit requérant.

329. Des explications ont également été données par le ministre de l'intérieur, dans son instruction du 24 juin 1836, sur le mot *serviteurs* substitué, par la loi du 21 mai 1836, à celui de *domestiques* dont s'était servi la loi du 28 juillet 1824. Le ministre fait remarquer que le mot de *serviteur* a une signification moins restreinte, et qu'il embrasse tout individu recevant du chef de famille un salaire annuel et permanent. Il ajoute que les ouvriers, laboureurs ou artisans, travaillant à la journée ou à la tâche ne sont pas compris dans la catégorie des serviteurs, et cette distinction a été admise, d'une manière plus large même, par une ordonnance du 27 août 1840 (*Barsalon*), qui décide que des employés, chefs d'atelier et maitres-ouvriers attachés à un établissement de forges, ne peuvent être considérés comme membres ou serviteurs de la famille.

Cette ordonnance est ainsi conçue :

Considérant que les individus attachés à l'établissement du sieur Barsalon, et pour lesquels il a été porté au rôle de la prestation en nature, ne peuvent être considérés comme membres ou serviteurs de la famille, et que, dès lors, il n'y avait lieu à l'application du paragraphe 1er de l'article 3 de la loi du 21 mai 1836.

Il a été prononcé dans le même sens par une ordonnance du 17 février 1848 (*Petit-Guyot*).

330. La même règle s'applique aux ouvriers ruraux qui louent leurs services temporairement et à la tâche, bien qu'ils logent dans la ferme où ils travaillent. Ils n'ont pas, en effet, cette position fixe qui forme l'un des caractères du service domestique.

C'est ce qui résulte d'un décret du 23 avril 1852 (*commune de Barsac c. Roustaing*), ainsi conçu :

Vu la loi du 21 mai 1836 ;
Considérant qu'il résulte de l'instruction que les conditions de l'engagement contracté par les ouvriers prix-faiteurs que le sieur Roustaing emploie à la culture de ses vignes ne permettent pas de les ranger au nombre des serviteurs de la famille, en raison desquels, aux termes de la loi, le chef de la famille doit être inscrit au rôle des prestations.

331. Mais lorsqu'un ouvrier, même payé à la journée, reçoit de celui qui l'emploie, outre un salaire quotidien, le logement, la nourriture et le blanchissage, il doit être considéré comme serviteur de la famille, dans le sens de l'article 3 de la loi du 21 mai 1836, et, par suite, être compris dans la cote de prestation du chef de famille.

C'est ce qu'a décidé un décret du 24 juillet 1852 (*Fumey*), ainsi conçu :

Vu la loi du 21 mai 1836, article 3 ;
Considérant qu'aux termes du paragraphe 1er de l'article 3 de la loi du 21 mai 1836, tout chef de famille ou d'établissement est assujetti à la prestation pour tous les

individus, membres ou serviteurs de sa famille; qu'il résulte de l'instruction que l'individu à raison duquel le requérant a été porté, pour 1850, au rôle des prestations de la commune des Planches-en-Montagne, recevant chez le sieur Fumey, en 1850, outre son salaire, le logement, la nourriture, le blanchissage et le chauffage, a dû être considéré, pendant ladite année, comme serviteur de la famille; qu'ainsi c'est avec raison que ledit individu a été compris dans la cote du requérant.

IV.—Validité.

332. La validité est également une condition de l'imposition à la prestation en nature, et c'est là une conséquence logique du principe même de la loi, qui, en admettant que la prestation peut être acquittée en nature ou en argent, veut évidemment que l'option puisse avoir lieu effectivement; or, l'option ne serait pas possible, pour un individu invalide.

Nous ajouterons que comme cette cause d'exemption n'est pas toujours apparente, celui qui veut s'en prévaloir doit justifier qu'il est hors d'état de remplir ses obligations. C'est ce qui résulte d'une ordonnance rendue sur le pourvoi d'un ancien militaire qui prétendait être exempt de la prestation en nature par ce seul fait qu'il avait été réformé du service militaire pour infirmités. Bien que cette ordonnance soit du 1er août 1834 (*Thomas*), elle est applicable sous l'empire de la loi du 21 mai 1836; elle est ainsi conçue :

Vu la loi du 28 juillet 1824; considérant que le sieur Thomas *ne justifie pas de l'impossibilité où il prétend être* de satisfaire aux obligations qui lui sont imposées en vertu de l'article 3 de la loi du 28 juillet 1824, ci-dessus visé;—Art. 1er. La requête du sieur Thomas est rejetée.

V.—Age.

L'article 3 de la loi du 28 juillet 1824 avait fixé à vingt ans l'âge auquel les citoyens pouvaient être appelés à concourir aux travaux de prestation; il n'avait rien dit sur l'âge auquel ils cesseraient d'y être soumis.

L'article 3 de la loi du 21 mai 1836 abaissa la première époque à dix-huit ans et fixa à soixante ans l'âge de l'exemption.

La constatation de l'âge des contribuables est un point de fait qui n'est pas susceptible de discussion; aucune difficulté n'a donc appelé, sur ce point, l'intervention de l'autorité supérieure.

VI.—Exemptions.

333. Après avoir indiqué quelles sont les bases de l'imposition de la prestation en nature, quant aux journées d'hommes, nous avons à nous occuper de différentes causes d'exemption, qui ne résultent pas des termes même de la loi, mais qui ont été admises par des décisions interprétatives, ainsi que des cas à l'égard desquels les demandes ont été repoussées, comme non fondées en droit.

334. L'état d'indigence a été constamment considéré comme une cause d'exemption de la prestation en nature. Cette exemption résulte implicitement des termes de l'article 3 de la loi du 21 mai 1836 qui pose, comme condition de l'imposition à la prestation en nature, l'inscription au rôle des contributions directes. Or, aux termes de l'article 12 de la loi du 21 avril 1832, les indigents ne sont pas portés sur les rôles : ils ne peuvent, par conséquent, figurer sur ceux de la prestation en nature.

335. Des ecclésiastiques avaient, dès la première application de la loi, réclamé l'exemption de la prestation en nature, en se fondant sur le peu de convenance qu'il y aurait à ce qu'ils fussent ainsi astreints à un travail manuel. Consulté sur cette réclamation, le ministre de l'intérieur avait répondu :

Que la loi du 21 mai 1836 n'a établi, pour l'assiette de la prestation en nature, d'autres exemptions que celles résultant de l'âge ou de l'invalidité ; que quels que soient les motifs de convenance qui peuvent faire désirer que les ecclésiastiques soient exemptés de cet impôt, cette exemption ne peut évidemment pas être réclamée comme un droit ; que, toutefois, partout où les commissions de répartition jugeront convenable d'affranchir les ecclésiastiques de la prestation en nature, l'administration n'aura, ce semble, aucun motif pour s'opposer à cette dispense.

Des pourvois ayant été portés, depuis, au conseil d'Etat, contre des décisions de conseils de préfecture qui avaient refusé l'exemption réclamée, le conseil d'Etat a maintenu ces décisions toutes les fois qu'il résultait de l'instruction que les réclamants se trouvaient dans les conditions qui rendent passible de la prestation en nature, et qu'ils ne réclamaient l'exemption qu'en se fondant sur leur qualité d'ecclésiastiques. Ainsi, une ordonnance du 1er juillet 1840 (*l'abbé Vial*) porte :

Vu la loi du 21 mai 1836, sur les chemins vicinaux ; considérant qu'il résulte de l'instruction que le sieur Vial habite la commune de Dié, où il est porté au rôle des contributions directes, et qu'il ne se trouve dans aucun des cas d'exemption prévus par la loi du 21 mai 1836.—Art. 1er. La requête du sieur Vial est rejetée.

Il a été prononcé de même, par d'autres ordonnances des 31 décembre 1841 (*Delpy*), 2 juin 1843 (*Guernier*), 3 décembre 1846 (*Roumelle*), par l'arrêté du gouvernement du 15 mai 1848 (*Daumer*) et par une décision du conseil d'Etat, section du contentieux, du 28 décembre 1850 (*Puppinck*).

336. Des facteurs ruraux avaient réclamé l'exemption de la prestation en nature, pour cause de service public. Il a été statué sur cette prétention, par ordonnance du 16 mars 1842 (*Lucas et consorts*) ainsi conçue :

Vu la loi du 21 mai 1836 ; considérant que, aux termes de l'article 3 de la loi du 21 mai 1836, tout habitant d'une commune porté au rôle des contributions directes est appelé à fournir une prestation en nature pour réparations aux chemins vicinaux ; considérant qu'il n'est pas contesté que les réclamants soient portés au rôle des contributions directes, et que les facteurs ruraux ne se trouvent dans aucun des cas d'exemption prévus par la loi ; que, dès lors, c'est avec raison que, par l'arrêté attaqué, les requérants ont été maintenus au rôle des prestations en nature pour l'entretien des chemins vicinaux de la commune de Premery.

Il a été prononcé de même, à l'égard d'un facteur rural, par une ordonnance du 5 juin 1845 (*Tomasini*) et à l'égard d'un garde forestier, par celle du 7 décembre 1843 (*Scheiyer*).

337. Il n'était pas nécessaire que la loi du 21 mai 1836 prononçât explicitement l'exemption de la prestation en nature en faveur des militaires en activité de service ; cette exemption résulte de leur situation même.

Il est à remarquer, cependant, que l'exemption, pour cause de service militaire, ne s'applique pas aux officiers d'état-major ayant une résidence fixe, et qui sont, par suite, portés au rôle de la contribution personnelle et mobilière. C'est ce qui a été décidé par l'ordonnance du 18 juillet 1838 (*Courtois*) ainsi conçue.

> Vu les lois des 21 avril 1832 et 21 mai 1836; considérant que, par application de l'article 14 de la loi du 21 avril 1832, le sieur Courtois, commandant de la place le fort Barraux, a été porté au rôle de la contribution personnelle et mobilière de la commune de Barraux; considérant que les taxes communales sont établies par voie de centimes additionnels au principal des contributions directes; considérant que, par l'article 3 de la loi du 21 mai 1836, tout habitant d'une commune porté aux rôles des contributions directes est appelé à fournir une prestation en nature pour réparation des chemins vicinaux; que, dès lors, c'est avec raison que le sieur Courtois a été maintenu aux rôles des impositions communales et des prestations en nature, par suite de sa cotisation à la contribution personnelle et mobilière.

Il a été statué de même sur le pourvoi d'un officier général en non-activité par ordonnance du 18 février 1839 (*comte de Vénevelles*).

Les officiers attachés aux dépôts de recrutement étaient, sous l'empire de l'ordonnance du 1er janvier 1836, placés aussi, sans distinction de grade, dans la catégorie des officiers sans troupes, et par suite, imposables à la prestation en nature; mais leur position a été successivement modifiée par les ordonnances des 13 mars et 15 décembre 1841.

De la combinaison de ces deux ordonnances, il résulte que les officiers supérieurs employés au service du recrutement doivent continuer à être considérés comme *officiers sans troupes*, et par conséquent être imposés à la prestation en nature, mais que les officiers du grade de capitaine et au-dessous ne sont plus dans cette catégorie et ne doivent plus être imposés à la prestation en nature.

C'est ce qui a été déclaré par l'ordonnance royale du 18 avril 1845 (*Morlet*), ainsi conçue :

> Vu les lois des 26 mars 1831, 21 avril 1832 et 21 mai 1836; vu nos ordonnances des 1er janvier 1836, 13 mars et 15 décembre 1841;
> Considérant qu'aux termes de nos ordonnances des 13 mars et 15 décembre 1841, les officiers employés au recrutement, autres que les officiers supérieurs, ne cessent pas de compter à leur corps, et n'en sont que temporairement détachés;
> Considérant que le sieur Morlet, capitaine commandant le dépôt de recrutement, détaché temporairement de son régiment, ne peut être considéré comme habitant, dans le sens de l'article 3 de la loi du 21 mai 1836; que, dès lors, c'est à tort que le conseil de préfecture de la Vendée a maintenu ledit sieur Morlet au rôle des prestations de la commune de Napoléon-Vendée pour l'exercice 1843.

§ 7. — *Assiette des journées d'animaux et de voitures.*

I.—Lieu où elles doivent être imposées.

338. Aux termes du 3e § de l'article 3 de la loi du 21 mai 1836, la prestation en nature est due pour les bêtes de somme, de trait, de selle et pour les charrettes ou voitures attelées, au service de la famille ou de l'établissement *dans la commune*.

De ces derniers mots, il résulte que l'imposition, pour les animaux et voitures, doit être assise dans la commune où se trouve l'établissement ou l'exploitation, sans égard au domicile du propriétaire, c'est-à-dire que si le propriétaire de ces objets n'habite pas la commune où est situé l'établissement auquel ils sont attachés, c'est, néanmoins, dans cette commune, et non dans celle de la résidence du propriétaire, que la prestation en nature est due.

C'est ce qui avait déjà été décidé, sous l'empire de la loi du 28 juillet 1824, par une ordonnance du 17 août 1836 (*Lafontan*), ainsi conçue :

Vu la loi du 28 juillet 1824;
Considérant que la cotisation dont le dégrèvement est réclamé a été fixée uniquement en raison du nombre des domestiques, animaux et charrettes qui étaient employés à l'exploitation du domaine de Mesle pendant l'année 1835; que, dès lors, *encore bien que la demoiselle Dorniac n'ait pas habité la commune de Tauriac pendant le cours de ladite année*, elle était, suivant l'article 5 de la loi susvisée, passible de ladite cotisation, comme propriétaire dudit domaine dont l'exploitation était faite en son nom et à son profit.

Une seconde ordonnance, du 11 juin 1838 (*Dotezac frères*), rendue sous l'empire de la loi du 21 mai 1836, a prononcé dans le même sens; elle est ainsi conçue :

Considérant que, aux termes de la loi du 21 mai 1836, tout chef d'établissement doit la prestation en nature pour chaque individu attaché à l'exploitation de l'établissement et résidant dans la commune, aussi bien que pour les voitures et chevaux qui en dépendent; qu'il résulte de l'instruction que les sieurs Dotezac (ils résident à Bordeaux) possèdent dans la commune de Bayonne un établissement de messageries dirigé par un préposé résidant dans la commune, et auquel sont attachés deux postillons, dix chevaux et deux voitures; que, dès lors, c'est avec raison qu'ils ont été imposés au rôle des prestations en nature dans la commune de Bayonne pour lesdites personnes, chevaux et voitures.

Le même principe a été confirmé par une troisième ordonnance du 21 août 1838 (*Ramel*) ainsi conçue :

Considérant qu'il résulte de l'instruction que le requérant a un établissement dans la commune de Grisolles (où il ne résidait pas); qu'ainsi, c'est avec raison qu'il a été porté au rôle des prestations en nature de ladite commune.

339. Un autre cas encore était à considérer; c'est celui où le propriétaire de plusieurs domaines, situés dans différentes communes, exploite ces domaines, non pas au moyen d'attelages placés d'une manière permanente sur chacun d'eux, mais en faisant passer ces attelages successivement, d'un domaine à l'autre. Le ministre de l'intérieur explique, dans son instruction du 21 juin 1836, que c'est alors au lieu du principal établissement du propriétaire, que ces attelages doivent être portés au rôle de la prestation en nature.
Cette interprétation a été confirmée par une ordonnance du 21 juillet 1839 (*Adam*), ainsi conçue :

Vu la loi du 21 mai 1836; considérant qu'il résulte de l'instruction qu'au 1er janvier 1838 l'établissement du sieur Adam était situé dans la commune de Vignol; qu'à partir de la même époque, le sieur Adam n'avait plus en permanence dans la commune de Flez-Curzy qu'un seul domestique; qu'ainsi c'est à tort qu'il a été imposé au rôle des prestations de la commune de Flez-Curzy, pour 1838, à raison de seize bœufs et quatre voitures.

Une décision semblable a été portée par l'ordonnance du 9 janvier 1843 (*Lambert*).
Le même principe s'applique au cas où il s'agit de chevaux détachés accidentellement de l'établissement principal et placés dans une autre commune pour un service temporaire, comme celui d'un relais; la prestation n'est pas due dans cette dernière commune.

C'est ce que le conseil d'Etat a décidé dans l'arrêté du gouvernement du 22 avril 1848 (*Morin-Arnoul*), ainsi conçu, sur ce chef :

Vu la loi du 21 mai 1836;

Au fond : — Considérant que les chevaux pour lesquels le sieur Morin-Arnoul, maître de poste, a été imposé au rôle des prestations de la commune de Mormant, sont accidentellement détachés de son établissement de Nogent-sur-Seine, pour le service exclusif de Nogent à Mormant ; que, dans cette dernière commune, ils sont reçus dans une auberge, et que le sieur Morin-Arnoul n'y possède aucune habitation et ne s'y livre à aucune exploitation ; que, dans ces circonstances, la station desdits chevaux ne constitue pas un établissement qui donne lieu à l'application de l'article 3 de la loi du 21 mai 1836 ; que, dès lors, c'est à tort que le conseil de préfecture de Seine-et-Marne l'a maintenu, pour l'année 1845, au rôle des prestations en nature de ladite commune.

Il a été prononcé, dans le même sens, par un décret du 9 avril 1849 (*Jarre*).

Ce principe avait également été appliqué par un arrêté du 29 avril 1848 (*Chatelet*), à l'occasion de voitures et de chevaux momentanément détachés d'un établissement, pour le service d'une usine située dans une autre commune.

340. Enfin, lorsqu'un établissement agricole est divisé par la ligne séparative de deux communes, c'est-à-dire lorsqu'il se compose de terres situées sur deux communes, celui qui exploite ce domaine ne doit pas être imposé à la prestation dans les deux communes, mais seulement dans celle où est situé le corps de ferme. C'est qu'en effet, la prestation en nature n'est pas une imposition assise sur la propriété foncière; elle frappe le chef de famille, pour sa personne, pour celles des membres de sa famille, et pour les animaux et voitures servant à l'exploitation de l'établissement.

C'est ce que le conseil d'Etat a rappelé dans une ordonnance du 3 janvier 1848 (*Brianchon*), ainsi conçue :

Vu la loi du 21 mai 1836;

Considérant que le sieur Brianchon, fermier du domaine dit le *Mont-des-Fourches*, a été imposé à la prestation en nature dans la commune de Beaussault et dans celle de Nesles-Hodeny ;

Considérant qu'il résulte de l'instruction que le sieur Brianchon ne possède qu'un seul établissement, et que la plus grande partie de cet établissement est située dans la commune de Nesles-Hodeny ; que dès lors, c'est à tort que le conseil de préfecture de la Seine-Inférieure a accordé au sieur Brianchon décharge de la prestation à laquelle il avait été imposé dans cette dernière commune, et l'a maintenu sur les rôles de prestation de la commune de Beaussault.

ıı. — Epoque de la possession des objets imposables.

341. Nous avons vu, plus haut, n° 320, comment ont été résolues les difficultés qui s'étaient présentées relativement à l'époque de résidence qui doit servir de base à l'imposition des journées d'hommes.

Une question analogue s'est élevée, en ce qui concerne l'époque de la possession des animaux et voitures attachés à l'établissement.

Une première ordonnance en date du 25 janvier 1839 (*Youf-Larible*), avait décidé que la prestation était due, non pas pour les objets possédés au moment de la rédaction du rôle, mais seulement pour ceux possédés au 1ᵉʳ janvier de l'année à laquelle se rapporte le rôle. Cette ordonnance est ainsi conçue :

Vu la loi du 21 mai 1836; considérant qu'il résulte de l'instruction qu'au 1ᵉʳ janvier 1837 le sieur Youf-Larible n'avait plus ni cheval ni domestique; qu'à partir de la même époque il a cessé d'avoir une charrette attelée; qu'ainsi c'est à tort qu'il a été imposé au rôle des prestations de la commune de Saint-Loup-Hors, pour 1837, à raison d'un cheval, d'une voiture et d'un domestique.

Une ordonnance postérieure, du 30 décembre 1841 (*Delpy*), a décidé, au contraire, que la prestation est due, pour ce qui est possédé au moment de la confection du rôle; elle est ainsi conçue :

Considérant toutefois qu'il résulte de l'instruction que le requérant ne possédait pas de cheval *au moment de la confection dudit rôle*. — Article 2. Il est accordé au sieur Delpy décharge de la somme de 2 francs à laquelle il a été imposé audit rôle, à raison de deux journées de cheval.

Enfin, le conseil d'Etat, revenant depuis à son premier système, a décidé que la prestation est due pour les animaux possédés au 1ᵉʳ janvier de l'année à laquelle s'applique le rôle, bien qu'ils aient été vendus depuis.

C'est ce qui résulte d'un arrêté du Gouvernement, en date du 15 mai 1848 (*Robert*), ainsi conçu :

Vu la loi du 21 mai 1836 ;
Considérant qu'il résulte de l'instruction que le sieur Robert possédait, au 1ᵉʳ janvier 1846, le cheval et la voiture à raison desquels il a été porté au rôle des prestations en nature de la commune de Sommeron pour l'exercice 1846 ;
Art. 1ᵉʳ. La requête du sieur Robert est rejetée.

Il a été prononcé de même, par un décret du 23 avril 1852 (*Villemin*).

iii. — Charrettes et voitures.

342. Une différence de rédaction assez notable existe entre la loi du 28 juillet 1824 et celle du 21 mai 1836, relativement aux véhicules qui peuvent donner lieu à l'imposition de la prestation en nature.

La première avait dit que la prestation était due par le chef de famille ou d'établissement, pour *chaque charrette en sa possession* ; la seconde a employé les mots *charrettes ou voitures* ATTELÉES.

En ajoutant au texte primitif le mot *voitures*, le législateur a eu pour bnt de permettre d'imposer les véhicules servant au transport des personnes, et cela était parfaitement juste. Il est bien vrai que ces voitures ne pourraient pas servir au transport de matériaux, mais les propriétaires ont la faculté d'acquitter en argent cette partie de leur cote; aussi, une contestation de cette nature ayant été portée devant le conseil d'Etat, il a été statué conformément à l'opinion que nous venons d'énoncer, par une ordonnance royale du 20 février 1846 (*de Saint-Maurice*), ainsi conçue :

Vu la loi du 28 juillet 1824 et celle du 21 mai 1836 ;
Considérant qu'aux termes de l'article 3 de la loi du 21 mai 1836, tout habitant, chef de famille ou d'établissement porté au rôle des contributions directes, peut

être appelé à fournir chaque année une prestation de trois jours pour chacune des charrettes ou voitures attelées, au service de la famille ou de l'établissement dans la commune; qu'il résulte de l'instruction que des quatre chevaux que le sieur de Saint-Maurice possède dans la commune de Saint Xandre, trois seulement sont attelés à sa charrette, et que le quatrième sert au cabriolet: qu'ainsi c'est avec raison que le conseil de préfecture de la Charente-Inférieure a considéré ledit cabriolet comme une voiture attelée.

343. Quant à l'addition du mot *attelées*, elle a eu pour but, et avec raison, de restreindre l'application de la loi aux seules voitures réellement employées par leur propriétaire. Cette interprétation a été confirmée par une ordonnance du 22 avril 1842 (*Ferrand de la Comté*), de laquelle ressort ce principe, que, pour que des charrettes ou voitures puissent être considérées comme *attelées*, il faut que le propriétaire possède, d'une manière permanente, le nombre d'animaux nécessaires pour qu'elles puissent être utilisées. Ainsi, par exemple, si un particulier avait deux charrettes qui ne pussent être employées qu'avec trois chevaux, chacune, et qu'il ne possédât que trois chevaux, une seule des charrettes pourrait être considérée comme *attelée*.

Cette ordonnance est ainsi conçue :

Vu la loi du 21 mai 1836 ; considérant qu'il résulte de l'instruction que le sieur Ferrand de la Comté possède un nombre de chevaux suffisant pour atteler simultanément ses trois charrettes ou voitures; qu'ainsi c'est avec raison que le sieur Ferrand de la Comté a été imposé au rôle des prestations de la commune de Lison pour trois voitures ou charrettes attelées.

Il a été statué dans le même sens, par une ordonnance du 22 juin 1845 (*Hesse*), relative à un particulier qui n'utilisait la voiture qu'il possédait, qu'au moyen de chevaux de louage. Une décision semblable a été rendue par un décret du 23 avril 1852 (*Epailly*).

344. Nous devons faire remarquer ici, qu'on ne peut imposer un contribuable à la prestation en nature, que pour l'espèce de moyens d'exploitation qu'il possède réellement, et qu'on ne pourrait, par exemple, l'obliger à remplacer des journées de charrettes par des journées de cheval. C'est ce qui résulte, implicitement, au moins, d'une ordonnance du 14 décembre 1837 (*Davoust de la Touche*), ainsi conçue :

Vu la requête du sieur Davoust de la Touche, tendante à ce qu'il nous plaise annuler un arrêté du conseil de préfecture du département de la Loire Inférieure, du 24 juin 1836, qui, sur une réclamation par lui formée aux fins d'obtenir décharge de deux journées de charrettes auxquelles il avait été imposé pour l'année 1836 au rôle des prestations en nature de la commune d'Ancenis, l'a condamné à deux journées de cheval ; vu le certificat émané des mêmes fonctionnaires par lequel ils attestent que le sieur Davoust de la Touche n'a jamais eu en sa possession, dans la commune d'Ancenis, ni cheval de trait, ni cheval de luxe ; vu la loi du 28 juillet 1824 ; vu la loi du 21 mai 1836 ; considérant qu'il résulte de l'instruction que le sieur Davoust ne possède pas de cheval dans la commune d'Ancenis ; que, dès lors, c'est à tort que le conseil de préfecture l'a imposé, au rôle des prestations en nature de ladite commune, à deux journées de cheval.

IV. — Exceptions.

345. De même que certains cas d'exemption ont été admis, comme nous l'avons vu, n° 332, relativement aux journées d'hommes, des cas d'exceptions devaient également se présenter dans l'assiette des journées d'animaux. Ainsi, le ministre de l'intérieur a fait remarquer, dans son instruction du 24 juin 1836, que, pour que les bêtes de trait, de somme ou de selle soient imposables, il faut qu'elles servent à leur propriétaire, pour son usage personnel, ou pour celui de sa famille ou de son établissement ; que si, au contraire, ces animaux sont un objet de commerce, s'ils sont destinés à la reproduction ou à la consommation, si enfin leur âge ne permet pas de les employer au travail, ils ne peuvent donner lieu à l'imposition de la prestation.

346. Relativement aux animaux destinés à la reproduction, une ordonnance du 24 janvier 1845 (*Frigard*) a prononcé ainsi qu'il suit :

Vu la loi du 21 mai 1836, article 3 ;
Considérant qu'il résulte de l'instruction que la jument à raison de laquelle le sieur Frigard a été imposé à la prestation en nature dans la commune de Vraiville, pour l'exercice 1841, est une jument poulinière non destinée au service de la famille ou de l'établissement ; d'où il suit que c'est à tort que le conseil de préfecture de l'Eure a maintenu le requérant à la taxe de prestation en nature à laquelle il avait été assujetti à raison de ladite jument.

Il a été prononcé dans le même sens par un arrêté du Gouvernement en date du 22 juin 1848 (*Velliaud*).

347. Si cependant les animaux servent à la fois au travail et à la reproduction, ils sont imposables. C'est ce qui a été prononcé par l'ordonnance du 9 juin 1842 (*Bourru*), ainsi conçue :

Vu la requête à nous présentée par le sieur Bourru, tendante à obtenir l'annulation de l'arrêté du conseil de préfecture du Gers, en date du 14 mai 1841, qui a rejeté sa demande ayant pour objet de faire dispenser de la prestation en nature pour les chemins vicinaux une jument qui sert à la fois à la reproduction et à la selle ; vu la loi du 21 mai 1836, article 3, paragraphe 2 ; considérant que, aux termes du paragraphe 2 de l'article 3 de la loi du 21 mai 1836, la prestation est due pour chacune des bêtes de somme, de trait, de selle, au service de la famille ou de l'établissement dans la commune ; considérant qu'il résulte de l'instruction que le sieur Bourru emploie comme bête de selle la jument qu'il possède dans la commune d'Aubut ; que, dès lors, la disposition de la loi ci-dessus visée lui est applicable.

Il a été statué de même, par une décision du conseil d'Etat, section du contentieux, en date du 25 janvier 1851 (*Cottrin*).

348. Quant aux animaux trop jeunes pour être encore employés au travail, l'exception a été admise par une ordonnance royale en date du 10 janvier 1845 (*Séron*), ainsi conçue, sur ce chef :

Vu la loi du 21 mai 1836, article 3 ;
. . . .
Considérant qu'il résulte de l'instruction que le sieur Séron n'avait, pendant l'exercice 1843, pour le service de sa famille ou pour son établissement, que deux chevaux, et que le troisième cheval, pour lequel il a été imposé, était un élève non employé, pendant cet exercice, au service de sa famille ou de son établissement ; d'où il suit que c'est à tort que le conseil de préfecture du Calvados l'a maintenu au rôle des prestations en nature de la commune de Pertheville, pour l'exercice 1843, à raison de trois chevaux.

Il a été prononcé de même, par une décision du conseil d'Etat, section du contentieux, en date du 26 juillet 1851 (*Théobon*).

349. Mais, lorsque des animaux, quoique jeunes, sont cependant appliqués au travail, il n'y a plus à leur appliquer le motif d'exception tiré de leur âge.

C'est ce que le conseil d'Etat, section du contentieux, a prononcé par une décision du 28 décembre 1850 (*Deplanque*), ainsi conçue :

Vu la loi du 21 mai 1836 ;
Considérant qu'il résulte de l'instruction, et que le sieur Deplanque reconnaît lui-même, que les trois chevaux qu'il prétend avoir été indûment imposés en 1849, dans la commune de Gouy, sont employés au service de son exploitation, bien qu'âgés seulement de trente mois ; qu'ainsi c'est avec raison que le conseil de préfecture du Pas-de-Calais a rejeté la demande formée par le requérant en décharge de la cotisation affectée à ces trois chevaux pour l'année 1849.

350. Enfin, les animaux trop âgés pour être employés, doivent, comme ceux qui sont trop jeunes, être exceptés de l'imposition à la prestation en nature ; c'est ce qui résulte d'une décision du conseil d'Etat, section du contentieux, en date du 26 juillet 1851 (*Théobon*), ainsi conçue, sur ce chef :

Vu la loi du 21 mai 1836 ;
Considérant qu'il résulte de l'instruction qu'un des chevaux pour lesquels le sieur Théobon a été imposé au rôle des prestations en nature de la commune de Castres, était, par son âge, hors d'état de servir ;..... d'où il suit que c'est à tort qu'on a rejeté la demande formée par le requérant en décharge de la taxe qui lui avait été assignée à raison dudit cheval..... au rôle des prestations de la commune de Castres, pour l'année 1849.

351. Les chevaux que certaines personnes sont tenues d'avoir en raison du service public dont elles sont chargées, ont paru ne devoir pas donner lieu à l'imposition de la prestation en nature.

Ainsi, pour les chevaux des maîtres de poste, il a été décidé qu'on ne doit imposer que ceux qui excèdent le nombre réglementaire. La même exemption s'étend aux postillons titulaires.

Une première ordonnance, en date du 27 juin 1838 (*Payart*), est ainsi conçue :

Vu la loi du 21 mai 1836 ;
Relativement aux chevaux : considérant que les règlements assujettissent chaque maître de poste à tenir un nombre déterminé de chevaux constamment et exclusivement disponibles pour le service du relais qui n'a lieu que sur la grande route ; que ces chevaux ne pourraient être employés à la prestation en nature sans compromettre ce service public ; que, dès lors, les maîtres de poste ne peuvent être assujettis à la prestation que pour les chevaux qui excèdent le nombre ainsi fixé par l'administration, comme minimum pour être affectés au service du relais ; *relativement aux postillons* . considérant que les postillons titulaires ne peuvent être assimilés aux serviteurs du maître de poste, mais qu'il en est autrement des palefreniers et garçons d'écurie.

Il a été prononcé, dans le même sens, par trois autres ordonnances de la même date, et par celles des 18 juillet 1838 (*Esmein*), 25 janvier 1839 (*Gurgot*), 16 juillet 1840 (*Trépagne*). 29 juillet 1841 (*Butet*), 12 avril 1844 (*Collin*), 18 avril 1845 (*Nabonne*) (*Polet*) et 3 janvier 1848 (*Decrept*).

L'exemption pour cause de service public doit être également appliquée aux chevaux que quelques employés de différentes administrations sont tenus d'avoir.

C'est ce qui a été prononcé par une ordonnance du 6 novembre 1839 (*Wuillaume*), ainsi conçue :

Vu la loi du 21 mai 1836 ;
Considérant qu'il résulte des renseignements transmis par notre ministre des finances, que le sieur Wuillaume, contrôleur des contributions indirectes à Nangis, est obligé, pour son service, d'entretenir un cheval ; que, dès lors, il ne peut être assujetti à la prestation pour ce cheval, qui est employé à un service public.

Il a été statué de même par deux autres ordonnances des 29 janvier 1841 (*Blondeau*) et 8 avril 1842 (*Gromard*).

Une ordonnance royale, du 24 juillet 1845 (*Lefranc*), a appliqué ce principe à un conducteur des ponts et chaussées, *faisant fonctions d'ingénieur ordinaire*.

352. Des entrepreneurs de messageries avaient réclamé l'exemption de la prestation en nature pour les chevaux qu'ils employaient, en se fondant sur ce que leurs entreprises constituaient un service public, mais cette prétention a été repoussée, et elle devait l'être. De semblables entreprises ne sont, en effet, que l'exploitation d'une industrie privée ; elles sont au service du public, mais ne sont pas un service public.

Il avait été prononcé implicitement sur ce point, par une ordonnance du 11 juin 1838 (*Dotezac frères*), que nous avons rapportée ci-dessus, n° 337 ; une seconde ordonnance du 16 juillet 1840 (*Trépagne*) prononce explicitement à cet égard ; elle est ainsi conçue, sur ce chef :

En ce qui touche les chevaux employés au service des diligences :
Considérant qu'aux termes de la loi ci-dessus visée, la prestation est due pour chacune des bêtes de somme, de trait ou de selle, au service de la famille ou de l'établissement dans la commune ; considérant que le sieur Trépagne a, dans la commune de Poix, un établissement pour le transport des voitures publiques, et que la loi précitée ne contient aucune exception pour les chevaux attachés à cet établissement.

Même lorsqu'une entreprise de messageries est chargée du transport des dépêches, elle ne perd pas son caractère d'entreprise particulière, et elle doit être imposée à la prestation en nature pour les chevaux qu'elle emploie. C'est ce qui résulte d'une ordonnance du 13 décembre 1845 (*Opter*), ainsi conçue :

Vu la loi du 21 mai 1836 ;
Considérant que le sieur Opter possède dans la commune de Montmorillon un établissement destiné à l'exploitation de l'entreprise des dépêches et des voyageurs ; que, dès lors, c'est avec raison qu'il a été imposé à la prestation en nature à raison des chevaux employés au service de cet établissement.

§ 8.—*Option.*

353. Aux termes de l'article 4 de la loi du 21 mai 1836, *la prestation pourra être acquittée en nature ou en argent, au gré du contribuable.*

L'article 3 de la loi du 28 juillet 1824 contenait une disposition analogue, mais sans indication de délai pour l'option des contribuables. Ceux-ci pouvaient donc ne déclarer leur option qu'au moment même où ils étaient requis d'effectuer leurs journées de travail, et il en résultait, pour l'organisation des ateliers, une incertitude fâcheuse.

La loi de 1836 a pourvu à cette difficulté en statuant que l'option du contribuable devrait être déclarée *dans les délais prescrits*, et en donnant à cette obligation la sanction pénale que si l'option n'était pas faite dans ces délais, la cote serait, de droit, exigible en argent.

354. Le législateur n'a pas cru devoir fixer lui-même le délai dans lequel l'option devrait avoir lieu ; il a donc délégué à l'administration le droit de le déterminer, et, à cet effet, l'article 21 de la loi charge le préfet de fixer, par un règlement général, *les délais nécessaires à l'exécution de chaque mesure*. Nous avons vu, n° 315, à l'occasion de la rédaction des avertissements, que le ministre de l'intérieur avait indiqué le délai d'un mois comme celui qui devait être fixé pour l'option des contribuables ; c'est, en effet, celui qui a été fixé par tous les règlements généraux des préfets.

355. Passons maintenant à la forme des déclarations d'option, telle qu'elle a été réglée par l'instruction ministérielle du 24 juin 1836.

Le maire reçoit les déclarations et les inscrit sur un registre qu'il clôture à l'expiration du mois et qu'il transmet immédiatement au percepteur receveur municipal. Celui-ci porte la mention des options sur le rôle de prestation, en regard du nom du contribuable. Cette annotation terminée, le comptable transmet au maire 1° un état nominatif des contribuables qui ont déclaré vouloir s'acquitter en nature, indiquant, pour chacun d'eux, le nombre de journées de chaque espèce qui sont dues ; 2° un état présentant le montant des cotes pour lesquelles il y a eu option de s'acquitter en argent. L'envoi de ces états a été prescrit par le ministre, afin que les maires pussent connaître promptement, et d'une manière précise, les ressources dont ils auront à disposer, tant en journées de prestation en nature qu'en argent.

356. Ce ne sont pas les maires seulement qui ont besoin de connaître le nombre des journées de prestation qu'ils ont à faire employer en nature ; ce renseignement est également utile aux préfets, non-seulement pour la surveillance générale qu'ils ont à exercer sur l'emploi de la prestation, mais encore afin qu'ils puissent apprécier, à l'avance, quel nombre et quelles espèces de journées de prestation pourront fournir, pour les chemins vicinaux de grande communication, chacune des communes appelées à concourir aux travaux de ces chemins. Dans un assez grand nombre de départements, les préfets ont donc prescrit aux percepteurs receveurs municipaux de leur adresser un bordereau sommaire, indiquant par commune, le nombre de journées de prestation de chaque espèce, qui, d'après les déclarations d'option, seront acquittées en nature, et le montant de la valeur représentative des cotes qui, soit par option, soit par défaut de déclaration, sont exigibles en argent.

On comprend, du reste, que ce bordereau ne doit pas contenir l'état nominatif des prestataires, comme le relevé fourni aux maires. Ce ne sont, en effet, ni les préfets ni les agents voyers qui convoquent individuellement les prestataires ; il suffit donc que les préfets et les agents voyers connaissent le nombre de journées qui doivent être fournies, afin de disposer, à l'avance, la composition des ateliers.

§ 9.— *Dégrèvements.*

1. — Qualité pour former les demandes.

357. Les demandes en dégrèvement ne peuvent être formées que par les contribuables imposés ou, en leur nom, par un mandataire porteur d'un pouvoir régulier. Le maire d'une commune ne peut, en sa qualité de maire et sans être muni d'un pouvoir spécial, présenter de demandes au nom des contribuables de sa commune.

C'est ce qui a été décidé par un décret du 29 juillet 1852 (*Labari*) ainsi conçu :

Vu les lois des 30 avril 1832, article 29, et 21 mai 1836, article 5 ;

Considérant que, devant le conseil de préfecture, le sieur de Foulque, maire de Lignères, n'a pas justifié qu'il eût un mandat régulier pour réclamer, au nom du sieur Labari, une réduction sur les prestations en nature auxquelles ce contribuable avait été imposé, pour 1851, sur les rôles de ladite commune ; que dès lors, c'est avec raison que l'arrêté attaqué a repoussé sa demande comme n'étant pas régulièrement formée.

II. — Délai des réclamations.

358. La loi du 21 mai 1836 ne contient aucune disposition relative aux formes de la présentation et de l'instruction des demandes en dégrèvement en matière de prestation en nature ; elle a donc, virtuellement, laissé subsister celles établies par l'article 5 de la loi du 28 juillet 1824, portant que *le recouvrement des prestations en nature sera poursuivi comme pour les contributions directes, et que les dégrèvements seront prononcés sans frais.*

359. De la partie de cette disposition qui porte que les dégrèvements seront prononcés *sans frais,* le ministre de l'intérieur a conclu, dans son instruction du 24 juin 1836, que les demandes pouvaient être présentées sur papier libre, et elles sont, en effet, toujours admises dans cette forme.

360. De l'assimilation aux contributions directes, le ministre avait également cru pouvoir tirer la conclusion, que les demandes en dégrèvement devaient être présentées *dans les trois mois de la publication des rôles,* quelle que fût, d'ailleurs, l'époque fixée pour cette publication. Ce qui importe, en effet, c'est que les contribuables aient *un délai de trois mois* pour présenter leur demandes. Si, pour les demandes en dégrèvement sur contributions directes, le délai part du mois de janvier, c'est parce que les rôles sont publiés en janvier ; mais pour la prestation en nature, l'époque de la publication a été fixée, au 1er novembre comme on l'a vu plus haut, n° 316 ; il semblait donc rationnel de faire courir le délai des réclamations, non pas du 1er janvier, mais du jour de la publication du rôle.

C'est ce qui avait été admis, d'abord, par le conseil d'Etat, ainsi qu'il résulte d'une ordonnance du 4 mai 1843 (*Coquerille*), ainsi conçue :

Vu l'article 28 de la loi du 21 avril 1832 ;

Considérant qu'il résulte de l'instruction que le rôle des prestations de la commune de Magny, pour 1857, a été publié le 28 mars 1857 ; que la réclamation du sieur Coquerille n'est parvenue et n'a été enregistrée à la sous-préfecture, que le 23 septembre suivant ; que, dès lors, c'est avec raison que le conseil de préfecture a rejeté ladite réclamation comme formée hors des délais fixés par l'article ci-dessus visé de la loi du 21 avril 1832.

Il a été statué de même par les ordonnances des 30 décembre 1843 (*veuve Carlier*) et 6 décembre 1844 (*Bertin*).

361. Depuis, le conseil d'Etat a modifié sa jurisprudence sur ce point, et il fait partir le délai de réclamation, non plus de l'époque de la publication des rôles, c'est-à-dire du mois de novembre, mais du jour de l'ouverture de l'exercice auquel s'applique le rôle, c'est-à-dire du 1er janvier, ce qui, en fait, donne aux contribuables un délai de près de cinq mois pour former leurs demandes en dégrèvement.

Cette règle résultait, *implicitement*, d'une ordonnance du 18 avril 1845 (*Potet*) ; elle a été posée, d'une manière *explicite*, dans une ordonnance du 26 août 1846 (*Bertrand*), ainsi conçue :

Vu la loi du 21 avril 1832 ;

Considérant qu'il résulte de l'instruction que le rôle des prestations en nature de la commune de Passy-sur-Marne, pour 1845, a été publié avant l'ouverture de l'exercice de ladite année ; que, dès lors, le sieur Bertrand avait trois mois pour réclamer, à partir du premier jour de l'exercice, et qu'il a effectivement réclamé, dans le cours des trois premiers mois de 1845 ; que, dès lors, c'est à tort que le conseil de préfecture a repoussé la réclamation pour cause de déchéance.

Il a été prononcé de même par une ordonnance du 31 mars 1847 (*Chaudot*) et par un arrêté du gouvernement en date du 15 mai 1848 (*Ferté*). La jurisprudence du conseil d'État étant ainsi fixée sur ce point, le ministre des finances a invité les agents des contributions directes à s'y conformer, dans l'instruction des demandes en dégrèvement sur la prestation en nature.

III. — Instruction et jugement des demandes.

362. Les demandes en dégrèvement sur prestation en nature doivent être instruites comme en matière de contributions directes. Il s'ensuit que lorsque l'avis du directeur tend au rejet de la demande, cet avis doit, à peine de nullité, être communiqué à la partie intéressée, avant que le conseil de préfecture prononce.

C'est ce qui a été décidé par l'ordonnance du 12 avril 1844 (*Duquesne*), ainsi conçue :

Vu la loi du 21 avril 1832, article 29 ; la loi du 21 mai 1836 ;

Considérant qu'aux termes de l'article 29 de la loi du 21 avril 1832, le contribuable doit, lorsque l'avis du directeur est contraire à sa demande, être mis en demeure de prendre communication du dossier et de faire connaître, dans les dix jours, s'il veut fournir de nouvelles observations ; considérant qu'il résulte de l'instruction que cette forme usitée n'a pas été remplie à l'égard du sieur Duquesne, et qu'ainsi, c'est à tort que le conseil de préfecture du département du Pas-de-Calais a statué sur sa réclamation.

Il a été prononcé de même par une ordonnance du 28 janvier 1848 (*Fourtanier frères*) et par des décrets des 20 mars 1852 (*de Gardonne*) et 3 juin 1852 (*Perrin*).

363. Les conseils de préfecture statuent sur les demandes en dégrèvement de la prestation en nature, dans les mêmes formes qu'en matière de contributions directes, et lorsque leurs arrêtés ont été rendus contradictoirement, ils ne peuvent, pas plus qu'en toute autre matière, les réformer, alors même qu'ils reconnaîtraient avoir mal jugé. Ce principe a été rappelé par un arrêté du gouvernement, en date du 15 mai 1848 (*Ferté*), ainsi conçu, sur ce chef :

Vu la loi du 21 mai 1836 ;

En ce qui touche l'arrêté du 23 octobre 1846 :

Considérant qu'il n'appartient pas aux conseils de préfecture de rétracter leurs arrêtés rendus contradictoirement ; que, dès lors, le conseil de préfecture de l'Aisne a commis un excès de pouvoirs en annulant, par ledit arrêté, son arrêté du 13 février précédent, rendu sur la demande du sieur Ferté.

364. Les conseils de préfecture ne peuvent, non plus, s'écarter, dans le jugement des demandes en dégrèvement, de la règle imposée à tous les tribunaux, de n'accorder ni ce qui n'a pas été demandé, ni au delà de ce qui a été demandé. C'est ce qui résulte d'une ordonnance du 12 juin 1845 (*Hesse*) ainsi conçue :

Vu la loi du 21 mai 1836 ;
Considérant que le sieur Hesse n'avait pas réclamé devant le conseil de préfecture contre l'article du rôle des prestations en nature de la commune de Maisnières, qui l'avait imposé pour sa personne, et que ledit sieur Hesse ne conteste pas avoir son domicile réel dans ladite commune ; qu'ainsi c'est à tort que le conseil de préfecture a déchargé le sieur Hesse du droit de prestation pour sa personne.

IV. — Mutations de cotes.

365. Lorsque le conseil de préfecture prononce, en faveur d'un contribuable, la décharge d'une cote de prestation en nature, il ne peut mettre cette cote à la charge d'un autre contribuable, par voie de mutation. Il faut, pour atteindre un nouveau contribuable, qu'il soit rédigé un rôle supplémentaire.

Ce point avait été décidé, une première fois, par une ordonnance du 23 décembre 1844 (*Veuve Briant*) : il l'a été d'une manière plus explicite par une décision du conseil d'État, section du contentieux, en date du 8 mars 1851 (*de Saint-Aignan*), ainsi conçue :

Vu la loi du 28 pluviôse an VIII, la loi du 21 avril 1832, la loi du 28 juillet 1824, article 5 , et la loi du 21 mai 1836 ;
Considérant qu'aucune disposition de loi n'autorise les conseils de préfecture à établir des mutations de cotes en matière de prestation en nature, et que, dès lors, le conseil de préfecture du Calvados, en décidant que les prestations dont décharge était accordée au sieur Bessier seraient acquittées par le sieur de Saint-Aignan, a excédé ses pouvoirs.

§ 10.—*Pourvois contre les décisions des conseils de préfecture.*

I. — Qualité pour se pourvoir.

366. Les pourvois contre les décisions des conseils de préfecture, en matière de prestation en nature, ne peuvent être formés que par les contribuables, ou, en leur nom, par un porteur de pouvoirs réguliers. Un propriétaire n'a pas qualité pour se pourvoir au nom de son fermier. Il est, en effet, sans intérêt personnel dans l'affaire et ne peut, dès lors, agir qu'en vertu d'un mandat.

C'est ce qui a été décidé par un décret du 29 juillet 1852 (*de Fréminville*) ainsi conçu, sur ce chef :

Vu les lois des 28 juillet 1824 et 21 mai 1836 ;
En ce qui touche la demande formée par le sieur de Fréminville, au nom des sieurs Larollière, Marin, Ruffe, Carrat François, Carrat Noël, Desgranges et Roux, ses fermiers ;
Considérant que le sieur de Fréminville ne justifie pas de pouvoirs qui lui auraient été donnés par ses fermiers susnommés ; que dès lors il est sans qualité pour se pourvoir en leur nom.

367. Les contribuables ne sont pas toujours les seuls intéressés à se pourvoir contre une décision du conseil de préfecture : les communes peuvent avoir intérêt à contester un dégrèvement qu'elles considéreraient comme mal à propos accordé, puisque ce dégrèvement vient réduire une ressource communale. Il en résulte que les communes peuvent attaquer, devant le conseil d'Etat, les décisions des conseils de préfecture sur cette matière. On avait pensé, d'abord, que le ministre des finances pouvait introduire ces pourvois, comme il le fait pour les contributions directes, mais l'intervention du ministre n'a pas été admise par le conseil. Une première ordonnance du 5 février 1841 (*Aviat*) a prononcé à cet égard, en ces termes :

> Vu le rapport à nous présenté par notre ministre des finances, tendant à ce qu'il nous plaise annuler un arrêté du conseil de préfecture de l'Aube, du 28 novembre 1839, qui accorde, au sieur Aviat, décharge de la prestation en nature à laquelle il avait été imposé pour l'année 1839 ; vu la loi du 21 mai 1836, sur les chemins vicinaux ; considérant que la prestation en nature ne constitue aucune perception en faveur du trésor public ; d'où il suit que le département des finances est sans intérêt dans la contestation ; — Art. 1er. Il n'y a lieu de statuer sur le pourvoi formé par notre ministre des finances contre l'arrêté ci-dessus visé.

Une décision identique a été portée par les ordonnances des 5 mars 1841 (*de la Bretèche*), 21 janvier 1842 (*Lemort-Laperelle*), 17 novembre 1843 (*Bataillon*), 9 décembre 1843 (*Calvé de Soursac*), 10 août 1844 (*Teissier*) et 19 mars 1845 (*Roche*). La jurisprudence du conseil d'Etat est donc bien fixée sur ce point.

Il résulte implicitement de ces ordonnances, que les maires seuls ont qualité pour se pourvoir contre les décisions des conseils de préfecture portant dégrèvement en faveur d'un prestataire, attendu qu'il s'agit d'une ressource communale ; l'intervention du préfet ou celle du ministre de l'intérieur ne serait pas plus admise que celle du ministre des finances. Ce n'est là, au surplus, que l'application du principe posé, même en matière de contributions directes, lorsqu'il s'agit d'un dégrèvement qui peut léser les intérêts de la commune.

C'est ce qui a été prononcé par diverses ordonnances, et nous citerons celle du 15 octobre 1826 (*Doumergues et autres c. Rivals-Gingla*) ainsi conçue :

> Vu l'article 51 de la loi du 29 juin 1799 (2 messidor an VII), sur les réclamations en matière de contribution foncière ; vu l'article 15 de la loi du 17 février 1800 (28 pluviôse an VIII) ; considérant qu'aux termes de l'article 51 de la loi du 20 juin 1799 ci-dessus visé, le maire seul, et à son défaut, son adjoint, ont qualité pour se pourvoir, dans l'intérêt des habitants, contre des décisions qui dégrèvent un contribuable.

II. — Forme et délais du pourvoi.

368. Aux termes de l'article 2 du décret du 22 juillet 1806, portant règlement sur les affaires contentieuses portées au conseil d'Etat, les pourvois doivent être déposés au secrétariat du conseil.

Les lois des 26 mars 1831 et 21 avril 1832 ont fait exception à cette règle pour les réclamations en matière de contributions directes, et ont admis que les pourvois contre les décisions des conseils de préfecture en cette matière soient déposés à la préfecture et transmises au conseil d'Etat par le préfet. Le recouvrement des prestations en nature étant assimilé à celui des contributions directes, la règle posée par la loi précitée de 1832 devait nécessairement y être appliquée, et c'est ce qu'a décidé le conseil d'Etat, dans un arrêté du gouvernement, en date du 22 avril 1848 (*Morin-Arnoul*), ainsi conçu, sur ce chef :

> Vu la loi du 21 mai 1836, celle du 26 mars 1831 et celle du 21 avril 1832 ;
> Vu le règlement du 22 juillet 1806.

Sur la fin de non-recevoir opposée par le ministre de l'intérieur :

Considérant que, d'après l'article 4 de la loi du 21 mai 1836, le recouvrement des prestations en nature est assimilé au recouvrement des contributions directes ; que, dès lors, les recours contre le recouvrement desdites prestations peuvent être introduits dans les formes établies pour les réclamations en matière d'impôt direct ;

Considérant que, d'après l'article 29 de la loi du 26 mars 1831 et l'article 30 de la loi du 21 avril 1832, les contribuables sont admis à transmettre au gouvernement leurs recours contre les décisions des conseils de préfecture rendues en cette matière, par l'intermédiaire des préfets.

369. D'après l'article 11 du décret précité du 22 juillet 1806, les pourvois contre les décisions de nature à être déférées au conseil d'Etat doivent être formées dans les trois mois de la notification de ces décisions, et cette règle générale est applicable en matière de contributions directes ; elle l'est, par conséquent, en matière de prestations.

C'est ce qui a été rappelé par une ordonnance royale du 25 juin 1845 (*Dargent*), ainsi conçue :

Considérant qu'il résulte de l'instruction que l'arrêté du conseil de préfecture de la Seine-Inférieure, du 25 mars 1845, qui a maintenu le sieur Dargent au rôle des prestations en nature de la commune de Barentin, lui a été notifié le 9 août 1845, et que le recours dudit sieur Dargent contre cet arrêté a été formé plus de trois mois après ladite notification, et par conséquent hors du délai fixé par l'article 11 du règlement du 22 juillet 1806 ;

Art. 1er. La requête du sieur Dargent est rejetée.

Il a été prononcé de même par une ordonnance du 30 août 1845 (*Huger*).

Mais de ce que les pourvois en matière de prestations sont déposés à la préfecture, au lieu d'être adressés directement au greffe du conseil d'Etat, il suit que le pourvoi est formé dans les délais, s'il est reçu à la préfecture avant l'expiration des trois mois de la notification de l'arrêté du conseil de préfecture.

C'est ce qui résulte d'un arrêté du gouvernement, en date du 22 avril 1848, (*Morin-Arnoul*), ainsi conçu, sur ce chef :

Vu la loi du 21 mai 1836, celle du 26 mars 1831 et celle du 21 avril 1832 ;

Vu le règlement du 22 juillet 1806 ;

Sur la fin de non-recevoir opposée par le ministre de l'intérieur :

Considérant que le recours du sieur Morin-Arnoul contre l'arrêté par lui attaqué a été enregistré à la préfecture de Seine-et-Marne, dans les trois mois de la notification dudit arrêté ; que, dès lors, il a été formé dans les délais fixés par le règlement.

370. Les pourvois que les maires auraient à présenter, dans l'intérêt de la commune, contre des dégrèvements en matière de prestation, peuvent, ainsi que ceux des particuliers, être présentés sans le ministère d'avocat aux conseils, comme en matière de contributions directes.

Nous croyons devoir rappeler ici que l'autorisation du conseil de préfecture n'est pas nécessaire aux communes pour se pourvoir contre les décisions de ce conseil : c'est ce qu'ont décidé plusieurs ordonnances ; nous citerons celle du 16 février 1826 (*commune d'Erry c. Truchy*), ainsi conçue :

Considérant qu'aucune autorisation n'est nécessaire aux communes pour se pourvoir devant nous en notre conseil d'Etat, contre les arrêtés des conseils de préfecture.

Toutefois, l'autorisation du conseil municipal est nécessaire au maire, pour former un pourvoi en matière de prestations; cette règle est générale, comme on sait, pour toutes les actions que les maires ont à suivre dans l'intérêt des communes.

III. — Exécution provisoire.

371. Nous terminerons ce qui a rapport aux dégrèvements en matière de prestations, en faisant remarquer que la présentation des demandes en dégrèvement n'a point d'effet suspensif, quant à l'exécution des journées de prestation qui font l'objet de ces demandes ; c'est l'application du principe suivi en matière de contributions directes, et on conçoit qu'il doive en être ainsi, car si la demande en dégrèvement avait dû suspendre l'exécution, il aurait pu arriver qu'un très-grand nombre de contribuables se missent en réclamation, uniquement pour gagner du temps, et les travaux eussent été suspendus pendant plusieurs mois, jusqu'à la décision du conseil de préfecture ou même du conseil d'Etat, lorsqu'il y a pourvoi. Si donc un prestataire reçoit, avant le jugement de sa demande en dégrèvement, l'ordre de fournir ses journées, il doit y obtempérer. Si, ensuite, il obtient un dégrèvement, il a droit à être remboursé en argent, pour la valeur des journées indûment exigées, et le montant de ce dégrèvement doit être prélevé, soit sur le montant des prestations rachetées en argent, soit sur les autres ressources communales. Il est juste, en effet, que la commune qui a profité de journées mal à propos imposées, supporte le remboursement auquel le contribuable a droit.

§ 11. — Recouvrement des prestations.

372. Les cotes de prestation, comme nous l'avons vu, peuvent s'acquitter, soit en nature, soit en argent, au gré du contribuable, lorsqu'il a déclaré son intention à cet égard ; elles deviennent exigibles en argent par le défaut d'option dans les délais prescrits.

L'acquittement *en nature* constitue une forte partie des travaux qui se font sur les chemins vicinaux ; nous en parlerons dans un autre chapitre.

Quant au recouvrement des cotes exigibles *en argent*, il s'opère comme pour les contributions directes, c'est-à-dire par douzièmes, et les poursuites, lorsqu'il y a lieu d'en exercer, sont aussi les mêmes. Toutefois, le ministre de l'intérieur a prescrit, dans son instruction du 24 juin 1836, de n'exercer de poursuites qu'avec les plus grands ménagements; il lui parut mieux de laisser tomber une cote en non-valeur, si elle atteint un contribuable malaisé, que de faire des frais en pure perte. Ce n'est que contre les contribuables aisés, mais d'une évidente mauvaise volonté, qu'il y a lieu de suivre les poursuites jusqu'au dernier degré. Pour qu'il en fût toujours ainsi, le ministre prescrivait donc que les percepteurs ne délivrassent jamais de contraintes, sans qu'il en fût préalablement référé au préfet.

373. On comprend les motifs qui ont porté le ministre de l'intérieur à chercher à rendre aussi peu rigoureuses que possible les poursuites en matière de recouvrement des cotes de prestation exigibles en argent. Il fut bientôt reconnu, cependant, que les prescriptions de l'instruction du 24 juin avaient été trop loin, et qu'il y avait des inconvénients graves pour le recouvrement, à ce que les percepteurs receveurs municipaux fussent obligés d'en référer au préfet, même pour le premier degré de poursuite. Il a donc été réglé, entre les ministres de l'intérieur et des finances, que la simple autorisation des sous-préfets suffirait pour autoriser l'emploi de la garnison collective, les percepteurs receveurs municipaux devant, d'ailleurs, faire précéder les poursuites d'un avertissement gratuit ou d'une nouvelle publication dans la commune.

Ces dispositions ont été portées à la connaissance des préfets, par une circulaire du ministre de l'intérieur, en date du 6 décembre 1838.

374. De ce que le recouvrement de l'impôt de la prestation doit être poursuivi *comme pour les contributions directes*, il suit que les cotes exigibles en argent doivent être recouvrées dans les mêmes délais que pour les contributions directes et que la prescription triennale est acquise aux contribuables contre lesquels il n'a pas été exercé de poursuites pendant les trois années qui ont suivi l'émission du rôle de prestation. C'est ce que décide un arrêté du Gouvernement, en la forme contentieuse, en date du 22 avril 1848 (*Lippmann*), ainsi conçu :

Vu les articles 149 et 150 de la loi du 5 frimaire an VII ; l'article 17 de l'arrêté des consuls du 16 thermidor an VIII ; la loi du 28 juillet 1824, article 5 ; celle du 21 mai 1836 et le règlement dressé le 19 juillet 1837, par le préfet du Bas-Rhin, en exécution de la loi sur les chemins vicinaux du 21 mai 1836, et approuvé par le ministre de l'intérieur le 3 août suivant ;

Considérant qu'aux termes des articles susvisés de la loi du 5 frimaire an VII et de l'arrêté des consuls du 16 thermidor an VIII, les percepteurs chargés du recouvrement des contributions directes, qui n'ont fait aucune poursuite pendant trois années consécutives contre les contribuables en retard, sont déchus de toute action contre eux ; que, d'après les lois et règlements susvisés, des 28 juillet 1824, 21 mai 1836 et 19 juillet 1837, les prestations en nature sont de droit exigibles en argent, quand les contribuables n'ont pas fait dans les délais prescrits de déclaration contraire, et que le recouvrement des prestations exigibles en argent est assimilé à celui des contributions directes.

375. Quant aux oppositions que des contribuables croiraient devoir former au recouvrement des prestations, c'est devant le conseil de préfecture qu'elles doivent être portées ; c'est ce qui résulte d'une ordonnance du 19 novembre 1837 (*Moquet c. commune de Marcilloles*), ainsi conçue :

Considérant que le conseil de préfecture de l'Isère était compétent pour statuer sur les oppositions formées au recouvrement dudit rôle de prestation.

SECTION V.

Centimes spéciaux communaux.

376. Aux termes de l'article 2 de la loi du 21 mai 1836, les conseils municipaux des communes dont les revenus ordinaires ne peuvent suffire aux besoins du service vicinal, peuvent voter, pour ce service, soit des prestations en nature jusqu'au maximum de trois journées, soit des centimes spéciaux additionnels au principal des quatre contributions directes jusqu'au maximum de cinq, soit l'une et l'autre de ces deux ressources concurremment.

La loi du 28 juillet 1824 avait aussi permis, par son article 4, le vote de cinq centimes additionnels pour les besoins du service vicinal ; mais, par son article 5, elle exigeait, pour ce vote, l'adjonction au conseil municipal des plus imposés, comme le voulait l'article 41 de la loi du 15 mai 1818, pour toutes les impositions extraordinaires. Le législateur de 1836 ayant donné à la dépense des chemins vicinaux le caractère de dépense obligatoire, et placé l'imposition des centimes spéciaux au nombre des ressources ordinaires destinées à faire face aux besoins du service vicinal, il était logique qu'il autorisât les conseils municipaux à voter ces centimes sans le concours des plus imposés.

377. En signalant cette modification de la législation précédente, le ministre de l'intérieur ajoute, dans son instruction du 24 juin 1836, que de même que, sous l'empire de la loi du 28 juillet 1824, le vote des centimes additionnels eût été illégal sans le concours des plus imposés, de même aussi, sous l'empire de la loi du 21 mai 1836, le vote des centimes spéciaux serait vicié par la présence des plus imposés, attendu que leur concours aux délibérations des conseils municipaux n'est légal que lorsque la loi l'a formellement ordonné.

Nous n'avons rien de plus à dire sur le vote des centimes spéciaux, si ce n'est qu'il importe qu'ils soient votés dans la session de mai, afin qu'ils puissent être compris aux rôles généraux des contributions directes.

SECTION VI.

Impositions extraordinaires communales.

378. La loi du 28 juillet 1824 avait prévu le cas où les ressources créées par les articles 3 et 4 de la dite loi, c'est-à-dire les prestations en nature et les centimes spéciaux, ne suffiraient pas aux dépenses du service vicinal, et, par son article 6, elle avait statué que « si des travaux « indispensables exigent qu'il soit ajouté par des contributions extraor- « dinaires au produit des prestations, il y sera pourvu, conformément « aux lois, par des ordonnances royales. »

Cette disposition n'a pas été introduite dans la loi du 21 mai 1836, mais cela n'était pas nécessaire pour qu'elle dût être considérée comme maintenue. En effet, pour toutes les dépenses communales, les conseils municipaux peuvent, en vertu de la législation sur l'administration municipale, voter les impositions extraordinaires qui leur paraissent indispensables, sous la réserve de la sanction du pouvoir exécutif ; pourquoi n'auraient-ils pas cette faculté, en ce qui concerne les dépenses des chemins vicinaux ? Toutefois, ainsi que le fait remarquer le ministre de l'intérieur, dans son instruction du 24 juin 1836, comme il s'agit alors du vote, non plus des centimes spéciaux ordinaires, mais d'une véritable imposition extraordinaire, l'adjonction au conseil municipal des plus imposés devient obligatoire.

379. Nous rappellerons encore ici ce que nous avons dit plus haut, n° 298, c'est que les impositions extraordinaires n'étant qu'un supplément aux ressources ordinaires, elles ne peuvent être votées par les conseils municipaux que lorsqu'ils ont voté, préalablement, le maximum des prestations en nature et des centimes spéciaux.

SECTION VII.

Ressources créées d'office.

---

380. Nous avons eu occasion de le dire plus haut, n° 287, la loi du 21 mai 1836 doit, en grande partie, son efficacité, au droit donné aux préfets, de substituer leur action à celle de l'autorité municipale, dans le cas où cette autorité, par négligence ou par oubli des vrais intérêts des administrés, s'abstiendrait de créer ou d'employer les ressources mises à sa disposition pour l'entretien et la réparation des chemins vicinaux. Hâtons-nous d'ajouter, cependant, que si le pouvoir coërcitif confié aux préfets par l'article 5 de la loi précitée est un puissant moyen d'action, c'est un moyen auxquels ces magistrats ne sont contraints de recourir que dans une limite peu étendue, car, d'après les rapports publiés par le ministre de l'intérieur de 1837 à 1841, les ressources créées d'office n'ont jamais dépassé la proportion du cinquième des ressources votées par les conseils municipaux; encore doit-on dire que, partout, les mesures ordonnées par les préfets s'accomplissent avec une telle facilité, qu'il est évident que l'abstention des autorités municipales résulte de négligence bien plus que de refus.

Nous allons dire quelles sont les formes tracées par la loi et par les instructions ministérielles pour l'exercice du pouvoir coërcitif des préfets, tant à l'égard des communes qui doivent recourir à l'emploi de la prestation en nature et des centimes spéciaux, que de celles, en petit nombre, qui peuvent pourvoir aux besoins du service sur leurs revenus ordinaires.

§ 1er. — *Impositions d'office.*

381. Le pouvoir attribué aux préfets par l'article 5 de la loi du 21 mai 1836 était nouveau ; il importait donc qu'il ne fût jamais exercé que dans les limites posées, et par le texte, et par l'esprit de la législation. Aussi, le ministre s'est-il attaché, dans son instruction du 24 juin 1836, à tracer aux préfets, de la manière la plus précise, les règles de leur action. Il leur faisait remarquer, d'abord, que le mauvais état des chemins pouvait seul motiver l'application de cet article de la loi ; ce n'était donc que si ce mauvais état leur était révélé, soit par les plaintes des habitants de la commune, soit par les réclamations des communes voisines, qu'ils auraient à agir, et alors même, il les invitait à faire préalablement visiter les lieux par un commissaire délégué à cet effet.

382. On voit avec quelle réserve le ministre entendait qu'il fût fait usage des dispositions de l'article 5 de la loi, et cette réserve était commandée par la prudence, au début de l'application de ces dispositions. Mais l'expérience apprit bientôt que lorsqu'une commune voulait éviter les sacrifices que commandait le mauvais état de ses chemins, il était rare que des plaintes arrivassent au préfet, et que, bientôt les communications vicinales devenaient, de nouveau, impraticables. Dans tous les départements, donc, où le personnel des agents voyers est suffisant, les préfets font reconnaître, annuellement, l'état des chemins, sans attendre que des plaintes leur parviennent, et c'est sur le résultat de cette reconnaissance, qu'ils mettent les communes en demeure de pourvoir aux besoins du service. Cette marche n'a rien que de parfaitement légal, et elle a été conseillée par le ministre toutes les fois qu'il a été consulté sur l'application de cette partie de l'instruction du 24 juin 1836.

Cette reconnaissance de l'état des chemins, comme préalable de toute mesure coërcitive, ne doit s'entendre, au surplus, que des chemins vicinaux de petite communication. Les besoins du service des chemins vicinaux de grande communication, en effet, sont constatés et établis dans d'autres formes que nous ferons connaître ultérieurement.

383. Lorsque la nécessité des travaux à faire a été constatée, la commune qui a négligé d'y pourvoir doit, aux termes de l'article 5 de la loi, être *mise en demeure*, et, sur ce point, le ministre de l'intérieur fait remarquer, dans son instruction du 24 juin 1836, que la mise en demeure doit avoir lieu par un arrêté spécial et motivé, qui détermine le délai dans lequel le conseil municipal doit se réunir et délibérer.

La mise en demeure *par un arrêté motivé* dont il est ici question, n'a pour objet que le service des chemins vicinaux de petite communication. Quant aux chemins vicinaux de grande communication, les conseils municipaux ont reçu dans leur session de mai, ainsi qu'on l'a vu plus haut, n° 292, l'arrêté par lequel le préfet a fixé le contingent de chaque commune. Cet arrêté a mis suffisamment la commune en demeure, et s'il n'y était pas obtempéré, il pourrait être, *de plano*, procédé à l'imposition d'office.

384. Nous ajouterons qu'il importe que toutes les formalités préliminaires relatives à l'établissement des impositions d'office soient accomplies dans les premiers mois de l'année, c'est-à-dire aussitôt après la session des conseils municipaux du mois de mai, afin que les impositions qui devraient être établies d'office, soit en prestations, soit en centimes spéciaux, puissent être comprises dans les rôles ordinaires, et qu'il ne soit pas nécessaire de rédiger des rôles supplémentaires.

385. Si le conseil municipal, mis en demeure dans les formes que nous venons d'indiquer, refuse ou s'abstient, alors arrive, pour le préfet, l'obligation de faire usage du pouvoir que la loi lui attribue; mais, comme l'exprime le ministre, dans l'instruction précitée, il ne doit imposer d'office que *jusqu'à la quotité nécessaire* pour effectuer la réparation des chemins.

En se servant des mots, *quotité nécessaire*, le ministre, nous devons le faire remarquer, n'a pas entendu que l'imposition d'office serait proportionnée, d'une manière absolue, aux besoins du service, c'est-à-dire qu'elle devrait toujours s'élever au montant de la dépense à faire sur les chemins. Il a entendu, et c'est l'interprétation exacte de la loi, que, tout en prenant en considération les besoins du service, l'imposition d'office ne devait jamais dépasser les limites du maximum fixé par la loi, trois journées de prestation et cinq centimes.

Ainsi donc, si un conseil municipal avait voté seulement une portion des journées et des centimes que la loi lui permettait de voter, et que cette portion fût suffisante pour réparer les chemins, il n'y aurait pas lieu à imposer d'office, car le conseil municipal aurait satisfait aux besoins du service. S'il n'avait voté qu'une portion des journées et des centimes, et que le produit en fût insuffisant pour les travaux à faire, il y aurait lieu à imposer d'office, mais seulement jusqu'à la quotité nécessaire pour atteindre le maximum exigible.

A plus forte raison, ne doit-il jamais être établi d'imposition d'office, quels que soient les besoins du service, si le conseil municipal a voté le maximum des journées et des centimes; il a en effet accompli par ce vote les obligations que la loi lui impose, ainsi que le fait remarquer le ministre, dans son instruction précitée.

Cette restriction, apportée au droit d'imposer d'office, pourrait paraître fâcheuse si on ne la considérait qu'au point de vue du service vicinal, mais tout notables que sont les avantages d'une bonne viabilité, le législateur ne pouvait oublier que beaucoup d'autres charges pèsent encore sur les communes, et qu'il est des limites que la prudence commande de ne pas franchir, même pour les dépenses les plus utiles.

386. De même que les conseils municipaux peuvent, en vertu de l'article 2 de la loi du 21 mai 1836, voter, soit des prestations en nature, soit des centimes spéciaux, soit l'une et l'autre de ces deux ressources concurremment, de même aussi les préfets pourraient faire porter l'imposition d'office sur l'une de ces deux natures de ressources, seulement, si l'imposition de l'ensemble ne leur semblait pas nécessaire; mais le ministre de l'intérieur a pensé qu'il était plus juste que l'imposition d'office portât toujours sur les deux natures de ressources. Il fait remarquer, dans son instruction précitée, qu'il pourrait arriver, en effet, qu'un conseil municipal se fût abstenu de voter la prestation afin d'exonérer les habitants de cette charge, et qu'il eût au contraire voté des centimes spéciaux, afin de reporter la charge sur la propriété foncière qui serait possédée en grande partie par des forains. Il y aurait donc lieu, en ordonnant l'imposition d'office, de rétablir l'équilibre entre les deux natures de ressources.

387. Une dernière question s'est présentée, sur la limite des obligations des communes, et, par suite, du droit, pour les préfets, d'établir des impositions d'office.

On a vu que l'article 8 de la loi du 21 mai 1836 attribue aux chemins vicinaux de grande communication les deux tiers des ressources dont les articles 2 et 5 de la même loi rendent la création obligatoire, en réservant l'autre tiers seulement pour les chemins vicinaux de petite communication. On a demandé si, dans le cas où une commune ne serait intéressée à aucun chemin vicinal de grande communication, elle peut être cependant tenue d'affecter au service vicinal la totalité des 3 journées de prestation et des cinq centimes spéciaux et si, à son refus, le préfet peut l'imposer d'office dans ces limites, ou si, au contraire l'imposition d'office ne peut s'élever qu'à la quotité du tiers applicable aux chemins vicinaux de petite communication.

La solution de cette question ne saurait, ce nous semble, être l'objet d'un doute.

En effet, l'article 2 de la loi du 21 mai 1836 détermine l'étendue des ressources que les communes doivent affecter à l'entretien des chemins vicinaux, en général; l'article 5 donne au préfet le droit d'imposer l'office, dans les limites posées par l'article 2. Or, ce n'est que dans un article suivant, l'article 8, qu'a été établie la répartition des ressources entre les deux catégories de chemins vicinaux, ceux de petite et ceux de grande communication, mais rien, dans cet article 8, n'indique que le législateur ait eu l'intention de réduire les obligations résultant des articles 2 et 5, lorsqu'une commune n'aurait pas à fournir de contingent pour un ou plusieurs chemins vicinaux de grande communication.

388. En résumé donc, qu'une commune ait à entretenir des chemins des deux catégories ou seulement des chemins de petite communication, elle peut être tenue de fournir au service vicinal la totalité des ressources indiquées par l'article 2. Nous disons *peut être tenue*, car il est bien évident que si le préfet reconnaissait que la totalité de ces ressources n'est pas nécessaire, il n'imposerait d'office que le nombre de journées et de centimes nécessaire.

Nous allons voir, maintenant, comment il est procédé pour la mise à exécution des arrêtés ordonnant l'établissement, d'office, d'une imposition, soit en centimes, soit en prestations.

I. — Centimes spéciaux imposés d'office.

389. Pour l'établissement d'une imposition d'office, en centimes spéciaux, les formes à suivre sont très-simples. Le préfet envoie au directeur des contributions directes l'arrêté par lequel il a frappé cette imposition ; le directeur en comprend le montant dans le rôle général de la commune, si ce rôle n'est pas rédigé déjà ; si le rôle général est expédié, le directeur établit un rôle spécial.

II. — Journées de prestation imposées d'office.

390. L'assiette d'une imposition d'office, en journées de prestation, peut présenter plus de dificultés que lorsqu'il s'agit de centimes spéciaux.

L'instruction du 24 juin 1836 prescrivait d'envoyer l'arrêté au percepteur receveur municipal qui devait rédiger le rôle ; nous avons vu, n° 314, que les directeurs des contributions directes sont maintenant chargés de la rédaction des rôles de prestation ; c'est donc au directeur que le préfet doit adresser son arrêté.

391. Si l'imposition à établir d'office n'est que complémentaire, si, par exemple, le conseil municipal avait voté deux journées de prestation et que ce nombre de journées étant reconnu insuffisant par le préfet, ce magistrat arrêtât qu'une troisième journée serait imposée, cette troisième journée pourrait être comprise au même rôle que les deux premières. Dans le cas où déjà le rôle des deux journées aurait été rédigé, il y aurait nécessité de rédiger un rôle spécial pour l'imposition complémentaire.

392. L'établissement d'une imposition d'office, en journées de prestation, présuppose l'existence des états-matrices, base nécessaire de la rédaction des rôles ; mais il est arrivé, dans un très-petit nombre de communes, à la vérité, qu'il n'existait pas d'état-matrice, et que l'autorité locale refusait son concours pour l'établissement de cet état, dans l'intention de paralyser l'action de l'autorité supérieure. Consulté sur cette difficulté, le ministre a fait connaître que l'état-matrice devait être rédigé d'office. Pour y parvenir, le contrôleur des contributions directes est chargé de se concerter avec le percepteur receveur municipal, afin de trouver dans différents éléments les bases de l'état-matrice. Le tableau de recensement de la population de la commune peut fournir la liste des chefs de famille ou d'établissements, ainsi que la composition de chaque famille. Le rôle des contributions directes peut être également consulté ; enfin il est présumable que le percepteur receveur municipal connaît assez l'importance des moyens d'exploitation de chaque ferme pour pouvoir fournir, à cet égard, des renseignements approximatifs. En donnant ces instructions, le ministre reconnaissait qu'un rôle de prestation rédigé dans cette forme présenterait sans doute quelques erreurs : mais les contribuables ne pourraient les attribuer qu'au refus de concours des fonctionnaires municipaux ; ces erreurs pourraient, d'ailleurs, être réparées par la voie des demandes en dégrèvement.

Ce n'est que bien rarement qu'il a dû être procédé ainsi pour l'établissement d'office des rôles de prestation, et une première épreuve a suffi, partout, pour convaincre les administrations locales que la loi donnait à l'autorité supérieure le moyen de surmonter, par des voies légales, la résistance aussi bien que l'inertie. Nous ferons remarquer, d'ailleurs, qu'il n'est plus qu'un bien petit nombre de communes où il n'existe pas d'état-matrice, celles où les ressources ordinaires suffisent aux besoins du service, et que, par conséquent, il ne peut plus y avoir de difficultés réelles à l'établissement, d'office, de rôles de prestation en nature.

393. Le rôle rédigé pour l'établissement d'une imposition d'office en journées de prestation, doit être publié dans la commune, comme s'il s'agissait de journées votées, car il faut que les habitants connaissent les obligations qu'ils ont à remplir. Le préfet prend donc un arrêté pour ordonner cette publication, et, dans cet acte, il fixe le délai d'option, passé lequel les cotes pour lesquelles il n'aurait pas été opté pour l'acquittement en nature, deviendraient exigibles en argent.

394 Il est arrivé quelquefois que, pour arrêter l'exercice du droit de coërcition donné au préfet, un maire a refusé, ou au moins s'est abstenu, de publier soit le rôle rédigé d'office, soit les différents arrêtés qu'avait pris le préfet pour ordonner l'exécution du rôle; mais cette résistance a toujours été facilement surmontée par l'application des dispositions de l'article 15 de la loi du 18 juillet 1837. En vertu de cet article, le préfet a pu déléguer soit un agent voyer, soit toute autre personne, pour faire les actes que le maire refusait ou négligeait de faire, et comme, en définitive, les habitants de la commune savent que, la série des formalités légales remplies, ils seront contraints à acquitter leur cote en argent s'ils ne les fournissent pas en nature, il a été bien rare que les prestataires n'obtempérassent pas immédiatement aux réquisitions qui leur étaient faites par le délégué du préfet.

On voit donc, qu'en définitive, l'administration supérieure dispose de tous les moyens nécessaires pour parvenir à l'établissement des impositions d'office ; l'article 5 de la loi du 21 mai 1836 prévoit encore le cas où des mesures devraient être prises d'office, pour l'emploi des ressources créées ; nous nous occuperons de cette disposition lorsque nous aurons à parler des travaux sur les chemins vicinaux.

§ 2. — *Prélèvement d'office sur les revenus des communes.*

395 L'article 5 de la loi du 21 mai 1836 ne s'occupe, comme on l'a vu, que des impositions à établir d'office, en prestations ou en centimes, sur les communes qui, obligées par l'insuffisance de leurs revenus ordinaires, de recourir aux prestations et centimes pour subvenir à la dépense des chemins vicinaux, s'abstiennent de créer ces ressources, ou ne les créent que dans une mesure insuffisante. Cet article n'est donc pas applicable aux communes qui peuvent subvenir, sur leurs seules ressources ordinaires, à la dépense des chemins vicinaux, et qui s'abstiennent d'inscrire cette dépense à leurs budgets ou qui ne l'y inscrivent que pour une somme insuffisante. Il résulte, en effet, de l'article 2 de la loi précitée, que les communes ne peuvent voter des prestations et des centimes spéciaux *qu'en cas d'insuffisance de leurs ressources ordinaires* ; la conséquence logique de cette disposition. c'est que le préfet ne peut imposer d'office des prestations et des centimes à des communes qui n'auraient pu légalement voter ces ressources.

396. Mais du silence de l'article 5 de la loi du 21 mai 1836 relativement aux communes qui n'ont pas à recourir aux prestations et aux centimes spéciaux, faut-il conclure que l'autorité supérieure se trouve désarmée vis-à-vis de celles de ces communes qui s'abstiendraient ou refuseraient de pourvoir, sur leurs revenus ordinaires, aux besoins du service vicinal? Serait-il possible qu'après avoir donné aux préfets le droit d'imposer d'office les communes qui se trouvent dans une position peu favorable, puisque l'insuffisance de leurs revenus ordinaires les oblige de recourir aux prestations et aux centimes spéciaux, le législateur eût entendu que les préfets seraient sans action à l'égard des communes placées dans une situation relativement meilleure, et dont, par conséquent, l'inertie ou le refus serait moins excusable?

Évidemment non. Et si le législateur ne s'est pas occupé de ce cas, dans la loi spéciale aux chemins vicinaux, c'est parce que l'autorité supérieure devait trouver dans la législation sur l'administration des communes la force nécessaire pour contraindre celles-ci à remplir leurs obligations, lorsqu'elles doivent pourvoir à ces obligations sur leurs ressources ordinaires. La dépense des chemins vicinaux a été déclarée obligatoire pour toutes les communes, par la loi du 21 mai 1836; toutes doivent y pourvoir soit sur leurs revenus ordinaires, s'ils peuvent y suffire, soit au moyen de prestations et de centimes spéciaux, en cas d'insuffisance; toutes sont soumises également au pouvoir coërcitif de l'autorité supérieure, si elles négligent ou refusent de remplir leurs obligations.

397. Ces principes furent cependant contestés par quelques administrations municipales. Les unes prétendaient, d'une manière absolue, que la loi du 21 mai 1836 n'a donné aux préfets aucun pouvoir coërcitif à l'égard des communes qui ne sont pas obligées de recourir aux prestations et centimes spéciaux pour la dépense des chemins vicinaux; les autres, sans aller aussi loin, prétendaient que les allocations que les préfets peuvent inscrire d'office à leurs budgets ne doivent jamais dépasser la valeur de trois journées de prestation et de cinq centimes spéciaux.

Le ministre de l'intérieur regarda ces prétentions comme également mal fondées, et la loi du 18 juillet 1837 ayant été rendue sur ces entrefaites, le ministre pensa que l'article 39 de cette loi, qui règle le mode de procéder à l'égard des communes qui refusent de pourvoir à une dépense obligatoire ou n'y pourvoient que d'une manière insuffisante, il pensa, disons-nous, que cet article devait recevoir son application dans le cas qui nous occupe. Comme, cependant, la question était vivement débattue, le ministre de l'intérieur crut devoir consulter le comité de l'intérieur du conseil d'État qui donna la solution des questions qui lui avaient été soumises, par un avis en date du 19 avril 1839, dont nous reproduisons ici le dispositif.

1° Les préfets ont le droit d'inscrire, d'office, aux budgets communaux, les dépenses nécessitées par le service des chemins vicinaux;

2° Cette inscription a lieu en vertu de la loi du 18 juillet 1837 sur l'administration municipale;

3° Il doit y être procédé, en conseil de préfecture, comme le veut l'article 39 de la même loi;

4° Enfin, ce même article 39 a posé la règle à laquelle les préfets doivent se conformer, quant à la fixation de la quotité des dépenses.

Cet avis a été porté à la connaissance des préfets par une circulaire du ministre de l'intérieur, en date du 30 avril 1839, qui trace toutes les règles à suivre, selon les divers cas qui peuvent résulter de la situation financière des communes.

398. Nous ajouterons, sur ce point, que c'est d'après les revenus ordinaires des communes que doivent être appréciées leurs obligations

et que peut, par conséquent, être déterminée la quotité des allocations
à porter d'office aux budgets. En effet, l'article 2 de la loi du 21
mai 1836 n'indique que les ressources *ordinaires* des communes, comme
affectées à la dépense des chemins vicinaux. On ne pourrait donc, pour
porter une allocation d'office au budget d'une commune, se prévaloir de
l'existence de fonds provenant de ressources extraordinaires. Si le
conseil municipal se refusait à affecter ces fonds à la dépense à faire,
il faudrait recourir à l'établissement d'une imposition d'office, en prestations et centimes.

399. Des ordonnances rendues dans la forme contentieuse ont
pleinement confirmé les principes posés dans l'avis du conseil d'État
dont nous venons de transcrire le dispositif.

Nous citerons l'ordonnance du 9 juin 1843 (*ville de Vire*), ainsi
conçue :

Vu la loi du 21 mai 1836; vu la loi du 18 juillet 1837; considérant qu'aux termes
des articles 1 et 7 de la loi du 21 mai 1836, les chemins vicinaux de grande communication sont à la charge des communes; qu'aux termes de l'article 30 de la loi
du 18 juillet 1837, sont obligatoires les dépenses mises à la charge des communes
par une disposition de loi; qu'ainsi la part contributive régulièrement mise à la
charge de la commune de Vire, pour les frais d'établissement du chemin vicinal
de grande communication de Vire à Tissy par Pontfarcy, était une dépense obligatoire; considérant qu'aux termes des articles 35 et 39 de la loi du 18 juillet 1837,
c'est aux préfets qu'il appartient de régler définitivement les budgets des communes
et d'y inscrire d'office les allocations nécessaires pour payer les dépenses obligatoires;
qu'ainsi, en inscrivant d'office une dépense obligatoire au budget de la commune de
Vire, par ses arrêtés des 6 février et 18 mars 1841, le préfet du Calvados n'a pas excédé
les limites de ses pouvoirs; que, dès lors, lesdits arrêtés sont des actes administratifs qui ne sauraient nous être déférés par la voie contentieuse; d'où il suit qu'il
y a lieu de rejeter le recours dirigé contre la décision de notre ministre de l'intérieur du 17 août 1841, laquelle s'est bornée à confirmer les arrêtés précités du préfet
du département du Calvados : — Art. 1er. La requête de la commune de Vire est
rejetée.

Il a été statué dans le même sens par l'ordonnance du 30 mai 1844
(*commune de Dingsheim*).

§ 3. — *Recours contre les arrêtés des préfets.*

400. Quelque réserve que mettent les préfets dans l'application de
l'article 5 de la loi du 21 mai 1836, les administrations municipales
peuvent cependant croire qu'elles n'auraient pas dû être atteintes par
une imposition d'office, et, dans ce cas, elles peuvent se pourvoir contre les arrêtés des préfets, mais c'est devant le ministre de l'intérieur
que ces actes peuvent être attaqués. Ni les arrêtés des préfets, ni les décisions qui les maintiendraient, ne sont susceptibles d'être déférées au
conseil d'État, par la voie contentieuse.

C'est ce qui a été décidé par l'ordonnance du 9 juin 1843 (*ville de
Langres*), ainsi conçue :

Vu la loi du 21 mai 1836; considérant que le préfet, après avoir reconnu l'insuffisance des ressources votées par le conseil municipal de la ville de Langres pour
pourvoir à l'entretien des chemins vicinaux à sa charge en 1841, l'a mis en demeure
de satisfaire à cette obligation par le vote d'une imposition en centimes additionnels,
dans les limites du maximum fixé par l'article 2 de la loi du 21 mai 1836; que,
faute par le conseil municipal d'avoir voté cette imposition, le préfet et le ministre
de l'intérieur, après avoir reconnu l'insuffisance des ressources ordinaires de la
ville, ont agi dans les limites de leurs pouvoirs en ordonnant ou en maintenant l'imposition d'office. — Art. 1er. La requête de la ville de Langres est rejetée.

La même règle est applicable aux arrêtés qui prescrivent ou maintiennent des prélèvements d'office sur les revenus des communes ; c'est ce qui résulte de l'ordonnance du 9 juin 1843 (*ville de Vire*), que nous avons rapportée plus haut, n° 399.

CHAPITRE V.

IMPOSITIONS SUR LES PROPRIÉTÉS DE L'ÉTAT.

SECTION 1.

Assiette.

401. L'Etat, en sa qualité de propriétaire, soit de forêts, soit de biens d'autre nature, retire de notables avantages de l'amélioration des communications vicinales. Le transport des bois étant plus facile, la vente des coupes annuelles donne des produits plus considérables ; les baux des biens affermés sont aussi d'autant plus élevés, que les fermiers peuvent plus facilement transporter leurs denrées. Il était donc juste que l'Etat contribuât, dans les communes où il est propriétaire, à la construction et à l'entretien des chemins vicinaux, et cette obligation lui avait été imposée par l'article 8 de la loi du 28 juillet 1824.

Mais l'application de cette disposition avait donné lieu à de nombreuses difficultés, soit par suite du défaut d'indication précise de celles des propriétés de l'Etat qui étaient imposables, soit par l'absence de toute base pour la fixation de la contribution à imposer.

402. Le législateur a fait disparaître toute cause de difficultés, par les règles plus précises et plus nettes qu'il a tracées dans l'article 13 de la loi du 21 mai 1836 ; il n'appelle plus l'Etat à concourir aux travaux des chemins vicinaux dans une proportion que le préfet devait déterminer ; il veut que les propriétés de l'Etat et de la couronne soient imposées dans les mêmes proportions que les propriétés privées.

Toutefois ce ne sont que les propriétés de l'Etat, *productives de revenus*, qui peuvent être appelées à concourir à la dépense des chemins vicinaux ; c'est ce qu'énonce formellement l'article 13 précité. Ce n'est, d'ailleurs, que lorsque les propriétés privées sont elles-mêmes imposées pour les dépenses du service vicinal, que les propriétés de l'Etat peuvent aussi être imposées. Ainsi, il n'y aurait pas lieu à appliquer l'article dont nous nous occupons, pour une commune qui pourvoirait aux dépenses des chemins vicinaux sur ses ressources ordinaires, ou qui n'aurait voté que des journées de prestation. Dans l'un comme dans l'autre cas, en effet, les propriétés privées ne supportent aucune imposition spéciale, car, ainsi que le fait remarquer le ministre de l'intérieur dans son instruction du 24 juin 1836, *la prestation en nature n'est pas une contribution assise sur la propriété, c'est une obligation personnelle imposée à l'habitant pour sa personne, pour les personnes qui composent sa famille et pour les moyens d'exploitation qu'il emploie.*

403. Mais ce n'est pas seulement lorsqu'un conseil municipal a voté les centimes spéciaux autorisés par l'article 2 de la loi du 21 mai 1836, que les propriétés de l'Etat productives de revenus doivent être imposées ; elles doivent l'être encore lorsqu'un conseil municipal a voté une imposition extraordinaire par application de l'article 6 de la loi du 28 juillet 1824, puisque cette imposition pèse sur les propriétés privées, et que les propriétés de l'Etat doivent contribuer aux dépenses des chemins vicinaux *dans les mêmes proportions que les propriétés privées.* Il en est de même à l'égard des centimes spéciaux et des impositions extraordinaires votées par les conseils généraux des départements ; elles donnent aussi ouverture à l'imposition des propriétés de l'Etat productives de revenus, et c'est ce que le ministre de l'intérieur n'a pas manqué de faire remarquer dans son instruction du 24 juin 1836.

404. L'assiette de la contribution due par les propriétés de la couronne ne pouvait donner lieu à aucune difficulté ; ces propriétés, en effet, sont portées aux rôles des communes de leur situation, aux termes de la loi du 12 mars 1832, et elles étaient déjà appelées à concourir à certaines dépenses communales ; la base de la contribution spéciale pour les chemins vicinaux existait donc déjà.

Il n'en était pas de même pour l'assiette de la contribution à imposer sur les propriétés de l'Etat, puisque, à l'époque de la promulgation de la loi du 21 mai 1836, ces propriétés n'étaient pas portées sur les matrices des communes de leur situation. Le ministre de l'intérieur, dans son instruction du 24 juin 1836, avait donc indiqué comment il pourrait être suppléé à l'absence de cette base de l'imposition ; mais, peu après, il fut réglé, de concert entre les ministres de l'intérieur et des finances, que, dans chacune des communes où l'Etat possède des propriétés productives de revenus, il serait rédigé par les répartiteurs, assistés du contrôleur des contributions directes, une matrice particulière dans laquelle ces propriétés seraient évaluées dans la même proportion que les autres propriétés.

Cette matrice sert de base pour régler chaque année la cote des propriétés de l'Etat, d'après les impositions communales ou départementales votées pour le service des chemins vicinaux. La cote est inscrite à la fin du rôle général de la commune, au nom du domaine de l'Etat, et acquittée entre les mains du percepteur receveur municipal par les soins des agents des domaines.

405. L'assiette des impositions demandées à l'Etat, pour ses propriétés productives de revenus, peut donner lieu à des réclamations, soit de la part des agents de l'administration des domaines qui prétendraient que ces propriétés sont trop imposées, soit de la part des communes qui prétendraient qu'elles ne le sont pas assez. Puisque, pour leur assiette, ces impositions ont été ramenées à la forme pratiquée pour les propriétés privées, il devait en être de même pour l'instruction et le jugement des réclamations.

Ces différentes dispositions ont été portées à la connaissance des préfets par une circulaire du ministre de l'intérieur, en date du 12 septembre 1836.

406. Il est à remarquer d'ailleurs que le concours demandé à l'Etat, en vertu de l'article 13 de la loi du 21 mai 1836, ne peut, en cas de retard dans l'acquittement, être considéré comme une dette de l'Etat à laquelle s'appliqueraient les lois sur la déchéance.

C'est ce qui a été décidé par un décret du 22 décembre 1852 (*ministre des finances*) ainsi conçu, sur ce chef :

Vu l'article 13 de la loi du 21 mai 1836 ;
Vu l'article 9 de la loi du 29 janvier 1831 ;

Considérant qu'au cas où l'État doit, par application de l'article 15 de la loi du 21 mai 1836, contribuer aux dépenses des chemins vicinaux, il est appelé à contribuer au même titre et aux mêmes conditions que les autres propriétaires, et que, s'il doit être imposé en vertu d'un rôle spécial dressé par le préfet, il reste soumis, en ce qui concerne le recouvrement, aux règles établies par la loi pour tous les contribuables ; que, dès lors, c'est à tort que le conseil de préfecture de la Nièvre a appliqué aux impositions dont l'État est passible en vertu de la loi du 15 juillet 1845, les règles établies par l'article 9 de la loi du 29 janvier 1831 pour le payement des dépenses ordinaires de l'État.

107. Si cependant les contributions à demander à l'État n'avaient pas été inscrites aux rôles, l'administration ne pourrait pas faire dresser de rôles supplémentaires pour les années écoulées.

C'est ce qui résulte du même décret du 22 décembre 1852 (*ministre des finances*), ainsi conçu, sur ce chef :

Vu l'article 15 de la loi du 21 mai 1836 ;

Vu l'article 149 de la loi du 5 frimaire an VII ;

Considérant que les rôles pour le recouvrement des contributions directes doivent être dressés annuellement ; que l'article 149 susvisé de la loi du 5 frimaire an VII est relatif aux poursuites à exercer par les percepteurs contre les contribuables en retard d'acquitter les contributions pour lesquelles ils sont inscrits sur les rôles, et que, de cette disposition, on n'en peut conclure que l'administration soit autorisée à reprendre pendant trois ans, par des rôles supplémentaires, les contribuables dont l'inscription a été omise.

SECTION II.

Emploi.

---

108. Le produit de la contribution établie sur les propriétés de l'État en vertu de l'article de loi qui nous occupe, ne peut être appliqué qu'à la dépense des travaux des chemins vicinaux, cela est de toute évidence, puisque ce n'est qu'en vue de ces travaux que la contribution est assise.

Mais, de ce principe, quelques agents des administrations des domaines et des forêts avaient cru pouvoir conclure qu'ils avaient le droit de veiller au bon emploi du montant des cotisations de l'État et presque de diriger cet emploi.

Il y avait évidemment là excès de zèle de la part de ces agents, et il importait de restreindre leur action dans les limites qu'elle ne doit pas dépasser. Aussi, le ministre de l'intérieur a-t-il fait remarquer aux préfets, dans son instruction du 24 juin 1836, que les agents des domaines et des forêts n'avaient à intervenir, ni dans la question de l'utilité des travaux en vue desquels les propriétés de l'État étaient appelées à contribuer, ni dans l'exécution de ces travaux. L'État n'est ici qu'un propriétaire ; ses représentants, en cette qualité, n'ont de droits que ceux de tous les propriétaires.

109. Nous terminerons ce qui a rapport à l'exécution de l'article 15 de la loi du 21 mai 1836, en disant que le produit des contributions imposées sur les propriétés de l'État et de la couronne doit être réparti entre les travaux des chemins vicinaux de grande et de petite communication, selon que les centimes communaux qui ont donné lieu à la contribution sont affectés aux dépenses de l'une ou de l'autre de ces deux catégories de voies publiques. C'est ce qu'a expliqué le ministre de l'intérieur dans son instruction précitée.

Quant au produit de la contribution imposée sur les propriétés de l'État et de la couronne, en raison des centimes spéciaux ou extraordinaires votés par les conseils généraux de département, ce produit doit appartenir en entier au service des chemins vicinaux de grande communication, puisque, sauf de rares exceptions, c'est toujours en vue de cette partie du service vicinal que ces centimes sont votés.

CHAPITRE V.

SUBVENTIONS INDUSTRIELLES.

SECTION I.

Nature et étendue des droits des communes.

§ 1er. — *Principe des subventions.*

410. Les articles 2 et 3 de la loi du 21 mai 1836 déterminent l'étendue des obligations qui peuvent être imposées aux membres de l'association communale en vue de l'entretien des chemins vicinaux ; c'est la représentation, soit de l'usage qu'ils font de ces chemins, soit de l'intérêt qu'ils ont à leur bon état de viabilité.

Mais il est des espèces de propriétés qui, par l'importance et le nombre des transports qu'occasionne leur exploitation, sont, pour les communications vicinales, une cause de dégradation toute exceptionnelle. Il est évidemment juste qu'elles contribuent, d'une manière exceptionnelle aussi, à la réparation des chemins dégradés par les transports qu'elles occasionnent. Aussi, avant même que la loi eût consacré ce principe, les administrations municipales essayaient-elles de le mettre en pratique, en imposant des subventions spéciales sur certaines exploitations. Dans le silence de la loi, le droit n'existait pas, et les décisions qui imposaient ces subventions devaient être réformées. Nous citerons, sur ce point, une ordonnance du 14 janvier 1824 (*ministre de l'intérieur c. ville de Marseille*), ainsi conçue :

Considérant que les chemins publics dont il s'agit sont entretenus par la ville de Marseille, et qu'ainsi ce sont de véritables chemins publics ;

Considérant qu'aucune loi ne permet d'astreindre les voituriers qui parcourent les chemins publics à réparer le dommage fait, à ces chemins, par la simple fréquentation ; qu'on ne peut imposer l'obligation de réparer les dommages causés auxdits chemins que lorsque les détériorations proviennent d'entreprises illicites ; que l'obligation de réparer un chemin public proportionnellement à l'usage qu'on aurait fait dudit chemin constituerait un véritable impôt, qui ne peut être établi que par la loi ; qu'ainsi, le conseil de préfecture a fait une fausse application des règlements, en condamnant les sieurs Venture et Diény à la réparation des chemins que leurs voituriers ont parcourus.

Le gouvernement préparait, à cette même époque, la loi du 28 juillet 1824, et il comprit qu'il y avait quelque chose à faire sur ce point. Il n'était pas tolérable, en effet, que lorsqu'un chemin vicinal avait été réparé à grands frais par une commune, un seul exploitant d'usine ou d'entreprise industrielle pût, en quelques jours, rendre ce chemin impraticable, sans être tenu de concourir d'une manière spéciale à sa réparation. C'est ce qui détermina le législateur à introduire, dans la loi précitée, une disposition qui permettait d'imposer des subventions particulières aux exploitations industrielles dont les transports dégradaient le plus les chemins vicinaux.

411. La loi du 21 mai 1836 a maintenu, par son article 14, le principe posé par l'article 8 de celle du 28 juillet 1824, mais avec des modifications qui ont pour but, à la fois, comme le fait remarquer le ministre de l'intérieur dans son instruction du 24 juin 1836, *d'assurer aux communes les indemnités auxquelles elles peuvent avoir légitimement droit, mais en même temps d'empêcher que les propriétaires ou exploitants d'usines, de carrières, de forêts, fussent exposés à des demandes exagérées de la part des communes.*

412. Du principe que les subventions, que nous appellerons *industrielles*, sont imposées comme indemnité représentative des dégradations, il résulte que l'exercice des droits des communes, à l'égard des exploitations industrielles, n'est nullement subordonné à la situation plus ou moins prospère de ces communes, au point de vue de leurs finances. Ainsi, une commune qui aurait des revenus ordinaires suffisants pour subvenir à l'entretien de ses chemins, n'en aurait pas moins le droit d'exiger des subventions spéciales des établissements ou exploitations qui auraient dégradé ces voies publiques.

C'est ce qui résulte clairement de l'ordonnance du 25 août 1835 (*Wautier, c. commune de Villers-Sire-Nivelle*), ainsi conçue :

Vu la loi du 28 juillet 1824 ; considérant qu'en accordant aux communes dont les chemins sont dégradés temporairement ou habituellement par des exploitations de mines, carrières, forêts, ou toute autre entreprise industrielle, le droit de faire taxer les propriétaires ou entrepreneurs de ces établissements à des subventions particulières pour la réparation desdits chemins, la loi du 28 juillet 1824 n'a pas restreint ce droit au cas où les ressources desdites communes seraient épuisées ; que, dans l'espèce, le sieur Wautier reconnaît s'être servi habituellement d'une partie des chemins de la commune de Villers-Sire-Nivelle, et que, dès lors, les dispositions de l'article 7 de la loi précitée lui étaient applicables.

413. Il est à remarquer, également, que le droit des communes, en matière de subventions industrielles, n'est pas limité aux exploitations situées sur leur territoire, mais qu'il s'étend sur toutes les exploitations qui dégradent les chemins vicinaux d'une commune, quel que soit le siége de ces exploitations.

Ce principe, que le ministre de l'intérieur n'a pas manqué de rappeler dans son instruction du 24 juin 1836, avait été posé une première fois par l'ordonnance du 28 octobre 1831 (*Ladrey*), ainsi conçue :

Vu la loi du 28 juillet 1824, et notamment l'article 7 ; considérant qu'il résulte évidemment de l'article 7 de la loi du 28 juillet 1824, ci-dessus visé, que les subventions particulières que les communes peuvent exiger des propriétaires ou entrepreneurs d'établissements industriels, qui dégradent habituellement ou temporairement les chemins pour l'exploitation de leurs usines, s'appliquent indistinctement aux établissements qui ont leur siége dans lesdites communes, et à ceux qui sont situés sur un autre territoire.

Il a été prononcé de même par les ordonnances des 29 juin 1832 (*Buon c. commune de la Poofé*), 19 janvier 1836 (*ministre des finances c. commune* de *Villers-les-Nancy*), 4 juillet 1837 (*Puton c. commune de Mesnil-en-Xantois*), et par un arrêté du gouvernement du 18 juin 1848. (*Parquin et Magnon c. commune de Pontault-Combault*).

On comprend, cependant, qu'il ne doive pas être fait une application sans mesure du droit attribué aux communes à l'égard des exploitations situées hors de leur territoire. Aussi le ministre de l'intérieur a-t-il recommandé, dans son instruction précitée, de ne pas chercher à imposer ces exploitations dans toute la ligne que parcourent leurs transports, et de se borner à demander leur concours pour les lignes où les dégradations extraordinaires qu'occasionnent ces transports peuvent réellement être appréciées.

414. Avant d'aborder la série des formalités à remplir pour arriver au règlement des subventions industrielles, nous dirons que l'article 14 de la loi du 21 mai 1836 est celui dont l'exécution a été trouvée le plus difficile par les autorités locales. Ces difficultés sont telles, qu'il est un certain nombre de départements où les maires ont renoncé à se prévaloir des droits que cet article donnait à leurs communes, et ont laissé perdre ainsi les ressources qu'elles auraient trouvées, pour l'amélioration de leurs chemins vicinaux, dans les subventions qu'elles auraient pu exiger des entreprises industrielles qui dégradent ces chemins; aussi a-t-on souvent demandé que ces formalités fussent en grande partie supprimées, ou du moins que leur application fût simplifiée. Mais la loi a réglé minutieusement la plupart des formes à suivre pour la fixation des subventions, et, plusieurs fois, des ordonnances royales ont annulé des arrêtés de conseils de préfecture qui avaient prononcé sans que ces formes eussent été suivies. Il ne dépend donc pas de l'autorité ministérielle de simplifier les formalités que l'instruction du 24 juin 1836 a prescrites, au moins dans ce qui n'est que la traduction de l'article de la loi. Il faudrait pour cela une disposition législative qui n'a pas encore été proposée.

415. Nous ferons remarquer enfin que les articles 14 de la loi du 21 mai 1836 et 7 de celle du 28 juillet 1824 étant basés sur le même principe, bien qu'ils diffèrent par leur rédaction, les ordonnances royales rendues sous l'empire de la loi de 1824 sont presque toutes applicables au système établi par celle de 1836; nous aurons donc fréquemment à chercher dans des ordonnances antérieures à 1836, les règles à suivre pour l'application de la législation nouvelle.

§ 2. — *Exploitations imposables.*

416. L'article 14 de la loi du 21 mai 1836 a conservé l'énumération donnée par l'article 8 de celle du 28 juillet 1824, des exploitations et entreprises auxquelles les communes peuvent demander des subventions, mais avec l'addition de ces mots : *appartenant à des particuliers, à des établissements publics, à la couronne, ou à l'Etat.*

417. Cette addition a sans doute eu pour objet principal de faire cesser le refus que faisait l'administration des forêts de l'Etat, d'accorder les subventions que les communes se croyaient en droit de lui demander. Nous dirons cependant que, même sous l'empire de la loi du 28 juillet 1824, les refus de cette administration avaient été reconnus mal fondés par le conseil d'Etat,

Ainsi, une ordonnance du 21 octobre 1835 (*commune de Wuisse*) a statué en ces termes :

Vu la loi du 28 juillet 1824; considérant que, dans l'espèce, il ne s'agissait pas d'une contribution établie sur tous les habitants de la commune de Wuisse, et à laquelle l'Etat aurait dû concourir, conformément à l'article 8 de la loi, dans la proportion de la contribution foncière dont la forêt de Bride, située sur le territoire de la commune de Wuisse, serait passible, mais d'une subvention réclamée par le conseil municipal de Wuisse pour la réparation des chemins vicinaux dégradés par l'exploitation de la forêt de Bride, et que, dès lors, c'est avec raison que le conseil de préfecture a appliqué, dans l'espèce, l'article 7 de la loi.

Il a été statué de même par l'ordonnance du 19 juillet 1836 (*commune de Villers-les-Nancy*).

Les termes de celle du 19 novembre 1837 (*commune de Fontenay-le-Comte*) sont plus explicites encore ; elle est ainsi conçue :

Vu les lois des 28 juillet 1824 et 21 mai 1836; considérant que l'article 7 de la loi du 28 juillet 1824, aux termes duquel les propriétaires des forêts dont l'exploitation dégrade habituellement ou temporairement un chemin vicinal, peuvent être obligés à des subventions particulières, s'applique, par disposition générale, aux forêts qui font partie du domaine de l'État et de la couronne, comme aux forêts des communes et des particuliers.

Une autre ordonnance du 5 décembre 1837 (*ministre des finances c. commune de Saint-Eulien*) a prononcé dans le même sens.

Depuis cette époque, aucune difficulté n'a plus été soulevée par l'administration des forêts, quant au principe ; les contestations qui sont survenues n'ont plus eu pour objet que des questions incidentes.

118. Il est à remarquer, d'ailleurs, que les forêts exploitées en nature de bois ne donnent pas, seules, ouverture aux demandes de subventions de la part des communes, et qu'il en est de même de celles exploitées en charbonnage, bien que cette nature d'exploitation permette de se servir, pour les transports, de voitures très-légères.

C'est ce qui a été décidé par une ordonnance du 31 mars 1847 (*Comte de Coislin*), portant rejet d'un pourvoi basé sur ce que la forêt était exploitée en charbonnage. Cette ordonnance est ainsi conçue :

Vu la loi du 21 mai 1836, articles 14 et 17 ;
Considérant qu'il résulte de l'instruction que le chemin vicinal de grande communication n° 5, de Savenay à Fougeray, était entretenu en état de viabilité, et que des dégradations extraordinaires y ont été faites par suite de l'exploitation de la forêt appartenant au Comte de Coislin ;
Considérant qu'il a été procédé à une expertise contradictoire, et que le Comte de Coislin ne justifie pas que la subvention de 845 francs, mise à sa charge, pour l'exercice 1845, à raison des dégradations dont il s'agit, ait été exagérée;
Art. 1er. La requête du Comte de Coislin est rejetée.

119. L'exploitation de forêts appartenant *à des particuliers, à des établissements publics ou à l'État*, peut, comme nous l'avons dit, donner ouverture à des demandes de subventions, mais l'article 14 de la loi ne parle pas, nommément, des forêts appartenant *à des communes*. Il y a cependant même raison de décider, et il est à présumer que le législateur a entendu comprendre les communes parmi les *établissements publics*.

C'est en ce sens qu'a prononcé le conseil d'État, section du contentieux, par une décision en date du 11 mai 1850 (*commune de Savigny c. commune d'Aubaine*), ainsi conçue :

Vu la loi du 21 mai 1836 ;
Considérant que le droit ouvert aux communes par l'article 14 de la loi précitée doit être exercé par elles contre les propriétaires des forêts dont l'exploitation dégrade leurs chemins vicinaux, sauf, s'il y a lieu, le recours de ces propriétaires contre les adjudicataires des coupes de bois; que la commune de Savigny était,

dès lors, fondée à s'adresser à la commune d'Aubaine pour le payement de la somme
de 561 fr. 50 c., à laquelle les experts ont évalué la subvention spéciale due à la
commune de Savigny pour les dégradations extraordinaires occasionnées au chemin
vicinal de Beaune à Bouilland par l'exploitation de la coupe du quart en réserve
de la forêt dont la commune d'Aubaine est propriétaire ; d'où il suit que c'est à
tort que le conseil de préfecture de la Côte-d'Or a rejeté la demande de la commune de Savigny contre la commune d'Aubaine en payement de ladite subvention,
et l'a renvoyée à se pourvoir contre les adjudicataires exploitants de ladite forêt.

420. Les exploitations agricoles ne sont pas et ne devaient pas être
comprises dans la catégorie de celles à raison desquelles des subventions peuvent être demandées, car, ainsi que l'a fait remarquer le ministre de l'intérieur, dans son instruction du 24 juin 1836. « l'exploita-
« tion agricole a acquitté sa dette par la prestation en nature qui
« n'atteint pas la plupart des autres exploitations. »

Mais l'exemption prononcée pour les exploitations agricoles s'étend
elle à certains établissements, à certaines usines destinées à transformer les produits agricoles, un moulin, par exemple?

La solution de cette question dépend évidemment de la destination
de l'usine. Si un moulin est exclusivement attaché au service d'un
grand établissement agricole, d'une ferme considérable, et qu'il ne soit
employé à convertir en farine que la quantité de grain nécessaire au
personnel de cette ferme, il doit, ce nous semble, être considéré comme
dépendance d'une exploitation rurale, et ne peut, dès lors, donner
lieu à une demande de subvention spéciale, alors même qu'il serait
situé à quelque distance du corps de ferme et que, pour le transport
des grains et des farines, il faudrait fréquenter des chemins vicinaux.

Si, au contraire, un moulin est destiné, soit à faire des farines qui
sont pour le propriétaire un objet de commerce, soit à convertir en
farine des grains appartenant à divers particuliers, il y a bien là exercice
d'une industrie, et, dès lors, cet établissement tombe sous l'application de l'article 14 de la loi du 21 mai 1836.

Il a été prononcé en ce sens par une décision du conseil d'Etat,
section du contentieux, en date du 9 février 1850 (*Vuillet*), ainsi conçue,
sur ce chef :

Vu la loi du 21 mai 1836, article 14 ;
Considérant que, d'après l'article 14 de la loi susvisée, toutes les fois qu'un
chemin vicinal entretenu à l'état de viabilité est habituellement ou temporairement
dégradé par des exploitations de mines, de carrières, de forêts ou de toute autre
entreprise industrielle, il peut y avoir lieu d'imposer aux exploitants des subventions spéciales dont la quotité doit être proportionnée à la dégradation extraordinaire causée par lesdites exploitations:
Considérant que l'exploitation du moulin du sieur Vuillet constitue une entreprise
industrielle, et qu'il résulte de l'instruction que le chemin vicinal de grande communication n° 4 était entretenu à l'état de viabilité en 1845 et 1846.

Il a été statué dans le même sens, par d'autres décisions du conseil
d'Etat, section du contentieux, en date des 27 avril 1850 (*Milon*), 18 janvier 1851 (*Morlet*) et 8 mars 1851 (*Roger-Hutin*).

421. Le transport des grains doit être l'objet d'une distinction
analogue à celle que nous venons de faire relativement aux moulins.
Si le transport se borne aux grains récoltés par le propriétaire et qui
sont portés au marché, il n'y a pas lieu à imposer une subvention, car
il s'agit là d'une opération qui se rattache à l'exploitation agricole. Si,
au contraire, les grains transportés ont été achetés pour en faire com-

merce, il y a exercice d'une industrie, ce qui rentre dans le cas prévu par l'article 14 de la loi du 21 mai 1836.

Le conseil d'État, section du contentieux, a prononcé en ce sens par une décision en date du 28 juillet 1849 (*Cléry-Derniame*), ainsi conçue, sur ce chef :

Vu la loi du 21 mai 1836 ;
Considérant qu'il résulte de l'instruction que les transports auxquels a donné lieu l'exploitation du commerce (de grains) du sieur Cléry-Derniame ont causé des dégradations extraordinaires au chemin vicinal de grande communication n° 31 ; qu'ainsi c'est avec raison que ledit sieur Cléry-Derniame a été déclaré passible d'une subvention spéciale en vertu et par application de l'article 14 de la loi du 21 mai 1836.

122. Une distinction semblable doit être faite relativement à d'autres usines qui sont, souvent aussi, des annexes d'une exploitation agricole ; ce sont les fabriques de sucre de betterave.

Lorsque ces fabriques constituent une véritable entreprise industrielle, elles peuvent être imposées. C'est ce qu'a décidé un arrêté du gouvernement du 12 février 1849 (*Monnot-Leroy*), ainsi conçu, sur ce chef :

Vu la loi du 21 mai 1836 ;
Considérant qu'il résulte de l'instruction que la fabrique de sucre de betterave exploitée par le sieur Monnot-Leroy constitue une entreprise de la nature de celles auxquelles s'applique l'article 14 de la loi du 21 mai 1836 ; qu'ainsi c'est avec raison que le requérant a été déclaré passible d'une subvention spéciale, à raison des dégradations extraordinaires qui ont pu être causées par l'exploitation de sa fabrique, au chemin vicinal de grande communication n° 13 *bis*.

123. Depuis, le conseil d'État a distingué entre les diverses natures d'opérations auxquelles peut donner lieu l'exploitation d'une fabrique de sucre de betterave annexée à un établissement agricole, et il a décidé qu'il n'y avait pas lieu d'imposer une subvention pour les dégradations occasionnées par le transport des betteraves récoltées sur les terres appartenant à l'exploitant ou sur celles qu'il tient à ferme. Ce transport, en effet, ne constitue qu'une opération dépendant de toute exploitation agricole, comme la rentrée de toute autre espèce de récoltes, et on ne peut considérer comme dépendant d'une exploitation industrielle, que le transport, soit de betteraves achetées à d'autres cultivateurs pour en extraire le sucre, soit de sucres fabriqués.

La décision du conseil d'État, section du contentieux, en date du 12 janvier 1850 (*Martiné*), est ainsi conçue :

Vu la loi du 21 mai 1836 ;
Considérant qu'il résulte de l'instruction que le sieur Martiné ne s'est point servi, en 1846 et 1847, des chemins vicinaux de grande communication nos 13 et 13 *bis*, et du chemin vicinal n° 1, pour le transport des sucres par lui fabriqués ou des matières premières destinées à cette fabrication, mais qu'il s'en est servi uniquement pour transporter, d'un point à un autre de son exploitation agricole, les betteraves provenant des terres à lui appartenant ou par lui exploitées ; que, dans ces circonstances, ledit sieur Martiné ne pouvait être soumis à des subventions spéciales pour la réparation des dégradations extraordinaires qui avaient pu être causées aux chemins vicinaux dont il s'agit.

124. Des propriétaires d'étangs salins ont aussi prétendu faire considérer cette nature d'exploitation comme entrant dans la catégorie des établissements agricoles, attendu, disaient-ils, qu'ils ne faisaient

qu'exploiter le produit de leurs propriétés, sans lui faire subir de transformation.

Cette prétention a été repoussée par un décret du 15 mars 1849
(*Agard et compagnie*), ainsi conçu :

Vu la loi du 21 mai 1836 ;
Considérant qu'il résulte de l'instruction que l'exploitation des étangs salins de
Lavaldus, appartenant aux sieurs Agard et compagnie, constitue une entreprise de
la nature de celles auxquelles s'applique l'article 14 de la loi du 21 mai 1836; que
c'est avec raison que les requérants ont été déclarés passibles d'une subvention spéciale par suite des dégradations extraordinaires qui ont été causées au chemin de
grande communication n° 8, d'Istres au canal d'Arles, par le transport des produits
desdits étangs salins.

425. Dans quelques départements, on emploie, comme engrais, des
terres pyriteuses connues sous le nom de *cendres noires* et que l'on
extrait du sous-sol, comme la marne et autres substances analogues.
Cette extraction doit être considérée comme une exploitation de carrières et donne, par conséquent, ouverture à l'application de l'article 14
de la loi du 21 mai 1836.

C'est ce qu'a déclaré le conseil d'Etat, section du contentieux, par
une décision du 26 avril 1851 (*Rémy et Courteville*), ainsi conçue, sur
ce chef :

Vu la loi du 21 mai 1836, article 14;
Sur le moyen tiré de ce que l'exploitation des cendres noires pour engrais, à laquelle se livrent les sieurs Rémy et Courteville, ne serait pas une des entreprises
auxquelles s'applique l'article 14 de la loi du 21 mai 1836:
Considérant qu'aux termes dudit article, la subvention peut être réclamée à raison de l'exploitation des carrières, et qu'il résulte de l'instruction que les cendres
noires pour engrais ne sont autre chose que les terres pyriteuses regardées comme
engrais, nominativement comprises dans les carrières par l'article 4 de la loi du
21 avril 1810.

426. Nous avons dit plus haut, n° 417, que l'administration des
forêts de l'Etat, se fondant sur ce que ces forêts n'étaient pas nommément
désignées dans l'article 7 de la loi du 28 juillet 1824, avait d'abord prétendu que leur exploitation ne pouvait donner lieu à une demande de
subvention de la part des communes.

Une prétention de même nature avait été élevée par le ministère des
travaux publics, relativement à certaines entreprises, notamment celles
qui ont pour objet la fourniture des matériaux destinés à l'entretien
des routes impériales ou départementales, et, sous l'empire de la loi du
28 juillet 1824, cette prétention fut admise par des ordonnances des
24 avril 1837 (*ministre des travaux publics c. commune de Noyant*) et
19 décembre 1838 (*Guémy et Dervys*). Sans contester le bien jugé de ces
décisions, il faut reconnaître qu'elles étaient grandement préjudiciables
aux intérêts des communes, car il n'est pas d'entreprises qui dégradent plus les chemins vicinaux que celles des travaux publics.

La rédaction de l'article 14 de la loi du 21 mai 1836 permit aux
communes de faire revivre la question. Dans cet article, en effet, il
n'est plus parlé seulement des exploitations ou des entreprises appartenant à des particuliers, mais encore de celles appartenant à l'Etat; si
donc on considérait les entrepreneurs de travaux publics comme *agissant au lieu et place de l'Etat*, ainsi que l'avait exprimé l'ordonnance du
19 décembre 1838 (*Guémy et Dervys*), l'Etat ne pouvait plus prétendre
exempter les agents d'une exploitation faite pour son compte; si, au

contraire, on considérait les entrepreneurs de travaux publics comme exerçant une industrie, comme exploitant une entreprise ordinaire. il n'était pas douteux qu'ils pussent être obligés, en vertu de l'article 14 de la loi, à réparer le dommage que leur exploitation causait aux chemins vicinaux que leurs transports fréquentaient.

Ces considérations furent appréciées par le conseil d'État qui, dans une première ordonnance du 9 janvier 1843 (*Aubelle et autres c. commune de Rochecorbon*), tout en annulant les expertises pour vice de forme, reconnut, implicitement, au moins, le droit des communes. Il fut statué dans le même sens par les ordonnances des 25 février 1843 (*ministre des travaux publics, c. commune de Véritz*) et 18 juin 1846 (*Malâtre*). Enfin le principe de l'applicabilité de l'article 14 de la loi du 21 mai 1836 aux entreprises de travaux publics a été formellement reconnu par un arrêté du Gouvernement en date du 17 juin 1848 (*Deguerre*), ainsi conçu, sur ce chef :

Vu la loi du 21 mai 1836 ;

En ce qui touche la question de savoir si le sieur Deguerre pouvait être déclaré passible d'une subvention spéciale comme entrepreneur de travaux publics :

Considérant que l'article 14 de la loi du 21 mai 1836, en permettant d'imposer des subventions spéciales aux propriétaires ou exploitants de toute entreprise industrielle appartenant à des particuliers, à des établissements publics ou à l'État, n'établit aucune distinction entre les diverses entreprises qui peuvent occasionner des dégradations extraordinaires aux chemins vicinaux, et ne fait aucune exception pour les entrepreneurs de travaux publics ; qu'en fait, il résulte de l'instruction que le sieur Deguerre, entrepreneur des travaux de la route départementale n° 27, dans le département de la Seine-Inférieure, a causé des dégradations extraordinaires au chemin vicinal n° 1er de la commune de la Ferté-Saint-Samson, par suite du transport des matériaux nécessaires à l'exécution desdits travaux.

Il a été prononcé dans le même sens par un décret du 18 juin 1852 (*Hébert*).

SECTION II.

Formation des demandes.

---

§ 1. — *Qualité pour former les demandes.*

427. Le troisième paragraphe de l'article 14 de la loi du 21 mai 1836 porte que les subventions industrielles sont réglées sur la demande des communes. C'est donc au maire qu'il appartient de former ces demandes.

428. Toutefois, et comme le fait remarquer le ministre de l'intérieur, dans son instruction du 24 juin 1836, il y a exception à ce principe en ce qui concerne les chemins vicinaux de grande communication. D'une part, en effet, il n'y a plus là un intérêt communal isolé ; d'autre part, ces chemins sont placés, par l'article 9 de la loi, sous l'autorité des préfets. C'est donc à ces magistrats qu'il appartient de former les demandes de subventions pour les dégradations extraordinaires causées par des entreprises industrielles aux chemins vicinaux de grande communication.

§ 2. — *Redevables.*

429. L'article 7 de la loi du 28 juillet 1824 avait laissé, par sa rédaction, une grande incertitude sur la question de savoir à qui, des propriétaires d'établissements industriels ou des exploitants de ces établissements, les communes devaient s'adresser pour obtenir les subventions auxquelles elles croyaient avoir droit, et une ordonnance du 28 août 1827 (*De Béthune-Charost*), avait reconnu qu'elles pouvaient, à leur choix, s'adresser soit aux propriétaires, soit aux exploitants.

Cette ordonnance est ainsi conçue :

Vu l'article 7 de la loi du 28 juillet 1824 ; considérant que, des termes de cet article, il résulte que son application peut être requise par les communes, soit contre les exploitants, soit contre les propriétaires des forêts , sauf entre ceux-ci tel recours que de droit.

430. L'article 14 de la loi du 21 mai 1836 a fait cesser cette incertitude sur les redevables, en stipulant que les subventions seront imposées *aux entrepreneurs ou propriétaires, suivant que l'exploitation ou les transports auront lieu pour les uns ou pour les autres.* Pour faire saisir, mieux encore, la distinction ici faite par le législateur, le ministre de l'intérieur explique, dans son instruction du 24 juin 1836, que si l'exploitation ou les transports se font pour le compte du propriétaire, c'est au propriétaire que la commune doit s'adresser ; que si, au contraire, l'exploitation ou les transports se font pour le compte d'un fermier ou d'un entrepreneur permanent, ce n'est plus au propriétaire que la commune doit s'adresser, mais bien à celui qui exerce les droits du propriétaire d'une manière permanente.

431. Mais il y a des exploitations tellement passagères de leur nature, ou qui sont livrées à un si grand nombre d'individus, que les communes se trouveraient dans l'impossibilité d'exercer leurs droits, si elles étaient obligées de s'adresser aux exploitants. Ainsi serait-il, par exemple, d'une mine ou d'une carrière où un grand nombre d'individus vont prendre successivement un certain nombre de mètres cubes de minerai ou de pierre ; ainsi, encore, d'une forêt exploitée par voie d'adjudication et par lots. Dans ces différents cas et autres analogues, fait remarquer le ministre dans l'instruction précitée, ce n'est plus à ces exploitants temporaires et passagers que les communes doivent s'adresser ; c'est au propriétaire de la mine, de la carrière ou de la forêt, attendu que s'il n'exploite pas directement, c'est cependant pour son compte que se fait l'exploitation.

La solution donnée par le ministre était basée sur les dispositions d'une ordonnance du 21 octobre 1835 (*ministre des finances c. commune de Wuisse*), ainsi conçue :

Vu la loi du 28 juillet 1824 ; *en ce qui touche la question de savoir si c'est à l'administration des forêts ou aux adjudicataires des coupes de bois que la commune de Wuisse doit demander l'exécution de l'arrêté du conseil de préfecture ;* considérant que le droit ouvert aux communes par l'article 7 de la loi du 28 juillet 1824 , doit être exercé par elles contre les propriétaires des forêts dont l'exploitation dégrade les chemins vicinaux, sauf, s'il y a lieu, le recours de ces propriétaires contre les adjudicataires des coupes de bois ; et qu'ainsi, c'est avec raison que la commune de Wuisse s'est adressée à l'administration des forêts pour demander l'exécution de l'arrêté du conseil de préfecture de la Meurthe.

Il a été prononcé de même par une seconde ordonnance du 19 janvier 1836 (*ministre des finances c. commune de Villers-les-Nancy*).

Cette règle ne pouvait qu'être maintenue sous l'empire de la loi du 21 mai 1836, et c'est ce qui a été fait par l'ordonnance du 14 février 1839 (*baronne de Feuchères c. commune de Montlignon*) et par décision du conseil d'État, section du contentieux, en date du 11 mai 1839 (*commune de Savigny c. commune d'Aubaine*).

Nous citerons encore, sur ce point, un décret du 3 juillet 1852 (*Grognier*) ainsi conçu, sur ce chef :

Vu la loi du 21 mai 1836 :
Considérant qu'il résulte de l'instruction que les chemins vicinaux dont il s'agit ont été dégradés par suite des transports qui ont été effectués tant pour les approvisionnements des forges exploitées par le sieur Grognier que pour l'écoulement de leurs produits; et, en ce qui touche particulièrement les minerais provenant d'un bocard appartenant au sieur Gaide de Ligny, et situé sur la rivière de Saulx, qu'ils ont été transportés par les soins et pour le compte du sieur Grognier; que, dès lors, c'est avec raison que le conseil de préfecture a mis à la charge de ce dernier les subventions affectées à la réparation des dommages causés par lesdits transports.

Il a été prononcé dans le même sens, par un second décret à la même date (*de Grimaldi*).

§ 3. — *Délai de formation des demandes.*

132. L'article 14 de la loi du 21 mai 1836 porte que les subventions doivent être réglées *annuellement*, mais il ne fixe pas d'une manière précise, dans quel délai les communes doivent former leurs demandes, et après quel laps de temps il y a prescription en faveur des établissements industriels auxquels elles s'adressent. L'obligation de faire régler ces subventions *annuellement* semblait, cependant, emporter virtuellement celle de former les demandes, au plus tard, dans l'année qui suit celle pendant laquelle les dégradations ont eu lieu; cela est, en effet, fondé en raison, puisqu'il serait souvent impossible de constater des dégradations qui auraient eu lieu plusieurs années auparavant.

C'est en ce sens que la question a été résolue par une décision du conseil d'État, section du contentieux, en date du 9 février 1850 (*Vuillet*) ainsi conçue, sur ce chef :

Vu la loi du 21 mai 1836, article 14 ;
En ce qui touche l'arrêté relatif à la subvention de l'année 1844 :
Considérant qu'aux termes de l'article 14 de la loi susvisée, c'est annuellement que les subventions spéciales doivent être réglées, sur la demande des communes, par les conseils de préfecture; qu'il résulte de l'instruction que la subvention afférente à l'année 1844 n'a été demandée au sieur Vuillet qu'en 1846, et qu'ainsi, le conseil de préfecture ne pouvait allouer aucune subvention pour ladite année 1844.

Il a été prononcé de même, par une seconde décision du conseil d'État, section du contentieux, en date du 26 juillet 1851 (*ministre des finances*).

SECTION III.

Conditions de l'exercice des droits des communes.

§ 1. — *Vicinalité du chemin.*

133. Ce n'est qu'en vue des chemins *vicinaux* que les communes peuvent demander des subventions, et cela résulte du texte même de l'article 14 de la loi du 21 mai 1836.

Ce principe a été rappelé dans une ordonnance du 3 mai 1837 (*commune de Saint-Maurice-les-Charencey c. Duval*), ainsi conçue :

Vu la requête du maire de la commune de Saint-Maurice-les-Charencey, tendante à ce qu'il nous plaise annuler un arrêté du conseil de préfecture du département de l'Orne, du 22 mars 1833, lequel a déclaré qu'il n'y avait lieu, quant à présent, d'obliger le sieur Duval, maître de forges, à contribuer à la réparation des chemins de la commune, dégradés par l'exploitation de ses usines ; vu la loi du 28 juillet 1824 ;
Considérant qu'il n'a point été procédé à la reconnaissance des chemins de la commune de Saint-Maurice-les-Charencey ; que l'on ne peut, dès lors, faire application à ces chemins des lois et règlements relatifs aux chemins vicinaux reconnus et classés ; que la loi du 28 juillet 1824 n'a statué qu'à l'égard de ces derniers ; — Art. 1er. La requête de la commune de Saint-Maurice-les-Charencey est rejetée.

Mais lorsqu'un chemin a le caractère de chemin vicinal, la demande de subvention formée par la commune ne pourrait être repoussée par le motif que l'assiette du chemin devrait être changée.

C'est ce qui résulte de l'ordonnance du 15 mars 1838 (*ministre des finances c. commune de Chavansin*), ainsi conçue :

Vu la loi du 28 juillet 1824 ;
En ce qui concerne le grief que notre ministre fait résulter de ce que la contribution mise à la charge de l'Etat aurait pour objet la réparation d'un chemin dont l'emplacement devait être changé : considérant que la contribution déterminée par le conseil de préfecture a été réglée par quotité, et s'applique à l'état du chemin actuel, quelles que soient les mesures ultérieures que l'administration pourrait prendre relativement audit chemin ; — Art. 1er. Les conclusions de notre ministre des finances contre l'arrêté du conseil de préfecture du département de l'Ain, du 26 novembre 1833, sont rejetées.

Les deux ordonnances que nous venons de rapporter ont été rendues sous l'empire de la loi du 28 juillet 1824 ; le principe qu'elles posent serait applicable, à plus forte raison, sous l'empire de celle du 21 mai 1838, dont le texte est plus formel, quant à la condition de vicinalité des chemins pour lesquels des subventions sont demandées.

434. Lorsqu'un chemin est vicinal, il importe peu qu'il soit de petite ou de grande communication ; il peut, dans l'un comme dans l'autre cas, donner ouverture à une demande de subvention.

C'est ce qui a été rappelé par un décret du 3 juillet 1852 (*de Grimaldi*), ainsi conçu, sur ce chef :

Vu la loi du 21 mai 1836 ;
Sur le moyen tiré de ce que les subventions spéciales prévues par l'article 14 de la loi du 21 mai 1836 ne pourraient être exigées pour les chemins vicinaux de grande communication :
Considérant que cet article fait partie du titre 3 de la loi précitée, lequel comprend des dispositions générales, applicables à tous les chemins vicinaux.

§ 2. — *Viabilité du chemin.*

435. Il faut, nous venons de le voir, n° 433, qu'un chemin soit *vicinal* pour que les dégradations causées par des exploitations industrielles donnent ouverture à une demande de subvention : il faut, encore, aux termes de l'article 14 de la loi du 21 mai 1836, qu'il soit *entretenu à l'état de viabilité*

Mais le législateur n'a pas dit dans quelles formes doit être constaté l'état de viabilité des chemins vicinaux, et le ministre de l'intérieur avait suppléé à ce silence en décidant, par son instruction du 24 juin 1836, que la reconnaissance de l'état de viabilité devrait se faire *contradictoirement* entre le maire de la commune demanderesse et les parties intéressées.

En traçant cette marche, le ministre s'était fondé, sinon sur la lettre au moins sur l'esprit de cet article de la loi ; il avait considéré l'exécution de cet article comme appartenant, en très-grande partie, *au contentieux administratif ;* or, toute contestation qui doit être jugée dans la forme contentieuse, doit nécessairement donner lieu à une instruction contradictoire entre les parties. Le ministre avait donc cru abréger la procédure devant le conseil de préfecture en dégageant tout d'abord cette procédure de toute contestation sur l'état de viabilité du chemin. Mais dans la pratique, les formalités prescrites pour la reconnaissance contradictoire de l'état de viabilité ont été quelquefois difficiles à remplir ; des maires peu habitués aux affaires contentieuses ont eu à lutter contre des propriétaires ou chefs d'exploitations qui, au contraire, savaient se prévaloir des moindres vices de forme ; la reconnaissance de la viabilité était surtout difficile à faire faire contradictoirement, de la part des petites exploitations temporaires dont il n'est pas toujours possible de connaître l'ouverture.

Il est quelques départements où ces difficultés ont paru telles, qu'on s'y est dispensé de faire reconnaître l'état de viabilité contradictoirement avec les parties intéressées, et que l'on s'est borné à faire constater cet état par un simple acte administratif, un arrêté du maire, par exemple, sur le rapport d'un agent voyer, lorsqu'il s'agissait de chemins vicinaux de petite communication, un arrêté du préfet, aussi sur le rapport d'un agent voyer, lorsqu'il s'agissait de chemins vicinaux de grande communication. Cette forme a paru suffisante aux conseils de préfecture de ces départements pour établir l'entretien à l'état de viabilité, et le conseil d'État l'a également considérée comme suffisante dans une affaire relative à un établissement de forges situé dans le département de la Nièvre. L'ordonnance du 30 juillet 1840 (*Détouillon*) est ainsi conçue, sur ce chef :

Sur le moyen tiré de ce que le chemin dont il s'agit n'était pas en état de viabilité à l'époque où la subvention a été demandée : considérant *qu'il résulte de l'instruction* que ledit chemin, dans les parties qui ont été dégradées, était entretenu à l'état de viabilité ; qu'ainsi il y avait lieu à l'application de l'article 14 de la loi du 21 mai 1836.

Ce qui ressortait *implicitement* de l'ordonnance que nous venons de rapporter, a été déclaré *explicitement*, par celle du 26 novembre 1846 (*Agombart*), ainsi conçue, quant à ce chef :

Vu la loi du 21 mai 1836, article 14 ;

Vu le procès-verbal de reconnaissance de la viabilité dudit chemin, en date du 22 décembre 1845 ;

Sur le moyen tiré de ce qu'il n'aurait pas été préalablement procédé à la constatation de l'état de viabilité :

Considérant . . . .

. . . . qu'aucune disposition de loi n'exige que la reconnaissance de la viabilité précède les dégradations causées à la voie vicinale ;

Considérant qu'il résulte de l'instruction, et notamment du procès-verbal du 22 décembre 1845, que le chemin dont il s'agit était entretenu à l'état de viabilité.

Il a été prononcé de même par l'ordonnance du 10 décembre 1846 (*le ministre des finances*), par les arrêtés du Gouvernement des 15 mai 1848 *(le ministre des finances).* 17 juin 1848 (*Deguerre*), 18 juin 1848 (*Parquin et Margnon c. commune de Pontault-Combault*), 12 février 1849 (*Debrousse*) (*de la Pouzaine et consorts*) et par décisions du conseil d'Etat, section du contentieux, des 3 août 1850 (*le ministre des finances*) et 26 avril 1851 (*Rémy et Courteville*).

436. On peut donc, aujourd'hui, considérer comme n'étant plus obligatoire, la partie de l'instruction ministérielle du 24 juin 1836 qui avait prescrit la reconnaissance préalable et *contradictoire* de l'état de viabilité des chemins vicinaux en vue desquels les communes avaient à former des demandes de subventions contre des exploitations industrielles.

§ 3. — *Nature des dégradations donnant ouverture aux demandes.*

437. L'article 14 de la loi du 21 mai 1836 ne permet pas de demander des subventions pour les dégradations résultant de la fréquentation ordinaire du chemin ; il faut que les dégradations soient *extraordinaires*, et sur ce point, le ministre de l'intérieur a dit, dans son instruction du 24 juin 1836, qu'il y avait lieu à l'application de l'article 14, lorsque l'exploitation dégrade le chemin dans une proportion beaucoup plus forte que l'usage qu'en font les habitants de la commune.

On comprend combien il peut être difficile de reconnaître si les dégradations qu'il s'agit d'apprécier, dépassent la limite de celles auxquelles peut donner lieu la fréquentation ordinaire du chemin, mais, en présence du texte formel de la loi, le conseil d'Etat ne pouvait qu'en maintenir l'application rigoureuse, et il a été statué à cet égard, par un arrêté du Gouvernement en date du 15 mai 1848 (*Longuet et autres*), ainsi conçu, sur ce chef :

Vu la loi du 21 mai 1836 ;

Considérant que si les sieurs Longuet, Hazard et Bombart, brasseurs, Vandelet fils, marchand de vins en gros, Moret-Béthune, marchand de charbon de terre, et Moret-Simon, marchand de cendres d'engrais, de sables, de chaux et de briques, ont fait usage, pour l'exercice de leur industrie, des chemins dont il s'agit, il ne résulte pas de l'instruction que cet usage ait causé auxdits chemins des dégradations *extraordinaires* devant donner lieu à des subventions spéciales.

Le principe posé dans cet arrêté se trouve confirmé, d'une manière plus explicite, dans celui du 12 février 1849 (*de la Pouzaire et consorts*), ainsi conçu, sur ce chef :

Vu la loi du 21 mai 1836 ;

Considérant qu'il résulte de l'instruction que les sieurs de la Pouzaire et consorts ont soutenu, devant le conseil de préfecture, que l'exploitation de leur forêt de Grala n'avait pas dégradé extraordinairement le chemin vicinal de grande communication n° 7, de Luçon à la Roche-Servière, et qu'ils ont demandé qu'une expertise, en cas de contestation, fût ordonnée sur ce point; que le conseil de préfecture a refusé de faire droit à cette demande, en se fondant sur ce qu'il était dès à présent prouvé, par les rapports des agents voyers, que l'exploitation de la forêt de Grala avait causé des dégradations habituelles au chemin dont il s'agissait, lequel était en état de viabilité, et sur ce que ces dégradations, *quelles qu'elles fussent*, devaient donner lieu à l'application de l'article 14 de la loi du 21 mai 1836;

Considérant............ que ledit article exige que ces subventions soient, à défaut de conventions amiables, réglées après expertises contradictoires, et proportionnellement aux dégradations extraordinaires qui ont pu être occasionnées par les entreprises ou exploitation, auxquelles il s'applique; qu'ainsi, dans l'espèce, c'est à tort que le conseil de préfecture de la Vendée a condamné les sieurs de la Pouzaire et consorts à payer une subvention spéciale, dont la quotité serait ultérieurement fixée, pour la réparation des dégradations, *quelles qu'elles fussent*, que l'exploitation de leur forêt de Grola avait causées au chemin vicinal de grande communication n° 7, et sans avoir vérifié, conformément à la loi, que ladite exploitation avait entraîné des dégradations *extraordinaires.*

Il a été statué dans le même sens par une décision du conseil d'Etat, section du contentieux, en date du 9 février 1850 (*Vuillet*).

138. Mais lorsque les dégradations peuvent être considérées comme *extraordinaires*, il importe peu qu'elles soient causées par une fréquentation *habituelle* du chemin ou par une fréquentation *temporaire* ; les unes et les autres donnent également ouverture à une demande de subvention, aux termes de l'article 14 précité, conforme, sur ce point, à l'article 7 de celle du 28 juillet 1824 ; c'est ce qu'a fait remarquer le ministre de l'intérieur, dans son instruction du 24 juin 1836.

Nous ajouterons ici, que si, en principe, les exploitations *temporaires* peuvent être assujetties à des subventions, en fait, elles y sont rarement soumises. Ceux qui se livrent à ces exploitations ne se croient pas tenus de venir, par leurs déclarations volontaires, provoquer la demande de la commune, et, la plupart du temps, l'exploitation est terminée avant que le maire ait appris qu'elle se fait, avant, surtout, qu'il ait pu faire remplir les formalités nécessaires pour assurer le succès de sa demande.

§ 4. — *Nature des travaux donnant ouverture aux demandes.*

139. Il ressort, évidemment, des termes de l'article 14 de la loi du 21 mai 1836, qu'une commune ne pourrait demander de subventions à des entreprises industrielles en vue des travaux de construction d'un chemin ; puisque les subventions ne sont dues qu'en raison des dégradations causées par le transport, il faut que le chemin ait pu être fréquenté.

Ce n'est donc que pour *la réparation* des chemins existants que des subventions peuvent être demandées. Cependant, il n'est pas indispensable, pour donner ouverture à la demande en subvention, qu'un chemin vicinal soit arrivé à l'état de viabilité dans toute son étendue ; il suffit que le chemin soit achevé, sans lacune, dans celles de ses parties sur lesquelles les dégradations ont été commises.

Une ordonnance royale, en date du 18 avril 1845 (*Boullé et autres*), a statué en ce sens, contrairement aux prétentions d'un industriel qui s'appuyait sur ce que le chemin n'était achevé qu'en partie.

Cette ordonnance est ainsi conçue :

Vu la loi du 21 mai 1836, article 14 ;
Considérant qu'il résulte de l'instruction que le chemin vicinal de grande communication n° 50 était, en 1841, à l'état de viabilité, et qu'il a été dégradé pendant ladite année par suite de l'exploitation des requérants susnommés ; que, dès lors, c'est avec raison que le conseil de préfecture de Seine-et-Oise les a condamnés à payer des subventions spéciales par application de l'article 14 de la loi du 21 mai 1836.

140. Les ponts situés sur des chemins vicinaux doivent être considérés comme faisant partie de ces chemins, et, par conséquent, les dégradations extraordinaires qu'ils éprouvent par le fait des transports d'entreprises industrielles, peuvent motiver des demandes de subventions.

L'assimilation des ponts aux chemins a été déclarée par une ordonnance du 20 juillet 1832 (*ville de Troyes c. Chaumet et autres*), ainsi conçue :

En ce qui touche les ponts de Brulé et de Saint-Quentin : considérant qu'ils sont situés sur les chemins ci-dessus énoncés, et que, dès lors, leur entretrien est soumis aux mêmes règles.

441. Par une ordonnance plus récente, il a été reconnu que non-seulement la réparation, mais encore la reconstruction d'un pont situé sur un chemin vicinal, pouvait motiver une demande de subvention contre ceux qui l'ont dégradé. Cette ordonnance, en date du 26 août 1842 (*commune de Lescheroux*), est ainsi conçue, sur ce chef :

Vu la loi du 21 mai 1836 ; considérant qu'il résulte de l'instruction que les dégradations commises aux ponts dont il s'agit, tant par la vidange des coupes de la forêt domaniale de Grand-Villars que par les charriages opérés par les habitants de la commune de Lescheroux, nécessitaient, en 1839, la reconstruction desdits ponts ; que les chemins et ponts dont il s'agit avaient d'ailleurs été entretenus par la commune en état de viabilité ; qu'ainsi il y avait lieu, de la part de l'Etat, à une subvention spéciale.

Il a été statué dans le même sens par une seconde ordonnance de la même date (*commune de Paroy*).

Nous ferons remarquer, toutefois, qu'en demandant à des entreprises industrielles de contribuer à la reconstruction d'un pont, une commune ne pourrait aggraver leurs charges en prétendant, par exemple, substituer un pont en pierre à un pont en bois. La subvention ne peut être demandée, en effet, qu'en vue de la dégradation du pont existant.

C'est ce qui résulte de l'ordonnance du 26 août 1842 (*commune de Lescheroux*), ainsi conçue, sur ce chef :

En ce qui concerne le pont dit du Bourg de Lescheroux : considérant qu'il résulte de l'instruction que la considération que le chemin vicinal sur lequel est établi ledit pont est susceptible de devenir chemin de grande communication, a déterminé les évaluations faites par les experts et adoptées par le conseil de préfecture, *de la dépense de reconstruction en pierres dudit pont qui n'était qu'en bois ;* que, dès lors, la subvention spéciale mise à la charge de l'Etat, comme propriétaire de la forêt de Grand-Villars, pour la reconstruction de ce même pont, doit être réduite à la moitié de ce qu'aurait coûté ladite reconstruction en bois.

SECTION IV.

Règlement des subventions.

---

§ 1. — *Compétence*.

442. L'article 7 de la loi du 28 juillet 1824 attribuait aux conseils de préfecture le règlement des subventions, et l'on comprend difficilement qu'en présence d'un texte aussi formel, la compétence de ces conseils pût être contestée.

Elle l'a été cependant, et il a dû être prononcé sur ce point, par une ordonnance du 20 juillet 1832 (*ville de Troyes c. Chaumont et autres*), ainsi conçue :

En ce qui touche l'excès de pouvoir reproché à l'arrêté du 22 août: considérant que la loi du 28 juillet 1824 a attribué aux conseils de préfecture le règlement des subventions auxquelles les propriétaires d'usines peuvent être assujettis pour la réparation des chemins qu'ils dégradent.

Bien que l'article 14 de la loi du 21 mai 1836 ait maintenu, dans les mêmes termes, la compétence des conseils de préfecture, une contestation s'est encore élevée, sous l'empire de cette loi, et il y a été statué par l'ordonnance du 6 juillet 1843 (*Chantreaux*), ainsi conçue :

Vu la loi du 21 mai 1836 ; sur le moyen tiré de ce que le conseil de préfecture était incompétent pour fixer la subvention due par les intéressés: considérant que, conformément au paragraphe 3 de l'article 14 de la loi du 21 mai 1836, le conseil de préfecture est seul compétent pour régler, en cas de contestation et après expertises contradictoires, les subventions à fournir par les intéressés qui dégradent habituellement les chemins vicinaux.

§ 2. — *Forme*.

443. L'article 14 de la loi du 21 mai 1836 décide, ainsi que l'avait fait l'article 7 de celle du 28 juillet 1824, que c'est sur des expertises *contradictoires* que le conseil de préfecture doit régler le montant des subventions. Aucun acte, de quelque nature qu'il soit, ne peut remplacer l'expertise ordonnée par la loi.

C'est ce qui a été rappelé par l'ordonnance du 21 avril 1830 (*Michel et autres c. commune de Reynel*), ainsi conçue, sur ce chef :

Vu la loi du 28 juillet 1824 ;
Considérant que l'expertise contradictoire prescrite par la loi n'a point eu lieu dans l'espèce, et que l'enquête administrative faite par ordre du préfet, avant que le conseil de préfecture ait été saisi de la contestation, n'a pu la remplacer.

Il a été prononcé dans le même sens, relativement à un procès-verbal d'agent voyer, par une décision du conseil d'Etat, section du contentieux, du 28 juillet 1849 (*Fayard et consorts*).

Des expertises qui auraient été faites par ordre du préfet, avant que le conseil de préfecture fût saisi, ne pourraient, non plus, remplacer celles qui doivent être faites pour le jugement de la contestation. Il a été statué ainsi par l'ordonnance du 22 février 1833 (*de Vandeul*), ainsi conçue :

Vu la loi du 28 juillet 1824 ;
Considérant que les opérations auxquelles se sont livrés les experts désignés par le préfet, avant que le conseil de préfecture ait été saisi de la contestation, ne constituent qu'une enquête administrative qui ne saurait remplacer l'expertise contradictoire prescrite par la loi.

Il a été prononcé dans le même sens par l'ordonnance du 10 décembre 1840 (*héritiers Coster*).

La fixation qui aurait été faite par un arrêté du préfet, de la part que devraient supporter des propriétaires d'établissements dans la réparation des chemins, ne pourrait pas davantage lier le conseil de préfecture. C'est ce qui a été prononcé par l'ordonnance du 20 juillet 1832 (*ville de Troyes c. Chaumet et autres*), ainsi conçue. sur ce chef :

Considérant que la loi du 28 juillet 1824 a attribué aux conseils de préfecture le règlement des subventions auxquelles les propriétaires d'usines peuvent être assujettis pour la réparation des chemins qu'ils dégradent; que, dès lors, l'arrêté du préfet de l'Aube, du 29 juin 1826, ne pouvait faire obstacle à ce que le conseil de préfecture statuât sur la contestation.

Le conseil de préfecture ne pourrait, de son côté. chercher dans l'appréciation de titres ou autres documents, les bases de fixation qu'il doit prendre dans les opérations des experts.

C'est ce qui a été décidé par l'ordonnance du 20 juillet 1832 (*ville de Troyes c. Chaumet et autres*), ainsi conçue. sur ce chef:

Considérant que la loi du 28 juillet 1824 a attribué au conseil de préfecture le règlement des subventions auxquelles les propriétaires d'usines peuvent être assujettis pour la réparation des chemins qu'ils dégradent, mais que ledit conseil a excédé ses pouvoirs en se livrant à l'examen des titres anciens concernant les moulins de Brulé, titres que les tribunaux seuls pouvaient apprécier.

444. Les expertises devant être contradictoires, il s'ensuit que, dans aucun cas, l'expert de l'administration ne pourrait procéder seul.

C'est ce qui a été décidé par un arrêté du Gouvernement, en date du 19 juin 1848 (*Collomb et consorts*) ainsi conçu, sur ce chef :

Vu la loi du 21 mai 1876 ;
Vu l'article 303 du Code de procédure civile;
Considérant, toutefois, qu'aux termes du même article. les subventions dont il s'agit doivent être réglées après expertise contradictoire dans les formes établies par l'article 17 de la même loi ; qu'ainsi, dans l'espèce, soit que les sieurs Collomb et consorts n'eussent pas désigné leur expert, soit que l'expert par eux choisi ne se fût pas présenté pour prendre part à l'opération, c'était le cas de faire nommer un autre expert par le conseil de préfecture; que l'expert désigné par le préfet ne pouvait procéder seul à l'expertise, et qu'il n'est d'ailleurs pas constaté que ce dernier expert ait préalablement prêté le serment exigé par la loi.

445. De ce que la loi veut que les dégradations soient appréciées par *des experts*, il résulte que le propriétaire ou l'exploitant ne peut être admis à agir lui-même.

C'est ce qu'a déclaré le conseil d'Etat, section du contentieux, par une décision du 26 avril 1851 (*Rémy et Courteville*), ainsi conçue, sur ce chef :

Vu la loi du 21 mai 1836, articles 14 et 17;
Sur le moyen tiré de ce que l'agent voyer choisi pour expert aurait refusé de procéder avec les requérants à la constatation des dégradations mises à leur charge;
Considérant qu'aux termes des articles 14 et 17 de la loi du 21 mai 1836, les subventions doivent être réglées sur rapport d'experts nommés, l'un par le sous-préfet, l'autre par le propriétaire; que, sur le refus des sieurs Rémy et Courteville de désigner leur expert, le conseil de préfecture a dû le désigner d'office, et que c'est avec raison que l'expert nommé par la commune s'est abstenu de procéder avec les requérants eux-mêmes.

446. Si des expertises contradictoires sont un élément indispensable de la décision des conseils de préfecture. elles ne lient cependant pas ces conseils. quant aux appréciations qu'elles contiennent, ainsi que l'a fait remarquer le ministre de l'intérieur, dans son instruction du 24 juin 1836.

Ce n'est là, au surplus, que l'application d'une règle générale pour toutes les expertises servant de base à un jugement, et cette règle avait été rappelée par l'ordonnance du 16 janvier 1828 (*Brison et Gougeon c. commune d'Ircé*), ainsi conçue :

Considérant que les experts ont, d'un commun accord, pris pour base de leur estimation le nombre respectif des voitures appartenant aux communes, à l'administration forestière et aux usiniers qui parcourent les chemins réparés, en ayant égard au poids des chargements; qu'ils se sont divisés seulement dans leurs conclusions; que le conseil de préfecture, en adoptant les mêmes bases, *a pu en tirer des conséquences différentes.*

§ 3. — *Nomination des experts.*

447. La loi du 28 juillet 1824 n'avait pas déterminé le mode de nomination des experts; mais de cela seul que les expertises doivent être faites contradictoirement, il résultait, implicitement, que l'un des experts devait être nommé par le propriétaire ou exploitant intéressé. Aussi une ordonnance du 22 février 1833 (*de Vandeul*) a déclaré qu'il fallait nécessairement que les propriétaires ou exploitants fussent mis en demeure de nommer leur expert; elle est ainsi conçue, sur ce chef :

Considérant que l'arrêté du 15 décembre 1827 n'a pas suffisamment mis les propriétaires d'usines en demeure de s'entendre sur le choix de l'expert qui, conjointement avec celui de la commune, devait faire, entre tous les intéressés, la répartition du montant des dépenses, et que, dès lors, l'expert désigné par cet arrêté pour opérer au nom des absents, n'a pu valablement les représenter.

448. La loi du 21 mai 1836, article 14, a consacré formellement la nécessité de l'intervention de la partie adverse des communes, dans la nomination des experts, et ce principe a été rappelé par l'ordonnance du 9 février 1844 (*administration des forêts c. commune de Chizé*), ainsi conçue :

Considérant qu'aux termes de l'article 14 de la loi du 21 mai 1836, les subventions à payer aux communes, si elles ne sont réglées à l'amiable, doivent l'être par le conseil de préfecture après expertise contradictoire; qu'aux termes de l'article 17 de la même loi, les experts doivent être nommés, l'un par le sous-préfet, l'autre par le propriétaire, le tiers-expert par le conseil de préfecture; considérant qu'il ne résulte pas de l'instruction que l'Etat ait été appelé à désigner un expert, conformément aux prescriptions de la loi; que dès lors, c'est à tort que le conseil de préfecture a réglé l'indemnité à payer par l'Etat à la commune de Chizé pour dégradations aux chemins dits de la Ligne et d'Ussian; — Art. 1er. L'arrêté du conseil de préfecture du département des Deux-Sèvres du 20 avril 1842 est annulé. — Art. 2. Les parties sont renvoyées devant ledit conseil, pour y être procédé conformément à la loi.

Une autre ordonnance de la même date (*administration des forêts c. commune de Cirey*) a prononcé sur le même point dans les mêmes termes.

La nécessité de la mise en demeure de l'exploitant, pour la nomination de son expert, s'applique même au cas où il s'agirait d'une seconde expertise, ordonnée par suite de l'annulation de la première.

C'est ce qui résulte d'un arrêté du Gouvernement, du 17 juin 1848 (*Deguerre*), ainsi conçu, sur ce chef :

Vu la loi du 21 mai 1836 ;
En ce qui touche l'expertise :
Considérant qu'aux termes de l'article 14 de la loi du 21 mai 1836, les subventions dont il s'agit doivent être réglées, après expertise contradictoire, dans les formes tracées par l'article 17 de la même loi ; que, d'après ce dernier article, les experts doivent être nommés, l'un par le sous-préfet, l'autre par le propriétaire ; qu'à défaut par celui-ci de faire cette nomination, il appartient au conseil de préfecture seul d'y pourvoir ; mais que, dans l'espèce, il n'est pas constaté que le sieur Deguerre ait été de nouveau mis en demeure de faire choix d'un expert pour prendre part à l'expertise nouvelle à laquelle il a été procédé le 5 février 1847, par suite de son opposition à l'arrêté par défaut, du 27 mai 1846 ; que, dans ces circonstances, le conseil de préfecture ne pouvait pas nommer d'office l'expert dont il s'agit.

449. L'article 14 de la loi du 21 mai 1836 n'a pas prévu le cas où le propriétaire ou l'exploitant, mis en demeure de nommer son expert, refuserait ou négligerait de faire cette nomination ; or, il n'était pas admissible que la loi restât sans exécution par l'effet de cette abstention. Il fallait donc que, ainsi que dans d'autres cas analogues, il fût procédé d'office à la nomination de l'expert qui devait représenter le propriétaire ; mais quelle autorité doit faire cette nomination ? La jurisprudence a été lente à s'établir sur ce point.

450. Sous l'empire de la loi du 28 juillet 1824, il avait été décidé que c'était au préfet qu'appartenait le droit de nommer d'office, à défaut du propriétaire ou de l'exploitant. C'est ce qui résulte de l'ordonnance du 18 mai 1835 (*Tramoy c. commune de Membrey*), ainsi conçue :

Vu l'article 7 de la loi du 28 juillet 1824 ; en ce qui touche la demande en nullité de l'expertise : considérant qu'il résulte des aveux du sieur Tramoy lui-même, que l'arrêté du 12 juin 1829, par lequel une expertise contradictoire était ordonnée, lui a été notifié avec réquisition de choisir son expert ; que ce n'est que le 6 mai de l'année suivante que le préfet, à son défaut, lui en a nommé un d'office, et qu'ainsi il avait été suffisamment mis en demeure.

451. D'une ordonnance du 26 avril 1844 (*Breton*) on pouvait bien induire que c'est au conseil de préfecture et non au préfet qu'appartient la nomination d'office des experts, et une conclusion analogue pouvait être tirée de l'ordonnance du 18 avril 1845 (*Boullé et autres*) ; mais la question a été tranchée nettement par celle du 26 novembre 1846 (*Agombart*), ainsi conçue, quant à ce chef :

Vu l'article 505 du Code de procédure civile ;
Vu la loi du 21 mai 1836, articles 14 et 17 ;
Sur l'expertise :
Considérant qu'il ne peut être statué sur les subventions spéciales prévues par l'article 14 de la loi du 21 mai 1836, qu'après expertise contradictoire dans les formes prescrites par l'article 17 de ladite loi ; qu'à défaut par le sieur Agombart d'avoir désigné son expert, c'était au conseil de préfecture qu'il appartenait d'en nommer un d'office ;
Qu'il résulte de l'instruction que cette désignation d'office a été faite par le sous-préfet ; que, dès lors, l'expertise est irrégulière, et qu'il y a lieu, avant faire droit, de procéder à une nouvelle expertise, conformément à l'article 17 de la loi précitée.

Il a été statué de même, sur ce point, par les arrêtés du Gouvernement en date du 15 mai 1848 (*ministre des finances*), 17 juin 1848

Deguerre (Collomb et consorts), 18 juin 1848 (*Parquin et Magnon c. commune de Ponlaull-Combaull*) et par les décisions du conseil d'État, section du contentieux, des 17 janvier 1849 *de Luynes* et 12 février 1849 (*Debrousse*).

152. En ce qui concerne les subventions demandées par des communes à l'État, c'est au préfet qu'il appartient de nommer l'expert qui doit procéder dans l'intérêt de l'administration des finances.

C'est ce qu'a réglé le conseil d'État, section du contentieux, par une décision en date du 23 novembre 1850 (*ministre des finances*), ainsi conçue, sur ce chef :

Vu la loi du 21 mai 1836;

Sur le moyen tiré de ce que les expertises n'auraient pas été contradictoires :

Considérant qu'il appartenait au préfet, représentant à la fois l'État et les communes intéressées à l'entretien des chemins de grande communication dont il s'agit, de nommer les experts; que, dès lors, lesdits experts doivent être réputés avoir été nommés contradictoirement.

153. Les experts devant opérer contradictoirement, il est indispensable, on le comprend, que l'administration notifie aux parties intéressées le nom de son expert, ainsi que le jour où il sera procédé à l'expertise. L'absence de cette notification entraînerait la nullité de l'expertise, ainsi que cela résulte d'un décret du 3 juillet 1852 (*de Grimaldi*), ainsi conçu, sur ce chef :

Vu la loi du 21 mai 1836 et les articles 302 et suivants du Code de procédure civile;

Considérant qu'il résulte de l'instruction et qu'il n'est pas contesté par l'administration, que l'expert nommé par un arrêté du préfet de la Meurthe, en date du 31 mars 1849, a été remplacé par un autre expert nommé par le conseil de préfecture le 26 octobre suivant, sans qu'il ait été donné à la compagnie connaissance de la désignation de ce nouvel expert, et que ladite compagnie n'a pas été prévenue du jour où il devait être procédé à l'expertise; que, dans ces circonstances, l'instruction doit être considérée comme irrégulière.

154. Les notifications faites aux parties intéressées doivent être constatées; toutefois, la preuve qu'elles ont eu lieu, résulterait suffisamment de la présence des intéressés sur le lieu de l'expertise.

C'est ce qui a été décidé par l'ordonnance du 19 mai 1835 (*Tramoy c. commune de Membrey*), ainsi conçue, sur ce chef :

Vu l'article 7 de la loi du 28 juillet 1824; considérant que le sieur Tramoy ne saurait prétendre qu'il n'a point été prévenu du jour et de l'heure indiqués pour l'expertise, puisqu'il s'y est trouvé, assisté d'un avocat.

§ 4. — *Serment des experts.*

155. Ni la loi du 28 juillet 1824, ni celle du 21 mai 1836, ni l'instruction ministérielle du 24 juin 1836, n'avaient parlé de la prestation de serment des experts, parce que c'est là une formalité généralement prescrite pour toutes les expertises, même administratives. Aussi, toutes les fois que, de l'instruction d'une affaire portée devant le conseil d'État, il est ressorti que les experts n'avaient pas prêté serment, le conseil a prononcé la nullité de l'expertise, ainsi que de l'arrêté du conseil de préfecture basé sur cette expertise. Une première ordonnance du 23 août 1836 (*Duval c. commune Logeard*) a statué en ces termes :

Vu la loi du 28 juillet 1824;
Considérant qu'il résulte de l'instruction qu'avant de procéder à la tierce-expertise ci-dessus visée, du 20 septembre 1835, les experts n'ont point prêté serment ; que l'omission de cette formalité substantielle est de nature à entraîner la nullité de ladite expertise et de l'arrêté attaqué auquel elle a servi de base.

Il a été prononcé dans les mêmes termes par les ordonnances des 13 février 1839 (*baronne de Feuchères c. commune de Montlignon*), 30 juillet 1840 (*Détouillon*), 9 janvier 1843 (*Aubelle et consorts*) et 6 juillet 1843 (*Chantreaux*). Ce principe a été consacré de nouveau par une ordonnance royale du 18 juin 1846 (*Malâtre*), ainsi conçue, quant à ce chef :

Vu la loi du 21 mai 1836;
Considérant qu'il n'est pas constaté que les experts qui ont procédé à l'évaluation des dommages causés par le sieur Malâtre aient prêté serment préalablement à leurs opérations; que, dès lors, il y a lieu de procéder à une expertise nouvelle.

Il a été prononcé de même, par une décision du conseil d'Etat, section du contentieux, en date du 9 février 1850 (*Vuillet*).

456. Cette règle est appliquée si rigoureusement par le conseil d'Etat, qu'il exige même que le serment soit renouvelé, lorsque, par suite de l'annulation, sur opposition, d'un arrêté du conseil de préfecture rendu par défaut, l'expertise doit être renouvelée.

C'est ce qui résulte d'un arrêté du 17 juin 1848 (*Deguerre*), ainsi conçu, sur ce chef :

Vu la loi du 21 mai 1836;
Considérant, d'ailleurs, qu'il n'est pas établi que les experts aient renouvelé, préalablement à ladite expertise, le serment par eux prêté lors de la première opération du 22 avril 1846.

Il a été statué de même par arrêtés des 18 juin 1848 (*Parquin et Margnon c. la commune de Pontault-Combault*) et 22 février 1849 (*administration des forêts*).

457. Il reste à dire devant quelle autorité doit être prêté le serment des experts, et nous pensons que la règle générale voudrait qu'il fût prêté devant le conseil de préfecture; généralement, en effet, les experts prêtent serment devant les juges à la décision desquels leurs opérations doivent servir de base. Toutefois, et sans doute pour éviter des déplacements qui augmentent les frais, une ordonnance du 19 mai 1835 (*Tramoy c. commune de Membrey*) a admis que les experts pouvaient prêter serment devant le sous-préfet de l'arrondissement où ils doivent opérer ; elle est ainsi conçue :

Vu l'article 7 de la loi du 28 juillet 1824; en ce qui touche la prestation du serment par les experts : considérant qu'il s'agissait dans l'espèce d'une expertise administrative; que les experts ont prêté serment entre les mains du sous-préfet, et que ce magistrat avait caractère pour recevoir ledit serment.

Cette ordonnance est un précédent que le conseil d'Etat admettrait sans doute en pareil cas.

458. Le procès-verbal de prestation de serment des experts doit être rédigé sur papier timbré ; il doit être joint aux autres pièces de l'instruction, afin qu'il puisse toujours être justifié de l'accomplissement de cette formalité.

§ 5. — *Époque des expertises.*

459. Quant à l'époque à laquelle les expertises doivent être faites, le ministre de l'intérieur, dans son instruction du 24 juin 1836, a indiqué la fin de l'exploitation si cette exploitation est temporaire, la fin de l'année si l'exploitation est permanente.

Cette règle a été confirmée, au moins en ce qui concerne les exploitations permanentes, par une décision du conseil d'État, section du contentieux, en date du 9 février 1850 (*Vuillet*), ainsi conçue, sur ce chef :

Vu la loi du 21 mai 1836, article 14;
Considérant..
..............; qu'en outre, la subvention affectée à la réparation des dommages de la totalité de ladite année 1846, a été évaluée avant qu'elle fût expirée, par l'expertise à laquelle il a été procédé le 16 juin 1846.

460. Nous ferons remarquer, toutefois, que cette règle n'est applicable que lorsque, comme dans l'espèce, il s'agit d'entreprises industrielles permanentes, mais qu'il ne peut y avoir nécessité d'attendre l'expiration de l'année, lorsqu'il s'agit d'entreprises temporaires et accidentelles, comme, par exemple, l'exploitation d'une coupe de bois qui ne se renouvelle qu'à de longs intervalles.

§ 6. — *Appréciation des dégradations.*

461. L'article 7 de la loi du 28 juillet 1824 avait laissé quelque latitude aux experts, dans le choix des bases d'appréciation de la quotité des subventions, et ils pouvaient, par exemple, prendre pour base de cette appréciation le nombre des voitures qui fréquentaient le chemin. Ce mode d'évaluation avait été formellement admis par une ordonnance du 16 janvier 1828 (*Brison et Gougeon c. commune d'Ircé*).

462. L'article 14 de la loi du 21 mai 1836 a rendu la mission des experts beaucoup plus difficile en exigeant que *la quotité des subventions soit proportionnée à la dégradation extraordinaire qui devra être attribuée aux exploitations.*

Afin de faciliter l'appréciation à faire par les experts, le ministre de l'intérieur, dans son instruction du 24 juin 1836, avait indiqué, comme base de leurs opérations, le procès-verbal de reconnaissance de la viabilité du chemin, mais la comparaison de l'état du chemin aux deux époques ne peut plus être faite, puisque, comme on l'a vu, n° 435, la reconnaissance contradictoire de l'état de viabilité n'a plus lieu.

L'importance des dépenses faites par la commune pour l'entretien annuel du chemin ne peut pas, non plus, servir de base aux experts, ainsi que l'a décidé un arrêté du gouvernement en date du 22 février 1849 (*administration des forêts*), ainsi conçu, sur ce chef :

Vu la loi du 21 mai 1836;
Considérant qu'aux termes de l'article 14 de la loi du 21 mai 1836, la quotité des subventions spéciales imposées aux propriétaires de mines, de carrières, de forêts ou de toute entreprise industrielle, doit être proportionnée à la dégradation extraordinaire résultant de l'exploitation;
Considérant, dans l'espèce, que les experts chargés de déterminer la subvention spéciale à payer par l'État ne se sont pas bornés à apprécier le dommage

causé, en 1846, aux chemins n°s 22, 25 et 32 par l'exploitation des forêts domaniales ; qu'ils ont établi leurs évaluations sur l'ensemble des dépenses auxquelles donnent lieu l'entretien et les réparations ordinaires desdits chemins, en y comprenant les prestations et le traitement des agents voyers ; qu'en procédant ainsi, ils ne se sont pas conformés aux dispositions précitées de la loi du 21 mai 1836, et qu'en adoptant leurs avis le conseil de préfecture du Doubs s'est rendu propre cette infraction à la loi.

463. L'état du chemin au moment de l'expertise, la nature et l'importance de l'exploitation en vue de laquelle une subvention est demandée, sont donc les seules bases de l'appréciation qu'ont à faire les experts.

§ 7. — *Annualité des subventions.*

464. Les subventions imposées aux exploitations ne sont, comme on l'a vu, que *l'indemnité due pour un dommage causé ;* il s'ensuit qu'elles ne peuvent être réglées à l'avance, d'une manière fixe, et pour l'avenir. C'est ce qui avait été décidé, même sous l'empire de la loi du 28 juillet 1824, par des ordonnances en date des 25 août 1835 (*Wautier c. commune de Villers-Sire-Nicolle*), 21 octobre 1835 (*ministre des finances c. commune de Wuisse*), 19 janvier 1836 (*ministre des finances c. commune de Villers-lès-Nancy*) et 19 novembre 1837 (*ministre des finances c. commune de Fontenay-le-Comte*). C'est pour faire cesser toute incertitude sur ce point, que le législateur, confirmant la jurisprudence du conseil d'Etat, a écrit, dans l'article 14 de la loi du 21 mai 1836, que les subventions seraient réglées *annuellement.*

465. Mais si les subventions ne peuvent être réglées à l'avance et pour l'avenir, elles ne peuvent, non plus, être réglées d'une manière rétrospective, et pour plusieurs années antérieures. C'est ce qui a été décidé par une ordonnance du 18 décembre 1840 (*Maudet c. commune des Iffs*), ainsi conçue :

Vu les lois des 28 juillet 1824 et 21 mai 1836 ; considérant que l'article 14 de la loi du 21 mai 1836 porte, que les subventions spéciales à imposer aux entrepreneurs ou propriétaires, à raison des dégradations des chemins vicinaux qui devraient être attribuées à leurs exploitations et transports, seront réglées annuellement, sur la demande des communes, par les conseils de préfecture ; considérant que, pour se conformer audit article, en statuant sur la demande formée en 1837, par la commune des Iffs, à l'effet d'imposer au sieur Maudet une subvention à raison des dégradations causées par l'exploitation de ses bois pendant les années 1835, 1836 et 1837, *le conseil de préfecture, au lieu de déterminer la subvention à imposer d'après le dommage causé pendant les trois années sus-énoncées, aurait dû se borner à régler ladite subvention pour la dernière année à laquelle se rapportait ladite demande ;* qu'ainsi la décision attaquée a contrevenu aux dispositions de la loi précitée.

Il a été statué dans le même sens par des décisions du conseil d'Etat, section du contentieux, en date des 9 février 1850 (*Vuillet*) et 26 juillet 1851 (*ministre des finances*).

466. Non-seulement le règlement des subventions doit être *annuel,* c'est-à-dire fait chaque année pour l'année précédente, mais encore l'annualité doit être entendue en ce sens, que le règlement ne peut porter sur un espace de douze mois appartenant à deux années différentes.

C'est ce qu'a décidé un arrêté du gouvernement en date du 12 février 1849 (*Monnot-Leroy*), ainsi conçu, sur ce chef :

Vu la loi du 21 mai 1836 ;
Considérant qu'aux termes de l'article 14 de la loi précitée (21 mai 1836) les subventions que ledit article permet d'imposer doivent être réglées annuellement; que, dans l'espèce, l'expertise à laquelle il a été procédé et sur laquelle le conseil de préfecture a fondé sa décision, au lieu de comprendre les dégradations extraordinaires qui auraient été causées pendant une année, a porté sur des dégradations qui se rapporteraient à une partie de l'année 1845 et une partie de l'année 1846; que ce mode de procéder n'est pas conforme à la loi, et qu'il y a lieu, sous ce rapport, d'annuler l'arrêté attaqué.

Il a été prononcé de même par un autre arrêté de la même date (*Petit et consorts*), par des décisions du conseil d'État, section du contentieux, en date des 28 juillet 1849 (*Lempereur*), (*Delahaye*), (*Leveau*), (*Fayard*), (*Cléry-Derniame*), 27 avril 1850 (*Milon*), 11 mai 1850 (*Huyart*), 18 janvier 1851 (*Morlet*), 8 mars 1851 (*Roger-Hutin*), 26 avril 1851 (*Rémy et Courteville*) et par un décret du 18 juin 1852 (*Hébert*).

467. Toutefois, rien ne s'oppose à ce que le conseil de préfecture règle, par un seul arrêté, les subventions dues pour plusieurs années, pourvu que l'arrêté statue séparément sur la subvention afférente à chaque année, ainsi que cela résulte d'un décret du 3 juillet 1852 (*de Grimaldi*), ainsi conçu, sur ce chef :

Vu la loi du 21 mai 1836 ;
Sur le moyen tiré de ce que, contrairement à l'article 14 de la loi du 21 mai 1836, le conseil de préfecture aurait réglé, par le même arrêté, les subventions spéciales applicables aux années 1842 et 1843 :
Considérant que l'article 14 de ladite loi, en disposant que les subventions spéciales dues à raison de dégradations extraordinaires causées aux chemins vicinaux seraient réglées annuellement sur la demande des communes, ne fait pas obstacle à ce que les conseils de préfecture statuent, par un seul et même arrêté, sur les demandes formées en temps utile pour chaque année par les communes, en déterminant séparément et distinctement, après une expertise contradictoire, le montant des subventions afférentes à chaque année ; que, dès lors, le conseil de préfecture de la Meuse n'a pas violé la loi en réglant par un seul arrêté la subvention afférente à 1842 et celle afférente à 1843 sur les demandes que les communes intéressées avaient formées dans le délai de la loi, pour chacune de ces années.

468. Du principe que les conseils de préfecture ne peuvent statuer, en matière de subventions spéciales, que pour une année, découle la conséquence que, bien qu'un établissement industriel ait été déclaré ne pouvoir être astreint à aucune subvention, il peut, dans une année suivante, être appelé à contribuer, si les circonstances ont changé. C'est ce qui résulte de l'ordonnance du 30 mai 1834 (*Sibend de Saint-Ferréol*), ainsi conçue :

Vu la loi du 28 juillet 1824; en ce qui touche la violation de l'autorité de la chose jugée : considérant que l'établissement des bains du sieur de Saint-Ferréol a pris une extension considérable, et que l'arrêté du conseil de préfecture du 1er novembre 1825, qui l'exemptait de toute subvention particulière, s'appliquait à un état de choses qui n'existe plus aujourd'hui.

SECTION V.

Notification des décisions du conseil de préfecture.

469. Lorsque le conseil de préfecture a statué sur le rapport des experts, sa décision doit être portée à la connaissance des parties intéressées, afin qu'elles puissent, ou l'exécuter, ou se pourvoir devant le conseil d'Etat. Les formes à suivre pour la notification de l'arrêté du conseil de préfecture dépendent des circonstances de l'affaire.

Si, par exemple, on sait que le propriétaire ou exploitant a l'intention d'exécuter la décision du conseil de préfecture, s'il a déclaré qu'il ne se pourvoirait pas contre cette décision, une simple notification administrative suffit évidemment. Tout ce qu'il faut, dans ce cas, c'est de faire courir le délai d'option sur le mode d'acquittement de la subvention, et ce serait à tort que, lorsqu'il n'y a pas de contestation à craindre, l'administration emploierait la voie de la signification par huissier, qui donnerait lieu à des frais inutiles.

470. Si, au contraire, le subventionnaire était présumé devoir se pourvoir contre la décision, ou qu'il refusât de déclarer qu'il ne se pourvoira pas, la simple notification administrative de l'arrêté du conseil de préfecture ne suffirait plus pour faire courir les délais du pourvoi, et il faudrait faire faire la notification par ministère d'huissier.

C'est ce qui a été décidé par l'ordonnance du 25 novembre 1831 (*Ferriot et Troureau c. commune de Selongey*), ainsi conçue :

Vu le décret réglementaire du 22 juillet 1806 et la loi du 28 juillet 1824 ; en ce qui touche la fin de non-recevoir : considérant qu'il s'agissait dans l'espèce, d'une contestation entre commune et particuliers, et que, dès lors, la notification administrative des deux arrêtés en question n'était pas suffisante pour faire courir le délai du recours établi par le règlement.

471. Ce que nous venons de dire de la forme de la notification à faire au propriétaire ou exploitant à la charge duquel une subvention a été prononcée, s'applique à la notification que ce propriétaire ou exploitant aurait à faire à la commune, si celle-ci avait succombé devant le conseil de préfecture. Dans le cas où la commune renoncerait à se pourvoir devant le conseil de préfecture, la simple communication de l'arrêté suffirait. Si, au contraire, la commune annonçait l'intention de se pourvoir, il faudrait que sa partie adverse lui fît notifier l'arrêté par ministère d'huissier, afin de faire courir le délai du pourvoi.

C'est ce qui résulte de l'ordonnance du 20 juillet 1832 (*ville de Troyes c. Chaumet et autres*), ainsi conçue :

Vu le décret réglementaire du 22 juillet 1806 ; vu la loi du 28 juillet 1824 ; en ce qui touche les fins de non-recevoir : considérant qu'il n'est pas justifié que l'arrêté du 22 août 1827 ait été signifié à la ville de Troyes par ses adversaires, et que si celui du 11 mars 1829 lui a été signifié le 12 mai, ladite ville était encore recevable à se pourvoir contre cet arrêté le 13 août, jour de l'expiration du délai.

SECTION VI.

Pourvoi contre les décisions des conseils de préfecture.

---

472. Les pourvois formés contre les arrêtés des conseils de préfecture rendus pour l'application de l'article 14 de la loi du 21 mai 1836, sont soumis à la règle générale relative au délai du pourvoi devant le conseil d'Etat. C'est ce qui a été rappelé par une ordonnance royale, en date du 18 avril 1845 (*Boullé et autres*), ainsi conçue :

Vu la loi du 21 mai 1836, article 14;
Vu le règlement du 22 juillet 1806;
Considérant qu'il résulte de l'instruction que l'arrêté attaqué a été notifié aux sieurs Duval et Patte le 1er avril 1843; que leur pourvoi a été enregistré au secrétariat général de notre conseil d'Etat le 3 juillet 1843; d'où il suit qu'il a été formé en dehors du délai de trois mois fixé par le règlement du 22 juillet 1806, et n'est point recevable.

473. Depuis, il a été décidé que les pourvois en matière de subventions industrielles devaient être assimilés à ceux formés en matière de contributions directes, et qu'ils devaient être déposés au secrétariat de la préfecture. C'est donc la date de ce dépôt et non celle de l'arrivée au secrétariat général du conseil d'Etat qui sert de base à l'admission ou à la déchéance du pourvoi.

C'est ce qui résulte d'une ordonnance du 3 janvier 1848 (*D'Huart de Nothomb*), ainsi conçue :

Vu la loi du 21 mai 1836, la loi du 26 mars 1831 et celle du 21 avril 1832; le décret du 22 juillet 1806;
En ce qui touche la fin de non-recevoir proposée par notre ministre de l'intérieur :
Considérant que, par l'article 14 de la loi du 21 mai 1836, le recouvrement des subventions spéciales destinées à la réparation des dégradations extraordinaires causées aux chemins vicinaux est assimilé au recouvrement des contributions directes; que, dès lors, les subventionnaires peuvent se pourvoir contre le recouvrement desdites subventions dans les formes établies pour les réclamations en matière d'impôt direct;
Considérant que, d'après l'article 29 de la loi du 26 mars 1831 et l'article 30 de la loi du 21 avril 1832, les contribuables sont admis à transmettre au gouvernement leur recours contre les décisions des conseils de préfecture rendues en cette matière, par l'intermédiaire des préfets;
Considérant que le recours du sieur d'Huart de Nothomb contre les décisions par lui attaquées a été enregistré à la préfecture de la Moselle dans les trois mois de la notification desdites décisions; que, dès lors, il a été formé dans les délais fixés par le règlement.

Il a été prononcé de même par un arrêté du gouvernement en date du 15 mai 1848 (*Lonquet et autres*), par un décret du 24 mars 1849 (*Lexa*) et par des décisions du conseil d'Etat, section du contentieux, en date des 23 novembre 1850 (*Pavy*), 8 mars 1851 (*Moret-Béthune et Moret-Simon*).

474. Nous avons dit, n° 370, que les pourvois formés devant le conseil d'Etat contre les arrêtés des conseils de préfecture en matière de prestation en nature, pouvaient être présentés sans le ministère d'un avocat aux conseils, comme pour les réclamations sur contributions directes.

La même dispense existe pour les pourvois en matière de subventions industrielles, et elle est depuis longtemps appliquée ; mais elle a été consacrée par un arrêté du Gouvernement en date du 17 juin 1848 (*Collomb et consorts*), ainsi conçu, sur ce chef :

Vu les lois des 21 avril 1832 et 21 mai 1836;

Considérant, en ce qui touche les dépens, qu'en vertu de l'article 14 de la loi du 21 mai 1836, les subventions prévues par ledit article doivent être recouvrées comme en matière de contributions directes, et qu'aux termes de l'article 30 de la loi du 21 avril 1832, le recours contre les arrêtés des conseils de préfecture en matière de contributions directes est sans frais.

Il a été prononcé de même par arrêtés des 17 janvier 1840 (*de Luynes*) et 12 février 1849 (*Debrousse*), 12 février 1849 (*Monnot-Leroy*), 12 février 1849 (*Petit et consorts*) et 24 mars 1849 (*Lexa*).

475. Nous terminerons ce qui a rapport aux pourvois contre les décisions des conseils de préfecture, en faisant remarquer que, lorsque les expertises ont été faites régulièrement, et que l'arrêté du conseil de préfecture vient à être annulé pour défaut de forme, ces expertises ne tombent pas avec l'arrêté annulé, mais qu'elles peuvent être prises pour base du nouvel arrêté à intervenir.

C'est ce qui a été décidé par l'ordonnance du 19 novembre 1837 (*commune de Fontenay-le-Comte c. ministre des finances*), ainsi conçue :

Vu les lois des 28 juillet 1824 et 21 mai 1836;

Considérant que notre ordonnance du 16 août 1833, en annulant pour incompétence, l'arrêté rendu par le conseil de préfecture de la Vendée, le 3 décembre 1830, n'a pas annulé l'expertise contradictoire qui a servi de base à cet arrêté; qu'il résulte de l'instruction que ladite expertise renferme une juste appréciation de l'étendue et des causes des dégradations du chemin vicinal dont il s'agit; que, dès lors, c'est avec raison que le conseil de préfecture y a puisé les éléments nécessaires pour fixer le montant de la subvention particulière mise à la charge de l'Etat.

<h2 style="text-align:center">SECTION VII.</h2>

<h3 style="text-align:center">Recouvrement des subventions.</h3>

476. Lorsque le règlement d'une subvention est devenu définitif, soit par l'acquiescement des parties, soit par le rejet du pourvoi qui aurait été formé, cette subvention doit, aux termes du troisième paragraphe de l'article 14 de la loi du 21 mai 1836, être recouvrée *comme en matière de contributions directes ;* mais ce même article accorde aux subventionnaires la faculté de s'acquitter, soit en argent, soit en prestations en nature.

Le législateur n'ayant rien dit sur le délai dans lequel l'option entre ces deux modes devait avoir lieu, la fixation de ce délai restait dans le domaine de l'administration, et le ministre de l'intérieur, dans son instruction du 21 juin 1836, a déterminé un délai de quinze jours à partir de la notification de la décision du conseil de préfecture; ce délai passé sans option. la subvention devient exigible en argent. par assimilation à ce qui a été réglé pour l'option en matière de prestation en nature.

477. Le ministre ajoute que lorsque le subventionnaire déclare vouloir s'acquitter en argent. la subvention recouvrée par le percepteur receveur municipal doit être versée dans la caisse communale, si elle s'applique à un chemin vicinal : dans la caisse du receveur général si elle s'applique à un chemin vicinal de grande communication.

478. Dans le cas. au contraire. où le subventionnaire déclare vouloir s'acquitter en nature. le montant de la subvention est transformé en journées de prestation. d'après le tarif de conversion arrêté pour la commune par le conseil général, et le subventionnaire doit faire effectuer ses journées par des hommes valides qui sont soumis à toutes les obligations imposées aux prestataires. Si le système des tâches est appliqué dans la commune. le subventionnaire qui a déclaré vouloir s'acquitter en nature se trouve naturellement obligé de faire faire des tâches : et, à cet effet, la subvention est transformée en tâches. d'après le tarif adopté pour la commune. En un mot. par la déclaration de son intention de s'acquitter en nature. le subventionnaire devient un prestataire, et il doit être agi à son égard comme à l'égard des imposés au rôle de la prestation.

SECTION VIII.

Affectation des subventions.

---

479. L'article 7 de la loi du 28 juillet 1824 n'avait rien déterminé. quant à l'affectation à donner aux subventions. et il en était résulté quelques abus. On se plaignait. notamment. que les communes employaient le montant des subventions qu'elles avaient obtenues à toute autre chose qu'à la réparation du chemin en vue duquel la subvention avait été imposée.

Le législateur a voulu mettre un terme à cet abus, et il a décidé par le deuxième paragraphe de l'article 14 de la loi du 21 mai 1836, que les subventions *seront exclusivement affectées à ceux des chemins qui y auront donné lieu*. Cette disposition est conforme à la plus rigoureuse équité, et le ministre de l'intérieur. dans son instruction du 24 juin 1836, en a recommandé l'exécution à toute la surveillance des préfets.

SECTION IX.

Fixation des subventions par abonnement.

---

480. Le dernier paragraphe de l'article 14 de la loi du 21 mai 1836 a donné aux communes et aux propriétaires ou exploitants d'entreprises industrielles, le moyen d'éviter l'accomplissement de la longue série des formalités nécessaires pour arriver au règlement des subventions par le conseil de préfecture : c'est la fixation de ces subventions par la voie d'un abonnement. réglé par le préfet en conseil de préfecture. et la facilité de cette forme de règlement doit déterminer les administrations locales à y recourir le plus souvent possible.

La différence de juridiction, comme le fait remarquer le ministre de l'intérieur, dans son instruction du 21 juin 1836, s'explique par la différence des circonstances de l'affaire. Ici, en effet, il n'y a plus matière contentieuse ; il n'y a plus qu'un acte d'administration, l'homologation d'une convention entre parties intéressées.

481. Mais pour qu'une subvention puisse être réglée par voie d'abonnement, il faut nécessairement qu'il y ait accord préalable entre les parties. C'est ce qui a été formellement décidé par l'ordonnance du 24 février 1843 (*ministre des finances*), ainsi conçue, sur ce chef :

Vu la loi du 21 mai 1836, article 14 ; considérant..........................
....
.....................que ces subventions *peuvent être, du consentement des propriétaires ou exploitants* de mines, carrières ou forêts, *converties en un abonnement* dont le montant est déterminé par le préfet en conseil de préfecture ; que, dans l'espèce, l'administration supérieure des forêts *n'avait pas consenti à l'abonnement* ; que, dès lors, le préfet de la Seine-Inférieure *a excédé ses pouvoirs*, en fixant à la somme de 722 fr. 87 c., pour chacune des années 1839, 1840 et suivantes, la subvention par abonnement, de l'État, pour la réparation des chemins vicinaux de Saint-Saens à Torcy et de Bellencombre à Torcy.

482. A la différence des subventions réglées par le conseil de préfecture, celles déterminées par voie d'abonnement peuvent être fixées pour plusieurs années consécutives. Toutefois, de ce que ce mode de procéder n'est basé que sur une convention entre les parties, il s'ensuit aussi que cette convention n'est exécutoire que pour les années en vue desquelles elle a été consentie. C'est ce qui a été déclaré par l'ordonnance du 14 février 1839 (*baronne de Feuchères c. commune de Montlignon*), ainsi conçue :

Vu la loi du 28 juillet 1824 ;
Considérant que si, par consentement mutuel, la subvention payée par M. le prince de Condé à la commune de Montlignon a été fixée à 300 francs par année, cette subvention ainsi réglée, ne pouvait s'appliquer qu'aux années pour lesquelles elle était établie, et n'avait rien d'obligatoire pour l'avenir.

483. Lorsque le montant d'une subvention industrielle a été déterminé, sous forme d'abonnement, par un arrêté du préfet en conseil de préfecture, cet abonnement ne peut être, ni contesté par le successeur de la partie avec laquelle il a été réglé, ni modifié par le conseil de préfecture.

C'est ce qu'a déclaré le conseil d'État, section du contentieux, par une décision en date du 3 août 1850 (*ministre des finances*), ainsi conçue, sur ce chef.

Vu l'article 14 de la loi du 21 mai 1836 ;
Vu le décret du 26 février 1848, concernant les biens meubles et immeubles de l'ancienne liste civile et du domaine privé ;
Considérant qu'aux termes de l'article 14 de la loi susvisée, les subventions spéciales que ledit article permet d'imposer peuvent être fixées par abonnement, et qu'elles doivent, dans ce cas, être réglées par le préfet en conseil de préfecture.
Considérant qu'un arrêté préfectoral, en date du 11 décembre 1847, avait fixé à 5,000 fr., par abonnement, pour l'année 1848, la subvention spéciale à payer par l'administration de la liste civile à raison des dégradations extraordinaires que l'exploitation de la forêt de Compiègne pourrait causer, pendant cette année,

au chemin vicinal de grande communication de Compiègne à Pierrefonds; que cet abonnement, conforme à ceux qui avaient été établis depuis plusieurs années, n'avait donné lieu à aucune réclamation de la part de ladite administration; qu'ainsi, d'une part, l'Etat, lorsqu'il a succédé à la liste civile dans le courant de 1848, n'était plus recevable à attaquer ledit abonnement, et que, d'autre part, il n'appartenait pas au conseil de préfecture d'élever le chiffre de la subvention ainsi établie.

Il a été prononcé dans le même sens par une décision du conseil d'Etat, section du contentieux, en date du 31 mai 1851 (*Compagnies de Decazeville et d'Aubin*).

484. Nous ajouterons que les abonnements souscrits et réglés pour plusieurs années ne doivent continuer à être exécutés qu'autant que, pendant le délai pour lequel ils ont été souscrits, l'exploitation ne changerait pas de nature; il est même prudent qu'ils n'embrassent pas une période de plus de trois ou quatre ans, afin que l'administration soit à portée de reconnaître si les conditions en sont toujours en rapport avec les dégradations que l'exploitation peut occasionner.

485. En cas de non exécution des engagements souscrits par les abonnataires, ceux-ci seraient poursuivis par voie administrative, puisqu'il s'agit d'un contrat administratif.

486 Enfin la spécialité dans l'affectation des subventions s'applique à celles fixées par abonnement aussi bien qu'à celles qui ont été réglées par les conseils de préfecture, ainsi que l'a dit le ministre de l'intérieur, dans son instruction du 24 juin 1836.

CHAPITRE VI.

OFFRES DE CONCOURS.

487. Des offres de concours, soit de la part de communes, soit de la part de particuliers, viennent souvent accroître, en vue de tel ou tel chemin, les ressources de diverses natures dont nous avons eu à nous occuper jusqu'à présent. Ainsi une commune a un intérêt spécial à l'ouverture d'un chemin nouveau ou à l'amélioration d'un chemin déjà existant; elle offre de concourir aux travaux pour une quotité plus forte que le contingent qui pourrait lui être légalement demandé. Ainsi, des propriétaires auxquels ces travaux profiteront d'une manière notable, en ouvrant un débouché plus facile aux produits de leurs domaines, offrent d'y concourir, soit en argent, soit en terrains, soit enfin en fournitures de matériaux ou de main-d'œuvre.

Les offres de concours sont faites, le plus souvent, en vue des chemins vicinaux de grande communication, mais il en est fait aussi quelquefois pour des chemins vicinaux de petite communication. Nous traiterons ici des unes et des autres, sauf à revenir, dans un autre chapitre, sur ce qui serait exclusivement relatif aux voies de la première catégorie.

SECTION I.

Offres des communes.

§ 1. — *Acceptation*.

488. Les offres de concours faites par les communes ne sont valables que lorsqu'elles sont exprimées dans des délibérations des conseils municipaux régulièrement prises, et qu'elles ont été acceptées par l'autorité compétente. Ces offres peuvent porter sur des ressources de diverses natures.

489. Si les revenus ordinaires d'une commune lui laissent des fonds libres, si le produit d'une coupe extraordinaire de bois n'a pas de destination plus urgente, ces fonds peuvent être affectés aux travaux du chemin vicinal que la commune a intérêt à voir ouvrir ou améliorer. Dans ce cas, une délibération du conseil municipal, sans adjonction des plus imposés, suffit pour que l'offre soit régulière ; elle devient définitive par l'approbation qu'y donne le préfet.

490. Si la commune ne trouve pas, dans ses revenus ordinaires ou extraordinaires, le moyen de réaliser le concours qu'elle veut offrir, il lui est loisible de recourir à une imposition extraordinaire, qui doit être votée par le conseil municipal, avec adjonction des plus imposés, et qui ne peut être recouvrée qu'après approbation du pouvoir exécutif. Dans ce cas, l'offre de concours ne peut être considérée comme définitivement acceptée, que lorsqu'a été rendu le décret qui autorise le recouvrement de l'imposition extraordinaire.

491. Enfin, en l'absence de tous fonds libres au budget, et dans l'impossibilité de recourir à une imposition extraordinaire parce que déjà le nombre des centimes additionnels est trop considérable, des communes ont offert de consacrer à la création ou à l'amélioration de tel ou tel chemin qui les intéressait plus spécialement, la portion des prestations en nature et des centimes spéciaux affectés aux chemins de petite communication. Cette offre peut évidemment être acceptée, si le préfet reconnaît que le bon état d'entretien de ces chemins le permet. L'approbation de la délibération par le préfet est suffisante, ici, pour rendre l'offre définitive, puisqu'il s'agit de ressources dont la création et l'emploi ont lieu sous la seule approbation de l'autorité préfectorale.

§ 2. — *Recouvrement.*

492. Il arrive quelquefois, rarement sans doute, mais enfin il arrive que des communes, après avoir fait des offres de concours, refusent de remplir leurs engagements, bien qu'ils aient été régulièrement acceptés.

Dans ce cas, c'est par la voie administrative que la commune doit être contrainte à accomplir ses obligations, c'est-à-dire, par l'inscription d'office à son budget de la somme qu'elle doit, et, au besoin, par l'établissement d'une impositition d'office. Telle est la marche tracée par un avis du comité de l'intérieur du Conseil d'Etat, en date du 9 juin 1843. Cet avis a été donné, il est vrai, à l'occasion d'offres de concours faite en vue d'une route départementale, mais les principes posés dans cet avis sont évidemment applicables au service vicinal.

SECTION II.

Offres des particuliers.

§ 1. — *Acceptation.*

493. Les offres de concours que font les particuliers consistent le plus souvent en une somme d'argent ; quelquefois, mais rarement, en fournitures de matériaux ou de main-d'œuvre.

494. Lorsqu'une offre de concours est individuelle, c'est-à-dire faite par un seul propriétaire, une simple lettre missive suffit pour la constater.

Lorsque l'offre est collective, c'est-à-dire faite par un nombre plus ou moins grand de particuliers, elle doit être constatée par une liste de souscription revêtue des signatures de chacun d'eux ; ces signatures sont certifiées par le maire de la commune.

495. Si les offres sont faites en vue d'un chemin vicinal de petite communication, elles doivent être soumises au conseil municipal de la commune sur le territoire de laquelle le chemin est situé, et, sur l'avis favorable du conseil, le maire les accepte ; il s'agit ici, en effet, d'un intérêt purement communal, et, d'après la législation sur l'administration municipale, c'est le maire seul qui a qualité pour exercer les actions de la commune. L'acceptation faite par le maire doit, toutefois, être soumise à l'approbation du préfet, à qui il appartient d'examiner si les souscripteurs n'auraient pas mis à leurs offres, des conditions qui ne pourraient être acceptées, sans préjudicier aux intérêts du service vicinal.

496. Si les offres sont faites en vue d'un chemin vicinal de grande communication, c'est au préfet qu'il appartient de les accepter ou de les refuser. Cette attribution exclusive lui est donnée par l'article 7 de la loi du 21 mai 1836.

497. Ce n'est, du reste, que par l'acceptation régulièrement déclarée par le préfet, que les offres de concours volontaire deviennent définitives ; jusqu'à cette acceptation, elles peuvent être retirées par les souscripteurs.

C'est ce qui a été décidé par un arrêté du Gouvernement, en date du 6 janvier 1849 (*Maydieu-Fitou*), ainsi conçu :

Vu la loi du 21 mai 1836 ;

Considérant que, aux termes de l'article 7 de la loi du 21 mai 1836, il appartient au préfet de statuer sur les offres faites par les particuliers pour subvenir à la construction ou à l'entretien des chemins vicinaux, et que lesdites offres ne deviennent définitives et irrévocables que par l'effet de la décision du préfet ;

Considérant qu'il résulte de l'instruction que le sieur Maydieu a déclaré, le 22 mars 1844, retirer l'offre faite par lui, le 20 novembre 1841, d'une somme de 400 fr. pour subvenir à la contruction d'un chemin vicinal, et que le préfet n'a statué sur ladite offre que le 5 juin 1845, postérieurement au retrait qui en avait été fait par le sieur Maydieu ; que, dès lors, c'est à tort que le conseil de préfecture a condamné le sieur Maydieu à acquitter le montant de sa souscription.

498. De ce que les offres peuvent être retirées jusqu'à ce que l'acceptation du préfet les ait rendues irrévocables, il résulte, comme conséquence, que, jusqu'à cette acceptation, elles peuvent également être modifiées.

C'est ce qui a été déclaré par une décision du conseil d'Etat, section du contentieux, en date du 15 février 1851 (*Cretté*), ainsi conçue, sur ce chef :

Vu la loi du 21 mai 1836 ;

Considérant qu'aux termes de l'article 7 de la loi susvisée, il doit être statué par le préfet sur les offres faites par les particuliers, associations de particuliers ou communes pour concourir à l'exécution des chemins vicinaux de grande communication, et que ces offres ne deviennent définitives et irrévocables que par l'effet de la décision du préfet ;

Considérant qu'il résulte de l'instruction que la souscription faite par le sieur Cretté, en septembre 1847, pour concourir à l'exécution du chemin vicinal de grande communication nº 10, n'avait pas encore été acceptée par le préfet de

Loir-et-Cher lorsque ledit sieur Cretté a déclaré, le 3 février 1848, qu'il ne maintenait ladite souscription qu'autant que le tracé pour lequel il l'avait faite et qui suivait une ligne droite entre deux points déterminés, serait conservé ;

Considérant qu'à cette époque, le requérant avait le droit de retirer ou de modifier ses offres ;............ qu'ainsi, dans ces circonstances, c'est à tort que le conseil de préfecture de Loir-et-Cher a condamné ledit sieur Cretté à acquitter le montant de cette souscription.

Par application du même principe, lorsqu'un particulier a offert de céder gratuitement les terrains nécessaires aux travaux d'un chemin, il peut néanmoins prétendre à une indemnité pour la valeur de ces terrains, s'ils ont été occupés avant que l'acceptation de son offre ait été déclarée.

C'est ce qui résulte d'une décision du conseil d'Etat, section du contentieux, en date du 2 août 1851 (*Chambord*), ainsi conçue, sur ce chef :

Vu la loi du 21 mai 1836 ;

Considérant qu'il résulte de l'instruction que les offres des sieurs Chambord n'ont été ni acceptées ni suivies d'exécution ; que, dès lors, c'est à tort que le conseil de préfecture a refusé toute indemnité au requérant pour les terrains qui ont été pris sur sa propriété.

499. Il est évident, aussi, que lorsque les souscripteurs ont subordonné leurs offres à l'accomplissement de certaines conditions auxquelles l'administration a acquiescé soit formellement, soit même implicitement par l'acceptation des titres de souscription, elle est tenue de remplir ces conditions ; si elle s'en écarte, elle ne peut plus exiger la réalisation des offres faites.

Le conseil d'Etat, section du contentieux, a prononcé en ce sens, par une décision en date du 15 février 1851 (*Cretté*), ainsi conçue, sur ce chef :

Vu la loi du 21 mai 1836 ;

Considérant.... qu'il résulte également de l'instruction que la direction qui a été donnée au chemin dont il s'agit, en vertu de l'arrêté préfectoral du 24 mars suivant, n'est pas conforme à celle à laquelle le sieur Cretté, dans sa déclaration précitée, avait subordonné sa souscription ; qu'ainsi, dans ces circonstances, c'est à tort que le conseil de préfecture de Loir-et-Cher a condamné ledit sieur Cretté à acquitter le montant de sa souscription.

§ 2. — *Recouvrement.*

500. L'instruction ministérielle du 24 juin 1836 n'avait rien dit des contestations qui pouvaient s'élever relativement au recouvrement des souscriptions ou offres de concours ; mais nous croyons pouvoir dire qu'à l'époque où cette instruction fut rédigée, le ministère de l'intérieur considérait les souscriptions volontaires offertes en vue de travaux publics, quels qu'ils fussent, comme constituant des engagements civils, dont la réalisation ne pouvait, en cas de refus ou de retards, être poursuivie que devant les tribunaux civils.

501. Depuis cette époque, le conseil d'Etat a adopté, sur ce point, une jurisprudence différente. En 1839, à l'occasion du recouvrement d'une souscription volontaire pour la construction d'une route départementale, la contestation fut portée devant la juridiction civile ; le préfet éleva un conflit qui fut confirmé par une ordonnance du 20 avril 1839

(*Préfet du Cher,   c. vicomte Ernest de Mont-Saulnin et autres*) par le motif que

« la soumission et l'arrêté du préfet qui l'accepte constituent un contrat adminis-
« tatif; que dès lors, la contestation était exclusivement de la compétence de l'au-
« torité administrative. »

Une ordonnance du 7 décembre 1844 (*Souscripteurs du pont de Domme, c. département de la Dordogne*). prononça dans le même sens, sur une affaire de même nature.

Il était dès lors présumable que le principe posé dans ces ordonnances. serait, le cas échéant, appliqué aux contestations relatives au recouvrement des souscriptions faites en vue des travaux des chemins vicinaux, et en effet, une ordonnance du 1er mai 1846 (*Bertin et consorts*). attribua à la juridiction administrative le jugement d'une contestation de cette nature, relative à un chemin vicinal de grande communication : cette ordonnance est ainsi conçue :

Vu les lois des 16-24 août 1790, 16 fructidor an III, 16 septembre 1807 et 21 mai 1836 ;
Considérant que l'action pendante devant notre cour d'Amiens, entre les sieurs Bertin et consorts et le préfet de l'Aisne, a pour objet de faire prononcer la restitution du montant des engagements souscrits par les requérants, et acceptés par le préfet, pour l'établissement du chemin vicinal de grande communication de La Capelle à Rocquigny ;
Considérant que les engagements dont il s'agit constituent des contrats administratifs; que la contestation élevée par les sieurs Bertin et consorts rend nécessaire l'interprétation de ces contrats et l'appréciation des faits administratifs qui les ont motivés et suivis ; que, dès lors, aux termes des lois susvisées, cette contestation est de la compétence de l'autorité administrative.

Enfin, une décision du conseil d'Etat, section du contentieux, en date du 23 mars 1850 (*Montcharmont*), a prononcé dans le même sens, pour une souscription relative à un chemin vicinal de petite communication ; elle est ainsi conçue :

Vu la loi du 28 pluviôse an VIII ;
Vu la loi du 21 mai 1836 ;
Sur la compétence : — Considérant que l'offre de concours faite par le sieur Montcharmont pour l'établissement des chemins de Saint-Benin-d'Azy à Coercy-la-Tour, et l'acceptation de cette offre par l'administration, constituaient un contrat administratif ayant pour objet l'exécution d'un travail public, et que, dès lors, aux termes de la loi du 28 pluviôse an VIII, il appartenait au conseil de préfecture de statuer sur les contestations auxquelles cette offre et cette acceptation ont donné lieu.

Même décision par des décrets en date du 2 août 1851 (*Chambord*) et 23 décembre 1852 (*Soubeyrand*).

502. De ce qui précède, il résulte donc que lorsque des offres individuelles ou des souscriptions collectives sont faites en vue de travaux sur les chemins vicinaux et que, pour une cause quelconque. les souscripteurs refusent de tenir leurs engagements, ce n'est pas devant les tribunaux civils qu'ils doivent être poursuivis. comme s'il s'agissait de l'exécution d'une obligation civile, mais que les poursuites doivent avoir lieu par la voie administrative. Si les souscripteurs voulaient entraîner l'administration devant les tribunaux ordinaires. si, par exemple, ils portaient devant ces tribunaux leur opposition aux poursuites, le préfet présenterait le déclinatoire, et, au besoin, élèverait un conflit, qui serait certainement confirmé, en conformité de la doctrine adoptée par les ordonnances et décisions que nous venons de rapporter.

CHAPITRE VII.

SUBVENTIONS DÉPARTEMENTALES.

503. La dépense de construction et d'entretien des chemins vicinaux, même de ceux de grande communication, est communale de sa nature. Toutefois, depuis un certain nombre d'années, les conseils généraux des départements étaient dans l'usage d'inscrire à leurs budgets, chapitre des dépenses facultatives, une somme plus ou moins considérable, destinée à aider les communes qui avaient à faire, sur leurs chemins vicinaux, des travaux d'art dont la dépense eût dépassé leurs ressources.

504. La loi du 21 mai 1836, qui avait pour but de hâter l'amélioration des communications vicinales, ne pouvait que favoriser cette disposition des conseils généraux, et par son article 8, elle leur permit de venir en aide au service vicinal, non-seulement par des allocations prises sur le produit de leurs centimes facultatifs, mais encore par le vote annuel de centimes additionnels spéciaux dont le produit est destiné à être réparti sous forme de subvention.

C'est presque exclusivement aux chemins vicinaux de grande communication que sont affectées les subventions départementales ; c'est donc dans le chapitre spécial à ces chemins, que nous parlerons de la création et de l'application de cette nature de ressources.

505. Nous dirons ici, toutefois, que le premier paragraphe de l'article 8 précité, permet de faire participer les chemins vicinaux de petite communication aux fonds de subvention, *dans des cas extraordinaires*. Mais comme il importait, dans les premiers temps surtout, qu'il ne fût pas fait abus de cette faculté, et que des fonds considérables ne fussent pas éparpillés sur des chemins sans importance réelle, le ministre de l'intérieur crut devoir se réserver l'approbation des allocations proposées par les préfets, et il inséra cette règle dans son instruction du 24 juin 1836. Une circulaire du 3 octobre 1839 détermina la forme des propositions que les préfets avaient à faire au ministre, et leur rappela que, dans aucun cas, ils ne devaient y comprendre des communes qui n'auraient pas voté préalablement toutes les ressources que la loi leur permettait d'affecter à l'entretien des chemins vicinaux.

Plus tard, le ministre de l'intérieur a levé la restriction qu'il avait apportée à l'action des préfets sur ce point, et, par une circulaire du 20 mars 1848, il leur rendit toute liberté pour l'allocation de subventions en faveur des chemins vicinaux de petite communication. Il est entendu, néanmoins, que l'obligation d'avoir voté les trois journées de prestation et les cinq centimes spéciaux, reste la condition absolue de l'obtention d'une subvention par une commune.

TITRE III.

DISPOSITIONS RELATIVES A L'EMPLOI DES RESSOURCES AFFECTÉES AUX CHEMINS VICINAUX.

CHAPITRE I.

INDICATION DES TRAVAUX A FAIRE, ET RÉPARTITION DES RESSOURCES.

---

506. C'est aux maires qu'appartient, en principe, la direction des travaux à faire sur les chemins vicinaux de petite communication ; mais on comprend que les conseils municipaux, qui ont à créer les ressources nécessaires pour effectuer ces travaux, ne peuvent pas rester étrangers à l'indication de l'ordre de priorité dans lequel ils doivent être exécutés.

Il est donc bien qu'en délibérant sur la création des ressources pour l'année suivante, les conseils municipaux indiquent aussi, par une délibération séparée, comment leur paraît devoir être faite la répartition de ces ressources entre les divers chemins de petite communication. Cette délibération n'est exécutoire que lorsqu'elle est approuvée par le préfet, soit par application de l'article 20 de la loi du 28 juillet 1837 sur l'administration municipale, soit parce que le préfet, ayant à exercer une haute surveillance sur l'ensemble du service vicinal, doit être mis en mesure d'examiner si la répartition proposée par le conseil municipal ne laisserait pas une partie des chemins vicinaux sans réparation. La délibération doit donc être adressée au préfet, avec l'avis du maire, si ce fonctionnaire a des observations à présenter sur les propositions du conseil municipal, avec l'avis de l'agent voyer local, s'il y a lieu, et enfin avec l'avis du sous-préfet.

507. Si la commune est tenue de fournir un contingent pour le service des chemins vicinaux de grande communication, la répartition proposée par le conseil municipal doit laisser en réserve le nombre de journées de prestation en nature, ainsi que la quotité de ressources en argent nécessaires pour compléter ce contingent.

508. Lorsque la délibération proposant la répartition des ressources a été approuvée par le préfet, la mise à exécution doit être préparée par le maire, quelque temps avant l'époque de l'ouverture des travaux. A cet effet, et comme le prescrit le ministre de l'intérieur, dans son instruction du 24 juin 1836, les maires doivent visiter ou faire visiter les chemins vicinaux de leur commune, afin de reconnaître ceux qui ont le plus besoin de réparations, et dresser ou faire dresser un devis sommaire indiquant les travaux à faire. Dans cette visite et pour la rédaction de ces devis, les maires se font assister, autant que possible, par l'agent voyer local.

509. Les travaux des chemins vicinaux se divisent naturellement en deux catégories: emploi des journées de prestation en nature; emploi des ressources en argent. Nous allons nous occuper successivement de ces deux catégories de travaux. Nous n'avons sans doute pas besoin de dire que ce n'est pas au point de vue technique de la construction ou de l'entretien des voies publiques que nous parlerons des travaux des chemins vicinaux ; nous ne les considérons ici qu'au seul point de vue des mesures administratives nécessaires pour parvenir à leur exécution.

CHAPITRE II.

EMPLOI DE LA PRESTATION EN NATURE.

SECTION I.

Prestation en journées.

§ 1. — *Fixation de l'époque des travaux.*

510. L'article 21 de la loi du 21 mai 1836 charge les préfets de déterminer, par leurs règlements généraux, entre autres choses, *les époques auxquelles les prestations en nature devront être faites.*

La législation précédente gardait le silence à cet égard ; on en avait conclu que c'était aux maires qu'il appartenait de fixer l'époque de l'emploi de la prestation, et il en était résulté les plus grands dommages pour le service vicinal. En effet, les maires faisaient souvent faire les travaux pendant la mauvaise saison, sous prétexte des nécessités de l'agriculture, et le service vicinal y perdait doublement, soit parce que les jours sont alors plus courts, soit parce que le sol est dans un état qui nuit à la solidité des travaux.

C'est donc dans l'intérêt du service vicinal que le législateur a délégué aux préfets le soin de déterminer l'époque des travaux de prestation ; mais ces magistrats doivent, on le comprend, chercher à concilier, dans cette fixation, les besoins des travaux agricoles avec ceux du service vicinal, et c'est ce que le ministre de l'intérieur leur a fortement recommandé, dans son instruction du 24 juin 1836.

511. Pour l'exécution de cette disposition de l'instruction ministérielle, les préfets ont généralement décidé, par un article de leur règlement, que les travaux de prestation se feraient à deux époques de l'année, en assignant un délai d'un mois ou six semaines pour chacune des époques. Dans les limites de ce délai, les maires ont été autorisés à indiquer les jours où les travaux s'exécuteraient, mais de manière à ce que ces travaux fussent nécessairement terminés à l'expiration du dernier délai fixé par le règlement préfectoral.

Il va sans dire, d'ailleurs, que si, pour quelques communes, des époques autres que celles fixées par le règlement général étaient reconnues plus favorables à la bonne exécution des travaux, ou plus en rapport avec les besoins de l'agriculture, les préfets pourraient modifier leur fixation, sur la demande des maires et l'avis des sous-préfets

512. Mais en s'occupant de la fixation de l'époque de l'emploi de la prestation en nature, le ministre de l'intérieur avait aussi à détruire un abus né sous l'ancienne législation ; c'était la mise en réserve des journées de prestation, d'une année sur l'autre, de telle sorte que les prestataires se trouvaient quelquefois obligés d'acquitter, en une seule année, un assez grand nombre de journées arriérées. Le ministre fit remarquer, dans son instruction précitée, que cet usage était contraire à la lettre comme à l'esprit de la loi, qui veut qu'il ne soit jamais demandé au contribuable plus de trois journées de son temps, dans la même année, pour les travaux des chemins vicinaux. Il prescrivit donc aux préfets d'imposer aux maires l'obligation de faire employer les cotes acquittables en nature dans l'année même pour laquelle elles ont été votées, ou, au moins, dans les délais fixés pour la clôture de l'exercice auquel ces prestations se rattachent.

La règle posée dans cette partie de l'instruction ministérielle a été confirmée, implicitement, au moins, par une ordonnance royale qui déclare libéré un prestataire qu'on n'avait pas requis en temps utile. Cette ordonnance, en date du 20 janvier 1843 (*Mallat c. commune de la Couronne*), est ainsi conçue :

Vu l'article 5 de la loi du 28 juillet 1824 ; vu l'article 21 de la loi du 21 mai 1836 ; considérant que le règlement général sur les chemins vicinaux du département de la Charente, dressé en exécution de l'article 21 de la loi du 21 mai 1836, porte, article 24, *que les prestations acquittables en nature devront toujours être effectuées, sinon dans l'année même pour laquelle elles ont été votées, du moins dans les délais fixés pour la clôture de l'exercice auquel elles se rapportent ;* considérant qu'il ne résulte pas des pièces jointes au dossier que le sieur Mallat ait été mis, en temps utile, en demeure de se libérer des prestations relatives aux exercices de 1837 et de 1838.—Art. 1er. L'arrêté du conseil de préfecture du département de la Charente est annulé.

513. La recommandation d'employer les prestations dans les limites de la durée de l'exercice avait pour but de protéger les contribuables contre un usage abusif, mais elle fut bientôt interprétée dans un sens qui eût porté un préjudice réel au service vicinal. Les maires crurent, en effet, qu'ils pouvaient, dans les quinze mois qui composent l'exercice, choisir, *pour requérir les prestataires*, le moment qui leur paraissait le plus opportun. Les prestataires, de leur côté, prétendaient ne pouvoir être constitués en retard et poursuivis qu'à l'expiration de l'exercice, délai pendant lequel ils croyaient avoir toujours le droit de s'acquitter en nature.

Le ministre de l'intérieur dut rectifier la fausse interprétation donnée à cette partie de son instruction du 24 juin 1836, et par une circulaire du 19 novembre 1838, il rappela que les maires doivent se renfermer, pour les travaux de prestation, dans la limite des délais fixés par les règlements préfectoraux, et que les prestataires sont tenus d'effectuer leurs journées aux époques fixées dans les bulletins de convocation qui leur sont adressés.

De l'ensemble des instructions sur ce point, ainsi que de l'ordonnance que nous venons de rapporter, n° 512, il résulte donc, d'une part, que les prestataires qui ont opté pour l'acquittement en nature sont tenus de fournir leurs journées aux époques fixées par l'administration, et d'autre part, que l'administration n'a le droit d'exiger les prestations que pendant un certain laps de temps, celui de la durée de l'exercice, passé lequel les prestataires sont valablement libérés, par le seul fait qu'ils n'ont pas été requis en temps utile. L'administration a donc un puissant intérêt, comme on voit, à ne jamais laisser arriérer l'emploi des journées de prestation en nature.

§ 2. — *Convocation des prestataires.*

514. Lorsque, ainsi que nous l'avons dit plus haut, n° 511, le maire a fixé dans les limites déterminées par le règlement préfectoral, l'époque à laquelle devront se faire, dans la commune, les travaux de prestation : lorsqu'il a reconnu et réglé le nombre de journées de diverses natures qui devront être employées sur chacun des chemins vicinaux, il doit faire connaître à chacun des prestataires les obligations qu'il a à remplir. Les formes à suivre, à cet effet, ont été déterminées par le ministre de l'intérieur, dans son instruction du 24 juin 1836.

Quinze jours avant l'époque fixée pour l'ouverture des travaux, le maire en prévient les habitants de la commune par une publication faite, le dimanche, et par un avis affiché à la porte de la mairie. La publication est renouvelée le dimanche suivant ; le maire fait remettre à chaque prestataire un avis signé, portant réquisition de se trouver tel jour, à telle heure, sur tel chemin, pour y faire les travaux qui lui seront indiqués, en acquittement de sa cote. Cet avis contient également la mention que si le contribuable négligeait d'obéir à la réquisition, sa cote deviendrait, de droit, exigible en argent. Dans le cas où la conversion des journées en tâches devrait avoir lieu dans la commune, l'avis en ferait mention et indiquerait la nature des tâches que le prestataire aurait à effectuer.

Dans cette partie de l'instruction, le ministre a considéré la prestation en nature dans son ensemble, et sans distinction entre celle qui doit être employée sur les chemins vicinaux de petite communication et celle qui doit être employée sur les chemins vicinaux de grande communication ; mais il doit être entendu que, pour cette dernière portion, la convocation des prestataires ne doit avoir lieu qu'aux jours indiqués par le préfet, ou par l'agent voyer en vertu de la délégation du préfet. C'est ce que nous verrons plus bas.

515. Il se peut qu'au moment où le prestataire reçoit la réquisition du maire, il soit empêché par maladie ou par quelque autre cause de légitime excuse. Dans ce cas, le maire peut accorder un ajournement, qui doit être aussi court que possible, et ne doit, dans aucun cas, dépasser les limites fixées pour la clôture de l'exercice. Toute cote qui ne serait pas acquittée en nature dans ces limites, serait, aux termes de l'instruction ministérielle, exigible en argent, et le percepteur receveur municipal devrait en effectuer le recouvrement par toutes les voies de droit.

516. La présence, sur des ateliers de travaux, d'un nombre d'ouvriers trop considérable, est toujours une cause d'embarras et de perte de temps ; cela est surtout vrai des ateliers de prestation. Le maire ne doit donc requérir à la fois que le nombre de travailleurs et d'attelages qui peuvent être employés simultanément, sans encombrement ni perte de temps, et avec le plus d'avantage pour la bonne exécution des travaux. Les réquisitions ne sont, à cet effet, envoyées que successivement et au fur et à mesure de l'avancement et du besoin des travaux ; elles doivent toujours parvenir aux prestataires au moins cinq jours à l'avance.

517. De la nécessité de proportionner, pour chaque jour, le nombre de travailleurs et d'attelages à requérir, il suit que le maire ne peut pas toujours appeler un prestataire à fournir le même jour, et sur le même atelier, l'ensemble des journées diverses qui constituent sa cote ; il peut, par exemple, et selon les besoins du service, requérir les journées d'hommes à part des journées de charroi. En effet, pourvu qu'on ne demande pas à un contribuable plus que ce que le rôle rendu exécutoire l'oblige à fournir, il ne peut élever aucune objection fondée, sur l'ordre dans lequel les journées de différentes espèces lui sont demandées, pas plus qu'il n'en aurait à faire sur l'époque à laquelle elles lui sont demandées dans les limites posées par le règlement.

Nous ferons remarquer, toutefois, qu'en requérant ainsi séparément les journées d'hommes et les journées de charrois, l'autorité doit avoir soin de ne pas épuiser entièrement les premières, tout d'abord, et qu'il est indispensable d'en réserver le nombre nécessaire pour que les charrois ne se trouvent pas ensuite privés de conducteurs. On comprend, en effet, que, si un propriétaire avait fourni la totalité des journées d'hommes qu'il doit, d'après le rôle, on ne pourrait le requérir d'en fournir d'autres pour la conduite des charrois qui lui seraient ultérieurement demandés.

518. Une autre circonstance encore doit être prise en considération par le maire dans la répartition des prestataires entre les différents ateliers; c'est la distance de leur domicile. Le ministre de l'intérieur, dans son instruction précitée, a recommandé d'avoir égard à cette circonstance autant que possible, surtout dans les communes dont le territoire est très-étendu, et l'on comprend facilement le motif de cette recommandation. D'une part, le déplacement à une distance bornée semble contrarier moins les habitudes des habitants de la campagne qui tiennent à rentrer à leur domicile pour les heures de repas; d'autre part, si on envoyait les prestataires travailler a une grande distance de chez eux, plusieurs kilomètres, par exemple, une partie de leur journée se trouverait absorbée par le temps d'aller et retour qu'on ne pourrait refuser de leur compter, en sorte que le temps consacré au travail effectif en serait réduit d'autant. C'est pour faciliter l'exécution de cette disposition, que, dans les communes fort étendues, les rôles de prestation sont, comme nous l'avons vu plus haut, n° 317, rédigés d'après l'ordre topographique des habitations, au lieu de l'être d'après l'ordre alphabétique des noms des contribuables.

519. Mais il ne faudrait pas qu'une mesure prise pour la plus facile exécution des travaux de prestation, vînt à être considérée comme constituant, pour les prestataires, le droit de choisir les chemins sur lesquels il leur convient le mieux d'acquitter leurs journées; il ne faudrait pas que chaque hameau d'une commune prétendît ne porter ses travaux que sur les chemins vicinaux qui sont à sa portée et qu'il regarderait comme l'intéressant plus spécialement. Cette prétention serait contraire au principe de l'unité communale qu'il importe de maintenir dans toutes les parties de l'administration des communes. La loi du 21 mai 1836, spécialement, ne reconnaît pas de sections de communes ayant des intérêts distincts de ceux des autres sections ou hameaux; tous les habitants des diverses sections sont tenus de contribuer à l'amélioration de tous les chemins vicinaux situés sur toute l'étendue du territoire de la commune. Ce principe a été plusieurs fois rappelé par le ministre de l'intérieur, notamment dans une circulaire du 2 août 1845.

520. Nous ajouterons que les prestataires peuvent, même dans certains cas, être appelés à employer leurs journées sur des chemins vicinaux situés hors du territoire de la commune; nous reviendrons sur ce point en traitant des chemins vicinaux de grande communication.

§ 3. — *Obligations des prestataires.*

521. Chaque prestataire doit porter, sur l'atelier dont il fait partie, les pelles, pioches et outils nécessaires aux travaux. S'il ne les possédait pas, et s'il était dans l'impossibilité de se les procurer, il devrait en prévenir le maire quarante-huit heures, au plus tard, après la réception de la réquisition, afin que le maire puisse, soit aviser à ce que des outils soient mis à la disposition du prestataire qui en manquerait, soit contremander ce prestataire et lui assigner un autre jour pour l'acquittement de ses prestations.

522. Mais il est des outils ou instruments tels que masses, brouettes et autres, dont les prestataires ne sont pas ordinairement munis ; aussi, dans beaucoup de communes, en a-t-il été fait acquisition sur les fonds affectés au service vicinal. Ces outils sont mis en usage au moment des travaux de prestation, et remis ensuite en magasin.

523. Les bêtes de sommes doivent être garnies de leurs bâts, paniers et brides ; les voitures doivent être attelées et les bêtes de trait garnies de leurs harnais. Ces conditions sont indispensables, en effet, à l'exécution de la prestation ; elles peuvent donc être exigées.

Nous ferons, toutefois, remarquer, que les contribuables ne peuvent être assujettis à conduire leurs bêtes de trait ou de somme sur les ateliers de prestation, que garnies du harnachement qu'ils possèdent et dont ils se servent habituellement. C'est ce qui résulte implicitement d'une ordonnance du 17 août 1841 (*commune de Jégust c. Thoré*), rendue sur la réclamation d'un contribuable qui n'employait ses chevaux que comme bêtes de somme, et que le maire de la commune avait voulu astreindre à les amener sur l'atelier avec l'équipement de bêtes de trait. Cette ordonnance est ainsi conçue :

Vu la loi du 21 mai 1836 ; considérant que le sieur Thoré n'a été porté au rôle des prestations en nature que pour six journées d'hommes et de cheval ; qu'il résulte de l'instruction qu'il a fourni deux hommes et ses deux chevaux pendant les trois jours qui avaient été indiqués, et que si l'administration n'a pas fait usage des chevaux mis à sa disposition, ce n'est pas par le fait du sieur Thoré ; d'où il suit que sa cotisation au rôle des prestations en nature a été régulièrement acquittée, et que c'est avec raison que le conseil de préfecture l'a déclaré libéré.

524. Le conducteur des chevaux et voitures doit être fourni par le propriétaire ; il doit être muni d'une pelle en fer, et travailler avec les autres ouvriers commis au chargement de la charrette ou du tombereau. Sa journée est imputée sur la cotisation du propriétaire porté en nom au rôle.

Dans quelques départements, on n'avait pas compris ainsi l'obligation de fournir un conducteur pour les chevaux et voitures, et l'on prétendait que la journée du conducteur ne devait pas être précomptée sur le montant de la cote ; c'était, disait-on, une obligation pour le propriétaire de faire conduire ses chevaux et voitures, qui, sans cela, ne pouvaient être utilisés, et l'accomplissement de cette obligation ne peut lui être compté en décharge de sa cote.

Il y avait là, évidemment, une interprétation erronée de la loi ; il y avait aggravation des charges légalement imposées aux contribuables. Le ministre de l'intérieur a rectifié cette fausse interprétation par une première circulaire du 21 octobre 1836, puis par une seconde, en date du 2 août 1837.

525. Quoique la déclaration qu'il entendait acquitter sa cote en nature ait créé, pour le prestataire, une obligation personnelle, il peut, cependant, se faire remplacer, pour sa personne et pour celle des membres de sa famille, par des ouvriers qu'il salarie, pourvu que ces ouvriers soient valides, âgés de 18 ans au moins, et de moins de 60 ans : ils doivent être agréés par le maire. Le prestataire en nom demeure d'ailleurs responsable du travail de ses ouvriers, et si ces derniers ne remplissaient pas convenablement leurs obligations, le maire les renverrait, et requerrait le prestataire de compléter les journées qu'il doit.

526. La durée de la *journée* de prestation a été fixée, dans chaque département, par le règlement général que le préfet a dû faire en exécution de l'article 21 de la loi : cette durée varie selon la saison dans laquelle se font les travaux.

Les prestataires doivent se trouver sur les ateliers pendant le nombre d'heures fixé par le règlement; ils ne doivent s'absenter que pendant le temps nécessaire aux repas, et qui est également déterminé par le règlement général.

La journée de prestation est indivisible, et pour en être libéré, le prestataire doit la fournir tout entière et sans interruption.

En cas d'interruption de la journée par empêchements légitimes ou par le mauvais temps, les contribuables sont tenus de compléter plus tard leurs prestations.

527. L'abstention du prestataire et sa négligence ne pouvaient rester sans répression, et, comme la loi n'a rien statué, sur ce point, l'administration a dû y suppléer dans la limite de ses pouvoirs. Le ministre de l'intérieur a donc décidé, dans son instruction du 24 juin 1836, que toutes les fois qu'un prestataire ne se rendrait pas, au jour fixé, sur l'atelier qui lui serait assigné, ou qu'il n'aurait fourni qu'une partie des journées par lui dues, soit en manquant aux heures de travail ou autrement, sa cote, ou le restant de sa cote, deviendrait exigible en argent.

Cette règle pourrait, au premier coup d'œil, paraître une addition à la loi, plutôt qu'une simple interprétation. En effet, le deuxième paragraphe de l'article 4 dit bien que toutes les fois que le contribuable n'aura pas opté dans les délais prescrits, la prestation sera de droit exigible en argent; mais le législateur n'a pas dit, formellement, ce qui devait être fait lorsque, après avoir opté pour l'acquittement en nature, le prestataire ne se présente pas sur l'atelier au jour où il est requis. La loi, cependant, doit recevoir son exécution, et il ne serait pas admissible qu'un prestataire négligent ou récalcitrant se trouvât libéré par le seul fait de son refus de travailler. La prestation *peut* être acquittée en nature ou en argent, au gré du contribuable: mais elle *doit* être acquittée de l'une ou de l'autre manière. Si le prestataire qui avait déclaré vouloir s'acquitter en nature ne se présente pas au jour où il est requis, il renonce, par le fait, au bénéfice de son option; on ne peut le contraindre de travailler, mais on a évidemment le droit de le contraindre à payer sa cote en argent. Ce n'est même, pour le service vicinal, qu'une compensation souvent insuffisante; car l'absence des prestataires commandés peut désorganiser les ateliers et faire tomber en pure perte les dépenses faites en ouvriers salariés pour l'organisation de ces ateliers.

528. Mais pour que la disposition coërcitive dont nous venons de parler puisse recevoir son exécution, il faut que le contribuable ait été préalablement mis en demeure d'acquitter ses journées en nature, ainsi qu'il s'y était engagé par sa déclaration d'option. C'est ce qui a été prononcé par une décision du conseil d'État, section du contentieux, en date du 26 juillet 1851 (*Fouassier*), ainsi conçue, sur ce chef:

Vu la loi du 21 mai 1836 et le règlement général sur les chemins vicinaux du département d'Indre-et-Loire;

Considérant qu'il résulte de l'instruction que le sieur Fouassier, après avoir fait connaître son option pour la prestation en nature, n'a pas reçu d'avertissement d'acquitter ladite prestation, conformément à l'article 54 du règlement général d'Indre-et-Loire susvisé; que, dès lors, c'est à tort que le conseil de préfecture a ordonné la continuation des poursuites exercées contre ledit sieur Fouassier pour le paiement d'une prestation en argent.

Il a été statué de même par un décret du 3 juin 1852 (*Nabonne et consorts*).

Ces décisions confirment, implicitement, il est vrai, mais bien évidemment, l'interprétation donnée par l'instruction ministérielle, pour le cas où un prestataire, après option, refuserait ou négligerait de remplir ses obligations.

§ 4. — *Direction et surveillance des travaux.*

529. La direction et la surveillance des travaux de prestation sur les chemins vicinaux de petite communication ne pouvait, en principe, appartenir qu'à l'autorité municipale, et, comme le fait remarquer le ministre de l'intérieur, dans son instruction du 24 juin 1836, le maire peut exercer cette attribution, soit par lui-même, soit par un adjoint ou par un membre du conseil municipal qu'il délègue à cet effet.

Le fonctionnaire chargé de surveiller les travaux veille à ce que les heures qui doivent être employées au travail le soient effectivement, et de la manière la plus utile à la réparation des chemins.

530. Lorsque le maire n'exerce pas, par lui-même, la surveillance des travaux, il doit remettre jour par jour et d'avance, au fonctionnaire à qui il a délégué cette surveillance, la liste des prestataires requis pour acquitter leur prestation ; cette liste, qui fait connaître, en regard du nom de chaque prestataire, les outils dont il doit être muni, est précédée d'une note indicative de l'heure assignée pour l'ouverture des travaux.

531. A l'heure indiquée, le surveillant fait l'appel des prestataires requis ; il s'assure qu'ils sont pourvus des outils demandés par l'avis de réquisition ; il leur assigne l'atelier où ils ont à travailler et la nature de leur travail.

532. Les prestataires arrivent sur les ateliers, porteurs du billet de réquisition ; les absents sont annotés avec soin par le surveillant, sur la liste qui lui a été fournie, et ils sont requis pour le lendemain par le maire.

533. La police des ateliers appartient au maire ou à son délégué ; les prestataires sont tenus de lui obéir en tout ce qu'il leur commande pour la bonne exécution des travaux.

Tout prestataire qui ne se soumet pas aux règles établies pour les travaux, qui trouble l'ordre, qui n'est pas muni des outils exigés par sa réquisition, qui n'a pas équipé ses bêtes de somme et disposé ses attelages de manière à servir utilement, ou enfin qui ne travaille pas comme s'il était salarié, peut être renvoyé de l'atelier par le fonctionnaire chargé de la surveillance des travaux, et sa cote ou le restant de sa cote devient exigible en argent.

534. La direction des travaux de prestation est, on ne peut se le dissimuler, une tâche difficile pour les maires ; aussi, était-il nécessaire de leur donner des auxiliaires, et l'instruction ministérielle du 24 juin 1836 engage les maires, partout où la chose est possible, à choisir un piqueur qui serait chargé de la partie matérielle des travaux ; le salaire de cet agent serait, si, d'ailleurs, le conseil municipal y consentait, prélevé sur les ressources en argent affectées aux travaux des chemins vicinaux.

535. Nous ajouterons ici que, dans un assez grand nombre de départements, le personnel du service vicinal est organisé sur des bases assez larges pour que les agents voyers puissent donner leurs soins aux travaux des chemins vicinaux de petite communication, ce qui rend la tâche des maires beaucoup plus facile, puisqu'ils sont délivrés de la direction proprement dite des travaux. C'est sous leur autorité, sans doute, qu'agissent alors les agents voyers : c'est aux maires qu'appartient la solution de toutes les difficultés qui pourraient naître entre les prestataires et les agents voyers ; mais ils sont dispensés de s'occuper des détails d'exécution, qui sont bien mieux placés entre les mains d'hommes ayant les connaissances techniques nécessaires.

536. Il est également un assez grand nombre de communes où les ressources affectées aux chemins vicinaux de petite communication ont suffi pour avoir, non pas un piqueur chargé temporairement de diriger les travaux de prestation, mais un ou plusieurs cantonniers permanents qui s'occupent constamment de l'entretien de ces chemins. On conçoit combien cela est favorable au maintien d'une bonne viabilité, et le salaire de ces cantonniers constitue certainement une des dépenses communales les mieux entendues.

§ 5. — Libération des prestataires.

537. Le rôle de prestation remis entre les mains du percepteur receveur municipal constitue un titre exécutoire contre les prestataires : il importe donc que lorsque ceux-ci ont rempli leurs obligations par l'acquittement, en nature, des journées portées au rôle, ils soient valablement libérés, et voici la marche que trace, sur ce point, l'instruction ministérielle du 24 juin 1836.

Le fonctionnaire chargé de la surveillance des travaux de prestation doit être muni du relevé du rôle dont il a été parlé plus haut, n° 355. A la fin de chaque journée, il marque, sur ce relevé, en regard du nom de chaque prestataire, le nombre de journées que ce contribuable a acquittées ou fait acquitter pour son compte : il décharge en même temps l'avis ou réquisition qui avait été envoyé au prestataire.

Lorsque les travaux sont terminés, le relevé du rôle doit être remis au percepteur receveur municipal, afin que ce comptable puisse émarger sur le rôle les cotes acquittées en nature ; il totalise ces cotes et en inscrit le montant sur le journal à souche, en un seul article ; il ne détache pas le bulletin, attendu qu'il n'y a lieu de le remettre à aucune partie versante, mais il le biffe en le laissant tenir à la souche.

Au moyen de ces différentes formalités, la libération des prestataires se trouve dûment constatée et le compte peut être régulièrement rendu.

SECTION II.

Prestation en tâches.

---

538. Le troisième paragraphe de l'article 4 de la loi du 21 mai 1836 autorise la transformation, en tâches, des journées de prestation que les contribuables déclarent vouloir acquitter en nature.

Le législateur n'a pas dit à quelle autorité il appartiendrait de déclarer que cette transformation aurait lieu, mais comme il charge les conseils municipaux d'arrêter les bases et évaluations des travaux, qui doivent servir à la conversion en tâches, le ministre de l'intérieur en a conclu, dans son instruction du 24 juin 1836, que c'est également aux conseils municipaux qu'il appartient de décider si le mode de travail en tâches serait, ou non, adopté dans la commune.

539. La transformation du travail en journées en travail à la tâche était une mesure nouvelle pour un très-grand nombre de départements :

le ministre a donc cherché, dans son instruction précitée, à rendre l'adoption de cette mesure aussi facile que possible.

On sait, généralement, ce que valent, lorsqu'ils sont payés en argent, les travaux de la nature de ceux qui se font sur les chemins vicinaux, le ramassage, le cassage ou l'étendage d'un mètre cube de pierre, le creusement d'un mètre courant de fossés, le transport d'un mètre cube de cailloux. La valeur de chaque espèce de journées de prestation étant fixée, pour la commune, par le conseil général du département, il suffit, pour former le tarif des tâches, de convertir les journées en une certaine quantité de travaux correspondant **au** montant de la cote de chaque prestataire.

540. On voit, tout d'abord, les avantages que présente le travail à la tâche, sur le travail en journées. Les prestataires, qui savent qu'ils seront libérés par l'exécution de leur tâche, peuvent, par un travail actif, se libérer plus promptement ; ils ont, d'ailleurs, plus de liberté pour le choix du moment de l'exécution de leurs tâches. Les autorités locales, de leur côté, se trouvent dispensées, en grande partie, de l'obligation fastidieuse de surveiller, en détail, le travail des prestataires, et elles n'ont plus, en général, qu'à constater, après les délais prescrits, que les tâches ont été bien et dûment exécutées.

Malgré ces avantages, les difficultés matérielles de la transformation des journées en tâches n'ont pas été partout écartées, et on ne peut se dissimuler que cette partie de la loi n'a pas encore produit, au moins d'une manière générale, les résultats qu'on en avait espérés. Il est des départements où il a été impossible d'amener les conseils municipaux à voter des tarifs de conversion en tâches, soit que la rédaction de ces tarifs présentât des difficultés réelles, soit que ces conseils craignissent d'aggraver la charge des contribuables. Ailleurs, les conseils municipaux ont adopté des bases de conversion en tâche tellement au-dessous de ce que devaient produire les journées de travail, que le service vicinal aurait perdu une grande partie des ressources qu'il doit trouver dans la prestation, et que les préfets ont dû refuser leur approbation aux délibérations qui établissaient ces tarifs.

Il est pourtant d'autres départements, il faut le dire, où le système de conversion des journées en tâche a été mieux compris, mieux appliqué, et où il produit d'excellents résultats. Il est donc à espérer que ce système gagnera, de proche en proche ; mais nous pensons que, pour qu'il produise tout son effet, il serait nécessaire que le troisième paragraphe de l'article 4 de la loi fût revisé. D'une part, il semble qu'il serait préférable d'attribuer aux conseils généraux des départements l'établissement des tarifs de conversion des journées en tâches, comme ils ont reçu le droit de faire les tarifs de conversion des journées en argent ; on soustrairait ainsi ce travail à ce que peuvent avoir de trop personnel les influences qui agissent sur les délibérations des conseils municipaux. D'une autre part, il serait nécessaire que la loi précisât à qui appartient le droit *d'ordonner* que la prestation sera acquittée en tâches lorsqu'un tarif de conversion a été voté et approuvé. La loi est restée muette à cet égard, et ce n'est que par interprétation que les règlements préfectoraux ont dit que l'emploi de la prestation en tâches devait, après l'option des contribuables, être ordonné par les maires pour les chemins vicinaux de petite communication, et par les préfets pour les chemins vicinaux de grande communication.

541. Dans les localités où la prestation en nature est employée en tâches, voici comment il est procédé, le plus généralement, à l'indication des travaux à faire, à la réception de ces travaux et à la libération des prestataires.

Nous avons dit plus haut, n° 514, en parlant du travail en journées, que le maire devait adresser à chaque prestataire une réquisition indiquant le jour, l'heure et le lieu où il était tenu d'accomplir ses obligations.

Lorsque les travaux de prestation en nature doivent être exécutés en tâches, la réquisition adressée aux prestataires en fait mention, et indique l'espèce et la quantité de travaux qu'ils doivent effectuer, ainsi que le délai dans lequel les tâches doivent être exécutées.

Les travaux à faire sont en outre indiqués sur le terrain, s'il en est besoin, par le maire ou le piqueur. Si ces travaux consistent en terrassements ou en étendage de matériaux, le chemin est, autant que possible, piqueté par des jalons numérotés, indiquant l'étendue des tâches.

La réception des travaux en tâches est faite, par le maire ou le piqueur, soit au fur et à mesure de l'avancement de ces travaux, soit à l'expiration du délai fixé pour leur achèvement; les prestataires sont responsables de ces travaux jusqu'à la réception.

Les travaux dont la réception est refusée pour vice d'exécution, doivent être refaits ou retouchés dans un délai qui n'excède pas quinze jours.

Des prolongations du délai fixé par la réquisition peuvent être accordées dans le cas d'empêchement légitime, mais ces prolongations ne peuvent s'étendre au delà de l'époque de la clôture de l'exercice.

Toute tâche non effectuée à cette époque est, de droit, convertie en argent, d'après le nombre de journées qu'elle représentait, et le recouvrement en est poursuivi par les voies de droit.

Le maire ou son délégué acquitte, pour les tâches reçues, le bulletin de réquisition; il annote également la libération des prestataires sur le relevé dont il a déjà été parlé, et il remet ce relevé au percepteur receveur municipal, qui émarge le rôle de prestation comme il est dit pour l'acquittement des prestations en journées.

SECTION III.

Concours des entrepreneurs dans les travaux de prestation.

---

542. Sous l'empire de la loi du 28 juillet 1824, et alors que l'autorité avait si peu de moyens d'action pour arriver au bon emploi de la prestation en nature, on avait cherché, dans quelques départements, à rendre cet emploi plus fructueux en appelant à le diriger, un entrepreneur intéressé à ce que le travail produisît tout ce qu'il devait produire.

Mais ce système donnait lieu à des abus, à des plaintes nombreuses, et le ministre de l'intérieur pensa qu'il ne pouvait être maintenu, sous l'empire d'une législation qui donnait à l'autorité des moyens plus efficaces de contraindre légalement les prestataires à accomplir leurs obligations. Dans son instruction du 24 juin 1836, il invita donc les préfets à ne jamais permettre que l'emploi des journées de prestation fût mis en adjudication, et que les prestataires fussent ainsi mis à la disposition et sous la surveillance d'un homme matériellement intéressé à ce qu'ils accomplissent leur tâche.

543. On voit quelle a été l'intention du ministre en écrivant ce paragraphe de l'instruction; elle s'explique suffisamment. Mais, tout en se conformant à la prohibition qu'il a faite, on a pu, cependant, profiter des avantages que peut offrir le concours d'entrepreneurs de travaux dans l'emploi de la prestation.

Dans un certain nombre de départements on a, à cet effet, compris les journées des prestataires dans les adjudications, mais avec cette réserve que les prestataires ne seraient ni sous les ordres ni sous la surveillance des entrepreneurs, mais bien sous celle de l'autorité municipale ou de ses délégués. Dans ce système, les cahiers des charges portent que les entrepreneurs prendront pour comptant les journées de prestations de toute nature, au prix fixé par le tarif de conversion en argent. L'entrepreneur indique au maire ou à l'agent voyer la situation des ateliers et le nombre des prestataires qu'il pourra employer chaque jour, jusqu'à épuisement du rôle; les prestataires sont requis par le maire; sur les ateliers, ils sont mêlés avec les ouvriers de l'entrepreneur, et travaillent d'après les indications des chefs d'atelier, mais sans que l'entrepreneur ou ses agents puissent les réprimander en cas de négligence. C'est aux délégués de l'autorité qu'est réservé ce droit, qui trouve sa sanction dans le refus du bulletin de libération, s'il y a lieu.

Dans les départements où ce mode d'emploi de la prestation a été mis en pratique, il paraît n'avoir fait naître aucune difficulté entre les prestataires et les entrepreneurs, ou, s'il en est survenu, elles ont été levées à l'instant par l'intervention de l'autorité municipale.

Ce système présente, il faut le reconnaître, un grand avantage. En effet, lorsque les prestations sont appliquées directement et isolément, il arrive, la plupart du temps, qu'une très-grande partie des journées de charroi sont perdues, parce qu'elles excèdent les besoins, ou sont hors de proportion avec les journées de main-d'œuvre. Lorsque, au contraire, un entrepreneur se charge d'employer la masse totale des prestations, il peut, par l'adjonction d'ouvriers salariés, distribuer le travail de main-d'œuvre sur les ateliers, de manière à utiliser toutes les journées de charroi.

Il est évident, toutefois, que le succès de ce système et la possibilité de l'introduire dans d'autres départements que ceux où il a été adopté déjà, dépendent beaucoup de l'esprit et des habitudes de la population. C'est donc la connaissance de cet esprit et de ces habitudes qui doivent diriger les préfets dans l'application de ce mode d'emploi de la prestation, et en le conciliant toujours avec cette condition, que les prestataires ne doivent pas être placés directement sous les ordres des entrepreneurs.

541. Dans d'autres départements, on a procédé d'une manière un peu différente.

En adjugeant, pour leur montant total, les travaux des chemins vicinaux d'une commune, on a inséré dans le cahier des charges une clause portant que l'entrepreneur supporterait, sur le montant de son adjudication, la déduction de la valeur des journées que les prestataires feraient en nature.

Ce système, plus encore que le précédent, peut-être, respecte la prohibition, faite par l'instruction du 24 juin 1836, de faire travailler les prestataires pour le compte et sous la surveillance d'entrepreneurs.

En effet, imposer aux entrepreneurs l'obligation de supporter la déduction du travail exécuté en nature par les contribuables, ce n'est pas comprendre les prestations dans les adjudications, c'est-à-dire donner aux adjudicataires un certain nombre de journées à faire exécuter comme bon leur semblera. L'autorité préfectorale fait seulement savoir aux entrepreneurs que des travaux seront exécutés par les prestataires sur tels ou tels chemins vicinaux, que ces travaux seront évalués suivant des séries de prix insérées au cahier des charges, et que le monlant viendra en déduction lors du décompte de l'entreprise. Dans ce cas, les entrepreneurs n'ont point à s'immiscer dans les travaux des prestataires. Ces contribuables exécutent leurs journées sous la seule surveillance des maires ou adjoints et des agents voyers. Le mode de procéder dont il s'agit n'a donc rien de contraire aux prescriptions de l'instruction du 24 juin 1836, et nous ne voyons rien, par conséquent, qui puisse s'opposer à ce qu'il soit adopté, lorsque les avantages en sont reconnus.

SECTION IV.

Emploi, d'office, de la prestation en nature.

---

545. Nous avons vu, plus haut, n° 390. comment il doit être procédé, pour l'établissement d'une imposition d'office, en journées de p restations, sur une commune dont le conseil municipal, mis en demeure, aurait refusé de voter, dans les limites du maximum, le nombre de journées nécessaire.

Le législateur devait prévoir que le refus de voter pourrait amener le refus d'exécuter les journées imposées ; il devait prévoir aussi que, même en cas de vote, la commune s'abstiendrait de faire les travaux dans les délais prescrits ; il a donc, pour ce cas, donné au préfet, par l'article 5 de la loi du 21 mai 1836, le droit *de faire exécuter les travaux.*

546. Mais, ainsi que le fait remarquer le ministre de l'intérieur, dans son instruction du 24 juin 1836, pour que le préfet puisse user de ce pouvoir coërcitif, il faut que la commune ait été, préalablement, mise en demeure d'exécuter, dans un certain délai, les travaux pour lesquels elle aurait voté, soit des prestations, soit des centimes.

547. Aux indications générales données ici par le ministre, nous croyons devoir ajouter quelques détails sur l'exécution des différentes mesures à prendre.

Lorsque, dans une commune, des journées de prestation ont été votées par le conseil municipal et que le rôle a été rendu exécutoire, mais que les travaux n'ont pas été effectués dans le délai fixé et au plus tard dans le dernier mois de l'année, il en est rendu compte au préfet par le sous-préfet, afin que l'exécution d'office des travaux puisse être ordonnée avant l'expiration de l'exercice.

Le préfet prend alors un arrêté spécial pour mettre le maire de la commune en demeure de faire exécuter les travaux dans un délai qu'il détermine. Cet arrêté donne également avis aux contribuables que, faute par eux d'avoir fourni les prestations en nature dans le délai fixé, leurs cotes deviendraient exigibles en argent.

L'arrêté de mise en demeure doit être publié dans la commune par les soins du maire. Si ce fonctionnaire négligeait ou refusait de faire cette publication, il y serait pourvu par le préfet, conformément à l'article 15 de la loi du 18 juillet 1837, sur l'administration municipale.

Les travaux de prestation à exécuter d'office sont surveillés par un agent voyer commis à cet effet par le préfet ou par le sous-préfet de l'arrondissement. Les certificats de libération sont délivrés par le maire, sur l'attestation de l'agent voyer. A défaut de l'intervention du maire, les certificats de l'agent voyer opéreraient la libération des prestataires.

548. La marche que nous venons d'indiquer est relative au cas où les prestations auraient été votées, mais où il y aurait retard dans l'exécution ; les mêmes mesures seraient appliquées, dans le cas où les prestations auraient été imposées d'office.

SECTION V.

Constatation de l'emploi des prestations.

549. La libération des prestataires et celle du percepteur receveur municipal responsable du montant des cotes portées au rôle, ont été assurées par les différentes formalités que nous avons indiquées plus haut ; mais il importait encore que l'administration supérieure fût mise, périodiquement, à portée de connaître si les prestations ont été réellement employées dans toutes les communes, et quel a été le résultat des travaux.

A cet effet, le maire, ou le fonctionnaire délégué pour la surveillance des travaux, doit, à la clôture de ces travaux, rédiger un procès-verbal constatant l'emploi des prestations employées, soit en journées, soit en tâches, ainsi que les résultats obtenus par ces travaux sur les différents chemins.

Ce procès-verbal est aussitôt envoyé au sous-préfet, et la réunion de ces documents, pour toutes les communes de l'arrondissement, sert de base à un rapport d'ensemble qui doit être adressé au préfet à la fin de chaque année.

Si, par une cause quelconque, il n'avait pas été fait emploi des prestations dans une commune avant le 15 décembre, le maire adresserait au sous-préfet une déclaration négative, et l'administration supérieure aviserait.

CHAPITRE III.

EMPLOI DES RESSOURCES EN ARGENT.

550. Les travaux qui se font à prix d'argent sur l'ensemble des chemins vicinaux absorbent environ la moitié des ressources consacrées au service vicinal ; nous ne nous occuperons, dans ce chapitre, que de ceux qui s'exécutent sur les chemins vicinaux de petite communication.

551. Les travaux de construction ou de réparation de routes peuvent se faire de deux manières : par voie d'entreprise ou par voie de régie. Chacun de ces deux modes d'exécution a ses avantages et ses inconvénients ; mais comme le dernier est celui dans lequel les abus sont le plus difficiles à réprimer, l'administration n'y a généralement recours que pour l'emploi de sommes peu considérables.

Cette règle a été appliquée aux travaux des chemins vicinaux de petite communication par le ministre de l'intérieur, et, dans son instruction du 24 juin 1836, il a invité les préfets à faire employer par voie d'adjudication toute somme qui dépasserait 200 ou 300 fr. Les dépenses qui, dans chaque commune, excéderaient cette somme, devraient nécessairement donner lieu à une adjudication.

552. Comme il serait souvent difficile de faire une adjudication et de trouver des concurrents pour les travaux à faire sur les chemins d'une seule commune, le ministre a également engagé les préfets à faire adjuger à la fois, à la sous-préfecture, les travaux de tout un arrondissement, avec cette réserve, cependant, que les travaux de chaque commune formeraient un lot distinct. Le ministre a pensé que cette forme de procéder attirerait un plus grand nombre de soumissionnaires, et donnerait, par conséquent, plus de chances de rabais. Dans tous les cas, l'adjudication ne doit être définitive qu'après l'approbation du préfet.

553. Ces règles ne doivent cependant pas être considérées comme absolues. Ainsi, dans certains cas, il peut être plus avantageux que l'adjudication des travaux, au lieu de se faire au chef-lieu de l'arrondissement, se fasse dans la commune même où les travaux doivent être exécutés. Cette exception peut être autorisée par le préfet, qui décide, en même temps, s'il sera procédé à l'adjudication par le sous-préfet ou par le maire de la commune.

554. Quant aux travaux qui doivent se faire en régie, c'est à l'autorité municipale à les faire exécuter sous sa direction et sa surveillance ; le plus souvent les faibles sommes qui peuvent y être affectées, sont employées à salarier des ouvriers que l'on adjoint aux prestataires pour diriger ceux-ci dans leurs travaux.

555. Nous n'entrerons pas dans de plus longs développements sur l'exécution des travaux qui se font à prix d'argent sur les chemins vicinaux de petite communication. Ces travaux sont, pour la surveillance, la réception et le paiement, soumis aux règles des autres travaux communaux, et ces règles sont trop connues pour qu'il soit nécessaire d'en parler.

CHAPITRE IV.

SPÉCIALITÉ DES RESSOURCES.

556. Les ressources, soit communales, soit départementales, votées pour les travaux des chemins vicinaux, ont, par l'effet même du vote, une affectation toute spéciale ; ce n'est, en effet, que pour cette destination que le législateur a autorisé les conseils municipaux et les conseils généraux de département à créer ces ressources. Il est donc du devoir de l'administration locale de ne les employer qu'à la destination que la loi même leur a donnée. C'est un principe que le ministre de l'intérieur a rappelé avec force dans son instruction du 24 juin 1836 ; il recommande, surtout, de n'employer ces ressources que sur des chemins ayant le caractère de chemins vicinaux, c'est-à-dire reconnus tels par arrêté du préfet ; tout autre emploi, soit d'argent, soit de prestations en nature, serait illégal, et pourrait exposer celui qui l'aurait autorisé à une action en réintégration.

Malgré cette recommandation formelle, il est arrivé que des maires ont fait employer des journées de prestation, soit sur des chemins qui n'étaient pas légalement déclarés vicinaux, soit même à des travaux communaux d'une autre nature, comme, par exemple, des constructions ou réparations d'édifices. Plusieurs fois déjà, la preuve de semblables abus ayant pu être acquise, les conseils de préfecture ont rejeté des comptes les journées de prestation ainsi irrégulièrement employées, et laissé la dépense à la charge de ceux qui l'avaient ordonnée. Les fonctionnaires municipaux ont donc un grand intérêt à se renfermer rigoureusement dans les termes de la loi et de l'instruction.

557. Nous ajouterons que le principe de la spécialité des ressources suit les fonds qui, n'ayant pu être employés dans le cours de l'exercice auquel ils appartiennent, sont reportés au budget suivant comme *fonds libres*. Il y a cependant une distinction à faire relativement à cette nature de ressources.

En effet, si les fonds non employés sont le reliquat d'allocations votées par le conseil municipal *sur les revenus ordinaires* de la commune et si l'état des chemins n'en a pas rendu l'emploi nécessaire, il n'est pas douteux que la destination peut en être changée par un nouveau vote du conseil municipal. Ce sont des *fonds libres* qui rentrent dans la masse des ressources communales et dont l'emploi peut être fait pour toute dépense communale, quelle qu'elle soit.

Mais si les fonds non employés sont le reliquat de ressources réalisées en vertu de la loi du 21 mai 1836, centimes spéciaux, impositions extraordinaires, rachat de prestations, il ne serait pas légal de leur donner une destination autre que celle que leur a donnée la loi qui en a permis la réalisation. Ce n'est qu'en vue de l'entretien des chemins vicinaux que la loi précitée permet d'imposer aux contribuables certaines charges; c'est donc à cette seule destination que peut être affecté le montant des ressources réalisées. Si elles ont dépassé les besoins du service vicinal, elles constituent bien, en fin d'exercice, des *fonds libres*, mais des fonds libres qui continuent d'être frappés de l'affectation spéciale que leur donnait leur origine. Ils doivent donc être tenus en réserve pour être employés à leur destination propre dans le cours de l'exercice sur lequel ils seront reportés, sauf, s'il y a lieu, à réduire d'autant les centimes spéciaux à imposer pour cet exercice.

CHAPITRE V.

COMPTES.

---

558. Le ministre de l'intérieur n'a donné, sur la comptabilité du service vicinal, dans son instruction du 24 juin 1836, que des indications sommaires. Nous devons dire ici, tout d'abord, que, par une décision que l'on trouvera plus loin, la comptabilité des recettes et des dépenses afférentes aux chemins vicinaux de grande communication a été rattachée complétement au budget départemental : elle se trouve donc régie par les règles propres aux services de ce budget.

Quant aux recettes et aux dépenses afférentes aux chemins de petite communication, elles restent dans la comptabilité communale, sont soumises à toutes les règles propres à cette comptabilité, et font l'objet d'un chapitre distinct dans le budget et dans les comptes des communes.

559. Les recettes sont justifiées, savoir :

1° Celles du produit des centimes spéciaux et des centimes extraordinaires, par des extraits du rôle général des contributions directes ou du rôle spécial, délivrés par le percepteur et visés par le maire de la commune ;

2° Celle des prestations en nature, par le rôle même des prestations, dont le montant intégral est porté en recette en un seul article;

3° Celle des subventions spéciales, par les arrêtés de fixation rendus par le conseil de préfecture ou par le préfet, selon que ces subventions ont été réglées dans la forme des expertises ou dans celle des abonnements;

4° Celle, enfin, des fonds provenant de souscriptions de particuliers ou d'associations de particuliers, par le titre de souscription, appuyé de l'acceptation donnée par le préfet.

560. Les dépenses sont justifiées par la production des pièces ci-après, savoir :

I. Pour les prestations fournies en nature :

  1° Le relevé émargé des journées ou des tâches effectuées en nature, tel qu'il est indiqué au n° 355 ci-dessus, ledit relevé revêtu du certificat du maire attestant l'exécution des travaux;

  2° Les ordonnances de décharge ou de réduction revêtues du certificat du maire constatant leur émargement au rôle, et, s'il y a lieu, la quittance du remboursement aux prestataires des journées ou tâches qu'ils auraient indûment acquittées.

II. Pour les travaux exécutés par entreprises :

  1° Une expédition du devis ou détail estimatif;

  2° Une expédition du cahier des charges, du procès-verbal d'adjudication ou du marché, dûment approuvée;

  3° Le procès-verbal de réception définitive des matériaux ou des travaux, visé par le maire;

  4° Les mandats du maire dûment acquittés.

III. Pour les travaux en régie :

  1° L'état d'indication des travaux, ou le devis, s'il en a été fait, et le détail estimatif;

  2° L'autorisation du sous-préfet ou du préfet, d'exécuter les travaux en régie, si, en raison du chiffre de la dépense, cette autorisation a dû être demandée;

  3° L'état des tâches ou des journées faites par les ouvriers salariés. émargé par eux ou par deux témoins;

  4° Les mémoires quittancés des fournitures de matériaux;

  5° Les mandats du maire délivrés au nom du régisseur ou du chef d'atelier.

IV. Pour les indemnités relatives aux acquisitions de terrains,

S'il y a eu cession à l'amiable par les propriétaires :

  1° L'arrêté préfectoral qui prescrit l'ouverture, le redressement ou l'élargissement;

  2° Une expédition de l'acte de cession à l'amiable;

  3° Un certificat de non-inscription, si l'indemnité est de cent francs et au-dessus;

  4° Délibération du conseil municipal dûment approuvée, dispensant de la purge des hypothèques, si l'indemnité est de moins de cent francs;

  5° Un certificat de non-inscription, si, l'indemnité n'atteignant pas cent francs, le conseil municipal n'a pas cru devoir dispenser de la purge des hypothèques, ou si la délibération tendant à la dispense n'a pas été approuvée ,

  6° Les mandats du maire dûment acquittés.

Si, à défaut de cession à l'amiable par les propriétaires des terrains nécessaires à l'élargissement, l'indemnité a été réglée par le juge de paix (article 15 de la loi) :

    1° L'arrêté préfectoral qui prescrit l'élargissement;

    2° La décision du juge de paix, ou le jugement du tribunal s'il y a eu appel de la sentence du juge de paix;

    3° Un certificat de non-inscription, si l'indemnité est de cent francs et au-dessus;

    4° Délibération du conseil municipal, dûment approuvée, dispensant de la purge des hypothèques, si l'indemnité est de moins de cent francs;

    5° Un certificat de non-inscription, si, l'indemnité n'atteignant pas cent francs, le conseil municipal n'a pas cru devoir dispenser de la purge des hypothèques, ou si la délibération tendant à la dispense n'a pas été approuvée;

    6° Les mandats du maire dûment acquittés.

Si, à défaut de cession à l'amiable par les propriétaires, il a fallu recourir à l'expropriation pour cause d'utilité publique (article 16 de la loi),

    1° L'arrêté préfectoral qui prescrit les travaux d'ouverture ou de redressement;

    2° Un extrait du jugement d'expropriation et de la décision du jury fixant le chiffre de l'indemnité;

    3° Un certificat de non-inscription, si l'indemnité est de 500 francs et au-dessus;

    4° Délibération du conseil municipal, dûment approuvée, dispensant de la purge des hypothèques, si l'indemnité est de moins de 500 francs;

    5° Un certificat de non-inscription, si, l'indemnité n'atteignant pas 500 francs, le conseil municipal n'a pas cru devoir dispenser de la purge des hypothèques, ou si la délibération tendant à la dispense n'a pas été approuvée;

    6° Les mandats du maire dûment acquittés.

Ou, enfin, si les propriétaires ont consenti à l'occupation des terrains, sauf règlement ultérieur des indemnités par le jury,

    1° L'arrêté du préfet qui prescrit l'ouverture ou le redressement;

    2° L'acte par lequel les propriétaires déclarent consentir à l'occupation des terrains, sauf règlement ultérieur des indemnités;

    3° Un extrait de la décision du jury fixant le chiffre de l'indemnité;

    4° Un certificat de non-inscription si l'indemnité est de 500 francs et au-dessus;

    5° Délibération du conseil municipal, dûment approuvée, dispensant de la purge des hypothèques, si l'indemnité ne dépasse pas 500 francs;

    6° Un certificat de non-inscription, si, l'indemnité n'atteignant pas 500 francs, le conseil municipal n'a pas cru devoir dispenser de la purge des hypothèques ou si la délibération tendant à la dispense n'a pas été approuvée;

    7° Les mandats du maire dûment acquittés

Pour les indemnités relatives, soit à des extractions de matériaux, soit à des dépôts ou enlèvements de terre, soit à des occupations temporaires de terrains (article 17 de la loi),

    Si l'indemnité a pu être fixée à l'amiable,

    1° L'arrêté préfectoral qui autorise les extractions de matériaux ou les occupations temporaires de terrains;

    2° L'accord fait entre l'administration et le propriétaire, accepté par le conseil municipal et approuvé par le préfet;

3° Les mandats du maire dûment acquittés.

Si l'indemnité n'a pu être réglée à l'amiable,

1° L'arrêté préfectoral qui autorise les extractions de matériaux ou les occupations temporaires de terrains;

2° L'arrêté du conseil de préfecture qui a fixé l'indemnité;

3° Les mandats du maire dûment acquittés.

Pour le contingent de la commune dans les travaux des chemins vicinaux de grande communication, si le contingent a été acquitté, en argent, en tout ou en partie,

1° La notification faite par le préfet, du montant de ce contingent;

2° Le mandat délivré par le maire, au profit du receveur général des finances, auquel sera joint le récépissé à talon de ce comptable.

Le tout sans préjudice de la justification des titres des parties, suivant les cas.

Toutes les dépenses autres que celles énumérées ci-dessus sont justifiées comme il est prescrit par les règlements sur la comptabilité communale.

561. Le service des chemins vicinaux, en ce qui concerne les dépenses, est soumis aux dispositions législatives ou réglementaires sur le timbre. Il importe donc que les fonctionnaires et agents chargés de ce service connaissent exactement quelles sont les pièces de dépenses qui sont assujetties au timbre, quelles sont celles qui en sont dispensées.

Les ministres des finances et de l'intérieur ont publié des instructions qui contiennent toutes les indications propres à guider, en cette matière, les administrations départementales et municipales. La première instruction, qui émane du ministère des finances, est du 17 juin 1840; elle est relative à la comptabilité de tous les services publics, et indique, au moyen de la lettre T, quelles sont les pièces justificatives qui doivent être revêtues de la formalité du timbre. La seconde instruction, qui porte la date du 30 novembre 1840, est le règlement sur la comptabilité publique du ministère de l'intérieur, mais ce règlement ne s'occupe que de la comptabilité relative aux chemins vicinaux de grande communication. La lettre T indique également, dans la nomenclature des pièces justificatives, quelles sont celles qui doivent être timbrées. L'administration doit trouver, dans ces deux documents, la solution pratique des difficultés que soulève, le plus souvent, la question du timbre, au point de vue de la comptabilité des chemins vicinaux.

CHAPITRE VI.

CONTESTATIONS RELATIVES AUX TRAVAUX.

SECTION I.

Compétence.

---

562. Les travaux qui s'exécutent sur les chemins vicinaux peuvent, comme ceux qui se font sur les autres voies publiques, donner lieu à des contestations, soit entre l'administration et les entrepreneurs relativement à l'exécution de ces travaux, soit entre les entrepreneurs et des particuliers qui croiraient avoir à se plaindre de torts et dommages causés à leurs propriétés, par le fait personnel de ces entrepreneurs, soit enfin entre l'administration et des particuliers, lorsque ces torts et dommages sont l'effet des ordres donnés par l'administration.

A quelle juridiction appartient-il de prononcer sur ces contestations ? La jurisprudence a longtemps varié sur cette question, et nous croyons utile de suivre les gradations par lesquelles elle est arrivée à se fixer.

563. Les travaux des chemins vicinaux sont des travaux communaux ; cela résulte et de l'intérêt dans lequel ils s'exécutent et de la nature des ressources applicables à la dépense qu'ils entraînent. C'est le caractère que leur attribue le ministre de l'intérieur dans son instruction du 24 juin 1836.

Mais le caractère *communal*, qu'il faut indubitablement reconnaître aux travaux des chemins vicinaux, empêche-t-il que ces travaux soient aussi considérés comme *travaux publics*, et que, par conséquent, les contestations auxquelles ils donnent lieu soient attribuées à la juridiction administrative ? Nous allons voir comment cette question a été successivement résolue.

Un premier décret, du 30 janvier 1809 (*Lafontade c. Lateulère*), avait attribué à l'autorité administrative le jugement des contestations relatives aux travaux des chemins vicinaux, mais ce décret ne fit pas règle sur la matière, et il fut bientôt après, suivi, soit de décrets, soit d'ordonnances qui rangèrent dans les matières appartenant aux tribunaux ordinaires les contestations relatives aux travaux des chemins vicinaux, comme, au surplus, pour les travaux communaux de toute nature. Nous citerons sur ce point les ordonnances des 18 avril 1816 (*Rérolle c. commune de Moulins-Engilbert*), 1er septembre 1819 (*Piquegny c. commune de Lamarque*), 16 janvier 1822 (*Hongre c. Delayen*), 31 juillet 1822 (*Puyol c. Maurette-Timbor et Lafon*), 2 avril 1828 (*Saint-Didier c. commune de Lamure*), 18 février 1829 (*commune d'Amayé*) et 31 décembre 1831 (*Bernard et Lavinas c. commune de Beaumont-le-Royer*).

Dès 1825, cependant, le conseil d'État attribuait à la juridiction administrative les contestations relatives à des travaux de chemins vicinaux, mais dont les projets avaient été préparés, approuvés et adjugés d'après les formes usitées pour les travaux que fait exécuter l'administration des ponts et chaussées. C'est ce qui fut décidé par les ordonnances des 13 juillet 1825 (*Bourguignon c. commune de Conges*), 9 novembre 1836 (*François c. commune de Premery et Champleny*), 15 juillet 1841 (*Falin c. commune de Comblans*), 11 août 1841 (*préfet du Loiret c. Gaëtan*) et 17 août 1841 (*Thinet c. commune de Ruffey*); mais, comme nous venons de le dire, la question de fond ne se trouvait pas tranchée par ces ordonnances qui s'appuyaient sur des raisons de formes d'adjudication.

564. Ce ne fut que par l'ordonnance du 30 septembre 1843 (*Nicod de Ronchaud c. commune de Saint-Didier*) que le conseil d'État, laissant de côté, complétement, la question des formes de la préparation et de l'adjudication des travaux des chemins vicinaux, reconnut formellement la compétence de la juridiction administrative sur les contestations auxquelles ces travaux donnent lieu. Cette ordonnance est ainsi conçue :

Vu les lois des 28 pluviôse an VIII (17 février 1800), 16 septembre 1807 et 21 mai 1836 ; considérant que l'action intentée par la dame veuve Ronchaud et par le sieur Louis-François Nicod de Ronchaud contre la commune de Saint-Didier a pour objet d'obtenir la réparation de dommages causés aux clôtures de leurs propriétés par suite de travaux exécutés pour l'élargissement et la rectification du chemin vicinal de Saint-Didier à Lons-le-Saulnier; et que, aux termes des lois des 28 pluviôse an VIII et 16 septembre 1807, c'est à l'autorité administrative qu'il appartient de prononcer sur les contestations relatives aux torts et dommages provenant de l'exécution de travaux publics.

Il a été prononcé dans le même sens par une ordonnance du 28 août 1844 (*de Chavaille c. commune de Mérignac*).

Depuis cette époque la jurisprudence du conseil d'État n'a plus varié, et, par un grand nombre de décisions que nous ne rapporterons pas ici, il a constamment attribué à la juridiction administrative le jugement de toutes les contestations survenues, en matière de travaux sur les chemins vicinaux, soit entre l'administration et des entrepreneurs, soit entre des entrepreneurs et des particuliers, soit enfin entre l'administration et des particuliers.

565. L'incompétence des préfets et la compétence exclusive des conseils de préfecture a été également déclarée par une ordonnance du 23 décembre 1845 (*Granier*), ainsi conçue :

Vu la loi du 21 mai 1836; vu la loi du 28 pluviôse an VIII;

Considérant que les travaux à exécuter sur les deux chemins de grande communication n° 1 et n° 5 de la Charité à Entrains, et de Douzy à Saint-Amand, présentaient le caractère de travaux publics; que, dès lors, le conseil de préfecture était, aux termes de l'article 4 de la loi du 28 pluviôse an VIII, seul compétent pour connaître des contestations survenues entre l'administration et l'entrepreneur, concernant le sens et l'exécution des clauses du marché, et qu'en statuant sur lesdites contestations, le préfet de la Nièvre a excédé les limites de sa compétence.

Il a été statué de même par une ordonnance du 24 juin 1847 (*Passerieu c. commune de Barsac*), relative à des travaux sur un chemin vicinal de petite communication.

566. Les travaux qui s'exécutent sur les chemins vicinaux, soit de grande, soit de petite communication, sont donc aujourd'hui complétement assimilés aux autres travaux publics, et, conséquemment, c'est aux conseils de préfecture qu'appartient exclusivement, par application de l'article 4 de la loi du 28 pluviôse an VIII (17 février 1800), le jugement des contestations auxquelles ces travaux donnent lieu.

567. Le caractère de travaux publics a même été attribué à des opérations purement préparatoires, telles que celles d'arpentage, de bornage et de levées de plans. C'est ce qui résulte d'un décret du 9 janvier 1849 (*Molicart et Levasseur c. commune de Saint-Denis-lès-Sens*), ainsi conçu :

Vu les lois des 16-24 août 1790, 16 fructidor an III, 28 pluviôse an VIII, et 16 septembre 1807;

Considérant que l'action intentée par les sieurs Molicart et Levasseur contre la commune de Saint-Denis-lès-Sens a pour objet d'obtenir le paiement du prix de travaux qui auraient été exécutés par les requérants pour l'arpentage, le bornage et la levée des plans des chemins publics de ladite commune;

Considérant que les travaux dont il s'agit ont le caractère de travaux publics, et que, aux termes de la loi susvisée du 28 pluviôse an VIII, il appartient à l'autorité administrative de connaître des difficultés qui se sont élevées entre la commune et les entrepreneurs relativement à l'exécution et au paiement desdits travaux.

568. Nous terminerons, sur la compétence, en faisant remarquer que l'article 4 de la loi du 28 pluviôse an VIII (17 février 1800) n'attribue aux conseils de préfecture que la connaissance des réclamations des particuliers relatives à des torts et dommages provenant *du fait personnel des entrepreneurs et non du fait de l'administration.*

Cette distinction entre des faits qui sont évidemment du même ordre ne s'explique pas ; aussi, depuis fort longtemps, le conseil d'Etat attribue-t-il aux conseils de préfecture la connaissance des contestations relatives aux torts et dommages causés à des particuliers *par le fait de l'administration.*

Nous citerons sur ce point une ordonnance du 27 août 1833 (*préfet du Nord c. Questel*), ainsi conçue, sur ce chef :

Considérant que les lois des 11 septembre 1790, titre 4, article 5, et 28 pluviôse an VIII, article 4, ont réservé à l'administration la connaissance des demandes en dommages-intérêts résultant de torts et dommages provenant du fait des entrepreneurs de travaux publics; qu'à plus forte raison l'administration est seule compétente pour connaître des demandes de cette nature, formées contre l'administration elle-même, et que c'est ainsi que les lois ci-dessus visées ont été constamment entendues et exécutées ; que, dès lors, le conflit à nous déféré est fondé.

Il a été prononcé de même par les ordonnances des 8 novembre 1833 (*compagnie des trois ponts*), 3 février 1835 (*de Berthier*) et 22 février 1838 (*Bachelé*).

SECTION II.

Demande en suspension des travaux.

569. L'autorité judiciaire étant incompétente pour prononcer sur les contestations entre l'administration et des particuliers, relatives à des travaux publics, il s'ensuit que cette autorité ne pourrait admettre une demande en suspension de ces travaux, formée par un particulier, puisque ce serait porter atteinte à l'acte administratif qui les a ordonnés.

Cette règle, fondée sur le principe de la séparation des deux pouvoirs administratif et judiciaire, et que le conseil d'Etat maintient avec le plus grand soin, a été appliquée aux travaux des chemins vicinaux par une ordonnance du 6 septembre 1843 (*Boutin*), ainsi conçue, sur ce chef :

Vu les lois des 28 pluviôse an VIII, 9 ventôse an XIII, 21 mai 1836, 3 mai 1841 ; vu les lois des 14-22 décembre 1789, section 3, article 7, 16-24 août 1790, titre 2, article 3, 16 fructidor an 3 ;

Considérant que la demande dont le sieur Boutin a saisi le tribunal civil de Mortain a pour objet : 1° la discontinuation des travaux entrepris sur le chemin de grande communication de Mortain à Villedieu ; 2°.....; etc........ etc. ;

En ce qui touche la discontinuation des travaux : — considérant que les travaux exécutés par les entrepreneurs dudit chemin ont eu lieu en vertu des ordres de l'administration et en exécution d'un arrêté du préfet de la Manche du 20 juillet 1837 ; qu'aux termes des lois qui ont établi la séparation des deux autorités administrative et judiciaire, il ne peut appartenir aux tribunaux ni d'arrêter le cours de ces travaux, ni de porter atteinte aux actes administratifs qui les ont ordonnés.

Il a été prononcé dans le même sens par une ordonnance du 4 juillet 1845 (*Giraud c. Pommier*).

570. Par application du même principe, il a été déclaré que lorsque l'élargissement d'un chemin vicinal a été ordonné par arrêté du préfet, et qu'il est procédé à cet élargissement, le propriétaire du sol ne peut pas demander aux tribunaux, et que les tribunaux ne peuvent pas ordonner la suspension des travaux. C'est ce que porte l'ordonnance du 18 juillet 1838 (*demoiselle Lecanu c. les frères Lalande*), ainsi conçue :

Vu les lois des 24 août 1790, 16 fructidor an III, 9 ventôse an XIII et 21 mai 1836 ; considérant que les travaux exécutés par les frères Lalande ont eu lieu en vertu des ordres de l'administration et en exécution de l'arrêté du préfet de la Manche, en date du 20 juin 1837, qui a fixé la largeur du chemin de grande communication longeant la propriété de la demoiselle Lecanu ; qu'il ne pouvait appartenir à l'autorité judiciaire ni d'arrêter le cours de ces travaux, ni de porter atteinte aux actes administratifs qui les avaient ordonnés ; que la demoiselle Lecanu pouvait seulement, si elle s'y croyait fondée, se pourvoir en indemnité contre qui de droit, devant le juge de paix, conformément à l'article 15 de la loi du 21 mai 1836.

Il a été prononcé de même par les ordonnances des 10 mai 1839 (*commune de Saint-Louis de Montferrand*) et 16 juillet 1843 (*Barbier c. commune de Mesmey*).

571. L'obligation pour les tribunaux de s'abstenir de tout acte qui aurait pour effet de troubler des travaux ordonnés par l'administration, s'étend même aux opérations préparatoires qui ont pour objet de déterminer l'assiette des chemins vicinaux. C'est ce qui a été décidé par l'ordonnance du 19 octobre 1825 (*Berthelot c. Vicquelin*), ainsi conçue :

Vu les lois des 6 octobre 1791 et 28 février 1805 (9 ventôse an XIII) ; considérant que les opérations du sieur Berthelot ont été faites en sa qualité de commissaire délégué par l'administration pour fixer l'emplacement de deux chemins publics dans la commune de Routot ; considérant qu'il s'agissait d'opérations préparatoires qui n'engageaient en aucune manière les questions de propriété ; considérant que nul n'a le droit de s'opposer, par la voie judiciaire, à ces sortes d'opérations, et que, dès lors, le président du tribunal de Pont-Audemer a excédé ses pouvoirs en interdisant la suite des opérations du sieur Berthelot.

CHAPITRE VII.

OCCUPATION TEMPORAIRE ET FOUILLE DE TERRAINS.

572. Les travaux des chemins vicinaux, comme tous les travaux de routes, nécessitent souvent l'occupation temporaire de terrains voisins de ces travaux, soit pour y déposer les terres provenant de déblais, soit pour y prendre les terres nécessaires aux remblais ; souvent aussi, il faut fouiller des terrains pour y prendre les matériaux à employer aux travaux, soit d'art, soit de simple empierrement.

573. Pour les routes, l'administration tient, d'actes déjà anciens mais toujours en vigueur, le droit d'occupation temporaire et de fouille des terrains ; ce sont les arrêts du conseil du roi, en date des 7 septembre 1755 et 20 mars 1780, qui se trouveraient confirmés, s'il était besoin, par l'article 4 du titre XIV de la loi du 11 septembre 1790, par l'article 1er, titre 1er, section VI de la loi du 28 septembre-6 octobre 1791 et par l'article 55 de la loi du 16 septembre 1807.

574. Mais il était douteux qu'il pût être fait application de ces actes au service des chemins vicinaux, et plusieurs fois, même, le conseil d'État s'était prononcé d'une manière négative, notamment dans une ordonnance du 28 juillet 1820 (*Barbier c. Vitrey*).

L'administration ne pouvant, en présence de ces décisions, se prévaloir, pour cette partie du service, des règles applicables aux autres travaux publics, elle se trouvait réduite à subir toutes les lenteurs des négociations avec les particuliers pour obtenir leur consentement, et ensuite à celles d'une procédure judiciaire pour le règlement des indemnités réclamées.

On voulut sans doute porter remède à cet état de choses en insérant dans l'article 10 de la loi du 28 juillet 1824, ces mots, « seront aussi « autorisés par arrêté du préfet....... et l'extraction des matériaux né-« cessaires à leur établissement, » mais cette disposition n'était pas assez précise pour lever les difficultés.

575. Au moment où une loi nouvelle devait donner une si grande extension aux travaux des chemins vicinaux, le législateur ne pouvait se dispenser d'accorder à l'administration le moyen de procéder d'une manière plus prompte, lorsqu'elle aurait besoin d'occuper temporairement des terrains ou de les faire fouiller; il devait aussi donner aux propriétaires toutes les garanties nécessaires pour qu'ils fussent assurés de recevoir toujours une juste indemnité des dommages qu'ils éprouveraient. Enfin, il fallait fixer le délai dans lequel les propriétaires devraient former leurs demandes en indemnité, afin que l'administration ne fût pas exposée à leurs réclamations pendant un laps de temps indéterminé.

Il fut pourvu à ces nécessités diverses par l'article 17 de la loi du 21 mai 1836. Lorsque le ministre de l'intérieur eut à s'occuper, dans son instruction du 24 juin 1836, de cette disposition, il crut devoir n'en parler que d'une manière très-sommaire. D'une part, l'article précité donnait l'indication des formalités qu'il prescrivait, avec assez de détails pour qu'il ne parût pas indispensable de le développer; d'autre part, le ministre pensait que la bonne volonté des propriétaires dispenserait presque toujours l'administration de payer d'indemnités.

Les prévisions du ministre, quant à l'abandon de toute indemnité pour les occupations temporaires de terrains ou les extractions de matériaux, se sont réalisées la plupart du temps; dans quelques cas cependant il n'en a pas été ainsi, et l'administration a dû recourir aux droits qu'elle tient de l'article 17 de la loi; aussi croyons-nous nécessaire de dire comment il doit être procédé. Pour tracer les règles à suivre, nous nous appuierons souvent sur des décisions rendues pour le service des routes, car l'article précité a virtuellement établi une parfaite similitude entre les deux services; ce qui a été décidé pour l'un serait donc indubitablement décidé pour l'autre.

SECTION I.

Désignation des terrains.

576. Lorsque la nature des travaux exige l'occupation temporaire d'un terrain, soit pour y déposer des déblais, soit pour y prendre les terres nécessaires aux remblais, le choix de l'emplacement est presque toujours commandé par la situation même des lieux. En effet, à moins de s'exposer à des frais de transport considérables, c'est à proximité des travaux seulement que peuvent être désignés les terrains à occuper temporairement.

Lorsque, au contraire, l'occupation a pour objet la recherche et l'extraction des pierres ou du sable nécessaires aux travaux, la distance entre le lieu des travaux et le terrain à occuper doit sans doute être également prise en considération; mais on comprend que la circonstance que les matériaux existent en plus grande abondance ou en meilleure qualité sur tel point que sur tel autre doit, le plus souvent, déterminer le choix du terrain.

577. Si la commune possède, à proximité des travaux, quelque terrain vague qui puisse être employé comme lieu de dépôt des déblais, ou bien sur lequel on puisse prendre les terres nécessaires aux remblais, ou qui, enfin, recèle les matériaux dont on a besoin, il est bien évident que ce terrain doit être occupé de préférence, puisqu'on évite ainsi le payement d'indemnités souvent considérables. Le lit des rivières et ruisseaux contient souvent aussi des pierres et graviers propres à la construction des routes, et il est bon de profiter de cette circonstance lorsqu'elle se présente. Il faut cependant faire exception pour les rivières navigables ou flottables dans le lit desquelles on ne pourrait faire d'extraction de matériaux sans une autorisation qui serait peut-être difficilement obtenue.

578. Lorsqu'il ne peut être satisfait aux besoins du service, ni par l'occupation de terrains communaux, ni par l'extraction des matériaux dans le lit des rivières et ruisseaux, il est indispensable de recourir à l'occupation de propriétés privées; mais nous devons faire remarquer, tout d'abord, que la désignation des terrains à occuper n'est pas absolument sans limites; ainsi, les terrains clos sont exempts de la servitude créée par l'arrêt du conseil du 7 septembre 1755, et nous allons voir ce qu'il faut entendre par terrains clos.

579. L'arrêt du conseil du 7 septembre 1755 affranchissait de la recherche des matériaux les terrains *fermés de murs ou autre clôture équivalente, suivant les usages du pays;* mais les exceptions qui résultaient de ces termes de l'arrêt, étaient tellement étendues, que le service des travaux publics s'en trouvait entravé d'une manière très-fâcheuse. Dans beaucoup de provinces, en effet, presque toutes les propriétés, même les terres labourables, sont closes, soit de murs en pierres sèches, soit de levées en terre, soit de haies vives.

Un second arrêt du conseil, en date du 20 mars 1780, interpréta donc celui du 7 septembre 1755, et déclara que l'exception faite en faveur des lieux clos ne devait s'entendre que des *cours, jardins et vergers entourés de murs.*

C'est dans ces limites que l'autorité doit user du droit de recherche et d'extraction des matériaux nécessaires aux travaux qu'elle fait exécuter, et le conseil d'Etat, à l'occasion des contestations qui sont portées devant lui, se montre également préoccupé des droits de l'administration et de ceux de la propriété privée.

580. Ainsi, d'une part, le conseil d'Etat n'admet d'exemption que lorsque les terrains sont clos effectivement, et nous citerons sur ce point l'ordonnance du 1er juillet 1840 (*De Champagné-Giffart*, ainsi conçue, sur ce chef :

Vu les arrêts du conseil du 7 septembre 1755 et du 20 mars 1780, l'article 4 de la loi du 28 pluviôse an VIII, la loi du 16 septembre 1807 ; considérant qu'il résulte de l'instruction que le *champ de devant* était une terre labourable et non fermée de murs *ou d'une clôture équivalente, suivant les usages du pays.*

Il a été prononcé de même par l'ordonnance du 9 novembre 1843 (*Cristinacce c. Maspoli*).

581. D'autre part, le conseil d'Etat applique l'exemption à tous les terrains attenant à une maison d'habitation, quelle que soit leur nature, s'ils sont compris dans la même clôture ; c'est ce qui a été déclaré par une ordonnance du 5 juin 1846 (*Provençal*), ainsi conçue :

Vu les arrêts du conseil du 7 septembre 1755 et du 20 mars 1780 ; vu la loi du 28 pluviôse an VIII ;

Considérant qu'aux termes de l'arrêt du conseil du 7 septembre 1755, les entrepreneurs de travaux publics peuvent prendre des matériaux pour l'exécution des travaux dont ils sont adjudicataires, dans tous les lieux qui leur sont indiqués, sans toutefois qu'ils puissent les prendre dans les lieux qui sont fermés de murs ou autre clôture équivalente, suivant les usages du pays ;

Considérant que si cette exception, stipulée en faveur des lieux fermés, ne peut, aux termes de l'arrêt du conseil du 20 mars 1780, être étendue aux terres labourables et aux autres terres de même nature, quoique closes, elle est néanmoins applicable à tous les terrains attenant à une maison d'habitation et qui sont compris dans la même clôture ;

Considérant qu'il résulte de l'instruction que le terrain désigné par l'arrêté du préfet de la Gironde, en date du 31 octobre 1843, fait partie des dépendances de la maison du sieur Provençal, et que toutes ces dépendances sont entourées de murs ou d'une clôture équivalente ; que, dès lors, c'est à tort que le conseil de préfecture a maintenu à l'entrepreneur la faculté d'extraire du gravier dans ledit terrain, et a condamné le sieur Provençal à l'amende pour trouble et empêchement par lui apportés à ladite extraction.

582. Si, au contraire, les terrains, bien que clos, sont séparés de l'habitation, ils ne peuvent être considérés comme exempts. C'est ainsi qu'il a été prononcé par une décision du conseil d'Etat, section du contentieux, en date du 22 mars 1851 (*Blancler*), ainsi conçue :

Vu les arrêts du conseil des 7 septembre 1755 et 20 mars 1780 ; vu la loi des 19-22 juillet 1791, celle du 21 mai 1836 ;

Considérant qu'aux termes de l'arrêt du conseil du 7 septembre 1755, les entrepreneurs de travaux publics peuvent prendre des matériaux, pour l'exécution des travaux dont ils sont adjudicataires, dans tous les lieux qui leur sont indiqués, sans toutefois qu'ils puissent les prendre dans les lieux qui sont fermés de murs ou autres clôtures équivalentes suivant les usages du pays ; que cette exception, stipulée en faveur des lieux fermés, ne peut, d'après l'arrêt du conseil du 20 mars 1780, s'entendre que des cours et jardins, vergers et autres possessions de ce genre, attenant aux habitations, et ne doit pas être étendue aux herbages, bois, vignes et autres terres de la même nature, quoique closes ;

Considérant qu'il résulte de l'instruction, ce qui, d'ailleurs n'est pas contesté, que le terrain désigné par l'arrêté du préfet de Maine-et-Loire, en date du 21 mars 1850, est un clos de vigne, lequel est séparé de l'habitation du sieur Blancler par le chemin vicinal de grande communication n° 11 ; que, dès lors, il ne rentre pas dans le cas d'exception qui résulte de la combinaison des arrêts du conseil des 7 septembre 1755 et 20 mars 1780.

583. La circonstance que des terrains sont ensemencés ne fait pas obstacle à ce qu'ils soient désignés par le préfet pour être occupés ou fouillés ; il en résulte seulement une différence dans l'évaluation de l'indemnité due au propriétaire.

C'est ce que la cour de cassation a déclaré par un arrêt (*ch. crim.*), en date du 1er octobre 1841 (*Délecourt et Picart*), ainsi conçu :

Attendu que le n° 13 de l'article 471 du Code pénal n'est relatif qu'aux particuliers qui passent sur le terrain d'autrui préparé et ensemencé, et n'est pas applicable aux travaux publics, dont les entrepreneurs sont autorisés, moyennant indemnité, à fouiller le terrain d'autrui, pour l'extraction des matériaux nécessaires à l'entretien des routes ; que l'arrêt du conseil du 7 septembre 1755, la loi du 11 septembre 1790, titre XIV, articles 3, 4 et 5, et la loi du 6 octobre 1791, section 6, article 1er, qui consacrent le droit de l'Etat et le fondent sur l'utilité publique, ne font aucune distinction, quant à la faculté d'extraction, entre les terres ensemencées et celles qui ne le sont pas ; que cette circonstance ne peut donc influer que sur le taux de l'indemnité.

584. En résumant la législation et la jurisprudence sur la matière, telles qu'elles résultent des documents que nous venons de citer, on voit que :

1° L'extraction des matériaux nécessaires aux travaux de la voirie vicinale peut avoir lieu dans tous les terrains non clos, de quelque nature qu'ils soient ;

2° L'extraction peut avoir lieu également dans tous les terrains, même clos, autres que les cours, jardins, vergers et autres possessions de ce genre ;

3° L'extraction ne peut avoir lieu dans les terrains, quels qu'ils soient, qui, attenant à une habitation, sont compris dans la même clôture que cette habitation.

Ce que nous venons de dire pour l'extraction des matériaux, s'applique évidemment à l'occupation temporaire de terrains, pour quelque cause que ce soit ; il y a là, en effet, même raison de décider.

SECTION II.

Formalités Préalables à l'occupation.

---

585. C'est, en général, dans les devis rédigés pour la construction ou la réparation des chemins vicinaux que doivent être indiqués, soit les terrains à occuper temporairement, soit ceux dans lesquels devra avoir lieu l'extraction des matériaux. Si, pendant le cours des travaux, il devient nécessaire de désigner des terrains autres que ceux indiqués aux devis, cette désignation est faite par le préfet, sur la proposition du maire et du sous-préfet, pour les chemins vicinaux de petite communication ; sur celle de l'agent voyer et du sous-préfet pour les chemins vicinaux de grande communication.

586. Lorsque le terrain à occuper ou à fouiller est une propriété privée, le maire de la commune sur le territoire de laquelle elle est située, doit d'abord intervenir près du propriétaire pour obtenir son consentement à l'occupation sans indemnité.

587. Si le propriétaire ne consent pas à l'occupation gratuite, il convient, afin d'éviter la formalité des expertises, que le maire lui propose une indemnité fixe. Si elle est acceptée, les conventions souscrites à ce sujet sont soumises à l'approbation du conseil municipal, lorsque l'occupation a lieu pour les travaux d'un chemin vicinal de petite communication, et la délibération intervenue est homologuée par le préfet.

Lorsque l'occupation a lieu pour le service des chemins vicinaux de grande communication, l'accord à l'amiable conclu par le maire et les propriétaires est approuvé par le préfet sur le rapport de l'agent voyer et du sous-préfet.

588. Si le propriétaire refuse, d'une manière absolue, de consentir à l'occupation du terrain, ou, s'il refuse d'acquiescer aux offres d'indemnité qui lui ont été faites, il devient nécessaire d'accomplir la série des formalités légales.

Le préfet prend alors un arrêté pour autoriser, soit l'occupation tem
poraire, soit la fouille des terrains. Cet arrêté doit contenir la désignation précise des terrains : il doit aussi mettre le propriétaire en demeure
de désigner son expert, conformément à l'article 17 de la loi du 21 mai
1836, et il est bien que le délai assigné au propriétaire pour cette désignation ne dépasse pas dix jours, afin que les opérations puissent commencer aussitôt après l'expiration de celui fixé par la loi.

L'arrêté du préfet doit être notifié par l'intermédiaire du maire, et
administrativement, aux parties intéressées, propriétaires, fermiers ou
locataires. La notification de l'arrêté est constatée par un reçu des parties ou, à leur refus de donner reçu, par un procès-verbal de l'agent
chargé de la notification. Une copie de ce procès-verbal est laissée au
domicile de la partie intéressée et la minute est déposée à la mairie.

L'occupation des terrains ne peut, aux termes du premier paragraphe
de l'article précité, avoir lieu que dix jours après la notification de l'arrêté du préfet; lorsque les propriétaires, fermiers ou locataires ne sont
pas domiciliés dans la commune de la situation des terrains, le délai
doit être augmenté d'un jour par 3 myriamètres de distance entre la
commune du domicile et celle où sont situés les terrains.

589. Le délai de dix jours imparti par la loi au propriétaire a pour
objet de le mettre à portée de recourir contre l'autorité portant désignation de son terrain; mais devant quelle autorité doit être porté ce recours?

Il semblerait conforme à la règle générale en matière de recours contre
les arrêtés du préfet, que ceux dont il s'agit ici fussent déférés au ministre dans les attributions duquel sont placés les travaux, à l'occasion
desquels ces arrêtés ont été pris. Le conseil d'État n'en a pas pensé ainsi,
et il a vu, dans la désignation des terrains destinés à être occupés temporairement ou fouillés, un acte qui rentrait dans le contentieux administratif. La première décision que, à notre connaissance, le conseil
ait rendue en ce sens, l'a été dans des circonstances qu'il est nécessaire
d'exposer pour que la décision dans sa brièveté puisse être comprise.

Un champ avait été désigné par arrêté du préfet pour l'extraction de
matériaux nécessaires aux travaux d'une route. Le propriétaire préten-
dit que ce champ était un *terrain clos* et que, par conséquent, c'était
à tort que la désignation avait été faite. Il s'adressa au conseil de préfecture pour obtenir la réformation de l'arrêté du préfet. Le conseil de
préfecture se déclara incompétent, en se fondant sur ce qu'il appartenait
au préfet de faire la désignation des terrains à occuper, sauf recours
au ministre des travaux publics. Sur le pourvoi du propriétaire contre
l'arrêté du conseil de préfecture, est intervenue, à la date du 1er juillet 1840, une ordonnance (*De Champagné-Giffart*), ainsi conçue, sur ce
chef :

Vu les arrêts du conseil du 7 septembre 1755 et du 20 mars 1780, l'article 4 de
la loi du 28 pluviôse an VIII, la loi du 16 septembre 1807; sur la compétence : considérant qu'aux termes de l'article 4 de la loi du 28 pluviôse an VIII, c'est au conseil de préfecture qu'il appartient de prononcer sur la réclamation formée par le
requérant.

Il a été prononcé d'une manière plus explicite, sur ce point, par une
seconde ordonnance, en date du 10 décembre 1846 (*Brion c. Bodin*), ainsi
conçue, sur ce chef :

Vu l'arrêt du conseil de 1755 et la loi du 28 pluviôse an VIII, article 4 ;
Considérant qu'aux termes de la loi du 28 pluviôse an VIII, les conseils de pré-

fecture sont compétents pour statuer sur le droit que les entrepreneurs de travaux publics peuvent réclamer, soit en vertu de leurs cahiers des charges, soit en vertu des lois et règlements généraux, à l'effet de fouiller les terrains pour en extraire et ramasser les matériaux nécessaires à la confection des travaux dont ils sont chargés; que..... ces conseils sont également compétents pour prononcer sur les demandes et contestations concernant les indemnités dues aux particuliers à raison de terrains pris ou fouillés.

590. On remarquera, sans doute, que la disposition de la loi du 28 pluviôse an VIII (17 février 1800), sur laquelle sont basées les deux ordonnances que nous venons de rapporter, attribue aux conseils de préfecture la connaissance des demandes et contestations concernant *les indemnités dues aux particuliers à raison des terrains pris et fouillés*; or, dans les espèces sur lesquelles ont prononcé ces deux ordonnances, la contestation portait, non pas sur l'indemnité due, mais sur la question de savoir si le terrain était ou n'était pas exempt de la servitude créée par l'arrêt du conseil de 1755. Le conseil d'Etat n'a donc pas fait ici une simple application de la loi du 28 pluviôse an VIII; il en a étendu l'application à un cas que cette loi ne paraît pas avoir eu en vue.

Sans doute, le conseil d'Etat a pensé que l'exemption résultant de ce qu'un champ était clos, constituait pour le propriétaire *un droit*; et, comme, en matière administrative, les contestations qui portent, non pas sur des intérêts, mais *sur des droits*, rentrent dans le contentieux administratif, la décision du conseil d'Etat paraît justement motivée.

591. Lorsque le propriétaire n'a pas formé, dans le délai de dix jours, de recours contre l'arrêté du préfet portant désignation du terrain, ou lorsque son recours a été définitivement rejeté, le terrain peut être occupé, mais il faut encore, préalablement, faire faire la reconnaissance de l'état où il se trouve, afin de pouvoir apprécier ensuite les dommages causés par l'occupation; cette reconnaissance doit être faite par les experts qui auront à apprécier les dommages.

592. Nous avons dit, n° 588, que l'arrêté du préfet doit mettre le propriétaire en demeure de nommer son expert. La loi n'a pas prévu le cas où le propriétaire négligerait ou refuserait d'user de son droit; si ce cas se présentait, il devrait en être rendu compte au préfet qui provoquerait, de la part du conseil de préfecture, la nomination d'un expert pour le propriétaire. C'est la forme qui a été indiquée en matière d'expertises relatives aux subventions industrielles, par une ordonnance du 26 novembre 1846 (*Agombart*), que l'on a vue plus haut, n° 451; il y a, entre ces deux cas, assez d'analogie pour que la même règle puisse être appliquée.

Quant à l'expert de l'administration, il est, aux termes de l'article 17 de la loi, nommé par le sous-préfet.

593. Les experts doivent, avant toute opération, prêter serment. Cette formalité est prescrite, à peine de nullité; le serment est prêté entre les mains du préfet pour l'arrondissement chef-lieu, et devant le sous-préfet pour les autres arrondissements : ce sont encore là les règles tracées par le conseil d'Etat en matière d'expertises.

594. Il est quelquefois nécessaire, pour l'exécution de travaux publics, d'extraire des matériaux d'un terrain soumis au régime forestier, et le sol forestier ne jouit, à cet égard, d'aucun privilége, d'aucune exemption; mais il faut, avant de commencer l'extraction, remplir les formalités prescrites par les articles 170 et 171 de l'ordonnance du 1er août 1827, rendue pour l'exécution du Code forestier, et sauf les modifications qui y ont été apportées par celle du 8 août 1845.

Les obligations des entrepreneurs de travaux, à cet égard, ont été de nouveau rappelées, par un arrêt de la cour de cassation (*ch. crim.*), en date du 10 septembre 1847 (*Mazier et de Beaupuits*), ainsi conçu, sur ce chef :

Vu les articles 182, 145 et 192 du Code forestier, et l'article 170 de l'ordonnance du 1er août 1827 ;

Attendu qu'il résulte du procès-verbal du 2 août 1844, que Mazier, ouvrier carrier, a abattu un chêne et ouvert une carrière dans le bois de Marrest-sur-Matz pour extraire des pavés à livrer au sieur Beaupuits, entrepreneur de l'entretien d'une partie de la route royale ;

Que, s'il est vrai que la forêt de Marrest-sur-Matz avait été désignée à l'entrepreneur Beaupuits par son cahier des charges, d'après les indications des ingénieurs des ponts et chaussées, aux termes des premières dispositions de l'article 145 du Code forestier, il est certain aussi que les formalités prescrites par les dernières dispositions de ce même article, dans l'intérêt de la conservation des forêts et spécifiées dans l'article 170 de l'ordonnance du 1er août 1827 n'avaient pas été exécutées avant le commencement des travaux ;

Que, dès lors, il n'existait pas, dans l'espèce, de désignation légale des lieux où les fouilles pourraient être faites dans le bois dont il s'agit ;

Attendu que les formalités prescrites par cet article 170 étant d'ordre public, rien ne pouvait dispenser l'entrepreneur de leur observation, et que, tant que ces formalités n'avaient pas été remplies, l'entrepreneur ne pouvait commencer de fouilles de matériaux, faute d'indications régulières et légales.

595. Nous terminerons ce qui a rapport aux formalités préalables à l'occupation ou à la fouille de terrains, en disant que les propriétaires ne peuvent, en aucun cas, prétendre qu'ils ont droit d'être indemnisés *préalablement*, c'est-à-dire avant l'occupation des terrains ou l'extraction des matériaux. Cela résulte de la nature même de l'indemnité, qui n'est que la représentation du dommage causé et de la privation de jouissance, ou encore, dans certains cas, la valeur des matériaux extraits. Or, il est évident que le dommage ne peut être apprécié que lorsque l'occupation du terrain a cessé, que la valeur des matériaux extraits ne peut être connue qu'après leur extraction.

Ce principe avait été consacré, implicitement, dans diverses ordonnances. notamment dans celle du 4 juin 1823 (*Peillon*) ; il a été écrit, formellement, dans une décision du conseil d'État, section du contentieux, en date du 13 avril 1850 (*Rouillé c. Daviau et Chaigneau*), ainsi conçue, sur ce chef :

Vu les lois des 28 pluviôse an VIII et 16 septembre 1807 ;

Sur les conclusions relatives au défaut d'indemnité préalable :

Considérant qu'en cas d'extraction de matériaux pour des constructions publiques, il ne s'opère pas une dépossession totale ou partielle, qui, aux termes des lois, soit de nature à entraîner une indemnité préalable.

SECTION III.

Contestations.

---

596. Aux termes de l'article 4, n° 3, de la loi du 28 pluviôse an VIII (17 février 1800). l'autorité administrative est seule compétente pour statuer sur les contestations qui s'élèvent entre les entrepreneurs de travaux publics et les particuliers, relativement à l'occupation de terrains ou à l'extraction de matériaux. opéré *après l'accomplissement des formalités* *légales*. La compétence administrative embrasse, soit la fixation des indemnités dues, soit la question de savoir si les entrepreneurs ont, ou n'ont pas, dépassé les ordres qui leur avaient été donnés, soit enfin l'examen des demandes en suspension des fouilles.

Cela a été déclaré dans plusieurs ordonnances : nous ne citerons que celle du 4 juillet 1845 (*Giraud c. Pommier*), ainsi conçue, sur ce chef :

Vu les lois des 16-24 août 1790, 16 fructidor an III, 28 pluviôse an VIII et 16 septembre 1807 ;

Sur la compétence :

Considérant qu'aux termes des lois susvisées, il appartient à l'autorité administrative d'apprécier les demandes en indemnité formées par les particuliers dont les terrains ont été fouillés pour l'exécution de travaux publics, en vertu des ordres de l'administration ; que si les particuliers prétendent que les ordres allégués par les auteurs des fouilles n'existent pas ou ont été dépassés, c'est également à l'autorité administrative qu'il appartient de prononcer préalablement sur l'existence et l'étendue des ordres donnés par elle, sauf le renvoi ultérieur, s'il y a lieu, devant l'autorité judiciaire ;

Considérant, d'ailleurs, que l'autorité administrative seule est compétente pour arrêter les fouilles exécutées en vertu de ses ordres.

Il a été prononcé dans le même sens par décrets des 15 mars 1849 (*demoiselle Bidault c. Jongla*), 24 mars 1849 (*Delattre c. Carpentier et Finot*) et 1er décembre 1852 (*Peyramale*).

La cour de cassation est, sur ces divers points, d'accord avec le conseil d'État, ainsi que cela résulte d'un arrêt de cette cour (*ch. civ.*), en date du 2 avril 1849 (*Micé c. Chevé et Saubana*), ainsi conçu, sur ce chef :

Attendu que la demande ainsi formulée constituait une réclamation de la part d'un particulier, au sujet de torts causés par le fait personnel d'entrepreneurs de travaux publics autorisés, et rentrait, sous ce point de vue, dans l'application de l'article précité ;

D'où il suit qu'en prononçant l'incompétence de l'autorité judiciaire dans la cause, l'arrêt attaqué a fait une juste application de l'article précité et n'a violé aucune loi.

Il a été statué de même par un arrêt de la cour de cassation (*ch. civ.*), en date du 25 février 1850 (*De Villages c. Troussillet*).

597. La circonstance que l'extraction de matériaux aurait eu lieu dans un terrain ensemencé n'enlèverait pas au conseil de préfecture le droit de connaître de la contestation.

C'est ce que la cour de cassation a décidé par un arrêt (*ch. crim.*), en date du 28 mai 1852 (*Priart*), ainsi conçu, sur ce chef :

Sur les deuxième et troisième moyens, fondés sur l'incompétence du tribunal de simple police : 1° en ce que le n° 13 de l'article 471 du Code pénal n'est pas applicable aux entrepreneurs de travaux publics ; 2° en ce qu'en tout cas il n'appartenait pas à ce tribunal d'apprécier les obligations imposées au demandeur par son cahier des charges :

Vu l'arrêt du conseil du 7 septembre 1755 et l'article 4, § 4, de la loi du 28 pluviôse an VIII ;

Attendu qu'il est constaté, en fait, et reconnu par le jugement attaqué, que le demandeur, adjudicataire des travaux d'entretien de la route nationale n° 28, a fait procéder à l'extraction de cailloux destinés à ces travaux, sur une pièce de terre, ensemencée en blé, mais comprise, par le cahier des charges, dans les localités où il était autorisé à faire cette extraction ;

Attendu que la loi du 28 pluviôse an VIII attribue compétence aux conseils de préfecture pour prononcer sur les réclamations des particuliers qui se plaindraient de torts et dommages procédant du fait personnel des entrepreneurs, sur les demandes et contestations concernant les indemnités dues aux particuliers, à raison de terrains pris et fouillés pour la confection des chemins, canaux et autres ouvrages publics;

Attendu que cette attribution générale, fondée sur l'utilité publique, en matière de travaux publics, n'a pu être modifiée par l'article 471, nº 15, du Code pénal, relatif aux particuliers qui passent sur le terrain d'autrui préparé et ensemencé;

Attendu que le demandeur, entrepreneur de travaux publics, soutenait qu'il avait le droit d'extraire des cailloux sur le terrain en question; que le cahier des charges sur lequel il fondait ce droit étant un acte administratif, toute contestation à cet égard ne pouvait être jugée que par l'autorité administrative;

Attendu que le tribunal de simple police s'est néanmoins déclaré compétent par le motif que l'article 471, nº 15, du Code pénal, ne porte aucune exception en faveur des entrepreneurs de travaux publics, et que le demandeur avait contrevenu aux dispositions du procès-verbal d'adjudication en faisant effectuer le ramassage de cailloux, sans, au préalable, avoir averti l'autorité compétente ni fait publier et afficher ses intentions;

Attendu que, par cette décision, ledit tribunal a commis un excès de pouvoirs et violé les lois précitées.

598. Mais lorsque les contestations s'élèvent à l'occasion d'extractions pratiquées sur des terrains qui n'ont pas été régulièrement désignés, ou bien si les terrains ont été occupés en vertu de conventions entre les entrepreneurs et les propriétaires, la compétence des conseils de préfecture cesse, et c'est aux tribunaux ordinaires qu'il appartient de statuer sur l'indemnité due.

C'est ce qui résulte d'une ordonnance du 15 juin 1847 (*Rigault c. chemin de fer de Versailles, rive gauche*), ainsi conçue :

Vu l'arrêt du conseil du 7 septembre 1755, la loi du 28 pluviôse an VIII et celle du 16 septembre 1807 ;

Considérant que les terrains pris et fouillés, et sur lesquels ont été effectués des dépôts de matériaux, n'ont pas été désignés par l'administration ; que, dès lors, soit que le sieur Rigault, fermier des terrains fouillés et temporairement occupés, considère les entreprises dont il se plaint comme constituant des voies de fait, soit qu'il ait existé entre lui et la compagnie des conventions verbales, c'est aux tribunaux qu'il appartient de régler l'indemnité qu'il réclame;

Considérant, d'ailleurs, que l'arrêté du conseil de préfecture vise des conventions écrites qui auraient eu lieu entre les propriétaires du domaine de Porchefontaine et ladite compagnie, et qu'aux tribunaux seuls il appartient de déterminer le sens et l'effet desdites conventions.

Il a été prononcé de même par une seconde ordonnance du 29 juin 1847 (*Dupoux c. Budot*) et par un arrêté du Gouvernement en date du 18 juin 1848 (*Biscuit*).

599. De la combinaison de ces dispositions il résulte que, lorsqu'un litige de cette nature est porté devant un tribunal, et qu'il y a contestation sur la question de savoir si des terrains ont été ou n'ont pas été désignés, ou s'il y a eu, ou non, une convention entre les parties, le tribunal doit surseoir jusqu'à ce que l'autorité administrative ait prononcé sur ce point.

C'est ce qu'a décidé la cour de cassation, par un arrêt (ch. crim.), en date du 21 octobre 1841 (*Pécollet*), ainsi conçu, sur ce chef :

Sur le moyen tiré d'une prétendue violation de l'article 4 de la loi du 28 pluviôse an VIII (17 février 1800):

Vu ledit article ; vu l'article 13, titre II de la loi du 24 août 1790 et la disposition finale de la loi du 16 fructidor an III ;

. . . .

Attendu qu'il s'agissait dès lors, d'un règlement d'indemnité due à raison d'un terrain fouillé pour la confection ou l'entretien d'un chemin public; qu'il y avait contestation concernant cette indemnité; qu'en outre, l'étendue de l'autorisation donnée à l'entrepreneur était mise en question, d'où la nécessité d'interpréter un acte administratif; que, sous ces divers rapports, le juge de simple police devait surseoir, afin que la connaissance de ces points préjudiciels fût soumise à l'autorité administrative, et qu'en ne prononçant pas ce sursis, en statuant d'ores et déjà, au fond, et par suite, sur des difficultés qui n'étaient pas de sa compétence, le jugement attaqué a violé les dispositions de la loi du 16 fructidor an III et la loi du 28 pluviôse an VIII.

600. Il arrive quelquefois que, même après l'accomplissement de toutes les formalités prescrites par les lois sur la matière, des propriétaires s'opposent à ce que les entrepreneurs de travaux publics exercent le droit qui leur est conféré par leur cahier des charges et par les arrêtés préfectoraux.

Cette résistance constitue une contravention qui doit être poursuivie devant les tribunaux correctionnels et qu'atteignent des pénalités différentes, selon qu'il y a eu ou qu'il n'y a pas eu de voies de fait; elle peut également donner lieu à une demande en dommages-intérêts de la part des entrepreneurs dont les travaux se trouvent ainsi suspendus, mais même dans ce cas, les conseils de préfecture sont incompétents.

C'est ce qui a été décidé par une ordonnance, en date du 10 décembre 1846 (*Brian c. Bodin*), ainsi conçue :

Vu l'arrêt du conseil de 1755 et la loi du 28 pluviôse an VIII, article 4;

Considérant qu'aux termes de la loi du 28 pluviôse an VIII, les conseils de préfecture sont compétents pour statuer sur le droit que les entrepreneurs de travaux publics peuvent réclamer, soit en vertu de leurs cahiers des charges, soit en vertu des lois et règlements généraux, à l'effet de fouiller les terrains pour en extraire et ramasser les matériaux nécessaires à la confection des travaux dont ils sont chargés; que si, aux termes de ladite loi, ces conseils sont également compétents pour prononcer sur les demandes et contestations concernant les indemnités dues aux particuliers à raison des terrains pris ou fouillés, aucune disposition de loi ne leur confère le pouvoir de statuer sur les demandes en dommages-intérêts formées par les entrepreneurs de travaux publics à raison du trouble apporté à leurs travaux.

601. De même que l'administration ne fait qu'un acte de son pouvoir discrétionnaire en autorisant, pour l'exécution des travaux et dans les cas prévus par les lois et règlements, l'extraction de matériaux dans certaines propriétés qu'il lui convient de désigner, de même, lorsqu'elle refuse d'autoriser cette extraction dans d'autres propriétés indiquées par l'entrepreneur, elle agit dans la limite de ses pouvoirs, et le refus ne peut être attaqué par la voie contentieuse.

C'est ce qu'a déclaré le conseil d'État, section du contentieux, par sa décision du 3 mai 1850 (*Savalette c. Levacher*), ainsi conçue :

Considérant que la décision par laquelle le ministre des travaux publics a annulé les arrêtés des préfets de la Seine et de Seine-et-Oise qui avaient autorisé le sieur Savalette à extraire des grès dans la propriété du sieur Levacher, et les arrêtés des 7 et 9 octobre 1847, par lesquels les préfets de la Seine et de Seine-et-Oise ont rapporté leurs précédents arrêtés, sont des actes administratifs pris dans les limites de leurs pouvoirs, qui ne sont pas de nature à être attaqués par la voie contentieuse.

SECTION V.

Règlement des indemnités.

---

602. Lorsque l'occupation des terrains a cessé d'être nécessaire ou que les fouilles et extractions de matériaux sont terminées, il doit être procédé au règlement de l'indemnité due au propriétaire du terrain.

Cette indemnité peut, aux termes du deuxième paragraphe de l'article 17 de la loi du 21 mai 1836, être réglée à l'amiable, et il convient que des tentatives soient d'abord faites à cet effet ; si elles réussissent, il est procédé comme nous l'avons indiqué plus haut, n° 587.

Si l'on ne peut arriver à un règlement amiable, il faut recourir à la voie de l'expertise.

603. Dans ce cas, les experts, nommés comme nous l'avons dit, n°s 588 et 592, doivent, à peine de nullité, prêter serment avant de commencer leurs opérations.

Cette règle, applicable à toutes les expertises administratives, a été rappelée par une décision du conseil d'État, section du contentieux, en date du 1er juin 1850 (*Lefranc de Pompignan c. Bonnot*), ainsi conçue, sur ce chef :

Vu les lois des 28 pluviôse an VIII et 16 septembre 1807, et l'article 303 du Code de procédure civile ;

En ce qui touche la régularité de l'expertise :

Considérant qu'il n'est pas constaté que la formalité du serment ait précédé les opérations d'expertise ; que, dès lors, l'expertise n'a pas été régulière.

Il a été prononcé de même, par un décret du 1er décembre 1852 (*Debrousse*).

604. Après la prestation de serment, les experts procèdent contradictoirement à l'appréciation des dommages causés ; ils rédigent, de leurs opérations, un procès-verbal dans lequel ils indiquent le montant de l'indemnité qui leur paraît être due.

S'ils ne sont pas d'accord entre eux, il en est rendu compte au préfet qui provoque, près du conseil de préfecture, la nomination d'un tiers-expert ; celui-ci doit également prêter serment.

Le procès-verbal rédigé par les experts est transmis au préfet qui le soumet au conseil de préfecture, chargé par la loi de déterminer le montant de l'indemnité due. Le conseil taxe, en même temps, les frais de l'expertise, sur mémoire des experts, rédigé en double minute, dont une sur papier timbré.

La décision du conseil de préfecture fixant l'indemnité due, doit être notifiée aux parties intéressées. La notification se fait administrativement, si l'on a lieu de croire que le propriétaire adhérera à la décision ; elle se fait par ministère d'huissier, si l'on peut croire que le propriétaire a l'intention de se pourvoir contre la décision du conseil de préfecture.

605. Lorsque l'indemnité a pour cause l'occupation temporaire d'un terrain, soit pour y déposer des déblais, soit pour y prendre des terres, cette indemnité doit être basée sur la dépréciation de valeur que le terrain a subie, sur la privation de jouissance pendant tout le temps de l'occupation et même sur les dépenses que le propriétaire aura à faire pour remettre son terrain en état.

C'est ce qui a été décidé par une ordonnance royale du 8 janvier 1847 (*Reig*), ainsi conçue, sur ce chef :

Vu la loi du 16 septembre 1807 et celle du 28 pluviôse an VIII ;

Considérant qu'il s'agit, dans l'espèce, de régler l'indemnité due au sieur Reig à raison de l'occupation temporaire qui a été faite de son terrain pour l'exécution de travaux publics ; que cette indemnité doit être fixée non-seulement à raison de la privation de jouissance, mais encore en tenant compte des frais nécessaires pour débarrasser le terrain des déblais qui y ont été déposés.

606. Lorsque l'indemnité a pour objet une extraction de matériaux, elle se règle différemment, selon que les matériaux sont enlevés dans un champ ou terrain où il n'y avait pas de carrière exploitée, ou bien qu'ils sont extraits dans une carrière déjà ouverte par le propriétaire, et en état d'exploitation. Dans le premier cas, il n'est dû qu'une indemnité représentative du dégât commis ; dans le second cas, les matériaux enlevés doivent être payés d'après leur valeur, ainsi que le porte l'article 55 de la loi du 16 septembre 1807.

607. Une carrière doit être considérée comme en état d'exploitation, dès l'instant qu'il est établi que des individus étrangers à l'administration y ont extrait des matériaux. C'est ce qu'a déclaré l'ordonnance du 15 juillet 1841 (*Ardenne, Monjoulet et compagnie c. Halary-Asté*), ainsi conçue :

Vu la loi du 28 pluviôse an VIII et la loi du 16 septembre 1807 ;

Considérant qu'il résulte de l'instruction que la carrière dont il s'agit, après avoir été exploitée en vertu des arrêtés du préfet du département de Lot-et-Garonne par les entrepreneurs du pont d'Agen, a cessé d'être occupée pour les besoins des travaux publics, et que des maîtres carriers étrangers à l'administration y ont opéré, depuis 1828 jusqu'à 1834, des extractions de matériaux ; que, depuis cette époque, cette carrière a été vendue au sieur Halary-Asté ; que, dès lors, elle était ouverte et en exploitation au moment où les sieurs Ardenne et Monjoulet ont été autorisés à y extraire des matériaux.

608. Pour qu'une carrière soit considérée comme étant en exploitation, et comme donnant lieu au payement de la valeur des matériaux enlevés, il n'est pas même nécessaire que l'exploitation en soit régulière et actuelle.

C'est ce qui résulte de l'ordonnance du 30 novembre 1841 (*sieur et dame Mercier-la-Vendée c. Gois*), ainsi conçue :

Vu la loi du 28 pluviôse an VIII, celle du 16 septembre 1807, article 55 ;

Considérant qu'aux termes de l'article 55 de la loi du 16 septembre 1807, la valeur des matériaux extraits doit être payée au propriétaire, lorsqu'ils ont été pris dans une carrière exploitée par lui, ou pour son compte, et qu'aucune disposition de loi n'exige que cette exploitation soit régulière et actuelle ; que, dans l'espèce, il résulte de l'instruction que la carrière de la Jandonnière, où l'entrepreneur a effectué ses fouilles, était en exploitation pour le compte des époux Mercier-la-Vendée avant l'époque où lesdites fouilles ont eu lieu.

Ce principe a été confirmé par des décisions du conseil d'État, section du contentieux, en date des 21 décembre 1849 (*de Rély c. Chanudet*) et 3 mai 1850 (*Debrousse c. Parsot*).

609. Mais si le propriétaire n'a fait ouvrir la carrière que postérieurement à la désignation du terrain, cet acte, qui n'a évidemment pour objet que d'accroître l'indemnité due, ne doit pas être pris en considération, et l'indemnité ne doit être réglée que comme pour un terrain non-exploité.

C'est ce qui a été décidé par un décret du 24 mars 1849 (*de Lantage*) ainsi conçu :

Vu l'arrêt du conseil du 9 septembre 1755, l'article 55 de la loi du 16 septembre 1807 et l'article 4 de la loi du 28 pluviôse an VIII ;

Considérant qu'il résulte de l'instruction que le bois du Mont-Août, appartenant au sieur de Lantage, était spécialement désigné par le cahier des charges et l'acte de soumission des entrepreneurs, pour l'extraction des matériaux destinés à la route nationale n° 34 ; que le sieur de Lantage a eu connaissance dudit cahier des charges, dès le 17 avril 1842, lorsqu'il a traité avec les entrepreneurs pour la fouille d'une partie dudit bois, et que c'est postérieurement qu'il y a, lui-même, ouvert une carrière pour son compte personnel ; que, dès lors, c'est avec raison que l'arrêté attaqué n'a point fait entrer la valeur des matériaux extraits par les entrepreneurs, dans l'estimation de l'indemnité due au propriétaire du sol.

Il a été prononcé dans le même sens, par les décisions du conseil d'Etat, section du contentieux, en date des 13 avril 1850 (*Rouillé c. Daviau et Chaigneau*) et 1er juin 1850 (*Lefranc de Pompignan c. Bonnet*).

610. Si l'administration doit payer *la valeur* des matériaux qu'elle a fait extraire d'une carrière qui était précédemment en exploitation, à plus forte raison doit-elle une indemnité pour des matériaux ramassés par un propriétaire, dans son champ, pour son usage particulier, et qu'elle aurait fait enlever pour le service public.

C'est ce que le conseil d'Etat a décidé, dans un arrêté du Gouvernement du 27 mai 1848 (*Millet*), ainsi conçu :

Vu l'arrêt du conseil du 7 septembre 1755 ;

Vu les lois des 6 octobre 1791 et 16 septembre 1807 ;

Considérant qu'il résulte de l'instruction que le sieur Millet avait fait ramasser sur sa propriété les pierres dont l'administration du département de Vaucluse s'est emparée ; qu'ainsi ladite administration a causé un préjudice audit sieur Millet ; d'où il résulte que c'est à tort que le conseil de préfecture lui a refusé toute indemnité ;

Considérant qu'il résulte de l'instruction que l'indemnité à accorder au requérant doit être fixée à 20 centimes par mètre cube.

611. Mais l'administration peut-elle être tenue à indemnité lorsqu'elle fait ramasser des pierres à la surface de champs non clos ?

Bien évidemment, il ne saurait être question ici de payer la valeur des matériaux, car ils n'ont pas été extraits *d'une carrière en exploitation*, seul cas où, aux termes de l'article 55 de la loi du 16 septembre 1807, la valeur des matériaux doive être payée. Les propriétaires de champs ainsi explorés ne pourraient donc demander d'indemnité qu'en raison des dommages que l'enlèvement des matériaux aurait causé à leurs terres. C'est là, comme on voit, un cas d'appréciation qui rentre dans la compétence des conseils de préfecture.

612. L'exploitation d'une carrière, faite par un entrepreneur de travaux publics, en vertu des ordres de l'administration peut occasionner des dommages autres que ceux de l'exploitation proprement dite, comme serait, par exemple, le dépôt de débris de matériaux sur les terrains environnants. Dans ce cas, il doit être accordé aux propriétaires, non-seulement une indemnité en vue de l'extraction de matériaux, mais encore une indemnité pour les dommages accessoires.

C'est ce qu'a prononcé le conseil d'Etat, section du contentieux, par une décision du 3 mai 1850 (*Debrousse c. Parsat*), ainsi conçue, sur ce chef :

Vu la loi du 16 septembre 1807 ;
Sur les conclusions tendant à ce qu'il soit déclaré qu'il ne peut être à la fois dû une indemnité pour les matériaux extraits et une autre indemnité pour les dommages causés à la surface du sol :
Considérant qu'il résulte de l'instruction que d'autres dommages que ceux résultant de l'exploitation proprement dite de la carrière ont été éprouvés par le sieur Parsat ; que ces dommages donnaient droit à une indemnité spéciale et n'avaient pas été compris dans celle de 1 f. 50 c., accordée par mètre cube de pierre extraite.

613. En autorisant un entrepreneur de travaux publics à faire extraire des matériaux dans une propriété privée, l'administration doit lui faire défense d'en extraire une quantité plus considérable que ne l'exigent les besoins de son entreprise. S'il contrevient à cette défense et qu'il vende des matériaux, il n'est plus couvert par l'autorisation de l'administration, et, par suite, le règlement de l'indemnité due pour l'extraction de cette partie des matériaux n'appartient plus au conseil de préfecture.

C'est ce qui a été déclaré par une décision du conseil d'Etat, section du contentieux, en date du 11 août 1849 (*Quesnel c. Ferrand*), ainsi conçue, sur ce chef :

Vu la loi du 28 pluviôse an VIII et celle du 16 septembre 1807 ;
. . . .
Considérant que, aux termes de l'article 4 de la loi du 28 pluviôse an VIII, les conseils de préfecture ne sont compétents pour prononcer sur les contestations relatives aux indemnités dues aux particuliers par les entrepreneurs, et sur la responsabilité que ces derniers ont encourue de ce fait, qu'à raison des terrains pris ou fouillés pour la confection d'ouvrages publics ; qu'il résulte de l'instruction, et qu'il n'est point contredit, que les extractions faites par le sieur Ferrand, entrepreneur, ont excédé les besoins prévus par le devis de son entreprise, et que partie des pierres en provenant a été vendue par lui ; qu'ainsi, le conseil de préfecture de Seine-et-Oise, en comprenant dans le règlement de l'indemnité due au sieur Quesnel l'extraction des matériaux non employés aux travaux publics, a excédé les limites de sa compétence.

614. Nous ne terminerons pas ce qui est relatif aux indemnités dues pour occupation temporaire de terrains ou pour extraction de matériaux, sans parler de la prescription qui pourrait être opposée aux propriétaires, en vertu de l'article 18 de la loi du 21 mai 1836.

Nous rappellerons d'abord, à ce sujet, que toutes les contestations relatives aux prescriptions, de quelque nature qu'elles soient, rentrent exclusivement dans la compétence des tribunaux ordinaires. Avant d'entamer un procès basé sur cet article, il importerait d'ailleurs, de ne pas perdre de vue la règle posée par la cour de cassation, dans un arrêt (ch. crim.) en date du 13 janvier 1847 (*commune de Happoncourt c. Pierrot et Claudot*) que nous avons rapporté plus haut, n° 176 ; c'est que le délai de la prescription établie par l'article 18 précité, ne court pas du jour de l'occupation du terrain, mais seulement du jour où le préfet a refusé de faire droit à la demande d'indemnité. Bien que cet arrêt soit relatif à une indemnité pour élargissement d'un chemin vicinal, il est présumable que l'autorité judiciaire appliquerait le même principe, dans le cas où l'administration invoquerait la prescription en matière d'indemnités pour occupation temporaire de terrains ou pour extraction de matériaux.

CHAPITRE VIII.

DOMMAGES PERMANENTS.

SECTION I.

Droits des propriétaires.

---

615. Nous avons vu plus haut, chap. VII, quels sont les droits des propriétaires quant à la réparation des dommages temporaires que peuvent leur causer les travaux des chemins vicinaux, soit par l'occupation accidentelle, soit par la fouille de leurs terrains.

Mais il arrive souvent que, sans que l'administration ait à faire occuper temporairement des terrains, les travaux des chemins vicinaux causent cependant à une propriété riveraine des dommages qui sont de nature à affecter d'une manière permanente la valeur de l'immeuble ; c'est le cas, par exemple, où un mur a été ébranlé par les travaux et qu'il est nécessaire de le réédifier ; c'est le cas, encore, où, par suite de l'abaissement ou de l'exhaussement du sol d'un chemin vicinal, l'accès d'une maison riveraine est rendu impossible ou au moins très-difficile.

Bien que la loi du 21 mai 1836 n'ait rien dit à cet égard, on ne peut mettre en doute que l'administration ne soit tenue d'indemniser les propriétaires frappés ainsi d'un dommage permanent. Le droit à indemnité avait été reconnu, implicitement, au moins, dans une ordonnance du 8 septembre 1846 (*Dame Cornisseau c. commune de Saint-Clément-des-Levées*) ; il l'a été, explicitement, par une décision du conseil d'Etat, section du contentieux, en date du 19 janvier 1850 (*commune de Chigny c. Gadiot-Lebel*), ainsi conçue, sur ce chef :

Vu la loi du 28 pluviôse an VIII ;

Considérant qu'il est établi par l'instruction que les travaux d'élargissement et de nivellement exécutés par la commune de Chigny, sur les chemins de Chigny à Reims et de Chigny à Ludes, ont eu pour effet d'ébranler en plusieurs endroits le mur de clôture de la propriété du sieur Gadiot-Lebel, en diminuant la base des talus sur l'arête duquel ce mur est construit ; que, dès lors, le dommage éprouvé par le sieur Gadiot-Lebel est une conséquence directe de ces travaux et lui donne droit à une indemnité.

616. Nous dirons, toutefois, que lorsque les travaux exécutés, tout en endommageant la propriété riveraine sur un point, ont cependant pour effet, dans leur ensemble, d'augmenter, d'une manière appréciable, la valeur de cette propriété, la plus-value qui résulte de ces travaux peut être prise en considération pour réduire le montant de l'indemnité à allouer.

C'est ainsi qu'a prononcé le conseil d'Etat, section du contentieux, par une décision en date du 7 décembre 1850 (*Labille et Dorlet*), ainsi conçue, sur ce chef :

Vu les lois des 28 pluviôse an VIII et 16 septembre 1807 ;
Considérant que s'il résulte de l'instruction que, pour remédier aux inconvénients résultant de l'abaissement du sol de la rue de Dunkerque au droit de la maison du sieur Labille, il convient d'effectuer à ladite maison des travaux de réparation et de raccordement plus considérables que ceux qui sont indiqués par l'expert de l'administration et par l'ingénieur en chef tiers-expert, il est également établi par ladite instruction que, par suite des travaux exécutés par l'administration dans le voisinage de la propriété du sieur Labille, cette propriété a éprouvé une plus-value dont il n'a été tenu compte ni par son expert ni par le conseil de préfecture ;
Considérant que, compensation faite entre ladite plus-value et les dommages éprouvés, il y a lieu de fixer l'indemnité à allouer au sieur Labille à la somme de 2,229 fr. (au lieu de 4,306 fr. alloués par le conseil de préfecture) et celle à allouer au sieur Dorlet à la somme de 500 francs.

Il a été prononcé dans le même sens par une seconde décision du conseil d'Etat, section du contentieux, rendue le même jour (*Ortho*).

Bien que ces deux décisions aient été rendues à l'occasion de travaux de grande voirie, le principe qu'elles posent est évidemment applicable aux travaux des chemins vicinaux exécutés dans les mêmes circonstances.

SECTION II.

Compétence.

———

617. Mais s'il est dû indemnité pour les dommages permanents causés aux propriétés riveraines des chemins vicinaux, par les travaux qui s'exécutent sur ces chemins, à quelle juridiction appartient-il de prononcer sur les demandes formées par les propriétaires ?

Il y a eu, jusques dans ces derniers temps, dissentiment complet, sur ce point, entre l'autorité administrative et l'autorité judiciaire.

L'autorité judiciaire, saisie fréquemment par les propriétaires, prétendait qu'un dommage *permanent*, qui altérait d'une manière profonde et perpétuelle la valeur d'une propriété, constituait une expropriation partielle de cette propriété, et qu'aux termes de la législation sur l'expropriation pour cause d'utilité publique, c'était aux tribunaux ordinaires qu'il appartenait de régler l'indemnité due. La cour de cassation avait formulé cette doctrine dans un assez grand nombre d'arrêts qu'il serait aujourd'hui sans objet de citer.

Le conseil d'Etat, de son côté, n'admettait pas qu'il y eût expropriation, dans le sens des lois sur la matière, là où aucune parcelle de la propriété privée ne passait dans le domaine public ; en conséquence, toutes les fois qu'était porté devant lui un conflit tendant à revendiquer pour l'autorité administrative le règlement de l'indemnité due, le conseil d'Etat confirmait le conflit, par le motif qu'il ne s'agissait que de prononcer sur des dommages causés par l'exécution de travaux publics.

Les décisions en ce sens sont trop nombreuses pour que nous croyions devoir les indiquer.

618. Le tribunal des conflits, pendant sa courte existence, fut appelé à prononcer sur cette question, et il adopta entièrement la jurisprudence du conseil d'État ; sa décision, en date du 29 mars 1850 (*Thomassin et Besniard c. la commune de Rémalard*), est ainsi conçue :

Vu l'arrêté de conflit pris le 14 avril 1849, par le préfet de l'Orne, dans une instance engagée devant le tribunal civil de l'arrondissement de Mortagne entre les époux Thomassin et le sieur Besniard, d'une part, et la commune de Rémalard, d'autre part ;

Vu les lois des 28 pluviôse an VIII et 16 novembre 1807 ;

Considérant que l'action intentée par les époux Thomassin et le sieur Besniard contre la commune de Rémalard a pour objet de faire condamner ladite commune à leur payer une indemnité de 5,000 fr. à raison de la dépréciation résultant, pour une maison qui leur appartient, de l'abaissement du sol de la rue de Mortagne au devant de ladite propriété ;

Considérant que les lois des 28 pluviôse an VIII et 16 septembre 1807 ont chargé l'autorité administrative de prononcer sur les réclamations des particuliers pour tous les torts et dommages résultant de l'exécution de travaux publics, jusques et y compris l'expropriation des immeubles ; que les lois des 8 mars 1810, 7 juillet 1833 et 3 mai 1841 n'ont enlevé à ladite autorité que la connaissance des actions en indemnité pour expropriation totale ou partielle ;

Considérant que les travaux exécutés par la commune de Rémalard n'ont occasionné l'expropriation d'aucune partie de la propriété des demandeurs ;

Art. 1er. L'arrêté de conflit pris, le 14 avril 1849, par le préfet de l'Orne, est confirmé.

Le tribunal des conflits a rendu, à la même date, et sur la même question, une seconde décision (*Séjourné c. la ville de Marseille*), identique quant à la rédaction des considérants ; il a prononcé de même, par décisions en date du 3 avril 1850 (*Malez c. ville de Valenciennes*) et du 18 novembre 1850 (*Papillon c. le département de la Seine*).

619. Ces décisions, auxquelles avaient participé, d'ailleurs, quatre conseillers à la cour de cassation qui faisaient, comme on sait, partie du tribunal des conflits, ces décisions, disons-nous, déterminèrent la cour à modifier sa jurisprudence, et par un arrêt (ch. civ.) en date du 29 mars 1852 (*Pommier*), elle admit que le règlement des indemnités dues pour des dommages permanents, était de la compétence de l'autorité administrative ; cet arrêt est ainsi conçu :

Vu les articles 13, titre II, de la loi des 16-24 août 1790, et 4, titre Ier, de la loi du 28 pluviôse an VIII :

Attendu, en droit, que l'attribution de compétence qui résulte de ces dispositions en faveur de l'administration, relativement aux réclamations des particuliers pour les torts et dommages provenant de l'exécution de travaux publics, s'applique, hors les cas d'expropriation, à toute espèce de dommages résultant, soit du fait personnel des entrepreneurs, soit du fait ou de la faute de l'administration elle-même, sans qu'il y ait lieu de distinguer entre les dommages purement temporaires et les dommages permanents ; que les lois des 8 mars 1810, 7 juillet 1833 et 3 mai 1841 n'ont enlevé, en effet, au contentieux administratif, pour l'attribuer à l'autorité judiciaire, que la connaissance des actions en indemnité pour expropriation totale ou partielle ;

Attendu, en fait, que la réclamation de la défenderesse a eu pour objet, dans l'espèce, non une indemnité pour expropriation de tout ou de partie de sa propriété, mais la réparation du préjudice causé à cette propriété, soit par la détérioration des tuyaux de conduite des eaux de la ville de Blidah et par la prétendue négligence de l'administration de pourvoir à cet état de choses, soit par le vice des travaux exécutés pour y porter remède ;

D'où il suit que, en se déclarant compétente pour prononcer sur cette réclamation, sous le prétexte qu'il se serait agi de dommages permanents et non de dommages temporaires, la cour d'appel d'Alger a expressément violé les dispositions ci-dessus visées.

Ce point de compétence se trouve donc aujourd'hui réglé définitivement.

SECTION III.

Règlement des indemnités.

---

620. Puisque, ainsi que nous venons de le voir, les dommages permanents sont assimilés aux dommages temporaires, quant aux indemnités auxquelles ils peuvent donner lieu, il s'ensuit que c'est sur des expertises contradictoires que les conseils de préfecture doivent régler ces indemnités.

Nous ne pouvons que nous référer à ce que nous avons dit plus haut, sur la nomination des experts, sur l'obligation pour eux de prêter serment avant de commencer leurs opérations, et sur les bases de leurs évaluations.

621. Nous croyons devoir dire toutefois qu'un conseil de préfecture ne pourrait, sans excéder ses pouvoirs, ordonner que l'administration, outre le paiement de l'indemnité, fera certains travaux que le conseil considérerait comme nécessaires pour faire disparaître la cause du dommage.

Cette règle a été rappelée par un décret en date du 28 mai 1852 (*Babelard*), ainsi conçu, sur ce chef :

Vu la loi du 28 pluviôse an VIII, la loi du 16 septembre 1807 ;

En ce qui touche la disposition de l'arrêté du conseil de préfecture par laquelle ledit conseil a ordonné qu'un aqueduc serait construit : considérant que si, aux termes de la loi du 28 pluviôse an VIII, le conseil de préfecture était compétent pour statuer sur la réclamation élevée par le sieur Babelard relativement à l'appréciation du dommage causé à sa propriété et à la fixation du chiffre de l'indemnité qui pouvait lui être due, il ne lui appartenait pas de prescrire, sur une voie publique ou sur ses dépendances, l'exécution de travaux déterminés, dont l'administration seule pouvait apprécier la convenance et ordonner, s'il y avait lieu, l'établissement.

Ce décret a été rendu à l'occasion de travaux faits pour le compte de l'Etat, mais le principe qu'il consacre de nouveau serait évidemment applicable aux travaux de la voirie vicinale.

CHAPITRE IX.

PERSONNEL.

---

622. Augmenter dans une notable proportion les ressources affectées à la construction et à l'entretien des chemins vicinaux ; donner aux préfets le pouvoir de suppléer, par leur action directe, à la négligence ou à l'inertie de celles des administrations municipales qui comprendraient mal leurs véritables intérêts; c'était beaucoup, sans doute, pour atteindre le but que le législateur avait en vue lorsqu'il rédigeait la loi du 21 mai 1836; c'eût été trop peu si les préfets n'eussent reçu, en même temps, le moyen d'assurer, par la création d'un personnel suffisant, le bon emploi des ressources mises à leur disposition.

Le besoin de ce personnel était senti depuis longtemps, surtout dans les départements, où, devançant la législation nouvelle, les conseils généraux consacraient annuellement des sommes plus ou moins considérables à l'ouverture ou à l'amélioration des voies vicinales les plus importantes, de celles qui, depuis, ont reçu le nom légal de *chemins vicinaux de grande communication*. Pour l'emploi de ces fonds, on s'adressait quelquefois à la bonne volonté des ingénieurs des ponts et chaussées; plus souvent les préfets avaient eu recours à des agents spéciaux qui n'avaient pas, sans doute, la science qui distingue le corps des ponts et chaussées, mais qui pouvaient, au moins, donner tout leur temps à ce nouveau service et qui acquéraient, par la pratique sur le terrain, les connaissances qui leur étaient nécessaires.

C'est afin de régulariser et d'étendre le service de ce personnel spécial que le législateur, par l'article 11 de la loi du 21 mai 1836, institua, sous le nom d'agents voyers, des fonctionnaires auxquels il conféra le caractère légal qui leur avait manqué jusqu'alors, et dont il attribua le choix et la nomination aux préfets.

SECTION I.

Nomination.

---

623. C'est aux préfets que la loi attribue le droit de nommer des agents voyers, mais le législateur a en même temps réservé au conseil général le droit de fixer le traitement de ces agents. De la combinaison de ces deux dispositions, résulte la nécessité d'une entente préalable entre le préfet et le conseil général, et c'est ce que le ministre de l'intérieur n'a pas manqué de dire, dans son instruction du 24 juin 1836.

Nous devons faire remarquer ici que ce n'est réellement qu'une action indirecte qui est attribuée par la loi aux conseils généraux sur la formation du personnel du service vicinal. Par la fixation du chiffre des traitements, le conseil général peut, sans doute, mettre obstacle à une création de personnel qui lui paraîtrait excéder les besoins du service, mais il dépasserait évidemment la limite de ses attributions s'il réglementait les détails de l'organisation, s'il fixait par exemple le nombre et la résidence des agents voyers. Ce sont là des choses qui doivent être laissées au préfet, responsable de la marche du service et qui a besoin de toute sa liberté d'action sur le personnel.

624. Les services qu'on pouvait espérer de ce personnel dépendaient surtout des conditions d'admission des agents voyers; aussi le ministre de l'intérieur, en appelant toute l'attention des préfets sur ce point, se réserva-t-il, par son instruction précitée, de régler les conditions d'aptitude à imposer à ces agents. C'est ce qu'il fit par une première circulaire du 11 octobre 1836. Nous ne reproduirons pas ici ces conditions, nous nous bornerons à dire que cette circulaire prescrit la formation, dans chaque département, d'une commission chargée d'examiner les candidats, et que ce n'est que sur la liste d'admissibilité rédigée par cette commission que le préfet peut choisir pour remplir les emplois vacants. Toutefois, l'ordre dans lequel les candidats sont inscrits sur la liste d'admissibilité n'est pas obligatoire pour le préfet, qui, à côté des conditions relatives aux connaissances théoriques, doit encore s'enquérir avec soin des connaissances pratiques des candidats, et encore plus de leur moralité.

Aujourd'hui, lorsqu'une place d'agent voyer est vacante dans un département, le préfet annonce l'époque fixée pour les examens, par un avis qu'il fait afficher dans tout le département, et dont il envoie des exemplaires aux préfets des départements voisins. Le ministre de l'intérieur doit, d'ailleurs, être tenu constamment au courant des vacances et des mutations. De cette manière, les personnes qui se destinent à ce service et qui se croient aptes à en remplir les obligations, sont prévenues et peuvent se présenter à l'examen. Ces formes ont été prescrites par des circulaires du ministre de l'intérieur, en date des 5 janvier 1845, 25 septembre 1848 et 15 juin 1852.

SECTION II.

Organisation.

—

625. L'organisation à donner au service des agents voyers n'a pas été et ne pouvait pas être réglée, d'une manière absolue, par l'autorité centrale, et le ministre de l'intérieur s'est borné, dans son instruction du 24 juin 1836, à donner, sur ce point, quelques indications générales basées sur ce qui se pratiquait déjà dans quelques départements. Il a compris que cette organisation devait être l'objet de règlements spéciaux à chaque département, et dont l'un des principaux éléments serait l'importance des ressources que le conseil général affecterait aux dépenses du personnel.

Il n'est pas inutile, ce nous semble, de faire connaître ici le développement qui a été successivement donné à l'institution des agents voyers.

626. Nous dirons d'abord que, dès l'origine, ce ne fut que dans un très-petit nombre de départements qu'il fut possible de confier aux ingénieurs des ponts et chaussées le service des chemins vicinaux. La plupart de ces fonctionnaires, malgré le zèle dont ils font preuve partout, n'eussent pu accepter la direction de ce nouveau service sans laisser en souffrance quelque partie de celui dont ils sont spécialement chargés. D'autres considérations encore ont pu les déterminer à ne pas accepter la mission qui leur était offerte.

Pour diriger convenablement le service vicinal, en effet, il fallait nécessairement s'écarter des règles usitées dans le service des ponts et chaussées pour la construction et l'entretien des routes impériales et départementales, règles qui ont en vue la perfection des travaux, sans doute, mais qui ne pouvaient plus être appliquées d'une manière absolue, lorsqu'il s'agissait de voies publiques qui devaient être construites avec la plus grande économie. Plus de la moitié des ressources à employer sur les chemins vicinaux se composent, d'ailleurs, de journées de prestation en nature, et l'on sait tout ce qu'ont de minutieux la surveillance et la direction de l'emploi de la prestation. Il était assez naturel que ces détails parussent fastidieux à des fonctionnaires accoutumés à diriger seulement des entrepreneurs de travaux publics ; aussi voyons-nous, dans les rapports publiés par le ministère de l'intérieur, qu'en 1837 les ingénieurs des ponts et chaussées n'étaient chargés du service des chemins vicinaux que dans 16 départements ; en 1841 ils avaient ce service dans 13 départements, et encore dans 10 ils ne s'occupaient que des chemins vicinaux de grande communication ; en 1850 ils n'étaient plus chargés du service vicinal que dans 11 départements, et, sur ce nombre, il n'y en avait que 5 dans lesquels ils embrassassent l'ensemble du service ; dans les 6 autres, ils ne dirigeaient que les travaux des chemins vicinaux de grande communication, et il avait été organisé, pour les autres chemins, un service spécial d'agents voyers. L'intervention des ingénieurs dans le service des chemins vicinaux n'est donc, comme on le voit, qu'exceptionnelle, et c'est au corps des agents voyers qu'est confié ce service, dans la généralité des départements.

627. Par une conséquence toute naturelle de l'augmentation graduelle des ressources affectées aux travaux des chemins vicinaux, le corps des agents voyers a dû recevoir, d'année en année, un développement de plus en plus considérable. En 1837, il se composait de 786 personnes, et ce n'était que dans 41 départements qu'il avait été institué un agent voyer en chef.

En 1841, le personnel spécial des chemins vicinaux se composait de 61 agents voyers en chef, 396 agents voyers d'arrondissement et de 1,094 agents voyers d'un ordre secondaire, formant un total de 1,559 agents.

En 1850, il y avait 67 agents voyers en chef, 319 agents voyers d'arrondissement et 2,187 agents voyers d'un ordre secondaire.

SECTION III.

Traitements.

——

628. Les traitements des agents voyers sont, comme nous l'avons dit, n° 623, fixés par le conseil général du département, et presque partout, ces assemblées ont compris la nécessité d'assurer, par des émoluments suffisants, le bon recrutement du corps nouveau qu'il s'agissait de créer ; les allocations que les conseils généraux ont faites, à cet effet, ont souvent dépassé ce que le préfet aurait cru pouvoir affecter à la dépense du personnel, s'il eût agi seul et sans le concours du conseil général.

Le ministre de l'intérieur a recommandé, dans son instruction du 24 juin 1836, que les émoluments des agents voyers consistassent toujours en un traitement fixe et ne se composassent jamais de remises sur le montant des travaux. Les inconvénients que le ministre avait en vue d'éviter se présentent trop facilement à l'esprit pour qu'il soit nécessaire de suppléer à son silence ; le principal est la propension que pourraient avoir des agents salariés au moyen de remises sur le montant des travaux, à accroître le montant des devis qu'ils rédigent.

629. Aux termes du troisième paragraphe de l'article 11 de la loi du 21 mai 1836, le traitement des agents voyers doit être prélevé sur les fonds affectés aux travaux, et, pour l'application de cette règle, le ministre de l'intérieur, dans son instruction précitée, a invité les préfets à mettre tout d'abord en réserve, sur le crédit ouvert par le conseil général pour le fonds des subventions départementales, la somme nécessaire pour assurer le paiement de ces traitements.

630. Le mode indiqué par le ministre pour le prélèvement des fonds applicables aux traitements des agents voyers est suivi, dans tous les départements, quant à ceux de ces agents qui sont exclusivement chargés du service des chemins vicinaux de grande communication.

Mais il est un assez grand nombre de départements où l'administration supérieure a pu étendre ses soins jusqu'aux chemins vicinaux de petite communication, et où il a été institué des agents voyers spécialement chargés de diriger, sous la surveillance du préfet et des sous-préfets et sous l'autorité des maires, les travaux de ces chemins.

Dans plusieurs de ces départements, la totalité ou au moins une forte partie du traitement de ces agents est laissée à la charge des communes et prélevée sur les ressources en argent applicables aux chemins vicinaux de petite communication. Ce système n'a rien que de parfaitement légal, car la loi, en disant que le traitement des agents voyers sera prélevé sur les fonds affectés aux travaux, n'a fait aucune distinction entre les ressources applicables aux chemins vicinaux de grande ou de petite communication. Toutefois, pour satisfaire au vœu de la loi, il faut que le traitement de cette classe d'agents voyers soit fixé par le conseil général du département, comme pour ceux qui sont chargés du service des chemins vicinaux de grande communication.

631. Enfin, pour compléter l'assimilation des agents voyers aux autres fonctionnaires de tous ordres et leur permettre de prendre rang, convenablement, parmi ceux-ci, un costume officiel leur a été assigné; ce costume a été réglé par un arrêté du ministre de l'intérieur, en date du 27 juillet 1853, qu'il ne nous paraît pas nécessaire de reproduire ici.

632. Les dépenses du personnel ont suivi la progression suivante :

En 1837, les indemnités aux ingénieurs des ponts et chaussées chargés du service vicinal, s'élevaient à 84,222 francs, et les traitements des agents voyers de tous grades à 987,156 francs, ensemble 1,071,378 fr. ; c'était moins de 4 p. 0/0 du montant des ressources.

En 1841, les indemnités aux ingénieurs des ponts et chaussées s'élevaient à 97,416 francs ; les traitements des agents voyers de tous grades s'élevaient à 1,932,627 francs, dont 1,797,987 francs prélevés sur les fonds votés par les conseils généraux, et 134,640 francs prélevés sur les fonds communaux spécialement affectés aux travaux des chemins vicinaux de petite communication, les agents voyers auxquels était attribuée cette dernière somme étant exclusivement chargés de diriger les travaux de ces chemins. L'ensemble de la dépense du personnel, en 1841, était donc de 2,030,043 francs, faisant environ 4 1/2 p. 0/0 du montant des ressources.

En 1850, les indemnités aux ingénieurs des ponts et chaussées étaient de 86,700 francs ; la somme payée aux agents voyers de tous grades, en traitements, frais de bureau et de tournées et gratifications, s'est élevée à 3,201,010 francs, dont 2,944,040 francs prélevés sur les fonds départementaux, et 343,669 francs prélevés sur les fonds communaux pour les agents voyers chargés du service des chemins vicinaux de petite communication. L'ensemble de la dépense du personnel a donc été de 3,287,710 francs. Or, les ressources de cet exercice ayant été d'environ 65,000,000 fr., on voit que la dépense du personnel a absorbé environ 5 p. 0/0 du montant des ressources. Cette proportion ne paraîtra certainement pas exagérée, si l'on songe à tous les détails qu'embrasse le service des agents voyers, surtout pour l'emploi de la prestation en nature et pour la direction des travaux des chemins vicinaux de petite communication qui leur est attribuée déjà dans 25 départements ; elle paraîtra moins considérable encore, si on la compare aux dépenses du personnel d'un autre service analogue.

633. Des traitements suffisants ne sont pas le seul avantage que trouvent, dans le service vicinal, les personnes qui se consacrent à ce service. Dans un grand nombre de départements, les conseils généraux ont voulu récompenser et encourager les agents voyers en leur assurant une retraite à la fin de leur carrière.

A la fin de 1850, il existait, dans un seul département, celui de la Charente-Inférieure, une caisse de retraite spéciale aux agents voyers ; dans 37 autres départements, les agents voyers sont admis à participer aux avantages des caisses de retraites fondées pour les employés des préfectures. Ce dernier système, est évidemment le plus favorable, car les caisses de retraites n'arrivent à suffire à leurs dépenses, que lorsqu'elles embrassent un grand nombre d'employés.

SECTION IV.

Attributions.

634. Les attributions des agents voyers pouvaient, moins encore que leur organisation, être réglées par l'autorité centrale. L'instruction ministérielle du 24 juin 1836 ne s'en est donc pas occupée, laissant absolument à l'initiative des préfets la réglementation de cette partie du service.

Nous dirons seulement, sur les attributions, que, bien que les agents voyers aient été institués, dans l'origine, en vue des travaux des seuls chemins vicinaux de grande communication, leur service a été, graduellement, et dans un assez grand nombre de départements, étendu aux travaux des chemins vicinaux de petite communication, au grand avantage des communes. Dans quelques-unes d'entre elles, pourtant, le concours d'action et de surveillance des agents voyers, dans ces travaux, a donné lieu, d'abord, à des objections basées sur l'article 10 de la loi du 18 juillet 1837, sur l'administration municipale. Aux termes de cet article, les maires sont chargés *de la direction des travaux communaux ;* on en concluait que ces fonctionnaires ne pouvaient être tenus d'accepter le concours des agents voyers pour les travaux des chemins vicinaux de petite communication, lesquels sont des travaux communaux.

Ces objections ne nous paraissent nullement fondées.

La loi du 21 mai 1836, en instituant les agents voyers, ne les a pas désignés comme devant s'occuper exclusivement des travaux des chemins vicinaux de grande communication. L'intention du législateur a été, et cette intention résulte clairement de la discussion qui a eu lieu dans le sein des deux chambres, que ces agents fussent employés à diriger et à surveiller les travaux des chemins vicinaux de petite communication, aussi bien que ceux des grandes lignes vicinales, toutes les fois que la situation financière du département ou des communes permet d'en instituer un nombre suffisant pour subvenir aux besoins des deux services.

Nous ferons observer, d'ailleurs, que l'intervention de ces agents ne préjudicie, en aucune manière, au droit de diriger les travaux communaux, que le maire tient de l'article 10 de la loi du 18 juillet 1837. Evidemment, il n'a pu être, et il n'a pas été dans l'intention du législateur, en insérant cette dernière disposition dans la loi, que les maires fussent chargés de la direction matérielle de tous les travaux qu'il serait nécessaire d'entreprendre dans l'intérêt des communes, travaux dont la direction matérielle exige des connaissances spéciales que ne possèdent pas ordinairement les fonctionnaires municipaux. Ce que la loi du 18 juillet 1837 a voulu, c'est que tous les agents que la commune emploie pour l'exécution de ses travaux fussent placés sous l'autorité et la surveillance du maire, qui conserve dans tous les cas la direction *morale* des travaux, si l'on peut s'exprimer ainsi. Or, les agents voyers sont dans cette position vis-à-vis des maires auxquels ils prêtent le concours de leurs lumières et de leur expérience, pour l'exécution des travaux des chemins vicinaux de leur commune.

635. Sur une seule des attributions des agents voyers, nous aurons un mot à ajouter; c'est sur le droit qui leur est conféré de rédiger procès-verbal des contraventions et délits.

Ce droit ne leur ayant été attribué, par la loi, qu'en vue du service des chemins vicinaux, il s'ensuit qu'ils n'ont qualité pour rédiger des procès-verbaux que pour les contraventions commises sur ces chemins.

C'est ce qui a été formellement déclaré par un arrêt de la cour de cassation (*ch. crim.*), en date du 23 janvier 1841 (*veuve Jeannin*), ainsi conçu :

Attendu que le procès-verbal dressé à la charge de la veuve Jeannin, le 14 juillet dernier, ne pouvait faire foi par lui-même, jusqu'à preuve contraire, de la contravention qu'elle aurait commise sur la place de la commune d'Uckange, en y construisant, sans autorisation du maire, un mur de fosse à fumier, puisqu'il est l'ouvrage d'un *agent voyer*, que l'article 11 de la loi du 21 mai 1836 charge seulement de surveiller la réparation, et de veiller à la conservation des chemins vicinaux.

Un autre arrêt (*ch. crim.*) du 13 décembre 1843 (*Chatou*) a prononcé de même relativement à une contravention commise sur *un chemin rural* :

Attendu que la contravention dont il s'agit ayant été commise sur un chemin *rural*, l'agent voyer de l'arrondissement de Saint-Jean-d'Angely était sans caractère pour la constater, par la raison que la loi du 21 mai 1836 l'a institué uniquement dans l'intérêt de la surveillance des chemins vicinaux.

SECTION V.

Serment.

636. Les agents voyers doivent, aux termes de l'article 11 de la loi du 21 mai 1836, prêter serment ; mais, en prescrivant cette formalité, le législateur n'avait pas déterminé devant quelle autorité elle serait accomplie, et l'instruction ministérielle n'avait également rien dit à ce sujet. Consulté depuis, le ministre a fait connaître qu'il lui paraissait que le serment devait être prêté devant le tribunal de première instance de l'arrondissement où l'agent voyer aurait à exercer ses fonctions. Cette solution a été motivée sur ce qu'un assez grand nombre des procès verbaux que les agents voyers ont à rédiger, c'est-à-dire tous ceux relatifs à des contraventions autres que les usurpations sur le sol des chemins vicinaux, doivent être renvoyés aux tribunaux ordinaires.

SECTION VI.

Correspondance.

---

637. Pour l'accomplissement de leur mission, il était nécessaire que les agents voyers pussent correspondre en franchise, soit entre eux, soit avec les préfets, sous-préfets et maires de leurs circonscriptions respectives. Il fallait empêcher, d'un autre côté, que la faculté qui leur était ainsi concédée n'engendrât des abus et ne servit à couvrir des correspondances étrangères au service. Cette double nécessité a donné lieu à plusieurs circulaires dont les dispositions doivent être scrupuleusement observées par les agents voyers, afin d'éviter les inconvénients graves que pourrait avoir pour eux l'abus de leur contre-seing.

SECTION VII.

Poursuites contre les agents voyers.

---

638. Aux termes de l'article 75 de la constitution du 22 frimaire an VIII (13 décembre 1798), les agents du Gouvernement, autres que les ministres, ne peuvent être poursuivis, pour des faits relatifs à leurs fonctions, qu'en vertu d'une autorisation du conseil d'Etat.

Le bénéfice de cette garantie s'étend-il aux agents voyers ?

639. Le conseil d'Etat s'est prononcé pour l'affirmative, implicitement, au moins, une première fois dans une ordonnance du 15 juin 1841 (*veuve Veltier c. Cadet et Cheval*) qui refuse d'autoriser la continuation de poursuites contre deux agents voyers, une seconde fois dans une ordonnance du 1er février 1841 (*Chabraud et autres*) qui autorise la continuation de poursuites contre un agent voyer.

640. La cour de cassation a adopté, sur cette question, une opinion contraire à celle du conseil d'Etat.

Ainsi, par un premier arrêt (ch. crim.) du 6 septembre 1845 (*Tocquaine et autres*), elle a prononcé en ces termes :

Attendu sur le premier moyen,

Que l'article 75 de la constitution de l'an VIII ne s'occupe que des agents du Gouvernement;

Qu'on ne saurait ranger dans cette classe les agents voyers, dont l'institution n'émane ni d'une loi, ni d'une ordonnance royale, mais d'une simple circulaire ministérielle, dont les fonctions n'ont trait qu'à des intérêts locaux et dont les émoluments ne sont établis que sur le budget des communes.

Il a été prononcé dans les mêmes termes par un second arrêt (ch. crim.), en date du 4 février 1847 (*Godard et autres*).

Enfin, un troisième arrêt (ch. crim.), en date du 23 décembre 1848,

(*Lapérouze*), semble annoncer que la jurisprudence de la cour, doit être considérée comme fixée; il est ainsi conçu :

Attendu que l'agent voyer nommé par le préfet, en vertu de l'article 11 de la loi du 21 mai 1836, n'est préposé qu'à la construction, à la surveillance et à l'entretien des chemins vicinaux de petite ou de grande communication établis eux-mêmes dans l'intérêt d'une ou de plusieurs communes; qu'il n'est donc qu'un agent particulier institué dans un intérêt purement communal, et non un agent du Gouvernement dans le sens de l'article 75 précité, et qu'il ne peut, par conséquent, jouir de la garantie constitutionnelle créée par cet article.

641. Malgré tout le respect dû aux décisions de la cour suprême, il faut reconnaître cependant que, dans l'espèce, la cour est tombée dans une erreur évidente. En effet, l'institution des agents voyers n'émane pas, comme le dit le premier des arrêts précités, d'une simple circulaire ministérielle. Ces agents ont été institués par l'article 11 de la loi du 21 mai 1836, qui les admet à prêter serment et leur confère le droit de constater les délits et contraventions. Leurs fonctions n'ont pas trait seulement *à des intérêts locaux*, car les chemins vicinaux de grande communication, dont ils sont chargés de diriger les travaux, ont presque tous un caractère d'intérêt général comme les routes départementales; or, les conducteurs des ponts et chaussées, même ceux attachés au service départemental, jouissent de la garantie dont il s'agit. Enfin, les traitements des agents voyers ne *sont pas établis que sur le budget des communes*, car ils sont portés sur les budgets des départements, et alors même que les communes fourniraient tout ou partie de ces traitements, ce mode de procéder ne serait encore que l'application du troisième paragraphe de l'article 11 susénoncé qui porte que le traitement des agents voyers sera prélevé *sur les fonds affectés aux travaux*.

Quoi qu'il en soit, et quelque regrettable que puisse être la jurisprudence adoptée par la cour de cassation, il faut reconnaître que notre législation n'offre à l'administration aucun moyen de la faire réformer. Sans doute, les agents voyers, s'appuyant sur les décisions précitées du conseil d'Etat, pourraient et devraient exciper devant les tribunaux correctionnels de leur qualité d'agents du Gouvernement; mais comme, en définitive, les tribunaux sont juges de cette exception, ils pourraient toujours, en présence de la jurisprudence de la cour suprême, déclarer que l'exception proposée par les agents voyers n'est pas admissible et statuer au fond.

SECTION VIII.

Conducteurs, piqueurs et cantonniers.

642. Les agents voyers dirigent les travaux, mais il est indipensable qu'ils aient, sous leurs ordres, un certain nombre d'employés inférieurs qui surveillent l'exécution de ces travaux dans tous leurs détails; ce sont les conducteurs et les piqueurs.

Le ministre de l'intérieur, dans son instruction du 24 juin 1836, s'est borné, sur ce point, à recommander aux préfets de n'organiser le personnel inférieur qu'en proportion des besoins réels du service et des ressources dont ils pourraient disposer.

Nous ferons remarquer ici, que, dans un assez grand nombre de départements, on a cru devoir donner la qualification d'agent voyer à des employés qui n'exercent, en fait, que les fonctions de piqueur; on a voulu, par là, leur donner qualité pour rédiger procès-verbal.

643. L'entretien des chemins vicinaux, pour être assuré convenablement, exige l'emploi d'ouvriers permanents, chargés d'opérer constamment, dans un certain parcours, la réparation des dégradations qui surviennent; ce sont les cantonniers.

Le ministre, dans son instruction précitée, recommande d'en instituer un certain nombre sur tous les chemins vicinaux de grande communication, où le montant des ressources le permet, et il fait remarquer que ces cantonniers peuvent encore être utilement employés à diriger les travaux des prestataires.

Ce paragraphe de l'instruction ne s'occupait que de l'entretien des chemins vicinaux de grande communication, mais, ainsi que nous avons eu occasion de le dire plus haut, il est un assez grand nombre de communes où les ressources applicables au service vicinal ont permis d'appliquer le système des cantonniers permanents à l'entretien des chemins vicinaux de petite communication et c'est une des améliorations dont l'extension est le plus à désirer.

TITRE IV.

DISPOSITIONS SPÉCIALES AUX CHEMINS VICINAUX DE GRANDE COMMUNICATION ET A CEUX DE MOYENNE COMMUNICATION.

CHAPITRE I.

CHEMINS VICINAUX DE GRANDE COMMUNICATION.

SECTION I.

Caractère des chemins vicinaux de grande communication.

---

644. L'article 9 de la loi du 28 juillet 1824 permettait aux préfets de faire contribuer plusieurs communes à l'entretien d'un même chemin vicinal, lorsque ce chemin intéressait ces communes. C'est là le point de départ de la création des chemins vicinaux de grande communication.

Dans un certain nombre de départements, on avait compris, dès avant 1836, l'avantage qu'il y avait à centraliser, sur une même ligne, les ressources de plusieurs communes, et, les conseils généraux, à titre de secours et comme encouragement, accordaient, sur le budget des dépenses facultatives du département, quelques subventions qui venaient en aide aux efforts de ces communes. On donnait à ces lignes vicinales les noms divers de *chemins cantonaux, chemins d'arrondissement, routes non classées.* C'était, il faut le reconnaître, une interprétation un peu large de l'article précité de la loi de 1824, mais cette application avait produit de bons résultats et le législateur de 1836 crut devoir consacrer ce qui se faisait, en réglementant d'une manière précise les formes à suivre pour l'avenir.

645. Mais il importait de bien fixer le caractère des voies de communication auxquelles la loi du 21 mai 1836 venait de donner une existence légale ; il importait, surtout, de faire comprendre aux administrations locales l'étendue des obligations qui leur étaient imposées, soit pour la construction, soit pour l'entretien des chemins vicinaux de grande communication.

Dans son instruction du 24 juin 1836, le ministre de l'intérieur insista donc sur ces divers points : que ces chemins, en recevant une dénomination nouvelle, ne perdent pas le caractère de *chemins vicinaux* qu'ils ont précédemment reçu des arrêtés de classement ; qu'ils en conservent tous les priviléges ; que le sol continue d'appartenir aux communes ; qu'enfin les communes demeurent chargées de pourvoir à leur entretien, au moins en partie, et que les fonds départementaux qu'il est permis d'y affecter viennent à la décharge des communes, mais seulement comme secours, comme subvention, et non pas comme dépense départementale directe. La seule différence notable dans le régime de ces chemins, ajoutait le ministre, c'est que la direction et la surveillance des travaux sont placées, par la loi, sous l'autorité du préfet, attendu qu'il est indispensable de confier à une autorité centrale l'exécution de mesures qui embrassent le territoire de plusieurs communes.

Le caractère des chemins vicinaux de grande communication ainsi défini, nous allons passer en revue les diverses dispositions qui leur sont propres.

SECTION II.

Classement.

§ 1. *Compétence.*

646. La loi du 21 mai 1836 s'applique depuis plus de quinze années ; il est donc présumable que tous les chemins vicinaux qu'il était utile de déclarer chemins vicinaux de grande communication ont reçu ce caractère, et, à ce point de vue, il pourrait paraître superflu de dire aujourd'hui comment il doit être procédé à cette déclaration, ou, en d'autres termes, à leur classement. Mais on comprendra, d'une part, qu'un traité de voirie vicinale ne serait pas complet, s'il se taisait sur les formes du classement des chemins vicinaux de grande communication ; il se peut, d'autre part, que l'achèvement des lignes d'abord classées détermine le classement de quelques lignes nouvelles, et il serait utile, dans ce cas, que les formes à suivre fussent rappelées ici.

647. Ce sont les conseils généraux que l'article 7 de la loi investit du droit de classer les chemins vicinaux de grande communication, et nous devons faire remarquer, sur ce point, que c'est l'inverse de ce qui a été fait, par une autre législation, à l'égard des routes départementales. Pour le classement de celles-ci, en effet, le conseil général donne un avis, et c'est le pouvoir exécutif qui prononce le classement. Pour les chemins vicinaux de grande communication, au contraire, le pouvoir exécutif, dans la personne du préfet, propose, c'est-à-dire, donne un avis, et c'est le conseil général, assemblée délibérante, qui classe.

Pour expliquer cette différence entre les deux législations, le ministre de l'intérieur, dans son instruction du 24 juin 1836, fait remarquer que la mission donnée aux conseils généraux ne constitue pas un acte d'administration proprement dite; qu'il ne s'agit pas de créer une classe de chemins, mais seulement de désigner ceux qui, par leur importance, peuvent intéresser le département ou au moins des portions du département; qu'il s'agit de reconnaitre une cause de dépenses nouvelles pour le département, ce qui semblait justifier l'intervention du conseil général.

648. Nous ajouterons ici que la loi n'ayant pas apporté de restriction au droit qu'elle conférait aux conseils généraux, leurs délibérations, en matière de classement de chemins vicinaux de grande communication, n'ont besoin d'aucune approbation préalable et sont, par conséquent, exécutoires de plein droit. Le législateur a voulu, ainsi, éviter les lenteurs qu'eût entraînées la formalité de l'approbation préala ble des délibérations des conseils généraux, et donner à cette branche du service public une marche plus rapide.

§ 2. — *Formes.*

649. C'est sur l'avis des conseils municipaux et des conseils d'arrondissement, et sur la proposition du préfet. qu'aux termes du premier paragraphe de l'article 7 de la loi du 21 mai 1836. le conseil général classe les chemins vicinaux de grande communication.

Le plus souvent, c'est un chemin vicinal déjà existant qu'il s'agit de comprendre parmi les grandes lignes vicinales; quelquefois, il y a lieu d'ouvrir une voie nouvelle. Dans l'un et dans l'autre cas, le préfet, pour pouvoir motiver sa proposition en parfaite connaissance de cause, fait d'abord étudier par l'agent voyer en chef le projet de restauration, de rectification ou d'ouverture du chemin, selon le cas. L'agent voyer en chef, s'aide, pour l'étude et la rédaction de ce travail, du concours des maires des communes intéressées, soit en ce qui concerne la fixation de la direction du chemin, soit par rapport à la largeur à y donner, à la nature et aux dimensions des ouvrages d'art qu'il y aurait nécessité d'exécuter. Le projet indique, aussi approximativement que possible, la dépense de l'ensemble des travaux.

Cette première étude terminée, les résultats doivent en être communiqués aux conseils municipaux des communes intéressées. et, sur ce point, le ministre de l'intérieur fait remarquer. dans son instruction du 24 juin 1836. qu'il importe de provoquer les délibérations d'un nombre de communes plus grand que celui qui sera. en définitive. appelé à concourir aux dépenses : c'est un moyen d'obtenir des adhésions ou, au moins. des renseignements sur l'importance de la ligne à classer.

650. Les avis des conseils municipaux doivent, aux termes de la loi, porter sur *le classement* considéré au point de vue de son utilité, sur *la direction* qu'il convient d'adopter et sur *le concours des communes*, c'est-à-dire sur la désignation de celles qui doivent être déclarées *intéressées* et appelées, à ce titre, à contribuer à la dépense. Ces avis ne sont pas obligatoires pour le préfet, mais ils doivent être pris en considération, car ils émanent de ceux dont l'intérêt est le plus en jeu.

651. Les avis des conseils municipaux doivent être soumis aux conseils d'arrondissement qui doivent également examiner l'affaire au triple point de vue que nous venons d'énoncer. Toutes les délibérations intervenues sont ensuite, ainsi que tous les documents qui en ont été la base, soumises au conseil général, avec la proposition définitive du préfet.

652. Les formalités qui, d'après l'article 7 de la loi, doivent précéder le classement des chemins vicinaux de grande communication sont substantielles, et leur inobservation donnerait lieu à l'annulation, par le conseil d'Etat, des décisions irrégulièrement prises par les conseils généraux. Cela ne résulte pas du texte de la loi du 21 mai 1836 ; c'est l'application du principe posé dans l'article 3 du décret du 7-14 octobre 1790, interprété aujourd'hui en ce sens, que tous les actes des corps administratifs, peuvent être déférés au conseil d'Etat pour incompétence, excès de pouvoir ou violation d'une loi. La possibilité de ce recours au conseil d'Etat, en matière de classement de chemins vicinaux de grande communication, a été admise d'une manière générale, implicitement, au moins, dans une ordonnance du 3 mai 1839 (*commune de Mongaroult*), ainsi conçue :

Vu la loi du 21 mai 1836 et celle du 10 mai 1838 ; *en ce qui touche la déclaration de grande vicinalité du chemin n° 15* : considérant que la délibération du conseil général du département de l'Orne, qui a déclaré chemin de grande communication le chemin d'Argentan à Condé-sur-Noireau , a été prise dans la limite de ses pouvoirs et après l'accomplissement des formalités prescrites par l'article 7 de la loi du 21 mai 1836, et *qu'au fond* elle ne peut être attaquée devant nous, en notre conseil d'Etat, par la voie contentieuse.

653. La nullité des décisions prises par les conseils généraux, en l'absence des avis des conseils municipaux des communes intéressées a été déclarée une première fois par l'ordonnance du 19 février 1840 (*ville de Saint-Etienne*), ainsi conçue :

Vu le décret du 7-14 octobre 1790 ; vu l'article 7 de la loi du 21 mai 1836 ; *en ce qui touche la délibération du conseil général de la Loire* : considérant que l'article 7 de la loi ci-dessus visée a prescrit, comme condition nécessaire, que les chemins vicinaux ne pourraient être déclarés de grande communication par les conseils généraux, que sur l'avis des conseils municipaux, des conseils d'arrondissement, et sur la proposition des préfets ; que sur les mêmes avis et proposition les conseils généraux doivent déterminer la direction de chaque chemin vicinal de grande communication, et désigner les communes qui doivent contribuer à sa construction ou à son entretien, et que lesdits conseils généraux ne peuvent, sans excéder leurs pouvoirs, prononcer le classement des chemins lorsque les formalités ci-dessus rappelées n'ont point été observées ; considérant que, dans l'espèce, il résulte de l'instruction que le conseil municipal de la ville de Saint-Etienne n'a pas été appelé à donner son avis, soit sur le projet d'établissement, soit sur la direction du chemin vicinal de grande communication de Saint-Etienne à Saint-Just, soit, enfin , sur le concours des communes qui doivent contribuer à sa construction ou à son entretien. — Art. 1er. La délibération du conseil général de la Loire, du 27 août 1836, est annulée.

Il a été prononcé dans le même sens par les ordonnances des 26 juin 1844 (*de Mauduit*) et 26 juillet 1844 (*commune de Meximieux*). Une décision semblable a encore été prise par l'ordonnance du 29 juillet 1847 (*communes de Bénévent, Marsac et Arsines*) à l'occasion, non pas du classement d'un chemin tout entier, mais du simple prolongement d'un chemin déjà classé ; ce prolongement devant aggraver les charges des communes intéressées, il était indispensable qu'elles fussent préalablement entendues.

654. Il n'est sans doute pas nécessaire d'ajouter que si les formalités prescrites par la loi avaient été accomplies à l'égard d'un certain nombre de communes, et qu'elles n'eussent été omises qu'à l'égard d'une ou plusieurs autres, ces dernières, seules, pourraient se pourvoir contre la délibération du conseil général. Cette délibération serait alors annulée, en ce qui concernerait ces communes, mais elle produirait son plein et entier effet, en ce qui concernerait les communes qui n'auraient pas à opposer cette violation de la loi.

655. Nous devons faire remarquer, aussi, que ce n'est qu'aux communes intéressées à contester la validité de ces délibérations, qu'il appartient de les attaquer, et que ce droit ne pourrait être exercé par un particulier, alors même que ce particulier aurait intérêt à faire annuler cet acte. C'est ce qui a été décidé par une ordonnance du 29 juin 1844 (*de Mauduit*), ainsi conçue :

Vu la loi du 21 mai 1836 ; considérant qu'à la commune seule de Plouhinec pourrait appartenir le droit de se pourvoir pour omission des formalités prescrites par la loi à l'égard du classement et de la direction du chemin vicinal de grande communication de Quimper à Audierne, auquel elle était appelée à contribuer ; que, dès lors, le sieur Mauduit était sans qualité pour se pourvoir contre les actes administratifs qui ont classé et fixé la direction dudit chemin.

656. Mais si ce n'est que sur le pourvoi des communes intéressées que les délibérations des conseils généraux, en pareille matière, peuvent être annulées pour excès de pouvoir ou violation des formes prescrites par la loi, l'administration supérieure peut, cependant, intervenir pour empêcher qu'une délibération irrégulièrement prise reçoive son exécution. L'administration, en effet, a le droit, comme le devoir, de veiller à la stricte observation des lois, et lorsqu'elle reconnaît qu'une délibération de conseil général est entachée d'un vice radical, elle ne peut être tenue de l'exécuter et de s'approprier, en quelque sorte, l'irrégularité commise. Il est donc arrivé, plusieurs fois, que des communes ont signalé au ministre l'omission, à leur égard, des formalités prescrites par la loi. Au lieu de renvoyer ces communes à se pourvoir devant le conseil d'Etat, le ministre a invité le préfet à s'abstenir d'exécuter la délibération entachée de vice de forme, et à faire régulariser l'instruction de l'affaire à la plus prochaine session du conseil général.

Ce mode de procéder a l'avantage d'épargner aux communes les lenteurs et les frais d'un procès devant le conseil d'Etat, et il n'a été l'objet d'aucune observation de la part des conseils généraux, qui ont, au contraire, adhéré, en prenant de nouvelles délibérations conformes au vœu de la loi. Le conseil d'Etat a également admis la régularité de cette marche, ainsi que cela résulte de l'ordonnance du 26 juillet 1844 (*commune de Meximieux*), ainsi conçue :

En ce qui concerne la délibération du conseil général du 29 août 1840 et les arrêtés du préfet : — Considérant qu'il résulte de l'instruction que cette délibération n'a pas été précédée de l'accomplissement des formalités prescrites par la loi du 21 mai 1836, mais qu'il résulte de la lettre de notre ministre de l'intérieur, du 6 janvier 1844, que l'administration du département de l'Ain a renoncé à y donner suite, et a fait procéder à une nouvelle instruction sur laquelle le même conseil général a été appelé à délibérer ; que, dès lors, cette délibération, du 29 août 1840, ensemble les arrêtés du préfet qui n'ont été rendus que pour assurer l'exécution du classement prononcé par cette délibération sont devenus sans objet ; — art. 1er. Il n'y a lieu à statuer sur les pourvois formés contre la délibération du 29 août 1840, et contre les arrêtés du préfet.

Il a été prononcé de même, par une ordonnance du 18 avril 1845 (*commune de Lompnieu*).

657. La proposition du préfet n'est pas un préalable moins nécessaire que l'avis des conseils municipaux et des conseils d'arrondissement, et l'on verra plus bas, n° 676, une ordonnance du 18 janvier 1845, (*ville de Bordeaux*) qui annule une décision de conseil général, prise sans qu'il y ait eu proposition du préfet.

Toutefois, et en matière de classement, notamment, la proposition du préfet n'oblige pas absolument le conseil général, c'est-à-dire que le conseil peut ne pas classer la ligne proposée par le préfet ; seulement, en rejetant ce classement, il ne pourrait y substituer une autre ligne que le préfet n'aurait pas proposée. C'est ce que fait remarquer le ministre de l'intérieur, dans son instruction du 24 juin 1836.

§ 3. — *Considérations qui doivent déterminer le classement.*

658. En s'occupant des formes du classement des chemins vicinaux de grande communication, le ministre de l'intérieur se trouvait naturellement amené à appeler l'attention des préfets sur la nécessité de restreindre ce classement dans de justes limites ; il leur conseillait de prendre en considération, non pas seulement l'utilité de la ligne à classer, mais encore, et surtout, l'importance des ressources qui pouvaient y être affectées ; il leur recommandait de ne pas éparpiller ces ressources sur des lignes qui devraient ensuite rester longtemps inachevées, et de ne pas sacrifier ainsi à des impatiences locales toutes les espérances de l'avenir.

Ces conseils, donnés d'abord dans l'instruction du 24 juin 1836, ont été renouvelés dans une circulaire du 10 août 1836 et fréquemment répétés dans la correspondance du ministre de l'intérieur avec les préfets ; mais s'ils ont été entendus dans un assez grand nombre de départements, il en est beaucoup d'autres où ils n'ont pu défendre les préfets et les conseils généraux contre un regrettable entraînement. Souvent, on n'a pu résister aux demandes des localités, qui, toutes, voulaient avoir satisfaction immédiate ; ailleurs, on a cru utile de tracer tout d'abord, le réseau des chemins vicinaux de grande communication, sauf à n'entreprendre les travaux que plus tard ; quelquefois encore on a été déterminé par le désir de pouvoir employer immédiatement les ressources que devaient fournir les communes, et qui eussent été perdues pendant plusieurs années, si les lignes auxquelles ces ressources devaient appartenir n'eussent pas été classées.

Quoi qu'il en soit, dès la session de 1836, la première où les conseils généraux eurent à s'occuper de cette matière, ils avaient classé 1,568 chemins vicinaux de grande communication dont le développement total était de 34,932 kilomètres, et le dernier rapport publié par le ministère de l'intérieur, établit qu'après la session de 1841, le nombre des lignes classées était de 2,485, dont le parcours était de 52,975 kilomètres.

659. Nous n'avons parlé, jusqu'à présent, que des classements à l'égard desquels l'administration prend l'initiative ; mais il arrive souvent que des communes, que des particuliers même, demandent le classement d'un chemin vicinal de grande communication, en offrant de concourir, dans une certaine proportion, soit à la construction, soit à l'entretien. On conçoit ce que ces offres peuvent avoir d'avantageux ; aussi, le ministre, dans son instruction du 24 juin 1836, engage-t-il les préfets à les provoquer, partout où cela sera possible.

Tout en reconnaissant, avec le ministre, que l'importance des offres de concours doit être prise en considération lorsqu'il s'agit du classement ou de la direction d'un chemin vicinal de grande communication, nous croyons devoir ajouter que si c'est là un des éléments de la décision, ce ne doit pas toujours être le seul à prendre en considération. On a vu, à l'occasion du choix de la direction à donner à un chemin, des luttes d'intérêts s'élever entre les communes que l'une ou l'autre direction devait favoriser, et les offres se suivre avec une telle vivacité qu'on eût dit une succession d'enchères. Donner toujours la préférence à l'offre la plus élevée, serait quelquefois s'exposer à sacrifier les intérêts des localités les moins riches, de celles-là même qui ont le plus besoin qu'une nouvelle voie de communication leur donne des débouchés nouveaux. L'administration doit donc, sans doute, prendre en grande considération l'importance des offres qui lui sont faites, mais elle ne doit pas perdre de vue l'utilité absolue de telle ou telle voie de communication, de telle ou telle direction à donner à cette voie publique.

§ 4. — *Fixation de la direction et du tracé.*

660. C'est également au conseil général que le deuxième paragraphe de l'article 7 de la loi du 21 mai 1836 attribue la fixation de la direction des chemins vicinaux de grande communication et cette fixation est un acte d'une grande importance pour les localités voisines du chemin, puisque le choix de cette direction accorde aux unes des avantages dont les autres ne peuvent profiter au même degré. Le législateur a donc voulu que cet acte présentât aux communes les mêmes garanties que le classement lui-même, et que le conseil général ne pût y procéder que sur l'avis des conseils municipaux, du conseil d'arrondissement, et sur la proposition du préfet.

Nous avons dit en parlant du classement, n° 657, jusqu'à quel point le conseil général était lié par la proposition du préfet.

Pour la fixation de la direction aussi, il y a une relation nécessaire entre la proposition du préfet et la décision du conseil général. On comprend, en effet, que si le préfet a proposé de donner au chemin à classer, une direction telle qu'elle doive servir à établir une communication entre deux localités, le conseil général ne pourrait y substituer une direction qui changerait l'un des points extrêmes de la ligne ; ce changement de direction serait, en fait, le classement d'un chemin autre que celui proposé, et l'acte du conseil général serait d'autant plus irrégulier que ni les conseils municipaux, ni le conseil d'arrondissement n'auraient été consultés sur cette nouvelle direction. Si donc le conseil général croyait devoir modifier, à ce point, la proposition du préfet, il faudrait, nécessairement, procéder à une nouvelle instruction de l'affaire.

Nous pensons toutefois, que si le conseil général maintenait les deux points extrêmes de la ligne proposée par le préfet, et s'il en modifiait seulement le parcours en le faisant passer par tel village plutôt que par tel autre, l'initiative du préfet se trouverait encore respectée, et que, par conséquent, la décision du conseil général serait régulière.

661. Le conseil général, dit la loi, détermine *la direction* des chemins vicinaux de grande communication. Fallait-il entendre le mot *direction*, dans un sens tellement absolu, que le conseil général eût à prononcer sur chacun des points du tracé. Cela eût été impossible, la plupart du temps, car ce n'est que par les études sur le terrain que le meilleur tracé à suivre peut être reconnu, et ces études ne se font, généralement, que lorsque le chemin est classé, afin de ne pas s'exposer à faire, inutilement, un travail long et dispendieux. Ce n'est donc pas sur les détails du tracé que le conseil général doit prononcer, et c'est ce que le ministre de l'intérieur a dit dans son instruction du 24 juin 1836.

Cette interprétation du mot *direction* a été confirmée par un décret en date du 5 février 1849 (*de la Barthe et consorts c. la ville de Caen*), ainsi conçu, sur ce chef :

Vu les lois des 28 juillet 1824 et du 21 mai 1836;

Sur l'excès de pouvoirs tiré de la violation de l'article 7 de la loi du 21 mai 1836 : Considérant que si, aux termes de l'article 7 de la loi du 21 mai 1836, il appartient aux conseils généraux, sur l'avis des conseils municipaux et d'arrondissement et sur les propositions du préfet, de déterminer la direction des chemins vicinaux de grande communication, le préfet peut, en vertu de l'article 16 de la même loi, procéder, par un simple arrêté, à des redressements ou modifications de tracé entre les points de parcours fixés par le conseil général;

Considérant que la délibération du conseil général du Calvados, du 1er septembre 1836, qui a classé le chemin de Caen à Varaville au rang des chemins de grande communication, s'est bornée à indiquer les communes que ledit chemin devait traverser; qu'en l'absence de toute désignation plus spéciale des points de parcours, le préfet du Calvados a pu, sans excès de pouvoirs, modifier le tracé dans le trajet de la commune de Mondeville.

La cour de cassation, à l'occasion d'une expropriation pour un chemin vicinal de grande communication, a admis la même règle, ainsi que cela résulte d'un arrêt (ch. civ.) en date du 28 février 1849 (*Lacroix et autres c. le préfet de Seine-et-Oise*), ainsi conçu :

Attendu que l'article 7 de la loi du 21 mai 1836 attribue au conseil général, pour le tracé des chemins de grande communication, le droit de fixer leur direction, mais qu'entre les lieux qui ont été désignés par le conseil comme devant être nécessairement touchés par le chemin, il appartient au préfet de régler la ligne pour l'assiette des travaux qui, n'étant plus que des détails d'exécution, rentrent dans les devoirs de l'administration; que c'est ce qui résulte des articles 9 et 16 de la même loi; en sorte que, en matière de redressement d'un chemin de cette espèce, le préfet a le pouvoir, sans que le conseil général ait à en délibérer, de faire subir à la voie existante les changements qui n'altèrent pas la direction telle que le conseil général l'a établie par des indications de localités.

Il a été prononcé dans le même sens par deux arrêts de la cour de cassation (ch. civ.) en date des 16 août 1852 (*Richard et Rémy c. préfet de la Haute-Marne*) et 30 mars 1853 (*préfet de Saône-et-Loire c. Bonin et Guyot*).

662. Lorsque, après l'accomplissement des formalités voulues par la loi, la direction d'un chemin vicinal de grande communication a été fixée, elle ne pourrait être changée sans que les mêmes formalités fussent de nouveau accomplies. Le changement de direction d'un chemin vicinal de grande communication peut, en effet, causer à certaines communes un tel préjudice, qu'il est juste qu'elles soient appelées à présenter, préalablement, les réclamations qu'elles auraient à faire valoir contre ce changement.

L'omission de cette mise en demeure des communes suffirait, en cas de recours au conseil d'Etat, pour faire prononcer l'annulation de la délibération du conseil général. C'est ce qui résulte d'une ordonnance du 12 avril 1813 (*commune de Combiers*, ainsi conçue :

Vu le décret du 7-14 octobre 1790; vu l'article 7 de la loi du 21 mai 1836 ;
Considérant que l'article 7 de la loi ci-dessus visée, a prescrit, comme condition nécessaire, que les chemins vicinaux ne pourraient être déclarés de grande communication par les conseils généraux que sur l'avis des conseils municipaux, des conseils d'arrondissement, et sur la proposition des préfets ; que, sur les mêmes avis et proposition, les conseils généraux doivent déterminer la direction de chaque chemin vicinal de grande communication, et que lesdits conseils généraux ne peuvent, sans excéder leurs pouvoirs, prononcer le classement des chemins ou déterminer leur direction, lorsque les formalités ci-dessus rappelées n'ont point été observées; considérant que, dans l'espèce, il résulte de l'instruction que le conseil municipal de la commune de Combiers n'a pas été appelé à donner son avis sur le changement de direction du chemin vicinal de grande communication de Combiers à Rouillac, et que, d'ailleurs, il n'est pas justifié que le conseil d'arrondissement ait émis son avis conformément aux prescriptions de la loi ; — art. 1er. La délibération du conseil général du département de la Charente, du 31 août 1840, est annulée.

Deux autres ordonnances, l'une, en date du 26 juin 1844 *de Mauduit*, l'autre, du 23 juillet 1844 *commune de Meximieux*, ont prononcé d'une manière analogue.

663. La proposition du préfet est également un préalable indispensable pour tout changement de direction d'un chemin vicinal de grande communication : c'est ce qu'a rappelé une ordonnance royale du 27 mai 1846 (*commune d'Archignac c. le conseil général du département de la Dordogne*), ainsi conçue :

Vu le décret des 7-14 octobre 1790 et la loi du 21 mai 1836, article 7 ;
Considérant qu'aux termes de l'article 7 de la loi du 21 mai 1836, il n'appartient aux conseils généraux de déterminer la direction des chemins vicinaux de grande communication que sur la proposition des préfets :
Considérant qu'il résulte de l'instruction que le préfet de la Dordogne n'a pas proposé au conseil général de changer la direction du chemin de grande communication n° 15 de Sarlat à Villac ; que, dès lors, en modifiant d'office le tracé dudit chemin, par ses délibérations des 4 septembre 1844 et 1er septembre 1845, ledit conseil a excédé ses pouvoirs;
Art. 1er. Les délibérations du conseil général de la Dordogne, en date des 4 septembre 1844 et 1er septembre 1845 sont annulées.

664. La direction des chemins vicinaux de grande communication doit, dans tous les cas, être étudiée de manière à la rendre profitable au plus grand nombre de communes possible. Il y a, à cet égard, il est bon de le faire remarquer, une différence notable entre le système à suivre, pour la direction de ces voies publiques, et celui adopté pour les routes. Pour celles-ci, en effet, on a généralement en vue d'établir la communication la plus brève et par conséquent la plus directe entre deux points extrêmes. Pour les chemins vicinaux de grande communication, au contraire, il s'agit moins d'abréger les distances, que de donner à beaucoup de communes un débouché qui leur manquait.

665. La bonne direction à donner aux chemins vicinaux de grande communication est surtout importante, lorsqu'ils doivent relier entre eux deux départements. Aussi, le ministre de l'intérieur a-t-il, dans son instruction du 24 juin 1836, appelé l'attention particulière des préfets sur ce cas. Il les invite à ne pas arrêter la direction d'une ligne, dans cette position, sans s'être préalablement concerté avec le préfet du département limitrophe, et en cas de difficultés, il leur recommande de lui en référer, afin qu'il puisse intervenir pour concilier les intérêts des deux départements.

Les indications données ici par le ministre, n'ont pas toujours suffi pour prévenir les inconvénients qu'il avait en vue d'éviter. Il est arrivé plus d'une fois, qu'à l'occasion de chemins vicinaux de grande communication qui, situés dans deux départements limitrophes, tendaient, de part et d'autre, vers un point où ils auraient pu se souder, il a été impossible de s'entendre, de telle sorte qu'il en est résulté des impasses au lieu d'une ligne prolongée. Comme le ministre n'a pas reçu de la loi le droit de modifier les délibérations des conseils généraux, en matière de classement et de direction des chemins vicinaux de grande communication, il n'a pu porter remède au fait qui lui était signalé. Il y a ici, évidemment, une lacune dans la loi.

666. Des considérations d'économie faciles à apprécier avaient également déterminé le ministre de l'intérieur à engager les préfets, dans son instruction du 24 juin 1836, à suivre, autant que possible, pour le tracé des chemins vicinaux de grande communication, le tracé même des voies existantes.

Ces conseils, quelque bien motivés qu'ils fussent au point de vue de l'économie, n'ont pu être suivis, cependant, que dans un certain nombre de départements. Dans beaucoup d'autres, le tracé des chemins vicinaux était tellement mauvais, les courbes en étaient si brusques, les rampes si rapides, et le sol si encaissé, qu'il était impossible d'y établir une voie destinée à une circulation active. Il en coûtait moins, dans ce cas, pour ouvrir un nouveau chemin que pour améliorer l'ancien. Aussi, les rapports publiés par le ministre de l'intérieur, constatent-ils que, pour établir les chemins vicinaux de grande communication, il a fallu changer, dans la proportion des 3/5 environ, l'assiette des chemins existants.

§ 5. — *Fixation de la largeur.*

667. C'est au préfet que le troisième paragraphe de l'article 7 de la loi du 21 mai 1836 attribue la fixation de la largeur des chemins vicinaux de grande communication, et le ministre de l'intérieur, dans son instruction du 24 juin 1836, fait remarquer aux préfets qu'aucune limite n'est posée, par la loi, à l'exercice de cette attribution. Il les engage, toutefois, à ne pas dépasser le maximum de huit mètres, non compris les fossés, cette largeur lui paraissant devoir suffire aux besoins de la circulation.

668. Nous avons dit plus haut, les formes à suivre pour l'élargissement des chemins vicinaux de petite communication ; les règles sont les mêmes pour l'élargissement de ceux de grande communication. Une distinction, cependant, est à faire en ce qui concerne les traverses de ces chemins.

Ces traverses, aux termes d'un avis du conseil d'Etat que nous avons rapporté n° 59, sont considérées comme partie intégrante des chemins vicinaux de grande communication dont elles forment le prolongement, et sont soumises aux mêmes règles. Une des conséquences de ce principe, c'est que lorsqu'il y a nécessité d'élargir immédiatement un chemin vicinal de grande communication dans la traverse d'une commune, c'est en vertu de l'article 15 de la loi du 21 mai 1836 et d'après les formes prescrites par cet article que l'administration doit procéder, et qu'elle n'est pas tenue de recourir aux formes de l'expropriation, comme elle y serait obligée s'il s'agissait d'élargir une rue formant le prolongement d'un chemin vicinal de petite communication.

C'est ce qui a été décidé par un décret du 26 mars 1852 (*de Pontavice*), ainsi conçu :

> Vu la loi des 16-24 août 1790 et la loi du 16 fructidor an III ;
> Vu la loi du 21 mai 1836 et la loi du 3 mai 1841 ;
> En ce qui touche la compétence du tribunal :
>
> . . . .
>
> Considérant qu'aux termes de l'article 15 de la loi du 21 mai 1836, les arrêtés de préfet, portant reconnaissance et fixation de la largeur des chemins vicinaux, attribuent définitivement à ces chemins le sol compris dans les limites qu'ils déterminent, et que, dans ce cas, le droit des propriétaires riverains se résout en une indemnité qui doit être réglée à l'amiable, ou par le juge de paix du canton, sur le rapport d'experts nommés conformément à l'article 17 ; que l'article 15 est général et s'applique à toutes les propriétés comprises dans les limites données au chemin de grande communication classé ; que les rues qui sont la prolongation des chemins vicinaux de grande communication dans la traverse des communes, doivent être considérées comme partie intégrante desdits chemins, et être soumises aux règles qui leur sont applicables ;
>
> Considérant que c'est avec raison que, par l'arrêté sus-visé, le préfet du Calvados a élevé le conflit d'attribution.

SECTION III.

Acquisitions de terrains.

———

669. La nécessité de changer, dans une proportion assez considérable, l'assiette des chemins vicinaux qui passent à l'état de chemin vicinal de grande communication, l'élargissement de ceux dont l'assiette peut être conservée, enfin, l'ouverture de ceux à créer, exigent l'occupation de terrains d'une étendue quelquefois considérable.

670. Ces terrains sont fort souvent abandonnés gratuitement par les propriétaires riverains, qui trouvent la compensation de ce sacrifice dans l'amélioration de la voie publique qui donne accès à leurs propriétés. Mais, lorsque cet abandon gratuit ne peut être obtenu, la dépense de l'acquisition des terrains n'est pas à la charge du service des chemins vicinaux de grande communication ; c'est aux communes qu'il incombe d'y pourvoir, ainsi que l'a dit le ministre de l'intérieur, dans son instruction du 24 juin 1836.

La règle ici posée par le ministre est la conséquence du principe que les chemins vicinaux, en passant à l'état de *grande communication*, ne changent pas de caractère et restent la propriété des communes dont ils traversent le territoire ; mais il ne faudrait pas conclure, de la généralité de ces termes, que cette obligation de payer les indemnités de terrain soit illimitée, à l'égard de toutes les communes, et nous trouvons à faire, dans ce cas, une nouvelle application de la division des communes en deux catégories, eu égard à l'importance de leurs ressources ordinaires, division dont nous avons eu à nous occuper à propos de l'ensemble de leurs obligations relativement au service vicinal.

Ainsi, pour les communes qui ont des ressources *ordinaires suffisantes*, elles sont tenues de payer toutes les indemnités de terrains, quel qu'en soit le montant.

Quant aux communes qui n'ont pas de ressources ordinaires suffisantes pour subvenir aux dépenses du service vicinal, la loi elle-même a posé une limite à leurs obligations; il n'est permis de leur demander, à titre obligatoire, que trois journées de prestation et 5 centimes spéciaux, dont les deux tiers seulement peuvent être prélevés pour les chemins vicinaux de grande communication. Aucun sacrifice excédant ce maximum ne peut être *exigé*. C'est avec les ressources qui en proviennent, que l'administration doit faire face à toutes les dépenses du service de ces chemins, et même au payement des indemnités de terrains. Il n'y a, à cet égard, aucune distinction à établir entre le payement des terrains et la dépense des travaux.

Si, donc, une commune avait voté, pour le service vicinal, le maximum des ressources que la loi permet de lui demander, on ne pourrait la frapper, d'office, d'une imposition destinée au payement des terrains. On ne peut que faire un appel à la bonne volonté du conseil municipal pour en obtenir le vote de quelque centimes additionnels extraordinaires, et ils sont rarement refusés.

671. Il s'est trouvé des communes, cependant, dont la situation financière était telle qu'il leur eût été impossible de payer le prix des terrains à occuper, même en y employant toutes leurs ressources disponibles, pendant plusieurs années consécutives, et qui, d'un autre côté, étaient trop chargées de centimes extraordinaires pour pouvoir s'en imposer de nouveaux. Or, lorsque les terrains à occuper doivent être pris, non pour l'élargissement, mais pour l'ouverture ou le redressement d'un chemin, il y a nécessité d'en solder le prix avant l'occupation. Si donc, dans ce cas, on avait rigoureusement maintenu la règle posée par l'instruction du 24 juin 1836, les travaux se fussent trouvés forcément suspendus, ce qui eût amené un résultat directement opposé à celui que le ministre avait en vue d'obtenir, en rédigeant cette partie de l'instruction. Pour ce cas, assez rare d'ailleurs, le ministre a donc autorisé les préfets à déroger à la règle qui leur avait été tracée, et à solder, sur les fonds départementaux affectés au service vicinal, le prix des terrains que les communes traversées se trouvaient dans l'impossibilité absolue de payer.

SECTION IV.

Déclassement.

---

672. C'est chose rare que le déclassement d'un chemin vicinal de grande communication. Il peut cependant être nécessaire de recourir à cette mesure, soit que la voie publique, importante au moment de son classement, ait perdu de son importance par suite de circonstances nouvelles, soit que le classement n'en ait été prononcé qu'en considération d'offres qui n'ont pas été réalisées, et dont l'administration ne croit pas devoir poursuivre la réalisation.

La loi du 21 mai 1836 n'ayant rien dit sur le déclassement des chemins vicinaux de grande communication, le ministre de l'intérieur a dû y suppléer dans son instruction du 24 juin 1836, et il a prescrit d'accomplir, dans ce cas, toutes les formalités qui ont précédé le classement. Cela paraît rationnel, en effet, et quoique plusieurs fois, déjà, des déclassements aient eu lieu, nulle part, que nous sachions, la légalité n'en a été contestée.

SECTION V.

Ressources affectées aux chemins vicinaux de grande communication.

§ 1. — *Désignation des communes intéressées.*

673. Nous avons vu plus plus haut, n° 291, que la construction et l'entretien des chemins vicinaux de grande communication, constituent une dépense mise par la loi à la charge des communes auxquelles ces voies publiques sont utiles. C'est au conseil général du département que le législateur a donné la mission de désigner les communes qui doivent contribuer à cette dépense. Il lui aura paru, sans doute, que comme il s'agissait ici d'imposer aux communes une charge nouvelle, il était conforme à notre système administratif et gouvernemental que cette attribution fût remise à l'assemblée qui connaît les intérêts de toutes les fractions du département.

La loi ne pouvait poser de règles pour la désignation des communes qui devaient être appelées à contribuer à la dépense des chemins vicinaux de grande communication. Il va sans dire, que ce doit être, d'abord, celles dont le territoire est traversé par ces chemins, et auxquelles il est nécessairement utile; mais le ministre de l'intérieur a fait remarquer, dans son instruction du 24 juin 1836, que, souvent, un chemin vicinal de grande communication peut servir à des communes dont le territoire n'est pas traversé, mais qui en sont assez proches pour en profiter, en poussant sur cette ligne des chemins d'embranchement. Dans ce cas, ajoute le ministre, ces communes doivent être considérées comme intéressées à cette ligne, et, par suite, appelées à contribuer aux dépenses qu'elle occasionne. C'est dans cet esprit qu'a été faite, dans tous les départements, la désignation des communes intéressées, car il résulte des rapports publiés par le ministère de l'intérieur, que sur le nombre total des communes désignées, il en est un tiers, environ, dont le territoire n'est pas traversé par la ligne à la dépense de laquelle elles sont appelées à concourir.

Quelques objections ont d'abord été faites contre ce système, mais elles ont cédé promptement; elles étaient condamnées par le texte même de la loi. Si, en effet, les seules communes dont le territoire est traversé par un chemin vicinal de grande communication eussent dû être appelées à contribuer à la dépense de cette ligne, il n'eût pas été nécessaire de charger le conseil général, comme l'a fait la loi, de désigner les communes auxquelles cette charge doit incomber ; la désignation se serait trouvé faite, *de plano*, par la circonstance que le territoire était traversé. Le législateur a donc bien entendu que le conseil général, appelé à faire une désignation, pourrait désigner des communes autres que celles qui l'étaient nécessairement, en raison de ce que le territoire est traversé.

674. Nous ajouterons, en terminant sur ce point. que la désignation des communes intéressées ne pourrait se faire en masse, c'est-à-dire, que le conseil général ne pourrait déclarer toutes les communes comme devant contribuer à la dépense de l'ensemble des chemins vicinaux de grande communication des départements. La désignation doit se faire de telle sorte, que chaque ligne formant une spécialité, les communes soient groupées d'après l'intérêt qu'elles ont à cette ligne. Une commune cependant peut être appelée à contribuer à la dépense de plusieurs chemins vicinaux de grande communication, si elle est reconnue tirer avantage de ces chemins, et c'est ce qui arrive assez fréquemment; mais alors même, elle est appelée à contribuer d'une manière distincte pour chaque ligne.

675. C'est sous les mêmes conditions que pour le classement, que le conseil général peut procéder à la désignation des communes intéressées, c'est-à-dire sur l'avis des conseils municipaux et des conseils d'arrondissement et sur la proposition du préfet.

L'obligation d'entendre les conseils municipaux est si formelle, que si, par exemple, le conseil général avait, une première fois, déclaré n'y avoir lieu à appeler une commune à contribuer, il ne pourrait, dans une session subséquente, revenir sur cette décision sans entendre de nouveau le conseil municipal. C'est ce qui a été déclaré par une décision du conseil d'Etat, section du contentieux, en date du 16 mars 1850 (*commune de Tagnon*), ainsi conçue ;

Vu la loi du 21 mai 1836 et celle du 10 mai 1838;

Vu le décret du 7-14 octobre 1790 ;

Considérant qu'aux termes de l'article 7 de la loi du 21 mai 1836, les conseils généraux, sur l'avis des conseils municipaux, des conseils d'arrondissement, et sur les propositions des préfets, désignent les communes qui doivent concourir à la construction et à l'entretien de chemins vicinaux de grande communication ;

Considérant qu'il résulte de l'instruction que la commune de Tagnon avait été, sur l'avis du conseil municipal en date du 28 juin 1841, dispensée de concourir à la construction et à l'entretien du chemin de grande communication n° 22, de Château Porcien à Bergnicourt, par délibérations du conseil général des Ardennes prises dans ses sessions de 1841, 1842, 1843, 1844 et 1845, et que, par suite de circonstances nouvelles signalées par le conseil d'arrondissement de Rethel, le conseil général a, par sa délibération attaquée du 6 septembre 1847, décidé, sans que la commune de Tagnon ait été mise en demeure de donner son avis, que ladite commune contribuerait à la construction et à l'entretien du chemin en question ; d'où il suit que le conseil général des Ardennes a contrevenu aux dispositions de la loi susvisée et commis un excès de pouvoirs.

676. La proposition du préfet est également indispensable pour qu'une commune puisse être désignée par le conseil général comme intéressée. C'est ce qui a été rappelé par l'ordonnance du 18 janvier 1845 (*ville de Bordeaux*), ainsi conçue :

Vu le décret du 7-14 octobre 1790 et la loi du 21 mai 1836, article 7 ;

Considérant qu'aux termes de l'article 7 de la loi du 21 mai 1836, il n'appartient aux conseils généraux de désigner les communes qui doivent contribuer aux frais de construction et d'entretien des chemins vicinaux de grande communication que sur la proposition du préfet;

Considérant qu'il résulte de l'instruction que le préfet de la Gironde n'a pas proposé au conseil général de comprendre la ville de Bordeaux au nombre des communes qui doivent concourir aux frais de construction et d'entretien du chemin vicinal de grande communication d'Arès à Bordeaux ; que dès lors, le conseil général, en imposant à ladite ville de Bordeaux, par la délibération du 21 septembre 1842, l'obligation de contribuer aux frais de construction et d'entretien du susdit chemin a excédé ses pouvoirs.

La proposition du préfet, quant aux communes à désigner ne lie, d'ailleurs, le conseil général que jusqu'à un certain point, en ce sens, que cette assemblée peut ne pas désigner toutes celles que le préfet a comprises dans sa proposition. S'il en était autrement, on comprend que ce serait le préfet qui, en définitive, désignerait les communes intéressées.

677. C'est au moment du classement de chaque ligne vicinale que le conseil général désigne les communes intéressées, mais la liste qu'il forme n'est pas immuable, et une commune pourrait y être ajoutée ultérieurement, bien que le conseil municipal n'ait pas été appelé originairement à délibérer sur le classement de cette ligne. Il suffit, pour que l'adjonction soit légale, que le conseil municipal soit appelé à délibérer sur le concours qui lui est demandé.

C'est ce qui résulte d'une ordonnance du 30 août 1840 (*commune de Moëlan*), ainsi conçue :

Vu le décret du 7-14 octobre 1790, l'article 7 de la loi du 21 mai 1836 ;

Considérant qu'aux termes de l'article 7 de la loi du 21 mai 1836, les conseils généraux, sur l'avis des conseils municipaux, des conseils d'arrondissement, et sur les propositions du préfet, désignent les communes qui doivent concourir à la construction et à l'entretien des chemins vicinaux de grande communication ;

Considérant que, par ses délibérations des 27 août 1838 et 31 août 1844, le conseil général du Finistère a appelé la commune de Moëlan à concourir seulement aux dépenses d'entretien du chemin vicinal de grande communication n° 16 ; que si le chemin n° 16 a été classé comme chemin de grande communication sans que le conseil municipal de la commune de Moëlan eût été entendu, ce conseil a été appelé à donner son avis sur le concours de la commune auxdites dépenses ; que, dès lors, en la désignant pour y concourir, le conseil général n'a pas excédé ses pouvoirs.

678. Il est évident que, par analogie, des communes pourraient aussi être exonérées du concours qui leur avait été d'abord demandé, s'il était reconnu qu'elles ne retirent réellement aucun avantage du chemin vicinal de grande communication auquel elles avaient été déclarées intéressées. Seulement, comme cette mesure aurait pour effet d'accroître les charges des autres communes intéressées à cette même ligne, il serait nécessaire que celles-ci fussent entendues, avant que le préfet proposât et que le conseil général prononçât cette radiation.

§ 2. — *Fixation des contingents des communes intéressées.*

679. Le conseil général désigne, après l'accomplissement des formalités prescrites par la loi, les communes qui doivent contribuer à la dépense de chacun des chemins vicinaux de grande communication ; c'est au préfet que la loi attribue le droit de *déterminer annuellement la proportion dans laquelle chaque commune doit concourir à l'entretien de la ligne vicinale dont elle dépend.*

Il est facile de saisir le motif de ce partage d'attributions. Ainsi que le fait remarquer le ministre de l'intérieur, dans son instruction du 24 juin 1836, la circonstance que telles ou telles communes profitent de tel ou tel chemin est un point de fait permanent que le conseil général peut reconnaître ; mais le concours à demander à chacune de ces communes dépendant, non-seulement du degré d'intérêt qu'a chacune d'elles à ce chemin, mais encore de leurs ressources, il est évident que le préfet seul pouvait faire cette appréciation.

680. Aux termes de l'article de la loi qui nous occupe, les contingents des communes doivent être fixés *annuellement* ; d'une part, parce que les dépenses à faire sont variables ; d'autre part, parce que la situation financière des communes peut varier aussi. Pour l'exécution de cette disposition, le ministre de l'intérieur a prescrit, dans son instruction précitée, de faire délibérer chaque année les conseils municipaux sur le concours qu'ils croient devoir leur incomber.

681. De ce que le préfet est seul chargé de déterminer le concours des communes, il suit que le conseil général ne peut intervenir en aucune manière dans cette fixation.

Cette règle a été rarement perdue de vue ; cependant, pour la maintenir, et prévenir toute déviation, même indirecte, le ministre de l'intérieur a cru nécessaire de faire annuler une délibération d'un conseil général, par une ordonnance du 26 avril 1839, que nous croyons devoir transcrire ici.

Louis-Philippe, etc. ;

Sur le rapport de notre ministre secrétaire d'Etat au département de l'intérieur ;

Vu la délibération prise par le conseil général du département du Jura, dans sa séance du 1er septembre 1838 et ainsi conçue : « Le conseil général adopte « les résolutions suivantes : 1° les communes contribueront proportionnellement « et solidairement aux frais de confection des lignes, et au payement des indem- « nités de terrains ; 2° dans le règlement de l'indemnité, les communaux occupés « ne pourront être pris en déduction de la part contributive de la commune à qui « appartiennent ces propriétés ; 3° quant aux subventions particulières par conces- « sion de terrains, elles viendront en déduction du contingent de la commune, à « moins que le concédant n'ait exprimé le contraire ; » — l'article 7 de la loi du 21 mai 1836 ; l'article 14 de la loi du 22 juin 1833, ainsi conçu : « tout acte ou « délibération d'un conseil général relatif à des objets qui ne sont pas légalement « compris dans ses attributions, sont nuls et de nul effet ; la nullité en sera pro- « noncée par ordonnance du Roi ; » Considérant que, dans les résolutions ci-dessus visées, le conseil général du département du Jura a réglementé les charges que devaient supporter les communes pour les chemins vicinaux de grande communication, tandis que la fixation de ces charges est placée par la loi dans les attributions du préfet ; nous avons ordonné et ordonnons ce qui suit : — Art. 1er. La délibération ci-dessus visée du conseil général du département du Jura est annulée.

682. Les conseils de préfecture sont également incompétents pour fixer la proportion dans laquelle les communes doivent contribuer à la dépense des chemins vicinaux de grande communication.

C'est ce qui a été rappelé par une ordonnance royale du 26 juin 1845 (*Boisdon et Simon c. la commune de Marcillac-Lanville*), ainsi conçue :

Vu la loi du 21 mai 1836 ;

Considérant que c'est aux préfets seuls qu'il appartient, aux termes de l'article 7 de la loi du 21 mai 1836, de déterminer les proportions dans lesquelles les communes qui sont désignées par les conseils généraux, doivent concourir à l'entretien des chemins de grande communication ; qu'il résulte de l'instruction que la chaussée dont il s'agit fait partie d'un chemin vicinal de grande communication ; que, dès lors, c'est à tort que le conseil de préfecture a mis l'entretien du tiers de ladite chaussée à la charge de la commune de Marcillac.

683. L'article 7 de la loi se borne à établir, d'une manière générale, le droit du préfet, quant à la fixation des contingents annuels des communes ; c'est à l'article 8 que sont posées les limites de l'exercice de ce droit. Comme on l'a vu plus haut, les communes ne peuvent être obligées à consacrer, chaque année, à la dépense des chemins vicinaux, en cas d'insuffisance de leurs revenus ordinaires, que trois journées de prestations et cinq centimes additionnels, au maximum ; le quatrième paragraphe de l'article 8 précité, partant du même principe, décide que *les communes acquitteront la portion des dépenses mises à leur charge*, c'est-à-dire leur contingent annuel dans les dépenses des chemins vicinaux de grande communication, *au moyen de leurs revenus ordinaires, et en cas d'insuffisance, au moyen de deux journées de prestation sur les trois journées autorisées par l'article 2, et des deux tiers des centimes votés par le conseil municipal en vertu du même article.*

En s'occupant de cette disposition, dans son instruction du 24 juin 1836, le ministre de l'intérieur fait d'abord remarquer que si les revenus ordinaires des communes sont, en premier ordre, affectés à l'acquittement des contingents dans la dépense des chemins vicinaux de grande communication, c'est sous cette réserve que ces revenus présenteront des fonds libres après qu'il a été pourvu aux autres dépenses communales. On ne pourrait, en effet, laisser celles-ci en souffrance ; cela serait d'autant moins justifiable, que des ressources spéciales sont mises à la disposition des communes pour le service des chemins vicinaux. Quant à ces ressources spéciales, le ministre ajoute que les indications données par l'article 8 de la loi ne constituent qu'un maximum, et que si le contingent de telle ou telle commune dans la dépense des chemins vicinaux de grande communication n'exige pas l'emploi de la totalité des ressources, il n'y a pas lieu d'élever le contingent jusqu'au maximum.

Les règles posées par ce paragraphe de l'instruction ministérielle ont été développées dans une circulaire du 24 décembre 1836. Nous nous bornerons à faire remarquer que, pour l'acquittement de leurs contingents dans la dépense des chemins vicinaux de grande communication, les communes sont virtuellement divisées en deux catégories ; celles qui peuvent pourvoir à cette dépense sur leurs seuls revenus ordinaires, et celles qui, par suite de l'insuffisance de leurs ressources ordinaires, sont obligées de recourir aux prestations et aux centimes spéciaux. Nous avons eu occasion de dire, ailleurs, quelle était l'étendue des obligations des communes, pour l'ensemble du service vicinal, en raison de leur situation financière ; nous ne pouvons que dire ici, par application des mêmes principes, que lorsque les communes doivent recourir aux prestations et centimes, le préfet ne peut dépasser, dans la fixation des contingents pour les chemins vicinaux de grande communication, la limite posée par le quatrième paragraphe de l'article 8 de la loi du 21 mai 1836, mais que lorsque les ressources ordinaires des communes leur permettent de subvenir à la dépense sur ces seules ressources, le préfet n'est plus tenu de se renfermer dans les limites de l'équivalent de 2 journées et des deux tiers de centimes.

Nous ajouterons que les communes de l'une et de l'autre des deux catégories ont toujours la faculté de voter, soit pour compléter leur contingent, soit pour ajouter à ce contingent, des centimes additionnels extraordinaires dont le recouvrement serait autorisé, s'il y a lieu, par un décret.

684. Nous allons dire, maintenant, comment il est procédé, le plus généralement, pour la fixation annuelle des contingents des communes qui doivent contribuer à la dépense d'un ou de plusieurs chemins vicinaux de grande communication.

685. Dans la plupart des départements, lorsqu'un chemin vicinal de grande communication a été classé, et que le conseil général a désigné les communes qui doivent concourir à sa construction ou à son entretien, le sous-préfet de l'arrondissement convoque, dans une des communes désignées, les maires de chacune de ces communes, pour établir la proportion suivant laquelle elles auront à contribuer aux dépenses. Les maires, en cas d'empêchement, délèguent leur adjoint ou un membre du conseil municipal.

L'assemblée est présidée par le sous-préfet ou par le fonctionnaire qu'il délègue à cet effet ; l'agent voyer d'arrondissement y remplit les fonctions de secrétaire, mais il n'a pas voix délibérative.

L'assemblée, pour déterminer la proportion suivant laquelle lui paraissent devoir être réglés les contingents des communes, prend en considération la population de ces communes, leurs revenus, la fréquentation plus ou moins active du chemin, la quantité et la nature des transports, le plus ou moins d'utilité que les communes retirent du chemin, etc.; elle consigne ses propositions dans un procès-verbal.

Les bases de répartition, réglées comme il vient d'être dit, sont, s'il y a lieu, revêtues de l'approbation du préfet, et peuvent servir pour les années suivantes, à moins qu'il ne survienne des circonstances qui rendent des modifications nécessaires.

686. On comprend ce que cet accord préalable des communes intéressées à chaque ligne vicinale peut apporter de facilités à l'administration supérieure, pour la fixation annuelle des contingents. Si, cependant, l'assemblée ne pouvait s'accorder sur le projet de répartition, cette circonstance serait constatée et l'agent voyer serait chargé de recueillir tous les documents qui pourraient éclairer le préfet sur les bases de cette répartition ; il adresserait son rapport avec ses propositions motivées au préfet pour l'arrondissement chef-lieu, et au sous-préfet pour les autres arrondissements.

687. Les bases de la répartition étant ainsi arrêtées, l'agent voyer en chef remet au préfet, chaque année, avant le 1er avril, un état sommaire des travaux neufs et de ceux de réparation ou d'entretien à exécuter dans le courant de l'année suivante sur chacun des chemins vicinaux de grande communication, ainsi que ses propositions sur la fixation du contingent à demander à chacune des communes intéressées à ces chemins.

Des extraits de ce travail sont envoyés par le préfet aux sous-préfets, qui les examinent et les renvoient aussitôt au préfet avec leur avis et leurs propositions.

Sur le vu de ces documents et des propositions précédemment faites par l'assemblée des maires, le préfet répartit la dépense à faire sur chaque chemin, entre les communes intéressées à ce chemin.

Les contingents sont toujours évalués en argent, dans les limites du maximum fixé par l'article 8 de la loi, mais ils peuvent, aux termes du même article, être fournis, soit en argent, soit en prestations en nature, calculées suivant la valeur donnée par le conseil général à chaque espèce de journées.

Un extrait de l'arrêté portant répartition du contingent est notifié au maire de chaque commune intéressée, pour être mis, dans la session de mai, sous les yeux du conseil municipal, qui en délibère, ainsi que nous l'avons dit plus haut, n° 292, et vote les ressources nécessaires à l'acquittement de ce contingent.

688. Il fallait prévoir le cas, rare sans doute, mais possible, où une commune refuserait de voter les ressources nécessaires à l'acquittement de son contingent. En posant cette hypothèse, dans son instruction du 24 juin 1836, le ministre de l'intérieur fait remarquer que la combinaison des dispositions des articles 5 et 9 de la loi du 21 mai 1836, donne aux préfets le moyen de vaincre soit la force d'inertie, soit un refus absolu. Il s'agit ici, en effet, d'une dépense qui rentre dans celles prévues par l'article 5, et les chemins vicinaux de grande communication étant placés, par l'article 9, sous l'autorité des préfets, ces magistrats peuvent faire employer, sous la direction des agents voyers, les ressources qu'ils auront imposées d'office. Nous avons parlé ailleurs, de tout ce qui se rapporte aux impositions d'office et même à l'exécution des travaux en cas de refus ; nous ne pouvons que nous y référer.

689. Les arrêtés que prennent les préfets pour fixer les contingents des communes, étant rendus dans les limites de la compétence de ces magistrats, ne peuvent être déférés qu'au ministre de l'intérieur, et tout pourvoi direct au conseil d'Etat serait rejeté. Le recours qui serait porté devant le conseil d'Etat contre la décision ministérielle qui aurait maintenu l'arrêté préfectoral serait également repoussé comme ne pouvant être introduit par la voie contentieuse.

C'est ce qui a été prononcé par l'ordonnance du 9 juin 1843 (*ville de Vire*), ainsi conçue :

Vu la loi du 21 mai 1836 ;
Vu la loi du 18 juillet 1837 ;
Considérant qu'aux termes des articles 1 et 7 de la loi du 21 mai 1836, les chemins vicinaux de grande communication sont à la charge des communes ; qu'aux termes de l'article 30 de la loi du 18 juillet 1837, sont obligatoires les dépenses mises à la charge des communes par une disposition de loi ; qu'ainsi la part contributive régulièrement mise à la charge de la commune de Vire, pour les frais d'établissement du chemin vicinal de grande communication de Vire à Tissy par Pontfarcy, était une dépense obligatoire ;
Considérant qu'aux termes des articles 33 et 39 de la loi du 18 juillet 1837, c'est aux préfets qu'il appartient de régler définitivement les budgets des communes, et d'y inscrire d'office les allocations nécessaires pour payer les dépenses obligatoires ; qu'ainsi, en inscrivant d'office une dépense obligatoire au budget de la commune de Vire par ses arrêtés des 6 février et 18 mars 1841, le préfet du département du Calvados n'a pas excédé les limites de ses pouvoirs ; que, dès lors, lesdits arrêtés sont des actes administratifs qui ne sauraient nous être déférés par la voie contentieuse.

Il a été statué dans le même sens par les ordonnances des 30 mai 1844 (*commune de Dingsheim*) et 13 juin 1845 (*ville d'Elbeuf*).

§ 3. — *Impositions sur les propriétés de l'Etat.*

690. Nous avons dit plus haut, n° 409, que lorsque des propriétés de l'Etat, productives de revenus, sont imposées en vertu de l'article 13 de la loi du 21 mai 1836, le service des chemins vicinaux de grande communication doit recevoir le produit des centimes imposés en vue de ce service.

Nous nous bornerons à nous référer à ce paragraphe, sans entrer ic dans de nouveaux détails.

§ 4. — *Subventions industrielles.*

691. Lorsque, en vertu de l'article 14 de la loi du 21 mai 1836, des subventions industrielles sont imposées à des exploitations, pour la réparation de dégradations commises par les transports de ces exploitations, sur des chemins vicinaux de grande communication, c'est aux chemins dégradés que doivent être attribuées ces subventions.

Nous ne pouvons que renvoyer à ce que nous avons dit plus haut, sur le mode d'assiette et de recouvrement de ces subventions.

§ 5. — *Offres de concours.*

692. Nous avons parlé ailleurs, d'une manière générale, des offres de concours que font, soit des communes, soit des particuliers, tantôt pour obtenir l'ouverture d'un nouveau chemin, tantôt pour hâter l'achèvement d'un chemin déjà en cours d'exécution. Nous n'avons donc plus à nous occuper ici des offres de concours, qu'en ce qui est spécial aux chemins vicinaux de grande communication.

L'acceptation des offres appartient au préfet, mais le ministre de l'intérieur fait remarquer, dans son instruction du 24 juin 1836, que le préfet peut n'être pas toujours entièrement libre d'accepter et qu'il peut souvent être obligé de subordonner son acceptation aux décisions prises ou à prendre par le conseil-général, sur les points qui sont de la compétence de cette assemblée.

Si, par exemple, les offres sont faites en vue d'obtenir le classement ou l'ouverture d'un chemin vicinal de grande communication, il est évident que le préfet ne peut les accepter que provisoirement et sous la réserve du classement par le conseil général. Si les offres sont faites dans le but d'obtenir des changements dans la direction d'une ligne déjà classée, l'acceptation est encore subordonnée à l'adoption, par le conseil général, des modifications de tracé proposées. En résumé, le préfet n'est parfaitement libre d'accepter, que si les offres faites ne présentent pas de conditions dont la réalisation exige le concours du conseil général.

693. C'est au préfet qu'il appartient de faire les actes nécessaires pour obtenir la réalisation des offres de concours faites en faveur d'un chemin vicinal de grande communication.

Sans doute, ces voies publiques, comme nous l'avons dit plusieurs fois, sont des chemins vicinaux et leur caractère communal n'a pas été changé par la dénomination nouvelle qu'ils ont reçue ; il semblerait donc que toutes les actions à exercer dans les litiges qui surviennent à l'occasion des chemins vicinaux de grande communication devraient être exercées par les maires, comme pour les autres intérêts communaux. Mais il faut remarquer qu'il y a ici des intérêts qui ne sont pas ceux de telle ou telle commune, considérée isolément ; il s'agit d'intérêts collectifs à exercer au nom de l'agrégation de communes associées pour la construction ou l'entretien de chaque grande ligne vicinale. Le maire d'aucune de ces communes ne pourrait, valablement, suivre au nom des autres communes ; le préfet centralise, pour ces actions, les pouvoirs qui, selon les règles habituelles, appartiendraient à chacun des maires des communes intéressées à la ligne vicinale. C'est une conséquence des dispositions de l'article 9 de la loi du 21 mai 1836, qui place les chemins vicinaux de grande communication sous l'autorité des préfets.

§ 6. — *Offres de prêts.*

694. En parlant, dans l'article 7 de la loi du 21 mai 1836, des *offres faites par les particuliers, associations de particuliers ou de communes,* le législateur n'avait certainement eu en vue que des dons gratuits, soit en argent, soit en terrains ou en matériaux ; mais le désir de hâter l'achèvement des chemins vicinaux de grande communication auxquels l'administration ne pouvait affecter de fonds que dans une limite restreinte, fit bientôt surgir des offres d'une toute autre nature.

Des particuliers offrirent de faire *l'avance* de fonds qui devaient leur être remboursés dans un délai plus ou moins long ; quelquefois ils consentaient même à n'exiger aucun intérêt pour ce prêt. Dans d'autres cas, des communes qui se trouvaient avoir des fonds libres, offrirent d'avancer le montant des contingents que devaient verser successivement les autres communes intéressées à la même ligne, consentant à n'être remboursées qu'au fur et à mesure de la rentrée de ces contingents.

Ces offres, qui étaient évidemment avantageuses, au point de vue du service vicinal, furent d'abord acceptées sans hésitation par les préfets, comme rentrant dans le cas prévu par l'article 7 précité ; mais on s'aperçut bientôt que cette extension donnée à l'application de l'article 7 créait à l'administration d'assez graves difficultés. D'une part, en effet, le service vicinal se trouvait grevé de dettes qui, dans certains départements, s'élevaient à des sommes considérables ; d'autre part, le remboursement de ces dettes se trouvait n'avoir d'autre gage que des ressources purement éventuelles.

695. Un semblable état de choses pouvait jeter la perturbation dans le service vicinal ; aussi le ministre de l'intérieur crut-il devoir prendre l'avis du conseil d'État sur la question de savoir si les *avances de fonds* ainsi proposées pouvaient être considérées comme *des offres*, telles que les a entendues le législateur. Le conseil d'État a pensé que ces avances de fonds étaient *de véritables prêts*, et que dès lors l'administration ne pouvait les accepter que dans les formes prescrites pour les emprunts communaux. Le ministre de l'intérieur, se rangeant à l'opinion du conseil, a tracé, dans une circulaire du 3 juin 1841, la marche à suivre pour la réalisation de ces emprunts.

§ 7. — *Subventions départementales.*

696. Nous avons dit plus haut, n° 644, qu'un certain nombre de conseils généraux, devançant le système de la loi du 21 mai 1836, étaient dans l'usage d'allouer, sur le produit de leurs centimes facultatifs, quelques fonds qu'ils affectaient à l'amélioration des communications vicinales les plus importantes. La loi précitée a régularisé cet emploi des fonds départementaux par son article 8, portant que *les chemins vicinaux de grande communication pourront recevoir des subventions sur les fonds départementaux.*

697. Cet article, comme on le voit, établit d'une manière générale le principe du concours du département dans les dépenses des chemins vicinaux de grande communication ; mais il importait que le caractère de ce concours fût nettement fixé, afin que les administrations municipales comprissent que si leurs charges étaient allégées, la dépense restait cependant communale et obligatoire. C'est ce que le ministre de l'intérieur s'est attaché à établir, dans la partie de son instruction du 24 juin 1836 qui se rapporte à ce point du service. Il fait remarquer qu'aux termes de l'article précité les fonds départementaux ne sont accordés qu'à titre de *subvention*, et que les mots *pourront recevoir* indiquent nettement que l'allocation des subventions est purement facultative.

698. Il importait également que la destination spéciale indiquée par la loi pour l'application des fonds départementaux ne fût jamais perdue de vue. Aussi le ministre de l'intérieur recommande-t-il, dans son instruction précitée, de maintenir cette distinction de la manière la plus rigoureuse, et il ajoute que tout autre emploi donné au fonds de subvention serait illégal. Il est entendu, toutefois, que cette injonction ne fait pas obstacle à l'allocation autorisée par la loi *pour les autres chemins vicinaux dans des cas extraordinaires.* Nous avons parlé ailleurs, n° 505, de cette disposition.

Passons maintenant à l'indication des ressources au moyen desquelles les conseils généraux peuvent constituer le fonds des subventions qu'ils veulent affecter au service vicinal.

699. Le 2ᵉ paragraphe de l'article 8 de la loi du 21 mai 1836 désigne, en première ligne, *le produit des centimes facultatifs*, mais nous devons dire tout d'abord que depuis 1838, les prélèvements sur ce produit n'ont jamais fourni que des ressources presque nulles. D'une part, et comme le faisait remarquer le ministre, dans son instruction du 24 juin 1836, ce n'était qu'après avoir pourvu à beaucoup de dépenses départementales urgentes que les conseils généraux pouvaient songer à puiser dans les fonds provenant des centimes facultatifs. L'article 17 de la loi du 10 mai 1838 était d'ailleurs venu bientôt apporter une restriction à cet emploi ; nous ne nous en occuperons pas ici, puisque cette restriction a disparu par l'effet de la loi des finances du 29 juillet 1850, art. 10. Quoi qu'il en soit, le produit des centimes facultatifs sera toujours d'un faible secours pour le service vicinal, et la principale source des subventions départementales est le montant des centimes spéciaux que l'article 8 de la loi du 21 mai 1836 autorise les conseils généraux à voter.

700. Mais le législateur ne pouvait, on le comprend, laisser à l'appréciation absolue des conseils généraux le nombre des centimes spéciaux qu'ils voteraient chaque année ; il eut été à craindre que ces assemblées ne se laissassent entraîner par le désir de hâter les travaux d'amélioration des chemins vicinaux et qu'elles n'imposassent aux contribuables des charges trop considérables. Il ne pouvait non plus déterminer à l'avance, d'une manière fixe, le maximum du nombre des centimes spéciaux qui pourraient être votés annuellement, car il s'agissait d'une nature de dépenses essentiellement variable. Il statua donc, par l'article 12 de la loi du 21 mai 1836, que ce maximum serait déterminé chaque année par la loi des finances. De cette manière, le législateur conservait un moyen de contrôle sur une dépense dont l'importance ne pouvait être encore appréciée, et il se réservait de la modérer, si un jour les intérêts généraux le réclamaient.

701. C'est le préfet qui, chaque année, propose au conseil général, dans les limites du maximum fixé par la loi des finances, le vote du nombre de centimes spéciaux qui lui paraît nécessaire pour les besoins du service pendant l'année suivante. Pour arriver à l'appréciation du nombre de centimes à demander au conseil général, le préfet doit, comme le recommande le ministre de l'intérieur, dans son instruction du 24 juin 1836, prendre en considération la longueur des lignes vicinales, les travaux qu'elles exigent, et les ressources que les communes y apporteront, soit par leurs contingents obligatoires, soit par leurs offres de concours en dehors de ces contingents.

Les lois de finances successivement rendues depuis 1836 ont constamment fixé à cinq le maximum du nombre des centimes spéciaux que les conseils généraux pourraient voter, et il est à présumer qu'il en sera de même encore pendant plusieurs années. Cette limite paraît assez étendue, comme règle générale, puisque, chaque année, il y a quelques conseils généraux dont les votes ne l'atteignent pas.

702. Dans beaucoup d'autres départements, au contraire, le nombre des centimes spéciaux que la loi de finances permet au conseil général de voter, ne suffit pas pour satisfaire aux besoins réels et urgents du service vicinal, et dans ce cas rien ne s'oppose à ce que le conseil demande l'autorisation d'imposer des centimes additionnels extraordinaires. Le maximum annuel, en effet, ne détermine que le nombre des centimes que les conseils généraux peuvent voter, sans avoir besoin de recourir à une autorisation législative subséquente ; c'est ce qui a lieu également pour les centimes facultatifs dont le maximum est également fixé. Mais de même qu'en cas d'insuffisance du produit des centimes facultatifs pour faire face à des dépenses facultatives urgentes, un conseil général peut demander l'autorisation d'y ajouter des centimes extraordinaires, de même aussi il peut demander cette même autorisation pour suppléer à l'insuffisance du produit des centimes spéciaux affectés au service vicinal. L'autorité législative demeure juge de la nécessité et de l'opportunité du vote émis.

703. En fait, chaque année, depuis 1836, un grand nombre de conseils généraux ont demandé et obtenu d'ajouter aux centimes spéciaux autorisés par la loi de finances, des ressources extraordinaires.

Le plus généralement, les conseils généraux demandent l'établissement de quelques centimes additionnels qui se perçoivent alors concuremment avec les centimes spéciaux autorisés par la loi de finances ; le produit de ces centimes additionnels est employé de la même manière et d'après les mêmes règles que celui des centimes spéciaux.

Quelquefois, et plus rarement, afin de donner à la construction des chemins vicinaux de grande communication une impulsion plus vive encore, les conseils généraux demandent l'autorisation de contracter des emprunts plus ou moins considérables, applicables à ces travaux, et bien que le Gouvernement et les assemblées législatives n'accueillent ces demandes qu'avec une grande réserve, de semblables emprunts ont été souvent autorisés.

Deux systèmes ont été suivis, pour assurer le service des intérêts et le remboursement des emprunts ainsi contractés.

Dans le cas où le conseil général croit devoir ne pas accroître les charges des contribuables, il demande à affecter au service des intérêts et de l'amortissement, une portion des centimes spéciaux dont les lois de finances autorisent annuellement l'établissement ; le nombre des centimes ou la fraction de centime à y affecter doit être déterminé par la loi spéciale, afin que les prêteurs aient un gage assuré.

Dans le cas, au contraire, où le conseil général reconnaît que les contribuables peuvent supporter facilement quelque augmentation de charges, il demande que le service des intérêts et de l'amortissement ait lieu sur le produit de centimes additionnels à percevoir concurremment avec les centimes spéciaux ordinaires.

Plusieurs lois ont été rendues dans l'un et dans l'autre système. Le choix à faire par le conseil général dépend donc de la situation financière du département, et du nombre de centimes extraordinaires dont il est déjà grevé.

704. C'est au préfet que le troisième paragraphe de l'article 8 de la loi du 21 mai 1836 attribue le droit de répartir entre les différentes lignes vicinales le fonds de subvention voté par le conseil général, et comme le fait remarquer le ministre de l'intérieur, dans son instruction du 24 juin 1836, il était impossible qu'il n'en fût pas ainsi. Cette répartition, en effet, doit avoir pour base des éléments qu'il eût été impossible de réunir avant la session des conseils généraux, comme par exemple, la situation financière des communes intéressées à chaque ligne vicinale, et les offres de concours en faveur de telle ou telle ligne, offres souvent déterminées par l'espoir d'obtenir une subvention plus forte. Si, d'ailleurs, la répartition des subventions eût été faite par le conseil général, il eût pu arriver souvent que des obstacles imprévus venant empêcher l'ouverture des travaux sur une ligne, les fonds affectés à cette ligne restassent sans emploi pendant toute une année, faute de pouvoir être reportés sur une autre ligne, comme le préfet a le droit de le faire, puisque c'est lui qui répartit le fonds de subvention.

Le ministre a donc attaché la plus grande importance, et avec juste raison, à ce que le préfet restât parfaitement libre dans l'exercice de son droit de répartition, et à ce que jamais le conseil général n'y intervînt. La recommandation qu'il a faite, à cet égard, dans son instruction du 24 juin 1836, est généralement suivie ; quelquefois, cependant, il est arrivé qu'en votant les ressources départementales applicables aux chemins vicinaux de grande communication, des conseils généraux ont cru pouvoir faire la répartition de ces ressources entre les différentes lignes. Toutes les fois qu'un budget départemental présentait cette irrégularité, le ministre, en préparant le règlement de ce budget, a annulé la répartition faite par le conseil général, quelque bonne qu'elle pût être d'ailleurs, afin de maintenir intacts les droits du préfet.

705. Comme bases de la répartition que le préfet doit faire entre les différentes lignes vicinales, le troisième paragraphe de l'article 8 de la loi du 21 mai 1836 indique *les ressources, les sacrifices et les besoins des communes*. Le ministre de l'intérieur n'a pas cru qu'il fût nécessaire de développer ces termes de la loi. Tout ce que nous pourrions ajouter ici, c'est que l'importance de chacune des voies de communication est aussi un des éléments de la répartition des subventions, et que, s'il s'agit d'entretien, le plus ou moins de circulation sur ces chemins doit aussi être pris en considération. Mais ce n'est jamais, comme on voit, que par voie d'appréciation que le préfet peut procéder, et il est à peu près impossible que l'exercice de ses attributions soit fixé par des règles précises et préconçues.

706. Il n'est d'ailleurs pas indispensable que toutes les lignes classées participent, chaque année, à la répartition des fonds dont le préfet peut disposer. Les subventions sont, en principe, purement facultatives ; l'attribution de ces subventions à telles ou telles lignes est donc facultative aussi. Nul n'aurait le droit de se plaindre, pas même les communes intéressées à la ligne qui n'aurait rien reçu, car, faisons-le bien remarquer, ce n'est pas *aux communes* que les subventions sont accordées ; c'est, ainsi le porte la loi, *aux chemins vicinaux de grande communication*, qui sont ainsi considérés comme une spécialité.

Nous dirons même que dans un certain nombre de départements il a été décidé, par une entente préalable entre le préfet et le conseil général, qu'un certain nombre de lignes seulement prendraient part aux subventions, jusqu'à leur entier achèvement, et sauf à reporter ensuite les fonds sur d'autres lignes, au fur et à mesure que les premières seraient terminées. De cette manière, on évite les inconvénients de l'éparpillement des fonds. En suivant un autre système, en commençant à la fois toutes les lignes classées, on en est réduit à conduire les travaux avec une extrême lenteur, par suite de l'insuffisance des ressources, et, en définitive, les localités qu'on a cru favoriser, n'arrivent pas plus vite à jouir de la voie de communication qu'elles espéraient obtenir.

SECTION VI.

Centralisation des ressources.

---

707. Ainsi que nous venons de le voir, les ressources applicables aux travaux des chemins vicinaux de grande communication sont de nature et d'origine diverses ; elles se composent : 1° de contingents communaux qui peuvent être fournis, soit en argent, soit en prestations en nature (article 8, 4e §) ; 2° du produit des cotisations imposées sur les propriétés de l'Etat productives de revenus, en raison des centimes spéciaux ou extraordinaires votés par les communes ou les départements (art. 13, 1er §); 3° du montant des subventions industrielles imimposées en vue des chemins vicinaux de grande communication (article 14) ; 4° du montant des offres de concours faites par des communes au delà de leur contingent, et des souscriptions de particuliers ou d'associations de particuliers (article 7, 3e §); 5° des fonds départementaux alloués par les conseils généraux (article 8, 2e §).

Des ressources d'origines si différentes, affectées cependant à une même destination, ne pouvaient évidemment être employées d'une manière utile et régulière, qu'autant que la direction de leur application serait confiée à un seul fonctionnaire, et ce ne pouvait être que le préfet; aussi le législateur lui a-t-il conféré formellement cette attribution, lorsqu'il a dit, dans l'article 9 de la loi du 21 mai 1836 : « Les chemins vicinaux de grande communication sont placés sous « l'autorité du préfet. »

708. Mais pour que le préfet pût disposer des fonds à employer, pour qu'il pût mandater les dépenses au fur et à mesure de leur exécution, il fallait nécessairement que toutes les ressources en argent, applicables aux chemins vicinaux de grande communication fussent centralisées dans une seule caisse, sur laquelle le préfet délivrerait ses mandats. Le ministre de l'intérieur avait d'abord pensé que cette caisse devait être celle du receveur général du département, et il avait considéré le service des chemins vicinaux de grande communication comme pouvant former l'une des branches de celui des cotisations municipales ; c'est ainsi qu'il l'avait réglé par son instruction du 24 juin 1836. Le mode de comptabilité qui avait été indiqué dans cette partie de l'instruction était extrêmement simple, et il avait cet avantage qu'il mettait les contingents communaux à la disposition des préfets à l'instant même où ils avaient pu être réalisés.

709. Mais, en raison de l'importance des ressources applicables au service des chemins vicinaux de grande communication, ressources qui dépassent annuellement vingt millions, les deux ministères de l'intérieur et des finances ont cru nécessaire d'appliquer à ce service les règles de la comptabilité départementale. C'est ce qui a été fait par la circulaire du 15 mai 1838. Ainsi, non-seulement le produit des centimes spéciaux votés par les conseils généraux pour le service des chemins vicinaux forme, en recette et en dépense, une section spéciale des budgets départementaux, la section 4 : mais encore on a établi dans cette section un chapitre destiné à recevoir le produit des contingents communaux. Toutefois, ces derniers produits n'y sont portés que pour ordre, et le conseil général n'a pas à voter sur leur emploi, qui, aux termes de la loi, doit être dirigé exclusivement par le préfet.

710. La modification apportée aux formes de la comptabilité des ressources applicables aux chemins vicinaux de grande communication n'a d'ailleurs rien changé à la règle de la spécialité de ces ressources par ligne vicinale, selon leur origine. C'est là, pour chacun des groupes de communes intéressées à la même ligne, une garantie qui ne peut lui être enlevée, et dont toutes les instructions ministérielles ont recommandé le maintien rigoureux.

SECTION VII.

Emploi des ressources affectées aux chemins vicinaux de grande communication.

§ 1. — *Direction des travaux.*

711. L'origine diverse des ressources applicables aux chemins vicinaux de grande communication exigeait, comme nous l'avons dit, la centralisation de ces ressources dans une même caisse, tout en conservant leur spécialité par ligne; chaque ligne, cependant, s'étendant sur le territoire de plusieurs communes, il n'était pas moins nécessaire que la direction des travaux appartînt, d'une manière absolue, au seul fonctionnaire dont l'autorité dépasse, dans l'étendue du département, la limite de chacun des territoires communaux. C'est à cette nécessité qu'a pourvu l'article 9 de la loi du 21 mai 1836.

Les travaux des chemins vicinaux de grande communication sont, comme nous l'avons dit plusieurs fois, des travaux *communaux* et non des travaux *départementaux*; c'était donc déroger, d'une manière considérable, à la législation générale relative à l'administration des communes, que d'enlever aux maires la direction de ces travaux, pour l'attribuer au préfet, et le ministre de l'intérieur a cru devoir, dans son instruction du 24 juin 1836, indiquer, avec assez de développement, les considérations qui pouvaient justifier cette innovation. Le système est aujourd'hui trop connu, les avantages qu'il a produits sont trop bien appréciés par les administrations municipales, pour qu'il soit nécessaire de reproduire ici les explications données par le ministre.

712. La centralisation des ressources, l'unité d'action établie par l'article 9 de la loi, n'auraient pas produit les conséquences que le législateur avait en vue, si le préfet eût été obligé d'employer, sur le territoire de chaque commune, les ressources que cette commune avait fournies. Le ministre de l'intérieur a donc expliqué, dans son instruction du 24 juin 1836, que c'est *par ligne* et non *par commune*, que doit être appliquée la règle de la spécialité des ressources affectées aux chemins vicinaux de grande communication. S'il en était autrement, le préfet pourrait se trouver obligé d'ouvrir, sur chaque commune, des ateliers pour l'exécution de quelques centaines de mètres de travaux, qui resteraient sans utilité pour la viabilité, puisque chaque partie achevée se trouverait souvent séparée d'une autre par une lacune. Avec la spécialité par ligne, au contraire, le préfet peut faire ouvrir les travaux sur tel point de la ligne où il le juge le plus utile, pour les continuer de proche en proche et sans lacune.

Il est des cas, cependant, où il peut être nécessaire d'ouvrir les travaux sur plusieurs points d'une ligne vicinale à la fois , comme, par exemple, lorsque cette ligne a plusieurs lieues d'étendue, et qu'il s'agit d'employer les journées de prestation en nature à fournir par plusieurs communes. Aussi le ministre de l'intérieur a-t-il laissé toute latitude aux préfets, à cet égard.

En résumé, c'est donc sous l'autorité immédiate des préfets que s'exécutent les travaux de toute nature, sur les chemins vicinaux de grande communication, et les préfets en délèguent la direction et la surveillance aux agents voyers. Dans quelques départements, les sous-préfets ont été appelés à prendre une certaine part à la surveillance des travaux ; l'étendue de cette mission exceptionnelle est alors déterminée dans la décision du préfet qui la confère.

713. Passons maintenant à l'exécution des travaux, et disons d'abord que tous les travaux qui se font sur les chemins vicinaux de grande communication doivent être l'objet de projets réguliers, rédigés par les agents voyers, accompagnés de plans et devis ; que ces projets doivent indiquer les parties de travaux qui peuvent être exécutées au moyen de la prestation en nature, et celles qui ne peuvent, en raison de leur nature, être exécutées qu'à prix d'argent ; qu'enfin ces projets, quelle qu'en soit la dépense, ne peuvent être exécutés qu'après leur approbation par le préfet.

§ 2. — *Prestation en nature.*

714. Nous avons dit ailleurs, d'une manière générale, quelles sont les règles d'après lesquelles doivent être effectués les travaux de prestation en nature ; ces règles sont, avec peu de modifications, applicables à l'emploi de la portion des contingents que les communes fournissent en prestations, pour le service des chemins vicinaux de grande communication.

Ici, comme pour les autres chemins vicinaux, il importe de ne pas envoyer les prestataires trop loin de leur domicile ; nous en avons dit les motifs plus haut, n° 518. Toutefois, et comme l'a fait remarquer le ministre de l'intérieur, dans son instruction du 24 juin 1836, aucun des termes de la loi n'oblige le préfet à faire consommer les prestations sur le territoire même de la commune qui les fournit ; il peut, au contraire requérir le maire de faire porter les prestations sur tel point de la ligne vicinale où leur emploi sera le plus utile, même en dehors du territoire de la commune. Tout refus d'obtempérer à cette réquisition pourrait motiver l'emploi des mesures coercitives prévues par l'article 5 de la loi du 21 mai 1836.

Ce droit de l'autorité a été quelquefois contesté dans l'origine, mais ce ne pouvait être que parce qu'on perdait de vue le principe qui domine tout le système des chemins vicinaux de grande communication, la communauté d'intérêt établie par la loi, entre les diverses communes appelées à contribuer à la construction ou à l'entretien des chemins de cette catégorie. Dès que le conseil général pouvait, comme nous l'avons dit plus haut, n° 673, déclarer intéressées à une ligne vicinale des communes dont le territoire n'est pas traversé par cette ligne, il fallait bien que le contingent à fournir par ces communes pût être appliqué hors de leur territoire, et s'il leur convient de fournir une portion de leur contingent en prestations, comme elles en ont le droit, il faut bien

que les prestataires puissent être appelés à travailler sur le territoire
d'une commune autre que la leur. C'est là une conséquence trop ri-
rigoureusement logique des principes écrits dans l'ensemble de la
deuxième section de la loi du 21 mai 1836, pour que toute opposition
ne cessât pas promptement. Le droit constaté, son application plus ou
moins étendue est une question d'appréciation laissée, comme l'a dit le
ministre, à la prudence de l'administration.

Nous allons dire maintenant comment il est procédé, le plus généralement, pour l'emploi des prestations en nature sur les chemins vicinaux de grande communication.

715. Nous avons vu plus haut, nº 514, que lorsque le maire pré-
pare la répartition des journées de prestation à l'égard desquelles il y
a option pour l'acquittement en nature, il doit mettre en réserve le
nombre de journées correspondantes à la partie du contingent de la
commune dans le service des chemins vicinaux de grande communication, que le conseil municipal avait manifesté l'intention d'acquitter en
prestations en nature.

C'est au préfet seul qu'il peut appartenir de déterminer les époques
auxquelles les travaux doivent être effectués, ainsi que les points de
chaque ligne vicinale où seront établis les ateliers. Le préfet fixe donc,
par un arrêté rendu sur le rapport de l'agent voyer en chef, le jour de
l'ouverture des travaux de prestation en nature sur chaque chemin
vicinal de grande communication ; cet arrêté est publié dans chaque
commune par les soins du maire.

Quelques jours avant l'époque fixée pour l'ouverture des travaux,
l'agent voyer se transporte dans chaque commune, pour se concerter
avec le maire qui lui remet la liste nominative des prestataires qui devront fournir soit des journées, soit des tâches.

Aussitôt après, le maire adresse aux prestataires les réquisitions
destinées à leur indiquer leurs obligations.

Les travaux de prestation sur les chemins vicinaux de grande communication, soit en journées, soit en tâches, s'exécutent d'après les
règles applicables à cette nature de travaux.

Toutefois, la direction matérielle des travaux appartient, sous l'autorité du préfet, à l'agent voyer, qui doit se trouver présent sur les ateliers, le maire n'ayant qu'à veiller à ce que chaque prestataire rem-
plisse ses obligations.

Lorsque les travaux de prestation en nature à faire sur les chemins
vicinaux de grande communication sont terminés, l'agent voyer qui
a été chargé de leur direction fait connaître au maire s'ils ont été bien
et dûment exécutés, et, dans ce cas seulement, le maire délivre aux
prestataires leurs certificats de libération.

Si les travaux de prestation qu'une commune devait faire effectuer
sur un chemin vicinal de grande communication n'ont pas été exécutés dans le délai fixé par le préfet, ou bien s'ils n'ont été exécutés qu'en
partie ou d'une manière défectueuse, il en est rendu compte par
l'agent voyer en chef au préfet, pour être avisé ce que de droit.

716. Dans quelques départements, la nature spéciale des besoins
du service a déterminé les préfets à consentir, sur la proposition des
administrations municipales, à ce que les prestations que les communes
ont à fournir sur certains chemins vicinaux de grande communication,
fussent converties en fourniture d'une quantité convenue de matériaux bruts ou cassés, rendus sur place, ou à prendre dans un lieu déterminé, et que le maire fait livrer par les prestataires, conformément
aux conventions ainsi arrêtées.

Dans ce cas, le préfet fait connaître au maire l'époque où la livraison doit avoir lieu, assez tôt pour que les prestataires puissent être prévenus quinze jours d'avance par publication, et huit jours d'avance par réquisitions individuelles. Les matériaux ainsi approvisionnés sont reçus par l'agent voyer, qui dresse procès-verbal de la réception pour la décharge des prestataires.

Lorsque ces matériaux sont destinés à l'entretien du chemin, ils sont réservés pour être employés en temps utile. S'ils sont destinés à des travaux neufs, ils peuvent, sur l'autorisation du préfet, être remis à l'adjudicataire des travaux, lequel doit les recevoir au prix de son marché. La remise lui en est faite par le maire de la commune, en présence de l'agent voyer d'arrondissement, mais seulement après que ces matériaux ont été reçus des prestataires, afin d'éviter toute difficulté entre ces derniers et l'adjudicataire.

Il est dressé procès-verbal de cette remise, pour la décharge de la commune, et ce procès-verbal est transmis au préfet pour être annexé aux pièces justificatives du compte des travaux exécutés sur le chemin.

Ce mode de transformation des journées de prestation en fourniture de matériaux n'est autre chose, au fond, qu'une des applications qui peuvent être faites, de la conversion des travaux à la journée en travaux à la tâche. La légalité ne peut donc en être attaquée.

717. Dans d'autres départements, en beaucoup plus petit nombre, on a procédé d'une manière différente, et l'on a transformé les tâches individuelles qui peuvent être imposées aux prestataires, en tâche collective imposée à la commune. Ici, l'agent voyer, sous l'approbation du préfet, indique au maire quels sont les travaux qui doivent être faits pour arriver à la valeur du contingent assigné à la commune, et il en dirige l'exécution. Lorsque ces travaux sont terminés, l'agent voyer en fait la réception, et si la commune a accompli la tâche qui lui avait été assignée, il lui est donné décharge : si ses obligations ne sont pas entièrement accomplies, le maire est invité à les faire compléter, soit en travaux, soit en argent.

Ce système est également d'une application facile, mais il ne peut être établi que d'accord entre le préfet et les administrations municipales, et on comprend que son application ne pourrait pas être rendue obligatoire. La loi, en effet, a fait des travaux de prestation en nature une obligation personnelle et l'obligation imposée individuellement à chaque prestataire ne pourrait être convertie, d'une manière obligatoire, en une obligation communale. Sans doute, le contingent imposé à une commune, pour un chemin vicinal de grande communication, constitue une obligation communale, mais lorsque la commune a mis à la disposition du préfet un certain nombre de prestataires, pour l'acquit d'une portion de ce contingent, elle est, comme être collectif, libérée d'autant, et elle ne peut être rendue responsable de l'accomplissement des obligations individuelles des prestataires. C'est à l'autorité qui dirige leurs travaux, à veiller à l'accomplissement de ces obligations, et à appliquer, au besoin, les mesures coercitives que la loi lui permet d'employer.

Ce n'est donc, nous le répétons, qu'en vertu de conventions préalables que les travaux de prestation sur les chemins vicinaux de grande communication peuvent être convertis en *tâches communales*.

§ 3. — Ressources en argent.

718. Les sommes à employer sur les chemins vicinaux de petite communication sont souvent, en raison du grand nombre de chemins auxquels elles s'appliquent, très peu considérables, et il a été nécessaire d'autoriser les administrations locales à en faire l'emploi, dans un grand nombre de cas, soit au moyen de marchés passés sans adjudication, soit même par voie de régie ; c'est ce que l'on a vu plus haut.

Pour les chemins vicinaux de grande communication, au contraire, les ressources en argent sont presque toujours considérables ; il était donc possible de ramener leur emploi aux règles usitées pour les travaux des routes impériales et départementales, sauf les exceptions motivées par la nature spéciale du service, et c'est ce qu'a fait le ministre de l'intérieur, dans son instruction du 24 juin 1836.

719. Pour tous les travaux neufs, la mise en adjudication au rabais, par voie de soumission cachetée, est la règle générale dans tous les départements ; il n'y est fait d'exception que pour les travaux d'une valeur moindre que 1,000 francs, ou pour ceux qui, ayant une valeur de plus de 1,000 francs, auraient été l'objet de deux tentatives infructueuses d'adjudication. Dans ce cas, on a recours à la voie de marchés.

720. Dans chaque département, le préfet a dressé un cahier des charges générales relatives aux travaux des chemins vicinaux de grande communication ; il en en est quelques-uns où le préfet a déclaré applicable à ces travaux le cahier des charges formulé pour le service des ponts et chaussées.

Sur la forme des adjudications nous nous bornerons à renvoyer aux règles applicables à ce même service.

721. Lorsqu'il y a nécessité de recourir à des marchés, ils sont passés par le préfet, dans l'arrondissement chef-lieu, et dans les autres arrondissements par les sous-préfets, sous la réserve de l'approbation du préfet.

722. Les travaux qui s'exécutent par voie d'adjudication ou de marché sont surveillés par les agents voyers ; les mesures à prendre contre les entrepreneurs en retard ou qui remplissent mal leurs obligations, sont provoquées par les agents voyers, et arrêtées par le préfet.

723. La réception des travaux est faite par l'agent voyer, en présence de l'entrepreneur, ou lui dûment appelé ; le procès-verbal est signé des personnes présentes, et l'entrepreneur, s'il a des observations à présenter, doit les remettre dans les dix jours de la notification qui lui est faite de ce procès-verbal. Lorsque le procès-verbal a pour objet une réception définitive, il doit être soumis à l'approbation du préfet.

724. Le payement des entrepreneurs a lieu sur mandats du préfet, délivrés d'après les règles suivies pour les travaux des routes départementales.

725. Lorsque, sur l'autorisation du préfet, des travaux doivent être exécutés par voie de régie, le régisseur est présenté au choix du préfet par l'agent voyer en chef, qui doit veiller à l'accomplissement de toutes les formalités prescrites pour la justification des dépenses de même nature, qui se font sur les routes départementales.

§ 4. — *Entretien.*

726. L'instruction ministérielle du 24 juin 1836 n'a rien dit sur les règles applicables à l'entretien des chemins vicinaux de grande communication dont la construction est achevée, mais l'analogie qui existe entre ces voies publiques et les routes départementales a conduit tout naturellement les préfets à suivre, pour les premières, le système depuis longtemps adopté pour les secondes. Ainsi, généralement, il est établi, sur chaque ligne vicinale, un certain nombre de cantonniers qui exécutent les travaux d'entretien sous la direction et la surveillance des agents voyers. Ces cantonniers sont nommés par le préfet, sur la proposition de l'agent voyer en chef; leur salaire est payé sur les fonds affectés à la ligne à laquelle ils sont attachés, et leur service est réglé par un arrêté spécial.

SECTION VIII.

Contestations relatives aux travaux.

727. Dans un précédent chapitre, nous avons dit que les contestations qui s'élèvent à l'occasion des travaux exécutés sur les chemins vicinaux sont, d'une manière générale, de la compétence de la juridiction administrative.

Lorsque ces contestations ont pour objet des travaux faits sur un chemin vicinal de petite communication, c'est au maire de la commune qu'il appartient d'agir, car ce sont des travaux communaux, ce sont des intérêts purement communaux. Mais lorsque les contestations sont nées à l'occasion de travaux exécutés sur un chemin vicinal de grande communication, c'est au préfet seul qu'il appartient d'agir, par application du principe posé dans l'article 9 de la loi du 21 mai 1836, qui place les chemins vicinaux de grande communication sous l'autorité exclusive des préfets.

La marche que nous indiquons ici a été tracée, implicitement au moins, dans une ordonnance du 11 août 1841 (*Le préfet du Loiret c. Gaëtan*) ainsi conçue :

Vu la requête sommaire et le mémoire ampliatif à nous présentés par le préfet du département du Loiret, agissant d'urgence, aux termes de l'article 56 de la loi du 10 mai 1838, dans l'intérêt dudit département, et plus spécialement dans l'intérêt des communes de Lorris et Beauchamp ; ladite requête et ledit mémoire tendant à ce qu'il nous plaise annuler un arrêté du conseil de préfecture du département du Loiret, en date du 31 décembre 1838, par lequel ledit conseil a réglé à la somme de 2,769 fr. 58 c. le reliquat dû au sieur Gaëtan, entrepreneur des travaux de construction du chemin vicinal de grande communication n° 23, de Pithiviers à Gien ; *en ce qui touche le recours du préfet du département du Loiret* : considérant que les arrêtés par défaut rendus par les conseils de préfecture sont susceptibles d'opposition et ne peuvent nous être déférés directement ; que, dans l'espèce, le conseil de préfecture du département du Loiret n'a visé aucune défense de l'administration ; que c'est, dès lors, par défaut contre elle que ledit conseil a prononcé sur les réclamations du sieur Gaëtan, et qu'ainsi, le recours à nous présenté par le préfet du département du Loiret n'est pas recevable.

En rejetant le pourvoi du préfet par la fin de non-recevoir tirée de ce que l'arrêté du conseil de préfecture pouvait encore être attaqué par la voie de l'opposition, le conseil d'État a virtuellement reconnu la compétence du préfet pour suivre sur cette action ; sans quoi, il eût rejeté le pourvoi sur le motif qu'il n'appartenait pas au préfet de l'introduire.

SECTION IX.

Compte de l'emploi des ressources.

---

728. Le troisième paragraphe de l'article 8 de la loi du 21 mai 1836, en chargeant le préfet du soin de faire la distribution du fonds des subventions départementales, ajoute qu'il en rendra compte chaque année au conseil général.

Le ministre de l'intérieur a pensé que cette disposition ne devait pas être entendue dans la limite restreinte que présente son texte, et qu'il convenait que le compte à rendre par le préfet au conseil général embrassât l'ensemble des faits relatifs au service des chemins vicinaux de grande communication ; c'est ce qu'il a formellement recommandé aux préfets, par son instruction du 24 juin 1836.

On comprend, du reste, que c'est d'un compte moral, d'un compte d'administration, que le ministre a entendu parler ; quant au compte matériel des recettes et des dépenses, ce qu'on appelle le compte en deniers, il rentre dans la comptabilité départementale ; nous n'avons donc pas à nous en occuper.

SECTION X.

Commissions de surveillance.

---

729. Les détails du service des chemins vicinaux de grande communication sont si nombreux que, quelque active que soit la surveillance des préfets, on comprend qu'elle ne puisse pas toujours s'étendre, d'une manière continue, sur tous ces détails, surtout en ce qui concerne l'exécution des travaux.

Dans un certain nombre de départements, les préfets ont donc cru devoir déléguer une portion de cette surveillance à des commissions composées de membres du conseil général et des conseils d'arrondissement, de maires et de propriétaires et industriels les plus intéressés au bon état des chemins ; voici quelles sont les attributions qui leur sont le plus généralement données.

L'action de ces commissions est, suivant les cas, bornée à un seul chemin, ou étendue aux chemins vicinaux de grande communication de tout un arrondissement. Lorsqu'une ligne vicinale se trouve située sur deux arrondissements, ou qu'elle a une étendue trop considérable pour être facilement surveillée par une seule commission, elle peut être divisée en deux parties qui sont confiées chacune à une commission distincte.

Chaque commission nomme son président et son secrétaire, et détermine le lieu habituel de ses réunions.

Lorsque le sous-préfet assiste aux séances, il a la présidence.

Les agents voyers en chef et d'arrondissement peuvent assister aux séances avec voix consultative.

Les commissions, lorsque le préfet le juge utile, sont appelées à donner leur avis sur les projets rédigés par les agents voyers pour les travaux neufs et les ouvrages d'art.

Elles peuvent être consultées sur la proportion d'après laquelle la dépense doit être répartie entre les communes.

Elles surveillent les cantonniers et signalent au sous-préfet ceux qui ne remplissent pas leur devoir.

Elles désignent un ou plusieurs de leurs membres pour assister à la réception des ouvrages exécutés par entreprise, ainsi qu'à celle des matériaux fournis par des entrepreneurs ou au moyen de prestations. Les agents voyers chargés de ces réceptions préviennent, à l'avance, les délégués de la commission, du moment où elles doivent avoir lieu ; ils font mention, dans leurs procès-verbaux, des observations des commissaires et invitent ceux-ci à les signer. Néanmoins, et pour que les opérations ne soient pas indéfiniment ajournées, il est procédé, par l'agent voyer, en l'absence des commissaires, si ceux-ci, dûment avertis, ne se présentent pas.

Les commissions se réunissent dans les trois premiers mois de l'année, pour présenter leurs observations sur l'état des chemins et sur les améliorations les plus urgentes à y faire. Ces observations sont adressées aux sous-préfets.

Dans cette première séance, les commissions règlent le service de l'année, en désignant les commissaires chargés spécialement de veiller à la bonne confection des ouvrages d'art et d'assister aux réceptions. Ces commissaires peuvent se mettre en relation directe avec les sous-préfets et les agents voyers, afin de signaler plus promptement les malfaçons et les retards apportés à l'exécution des travaux, ainsi que les améliorations dont ils pourraient être l'objet.

Les autres réunions de chacune des commissions de surveillance ont lieu aux époques qu'elle a elle-même déterminées à l'avance, ou sur la convocation du président.

Les commissions de surveillance s'appliquent à former des liens naturels entre les communes et les particuliers intéressés à chaque chemin, ainsi qu'à faire naître et à entretenir l'esprit d'association qui peut surtout amener une prompte amélioration des chemins vicinaux de grande communication. Elles provoquent la réalisation de souscriptions en argent et en nature, cherchent à obtenir, autant que faire se peut, les cessions gratuites de terrains et de matériaux nécessaires pour l'établissement et pour l'entretien des chemins confiés à leur surveillance, et usent de leur influence pour aplanir les difficultés de toute nature, auxquelles pourraient donner lieu le tracé de ces chemins, leur conservation et l'exécution des travaux.

730. Restreinte dans ces limites, l'action des commissions de surveillance a souvent rendu des services réels dans certains départements ; mais on comprend, et leur nom même l'indique, qu'elles ne peuvent faire acte d'autorité, et, par exemple, prescrire aucune modification aux projets régulièrement adoptés, ni donner aux agents chargés de l'exécution de ces projets aucun ordre direct. Leur mission, en un mot, pour être véritablement utile, doit se borner à surveiller et à avertir l'autorité supérieure.

CHAPITRE II.

CHEMINS VICINAUX DE MOYENNE COMMUNICATION.

SECTION I.

Caractère des chemins vicinaux de moyenne communication.

731. Les articles 7, 8 et 9 de la loi du 21 mai 1836 ont réglé tout ce qui a rapport aux chemins vicinaux qui, en raison de leur importance, peuvent être déclarés chemins vicinaux de grande communication, et qui forment alors une ligne à la construction et à l'entretien de laquelle peuvent être appelés à concourir un nombre de communes souvent assez considérable. Mais il est des chemins vicinaux qui, sans être assez importants pour être classés parmi ceux de grande communication, servent cependant à plusieurs communes, même autres que celle sur le territoire de laquelle ils sont situés. Ces communes les fréquentent; elles les dégradent; il est juste qu'elles soient appelées à contribuer à leur réparation.

Il y a là, comme on voit, une catégorie de chemins vicinaux qui ne sont pas ceux de grande communication, qui ne sont pas non plus ceux de petite communication que doit entretenir exclusivement la commune sur le territoire de laquelle ils sont situés. La loi ne créait cette catégorie que d'une manière implicite, sans doute, mais elle lui donnait, dans son article 6, une existence réelle, par la différence du régime auquel elle la soumettait; elle ne lui donnait pas d'appellation formelle, et l'instruction ministérielle du 24 juin 1836 gardait le même silence sur ce point. L'administration sentit bientôt le besoin, cependant, d'affecter une dénomination à des chemins à l'égard desquels elle était fréquemment obligée de prendre des décisions, et on chercha cette dénomination dans la circonstance exceptionnelle prévue par l'article 6 de la loi. On les appela donc, d'abord, soit *chemins d'intérêt collectif*, soit *chemins d'intérêt commun*; puis, comme on reconnut que ces dénominations ne faisaient, jusqu'à un certain point, qu'indiquer les conditions propres aux chemins vicinaux de grande communication, on adopta assez généralement le nom de *chemins vicinaux de moyenne communication*. C'est celui dont nous nous servirons ici.

Ce n'était pas, d'ailleurs, une disposition nouvelle qu'adoptait le législateur, en autorisant l'administration à appeler ainsi plusieurs communes à concourir à la dépense de chemins auxquels elles ont un intérêt commun, même lorsqu'ils ne sont pas situés sur leur territoire. La loi du 28 juillet 1824 avait déjà, par son article 9, établi ce principe, mais cet article était très-rarement appliqué, soit que la rédaction en fût trop peu précise, soit, et surtout, parce qu'il manquait de sanction. Il fut donc remplacé, dans la loi du 21 mai 1836, par des dispositions plus formelles, celles de l'article 6.

732. En s'occupant, dans son instruction du 24 juin 1836, de cette catégorie de chemins vicinaux, le ministre de l'intérieur a fait ressortir les différences que présentent les articles correspondants des deux lois de 1824 et de 1836. Ainsi, la première voulait que les plus imposés fussent appelés à délibérer avec les conseils municipaux, sur les charges à supporter par les communes intéressées, et en cas de discord entre les différents conseils municipaux ou de refus de leur part, le préfet devait prononcer *en conseil de préfecture*; la seconde n'admet pas le concours des plus imposés, sans doute parce que la dépense des chemins vicinaux, en général, devenait une dépense obligatoire des communes, et elle n'astreint plus le préfet à s'adjoindre le conseil de préfecture pour prononcer, attendu qu'il ne s'agit là que d'un simple acte d'administration.

733. Mais la différence essentielle entre les dispositions analogues des deux lois précitées, c'est que la première, comme nous l'avons dit, était dépourvue de sanction, surtout à l'égard des communes dont les ressources ordinaires ne permettaient pas que le préfet inscrivît à leurs budgets la dépense qu'il avait déclaré devoir être à leur charge. L'article 6 de la loi du 21 mai 1836, au contraire, trouve sa sanction dans l'article 5, qui permet au préfet d'imposer les communes d'office, lorsqu'elles négligent ou refusent de créer les ressources nécessaires pour remplir leurs obligations.

Nous ne reviendrons pas sur ce que nous avons dit plus haut, sur la manière dont il doit être procédé pour l'application de l'article 5 précité : nous ne pouvons que nous y référer. Nous nous bornerons à dire que les obligations qui peuvent être imposées aux communes en vertu de l'article 6, ne peuvent jamais dépasser les limites posées par l'article 2, c'est-à-dire trois journées de prestation et 5 centimes additionnels. En d'autres termes, si, déjà, une commune était imposée au maximum pour les autres chemins, soit de petite, soit de grande communication, il ne pourrait lui être rien demandé en vertu de l'article 6. Cette restriction ne s'applique pas, toutefois, aux communes ayant des revenus ordinaires suffisants pour faire face aux besoins du service. À l'égard de celles-ci, on a vu plus haut, n° 397, comment et dans quelles limites il peut être procédé.

734. Mais, tout en reconnaissant les droits que donnait aux préfets l'article 6 de la loi du 21 mai 1836, le ministre de l'intérieur pensait qu'il ne devait en être fait application qu'avec une grande réserve et sur la provocation des administrations municipales. Dans son instruction du 24 juin 1836, il invita donc les préfets à attendre, pour agir, qu'une commune lui demandât de provoquer le concours d'autres communes auxquelles un chemin vicinal pouvait être utile. Dans ce cas, seulement, ils auraient à mettre en action les dispositions de l'article précité.

Le ministre de l'intérieur n'avait donc considéré l'application de l'article 6 de la loi du 21 mai 1836 que comme une mesure exceptionnelle, et il en fut ainsi pendant les premières années de l'exécution de cette loi, alors que les soins des administrations préfectorales étaient absorbés par les détails relatifs aux chemins vicinaux de grande communication. Mais, au fur et à mesure que les grandes lignes vicinales s'achevaient, on reconnaissait mieux tous les avantages que peut procurer la réunion des efforts jusqu'alors isolés. Depuis ces dernières années, l'application de l'article 6 précité a donc pris une grande extension dans beaucoup de départements. Ce n'est plus sur la seule provocation des communes qu'agissent les préfets ; ils prennent l'initiative du classement des chemins vicinaux de moyenne communication ; ils centralisent une partie des ressources des communes intéressées à ces chemins et dirigent l'exécution des travaux comme pour les chemins vicinaux de grande communication.

Ces mesures, les préfets les ont prises avec l'appui des conseils généraux, qui n'avaient pas, à la vérité, à y intervenir d'une manière officielle, mais dont l'assentiment est toujours d'un grand poids vis-à-vis des populations. Les maires, de leur côté, ont facilement compris combien l'intervention de l'autorité supérieure, dans cette partie du service vicinal, diminuait le poids des obligations que leur imposait la surveillance des travaux des chemins vicinaux de petite communication.

L'application de l'article 6 de la loi du 21 mai 1836, dont on paraissait pouvoir espérer peu, d'abord, a donc prouvé de nouveau combien cette loi est féconde en bons et utiles résultats, lorsqu'elle est exécutée avec intelligence, avec suite, et surtout avec le concours de toutes les branches de l'autorité administrative.

SECTION II.

Désignation des communes intéressées.

---

735. Nous avons vu plus haut, comment se fait la désignation des communes intéressées aux chemins vicinaux de grande communication. L'article 6 de la loi du 21 mai 1836 remet au préfet le droit de désigner, seul, les communes intéressées aux chemins vicinaux de moyenne communication. Prendre l'avis des conseils municipaux de ces communes est la seule formalité préalable que le préfet soit tenu d'accomplir ; mais il est entendu qu'il s'est d'abord procuré tous les renseignements propres à l'éclairer, soit sur l'utilité du chemin, soit sur le nombre de communes qui s'en servent.

736. L'arrêté que prend le préfet peut être attaqué devant le ministre de l'intérieur, si quelque commune croit qu'elle a été comprise à tort dans la désignation faite, mais aucun pourvoi, sur ce point, ne serait admis par le conseil d'Etat, puisqu'il s'agit d'un acte administratif rendu dans la limite des pouvoirs du préfet.

SECTION III.

Fixation des contingents des communes.

---

737. Aucune règle n'a été posée par la loi, pour la fixation de la proportion dans laquelle chaque commune intéressée à un chemin vicinal de moyenne communication peut être appelée à contribuer à la dépense de ce chemin ; les préfets ne peuvent donc prendre pour base de leurs décisions que le résultat de leurs recherches sur le degré d'intérêt de chacune des communes à imposer, c'est-à-dire, qu'ils doivent procéder d'une manière analogue à celle qu'ils suivent en matière de chemins vicinaux de grande communication. La proportion du concours des communes peut, d'ailleurs, être fixée pour plusieurs années, et c'est ce qu'a indiqué l'instruction ministérielle du 24 juin 1836.

738. Les arrêtés pris par les préfets en vertu de l'article 6 de la loi du 21 mai 1836, soit pour fixer la proportion dans laquelle chaque commune doit contribuer, soit pour établir des impositions d'office, étant pris dans les limites de leur compétence, ne peuvent être déférés qu'au ministre de l'intérieur et non pas au conseil d'État.

C'est ce qui résulte d'une ordonnance du 22 octobre 1830 (*commune de Montlebon*), ainsi conçue :

Considérant que les arrêtés pris par les préfets en conseil de préfecture, en vertu de l'article 9 de la loi du 18 juillet 1824, ne peuvent être attaqués directement devant nous par la voie contentieuse.

Cette ordonnance a été rendue, à la vérité, sous l'empire de la loi du 28 juillet 1824, mais le principe qu'elle pose a été confirmé par une autre ordonnance du 4 mai 1843 (*commune de Malans*), rendue sous l'empire de la loi du 21 mai 1836, et qui s'applique, non plus seulement à un arrêté préfectoral, mais à une décision ministérielle confirmant cet arrêté ; elle est ainsi conçue :

Vu la loi du 21 mai 1836 sur les chemins vicinaux ; considérant que la décision de notre ministre de l'intérieur, approbative de l'arrêté pris par le préfet de la Haute-Saône en vertu de l'article 6 de la loi du 21 mai 1836, et après l'accomplissement des formalités prescrites par ladite loi, est un acte administratif qui n'est pas susceptible de nous être déféré par la voie contentieuse.

Une autre ordonnance du 2 juin 1843 (*ville de Vendôme*) a prononcé d'une manière identique sur un cas analogue.

SECTION IV.

Centralisation des ressources.

739. Toutes les fois que des travaux se font par le concours de plusieurs communes, et au moyen de contingents fournis par chacune d'elles, il est nécessaire que le montant de ces contingents soit centralisé dans une seule caisse, sur laquelle le fonctionnaire qui dirige les travaux délivre ses mandats de payement. Le mode de centralisation des fonds applicables aux chemins vicinaux de moyenne communication a plusieurs fois varié depuis 1836.

Dans l'origine, et par application de ce qu'avait prescrit l'instruction ministérielle du 24 juin 1836, pour les ressources applicables aux chemins vicinaux de grande communication, les fonds étaient centralisés dans les caisses des receveurs des finances, au compte dit *des cotisations municipales*.

Plus tard, la circulaire du ministre de l'intérieur, en date du 15 mai 1838, dont nous avons parlé plus haut, n° 709, décida, sur la demande du ministre des finances que les ressources affectées aux chemins vicinaux de moyenne communication seraient réunies dans la caisse de l'une des communes intéressées à chacun de ces chemins. Toutefois, les mandats devaient être délivrés, non par le maire de cette commune,

mais par le préfet, agissant au nom de l'ensemble des communes intéressées.

Quelques difficultés étant survenues par suite de ce mode de centralisation, il fallut revenir à celui qui avait été d'abord suivi, et par une
circulaire du 12 novembre 1847, concertée avec le ministre des finances,
il fut décidé que les ressources applicables aux chemins vicinaux de
moyenne communication seraient centralisées dans les caisses des
receveurs des finances, au compte des *fonds destinés à des travaux d'intérêt commun*. Ce système présente l'avantage de simplifier le mode
d'emploi et la comptabilité de ces ressources.

Quant à l'emploi des ressources applicables aux chemins vicinaux de
moyenne comunication, il se fait sous l'autorité des préfets, et d'une
manière analogue à ce qui se pratique pour les chemins vicinaux de
grande communication. Nous ne pouvons donc que nous référer à ce
que nous avons dit plus haut, sur ce point.

TITRE V.

DISPOSITIONS DIVERSES.

740. Dans les quatre premiers titres de cet ouvrage, nous avons
traité, successivement, des dispositions relatives à l'assiette des chemins
vicinaux, à la création des ressources nécessaires à leur construction
et à leur entretien, à l'emploi de ces ressources, et, enfin, des dispositions spéciales aux chemins vicinaux de grande et de moyenne communication.

Il nous reste à parler d'un certain nombre de mesures qui n'étaient
pas de nature à trouver place dans ces quatre titres; ce sont celles à
l'égard desquelles le deuxième paragraphe de l'article 21 de la loi du
21 mai 1836, s'exprime en ces termes :

« Ce règlement........statuera en même temps sur tout ce qui est
« relatif...........aux alignements, aux autorisations de construire
« le long des chemins, à l'écoulement des eaux, aux plantations, à
« l'élagage, aux fossés, à leur curage, et à tous autres détails de sur-
« veillance et de conservation. »

Chacune de ces mesures sera l'objet de l'un des chapitres qui vont
suivre.

CHAPITRE I.

RÈGLEMENTS GÉNÉRAUX.

SECTION I.

Objet des règlements.

---

741. L'article 21 de la loi du 21 mai 1836, 1er paragraphe. porte que « dans l'année qui suivra la promulgation de la présente loi, cha-
« que préfet fera, pour en assurer l'exécution, un règlement qui sera
« communiqué au conseil général et transmis, avec ses observa-
« tions, au ministre de l'intérieur, pour être approuvé. s'il y a lieu. »
Le 2e paragraphe du même article indique les matières dont les règlements préfectoraux ont à traiter, mais par voie d'énonciation, seulement, et sans donner aucune indication sur la portée des mesures à prendre. Le législateur avait compris que la plupart de ces matières pourraient et devraient même être réglementées d'une manière diverse dans les différentes parties d'un territoire aussi étendu que celui de la France. et il crut devoir laisser quelque latitude, sur ce point, aux administrations départementales, sauf, toutefois, la révision des règlements par le ministre de l'intérieur.
Le ministre, dans son instruction du 24 juin 1836. a observé la même réserve ; il s'est borné à faire appel à l'expérience des préfets, et à les inviter à formuler en articles réglementaires les mesures qu'ils avaient déjà appliquées avec avantage, et celles qu'ils penseraient pouvoir contribuer à la bonne exécution de la loi nouvelle. Il faisait remarquer. d'ailleurs, que la comparaison des règlements, sans doute fort divers. qui seraient soumis à son approbation. permettrait, par la suite, à chacun des préfets. de s'approprier ce qu'il trouverait d'utile dans le travail de ses collègues, ce qui les mettrait successivement en état de régler d'une manière aussi parfaite que possible, les nombreux détails d'exécution de la loi du 21 mai 1836.
La seule énumération faite par l'article 21 de cette loi. des matières sur lesquelles les règlements préfectoraux doivent statuer, suffit pour faire apprécier toute l'importance de ces actes; aussi. ces règlements ne sont-ils pas considérés comme de simples arrêtés administratifs: ce sont de véritables *lois locales* et c'est en effet le caractère que leur attribue la cour de cassation. dans un arrêt que l'on trouvera plus bas, n° 746. Ils ont donc été. de la part du ministre de l'intérieur. qui devait les rendre exécutoires par son approbation. l'objet de l'examen le plus approfondi. non-seulement dans leur ensemble. mais encore dans chacun de leurs articles. Il importait. en effet. qu'ils présentassent toutes les dispositions nécessaires *pour assurer l'exécution de la loi*, mais il n'importait pas moins qu'aucune de ces dispositions ne dépassât les limites d'une rigoureuse légalité.

SECTION II.

Publication.

———

742. Pour que les actes de l'autorité publique deviennent obligatoires, il faut qu'ils soient portés à la connaissance des citoyens dans certaines formes, déterminées suivant la nature de ces actes.

Les formes de la publication des lois, des décrets d'intérêt général et des décrets d'intérêt local, ont été réglées par l'article 1er du Code Napoléon, par les ordonnances royales des 27 novembre 1816 et 18 janvier 1817, et par un avis du conseil d'État, approuvé le 25 prairial an XIII (14 juin 1805).

Quant aux arrêtés préfectoraux qui n'ont pas un objet purement individuel, et qui doivent, au contraire, être exécutés dans toute l'étendue du département, ils sont insérés dans le Recueil des actes de la préfecture dont la formation a été prescrite par la circulaire ministérielle du 21 septembre 1815, et qui est adressé aux maires de toutes les communes du département.

743. Ce mode de publicité suffit, évidemment, pour que ces arrêtés soient réputés connus des maires et autres fonctionnaires ou agents chargés de les exécuter; mais la cour de cassation a décidé que la simple insertion au Recueil des actes de la préfecture ne constituait pas, à l'égard des citoyens, une publication suffisante, dans le sens légal, pour que les tribunaux pussent donner la sanction pénale à un arrêté qui n'aurait été publié que dans cette forme.

Cet arrêt (ch. crim.) en date du 5 juillet 1845 (*Lerain*), est ainsi conçu :

Vu les articles 1er, titre XI, de la loi du 24 août 1790, et 471, paragraphe 15 du Code pénal ;

Attendu que tout règlement administratif, dont l'infraction emporte l'application d'une peine, n'a force d'exécution que par la connaissance qui en est légalement donnée à ceux auxquels est imposée l'obligation de s'y conformer ;

Que c'est là une maxime constante de notre droit public, spécialement consacrée par les articles précités de la loi du 24 août 1790 et du Code pénal ;

Attendu que cette connaissance ne saurait résulter de la seule insertion desdits règlements au bulletin des actes de la préfecture ;

Que ce bulletin, fondé par une circulaire de l'administration centrale, en date du 21 septembre 1815, et destiné uniquement à faciliter les rapports des préfets avec les divers fonctionnaires placés sous leurs ordres, n'a, aux termes mêmes de l'acte de son institution, d'effet, quant aux administrés, que si, par suite de sa transmission à ces fonctionnaires, les arrêtés d'intérêt général qu'il renferme reçoivent, dans chaque localité, par les voies en usage, la publication qui peut seule leur conférer un caractère obligatoire.

Il a été prononcé de même, par un second arrêt de la cour de cassation (ch. crim.) en date du 28 novembre 1845 (*Gabry*).

744. Il est à remarquer, cependant, que, jusqu'à preuve contraire, la présomption légale de la publication des arrêtés préfectoraux résulte suffisamment de la mention dans ces actes, *qu'ils seront imprimés en placard, publiés et affichés dans les formes accoutumées*. C'est ce qu'a déclaré la cour de cassation par un arrêt (ch. crim.) en date du 24 juillet 1852 (*Catusse et autres*), ainsi conçu :

Vu l'avis du conseil d'État, en date du 25 prairial an XIII;

Vu pareillement l'article 471, n° 15 du Code pénal;

Attendu que l'arrêté du préfet de Tarn-et-Garonne, du 19 octobre 1851, sur la police et le curage des ruisseaux de ce département, a été pris dans l'exercice légal du pouvoir attribué à l'administration publique par la législation en vigueur;

Attendu que l'avis ci-dessus visé du conseil d'État doit, par raison d'identité et d'analogie, s'appliquer aux arrêtés préfectoraux ou municipaux de police;

Attendu qu'il suffit, dès lors, pour les rendre pleinement obligatoires, même quand les dispositions d'intérêt général par eux édictées ne concernent que les individus exerçant certaines professions industrielles, que ces règlements aient été publiés ou affichés dans les communes soumises à leur observation; d'où il suit que leur notification n'est nécessaire pour astreindre à s'y conformer, sous les peines de droit, que dans le cas où ils n'ont été portés à la connaissance du public, ni par affiche, ni par publication;

Attendu, enfin, que les règlements préfectoraux, lorsqu'ils ordonnent, comme l'arrêté précité dans son article 18, qu'ils seront *imprimés en placard, publiés et affichés dans toutes les communes du département* doivent être présumés avoir reçu la publicité par eux prescrite, tant que les contrevenants ne prouvent pas juridiquement le contraire;

Et attendu, dans l'espèce, que lesdits prévenus, tous meuniers de profession ou propriétaires de moulins, étaient poursuivis pour avoir contrevenu à cet arrêté, et qu'ils se sont bornés à prétendre qu'il n'avait été ni publié ni affiché dans les communes de leur domicile;

Que le tribunal saisi de la prétention a bien statué en décidant que son insertion au Recueil des actes administratifs de la préfecture n'avait pas légalement mis les défendeurs en demeure de l'exécuter;

Mais qu'en concluant, de cette circonstance, que ce règlement n'a pas été publié dans lesdites communes, et en refusant de réprimer la contravention constatée, par le double motif qu'il n'est pas d'intérêt général et qu'il n'a pas été notifié auxdits prévenus, le jugement dénoncé a, d'une part, faussement argumenté de l'ordonnance du 18 décembre 1858, qui est tout à fait inapplicable à la cause, et, d'autre part, commis un excès de pouvoir et une violation expresse, tant de l'arrêté que de l'avis du conseil d'Etat précités, ainsi que de l'article 471, n° 15 du Code pénal.

Quoique ces arrêtés n'aient pas été rendus à l'occasion des règlements prévus par l'article 21 de la loi du 21 mai 1836, il est évident que les principes qui s'y trouvent posés s'appliquent à ces règlements. Il nous paraît donc indispensable, pour éviter toute difficulté, que ces arrêtés soient, non-seulement insérés au Bulletin des actes administratifs de la préfecture, mais encore publiés et affichés dans toutes les communes du département.

SECTION III.

Recours.

---

745. Les règlements faits par les préfets, en exécution de l'article 21 de la loi du 21 mai 1836 sont-ils, comme tous les arrêtés préfectoraux, susceptibles de recours devant le ministre de l'intérieur? Cette question peut, selon nous, être l'objet de doutes sérieux.

En effet, ces règlements sont des arrêtés préfectoraux, mais ce sont des arrêtés d'une nature spéciale. Ils ont dû, avant d'être approuvés par le ministre, être communiqués au conseil général : d'où il suit qu'après cette approbation, ils ne pourraient être modifiés sans que le conseil général fût de nouveau entendu. Ils ne sont devenus exécutoires que par l'approbation ministérielle ; demander au ministre de réformer une ou plusieurs de leurs dispositions, ce n'est donc plus attaquer un arrêté du préfet, c'est demander au ministre de réformer sa propre décision, et ce n'est pas là un recours proprement dit.

Nous pensons donc qu'il n'est qu'un cas où il soit possible d'attaquer une disposition d'un des règlements dont il s'agit ; c'est celui où elle constituerait un excès de pouvoir ou une violation de la loi. Dans les cas ordinaires, les parties intéressées peuvent porter les recours de cette espèce, soit devant le ministre de l'intérieur, soit directement devant le conseil d'Etat ; dans le cas qui nous occupe, nous croyons que c'est cette dernière manière de procéder qui doit être suivie, puisque, nous le répétons, le ministre, en approuvant le règlement, a implicitement déclaré qu'il reconnaissait que les dispositions en étaient conformes aux lois.

SECTION IV.

Interprétation.

746. Les règlements dont nous nous occupons sont, après leur approbation et leur publication, obligatoires pour les citoyens, dans l'étendue de chaque département, sous la sanction pénale attachée à l'inobservation des règlements de police. C'est ce qui résulte des arrêts de la cour de cassation que nous aurons à rapporter plus bas, lorsque nous traiterons de la répression des contraventions.

Mais la cour de cassation ne considère pas ces règlements comme de simples actes administratifs ; elle leur attribue le caractère de *lois locales*, et à ce titre, elle maintient que, lorsqu'il y a lieu de les interpréter, il n'est pas nécessaire de recourir au préfet pour obtenir cette interprétation, et qu'au contraire, les tribunaux saisis de la contravention, doivent interpréter le règlement eux-mêmes. C'est ce qu'elle a déclaré par un arrêt (ch. crim.), en date du 29 mai 1846 (*Pouvillion*), ainsi conçu sur ce chef :

Sur le premier moyen, tiré de la prétendue violation des règles de la compétence, en ce que le tribunal correctionnel d'Hazebrouck a refusé de surseoir à statuer sur l'appel du demandeur, jusqu'à ce que le préfet du département du Nord aurait, interprétant l'article 101 du règlement général qu'il a fait, le 15 juin 1837, en exécution de la loi du 21 mai 1836, décidé si l'élagage ordonné par cet article, comprend l'enlèvement de *toutes les branches surplombant les chemins vicinaux* :

Attendu qu'il résulte du principe consacré par l'article 4 du Code civil que les tribunaux de répression peuvent interpréter, s'il y a lieu, les règlements qui sont légalement publiés par l'autorité administrative et par l'autorité municipale, puisque ces règlements sont de véritables lois locales de police.

Il a été prononcé de même, par un arrêt de la cour de cassation (ch crim.) en date du 16 mars 1850 (*Du Pontavice de Heussey*).

SECTION V.

Révision.

747. La première rédaction des règlements généraux peut n'avoir pas été complète et l'expérience peut faire reconnaître la nécessité de modifier quelques-unes des dispositions qui s'y trouvent écrites.

La révision de ces actes peut, dans ce cas, être faite, mais il faut qu'elle ait lieu dans les formes prescrites par la loi pour leur première adoption, c'est-à-dire, que le conseil général du département doit être consulté sur les modifications que le préfet se propose d'y apporter, et que l'approbation du ministre de l'intérieur doit ensuite être obtenue.

La nécessité de l'observation de ces formes, pour la révision des règlements généraux, a été plusieurs fois rappelée par le ministre de l'intérieur, dans sa correspondance avec les préfets, et la cour de cassation a prononcé dans le même sens par un arrêt (ch. crim.) en date du 16 mars 1850 (*Du Pontavice de Heussey*), ainsi conçu, sur ce chef :

Sur le moyen fondé sur une prétendue fausse interprétation des arrêtés préfectoraux des 18 août 1836 et 10 décembre 1848, et sur une prétendue fausse application de l'article 471, n° 15 du Code pénal, en ce que le jugement attaqué applique aux élagages d'arbres et haies plantés le long des chemins vicinaux, le premier de ces arrêtés qui, selon le demandeur, aurait cependant été abrogé par le second :

Attendu que l'arrêté réglementaire du 18 août 1836, pris en exécution de l'article 21 de la loi du 21 mai de la même année, sur les chemins vicinaux, a été soumis, par cette loi, à des conditions spéciales ; qu'il a dû être précédé d'un avis du conseil général, et suivi d'une approbation du ministre de l'intérieur ; qu'un pareil acte n'aurait pu être modifié par un simple arrêté postérieur, émané du préfet seul.

CHAPITRE II.

ANTICIPATIONS.

748. Une étroite bande de terrain, successivement usurpée sur le sol d'un chemin et incorporée à la terre qui le borde, présente, en réalité, un si minime avantage, qu'on s'explique difficilement avec quelle persistance les habitants des campagnes rétrécissent graduellement les chemins dont leurs propriétés sont riveraines, jusqu'à les réduire à n'être plus que d'étroits sentiers. C'est là un des dommages causés le plus fréquemment à la vicinalité, et l'autorité administrative a besoin d'une vigilance constante pour réprimer ces faits. L'article 10 de la loi du 21 mai 1836 lui est venu en aide, en déclarant les chemins vicinaux imprescriptibles.

Peut-être cette déclaration n'était-elle pas absolument nécessaire, puisque, comme le fait remarquer le ministre de l'intérieur, dans son instruction du 24 juin 1836, on ne peut, aux termes de l'article 2226 du Code Napoléon, prescrire le domaine des choses qui ne sont point dans le commerce, et que les chemins vicinaux, tant qu'ils conservent ce caractère, ne peuvent être considérés comme susceptibles d'une possession privée. Toutefois, les opinions étaient divisées sur ce point, et cela suffisait pour que le législateur regardât comme utile de faire cesser toute incertitude. C'est ce qu'il a fait par l'article 10 précité.

Nous aurions pu, peut-être, renvoyer ce que nous avons à dire sur la répression des anticipations, au chapitre consacré aux contraventions de toute nature ; mais comme cette espèce de contravention est la seule sur laquelle les conseils de préfecture soient appelés à prononcer, nous croyons devoir parler immédiatement, ici, des règles relatives à cette répression, en tant qu'elle compète à chacun des deux tribunaux qui ont aujourd'hui à en connaître.

SECTION I.

Compétence.

749. La question de la compétence en matière de répression des anticipations commises sur le sol des chemins vicinaux a été, depuis l'an XIII (1805), jusque dans ces derniers temps, l'objet d'un dissentiment profond entre l'autorité administrative et l'autorité judiciaire. Ce dissentiment a cessé récemment ; nous n'en parlerons donc ici, que pour faire connaître, sommairement, les considérations sur lesquelles s'appuyait l'opinion de l'une et de l'autre de ces deux autorités.

La loi du 7-11 septembre 1790 avait, par son article 6, titre XIV, attribué aux juges de district la police de conservation des grandes routes et des chemins vicinaux ; comme conséquence, ces tribunaux se trouvaient donc chargés de réprimer les usurpations commises sur ces chemins. L'article 40 du titre 2 de la loi du 28 septembre-6 octobre 1791 plaça cette attribution dans le domaine des tribunaux de simple police, par le seul fait du montant de l'amende prononcée à l'égard de cette nature de contravention. Il ne put donc y avoir de difficulté sur la compétence des tribunaux ordinaires en cette matière, jusqu'à l'époque de la promulgation de la loi du 9 ventôse an XIII (28 février 1805).

Les cinq premiers articles de cette dernière loi sont relatifs aux plantations le long des routes impériales ; l'article 6 prescrit la recherche et la reconnaissance des anciennes limites des chemins vicinaux ; l'article 7 réglemente les plantations le long des chemins vicinaux ; l'article 8 et dernier dispose que « les poursuites en contravention aux dispositions de la présente loi seront portées devant les conseils de préfecture, sauf le recours au conseil d'État. »

L'autorité administrative pensa que les dispositions de cet article donnaient compétence aux conseils de préfecture pour réprimer les usurpations sur le sol des chemins vicinaux, qui pouvaient, en effet, être considérées comme constituant une contravention à l'article 6, puisque ces usurpations portaient atteinte aux limites fixées en vertu de cet article. Telle fut l'opinion émise par le ministre de l'intérieur, dans une circulaire du 7 prairial an XIII (27 mai 1805) par laquelle il prescrivit de déférer aux conseils de préfecture *les envahissements*.

empiétements et plantations d'arbres qui tendent à changer la largeur ou la direction que l'administration a fixée.

Cette règle fut aussitôt adoptée par le conseil d'Etat, ainsi qu'il résulte d'un décret du 24 juillet 1806 (*Durrieu c. commune de Geaune*), ainsi conçu :

Vu la loi du 9 ventôse an XIII (28 février 1805); considérant que la loi précitée attribue la police de conservation des chemins vicinaux, en ce qui concerne leur direction, leur étendue et leur largeur, à l'autorité administrative, et le contentieux y relatif aux conseils de préfecture, et que, par conséquent, le juge de paix du canton de Geaune n'était pas compétent pour juger l'usurpation dont s'est plaint l'adjoint au maire de ladite commune.

Ce décret fut suivi de trois autres en date des 16 août 1808 (*Daméron c. Legorru*), 3 septembre 1808 (*Godinot-Dinet*) et 21 décembre 1808 (*Lhermite*), dont la rédaction n'est pas moins explicite.

A la vérité, le conseil d'Etat parut, un instant abandonner cette doctrine, et, dans un décret du 5 mars 1811 (*Damas*), il renvoya aux tribunaux ordinaires la répression d'une anticipation commise sur un chemin vicinal; mais ce décret ne fit pas règle, et, dès le 6 juin 1811, un décret (*Soulatre c. commune de Reuilly*) déclara, de nouveau, que la répression des anticipations sur les chemins vicinaux appartenait aux conseils de préfecture.

Depuis cette époque, la jurisprudence du conseil d'Etat n'a plus varié sur ce point, et elle a été constamment maintenue, soit qu'il s'agit, par la voie des conflits, de revendiquer cette attribution pour l'autorité administrative, soit qu'il s'agit d'annuler des décisions par lesquelles des conseils de préfecture s'étaient déclarés incompétents.

750. L'autorité judiciaire, de son côté, se refusa, dès l'origine, à reconnaitre à l'article 8 de la loi du 9 ventôse an XIII (28 février 1805), la portée que lui attribuait l'autorité administrative, et la cour de cassation par un arrêt (ch. crim.) en date du 30 janvier 1807 (*Duplessis*) statuait en ces termes :

Vu l'article 40 de la loi du 28 septembre 1791, titre II; et attendu qu'il est déclaré constant en fait, par le jugement attaqué, que le sieur Duplessis, de son autorité, a fait creuser un fossé sur la largeur du chemin vicinal allant de la commune de Saint-Aventin à un port établi sur la rivière du Cher et qu'il a fait labourer et couvrir de terre un autre chemin, tendant de la même commune à une forêt nationale et à des habitations que couvre cette forêt; attendu que c'était la simple répression de ces voies de fait que réclamait le commissaire de police près le tribunal de police du canton de Tours; attendu que la loi du 9 ventôse an XIII, qui donne compétence en certains cas, en matière de voirie, au conseil de préfecture, n'a aucune disposition qui puisse s'appliquer à de pareilles voies de fait, cette loi de ventôse an XIII ne s'occupant que des plantations à faire sur la largeur des chemins publics, qui intéressent essentiellement l'administration générale.

Un assez grand nombre d'arrêts rendus par la cour de cassation, depuis celui que nous venons de transcrire, ont, jusqu'en 1832, prononcé dans le même sens, mais, la plupart du temps, en fait seulement, et sans discussion de la question de compétence.

L'autorité judiciaire puisa un nouvel argument, à l'appui de son opinion, dans la modification apportée, en 1832, à la rédaction de l'article 479, n° 11, du Code pénal, auquel a été ajoutée une disposition ainsi conçue :

Seront punis d'une amende de 11 à 15 francs......... ceux qui auront dégradé ou détérioré, de quelque manière que ce soit, les chemins publics, *ou qui auront usurpé sur leur largeur.*

Les tribunaux, et la cour de cassation avec eux, ont tiré, de ces derniers mots, la conclusion que la loi du 9 ventôse an XIII était formellement abrogée, quant à la compétence des conseils de préfecture en matière d'usurpation sur les chemins vicinaux, et que le législateur avait voulu rendre cette attribution aux tribunaux d'une manière absolue. Mais le conseil d'Etat n'a nullement vu dans le nouvel article 479 du Code pénal l'abrogation de la loi du 9 ventôse an XIII, et dans un assez grand nombre d'ordonnances rendues depuis 1832 jusqu'à la promulgation de la loi du 21 mai 1836, il a maintenu la compétence des conseils de préfecture en matière d'usurpation sur le sol des chemins vicinaux.

751. La loi du 21 mai 1836 garde le silence sur la répression des anticipations, et la cour de cassation vit dans ce silence la consécration de son opinion. Le conseil d'Etat ne pensa pas ainsi ; toutefois, en 1838, il modifia, en partie, sa jurisprudence, et, dans une ordonnance du 23 juillet 1838 (*Hébrard*), cherchant à concilier, autant que possible, les dispositions de la loi du 9 ventôse an XIII (28 février 1805), et celles du Code pénal de 1832, il décida :

Que l'article 479, n° 11, du Code pénal, doit se combiner avec la loi du 9 ventôse an XIII, en ce sens que les conseils de préfecture sont chargés de faire cesser les usurpations commises sur les chemins vicinaux, et les juges de police de prononcer les amendes ;

Que cette combinaison attribue à chaque autorité les pouvoirs qui lui appartiennent, en réservant à l'autorité administrative les mesures de conservation de la voie publique, et à l'autorité judiciaire l'application des pénalités.

Le même système a été reproduit dans une ordonnance du 2 septembre 1840 (*Mahieu-Decante*) et dans un assez grand nombre d'autres que nous nous abstenons de citer.

La cour de cassation n'admit pas, d'abord, le partage d'attributions indiqué par le conseil d'Etat ; elle le discuta et le repoussa dans plusieurs arrêts consécutifs, de 1840 à 1846.

Le tribunal des conflits, constitué par la loi du 4 février 1850, ayant été appelé, pendant le peu de temps qu'il exista, à s'occuper de ce point de compétence, il adopta pleinement, et presque dans les mêmes termes, le système du conseil d'Etat ; une première décision, en ce sens, fut rendue le 21 mars 1850 (*Morel-Wasse*), et une seconde le 7 novembre 1850 (*Deswarte*).

752. La cour de cassation reconnut, aussitôt, la nécessité de réformer sa précédente jurisprudence et d'admettre le partage d'attributions entre le conseil de préfecture et le tribunal de police. C'est ce qu'elle a fait par un arrêt (ch. crim.), en date du 10 juin 1851 (*veuve Beausseron*), ainsi conçu, sur ce chef :

Vu l'article 8 de la loi du 9 ventôse an XIII et 479, n° 11, du Code pénal ;

Attendu que l'article 479, n° 11, du Code pénal, s'est borné à reproduire les dispositions de l'article 49 de la loi du 6 octobre 1791, sans rapporter la loi du 9 ventôse an XIII ; que l'article 479 doit se combiner avec cette loi, dans ce sens, que les conseils de préfecture demeurent toujours chargés de faire cesser les usurpations et de faire réparer les dégradations commises sur les chemins vicinaux, et le juge de police de prononcer la peine d'amende.

La cour de cassation a prononcé une seconde fois, sur ce point, dans le même sens, et d'une manière plus nette, par un arrêt (ch. crim.) en date du 26 décembre 1851 (*Saint-Roman*), ainsi conçu :

Vu les articles 6, 7 et 8 de la loi du 9 ventôse an XIII;

Vu l'arrêté du maire de Méréville, en date du 2 septembre 1837, approuvé par le préfet de Seine-et-Oise le 17 du même mois;

Attendu qu'il est constaté par un procès-verbal régulier, en date du 18 juin 1851, et reconnu par le jugement attaqué, que le défendeur a, sans autorisation préalable, fait réparer le mur de clôture de son parc, joignant le chemin vicinal des Rivières à Méréville;

Attendu qu'aux termes des articles précités de ladite loi du 9 ventôse an XIII, les conseils de préfecture sont chargés de faire cesser les usurpations sur les chemins vicinaux; qu'il en résulte que, s'il appartient aux tribunaux de simple police de prononcer les peines encourues par les contraventions aux règlements municipaux sur les chemins vicinaux, ces mêmes tribunaux sont incompétents pour apprécier les questions qui peuvent s'élever devant eux, relativement aux usurpations commises sur lesdits chemins, et, par suite, à la démolition des travaux exécutés;

Attendu que le tribunal de simple police du canton de Méréville, après avoir condamné le défendeur à 5 francs d'amende pour contravention à l'article 471, n° 15, du Code pénal, a décidé qu'il ne pouvait y avoir lieu à ordonner la démolition des travaux faits, par le motif qu'il n'existe, pour ledit chemin, aucun bornage ni alignement, et qu'il n'y a pas, en conséquence, d'usurpation sur la voie publique;

Attendu qu'en procédant ainsi, au lieu de se déclarer incompétent à cet égard, le tribunal de simple police a commis un excès de pouvoir et violé les règles de sa compétence.

Ainsi se trouve terminé le dissentiment existant, depuis tant d'années, entre le conseil d'État et la cour de cassation, sur la compétence en matière de répression des anticipations sur les chemins vicinaux.

SECTION II.

Poursuites.

----

§ 1. — *Constatation.*

753. On verra plus bas, au chapitre consacré, d'une manière générale, aux formes de la poursuite des contraventions de toutes natures, quels sont les fonctionnaires et agents qui ont qualité pour constater les anticipations sur le sol des chemins vicinaux. Nous renvoyons donc à ce chapitre pour éviter des répétitions.

Lorsqu'une anticipation a été constatée, le procès-verbal doit, avant d'être déféré au conseil de préfecture, être notifié administrativement au contrevenant, avec injonction de restituer le sol usurpé et de rétablir les lieux en leur premier état, dans un délai fixé par l'acte de notification, ou de produire, dans le même délai, ses moyens de défense.

§ 2. — *Formes de la procédure.*

754. Lorsque le particulier à la charge duquel est rédigé le procès-verbal constatant l'anticipation, obtempère à l'injonction administrativement donnée, de restituer le sol usurpé et de rétablir les lieux dans l'état où ils se trouvaient avant l'anticipation, il n'y a pas lieu de saisir le conseil de préfecture; il serait sans objet, en effet, de provoquer, de la part de ce tribunal, une décision qui ordonnerait de faire ce qui a été volontairement effectué.

Mais si la restitution du sol usurpé rend inutile l'action du conseil de préfecture, le procès-verbal n'en doit pas moins être déféré au tribunal de simple police, pour le prononcé de l'amende encourue. En effet, la restitution du sol n'éteint pas la contravention commise, ainsi que l'a rappelé la cour de cassation, dans un arrêt (ch. crim.) en date du 4 avril 1851 (*Aribaud*), ainsi conçu, sur ce chef :

Attendu qu'il suffit que la contravention dont la répression est poursuivie existait au moment où elle fut constatée pour que les tribunaux soient tenus de la punir ;

Qu'il est reconnu, par le jugement précité, que ledit Aribaud avait empiété, avant le 31 janvier dernier, sur la largeur du chemin nommé de *Lasplanes*, en élargissant la digue qui lui appartient le long de cette voie publique ;

Qu'en refusant de lui appliquer la peine prononcée par l'article 471, n° 11, du Code pénal, parce qu'il avait déjà rendu sa largeur à ce chemin lors de sa comparution à l'audience, et que *la vindicte publique doit être satisfaite*, ce jugement a expressément violé ainsi, non-seulement cette disposition, mais encore celle de l'article 65 du même Code, puisqu'il a excusé un fait qu'aucune loi ne déclare excusable.

755. Lorsqu'il n'est pas obtempéré à l'injonction administrative de restituer le sol usurpé, le procès-verbal doit être déféré au conseil de préfecture, d'abord; puis, si le conseil déclare le fait constant et ordonne la restitution du sol, ce même procès-verbal est ensuite déféré au tribunal de simple police, pour l'application de l'amende encourue.

Telle est la marche qui résulte du système de répression établi par les décisions que nous avons fait connaître plus haut.

756. Les règles de la procédure devant les conseils de préfecture ne sont fixées, comme on sait, par aucune disposition, soit législative, soit réglementaire; c'est donc seulement de l'usage, ainsi que de la jurisprudence du conseil d'Etat, qu'on peut induire les règles à observer.

757. Il n'y a pas de forme déterminée pour saisir le conseil de préfecture, mais il résulte de l'ordonnance du 28 février 1828 (*Bavoux et Pochet c. commune de Nesles*), que la simple remise du procès-verbal suffit; cette ordonnance est ainsi conçue :

Considérant, sur l'exception tirée de ce que l'instance n'a été introduite devant le conseil de préfecture que par des procès-verbaux dressés par le garde champêtre sur la réquisition du maire, que le maire avait qualité pour faire constater, dans l'intérêt de la commune, les empiétements qui auraient été pratiqués sur les chemins vicinaux, et pour transmettre les procès-verbaux à l'autorité administrative ; que le conseil de préfecture a été régulièrement saisi par la transmission qui lui a été faite des procès-verbaux notifiés avec sommation de remettre les chemins dans leur état primitif.

758. La même ordonnance a décidé qu'un propriétaire pouvait être mis en cause devant le conseil de préfecture, alors même que le procès-verbal aurait été notifié à son fermier, si le propriétaire avait déclaré prendre fait et cause pour ce dernier; elle s'exprime ainsi, sur ce chef :

Considérant, sur l'exception spéciale de nullité, invoquée contre l'arrêté du 17 mars 1825 et tirée de ce que cet arrêté est pris contre le sieur Bavoux, tandis que les procès-verbaux n'avaient été notifiés qu'au sieur Pochet, son fermier; que cet arrêté vise les défenses du sieur Bavoux, en date du 25 décembre 1825; que, dans ses défenses, ledit sieur Bavoux, intervenant comme propriétaire, a déclaré que son fermier n'avait agi que par ses ordres et qu'il prenait son fait et cause.

Nous ne dirons rien ici des formes de la procédure devant les tribunaux ordinaires; ces formes sont réglées par le Code d'instruction criminelle, livre III, titre I, chap. 1er.

§ 3. — *Questions préjudicielles.*

759. Le conseil de préfecture, avant même d'examiner les moyens de défense qui peuvent avoir été produits par l'inculpé, doit s'occuper de deux circonstances qui constituent des questions préjudicielles; la première est la question de savoir si le chemin auquel s'applique le procès-verbal a le caractère de chemin vicinal; la seconde est la question de savoir si les limites du chemin ont été fixées. Ces deux circonstances doivent être recherchées par le conseil, même d'office, et sans qu'il soit nécessaire que l'inculpé en ait fait un de ses moyens de défense.

I. — Vicinalité du chemin.

760. C'est des articles 6, 7 et 8 de la loi du 9 ventôse an XIII (28 février 1805), que les conseils de préfecture tiennent le droit de réprimer les anticipations sur les chemins; or, ces articles ont pour objet, exclusivement, les chemins vicinaux; il s'ensuit que les conseils de préfecture n'ont attribution, à cet égard, que pour les chemins qui ont reçu, dans les formes voulues, le caractère de la vicinalité, et c'est ce que le ministre de l'intérieur n'a pas manqué de faire remarquer, dans son instruction du 24 juin 1836.

L'incompétence des conseils de préfecture, quant aux anticipations commises sur les chemins qui n'ont pas été déclarés vicinaux, a été prononcée par un très-grand nombre d'ordonnances, qu'en raison même de leur nombre, nous nous abstiendrons de citer; nous rapporterons ici, seulement, l'une des plus récentes, celle du 19 janvier 1845 (*Poignant c. commune de Silly*), ainsi conçue:

Vu la loi du 9 ventôse an XIII et celle du 21 mai 1836; considérant qu'il résulte de l'instruction que le chemin dont il s'agit n'a pas été classé comme chemin vicinal; que, dès lors, aux termes des lois ci-dessus visées, le conseil de préfecture n'était pas compétent pour réprimer les usurpations qui auraient été commises sur ledit chemin.

761. Pour qu'un conseil de préfecture puisse réprimer une usurpation commise sur le sol d'un chemin, il faut donc que ce chemin ait reçu, d'un arrêté du préfet, le caractère de chemin vicinal; mais il est à remarquer que, pour qu'une anticipation sur un chemin vicinal puisse être réprimée par un conseil de préfecture, il n'est pas nécessaire qu'elle ait été commise à une époque postérieure à la date de l'arrêté de classement; une anticipation antérieure à cet arrêté tomberait également dans la juridiction de ce tribunal.

C'est ce qui résulte d'une ordonnance du 23 novembre 1832 (*de Contenson*), ainsi conçue:

Vu la loi du 9 ventôse an XIII; considérant que le chemin vicinal de la Condamine a été déclaré vicinal par arrêté du préfet, *en date du 19 août 1830*; que cette déclaration ne constitue pas un fait nouveau, mais constate seulement la vicinalité préexistante ; que ce n'est que *le 25 octobre suivant* que le conseil de préfecture a prononcé sur l'usurpation constatée par le procès-verbal du garde champêtre de la commune, *en date du* 17 *juillet précédent ;* que, dès lors, le conseil de préfecture a agi dans les limites de sa compétence.

On voit, par le rapprochement des dates relatées dans cette ordonnance, que l'anticipation dont il s'agit avait été commise avant que le chemin fût déclaré vicinal; mais ce serait une erreur que de voir un caractère de rétroactivité dans la décision du conseil de préfecture, par cela que le chemin n'était pas vicinal lorsque l'anticipation a été commise. Il n'y a ici, en effet, qu'un simple transport d'attributions d'un tribunal à un autre. Une anticipation est commise sur un chemin qui n'est pas vicinal ; elle pouvait alors, et aurait dû même être poursuivie devant le tribunal de simple police, mais elle ne l'a pas été. Le chemin est déclaré vicinal par un arrêté postérieur à la constatation de l'anticipation. Cette anticipation ne doit donc plus être poursuivie devant le tribunal de simple police. Faut-il qu'elle subsiste sans pouvoir être réprimée? Non, sans doute. Elle doit être poursuivie devant le tribunal qui est devenu compétent par le classement du chemin, devant le conseil de préfecture.

762. Par une conséquence du principe que c'est l'arrêté de classement qui donne attribution au conseil de préfecture, cette attribution cesse, lorsque le chemin est déclassé, entre le moment où l'anticipation a été constatée et celui où le conseil de préfecture est saisi.

C'est ce qui résulte de l'ordonnance du 30 août 1842 (*Morel c. commune de Voncq*), ainsi conçue :

Vu la loi du 9 ventôse an XIII ; considérant que, d'après la loi ci-dessus visée, les conseils de préfecture sont compétents pour connaître des empiétements qui ont lieu sur les chemins vicinaux régulièrement classés; considérant que si l'arrêté du préfet des Ardennes, en date du 7 juillet 1825, avait porté le chemin dont il s'agit dans l'espèce, au nombre des chemins vicinaux de la commune de Voncq, et si par conséquent, le conseil de préfecture était compétent, en 1834, pour connaître de la demande formée à ladite époque, par la commune de Voncq, à l'effet d'obtenir la répression des contraventions qui auraient eu lieu sur le chemin dit du Trou-Péchet, ledit chemin n'a été rangé, par l'arrêté du préfet des Ardennes du 25 mai 1839, que dans la troisième classe des chemins de la commune de Voncq, ladite classe comprenant les chemins de service, de pâturage et d'exploitation de coupes, et a, en conséquence, cessé, à cette époque, d'être vicinal; que, dès lors, en statuant par ses arrêtés des 10 octobre et 10 novembre 1839 et 15 mai 1840, sur les anticipations qui auraient été commises sur ledit chemin, le conseil de préfecture du département des Ardennes a excédé les limites de sa compétence.

Il a été prononcé de même, par une ordonnance du 26 juin 1846 (*de Charpin*).

763. En résumé, donc, si le conseil de préfecture reconnaît que le procès-verbal qui lui a été déféré s'applique à un chemin qui n'a pas été déclaré vicinal, il doit se déclarer incompétent.

II. — Fixation des limites du chemin.

764. La déclaration de vicinalité du chemin sur lequel l'anticipation a été commise, n'est pas la seule condition nécessaire pour que le conseil de préfecture puisse réprimer cette anticipation : il faut encore que la largeur de ce chemin ait été fixée par arrêté du préfet. On ne peut, en effet, déclarer que telle parcelle de terrain a été usurpée sur un chemin, si la largeur de ce chemin n'a pas été préalablement déterminée; c'est ce qui a été décidé par l'ordonnance du 23 juin 1819 (*Chapuis c. commune de Mantry*), ainsi conçue :

Considérant qu'il s'agit d'une contravention pour cause d'anticipation sur un chemin vicinal; qu'aux termes de la loi du 9 ventôse an xiii, les conseils de préfecture ne sont compétents pour statuer en matière de contravention sur la largeur des chemins vicinaux, qu'autant que les préfets ont, préalablement, recherché, reconnu et fixé la largeur desdits chemins; considérant que, dans l'espèce, le préfet n'a pas déterminé la largeur que doit avoir le chemin dont il s'agit, devant la propriété du sieur Chapuis, et qu'ainsi la décision du conseil de préfecture est prématurée;

D'autres ordonnances postérieures ont appliqué la même règle, et il en résulte que, lorsque le conseil de préfecture reconnaît que les limites du chemin vicinal auquel s'applique le procès-verbal n'ont pas été fixées par le préfet, il doit surseoir à prononcer jusqu'à fixation de ces limites.

765. De ce que c'est au préfet qu'appartient le droit de fixer la largeur des chemins vicinaux, il suit qu'en prononçant sur une anticipation, le conseil de préfecture ne pourrait déterminer, pour un chemin vicinal, une largeur différente de celle fixée par l'arrêté du préfet.

Il a été statué sur une erreur de cette espèce par une ordonnance du 21 avril 1832 (*Ledard et Vidmer*), ainsi conçue :

Considérant qu'il n'appartient qu'à l'administration de déterminer la largeur des chemins vicinaux, et que le conseil de préfecture du département du Calvados, en donnant au chemin Haussay une largeur autre que celle qui a été fixée par l'arrêté du préfet, a excédé ses pouvoirs.

Une autre ordonnance du 1er mars 1833, a prononcé dans le même sens.

766. Mais de ce que la largeur des chemins vicinaux doit nécessairement avoir été fixée par le préfet, pour que le conseil de préfecture puisse prononcer sur une anticipation ; de ce que le conseil de préfecture ne peut attribuer au chemin une largeur autre que celle déterminée par l'arrêté du préfet, il ne suit cependant pas, d'une manière absolue, que le conseil de préfecture ne pourrait réprimer une anticipation commise sur un terrain qui, bien qu'en dehors de la largeur fixée pour ce chemin, en forme pourtant une dépendance réelle.

C'est ce qui résulte de l'ordonnance du 16 mai 1827 (*Amyot c. commune de Fontaines-la-Soret*, ainsi conçue :

Considérant que le chemin dont il s'agit est porté sur le tableau des chemins vicinaux de la commune de Fontaines-la-Soret, sous le n° 12, et que sa largeur a été fixée à 4 mètres 60 centimètres, sauf à maintenir les excédants de largeur qui peuvent s'y trouver ; considérant qu'il résulte de l'instruction de l'affaire qu'en avant de l'ancienne haie du sieur Amyot, il existait des arbres isolés sur l'alignement desquels la nouvelle haie a été plantée; d'où il suit que la largeur primitive n'a pas été conservée ; que, dès lors, le conseil de préfecture a justement réprimé ce rétrécissement de la voie publique.

767. Le conseil de préfecture serait incompétent, au contraire, s'il s'agissait d'une usurpation commise sur un terrain qui, bien que contigu à un chemin vicinal, ne pourrait être considéré comme ayant jamais fait partie de ce chemin, c'est-à-dire comme formant un excédant de largeur.

C'est ainsi qu'il a été prononcé par l'ordonnance du 6 novembre 1817 (*Lamiraud c. commune de Bréville*), ainsi conçue :

Considérant que le terrain vague et communal dit le Pas-de-Recette-des-Motais, situé le long du chemin de Cognac à Bréville, forme une propriété indépendante dudit chemin, laquelle est susceptible de culture et de clôture, et qu'on ne peut l'assimiler aux excédants de largeur des chemins vicinaux dont il est fait mention dans l'arrêté du préfet du 5 avril 1812; considérant qu'une partie de cette pièce de terre a été séparée du chemin par un fossé qui laisse audit chemin une largeur plus grande que celle qui a été fixée par ledit arrêté, et que, s'il y a eu usurpation de la part du sieur Lamiraud, cette usurpation aurait eu lieu sur le terrain du Pas-de-Recette-des-Motais et non sur le chemin vicinal de Cognac à Bréville ; considérant que, dans l'espèce, il s'agit de savoir si le terrain en litige dépend d'une propriété particulière ou d'une propriété communale; que c'est une question de propriété qui ne peut être jugée que par les tribunaux; — Art. 1er. Les arrêtés du conseil de préfecture du département de la Charente, des 21 décembre 1814 et 25 juillet 1816, sont annulés.

On trouve une décision semblable dans une ordonnance du 16 février 1825 (*Ostolet c. commune d'Ancarville*), ainsi conçue :

Considérant que les conseils de préfecture sont compétents pour statuer dans les cas d'usurpation commise sur les chemins vicinaux, mais que, dans l'espèce, il est reconnu par le conseil de préfecture que le sieur Ostolet, en construisant le mur dont il s'agit, n'a point diminué la largeur du chemin d'Ancarville; considérant qu'en ordonnant la démolition de ce mur, et en condamnant le sieur Ostolet à rendre à la commune le terrain désigné par la lettre D du plan n° 5, lequel est situé en dehors du chemin, le conseil de préfecture a prononcé sur des questions de propriété; que, par conséquent, sous tous les rapports, son arrêté est incompétemment rendu.

Il a été statué de même par une autre ordonnance du 10 janvier 1827 (*Coulon*), et par celle du 26 décembre 1839 (*ministre de l'intérieur*).

§ 4. — *Moyens de défense.*

768. Après avoir parlé des deux questions, *vicinalité* et *limites*, qui doivent être examinées en premier ordre, et même *d'office*, par le conseil de préfecture, nous allons nous occuper des moyens de défense qui sont le plus généralement présentés par les particuliers prévenus d'usurpation sur le sol des chemins vicinaux; les principaux de ces moyens de défense ont pour base, soit la propriété du sol revendiqué par l'administration, soit la prescription de l'anticipation.

1. — Propriété du sol.

769. Le moyen de défense le plus fréquemment présenté par les particuliers poursuivis pour anticipation sur un chemin vicinal, consiste à se prétendre propriétaires du sol, et la jurisprudence a varié sur le point de savoir si les conseils de préfecture devaient s'arrêter devant cette prétention et surseoir à statuer jusqu'à ce que les tribunaux civils eussent prononcé sur la question de propriété, que ceux-ci seuls peuvent résoudre.

770. De plusieurs décrets et ordonnances rendus de 1810 à 1817, il résulte, qu'à cette époque, le conseil d'Etat considérait l'exception de propriété comme préjudicielle, et comme de nature, par conséquent, à exiger qu'il fût sursis aux poursuites, jusqu'au jugement de cette exception par l'autorité compétente.

771. Mais, à partir de 1817, le conseil d'Etat distingua entre la répression de l'anticipation et la question de propriété du sol, et décida que la répression pouvait avoir lieu avant le jugement de l'exception, sous la réserve de l'indemnité due, si l'inculpé était reconnu, par les tribunaux, propriétaire du sol que revendiquait l'administration.

Il a été statué ainsi une première fois, par une ordonnance du 11 juin 1817 (*Lhoyes*), et bientôt après, d'une manière plus formelle, par une seconde ordonnance du 27 août 1819 (*Chesneau-Blancler c. commune de Saint-Hilaire-Saint-Florent*), ainsi conçue :

Considérant que le conseil de préfecture du département de Maine-et-Loire, par son arrêté du 5 juin 1816, n'a statué que sur le fait de l'anticipation commise par ledit sieur Chesneau-Blancler sur le chemin vicinal non contesté de Saint-Florent à Marson, sans rien préjuger à l'égard de la propriété en litige de partie dudit chemin, et que, dès lors, il n'a point excédé les bornes de sa compétence.

A dater de cette époque, le conseil d'Etat a constamment statué de même, dans des termes plus ou moins semblables et, pour mieux faire connaître sa jurisprudence actuelle, nous citerons encore une décision de la section du contentieux, en date du 11 août 1819 (*Renard, c. commune de Montmort*), ainsi conçue :

Vu les lois du 9 ventôse an XIII et du 21 mai 1836 ;
Considérant que c'est à l'administration qu'il appartient de reconnaître et de fixer les limites des chemins vicinaux, sauf les droits d'indemnité réservés aux propriétaires ; que, aux termes de la loi du 9 ventôse an XIII, le conseil de préfecture est appelé à réprimer les anticipations commises sur lesdits chemins ; que, dès lors, c'est à tort que le conseil de préfecture du département de la Marne a sursis à statuer sur l'anticipation alléguée, jusqu'à ce que les parties eussent fait décider la question de propriété par les juges compétents.

772. Des décisions que nous venons de citer, il résulte donc que, lorsqu'un particulier est poursuivi devant un conseil de préfecture pour avoir anticipé sur un chemin déclaré vicinal et dont la largeur a été fixée par arrêté du préfet, et que ce particulier prétend être propriétaire du terrain qu'il est prévenu d'avoir usurpé, le conseil de préfecture ne doit pas surseoir devant cette exception pour attendre le jugement de la question de propriété ; il doit prononcer immédiatement sur l'anticipation ; il ne devrait pas s'arrêter, alors même que le droit de propriété serait reconnu par la commune. Le droit à indemnité serait seulement réservé, comme on l'a vu exprimé dans l'ordonnance du 27 août 1817 (*Chesneau-Blancler*) que nous avons rapportée plus haut, n° 771.

Au premier coup d'œil, il peut paraître contraire aux règles ordinaires de la justice qu'un particulier puisse être poursuivi et condamné par le conseil de préfecture, comme ayant usurpé un terrain qui est sa propriété ou qui, au moins, peut être reconnu sa propriété par un jugement subséquent d'un tribunal civil. On sait, en effet, que, dans une matière analogue, si un particulier est poursuivi devant un conseil de préfecture comme ayant commis une usurpation sur un terrain communal, et qu'il soulève l'exception de propriété, le conseil de préfecture doit surseoir jusqu'à ce que la question de propriété ait été jugée par les tribunaux ordinaires, entre la commune et le particulier.

Pour se rendre compte de la manière dont il est procédé en matière d'usurpation sur un chemin vicinal, il faut se rappeler que l'administration, c'est-à-dire le préfet, a le droit de fixer la largeur des chemins vicinaux, et que, dès que l'arrêté a été rendu, tout le sol compris dans les limites déterminées par cet arrêté, est, de droit, incorporé au chemin, sauf règlement d'indemnité, s'il y a lieu. Ce droit de l'administration, consacré par l'article 15 de la loi du 21 mai 1836, existait bien avant cette loi, ainsi que nous l'avons dit, plus haut, lorsque nous avons traité cette question. Il s'ensuit donc que, dès qu'un arrêté de préfet a fixé la largeur et les limites d'un chemin vicinal, les propriétaires riverains sont virtuellement dépouillés de leur droit de propriété, qui se résout en une indemnité à régler. Si, dans ce cas, ils prétendent retenir une parcelle quelconque du terrain dont ils étaient propriétaires, ils commettent une usurpation réelle sur un sol qui fait *définitivement* partie d'un chemin vicinal, et cette usurpation doit être immédiatement réprimée, dans l'intérêt de la viabilité, et pour assurer l'exécution de l'arrêté préfectoral qui a fixé la largeur du chemin.

773. Par application du même principe, un particulier poursuivi comme ayant anticipé sur un chemin vicinal ne pourrait suspendre l'action du conseil de préfecture en portant devant les tribunaux une demande au possessoire.

C'est ce qui a été décidé par l'ordonnance du 28 février 1828 (*Parent et Feuilleret*), ainsi conçue :

Vu la loi du 28 février 1805 (9 ventôse an XIII), la loi du 7 septembre 1795 (21 fructidor an III), l'arrêté du 4 novembre 1801 (10 brumaire an X) et l'ordonnance royale du 12 décembre 1821 ; considérant que l'ancien chemin qui conduisait de la route royale n° 39 au domaine de Plaisance était au nombre des chemins vicinaux de la commune de Nogent-sur-Marne ; que le sieur Feuilleret ne produit aucun acte de l'autorité administrative qui l'ait autorisé à établir un nouveau chemin, à supprimer l'ancien et à le réunir à sa propriété ; qu'ainsi, il appartenait au conseil de préfecture de réprimer l'usurpation des sieurs Feuilleret et Parent, et d'ordonner le rétablissement de l'ancien chemin ; que, dès lors, l'appel introduit par le sieur Feuilleret ne tend qu'à reproduire devant les tribunaux des questions compétemment jugées par le conseil de préfecture, dans son arrêté du 11 novembre 1822 ; — Art. 1er. L'arrêté de conflit est confirmé.

Une autre ordonnance du 5 septembre 1836 (*Lavaud c. commune de Bergerac*) est plus explicite encore sur ce point ; elle est ainsi conçue :

En ce qui touche la compétence : considérant que les chemins vicinaux reconnus comme tels, étant de leur nature imprescriptibles, ne sont pas susceptibles d'une possession privée et ne peuvent être l'objet d'actions possessoires portées devant les juges de paix ; qu'il appartient exclusivement à l'autorité administrative de maintenir le public en jouissance desdits chemins ; considérant, d'ailleurs, qu'il avait été excipé de l'arrêté du conseil de préfecture devant le tribunal de Bergerac, tant par le préfet dans son déclinatoire, que par le maire de la commune dans ses conclusions, et qu'en présence de cet arrêté qui maintenait le public en possession dudit chemin, le tribunal de Bergerac aurait dû s'arrêter et renvoyer les parties à se pourvoir contre ledit arrêté devant l'autorité supérieure.

Si, comme on l'a vu, le conseil de préfecture doit prononcer sur l'anticipation, nonobstant toute question préjudicielle de propriété ; si les tribunaux ne peuvent admettre une action possessoire qui tendrait à paralyser l'action répressive de l'administration, l'autorité administrative ne peut, de son côté, apporter aucun obstacle à ce que la question de propriété soit portée devant les tribunaux, car le jugement à intervenir, ne portera atteinte ni à l'arrêté du préfet fixant la largeur du chemin, ni à l'arrêté du conseil de préfecture réprimant l'usurpation, c'est-à-dire donnant force exécutoire à l'arrêté du préfet. Le jugement du tribunal, en effet, s'il est favorable au particulier, ne peut que reconnaître son droit de propriété, sans le remettre en possession, et ce droit se résoudrait en une indemnité.

L'ordonnance du 20 février 1840 (*le préfet du Jura c. Guillemin*) a prononcé sur un cas de cette espèce ; elle est ainsi conçue :

Vu l'article 8 de la loi du 9 ventôse an XIII ; vu l'article 15 de la loi du 21 mai 1836 ; considérant que la question soumise à l'autorité judiciaire n'est pas la même que celle qui a été décidée par le conseil de préfecture ; que l'arrêté dudit conseil a statué sur une anticipation commise par le sieur Guillemin sur un chemin vicinal, tel qu'il avait été classé par l'autorité compétente, et que les condamnations prononcées ont été exécutées ; que, devant le juge de paix, et en appel devant le tribunal de Lons-le-Saulnier, les sieur et dame Guillemin ont intenté contre le maire une action ayant pour objet de régler l'indemnité à laquelle ils prétendent avoir droit pour le terrain dont ils auraient été expropriés par l'effet de l'arrêté de classement du 31 août 1837 ; que cette nouvelle demande renferme une question de propriété dont le conseil de préfecture n'a pas été et ne pouvait pas être saisi, et dont la connaissance appartient à l'autorité judiciaire : — Art. 1er. L'arrêté de conflit pris le 26 décembre 1839 par le préfet du département du Jura est annulé.

Il a été prononcé d'une manière analogue par une autre ordonnance du 26 décembre 1840 (*Gruter c. commune d'Orgeval*).

II.—Prescription de l'anticipation.

774. La question de prescription de la contravention est un moyen de défense quelquefois invoqué par les particuliers poursuivis pour anticipation sur un chemin vicinal, mais cette exception ne doit pas non plus arrêter le jugement du conseil de préfecture.

C'est ce qui résulte de l'ordonnance du 28 février 1828 (*Bavoux et Pochet c. commune de Nesles*), ainsi conçue, sur ce chef :

Considérant, sur la prescription, que les prescriptions établies par l'article 8 de la section 7 du titre Ier de la loi du 6 octobre 1791 et par les articles 638 et 640 du Code d'instruction criminelle, ne s'appliquent qu'aux actions publiques et civiles qui naissent des délits et des contraventions de police et non pas à l'action exercée en vertu de la loi du 28 février 1805 (9 ventôse an XIII), pour le maintien de l'acte administratif qui a déterminé la largeur des chemins vicinaux ; que ladite loi du 28 février 1805 (9 ventôse an XIII) n'a pas établi de prescription spéciale pour cette action.

Ce principe a été confirmé, depuis, par l'ordonnance du 4 septembre 1841 (*Maguillat et Clet*), ainsi conçue :

Considérant que l'article 640 du Code d'instruction criminelle, relatif aux actions pénales et aux actions en réparation civile auxquelles les contraventions de police peuvent donner naissance, et dont l'appréciation appartient aux tribunaux, ne fait pas obstacle à ce que les conseils de préfecture, saisis par l'autorité administrative, conformément aux dispositions de la loi du 9 ventôse an XIII, de la connaissance desdites usurpations, ordonnent le rétablissement des lieux en l'ancien état ; que, dès lors, le conseil de préfecture du département de l'Isère, en refusant de prononcer la suppression des usurpations par le motif que lesdites usurpations, antérieures de plus d'un an aux poursuites, étaient couvertes par la prescription, a fait une fausse application de l'article 640 du Code d'instruction criminelle et a violé la loi du 9 ventôse an XIII.

775. L'abandon même des procès-verbaux qui avaient primitivement établi la contravention ne pourrait être invoqué comme éteignant l'action commencée, et n'empêcherait pas que cette action fût reprise sur de nouveaux procès-verbaux.

C'est ce qui résulte de l'ordonnance du 28 février 1828 (*Bavoux et Pochet c. commune de Nesles*), ainsi conçue, sur ce chef :

Considérant, sur l'exception tirée de ce qu'avant l'instance introduite devant le conseil de préfecture, il aurait été dressé et signifié des procès-verbaux par suite desquels aucune action n'aurait été intentée; que cette circonstance ne peut motiver une fin de non-recevoir, puisque l'abandon des premiers procès-verbaux n'éteint pas l'action résultant de la loi du 28 février 1805 (9 ventôse an XIII), et n'empêche pas qu'elle soit introduite depuis au moyen de nouveaux procès-verbaux.

776. En résumé, le conseil d'Etat maintient donc que la prescription ne couvre pas le fait de l'anticipation, et que la réintégration du sol usurpé peut et doit être poursuivie, à quelque époque que remonte l'anticipation. Ce n'est là, il faut le reconnaître, que l'application du principe de l'imprescriptibilité du sol des chemins vicinaux, écrit dans l'article 10 de la loi du 21 mai 1836, mais qui était admis bien avant.

777. Ce que nous venons de dire sur la prescription ne s'applique qu'à l'action civile, c'est-à-dire à celle qui a pour but la réintégration du sol usurpé et qui est de la compétence exclusive des conseils de préfecture.

Quant à l'action publique, ayant pour objet l'application de la pénalité, c'est-à-dire de l'amende, et qui doit, comme nous l'avons vu plus haut, n° 752, être exercée devant le tribunal de simple police, il n'est pas douteux que cette action est soumise à la prescription édictée par l'article 640 du Code d'instruction criminelle. Il a été décidé plusieurs fois ainsi par la cour de cassation, en matière de voirie urbaine, qui présente, comme on sait, une grande analogie avec la voirie vicinale; sur cette dernière matière, nous citerons un arrêt de cette cour (ch. crim.), en date du 3 juin 1850 (*Versani*), qui nous paraît justifier notre opinion sur la prescription de la pénalité.

Cet arrêt est ainsi conçu :

Attendu que l'usurpation d'un chemin public n'est pas un délit successif, et que la prescription de l'action publique pour la répression de ce fait, entièrement indépendante de la prescription du sol du chemin, est soumise aux règles ordinaires posées par l'article 640 du Code d'instruction criminelle; qu'elle est donc acquise après l'année révolue;

Attendu qu'il a été déclaré par le jugement attaqué que les travaux qui constitueraient l'usurpation imputée au prévenu avaient eu lieu depuis un temps excédant quatre ans;

Attendu qu'en cet état, le jugement attaqué, en déclarant la contravention prescrite, s'est conformé à la loi.

La cour de cassation s'est prononcée d'une manière plus nette, sur ce point, par un arrêt (ch. crim.) en date du 27 mars 1852 (*Bastard*), ainsi conçu, sur ce chef :

Sur le premier moyen, fondé sur la fausse application de l'article 640 du Code d'instruction criminelle :

Vu ledit article 640;

Attendu que la disposition de cet article est générale et absolue; qu'elle ne fait aucune distinction entre les contraventions temporaires et les contraventions permanentes, et doit, par suite, s'appliquer aux unes comme aux autres, si elles ne sont pas successives; que, d'ailleurs, la prescription édictée par l'article précité, étant restreinte à la poursuite de la contravention, est entièrement indépendante de la question relative à l'imprescriptibilité du sol et des droits, soit civils, soit administratifs qui peuvent résulter de cette imprescriptibilité.

§ 5. — *Pénalité.*

778. Les conseils de préfecture, seuls compétents, comme nous l'avons vu, pour réprimer les anticipations commises sur les chemins vicinaux, ou plus exactement, pour ordonner la réintégration du sol usurpé, n'ont pas compétence pour prononcer l'amende encourue; c'est ce qui a été rappelé, une première fois, dans l'ordonnance du 1er mars 1826 (*Dervaux-Paulée c. commune de Flines*), ainsi conçue, sur ce chef :

Sur l'amende : considérant que les conseils de préfecture ne sont compétents pour prononcer des amendes qu'en matière de grande voirie, mais que, relativement à la petite voirie, les amendes pour contravention ne peuvent être prononcées que par les tribunaux.

Il a été statué de même par plusieurs autres ordonnances qu'il est inutile d'indiquer, puisque ce point est définitivement réglé par le partage d'attributions dont nous avons parlé plus haut.

779. Lors donc que le conseil de préfecture a statué sur le procès-verbal qui lui était déféré, lorsqu'il a reconnu et déclaré l'anticipation constante et ordonné la réintégration du sol, le procès-verbal est renvoyé au tribunal de simple police du canton de la situation du chemin, pour l'amende encourue être prononcée.

La marche de la procédure devant le tribunal de simple police, pour cette nature d'affaires, ne présentant aucun caractère exceptionnel, nous nous abstiendrons d'en parler.

§ 6. — *Frais.*

780. Bien que les conseils de préfecture ne puissent, comme nous venons de le voir, n° 778, prononcer d'amendes pour le fait d'anticipation sur un chemin vicinal, ils peuvent, cependant, et doivent condamner le contrevenant aux frais, tant du procès-verbal rédigé contre lui qu'à ceux de la notification de l'arrêté même du conseil de préfecture, si elle a lieu par le ministère d'huissier.

En ce qui concerne les frais du procès-verbal, nous citerons une ordonnance du 9 février 1837 (*De Lamberville c. la commune de la Celle-Saint-Cloud*), et qui s'exprime ainsi, sur ce point :

Qu'ainsi, c'est avec raison que le conseil de préfecture a ordonné l'enlèvement des bornes plantées en contravention sur ledit chemin, et a condamné le sieur de Lamberville au paiement des frais de la constatation de la contravention.

En ce qui concerne les autres frais, nous citerons l'ordonnance du 15 juin 1842 (*Caulet*), ainsi conçue, sur ce chef :

En ce qui touche la condamnation aux frais de timbre et d'enregistrement des procès-verbaux et aux frais de poursuite : considérant qu'aux termes des lois et décrets ci-dessus visés, les frais de timbre et d'enregistrement des procès-verbaux, ceux de recouvrement des amendes et autres frais de poursuite, doivent être mis à la charge des parties privées condamnées.

Cette ordonnance s'applique à une contravention de grande voirie, mais le principe de la condamnations aux frais n'est pas spécial à cette seule nature de contravention : il s'étend à toutes celles sur lesquelles les conseils de préfecture ont à prononcer.

§ 7. — *Notification des arrêtés des conseils de préfécture.*

781. Si l'arrêté du conseil de préfecture condamne le contrevenant, cet arrêté doit lui être notifié, et ici encore, comme pour la notification du procès-verbal, il y a deux manières de procéder.

La plus régulière, sans doute, c'est de faire faire la notification par le ministère d'huissier ; mais si l'on est certain que le contrevenant n'a pas l'intention de se pourvoir et qu'il exécutera l'arrêté, on peut se borner à le lui notifier administrativement, c'est-à-dire par l'intermédiaire du maire et du garde champêtre, qui tire un reçu de la notification ou en rédige procès-verbal. Cette formalité n'a pour objet principal, d'ailleurs, que de faire courir le délai du pourvoi, et le conseil d'Etat n'exige pas toujours, pour faire courir ce délai, que la notification ait eu lieu par huissier ; il cherche dans les faits mêmes de la cause la preuve que la notification a été réellement faite, et que la partie a eu réellement connaissance de la condamnation prononcée contre elle. Il n'est donc pas douteux que le reçu que donnerait le contrevenant d'une expédition de l'arrêté, ou le procès-verbal de notification que rédigerait le garde champêtre, serait considéré par le conseil d'Etat comme faisant courir le délai du pourvoi.

SECTION III.

Pourvois.

782. Les arrêtés des conseils de préfecture, sur quelque matière que ce soit, peuvent être attaqués devant le conseil d'Etat, et le pourvoi doit être formé dans les trois mois de la notification de l'arrêté ; c'est ce que nous avons eu occasion d'établir plus haut, n° 369.

783. Les pourvois contre les arrêtés des conseils de préfecture, de même que contre les actes de l'administration, n'ont pas d'effet suspensif ; c'est là un principe qui n'est pas spécial à la matière des chemins vicinaux, mais qui s'applique à toutes les matières administratives. Le particulier condamné par le conseil de préfecture a donc intérêt à former son pourvoi dans le plus bref délai possible, afin d'obtenir promptement la réformation de l'arrêté.

784. Si l'arrêté du conseil de préfecture est favorable au particulier poursuivi et que ce particulier soit renvoyé des fins du procès-verbal dressé contre lui, la commune peut, si elle croit y avoir un intérêt suffisant, se pourvoir devant le conseil d'Etat contre cet arrêté.

Une simple autorisation du conseil municipal suffit au maire pour former ce pourvoi, sans qu'il ait à demander l'autorisation du conseil de préfecture, comme lorsqu'il s'agit d'une instance devant les tribunaux ordinaires. On comprend, en effet, que le conseil de préfecture ne pourrait pas examiner, s'il y a lieu, ou non, d'attaquer son arrêté. Ce point a été jugé par un assez grand nombre d'ordonnances, et notamment par celle du 28 février 1828 (*Bavoux et Pochet c. commune de Nesles*), ainsi conçue, sur ce chef :

Considérant, sur l'exception tirée de ce que ladite commune n'a pas été autorisée à plaider par le conseil de préfecture, que cette autorisation n'est pas nécessaire pour procéder devant nous en notre conseil d'Etat.

Toutefois, la commune ne pourrait introduire son pourvoi que par le ministère d'un avocat au conseil d'Etat; c'est la règle générale, et aucune ordonnance n'a prononcé d'exemption pour les pourvois de cette nature.

SECTION IV.

Exécution des arrêtés des conseils de préfecture.

785. Les arrêtés rendus par les conseils de préfecture pour réprimer les anticipations sur les chemins vicinaux sont, comme ceux qu'ils rendent en matière de grande voirie, exécutoires de plein droit, c'est-à-dire sans qu'il soit besoin d'aucune approbation supérieure. C'est le préfet qui est chargé d'assurer cette exécution, et par toutes les voies de droit, jusques et y compris l'emploi de la force publique.

786. Nous avons dit plus haut, n° 371, que le pourvoi contre les arrêtés des conseils de préfecture n'a pas d'effet suspensif; cela est vrai, en principe, mais dans la pratique, l'administration juge cependant quelquefois devoir surseoir à l'exécution de l'arrêté du conseil de préfecture jusqu'au jugement du pourvoi, comme, par exemple, lorsqu'il s'agit de la démolition d'un bâtiment. On conçoit, en effet, que si cette démolition était faite par provision, et qu'ensuite l'arrêté du conseil de préfecture vînt à être annulé par le conseil d'Etat, la commune pourrait avoir des dommages intérêts considérables à payer. Bien évidemment il est prudent, dans ce cas, et dans ceux analogues, d'attendre la décision du conseil d'Etat sur le pourvoi.

CHAPITRE III.

OBSTACLES A LA CIRCULATION.

SECTION I.

Répression.

787. Lorsque, par l'établissement de barrières, l'ouverture de fossés ou tout autre moyen analogue, un particulier apporte un obstacle *permanent* à la circulation sur un chemin vicinal, ce fait constitue évidemment une usurpation du sol de ce chemin, et le conseil de préfecture est compétent pour faire cesser cette usurpation, comme s'il s'agissait d'une simple anticipation sur la largeur du chemin.

La compétence des conseils de préfecture, à cet égard, a été déclarée par plusieurs ordonnances : nous nous bornerons à citer un arrêté du Gouvernement, en date du 21 avril 1848 (*Laburthe*), ainsi conçu :

Vu les lois des 9 ventôse an XIII, 28 juillet 1824 et 21 mai 1836;
Considérant que le chemin sur lequel les requérants ont établi des barrières était porté sur l'état des chemins vicinaux de la commune de Saint-Pierre, approuvé par

un arrêté du préfet des Landes, qui n'a pas été réformé ; qu'ainsi c'est avec raison que le conseil de préfecture a ordonné la suppression desdites barrières.

Nous n'avons pas besoin d'ajouter que, pour l'application de la pénalité, il doit être procédé ainsi que nous l'avons dit plus haut, n° 752.

SECTION II.

Rétablissement provisoire de la circulation.

788. Le rétablissement de la circulation illégalement interceptée est, presque toujours, une chose trop urgente pour qu'il soit possible d'attendre que le conseil de préfecture ait statué, et l'autorité administrative a le droit d'ordonner l'enlèvement immédiat des barrières ou le comblement des fossés. Ce droit, elle le tient, non pas de la législation spéciale aux chemins vicinaux, mais bien de la loi du 16-24 août 1790, qui, au titre XI, articles 1 et 3, a placé au nombre des objets de police confiés à la vigilance et à l'autorité des corps municipaux, « 1° Tout ce « qui intéresse la sûreté et la commodité du passage dans les rues, « quais, places et voies publiques, ce qui comprend..... l'enlèvement « des encombrements. »

Un grand nombre de décisions du conseil d'Etat ont reconnu le droit de l'autorité administrative sur ce point.

La faculté, pour les maires, de maintenir la liberté du passage, par mesure de police, a été déclarée par un décret du 4 juin 1809 (*Chabrié c. commune de Villeneuve*), ainsi conçu :

Considérant que, puisqu'il était constaté que les habitants de la commune de Villeneuve étaient depuis longtemps en possession de l'usage de ce chemin, le maire, comme chargé de la police de la voirie, a pu prendre les mesures nécessaires pour la conservation d'un passage considéré jusqu'alors comme public, et ordonner que le sieur Chabrié serait tenu de rétablir les lieux.

Plusieurs ordonnances postérieures ont prononcé dans le même sens, notamment celle du 4 juin 1823 (*Langlade c. Martoret*).

Les préfets ont le même droit, ainsi que l'ont déclaré plusieurs ordonnances ; nous citerons seulement celle du 1er mars 1826 (*Dervaux-Paulée c. commune de Flines*), ainsi conçue, sur ce chef :

En ce qui concerne l'enlèvement des barrières : considérant qu'après la reconnaissance et déclaration de vicinalité, le préfet a pu, par mesure de police, ordonner, ainsi qu'il l'a fait, l'enlèvement des barrières.

789. Lorsque le maintien provisoire de la circulation a été ordonné par l'autorité administrative, les tribunaux ne peuvent porter obstacle à l'exécution de l'arrêté. C'est ce qui a été déclaré par l'ordonnance du 18 juillet 1821 (*Peterinck c. commune de Marquillis*), ainsi conçue :

Considérant que, par décision du 24 juillet 1820, le préfet avait maintenu le public en possession du passage contesté, jusqu'à décision des tribunaux sur la question de propriété ; que, dans cet état de choses, le juge de paix devait s'abstenir de prononcer sur la possession, et renvoyer les parties à se pourvoir, contre la décision du préfet, devant l'autorité administrative supérieure, si elles s'y croyaient fondées.

790. S'il n'était pas immédiatement obtempéré à l'arrêté administratif ordonnant l'enlèvement des barrières ou le comblement des fossés, le refus constituerait une infraction à un arrêté légalement pris, qui devrait être aussitôt déférée au tribunal de simple police, et ce tribunal ne pourrait se dispenser de réprimer cette infraction.

C'est ce que la cour de cassation a plusieurs fois déclaré, notamment par un arrêt (ch. crim.), en date du 4 avril 1835 (*Morel*), ainsi conçu :

Vu l'article 471, nos 5 et 15 du Code pénal; attendu, 1° que le prévenu n'a pas obéi à l'injonction que l'autorité municipale lui a fait légalement notifier, de combler la rigole par lui ouverte, sans autorisation préalable, à travers le chemin vicinal qui conduit de Moulins-la-Marche à Bons-Moulins; d'où il suit qu'en refusant de réprimer cette contravention, le jugement dénoncé a expressément violé ledit article 471, nos 5 et 15 du Code pénal.

791. Ce mode de procéder, par arrêté administratif, doit être employé, comme nous le disions au commencement de ce paragraphe, toutes les fois qu'il y a urgence à rétablir la circulation sur le chemin vicinal illégalement intercepté; il rend d'ailleurs inutile, on le comprend, l'intervention du conseil de préfecture. Lorsque, en effet, l'obstacle apporté à la circulation a disparu, soit sur la seule notification de l'arrêté administratif, soit après le jugement du tribunal de simple police, la décision du conseil de préfecture serait sans objet, puisqu'elle ne ferait plus qu'ordonner ce qui a été accompli.

792. L'arrêté administratif ordonnant le rétablissement des lieux en l'état, peut être l'objet d'un recours de la partie intéressée; s'il s'agit d'un arrêté de maire, le recours doit être porté devant le préfet; s'il s'agit d'un arrêté de préfet, le recours doit être porté devant le ministre de l'intérieur. Ces arrêtés, étant pris dans la limite des pouvoirs de l'autorité administrative, ils ne peuvent être déférés directement au conseil d'Etat par la voie contentieuse, ainsi que cela résulte de plusieurs ordonnances; nous citerons seulement celle du 16 février 1825 (*Presson*), ainsi conçue :

Considérant que le préfet du département de l'Eure n'a pas excédé les bornes de sa compétence, en ordonnant le rétablissement provisoire dans son ancien état du chemin d'Évreux à Damville, puisque, d'un côté il a statué sur une question de police administrative, et que de l'autre il a renvoyé le sieur Presson à se pourvoir, s'il le jugeait convenable, devant les tribunaux compétents, pour faire décider la question de propriété; que, dès lors, l'arrêté du préfet ne pouvait être attaqué directement devant nous, mais qu'il devait être déféré d'abord à notre ministre de l'intérieur.

La décision par laquelle le ministre de l'intérieur confirmerait l'arrêté du préfet, ne serait pas susceptible d'être attaquée par la voie contentieuse, ainsi que cela résulte d'une ordonnance du 16 janvier 1846 (*duc de Coigny*), ainsi conçue :

Considérant que, par la décision attaquée, notre ministre de l'intérieur s'est borné à confirmer une décision du préfet de l'Aisne, approbative d'un arrêté du maire de Coincy, en date du 6 juin 1842, qui met en demeure le sieur Franquetot, duc de Coigny, de rendre à la viabilité le chemin dit *de la Prelle*, faute de quoi il serait traduit devant les tribunaux compétents pour y être contraint par la voie judiciaire.

Considérant que cette décision est un acte purement administratif pris dans la limite des pouvoirs de notre ministre de l'intérieur, qui, dès lors, n'est pas de nature à nous être déférée par la voie contentieuse, et ne fait pas obstacle à ce que les questions de possession et de propriété dudit chemin soient portées devant les tribunaux compétents.

CHAPITRE IV.

ENCOMBREMENTS.

SECTION I.

Compétence.

---

793. L'encombrement total ou partiel d'un chemin vicinal par le dépôt d'objets quelconques, bien qu'il constitue une occupation du sol de cette voie publique, ne saurait cependant être considéré comme une anticipation, car il s'agit là d'un fait temporaire de sa nature.

La répression des contraventions de cette espèce ne peut donc être poursuivie devant les conseils de préfecture, qui, comme nous l'avons vu, ne sont compétents que pour réprimer les anticipations proprement dites. C'est, en conséquence, aux tribunaux ordinaires que doivent être déférés les procès-verbaux rédigés pour constater des dépôts de matériaux et autres objets, sur des chemins vicinaux.

La cour de cassation a statué en ce sens, par un arrêt (ch. crim.), en date du 19 juin 1846 (*Hervé et autres*), ainsi conçu :

Vu l'article 479, n° 11, du Code pénal ;

Attendu qu'il conste du procès-verbal dressé contre les prévenus, et qu'il n'est point méconnu par le jugement dénoncé, que ceux-ci ont commis la contravention que prévoit et punit l'article 479, n° 11, du Code pénal, en formant des tas de fumier sur un chemin public de la commune de Saint-Jean-de-Boizeau ;

Que les dispositions combinées du même article et des articles 137, 138 et 139 du Code d'instruction criminelle attribuent la répression de ce fait au tribunal de simple police ;

Qu'en se déclarant incompétent pour statuer sur la prévention, par le motif que la connaissance de la contravention appartiendrait exclusivement au conseil de préfecture, ledit jugement a faussement appliqué le décret du 17 avril 1812, et commis une violation expresse des règles de la compétence.

SECTION II.

Répression.

---

794. Une circonstance qui ne doit pas être perdue de vue, en matière d'encombrement d'un chemin vicinal, c'est que l'article 471, n° 4, du Code pénal ne déclare punissables que les dépôts faits sur la voie publique *sans nécessité*, et la cour de cassation a toujours maintenu rigoureusement la distinction faite par cet article. Ainsi, elle a plusieurs fois déclaré non obligatoires des arrêtés de maire qui prohibaient les dépôts d'une manière absolue.

Nous citerons, sur ce point, un arrêt de la cour de cassation, (ch. crim.), en date du 26 mars 1825 (*Quenesson*), ainsi conçu, sur ce chef :

Attendu que les arrêtés des maires sur les objets confiés à leur vigilance et à leur autorité, par l'article 3, titre XI, de la loi du 24 août 1790, ne sont obligatoires que dans le silence des lois ou lorsqu'ils rappellent à leur exécution ;

Qu'au lieu de se borner à rappeler ses administrés à l'exécution de l'article 471, n° 4, du Code pénal, le maire de Saint-Quentin a, par son arrêté du mois de novembre 1817, dérogé à cet article ; qu'il a entièrement changé sa disposition, en substituant à la défense d'embarrasser la voie publique en y déposant ou y laissant *sans nécessité* des matériaux ou des choses quelconques, la défense « de laisser séjourner sur la voie publique, *pendant plus de vingt-quatre heures*, des dépôts de terres, etc. ;

Que cette disposition de l'arrêté, contraire à la disposition du Code pénal, n'était pas obligatoire.

Il a été prononcé de même par plusieurs autres arrêts, notamment par ceux des 16 février 1833 (*Stroboni*), et 10 avril 1841 (*Desmidt*).

795. De ce que ces dépôts sont licites lorsqu'ils sont motivés *sur la nécessité*, il s'ensuit qu'un maire n'a pas le droit d'astreindre les particuliers à demander préalablement l'autorisation de faire de semblables dépôts.

C'est ce qu'a déclaré la cour de cassation, par arrêt (ch. crim.), en date du 13 mars 1852 (*Morin-Arnould*), ainsi conçu, sur ce chef :

En ce qui touche le premier chef de prévention fondé sur la contravention à l'arrêté du 11 novembre 1854, par lequel le maire de Nogent-sur-Seine interdit sur la voie publique tout dépôt qu'il n'aurait pas autorisé préalablement, de pierres, briques, etc. :

Attendu que l'autorisation exigée par cet arrêté est contraire à la disposition de l'article 471, n° 4, du Code pénal, qui ne déclare punissable que le fait d'avoir embarrassé la voie publique, en y déposant ou y laissant, sans nécessité, des matériaux ou des choses quelconques qui empêchent ou qui diminuent la liberté ou la sûreté du passage ;

Attendu qu'il n'appartient point, en effet, à l'administration municipale, de s'attribuer l'appréciation des circonstances qui sont de nature à autoriser ou à justifier ce fait, puisqu'elle est exclusivement commise aux tribunaux ;

Attendu que la disposition précitée ne met point obstacle à ce que les maires, usant du pouvoir qui leur est conféré par la loi des 16-24 août 1790, n° 1er de l'article 3, titre XI, laquelle confie à l'autorité et à la vigilance des corps municipaux tout ce qui intéresse la sûreté et la commodité de la voie publique, aient la faculté d'interdire, hors des cas d'urgence, tout dépôt sur cette voie, dont la déclaration préalable n'aurait pas été faite à la police ; mais que l'arrêté dont il s'agit ne se borne pas à exiger cette déclaration, qui aurait pour but de mettre la mairie en mesure d'en prévenir ou d'en diminuer les inconvénients ; qu'il défend, au contraire, tous les dépôts qui n'auraient pas été autorisés ; en quoi il n'est point obligatoire, la négligence ou le refus de s'y conformer ne constituant pas une contravention de police.

796. Comme conséquence de ce principe, il ne peut être prononcé de peine lorsqu'il est établi que le dépôt était nécessaire.

C'est ce qui a été déclaré par un arrêt de la cour de cassation (ch.

crim.) en date du 27 décembre 1828 (*Lebuhotel*), ainsi conçu, sur ce chef :

Vu l'article 471 du Code pénal ; vu les articles 159 et 161 du Code d'instruction criminelle ;

Attendu, quant au premier chef de prévention consistant dans le dépôt sur la voie publique de matériaux destinés à la reconstruction de la maison de Lebuhotel, qu'il est établi en fait par le jugement que le prévenu n'avait pu placer ailleurs sesdits matériaux ; d'où résultait la nécessité de ce dépôt, et, par suite, l'absence de la contravention spécifiée et punie par la première section de l'article précité ; que, sous ce rapport, le jugement attaqué est à l'abri de toute critique ;

Il a été prononcé de même par des arrêts (ch. crim.), en date des 21 novembre 1833 (*André et Massot*), et 17 juin 1852 (*Valligny*).

797. Lorsque la nécessité du dépôt ne peut être établie, l'encombrement constitue une contravention, alors même qu'il n'est pas le résultat d'un acte direct, mais qu'il y a seulement négligence.

C'est ce qui a été prononcé par un arrêt de la cour de cassation (ch. crim.), en date du 6 février 1845 (*de Gineste*), ainsi conçu :

Attendu que le procès-verbal dressé contre le sieur de Gineste (François-Félix) constate qu'un mur lui appartenant et séparant sa propriété et la voie publique, s'étant écroulé dans le chemin, ses décombres gênent la viabilité, et que, sur l'avis qui lui en a été donné, le sieur de Gineste a fait enlever une partie des matériaux, ce qui suppose qu'une autre partie est restée dans le chemin ;

Attendu que le jugement qui a prononcé l'acquittement du prévenu énonce, entre autres motifs, que la dégradation d'un chemin, ce qui était le titre de la prévention, suppose un acte de la part du contrevenant ;

Attendu que l'article 159 du Code d'instruction criminelle ne permet de renvoyer le prévenu de la plainte que lorsque le fait, reconnu constant, ne se trouve prévu par aucune loi pénale ;

Attendu que si le fait dont s'agit n'est pas prévu par l'article 479 du Code pénal, il présente les caractères déterminés par l'article 471, § 4, dudit Code ;

Attendu que ledit jugement ne méconnaît pas formellement que le terrain où le mur s'est écroulé soit une voie publique ;

Attendu que, dès lors, le tribunal de simple police, en refusant d'appliquer ledit article 471, a violé ledit article ainsi que l'article 159 du Code d'instruction criminelle.

798. Lorsqu'un particulier, poursuivi pour avoir encombré un chemin vicinal, présente, comme moyen de défense, qu'il serait propriétaire du sol du chemin, le tribunal ne peut s'arrêter devant cette excuse, que l'article 15 de la loi du 21 mai 1836 rend inadmissible.

C'est ce qu'a décidé la cour de cassation par un arrêt (ch. crim.) en date du 29 mai 1852 (*Chaintreuil*), ainsi conçu, sur ce chef :

Vu les articles 1 et 10 de la loi du 28 juillet 1824, 15 et 16 de la loi du 21 mai 1836 ; vu l'arrêté du préfet du département de Saône-et-Loire, en date du 15 janvier 1853, et l'article 471, n° 4, du Code pénal ;

Attendu......... que le droit de Chaintreuil, en supposant qu'il pût se prétendre propriétaire du sol de ce chemin, se serait aussitôt résolu, d'après l'article 15 de la loi du 21 mai 1836, en une indemnité à régler conformément à cet article ; que ledit Chaintreuil a donc commis une contravention à l'article 471, n° 4, du Code pénal, en déposant sur cette voie publique, au-devant des bâtiments et dépendances qui lui appartiennent, de la terre argileuse et du fumier qui l'obstruaient sur une largeur de 3 mètres au moins, lorsque l'agent voyer cantonal constata régulièrement ce fait, le 24 mars dernier ;

Qu'il suit de là qu'en différant de réprimer cette contravention jusqu'à ce que la juridiction compétente ait décidé si le prévenu est fondé à revendiquer la propriété de l'emplacement de ce chemin, sur le motif qu'il n'était pas une voie publique avant le susdit arrêté, le jugement dénoncé a méconnu le caractère et l'effet légal de cet acte administratif, faussement appliqué à la cause les articles 10 et 16 des lois précitées, ainsi que la règle consacrée par l'article 182 du Code forestier, l'article 15 de la loi du 21 mai 1836 et l'article 471 du Code pénal.

799. L'enlèvement du dépôt, avant le jugement, ne serait pas non plus un moyen d'excuse admissible.

C'est ce qu'a déclaré la cour de cassation par un arrêt (ch. crim.), en date du 15 octobre 1852 (*Benoist*), ainsi conçu, sur ce chef :

Vu l'article 471, n° 4, du Code pénal ;

Attendu qu'un procès-verbal dressé par le maire de la commune de Fontenay-aux-Roses constate que, le 10 mai dernier, de grosses pierres déposées sur le chemin dit *la Voie creuse*, allant à Bagneux, obstruaient le passage et gênaient la circulation ; que, malgré les avertissements qui lui avaient été donnés, le sieur Benoist, propriétaire de ces pierres, se refusait à les enlever et à faire arracher un arbre planté sur la voie publique ;

. . . .

Attendu que le jugement attaqué, sans nier les faits ainsi constatés, a relaxé le prévenu, en se fondant sur ce que, d'un certificat du maire, il résultait que les pierres avaient été enlevées et l'arbre arraché, et sur ce que le sieur Benoist n'avait pas été régulièrement sommé de les faire disparaître ;

Attendu que le fait postérieur d'enlèvement des objets qui embarrassaient la voie publique n'a pu anéantir la contravention qui existait lors de la rédaction du procès-verbal ;

Que, d'autre part, les avertissements donnés verbalement et par écrit au sieur Benoist sont mentionnés dans le procès-verbal ;

Que, d'ailleurs, le dépôt sur la voie publique d'objets qui gênent la circulation constitue la contravention et non le refus d'obéir à l'injonction de les enlever ;

Qu'ainsi, en suppléant une double excuse qui n'est point admise par la loi, le jugement attaqué a formellement violé l'article 471, n° 4, § 1er, du Code pénal, et méconnu la foi due au procès-verbal.

800. Le seul motif d'excuse étant *la nécessité* du dépôt, il s'ensuit que ce motif doit être mentionné dans le jugement qui renvoie le prévenu de la plainte.

C'est ce qu'a décidé la cour de cassation par un arrêt (ch. crim.), en date du 13 mars 1852 (*Morin-Arnoult*), ainsi conçu, sur ce chef :

Vu l'article 471, n° 4, du Code pénal ;

Attendu qu'il est régulièrement constaté, par le procès-verbal susdaté, que Morin-Arnoult a placé, *depuis déjà longtemps, sur la rue du Poncelot, et joignant le mur de sa propriété, un amas de craie qui gêne la circulation ;* que le jugement dénoncé ne déclare nullement, ni que ce fait se trouve justifié par la nécessité, ni qu'il n'a point empêché ou diminué la liberté ou la sûreté du passage dans ladite rue ; qu'il s'est abstenu d'appliquer au prévenu la peine édictée par l'article 471, n° 4, du Code pénal, uniquement sur le motif *que les matériaux dont il s'agit étaient destinés à terminer des travaux en voie d'exécution ;*

Attendu qu'en statuant de la sorte sur la prévention, le tribunal de simple police de Nogent-sur-Seine a violé expressément la disposition ci-dessus visée.

801. C'est aux tribunaux seuls qu'il appartient de reconnaître et de déclarer le fait de la nécessité. Cela résulte, implicitement, des arrêts que nous venons de citer, et, encore, de celui (ch. crim.) du 21 novembre 1833 (*André et Massot*), ainsi conçu :

Attendu que le jugement attaqué déclare que le dépôt de matériaux sur la voie publique, imputé aux sieurs André et Massot, a été fait par absolue nécessité pour l'exécution de travaux et réparations exécutés à leurs bâtiments respectifs, et que, dans la partie de voie publique où ce dépôt a eu lieu, la liberté et la sûreté du passage n'ont pas été empêchées ni diminuées ;

Attendu qu'en annulant, par ces motifs, la citation par laquelle les sieurs André et Massot ont été appelés devant le tribunal de police, et en mettant la poursuite à néant, le jugement attaqué a fait une juste application de l'article 471, n° 4, du Code pénal.

802. Il est d'usage, dans certaines localités, de répandre de la paille, des ajoncs et autres matières semblables, sur les chemins vicinaux, et même dans les rues des communes rurales, pour que, broyées par la circulation, ces matières forment un engrais qui est ensuite porté sur les terres.

Les dépôts de cette espèce tendent à dégrader les voies publiques, et la plupart des règlements généraux faits par les préfets, en exécution de l'article 21 de la loi du 21 mai 1836, les prohibent; mais alors même que cette prohibition n'aurait pas été formellement faite, ces dépôts n'en constitueraient pas moins une contravention passible des peines de simple police.

C'est ce qu'a déclaré la cour de cassation par un arrêt (ch. crim.), en date du 10 janvier 1846 (*Barasseau*), ainsi conçu :

Vu l'article 471, n° 4, du Code pénal;

Attendu que Louis Barasseau est prévenu, suivant le procès-verbal dressé de ce fait par le maire d'Ansac, le 25 novembre dernier, d'avoir déposé une grande quantité d'ajoncs sur la rue qui, de la place publique de cette commune, conduit à l'église ;

Que le jugement dénoncé ne déclare point que ce dépôt n'embarrasse pas ladite rue, et qu'il s'est refusé à la réprimer par le double motif que l'usage l'autorise dans les petites localités, et qu'aucun règlement spécial de police ne l'a prohibé ;

Qu'en statuant ainsi sur la prévention, ce jugement a commis une violation expresse de l'article ci-dessus visé.

CHAPITRE V.

DÉGRADATIONS.

SECTION I.

Compétence.

---

803. La répression de la dégradation des chemins *publics* a été attribuée aux tribunaux ordinaires par l'article 40 du titre 2 de la loi du 28 septembre-6 octobre 1791 ; mais pendant plusieurs années, de 1812 à 1823, le conseil d'État, avait été d'avis que la loi du 9 ventôse an XIII (28 février 1805) avait transporté cette attribution aux conseils de préfecture. Nous citerons, sur ce point, un décret du 18 avril 1812 (*commune de Caudeval c. Rouvairolis*), et une ordonnance royale du 23 avril 1818 (*commune de Ban-Saint-Martin c. Jacquin*).

804. L'incompétence des conseils de préfecture, pour la poursuite des dégradations sur les chemins vicinaux, a été de nouveau déclarée par l'ordonnance du 16 avril 1823 (*Laya c. commune de Mons*), ainsi conçue:

Considérant que les attributions des conseils de préfecture ont été bornées, par la loi du 9 ventôse an XIII, aux plantations et aux empiétements sur la largeur desdits chemins, et que les autres contraventions sont demeurées, aux termes de l'article 40 du titre II de la loi du 28 septembre 1791, à la connaissance des tribunaux de police.

La même règle a été posée par les ordonnances des 6 septembre 1826 (*veuve d'Amonneville*), 28 février 1828 (*Bavoux et Pochet c. commune de Nesles*), et 27 mai 1846 (*Chantemesse*).

SECTION II.

Répression.

---

805. Les intérêts de la viabilité sont, il faut le reconnaître, parfaitement sauvegardés par la rigoureuse application que font les tribunaux ordinaires des dispositions relatives aux dégradations commises sur les chemins vicinaux, même lorsqu'elles sont peu importantes. Nous citerons, à cet égard, un arrêt de la cour de cassation (ch. crim.), en date du 17 janvier 1845 (*Roche*), ainsi conçu, sur ce chef :

Vu l'article 479, § 11, du Code pénal ;
Attendu que ledit article, § 11, punit d'une amende de 11 à 15 francs ceux qui auront *dégradé ou détérioré, de quelque manière que ce soit, les chemins publics* ;
Attendu que le sieur Roche, poursuivi, aux termes du procès-verbal d'un agent voyer, pour avoir fait, sur un chemin public, des travaux qui l'auraient détérioré, a été relaxé de cette poursuite par le motif.................., que, d'ailleurs, cette tranchée *ne nuisait presque pas à la viabilité, et n'y nuisait peut-être pas du tout* ;
Attendu que l'ambiguïté de cette déclaration ne détruit pas les faits nettement articulés par le procès-verbal, et laisse subsister l'inculpation d'une dégradation ou détérioration opérée, de quelque manière que ce soit, sur un chemin public.

806. Les tribunaux ne peuvent même pas refuser de réprimer cette dégradation passagère commise assez souvent par les propriétaires riverains des chemins vicinaux, qui, en labourant leurs champs, labourent aussi tout ou partie de la voie publique, afin de s'épargner la peine de relever leur charrue. Ce fait ne peut pas, le plus ordinairement, être considéré comme une anticipation sur le sol vicinal, parce qu'il est accidentel et temporaire, mais il constitue une dégradation de la voie publique qui doit être punie des peines portées par la loi.
C'est ce que la cour de cassation a rappelé par un arrêt (ch. crim.), en date du 30 mai 1846 (*Foulachon*), ainsi conçu :

Vu l'article 479, n° 11, du Code pénal, et l'article 65 du même Code ;
Attendu que le rapport ci-dessus visé constatait qu'en *labourant* le champ qui lui appartenait au lieu des *Colmittes*, Antoine Foulachon avait anticipé sur l'étendue de 2 mètres de largeur et de 14 mètres de longueur, en terminant son labour, sur le *chemin de Mareuil à Issoudun*, ce qui constituait l'une et l'autre des con-

traventions réprimées par les deux paragraphes du n° 11 de l'article 479 du Code pénal;

Que, s'il résultait de l'avis de l'agent voyer de l'arrondissement que ledit Antoine Foulachon avait, aussitôt après son labourage, tiré une raie transversale à sa terre, laquelle, déterminant la limite du chemin, lui laissait sa largeur légale, ce fait, en ne laissant plus de base à la poursuite quant à l'anticipation, laissait subsister la contravention résultant de la dégradation du chemin, et nécessitait dès lors l'application de la peine prononcée par le n° 11 dudit article 479.

807. Nous terminerons en parlant d'une nature spéciale de dégradation des chemins vicinaux qu'il importe de réprimer partout où elle a lieu.

Il est des communes où il est établi *en usage* que les habitants enlèvent, sur les chemins, la terre végétale qui s'y trouve, pour la porter sur leurs propriétés. On comprend ce que cette pratique a de nuisible au bon entretien des chemins vicinaux, mais il s'agissait de savoir si l'administration pouvait détruire un *usage* anciennement établi, et plusieurs fois des tribunaux de police avaient refusé de réprimer des actes fondés sur cet usage.

La cour de cassation (ch. crim.) a rendu, le 1er mars 1844 (*Collon*), un arrêt ainsi conçu, sur ce chef:

Vu l'article 21 de la loi du 21 mai 1836, concernant les chemins vicinaux, les articles 71 et 72 du règlement général fait par le préfet des Deux-Sèvres, en exécution de cette loi, et le n° 12 de l'article 479 du Code pénal; attendu, en droit, que les articles 71 et 72 du règlement général ci-dessus cité *ont fait cesser légalement, dans le département des Deux-Sèvres, dès le jour de la publication de ce règlement, l'usage* qui aurait autorisé jusqu'alors les habitants à enlever des chemins vicinaux et à s'approprier les terres qui s'y trouvent;..................

....

Qu'il suit de là qu'en relaxant ledit Collon de la poursuite du ministère public, sur le motif qu'un usage établi autorisait cet enlèvement, le jugement dénoncé a méconnu l'autorité du règlement précité et commis une violation expresse tant de cet acte administratif que de l'article 479, n° 12, du Code pénal.

Il résulte de cet arrêt que partout où il existerait un semblable usage, il peut, quelque ancien qu'il soit, être détruit par un simple arrêté du préfet.

808. Par un autre arrêt, la cour de cassation a même déclaré que lorsqu'il y avait possibilité d'autoriser l'enlèvement de la terre végétale sur les chemins vicinaux, c'est aux préfets seuls, et non aux maires, qu'il appartient d'accorder cette autorisation. Cet arrêt (ch. crim.), en date du 21 février 1845 (*Gaussens*), est ainsi conçu:

Vu le n° 12 de l'article 479 du Code pénal et l'article 21 de la loi du 21 mai 1836;

Attendu que l'article 479, n° 12, du Code pénal, punit ceux qui, sans y être *dûment autorisés*, auront enlevé, des chemins publics, des gazons, terres ou pierres;

Qu'il n'appartient qu'au préfet, dans chaque département, de permettre ce fait sur les chemins vicinaux, puisque l'article 21 de la loi du 21 mai 1836 lui a confié la surveillance et la conservation de ces chemins; d'où il suit que les maires sont incompétents pour accorder l'autorisation exigée par ledit article 479.

CHAPITRE VI.

CONSTRUCTIONS LE LONG DES CHEMINS VICINAUX.

SECTION I.

Réglementation.

809. La réglementation des constructions qui se font le long des *rues* ou sur *les places* des villes et villages, ce qu'on appelle *la police de la voirie urbaine*, a sa base, comme on sait, dans l'édit du roi Henri IV, du mois de décembre 1607, et dans les articles 50 à 54 de la loi du 16 septembre 1807.

Nous ne rechercherons pas ici jusqu'à quel point les droits que l'autorité administrative tient de ces deux actes pouvaient s'étendre, sous l'empire de la législation antérieure à 1836, aux constructions faites le long des chemins vicinaux, c'est-à-dire en dehors des limites de la voirie urbaine; il suffit, pour le but de notre ouvrage, de dire que l'article 21 de la loi du 21 mai 1836, en chargeant les préfets de faire des règlements qui doivent statuer sur tout ce qui est relatif......... *aux alignements, aux autorisations de construire le long des chemins,* leur a conféré un pouvoir de même nature et tout aussi étendu que celui qui dérive, en matière de voirie urbaine, des actes précités de 1607 et 1807.

La réglementation des constructions le long des chemins vicinaux s'applique à trois espèces de travaux : 1° les constructions neuves ; 2° la reconstruction de bâtiments ou de murs qui existaient déjà ; 3° enfin la réparation de ces mêmes bâtiments ou murs.

Nous allons nous occuper, successivement de chacune de ces natures de travaux.

SECTION II.

Constructions neuves.

810. Il importe d'empêcher que le propriétaire riverain d'un chemin vicinal qui veut élever un bâtiment ou un mur de clôture le long de ce chemin, anticipe sur le sol de la voie publique, et pour cela, il faut que l'autorité soit prévenue, avant le commencement des travaux, afin qu'elle puisse donner l'alignement qui devra être observé. Pour assurer l'exécution de cette disposition, le ministre de l'intérieur, dans son instruction du 24 juin 1836, invita les préfets à prescrire aux maires de prendre et de publier, dans leurs communes respectives, un arrêté portant défense de construire aucun bâtiment ou mur le long d'un chemin vicinal, sans avoir demandé l'alignement.

La légalité des arrêtés dont il s'agit a été constamment reconnue par la cour de cassation, notamment par un arrêt (ch. crim.), en date du 30 avril 1846 (*Giudicelli*), ainsi conçu, sur ce chef :

Vu l'article 21 de la loi du 21 mai 1836, portant que le règlement général qu'il charge chaque préfet de faire « fixera le maximum de la largeur des chemins vi-« cinaux, et statuera en même temps sur tout ce qui est relatif....... aux aligne-« ments, aux autorisations de construire le long de ces chemins.........; »

Vu l'article 1er de l'arrêté du 30 août 1839, par lequel le maire de Luri, procé-dant conformément aux dispositions de l'article 65 du règlement fait par le préfet de la Corse, le 22 mai 1837, en exécution de l'article 21 de ladite loi, a défendu de construire ou de faire réparer aucune bâtisse ou mur le long des chemins vici-naux de cette commune, qu'après avoir obtenu de lui l'alignement;

L'article 471, n° 15, du Code pénal;

Attendu que l'arrêté susdaté est légal et obligatoire, d'après l'article 21 de la loi du 21 mai 1836 et l'article 65 du règlement général du 22 mai 1837.

Il a été prononcé d'une manière analogue par un arrêt de la cour de cassation (ch. crim.), en date du 4 septembre 1846 (*Pelgé*).

811. Le ministre de l'intérieur faisait une chose utile en prescri-vant la publication des arrêtés dont il s'agit, mais il allait évidemment trop loin en supposant que l'existence de ces actes était indispensable pour que les citoyens fussent tenus de demander alignement avant de construire le long des chemins vicinaux. Depuis très-longtemps, en effet, la cour de cassation, prononçant en matière de voirie urbaine, avait déclaré que cette obligation était d'ordre public, et qu'elle existait alors même qu'elle n'aurait pas été rappelée aux citoyens par un arrêté spécial. Cette cour appliqua la même règle à la voirie vicinale par un premier arrêt (ch. crim.), en date du 16 novembre 1837 (*Fatin*), puis par un second (ch. crim.), en date du 17 octobre 1838 (*Baillot*), plus explicite encore, et qui est ainsi conçu :

Vu l'édit du mois de décembre 1607, l'article 3, n° 1er, titre XI, de la loi des 16-24 août 1790, l'article 29, titre 1er, de celle des 19-22 juillet 1791 ; la loi du 28 février 1805 (9 ventôse an XIII), l'article 471, n° 5, du Code pénal et l'arti-cle 484 du même Code; attendu, en droit, qu'il est de principe de droit public, en France, qu'aucune construction ne peut être entreprise sur ou joignant une voie publique quelconque, sans qu'elle ait été préalablement autorisée par l'autorité compétente pour en fixer l'alignement; que ce principe, consacré par l'édit du mois de décembre 1607, en ce qui concerne les villes du royaume, a été, depuis, sanctionné et étendu à toutes les communes, par la loi précitée de 1790, ainsi que par l'article 471, n° 5, du Code pénal; qu'il l'a surtout été spécialement et virtuellement concernant les chemins vicinaux, par la loi du 28 février 1805, et par le n° 11 de l'article 479 dudit Code; que l'observation de cette règle ne saurait être subordonnée à l'exercice du pouvoir qu'ont les maires de rappeler à leurs ad-ministrés l'obligation où ils sont de s'y conformer ; *qu'elle est obligatoire, en effet, indépendamment de tout arrêté local à cet égard, et, par conséquent, en l'absence même d'un tel règlement.*

812. Il ne suffit pas, d'ailleurs, que l'autorisation de construire ait été *demandée* ; il faut encore qu'elle ait été *obtenue*. C'est ce qu'a rappelé un arrêt de la cour de cassation (ch. crim.), en date du 2 octobre 1846 (*Fonvielle*), ainsi conçu, sur ce chef:

Vu l'article 471, n° 15, du Code pénal;
Vu l'article 21 de la loi du 21 mai 1836;
....
Attendu que, en fait d'alignement pour les constructions faites le long ou à por-

tée d'un chemin vicinal, l'autorisation du maire est indispensable; qu'il ne suffit pas que cette autorisation ait été demandée au maire, soit verbalement, soit par écrit, puisqu'il s'agit d'un acte de la juridiction administrative, destiné à produire des effets légaux; que, en jugeant le contraire, le tribunal de police de Nyons a violé l'article 21 de la loi du 21 mai 1836. l'article 158 du règlement administratif fait en conséquence, et l'article 475, § 15, du Code pénal.

813. L'autorisation doit même être obtenue *avant le commencement des travaux*, et celle qui serait accordée après que les travaux auraient été entrepris, ne couvrirait pas la contravention commise. C'est ce qui a été déclaré par un arrêt de la cour de cassation (ch. crim.), en date du 8 octobre 1846 (*Taillade*), ainsi conçu :

Vu l'article 4 de l'édit de décembre 1607 et l'article 471, n° 5, du Code pénal ;
Attendu que le procès-verbal, dressé à la date du 17 juin dernier, constatait que Taillade avait commencé des constructions à une maison attenante à la voie publique, sans autorisation préalable par écrit; qu'en effet, d'après ce procès-verbal, les travaux étaient en activité le 16, et l'autorisation écrite porte la date du 17; que cette autorisation écrite pouvait bien servir à prouver que ces constructions ne portaient aucun préjudice à la viabilité, et, par suite, faire obstacle à ce que la destruction des travaux fût ordonnée, mais qu'elle ne pouvait faire disparaître une contravention préexistante, ni, par conséquent, affranchir le prévenu de l'amende par lui encourue; que le jugement qui l'a renvoyé des poursuites contient donc une violation formelle des articles ci-dessus visés.

814. Telles sont les obligations des citoyens, tels sont les droits de l'autorité administrative, relativement aux constructions qui se font *le long* des chemins vicinaux ; mais ces obligations et ces droits sont-ils les mêmes, lorsqu'il s'agit de constructions à faire à une certaine distance en arrière de la limite de ces chemins ?

L'absence de tout intérêt direct pour la voirie semblerait devoir affranchir les particuliers de toute obligation. lorsque leurs travaux se font en arrière de la limite du chemin, car il n'y a pas, alors, à défendre le sol de la voie publique contre les anticipations : c'est là, depuis 1824. la doctrine du conseil d'Etat, en matière de grande voirie.

La cour de cassation, prononçant en matière de petite voirie, se montre, sur ce point, plus sévère que le conseil d'Etat.

Jusqu'en 1846. elle avait décidé qu'il y avait même obligation pour les constructions faites en arrière de la limite des chemins vicinaux que pour celles faites sur le bord de ces chemins, et que, par suite, la contravention à l'obligation de demander alignement donnait lieu à l'application des mêmes pénalités ; mais, à cette époque. elle modifia sa jurisprudence, et, tout en déclarant que les travaux faits en arrière de l'alignement, sans autorisation. constituaient une contravention passible de l'amende, elle a admis qu'il n'y avait pas lieu d'en ordonner la démolition.

C'est ce qui résulte d'un arrêt (ch. crim.), en date du 30 avril 1846 (*Giudicelli*), ainsi conçu, sur ce chef:

Vu l'article 21 de la loi du 21 mai 1836 ;
L'article 471, n° 15, du Code pénal ;
Attendu que l'arrêté susdaté est légal et obligatoire, d'après l'article 21 de la loi du 21 mai 1836 et l'article 65 du règlement général du 22 mai 1837;
Attendu que l'infraction de la mesure d'ordre public qu'il prescrit ne doit, aux termes de l'article 162 du Code d'instruction criminelle, entraîner la destruction des constructions indûment édifiées, que lorsqu'elles présentent un empiétement sur la largeur légale d'un chemin vicinal, puisque, dans le contraire, il n'en résulte aucun dommage pour la petite voirie ;

Mais que ces constructions, même quand elles n'usurpent point sur la voie publique, rendent le contrevenant passible de la peine que le n° 15 de l'article 471 du Code pénal prononce, par la raison qu'on ne pouvait pas les entreprendre sans avoir préalablement demandé et obtenu l'alignement à suivre.

Il a été prononcé dans le même sens par un autre arrêt de la cour de cassation (ch. crim.), en date du 12 février 1848 (*Colmels de Puntis*).

La règle tracée par ces deux arrêts nous paraît concilier, dans une juste mesure, les intérêts de la viabilité et ceux des propriétaires riverains des chemins vicinaux. D'une part, en effet, le maintien de l'obligation de demander alignement donne à l'autorité administrative le moyen de s'assurer que les constructions à faire seront réellement en arrière de la limite du chemin ; d'autre part, l'omission de cette formalité n'expose plus les propriétaires à être condamnés à démolir des constructions qui, en fait, n'anticipent pas sur le sol du chemin, et qu'ils auraient certainement été autorisés à faire s'ils avaient demandé alignement.

SECTION III.

Reconstructions.

---

815. Toutes les règles relatives aux constructions neuves sont applicables à la reconstruction de bâtiments ou murs déjà existants, même lorsque le propriétaire ne fait que réédifier sur les anciennes fondations, et l'on comprend qu'il doive en être ainsi.

En effet, lorsqu'un chemin vicinal doit être élargi, il arrive quelquefois que des constructions existantes couvrent une portion du sol à incorporer au chemin pour lui donner la largeur légale. Dans ce cas, l'autorité administrative attend, presque toujours, pour effectuer cette incorporation, que les bâtiments disparaissent par le fait du propriétaire, parce que, aux termes de l'article 50 de la loi du 16 septembre 1807, elle n'a à payer que la valeur du terrain délaissé par le propriétaire. Il est donc nécessaire qu'elle soit informée, par une demande en alignement, qu'une reconstruction va avoir lieu, afin de pouvoir, soit donner alignement en recul et procurer ainsi au chemin sa largeur légale, soit autoriser la reconstruction sur les mêmes fondations, si déjà la construction existante était à l'alignement.

Les obligations des propriétaires, relativement aux reconstructions, ont été rappelées par un arrêt de la cour de cassation (ch. crim.), en date du 4 mars 1848 (*Poussier*), ainsi conçu :

Vu l'article 161 du Code d'instruction criminelle, et le règlement général fait par le préfet du département de l'Yonne, le 20 mai 1847, concernant les chemins vicinaux, en exécution de la loi du 21 mai 1836, lequel règlement a été approuvé par le ministre de l'intérieur ;

Attendu que le jugement dénoncé a condamné Claude-Victor Poussier à un franc d'amende, pour avoir, sans s'être préalablement pourvu de l'alignement qu'il devait obtenir du maire, conformément au règlement général susdaté, effectué la reconstruction d'un mur de clôture sujet à reculement le long du chemin vicinal n° 8, de la commune d'Egriselles-le-Bocage ;

Que le tribunal de simple police de Sens, qui a réprimé ainsi cette contravention, était tenu en même temps, selon la disposition formelle de l'article 161 du

Code d'instruction criminelle, d'assurer la réparation du préjudice qu'elle cause à l'intérêt public, en ordonnant la démolition du nouvel œuvre;

Qu'il suit de là que, en s'abstenant de faire droit également sur ce point aux réquisitions du ministère public, alors que son devoir était de prescrire, même d'office, cette mesure, ledit jugement a commis une violation expresse des articles ci-dessus visés.

816. Le fait d'avoir reconstruit, sans avoir demandé et obtenu alignement, ne serait pas excusé, même par la circonstance que le contrevenant serait reconnu propriétaire du sol. C'est ce qui résulte de l'arrêt (ch. crim.) du 24 août 1833 (*Viollet et Jeuffrain*), ainsi conçu, sur ce point :

Attendu que les prévenus ne pouvaient, dès lors, reconstruire en partie le mur qui sert de clôture à leur propriété le long de ce chemin, sans avoir préalablement demandé et obtenu l'alignement exigé par les règlements généraux concernant la petite voirie; qu'en cette matière, l'exception de propriété, fût-elle fondée, ne saurait constituer une question préjudicielle et entraîner le sursis à statuer sur une prévention d'avoir contrevenu auxdits règlements; d'où il suit qu'en admettant cette exception, et *en supersédant* à prononcer au fond, le jugement dénoncé a violé les règles de la compétence, ainsi que l'article 471, n° 5, ci-dessus rappelé.

SECTION IV.

Réparations.

817. Ce n'est pas seulement lorsqu'ils ont à faire des travaux de construction ou de reconstruction que les propriétaires riverains des chemins doivent demander une autorisation; la même obligation existe pour les simples travaux de réparation, et l'autorité administrative peut, dans certains cas, refuser l'autorisation de réparer. C'est l'application à la voirie vicinale, des règles de la voirie urbaine, et quelques explications sont nécessaires, soit pour établir la légalité de cette application, soit pour en faire apprécier les motifs et la portée.

En ce qui concerne les *rues*, le droit de l'autorité administrative est basé, comme on sait, sur le paragraphe suivant de l'édit du mois de décembre 1607 :

« Déffendons à nostre dit grand-voyer ou ses commis, de permettre « qu'il soit fait aucunes saillies, avances et pans de bois ès rues aux « bâtiments neufs, et mesme à ceux où il y en a à présent de con-« struits, les réédifier, *ny faire ouvrages qui les puissent conforter, con-« server et soutenir.* »

En ce qui concerne les routes, une disposition analogue se trouve dans l'arrêt du conseil du 27 février 1765; elle est ainsi conçue :

« Fait S. M. défense à tous particuliers, propriétaires ou autres, de « construire, reconstruire *ou réparer* aucuns édifices.......... le long « desdites routes, sans obtenir les alignements ou permissions desdits « trésoriers de France. »

Quelques mots feront apprécier l'étendue des droits que confèrent à l'autorité administrative les dispositions des actes de 1607 et 1765 que nous venons de citer, ainsi que la gravité de la servitude imposée, par ces dispositions, aux propriétés bâties le long des voies publiques que ces actes concernent.

Lorsque la largeur d'une rue ou d'une route *existante* a été légalement fixée, tout le terrain compris dans cette largeur est virtuellement attribué à la rue, sous la réserve de l'indemnité due aux propriétaires riverains, si les limites données à la voie publique atteignent des propriétés privées.

Mais il arrive souvent que des constructions qui existaient avant que la largeur de la voie publique fût déterminée, font saillie sur cette voie publique, c'est-à-dire occupent une portion du sol compris dans les limites fixées.

Dans ce cas, l'autorité administrative a le choix entre deux modes de procéder, pour procurer à la voie publique l'élargissement que doit lui donner la disparition des constructions faisant saillie.

Lorsque l'élargissement présente un caractère d'urgence réelle, l'autorité peut, soit acquérir à l'amiable les constructions qui doivent disparaître, soit user de la faculté de l'expropriation pour cause d'utilité publique ; mais que l'acquisition ait lieu à l'amiable ou par la voie de l'expropriation, l'administration doit payer la valeur de l'immeuble, c'est-à-dire des bâtiments et du sol qu'ils couvrent ; elle peut même être contrainte, aux termes de l'article 50 de la loi du 3 mai 1841, d'acquérir la totalité des bâtiments, bien qu'une portion seulement de ces bâtiments soit atteinte par l'élargissement. On voit donc que l'élargissement des voies publiques, ainsi effectué, entraîne l'administration dans des dépenses souvent considérables.

Lorsque, au contraire, l'élargissement de la voie publique n'est pas urgent, l'administration peut attendre, pour l'opérer, que le bâtiment faisant saillie soit démoli par le propriétaire, volontairement ou pour cause de vétusté. C'est ce qu'on appelle procéder à l'élargissement *par voie d'alignement*, et l'administration trouve un très-grand avantage à procéder ainsi ; c'est que, aux termes de l'article 50 de la loi du 16 septembre 1807, elle ne doit indemnité au propriétaire que pour la valeur du terrain qu'il est obligé de céder à la voie publique, et n'en doit aucune pour la valeur du bâtiment démoli.

L'élargissement des voies publiques *par voie d'alignement* présente donc de grands avantages à l'administration, mais, on ne peut le méconnaître, il impose aux propriétaires riverains dont les bâtiments sont en saillie, des charges telles que l'intérêt général peut seul les justifier, ou au moins les expliquer. En effet, tout propriétaire de bâtiments a intérêt à en prolonger la durée, et il le peut, souvent pour longues années, par de simples travaux de réparation et de consolidation. Mais si ces bâtiments font saillie sur une rue ou sur une route, l'administration a intérêt à les voir disparaître promptement, et, par conséquent, à empêcher que les propriétaires les consolident. S'appuyant alors sur le droit que lui donnent les actes précités de 1607 et de 1765, elle refuse l'autorisation de faire aux bâtiments en saillie aucune réparation *confortative*, c'est-à-dire de la nature de celles qui pourraient consolider la construction existante et en prolonger la durée. Ces bâtiments arrivent ainsi plus promptement à cet état de vétusté qui doit contraindre le propriétaire à les démolir et à délaisser à la voie publique le sol qui doit y être incorporé.

818. Nous venons de voir quelle est la portée du droit que l'administration tient des actes de 1607 et 1765, ainsi que de la loi du 16 septembre 1807, de procéder à l'élargissement des rues et des routes existantes, *par voie d'alignement*, et si ce droit est incontestable, il est certain, aussi, qu'il en résulte, pour les propriétaires riverains de ces voies publiques, une servitude excessivement onéreuse, et qui, jusqu'à un certain point, paralyse entre leurs mains l'exercice du droit de propriété. Il importait donc d'examiner, avec la plus mûre attention, si cette servitude était applicable aux propriétés sises le long des chemins vicinaux, et la question pouvait paraître douteuse.

D'une part, en effet, l'édit de décembre 1607 ne statue que pour *les rues* et pour *les grands chemins vulgairement appelés chemins royaux* ; les articles 50 à 54 de la loi du 16 septembre 1807 ne se sont occupés également que des rues ; enfin, l'arrêt du conseil du 27 février 1765 n'a en vue que *les routes entretenues aux frais du roi ;* dans aucun de ces actes, il n'est fait mention des voies publiques qui ont reçu le nom de *chemins vicinaux.*

D'autre part, l'article 21 de la loi du 21 mai 1836, tout en donnant aux préfets le droit de *statuer sur tout ce qui est relatif aux alignements et aux autorisations de construire le long des chemins,* n'a rien dit sur les *réparations à faire aux constructions existantes ;* d'où l'on pouvait inférer, peut-être, que, par cette disposition de la loi de 1836, on avait seulement voulu donner aux préfets le moyen de défendre plus efficacement le sol vicinal contre les anticipations, mais non pas grever les propriétés bâties le long des chemins vicinaux de la servitude créée au profit d'autres voies publiques par les actes de 1607 et de 1765.

Telle n'était pas, cependant, l'opinion du ministre de l'intérieur, lorsqu'il rédigea l'instruction du 24 juin 1836, car dans un des paragraphes de cette instruction, il déclara que la voirie vicinale devait être réglée par les principes qui régissent la voirie urbaine et la grande voirie.

Plus tard, des doutes s'élevèrent sur la légalité de cette assimilation, au moins en ce qui concernait les réparations à faire aux constructions sises le long des chemins vicinaux, et le ministre de l'intérieur crut devoir consulter le conseil d'État sur la question de savoir si la loi du 21 mai 1836 donne aux préfets le pouvoir d'empêcher les propriétaires de faire des *réparations confortatives* aux bâtiments sujets à reculement, qui longent les chemins vicinaux.

Par un avis en date du 16 juillet 1845, le conseil d'État émit l'opinion, « que la délégation faite aux préfets dans l'article 21 de la
« loi du 21 mai 1836 révèle, par la généralité de ses termes, l'inten-
« tion du législateur d'assurer, en ce qui touche les chemins vicinaux,
« l'application et la mise en vigueur des règles légales antérieurement
« consacrées dans les matières de grande voirie et de voirie urbaine ;
« .... que les préfets ont, dans l'état actuel de la législation,
« le pouvoir d'empêcher les propriétaires de faire des réparations con-
« fortatives aux bâtiments sujets à reculement qui longent ces che-
« mins vicinaux, lorsque la reconnaissance des limites et la fixation
« de la largeur desdits chemins ont été préalablement opérées. »

En présence de cet avis du conseil d'État, qui est, d'ailleurs, en pleine concordance avec la jurisprudence de la cour de cassation sur le même point, il faut donc reconnaître que, pour ce qui concerne la *réparation* des bâtiments ou murs de clôture le long des chemins vicinaux, de même que pour la construction ou reconstruction, les propriétés sises *le long des chemins vicinaux* sont soumises aux mêmes règles et aux mêmes servitudes que celles sises *le long des rues,* c'est-à-dire qu'il y a assimilation, en tous points, entre la voirie vicinale et la voirie urbaine. Il est donc indispensable que les fonctionnaires de divers ordres qui ont à s'occuper du service vicinal, connaissent les règles de la voirie urbaine ; mais c'est là une matière si étendue, que nous ne pourrions l'aborder ici, sans dépasser les bornes restreintes du travail que nous avons entrepris. Nous ne pouvons que renvoyer nos lecteurs aux ouvrages spéciaux, et notamment aux excellents traités qu'a publiés M. Davenne sur cette matière. Nous nous abstiendrons donc de parler de ce qui a rapport aux autorisations de construire, de reconstruire et de réparer, à la forme de ces autorisations et à la reconnaissance des travaux faits, et nous nous occuperons seulement des contraventions, parce qu'il y a, pour leur répression, quelques règles spéciales au service vicinal.

SECTION V.

Contraventions.

819. N'entreprendre ni construction nouvelle ni reconstruction le long d'un chemin vicinal ; ne faire aucune espèce de travaux aux bâtiments existants sans avoir demandé et obtenu l'autorisation de l'autorité administrative ; se conformer strictement aux autorisations obtenues ; telles sont, en résumé, comme nous l'avons vu, les obligations qu'impose aux propriétaires riverains de ces voies publiques, la législation sur la matière, notamment l'édit du mois de décembre 1607, applicable, ainsi que nous l'avons dit, à la voirie vicinale. L'inobservation de ces obligations constitue une contravention à l'égard de laquelle le mode de répression diffère selon les circonstances.

820. Ainsi, un propriétaire a demandé et obtenu l'autorisation de construire ou de reconstruire ; il n'observe pas l'alignement qui lui a été donné, et il empiète sur le sol du chemin.

Dans ce cas, il y a usurpation sur un chemin vicinal, et il doit être procédé comme nous l'avons vu plus haut.

821. Un propriétaire construit ou reconstruit sans avoir demandé l'autorisation, et il anticipe sur la largeur légale du chemin.

Dans ce cas, il commet deux contraventions : usurpation du sol vicinal et négligence de se pourvoir d'autorisation. La première est poursuivie comme nous venons de le dire ; la seconde doit être poursuivie devant le tribunal de simple police, chargé de punir les contraventions aux règlements légalement faits par les autorités administratives.

822. Un propriétaire construit ou reconstruit sans avoir demandé d'autorisation, mais il n'empiète pas sur le sol vicinal.

Dans ce cas, il y a seulement contravention à la défense de construire sans avoir demandé alignement, et cette contravention doit être poursuivie devant le tribunal de simple police, qui condamne à l'amende, mais n'ordonne pas la démolition, ainsi que nous l'avons vu plus haut, nº 814.

823. Enfin, un propriétaire fait des réparations à un bâtiment sis le long d'un chemin vicinal sans avoir demandé d'autorisation, ou bien il a demandé et obtenu l'autorisation, mais ne s'y conforme pas.

Dans l'un et l'autre cas, il y a contravention à un règlement légalement fait par l'autorité administrative, et c'est devant le tribunal de simple police que cette contravention doit être poursuivie. Le tribunal applique ici les peines édictées en matière de voirie urbaine pour les cas de même nature.

CHAPITRE VII.

PLANTATIONS.

SECTION I.

Réglementation.

---

824. On a pu voir, dans plusieurs des parties de ce traité, combien la législation antérieure à la loi du 21 mai 1836 était insuffisante, en beaucoup de points; cette insuffisance était surtout sentie, en ce qui concerne la réglementation des plantations le long des chemins vicinaux.

Pour les routes, des édits et des ordonnances avaient, à une époque déjà reculée, pourvu aux besoins du service; mais ces édits n'étaient pas applicables aux chemins, et, si ce n'est dans un très-petit nombre de provinces où des arrêts des parlements avaient réglementé cette matière, aucune règle précise n'existait avant 1789.

Depuis 1789, la loi du 9 ventôse an XIII est le seul acte législatif qui se soit occupé des plantations le long des chemins vicinaux, et, il faut le dire, la rédaction de l'article 7 de cette loi est si vague, qu'elle a augmenté encore l'incertitude qui existait déjà, sur les droits de l'autorité et sur ceux des propriétaires riverains des chemins. Cet article est ainsi conçu :

« Article 7. — A l'avenir, nul ne pourra planter sur le bord des che-
« mins vicinaux, même dans sa propriété, sans leur conserver la lar-
« geur qui leur aura été fixée en exécution de l'article précédent. »

On concluait de ces mots, *même dans sa propriété*, que, non-seulement les propriétaires avaient le droit de planter sur l'extrême limite des chemins vicinaux, mais encore que, pourvu qu'ils conservassent aux chemins la largeur de six mètres, ils pouvaient planter hors de leur propriété, c'est-à-dire sur le sol vicinal.

Vainement l'autorité administrative avait cherché dans les articles 670 à 673 du Code Napoléon, une protection contre les propriétaires riverains des chemins vicinaux; les tribunaux ordinaires répondaient que ces articles posaient des règles pour les plantations entre les héritages voisins les uns des autres, mais qu'ils n'étaient pas applicables aux propriétés riveraines des voies publiques. Le conseil d'État, lui-même, avait déclaré, dans une ordonnance du 16 février 1826 (*Quesnay*), que la loi du 9 ventôse an XIII autorisait à planter le long des chemins vicinaux, sans rien prescrire pour les distances, et que ni les règles du droit commun ni celles qui sont relatives aux plantations des routes royales ou départementales n'étaient applicables : que, dès lors, c'était à tort qu'un conseil de préfecture avait ordonné l'enlèvement d'arbres plantés trop près du bord d'un chemin vicinal.

825. Tel était l'état des choses avant 1836, et on en comprend tous les inconvénients, surtout dans les parties du territoire où le sol étant

presque constamment humide, il eût été nécessaire de pouvoir empêcher que des plantations d'arbres ou de haies faites le long des chemins vicinaux vinssent porter obstacle à l'assèchement de ces chemins.
C'est pour atteindre ce but, que le législateur inséra dans l'article 21
de la loi du 21 mai 1836, une disposition portant que, dans les règlements généraux que devaient faire les préfets, ils statueraient *sur tout ce
qui est relatif aux plantations et aux élagages.*

Pour l'exécution de cette disposition, les préfets insérèrent dans leurs
règlements une série d'articles portant défense à tout propriétaire riverain de planter *sur le sol* des chemins vicinaux, et déterminèrent *les
distances* du bord des chemins auxquelles pourraient être plantés soit
des arbres, soit des haies. Ainsi que le recommandait le ministre de
l'intérieur, dans son instruction du 24 juin 1836, ils ont pris pour base
de ces distances les indications contenues dans l'article 691 du Code
Napoléon.

826. Mais les usages qu'il s'agissait de détruire étaient trop anciens
pour que beaucoup d'intérêts privés ne se considérassent pas comme
lésés par l'interprétation que l'administration donnait, sur ce point,
à la législation nouvelle. Des réclamations nombreuses s'élevèrent, et le
ministre de l'intérieur crut devoir demander l'avis du conseil d'État
sur les deux questions suivantes :

1º L'article 21 de la loi du 21 mai 1836 donne-t-il aux préfets le droit
de régler la distance du bord des chemins à laquelle les particuliers
pourront planter, sur leurs propriétés, ainsi que l'espacement des arbres entre eux ?

2º Le même article donne-t-il aux préfets le droit de défendre aux
propriétaires riverains des chemins vicinaux de planter sur le sol de
ces chemins ?

Par un avis en date du 9 mai 1838, le conseil d'État émit l'opinion
que ces deux questions devaient être résolues affirmativement, et cet
avis, adopté par le ministre de l'intérieur, fut porté à la connaissance
des préfets par une circulaire du 10 octobre 1839.

827. L'autorité judiciaire, de son côté, a pleinement reconnu le
droit de réglementation attribué aux préfets par l'article 21 de la loi du
21 mai 1836. Deux arrêts de la cour de cassation (ch. crim.), le premier, en date du 20 juillet 1838 (*Bigot et Foucault*), le second, en date
du 2 août 1839 (*Decante*), ont prononcé en ce sens. Nous en citerons un
troisième, en date du 8 février 1840 (*Mathieu-Decante*), parce qu'il est
plus explicite ; il est ainsi conçu, sur ce chef :

Attendu que la loi du 21 mai 1836 règle seule aujourd'hui la compétence et les
attributions de l'administration publique relativement aux chemins vicinaux, puisqu'elle forme un système complet de législation sur cette matière ; qu'elle a , dès
lors , virtuellement et nécessairement abrogé , selon le principe consacré par l'avis
du conseil d'État des 4-8 février 1812, les articles 6 et 7 de la loi du 28 février
1805 (9 ventôse an XIII), notamment par son article 21, qui confère aux préfets
le pouvoir de fixer la largeur de ces chemins et les plantations des riverains, sur
le bord de ces mêmes chemins.

Aucune difficulté sérieuse n'a surgi depuis les décisions ci-dessus
rapportées.

828. L'article 21 de la loi du 21 mai 1836 place également *l'élagage*
au nombre des mesures sur lesquelles doivent statuer les règlements
généraux faits par les préfets ; mais, comme l'a fait remarquer le ministre de l'intérieur, les droits de l'administration, sur ce point, n'a-
vaient jamais été mis en question. Nous pourrions citer plusieurs ar-

rêts de la cour de cassation qui, avant la loi du 21 mai 1836, avaient reconnu ce droit. Depuis, il a été prononcé dans le même sens par un arrêt (ch. crim.), en date du 4 juillet 1839 (*Desbouis et autres*), et par un autre (ch. crim.), en date du 29 mai 1846 (*Pouvillion*), que nous croyons devoir rapporter, parce qu'il reconnaît non-seulement que les règlements sur l'élagage, faits en vertu de la loi du 21 mai 1836, sont applicables aux plantations faites à une époque antérieure à la promulgation de cette loi, mais encore qu'ils peuvent prescrire contrairement à tout usage existant. Cet arrêt est ainsi conçu, quant à ce chef :

Vu l'article 21 de la loi du 21 mai 1836, l'article 101 du règlement du préfet du département du Nord ;

Attendu que le pouvoir que l'article 21 de la loi du 21 mai 1836 attribue à chaque préfet, de régler l'élagage des arbres qui ont été plantés sur ou le long des chemins vicinaux, soit antérieurement à la promulgation de cette loi, soit depuis, lui confère la faculté absolue de l'ordonner selon les exigences de la viabilité de ces chemins, et nonobstant tout statut ou usage contraire.

Nous allons dire, maintenant, quelles sont les règles le plus généralement imposées, tant pour la plantation d'arbres et de haies, que pour l'élagage.

SECTION II.

Plantation d'arbres.

829. Les règlements généraux faits par les préfets portent, tous, défense aux propriétaires riverains des chemins vicinaux, de faire aucune plantation d'arbres, même dans leurs propriétés closes, sans, au préalable, avoir demandé et obtenu alignement.

Cette défense ne pouvait cependant atteindre les propriétés riveraines dans une limite indéfinie, et il convenait de la restreindre aux plantations à faire à une distance rapprochée du chemin ; en conséquence, il a été fait exception à l'obligation de demander alignement, pour les plantations que les propriétaires se proposeraient de faire, sur leurs terres, à plus de trois mètres en arrière du bord des fossés ou de la limite légale des chemins.

Les alignements pour plantation d'arbres sont donnés par les maires pour les chemins vicinaux de petite communication, et par les sous-préfets pour les chemins vicinaux de grande communication.

La distance à laquelle les plantations peuvent être établies, à partir du bord des chemins, des fossés ou des talus, varie nécessairement, soit en raison de l'essence des arbres, soit en raison de la diversité du sol et du climat ; il en est de même de la distance des arbres entre eux ; nous n'en dirons donc rien.

830. Mais on comprend que ces règles ne pouvaient avoir en vue que les plantations à faire, et c'est ce qu'a dit le ministre, dans son instruction du 24 juin 1836. Les règlements portent donc que les plantations faites antérieurement à la publication de ces actes, à des distances moindres que celles prescrites, peuvent être conservées, mais qu'elles ne peuvent être renouvelées qu'à la charge d'observer ces distances.

831. Les communes sont quelquefois propriétaires de terrains qui bordent des chemins vicinaux ; ces terrains sont, ou des biens communaux proprement dits. ou de simples parcelles provenant de la réduction du chemin à ses limites légales.

Dans ces cas, les communes ont évidemment intérêt à faire des plantations sur ces terrains. Elles doivent alors observer, relativement aux chemins, les distances prescrites par le règlement, et relativement aux propriétés riveraines, les distances voulues par l'article 671 du Code civil. L'autorisation du sous-préfet est nécessaire pour les plantations à faire le long des chemins vicinaux de grande communication.

832. Quant aux plantations sur le sol des chemins vicinaux, il est fait défense absolue à tout propriétaire riverain d'en faire aucune ; s'il en a été fait avant la publication du règlement, l'autorité examine si les intérêts de la viabilité permettent qu'elles soient conservées à titre de tolérance. Ici, en effet, on n'est plus retenu par l'obligation de ne pas donner à la disposition prise d'effet rétroactif, car la plantation sur un sol appartenant à la commune n'a pu constituer aucun droit, et la commune peut toujours requérir celui qui a planté, de faire disparaître les arbres.

Si les plantations faites sur le sol des chemins vicinaux peuvent être conservées, ce n'est jamais qu'à la condition qu'en aucun cas elles ne seront renouvelées.

Si l'intérêt de la viabilité exige la destruction des plantations actuellement existantes sur le sol des chemins vicinaux, les propriétaires sont mis en demeure d'enlever, dans le délai d'un mois, les arbres qui leur appartiennent, sauf à eux à faire valoir le droit qu'ils croiraient avoir à une indemnité.

Dans le cas où les particuliers mis en demeure n'auraient pas obtempéré, dans le délai fixé, à l'injonction qui leur a été faite, l'abatage des arbres serait fait d'office et à leurs frais. Ces frais sont prélevés sur le produit de la vente des arbres, qui est versé provisoirement dans la caisse municipale et tenu à la disposition du propriétaire.

833. Si, à l'occasion d'arbres plantés sur le sol d'un chemin avant la publication des règlements qui ont prohibé ces plantations, il venait à surgir, entre la commune et des propriétaires, un litige sur la propriété de ces arbres, cette question serait exclusivement du domaine des tribunaux civils, comme toutes celles qui ont pour objet un droit de propriété. Nous ajouterons, toutefois, qu'alors même que ces arbres seraient reconnus, par un jugement définitif, être la propriété des particuliers qui les ont plantés, l'administration n'en aurait pas moins le droit d'en ordonner l'enlèvement, si le besoin de la viabilité l'exigeait. A plus forte raison, le droit de propriété des arbres existants ne pourrait-il constituer, pour les propriétaires, le droit de renouveler les plantations qui auraient été tolérées jusqu'à leur dépérissement,

834. Nous terminerons ce qui a rapport aux plantations d'arbres, en faisant remarquer, comme le ministre de l'intérieur l'a fait dans son instruction du 24 juin 1836, que le droit de réglementation attribué aux préfets n'a pour objet que l'intérêt de la viabilité, et que si, dans cet intérêt, ils peuvent prohiber les plantations qui nuiraient à la viabilité, ils dépasseraient le but et leurs pouvoirs en ordonnant aux propriétaires riverains de faire des plantations qui ne seraient qu'un objet d'embellissement de la voie publique.

SECTION III.

Plantation de haies.

———

835. La plantation des haies est soumise aux mêmes règles, à peu près, que celle des arbres.

Ainsi, les propriétaires riverains des chemins vicinaux ne doivent faire aucune plantation de haies, le long de ces chemins, sans, au préalable, avoir demandé et obtenu alignement.

Il est fait exception à cette obligation pour les haies que les propriétaires se proposeraient de planter, sur leurs terrains, à plus de 2 mètres en arrière du bord des fossés ou de la limite légale des chemins.

Les alignements pour plantations de haies sont donnés par les maires, pour les chemins vicinaux de petite communication, et par les sous-préfets, pour les chemins vicinaux de grande communication.

La distance du bord des chemins, à laquelle les haies peuvent être plantées, varie selon les circonstances locales; la hauteur à laquelle les haies doivent être maintenues, est également fixée par les arrêtés.

Il est interdit de laisser croître dans les haies qui bordent les chemins vicinaux aucuns baliveaux ou grands arbres.

Enfin les haies plantées antérieurement à la publication du règlement, à des distances moindres que celle prescrite, peuvent être conservées, mais elles ne peuvent être renouvelées qu'à la charge d'observer cette distance.

SECTION IV.

Elagage.

———

836. En réglementant l'élagage des arbres et la tonte des haies, les préfets doivent, comme l'a dit le ministre dans la circulaire du 10 octobre 1839 déjà citée, s'attacher « à concilier ce qu'exige l'intérêt de la « vicinalité avec ce que demande l'intérêt des propriétaires riverains. » Il faut, en effet, que l'élagage soit exécuté de manière à empêcher que l'ombre des arbres et des haies empêche l'assèchement des chemins; il faut qu'il soit fait à des intervalles de temps et dans une mesure telle qu'il puisse ne pas causer la destruction des plantations.

Les règlements disposent donc que l'élagage des arbres aura lieu tous les ans, tous les deux ans, ou tous les trois ans, selon l'essence des arbres, et qu'il sera fait jusqu'à une hauteur déterminée et dans tout le pourtour des arbres.

Les branches qui avanceraient sur le chemin au delà des fossés, doivent être coupées, quelle que soit la distance à laquelle le tronc de l'arbre se trouve du chemin.

Il en est de même des racines qui avanceraient sur le fossé.

Les arbres qui pencheraient sur les chemins vicinaux de manière à gêner la circulation, doivent être abattus et enlevés à la diligence des propriétaires ou fermiers des terrains sur lesquels ils sont plantés.

Les haies plantées le long des chemins vicinaux, soit de petite, soit de grande communication, doivent être élaguées tous les ans.

La tonte des haies doit se faire tous les trois ans, de manière à les réduire à la hauteur prescrite.

Les racines des haies doivent être coupées toutes les fois qu'elles avancent, soit sur les fossés, soit sur le sol des chemins.

837. Pour assurer l'exécution de ces dispositions, les maires doivent publier, tous les ans, dans leurs communes respectives, un arrêté prescrivant l'élagage des haies, ainsi que celui des arbres qui sont dans le cas d'être élagués, la tonte des haies et le recepage des racines partout où besoin sera.

Cet arrêté doit fixer l'époque à laquelle ces diverses opérations doivent être terminées.

A l'expiration du délai fixé par l'arrêté, les maires, adjoints, agents voyers et gardes champêtres, doivent faire une inspection générale des chemins vicinaux de leurs ressorts respectifs, pour constater si les dispositions prescrites par l'arrêté ont été exactement exécutées.

Dans le cas où ils trouveraient des arbres ou des haies dont l'élagage ou le recepage n'auraient pas été opérés, ou ne l'auraient été qu'incomplétement, ils en dresseraient procès-verbal.

Ce procès-verbal doit être notifié aux propriétaires retardataires, avec injonction d'avoir à procéder à l'élagage et au recepage dans la huitaine, et déclaration que, faute de ce faire, il y sera pourvu d'office et à leurs frais.

Si, dans le délai fixé, il n'a pas été satisfait à cette injonction, les maires, pour les chemins vicinaux de petite communication, et les sous-préfets pour les chemins vicinaux de grande communication, commettent des ouvriers de leur choix pour faire l'élagage et le recepage aux dépens des propriétaires.

En même temps, le procès-verbal de la contravention doit être déféré au tribunal de simple police, pour, le contrevenant, être condamné à l'amende encourue et aux frais de l'exécution des travaux.

SECTION V.

Contraventions.

838. Les infractions aux règlements concernant les plantations se divisent naturellement en deux catégories.

Les unes, la plantation d'arbres ou de haies sur le sol même des chemins vicinaux, constituent une véritable usurpation de ce sol; c'est donc devant les conseils de préfecture qu'elles doivent être poursuivies. C'est ce qui résulte d'une ordonnance du 6 février 1837 (*d'Assonvillez c. commune de Cernaux*), qui, tout en déclarant l'incompétence d'un conseil de préfecture, relativement à des plantations faites sur un chemin qui n'était pas vicinal, a implicitement reconnu la compétence de ce tribunal administratif en ce qui concernait les plantations faites sur le sol d'un chemin vicinal.

Elle est ainsi conçue :

Vu la loi du 9 ventôse an XIII; en ce qui touche les plantations faites par le sieur d'Assonvillez sur le chemin de Cernaux à Monglas: considérant que le chemin de Cernaux à Monglas ne figure point sur le tableau des chemins vicinaux arrêté par le préfet; que, dès lors, le conseil de préfecture était incompétent pour statuer sur ces plantations; en ce qui concerne les plantations faites le long du carrefour : considérant qu'il a été reconnu par le préfet que le terrain sur lequel ces plantations ont été exécutées fait partie du chemin qui est classé au tableau précité sous le n° 7 ; — Art. 1er. L'arrêté du conseil de préfecture du département de Seine-et-Marne, ci-dessus visé, est annulé, pour incompétence, en celle de ses dispositions qui a prescrit l'enlèvement des plantations exécutées sur le chemin de Cernaux à Monglas. — Art. 2. Le surplus des conclusions du sieur d'Assonvillez est rejeté.

839. Toutes les autres infractions, telles que les plantations d'arbres ou de haies à des distances ou avec un espacement autres que ceux prescrits, la négligence ou le refus d'élaguer aux époques et dans les formes prescrites, constituent un simple refus d'obéir à un règlement administratif, c'est-à-dire une contravention qui rentre dans la compétence des tribunaux de simple police.

C'est ce qu'a rappelé une ordonnance du 6 septembre 1842 (*Marnot*), ainsi conçue :

Vu la requête à nous présentée au nom du sieur Marnot, et tendante à ce qu'il nous plaise annuler, pour cause d'incompétence, un arrêté du conseil de préfecture dudit département, en date du 11 décembre 1840, lequel a condamné le requérant à faire arracher deux peupliers par lui plantés à 1 mètre 32 centimètres du chemin vicinal n° 7, de la Ferté-Gaucher à la Frévillard, contrairement au règlement fait en exécution de l'article 21 de la loi du 21 mai 1836; vu la loi du 21 mai 1836 et les articles 6, 7 et 8 de la loi du 9 ventôse an xiii; considérant que le fait reproché au sieur Marnot constituerait une simple infraction à un règlement de police administrative et non une anticipation sur la largeur du chemin vicinal dont il s'agit; que, dès lors, le conseil de préfecture était incompétent pour en connaître.

CHAPITRE VIII.

FOSSÉS.

SECTION I.

Fossés ouverts par l'administration.

---

§ 1. — *Établissement.*

840. L'ouverture de fossés le long des chemins vicinaux a le double avantage de contribuer à l'assèchement de ces chemins, et de rendre les anticipations plus difficiles. Mais, quelque désirable que fût l'établissement de ces fossés, l'administration, comme le fait remarquer le ministre de l'intérieur, dans son instruction du 24 juin 1836, était souvent entravée par le silence de la législation.

La loi du 21 mai 1836 a comblé une lacune dont le service vicinal avait trop à souffrir, et en attribuant aux préfets, par son article 15, le droit de donner aux chemins vicinaux toute la largeur qui leur est nécessaire, il leur a évidemment accordé la faculté de comprendre dans les limites de ces chemins le sol nécessaire pour établir des fossés, partout où il peut être utile d'en creuser.

La largeur et la profondeur à donner aux fossés dépendent des circonstances locales ; ces détails sont réglés par le préfet, selon ce qu'exigent les besoins de la viabilité.

841. Quant à la dépense d'établissement des fossés, le ministre de l'intérieur a décidé, dans l'instruction précitée, qu'elle devait être faite sur les ressources affectées aux chemins vicinaux, et il ne pouvait en être autrement, car aucune disposition de la loi ne permettrait de mettre à la charge des propriétaires riverains la dépense des fossés ouverts par l'administration sur le sol vicinal.

§ 2. — *Curage.*

842. Les fossés ouverts par l'administration, le long des chemins vicinaux, doivent être curés tous les ans, et plus souvent, s'il est besoin. La dépense du curage est, de même que celle d'établissement, inhérente à l'entretien des chemins, et comme le fait remarquer le ministre de l'intérieur, dans son instruction du 24 juin 1836, il serait impossible de la mettre à la charge des propriétaires riverains.

843. Quelquefois, cependant, ainsi que l'indique le ministre dans la même instruction, les propriétaires riverains trouvent avantage à se charger du curage des fossés, pour employer, comme engrais, le limon qui s'y dépose, et, dans ce cas, l'administration peut autoriser ce curage en en réglant les conditions ; ce n'est plus là, on le comprend, une obligation qu'elle impose, c'est une faculté qu'elle concède.

Nul ne pourrait, d'ailleurs, procéder à ce curage, sans y avoir été formellement autorisé, et s'il le faisait, il commettrait une contravention qui devrait être réprimée, sans même que le tribunal puisse s'arrêter devant l'exception de propriété.

C'est ce qu'a déclaré la cour de cassation par un arrêt (ch. crim.) en date du 2 mai 1846 (*Ducasse*), ainsi conçu :

Vu l'article 15 de la loi du 21 mai 1836, et l'arrêté du 18 mai 1837, par lequel le préfet du département des Landes a déclaré chemin vicinal de la commune de Saint-Vincent-de-Xaintes, celui qui conduit de Portets à Narrosse, et a fixé sa largeur à 6 mètres, non compris les fossés ;

Attendu qu'aux termes de l'article 15 de la loi du 21 mai 1836, l'arrêté précité a définitivement attribué audit chemin vicinal le sol compris dans les limites par lui déterminées, et que le droit des propriétaires riverains se résout en une indemnité qui doit être réglée, s'il y a lieu, conformément à cet article ;

Qu'il résulte du procès-verbal dressé, le 6 février dernier, par l'agent voyer de l'arrondissement de Dax, que Louis Ducasse, colon de Jean Duplantier, avoué, a récuré le fossé gauche de ce chemin, et qu'une partie des terres enlevées a été employée à réparer le baradeau qui le longe, tandis que l'autre a été transportée sur le champ voisin, le surplus restant sur la voie ;

Que ce fait, qui n'a point été débattu par la preuve contraire, constitue une contravention aux nos 11 et 12 de l'article 479 du Code pénal ;

Que l'exception préjudicielle de propriété ne peut être utilement proposée en cette matière, d'après l'article 16 de la même loi, que lorsqu'il s'agit de l'ouverture ou du redressement d'un chemin vicinal, et que l'exécution de cette mesure rend nécessaire l'expropriation préalable des terrains dont elle exige l'occupation ;

Qu'en l'admettant donc dans l'espèce, au lieu d'infliger immédiatement au prévenu la peine par lui encourue, le jugement dénoncé a commis une violation expresse des dispositions ci-dessus visées.

844. Si, à l'occasion de l'autorisation donnée à un particulier, de curer des fossés dépendants du sol vicinal, survenaient des contestations sur l'exécution de cette opération, ces contestations seraient-elles de la compétence du conseil de préfecture, comme s'il s'agissait de travaux publics ?

Il a été prononcé négativement, sur cette question, par une ordonnance du 21 août 1845 (*dame veuve Mahaut c. commune de Saint-Jean-la-Rivière*), ainsi conçue :

Vu les lois des 14-22 décembre 1789, 16-24 août 1790, 16 fructidor an III, 28 pluviôse an VIII, 21 mai 1836 et 18 juillet 1837 ;

Considérant que la demande de la dame veuve Mahaut a pour objet de faire reconnaître l'existence et les conditions d'un marché qu'elle prétend avoir passé avec le maire de Saint-Jean-la-Rivière pour l'extraction du terreau déposé dans des fossés situés le long du chemin dit rue au Marquand ; que, dans l'espèce, il ne s'agit point d'une entreprise de travaux d'utilité publique ; que, dès lors, les contestations relatives au marché dont se prévaut la dame veuve Mahaut ne rentrent point dans la compétence de l'autorité administrative, d'après les lois des 28 pluviôse an VIII et 16 septembre 1807.

§ 3. *Anticipations.*

845. Les fossés ouverts par l'administration étant une dépendance des chemins vicinaux qu'ils bordent, ils sont protégés contre les anticipations par les mêmes dispositions légales que les chemins eux-mêmes, et la répression de ces anticipations doit avoir lieu dans les mêmes formes, ainsi que l'a dit le ministre de l'intérieur, dans son instruction du 24 juin 1836.

Cette assimilation, et quant à la nature de la contravention, et quant à la forme des poursuites à exercer, a été complétement admise par une ordonnance du 14 juillet 1838 (*Andrieux c. commune de Jonquières*), ainsi conçue :

Considérant que, d'après le tableau des chemins vicinaux de la commune de Jonquières, approuvé par le préfet du département de Vaucluse, le 14 septembre 1824, la largeur du chemin de Jonquières à Courthezon a été fixée à 6 mètres *francs de fossés*; considérant qu'il existait le long dudit chemin et en dehors de la largeur de 6 mètres, un fossé large de 1 mètre 25 centimètres ; que, d'après l'arrêté de classement, ce fossé doit être considéré comme faisant partie du chemin ; qu'ainsi, c'est avec raison que le conseil de préfecture de Vaucluse a réprimé l'usurpation commise par le sieur Andrieux sur l'emplacement dudit fossé.

Une décision analogue se trouve dans l'ordonnance du 30 juin 1839 (*Renault c. commune de Vélizy*).

846. Lorsqu'il y a contestation sur la question de savoir si un fossé creusé le long d'un chemin vicinal est, ou non, compris dans les limites de ce chemin, telles qu'elles ont été déterminées par l'arrêté de classement, c'est à l'autorité administrative seule qu'il appartient de statuer, et l'autorité judiciaire ne peut admettre une action possessoire portant sur le terrain de ce fossé.

C'est ce qui résulte d'une décision du tribunal des conflits, en date du 24 juillet 1851 (*Belloins et de Latude c. commune de Ponserols*), ainsi conçue, sur ce chef :

Vu la loi du 21 mai 1836 sur les chemins vicinaux ;

En ce qui touche la compétence :

Considérant qu'aux termes de l'article 15 de la loi du 21 mai 1836, l'arrêté du préfet qui porte fixation de la largeur du chemin vicinal, attribue définitivement au chemin le sol compris dans les limites qu'il détermine, et que le droit du propriétaire riverain se résout en une indemnité ;

Considérant qu'un arrêté du préfet de l'Hérault, en date du 4 septembre 1841, a classé le chemin dont de Latude est riverain, et en a fixé la largeur à 6 mètres, non compris les fossés, et sauf la conservation dudit excédant ; que la question de savoir si le terrain en litige faisait ou non partie du chemin classé, et si, à ce titre, il n'était pas incorporé au domaine public, appartenait essentiellement à l'autorité administrative, seule compétente pour interpréter les actes administratifs ;

Considérant, d'ailleurs, que l'action intentée par de Latude a pour objet, non la fixation d'une indemnité, mais la mise en possession du terrain en litige ; que, d'autre part, elle est fondée sur des faits de possession postérieurs de plus d'une année à la date de l'arrêté du préfet ;

Art. 1er. L'arrêté de conflit ci-dessus visé est confirmé.

§ 4. — *Dégradations.*

847. La dégradation des fossés est aussi essentielle à empêcher que l'anticipation du sol, et les préfets ont dû, dans leurs règlements, prendre les dispositions propres à prévenir cette dégradation.

Ainsi, nul ne doit, sous aucun prétexte, traverser les fossés avec voitures ou charrettes pour le service de ses propriétés.

Il est également interdit de combler les fossés pour donner passage aux voitures.

848. Comme il ne faut pas, cependant, que les fossés ouverts le long des chemins vicinaux fassent obstacle aux communications avec les terres riveraines, les propriétaires peuvent établir, sur les fossés, des ponceaux permanents ou temporaires, mais en les disposant de telle sorte que les eaux conservent le débouché qui leur est nécessaire, et les fossés, ainsi que la voie publique, toute leur largeur.

Les ponts et ponceaux permanents ne peuvent être établis que sur l'autorisation des maires, pour les fossés dépendants des chemins vicinaux de petite communication, et sur celle du préfet, pour les fossés dépendants des chemins vicinaux de grande communication.

Les autorisations règlent le mode de conservation, les dimensions à donner aux ouvrages et les matériaux à employer ; elles stipulent toujours la charge de l'entretien perpétuel par l'impétrant.

849. Il est interdit de détériorer les berges des fossés, de cultiver le fond ou les talus de ces fossés, ou d'y faire ou laisser pâturer des bestiaux, de quelque espèce qu'ils soient.

Les herbes qui croissent spontanément dans les fossés étant la propriété des communes, elles peuvent être vendues à leur profit, mais sous la condition qu'elles seront coupées à la main.

Il est interdit de mettre rouir du chanvre dans les fossés dépendants des chemins vicinaux, d'y déposer des fumiers, terres, matériaux et autres objets de nature à les combler ou à empêcher le libre cours des eaux dans ces fossés.

Nul ne peut, sans y avoir été autorisé, établir de barrages ou écluses sur les fossés dépendants des chemins vicinaux.

Les autorisations sont données par les maires, pour les chemins vicinaux de petite communication, et par le préfet, pour les chemins vicinaux de grande communication. Elles sont toujours révocables, sans indemnité, s'il était reconnu que la faculté accordée fût nuisible à la viabilité.

850. Enfin, nulle construction, le long d'un chemin vicinal bordé de fossés, n'est autorisée qu'à la charge d'établir à la place du fossé, soit un aqueduc ayant un débouché suffisant pour l'écoulement des eaux, soit des caniveaux pavés.

La répression de la dégradation des fossés est de la compétence du tribunal de simple police, comme celle de la dégradation des chemins vicinaux, et par les mêmes motifs; c'est que ces dégradations, fait purement temporaire, ne constituent pas une anticipation du sol vicinal.

SECTION II.

Fossés ouverts par les particuliers.

851. Nous n'avons parlé, dans les paragraphes qui précèdent, que des fossés ouverts le long des chemins vicinaux, par l'administration, pour l'asséchement et la conservation de ces chemins ; mais il arrive quelquefois que, lorsque l'administration ne fait pas ouvrir de fossés, les propriétaires riverains en font ouvrir, sur leur terrain, pour la défense de leurs propriétés. Bien que ces fossés constituent alors une propriété privée comme le sol sur lequel ils sont établis, l'administration ne peut cependant rester dépourvue de toute action de surveillance et de tout moyen de prévenir les inconvénients qui pourraient en résulter pour le service vicinal ou pour le public.

852. Ainsi, il n'est pas douteux que les préfets ont le droit de défendre aux particuliers d'ouvrir des fossés sur leurs terrains, le long des chemins vicinaux, sans avoir demandé et obtenu alignement. C'est le moyen de prévenir les anticipations, et ce qui peut être prescrit à cet égard pour les constructions et les plantations, peut l'être, évidemment, pour les fossés.

853. Mais nous pensons aussi que l'alignement demandé doit être donné aux propriétaires sur l'extrême limite de leur sol, et il ne nous semble pas que l'administration pût s'appuyer sur aucune disposition légale pour exiger que les propriétaires laissassent une bande plus ou moins large de leur terrain, entre la limite du chemin et la crête extérieure de leurs fossés. Tout ce qui peut être exigé, c'est que ces fossés soient établis de manière à ne pouvoir jamais occasionner l'éboulement du sol du chemin.

854. Il est évident, d'ailleurs, que si un propriétaire riverain voulait, par un motif quelconque, ouvrir des fossés sur son terrain, non pas sur le bord du chemin, mais en arrière de la limite assignée au chemin, il en aurait le droit et qu'il ne serait pas même tenu de demander alignement. Cette œuvre, en effet, ne peut porter préjudice au sol vicinal.

Dans un cas semblable, l'autorité avait cru y voir une contravention, et elle avait déféré le fait au conseil de préfecture ; mais l'incompétence de ce tribunal a été déclarée par le conseil d'État, comme conséquence du principe qui restreint la compétence des conseils de préfecture aux seules *anticipations sur le sol vicinal*.

Cette ordonnance, en date du 26 novembre 1846 (*marquise d'Aubigny*), est ainsi conçue :

Vu la loi du 21 mai 1836, article 15 ;

Considérant qu'aux termes de l'article 15 de la loi du 21 mai 1836, les arrêtés du préfet portant reconnaissance et fixation de la largeur d'un chemin vicinal attribuent définitivement au chemin le sol compris dans les limites qu'ils déterminent, et que le droit des propriétaires, s'il y a lieu, se résout en une indemnité réglée conformément à la loi ;

Considérant que, par arrêtés en date des 5 septembre 1838 et 2 février 1839, le préfet de la Loire a classé comme chemin vicinal, avec une largeur de 6 mètres, non compris les fossés, le chemin de Sury à Saint-Jean-Soleymieux, dit *chemin de la Croix-de-l'Homme-Mort ;* que, conformément aux dispositions de l'article 15 de la loi précitée, ces arrêtés ont eu pour effet d'attribuer définitivement au chemin le sol compris dans les limites ainsi déterminées ;

Considérant que, dès lors, les travaux exécutés par la marquise d'Aubigny, sur le sol du chemin, tel qu'il a été délimité par les arrêtés susmentionnés, constituent des contraventions qu'il appartenait au conseil de préfecture de réprimer, sauf à la requérante à faire valoir, ainsi qu'elle avisera, les droits de propriété qu'elle prétend avoir sur ledit chemin ; mais que le conseil de préfecture était incompétent pour enjoindre à ladite dame de combler également la portion de fossés ouverts par elle et qui n'empiètent pas sur le sol actuellement attribué à la voie publique.

855. Le curage des fossés établis par les particuliers sur leur terrain, le long des chemins vicinaux, est évidemment à leur charge ; toutefois, l'administration aurait le droit de leur ordonner de les curer, si la stagnation des eaux dans ces fossés nuisait à la viabilité.

C'est ce que la cour de cassation a reconnu par un arrêt (ch. crim.), du 24 juillet 1835 (*Chenon*), ainsi conçu :

Attendu que l'arrêté du maire de Bléman n'ayant pas pour objet de forcer les propriétaires riverains des chemins communaux à creuser sur leurs terrains des fossés destinés à assainir ces mêmes chemins, mais seulement à relever et curer des fossés déjà existants, et qui, par leur mauvais état, contribuaient à entretenir la stagnation des eaux sur ces chemins ; que, dès lors, cet arrêté a été pris sur des objets de sûreté publique, confiés à la surveillance de l'autorité municipale par la loi du 24 août 1790 et celle du 22 juillet 1791 ; que cet arrêté étant d'ailleurs régulier en la forme, avait droit à la sanction des lois pénales, et que les contraventions à ses dispositions étaient passibles de l'application des peines portées en l'article 471 du Code pénal.

856. Lorsque des fossés ont été ouverts, anciennement, le long de chemins vicinaux, et qu'aucun acte ou titre ne constate par qui ce travail a été fait, il peut s'élever, entre la commune et les propriétaires riverains des chemins, un litige sur la propriété de ces fossés. Dans ce cas, c'est à ces propriétaires qu'incombe la charge de fournir la preuve de leurs droits.

C'est ce qui résulte d'un arrêt de la cour de cassation (ch. crim.) du 17 octobre 1834 (*Baillat*), ainsi conçu :

Vu l'article 182 du Code forestier ; attendu, en droit, que cette disposition, qui ne fait que consacrer la maxime : *Reus excipiendo fit actor*, s'applique à toutes les matières correctionnelles et de simple police ; et attendu, en fait, qu'Edme-Alexandre Baillat est prévenu, suivant procès-verbal régulièrement dressé à sa charge, le 14 mai dernier, d'avoir attenté aux droits de la commune des Ormes en curant une partie du fossé qui longe son héritage, sur le chemin conduisant de ce lieu à Everly ; qu'en se prétendant propriétaire de ce fossé, il a élevé une question préjudicielle dont le jugement dénoncé devait, conformément au troisième paragraphe de l'article précité, renvoyer immédiatement la décision devant la juridiction civile ; d'où il résulte que ce jugement, en ordonnant, avant faire droit, que le ministère public produirait la preuve que le fossé en question est une dépendance du chemin susdésigné, sauf, dans le cas de l'affirmative, à renvoyer les parties devant les juges qui doivent connaître de l'exception, a non-seulement prescrit à la partie publique une obligation qu'il ne pouvait lui imposer, mais encore commis une violation expresse dudit article 182.

Il a été prononcé dans le même sens par un autre arrêt (ch. crim.) du 28 juin 1839 (*Collargette et autres*).

SECTION III

Talus.

---

857. Il est des cas où les chemins vicinaux se trouvant en remblai, il est nécessaire, non plus d'ouvrir des fossés, mais d'établir des talus d'une pente telle, qu'elle puisse prévenir l'éboulement des terres. L'établissement de ces talus peut se faire par application de l'article 15 de la loi du 21 mai 1836, et c'est dans les formes prévues par ce même article qu'il doit être procédé au règlement de l'indemnité due au propriétaire du sol occupé.

En effet, l'article 15 de la loi du 21 mai 1836 donne aux préfets le droit de fixer la largeur des chemins vicinaux, et il est aujourd'hui reconnu que le maximum de cette largeur n'est déterminé que par le besoin des communications. Lorsqu'il est jugé utile d'ouvrir des fossés le long des chemins vicinaux, la bande de terrain nécessaire à l'ouverture de ces fossés, est considérée comme faisant partie du sol du chemin, et il est incontestable que l'arrêté du préfet suffit pour incorporer au chemin la largeur des fossés, sauf indemnité à régler dans les formes prescrites par ce même article.

Ce qui peut se faire pour les fossés, peut évidemment se faire pour les talus ; le préfet peut comprendre, dans la largeur qu'il attribue au chemin, la bande de terre nécessaire pour l'établissement des talus, et son seul arrêté opère l'expropriation du sol.

858. Mais, pour le règlement de l'indemnité, il peut y avoir une distinction à faire.

Lorsqu'on ouvre des fossés, le sol sur lequel ils sont établis est complétement et définitivement enlevé au propriétaire riverain, qui ne peut plus en faire aucun usage ; on lui doit donc une indemnité égale à la valeur intégrale du terrain qu'on lui prend. Mais, lorsqu'on établit des talus, il est des cas où le sol peut encore en être cultivé, avec quelque difficulté, sans doute, mais cependant d'une manière productive. Si, dans ces cas, le propriétaire riverain manifeste le désir de rester en jouissance du sol et de le cultiver, et si l'administration croit que cette faculté soit compatible avec la bonne conservation des talus, elle peut y consentir ; et, dès lors, l'indemnité à accorder au propriétaire ne doit plus être égale à la valeur du sol, mais seulement à la dépréciation qu'il éprouve.

Il est bien évident, toutefois, que ce ne peut être là que l'effet d'un accord amiable entre l'administration et le propriétaire riverain ; car, si celui-ci renonce d'une manière absolue à faire usage du sol des talus, il a droit d'exiger, à titre d'indemnité, la valeur intégrale du sol qui lui est ainsi définitivement enlevé.

859. Les talus faisant, comme nous venons de le dire, partie intégrante des chemins vicinaux, toute œuvre qui aurait pour effet d'anticiper sur ces talus serait considérée comme une usurpation sur le sol de ces chemins, constatée et poursuivie de la même manière.

Comme pour les fossés, il est interdit de dégrader les talus des chemins vicinaux ou d'y faire ou laisser pâturer les bestiaux, de quelque espèce qu'ils soient, et les herbes qui croissent spontanément sur ces talus, pourraient être vendues au profit des communes, mais sous la condition qu'elles seront coupées à la main.

CHAPITRE IX.

ÉCOULEMENT DES EAUX.

860. Les chemins vicinaux peuvent être dégradés de la manière la plus fâcheuse par les eaux qui, quelquefois, coulent le long de leurs bords, ou par celles qui les traversent ; aussi le législateur a-t-il placé *l'écoulement des eaux* au nombre des matières sur lesquelles l'article 21 de la loi du 21 mai 1836 charge les préfets de statuer. Mais il doit être entendu que cette disposition ne déroge pas à celles du Code Napoléon, et c'est ce que le ministre de l'intérieur a dit, dans son instruction du 24 juin 1836.

861. Les préfets ont donc dû se borner à rappeler, dans leurs règlements généraux, que les propriétés riveraines situées en contre-bas des chemins vicinaux sont assujetties, aux termes de l'article 640 du Code Napoléon, à recevoir les eaux qui découlent naturellement de ces chemins, et que les propriétaires de ces terrains ne peuvent y faire aucune œuvre qui tende à empêcher le libre écoulement des eaux qu'ils sont tenus de recevoir, à les faire séjourner dans les fossés ou refluer sur le sol du chemin.

862. Les propriétaires peuvent même être assujettis à entretenir, sur leur terrain, les voies nécessaires à l'écoulement naturel des eaux, et la cour de cassation a reconnu le droit de réglementation des préfets, sur ce point, par un arrêt (ch. crim.) en date du 10 mai 1845 (*Juffet*), ainsi conçu :

Vu l'article 21 de la loi du 21 mai 1836 ; l'article 99 du règlement général fait par le préfet du département de l'Ain pour l'exécution de cette disposition, portant : « Les propriétaires riverains des chemins sont tenus de recevoir les eaux « qui en découlent naturellement ; ils doivent, en outre, entretenir, sur leurs ter- « rains, les voies utiles à cet écoulement ; » l'article 1er de l'arrêté du 16 avril 1844, revêtu de l'approbation du préfet, et par lequel le maire de Beynost, procédant en vertu de l'article 99 précité, a enjoint à Jean-Baptiste Juffet et à Michel Favrot, propriétaires, d'enlever, dans un délai de huit jours, à compter de la notification de cet acte administratif, les petites digues en terre qu'ils ont construites sur le bord de leurs propriétés, longeant le chemin vicinal des Andrés au Péchu, parce que ces digues empêchent l'écoulement des eaux provenant de ce chemin et en occasionnent la détérioration, ou, tout au moins, de les percer d'un nombre d'ouvertures suffisant, afin d'empêcher la stagnation des eaux sur icelui ;

Vu pareillement l'article 471, nº 15, du Code pénal, et l'article 182 du Code forestier ;

Attendu que l'arrêté précité du 16 avril 1844 est obligatoire pour les particuliers qu'il concerne, ainsi que pour le tribunal de simple police qui doit assurer son observation, puisqu'il rentre dans l'exécution de l'article 21 de la loi du 21 mai 1836.

863. L'administration, de son côté, ne peut rien faire qui tende à aggraver la servitude qui pèse sur les propriétés riveraines. Ainsi, elle doit souffrir que les eaux supérieures arrivent sur les chemins vicinaux.

si telle est la direction que la déclivité naturelle du sol leur a donnée.

Lorsque, pour empêcher les eaux de séjourner sur les chemins vicinaux et de nuire à leur viabilité, il y a nécessité de les diriger par des rigoles ou des pentes artificielles sur des propriétés qui ne sont pas naturellement obligées de les recevoir, les maires doivent, avant de les y faire passer, s'entendre avec les propriétaires pour régler à l'amiable l'indemnité qui pourrait leur être due.

864. Il est des cas où un propriétaire, riverain des deux bords d'un chemin vicinal, a un besoin réel de faire passer des eaux d'un côté à l'autre de ce chemin. Cette autorisation peut lui être accordée, mais à la charge d'établir, dans toute la largeur du chemin, un aqueduc en maçonnerie, qui doit être construit suivant les indications qui sont données dans l'arrêté.

Cette autorisation serait donnée par les maires, pour les chemins vicinaux de petite communication, et par le préfet, pour les chemins vicinaux de grande communication.

Les droits des tiers doivent toujours être réservés, dans l'autorisation, ainsi que la faculté, pour l'administration, de faire supprimer les constructions faites, si elles étaient mal entretenues, ou si elles devenaient nuisibles à la viabilité du chemin.

CHAPITRE X.

MESURES DE SURVEILLANCE ET DE CONSERVATION.

---

865. Après avoir énuméré, dans l'article 21 de la loi du 21 mai 1836, les principales mesures sur lesquelles les préfets doivent statuer dans leurs règlements généraux, le législateur a encore étendu leur action *à tous les autres détails de surveillance et de conservation.*

Le législateur a eu en vue ici, évidemment, l'intérêt de la vicinalité ; mais, l'autorité administrative, après avoir pourvu à ce besoin, a aussi pour devoir d'assurer la sûreté des voyageurs. Les mesures qu'ont à prendre les préfets peuvent donc être divisées en deux catégories.

SECTION I.

Mesures ayant pour objet la conservation des chemins vicinaux.

---

§ 1. *Dégradations.*

866. Les règlements préfectoraux contiennent généralement la défense,

D'enlever du gravier, du sable, de la terre ou du gazon sur les chemins vicinaux ou dans les fossés qui en dépendent ;

De faire, sur les chemins vicinaux ou dans les fossés, aucun dépôt de pierres, terres, décombres ou autres matériaux, sauf le cas de nécessité absolue ;

D'y jeter les pierres provenant de l'épierrement des champs voisins ;

De laisser stationner sur les chemins aucune voiture, instruments aratoires, marchandises ou autres choses encombrantes, de manière à gêner la circulation ;

De mutiler les arbres plantés sur les chemins vicinaux, de dégrader les bornes, parapets des ponts et autres ouvrages ;

De dépaver les chemins vicinaux qui seraient pavés en tout ou en partie ;

D'enlever aucune pierre, non plus que les fers, bois et autres matériaux destinés aux travaux desdits chemins ou déjà mis en œuvre ;

De faire aucune tranchée ou ouverture quelconque dans la chaussée, les accotements, revers ou glacis des chemins vicinaux, pour quelque motif que ce soit, sans en avoir demandé et obtenu l'autorisation ;

De déverser, sur les chemins vicinaux ou dans les fossés, des eaux d'irrigation ou provenant des usines et fabriques, ni même les eaux pluviales ou ménagères, de manière à causer des dégradations aux chemins ou fossés ;

De parcourir les chemins vicinaux avec des charrues dont le fer ne serait pas relevé ;

De détériorer les berges et talus, de même que les signes indicatifs de la largeur des chemins vicinaux ;

De labourer le sol des chemins vicinaux dans la largeur comprise entre les fossés, ou, à défaut de fossés, dans la largeur attribuée au chemin par les arrêtés de classement ;

D'établir des fumiers sur le sol des chemins vicinaux, ou d'y étendre, pour la faire macérer ou briser, aucune espèce de litière, paille, ajoncs, feuilles, lavande, bois, etc. :

De faire ou de laisser paître sur les chemins vicinaux aucune espèce d'animaux, soit sous la garde d'un pâtre, soit même à la longe ou en laisse.

Il est encore prescrit aux propriétaires des terrains supérieurs bordant les chemins vicinaux, d'empêcher leur éboulement sur lesdits chemins ou dans les fossés, et d'entretenir toujours en bon état les murs de soutènement ou de clôture de leurs terrains, de manière que ni les chemins ni les fossés ne soient embarrassés.

§ 2. *Police du roulage.*

867. Jusqu'en 1851, comme on sait, la législation sur la police du roulage était basée sur un système préventif, c'est-à-dire qu'afin de préserver les routes des dégradations que l'on pensait pouvoir y être occasionnées par des chargements trop considérables, le législateur avait cru devoir limiter le poids des chargements des différentes espèces de véhicules.

Il pouvait paraître désirable, alors, que les mêmes règles fussent appliquées aux transports qui se font sur les chemins vicinaux, notamment sur ceux de grande communication, et quelques préfets avaient cru pouvoir prononcer cette application, en vertu de la disposition de l'article 21 de la loi du 21 mai 1836, qui leur donne le droit de réglementer tous *les détails de surveillance et de conservation.* C'était là une erreur évidente, et pour la démontrer, il suffit de faire remarquer que dans divers projets de lois présentés aux Chambres dans ces dernières années, le Gouvernement avait introduit un article qui eût autorisé l'application aux chemins vicinaux de grande communication, de quelques-unes des dispositions relatives à la police du roulage ; or, cela eût été inutile si cette législation eût pu s'appliquer *de plano* aux voies publiques dont il s'agit. Le ministre de l'intérieur dut donc, dans sa correspondance avec les préfets, les prémunir contre ce qui eût été un excès de pouvoir.

868. L'autorité judiciaire, de son côté, maintenait le même principe, et la cour de cassation par un arrêt (ch. crim.) en date du 4 septembre 1847 (*Descamps et Broutin*), avait déclaré que les maires n'avaient pas le droit de réglementer la police du roulage sur les chemins vicinaux, notamment en ce qui concerne la limitation du chargement des voitures qui circulent sur ces chemins.

Cet arrêt est ainsi conçu :

Sur le moyen proposé à l'appui dudit pourvoi, pris dans la violation du n° 15 de l'article 471 du Code pénal, ainsi que de l'article 3, titre XI de la loi du 24 août 1790, 46 du titre Ier de la loi du 22 juillet 1791 et des dispositions de celle du 18 juillet 1837, en ce que les peines portées auxdits articles n'avaient pas été appliquées auxdits Descamps et Broutin, lorsqu'il était établi et non contesté par eux qu'ils avaient contrevenu au règlement pris par le maire de Masny, le 15 septembre 1846, à l'effet de *limiter le chargement des voitures circulant sur les chemins vicinaux pavés de cette commune :*

Attendu que, en décidant qu'aucune loi n'accordait aux maires le droit de réglementer la police du roulage sur *les chemins vicinaux* dans leurs communes, et en refusant, en conséquence, de faire application du n° 15 de l'article 471 du Code pénal, le jugement attaqué n'a pas violé les lois des 24 août 1790 et 22 juillet 1791, non plus que celle du 18 juillet 1837 sur l'administration municipale ; que ce jugement s'est, au contraire, conformé aux dispositions de l'article 21 de la loi du 21 mai 1836, comme à celles du n° 15 de l'article 471 précité, qui ne chargent les tribunaux de procurer l'exécution que des règlements légalement faits par l'autorité administrative.

Dans l'espèce, à la vérité, il s'agissait d'un arrêté pris par *un maire*, et on aurait pu se demander, peut-être, si les préfets n'auraient pas, sur ce point, des pouvoirs plus étendus. Nous répondrons, à cet égard, que, lorsque les préfets prennent des arrêtés de police, leurs pouvoirs ont la même origine que ceux des maires, les lois de 1790 et 1791, et qu'ils ne peuvent, par conséquent, ordonner que ce que les maires eux-mêmes auraient le droit de prescrire. Seulement, leurs arrêtés peuvent s'étendre à tout le territoire du département, tandis que l'action des maires est limitée à la circonscription de la commune.

869. La loi du 30 mai 1851, sur la police du roulage, a apporté deux modifications profondes à l'état de choses précédent. D'une part, le législateur a abandonné complétement le système de la limitation du poids des chargements, et s'est borné à réglementer ce qui concerne la liberté et la sécurité de la circulation sur les routes ; d'autre part, il a déclaré les dispositions de cette loi applicables *aux chemins vicinaux de grande communication.* Par une conséquence toute naturelle, il a rangé les agents voyers dans la catégorie des fonctionnaires et agents chargés d'assurer l'exécution de la législation nouvelle et de constater les contraventions à cette législation. Nous croyons donc devoir donner ici une analyse sommaire de la loi du 30 mai 1851.

L'article 1er proclame la liberté absolue de circulation, pour toute espèce de voitures, sans aucune condition de réglementation *de poids,* ou *de largeur de jantes*, sur les routes impériales, départementales et *les chemins vicinaux de grande communication.*

L'article 2 porte que des règlements d'administration publique détermineront, soit pour toutes les voitures, soit pour les voitures ne servant pas au transport des personnes, soit pour les voitures de messageries, certaines mesures ayant pour objet la police de la circulation.

L'article 3 veut que *toute voiture* circulant sur les routes impériales, départementales et *les chemins vicinaux de grande communication*, soit munie *d'une plaque.*

Sont exceptées de cette disposition :

Les voitures particulières destinées au transport des personnes, mais étrangères à un service public de messageries ;

Les voitures appartenant aux administrations des postes, de la guerre et de la marine ;

Enfin les voitures employées à la culture des terres, au transport des récoltes, à l'exploitation des fermes, qui se rendent de la ferme aux champs ou des champs à la ferme, ou qui servent au transport des objets récoltés du lieu où ils ont été recueillis jusqu'à celui où, pour les conserver ou les manipuler, le cultivateur les dépose ou les rassemble.

Les exceptions à l'obligation de la plaque, résultant de ce dernier paragraphe de l'article 3, sont assez étendues pour en dispenser toutes les voitures employées aux transports agricoles. Il est à regretter qu'on ait omis d'y comprendre les voitures employées à l'acquittement des prestations en nature, et que cette omission n'ait pu être réparée dans les règlements d'administration publique rédigés en vertu de l'article 2 de la loi.

Les articles 4 à 14 déterminent les pénalités relatives aux diverses contraventions à la loi ou aux règlements d'administration publique ; nous ne nous arrêterons pas sur ces dispositions.

L'article 15 indique les fonctionnaires et agents qui ont le droit et le devoir de rédiger procès-verbal des contraventions et délits prévus par la présente loi ; ce sont, entre autres, les conducteurs, *agents, voyers,* cantonniers-chefs et autres employés du service des ponts et chaussées *ou des chemins vicinaux de grande communication.*

Quoique les agents du service des ponts et chaussées et ceux du service des chemins vicinaux de grande communication se trouvent, comme on voit, indiqués dans un même paragraphe, nous sommes cependant porté à penser que chacune de ces deux catégories d'agents ne peut rédiger procès-verbal que des contraventions et délits commis sur les voies de communication placées sous sa surveillance, c'est-à-dire, les agents des ponts et chaussées pour les routes impériales ou départementales, les agents du service vicinal pour les chemins vicinaux de grande communication. C'est là, ce nous semble, une conséquence rigoureuse de la distinction entre les fonctions de ces deux catégories d'agents, et on comprendrait difficilement qu'il en fût autrement.

Ce qui nous confirme dans notre opinion, c'est que, dans le troisième paragraphe du même article 15 qui a pour objet la constatation des dommages causés aux voies publiques ou à leurs dépendances, par la faute, la négligence ou l'imprudence du conducteur d'une voiture, c'est que, disons-nous, *les agents du service des ponts et chaussées* sont indiqués comme devant verbaliser des dommages aux routes impériales et départementales, et *les agents voyers* comme devant constater les dommages aux chemins vicinaux de grande communication.

L'article 16 détermine les lieux où peuvent être constatées les diverses espèces de contraventions prévues par la loi.

L'article 17 divise entre les conseils de préfecture et les tribunaux ordinaires le jugement des diverses natures de contraventions et de délits constatés.

L'article 18 veut que les procès-verbaux rédigés par les agents mentionnés au § 1er de l'article 15, soient affirmés dans les trois jours, *à peine de nullité*, devant le juge de paix du canton ou devant le maire de la commune, soit du domicile de l'agent qui a verbalisé, soit du lieu où la contravention a été constatée.

En règle générale, les procès verbaux rédigés par les agents voyers ne sont pas soumis à l'affirmation, ainsi qu'on le verra plus bas.

Si cette formalité est imposée aux agents voyers par l'article 18 de la loi du 30 mai 1851, ce n'est que pour les procès-verbaux qu'ils rédigeront en exécution des dispositions de ladite loi ; ceux qu'ils rédigent pour toutes les autres parties de leur service restent évidemment affranchis de la formalité de l'affirmation, comme ils l'étaient précédemment.

L'article 19 décide que les procès-verbaux doivent être enregistrés *en débet*, dans les trois jours de leur date ou de leur affirmation, *à peine de nullité*.

Aux termes de l'article 22, les procès-verbaux doivent être adressés, dans les deux jours de l'enregistrement, au sous-préfet de l'arrondissement, qui les transmet au préfet, s'il s'agit d'une contravention de la compétence des conseils de préfecture, ou au procureur impérial, s'il s'agit d'une contravention de la compétence des tribunaux.

L'article 28 est le dernier sur lequel l'attention de nos lecteurs nous paraît devoir être particulièrement appelée.

D'après le premier paragraphe de cet article, lorsqu'un procès-verbal a été rédigé par l'un des agents indiqués au premier paragraphe de l'article 15, au nombre desquels se trouvent les agents voyers et cantonniers-chefs, du service vicinal commissionnés à cet effet, *le tiers de l'amende prononcée* appartient au rédacteur du procès-verbal, à moins qu'il ne s'agisse d'une contravention ou d'un délit prévu aux articles 10 et 11, c'est-à-dire, dans le cas où l'agent rédacteur peut être considéré, jusqu'à un certain point, comme partie intéressée.

D'après le deuxième paragraphe de l'article 28, les deux autres tiers de l'amende sont attribués, soit au trésor public, soit au département, soit aux communes intéressées, selon que la contravention ou le dommage concerne une route impériale, une route départementale, ou un chemin vicinal de grande communication. La même règle est déclarée applicable au total des frais de réparation prononcés en vertu de l'article 9, pour les dommages causés à une voie publique ou à ses dépendances.

Il eût été à désirer, peut-être, que la rédaction de ce paragraphe de l'article 28 fût un peu plus explicite, en ce qui concerne l'attribution faite aux communes. Il nous semble, cependant, qu'en employant ces mots, *les communes intéressées*, le législateur a bien entendu que l'attribution était faite, non pas à la commune sur le territoire de laquelle la constatation du délit ou de la contravention a eu lieu, mais bien à l'agrégation des communes attachées à une même ligne vicinale, en d'autres termes, à la ligne vicinale elle-même.

La dépense des chemins vicinaux de grande communication, on le sait, n'est pas une dépense purement communale, ou plutôt c'est une dépense communale soumise à des règles spéciales. Ainsi, chacune des communes intéressées à une même ligne vicinale verse un contingent affecté à cette ligne, mais elle n'en fait pas l'emploi directement. Les différents contingents sont réunis dans la caisse du département pour être, concurremment avec les subventions allouées sur les fonds départementaux, employés sous la direction et l'autorité du préfet. Comment se pourrait-il donc que, lorsqu'une contravention ou un délit ont été constatés sur un point quelconque d'un chemin vicinal de grande communication, et qu'une condamnation à l'amende a été prononcée, comment se pourrait-il que l'amende profitât à la seule commune sur le territoire de laquelle la constatation a eu lieu ? Nous en dirons autant, et à plus forte raison, des condamnations prononcées pour réparation de dommages en vertu de l'article 9 de la loi.

870. On a vu que l'article 2 de la loi du 30 mai 1851 renvoyait à des règlements d'administration publique la détermination de certaines mesures de police. Il a été satisfait à cette prescription de la loi par un décret en date du 10 août 1852, qui n'est pas susceptible d'analyse, et par une instruction du 25 août 1852, concertée entre les ministres des travaux publics et de l'intérieur.

Enfin tout ce qui a rapport soit au recouvrement des droits de timbre ou d'enregistrement des procès-verbaux, ainsi que des frais de poursuites, soit au recouvrement des amendes et à la répartition de leur produit, a été réglé par une circulaire du directeur général de l'administration de l'enregistrement et des domaines, en date du 17 décembre 1851.

871. Aux termes de l'article 15 de la loi précitée, *les gendarmes* ont qualité pour constater les contraventions et délits prévus par cette loi.

Jusqu'à ce jour, il était passé en principe qu'un gendarme ne pouvait dresser procès-verbal des contraventions quelconques que dans la circonscription de la brigade dont il fait partie. C'est ce qui résultait, implicitement du moins, d'un arrêt de la cour de cassation (ch. crim.), en date du 8 septembre 1853 (*Chareyre*), dans lequel la cour admet la compétence des gendarmes pour constater les contraventions de simple police *dans la circonscription de leur brigade;* c'est, enfin, l'application de cette règle générale, qui circonscrit l'action de tous les fonctionnaires et agents dans les limites du territoire pour lequel ils sont institués ou commissionnés.

Le conseil d'État, section du contentieux, n'a pas pensé que cette règle fût applicable à la gendarmerie, et il a décidé que les membres de ce corps, si d'ailleurs ils sont dans l'exercice de leurs fonctions, ont qualité pour dresser procès-verbal des contraventions en matière de grande voirie, non-seulement dans la circonscription de la brigade dont ils font partie, ou dans le ressort du tribunal de première instance devant lequel ils ont prêté serment, mais encore sur tout autre point du territoire de l'Empire.

Cette décision, en date du 8 juin 1851 (*Dudefoy*), est ainsi conçue, sur ce chef :

Vu la loi du **28** germinal an VI, sur l'organisation de la gendarmerie nationale;

Vu l'ordonnance du roi du **29** octobre **1820**, portant règlement sur le service de la gendarmerie;

Vu la loi du **21** juin **1856**, sur le serment des militaires du corps de la gendarmerie;

Considérant qu'aux termes de l'article 1er de la loi du **28** germinal an VI et de l'article 1er de l'ordonnance réglementaire du **29** octobre **1820**, la gendarmerie est chargée d'assurer, dans toute l'étendue de la République, le maintien de l'ordre et l'exécution des lois ; qu'aux termes des mêmes articles, une surveillance continue et répressive constitue l'essence de son service, et qu'aux termes de l'article unique de la loi du **21** juin **1856**, le serment exigé de tout officier, sous-officier ou militaire du corps de la gendarmerie ne doit être prêté *qu'une fois par chaque militaire pendant la même période d'activité;*

Considérant, d'autre part, qu'aux termes du § **18** de l'article **179** de l'ordonnance du **29** octobre **1820**, les brigades de gendarmerie sont spécialement chargées de dresser des procès-verbaux des contraventions en matière de grande voirie;

Considérant que, du rapprochement des dispositions ci-dessus rappelées, il résuite que tout militaire du corps de la gendarmerie, étant d'ailleurs dans l'exercice de ses fonctions, a qualité pour dresser procès-verbal des contraventions en matière de grande voirie, non-seulement dans la circonscription de la brigade dont il fait partie, ou dans le ressort du tribunal de première instance devant lequel il a prêté serment, mais encore sur tout autre point du territoire de la République;

Considérant qu'il n'est pas contesté que les gendarmes Muller et Gourmez étaient dans l'exercice de leurs fonctions; qu'en conséquence ils avaient qualité pour dresser procès-verbal de la contravention commise par le sieur Dudefoy, et que, dès lors, c'est à tort que le conseil de préfecture a déclaré qu'il n'y avait lieu d'y donner suite.

La décision que nous venons de rapporter a pour objet la constatation des contraventions en matière de grande voirie, mais il est évident que le principe qu'elle pose, quant à l'action des gendarmes hors du ressort de leurs brigades respectives, s'applique entièrement aux contraventions en matière de roulage.

872. Lorsqu'un procès-verbal régulier constate une contravention à la police du roulage, le tribunal ne peut renvoyer les prévenus sur la simple déclaration écrite, de deux personnes attestant que le fait n'existe pas.

C'est ce qu'a décidé la cour de cassation par un arrêt (ch. crim.) en date du 21 janvier 1853 (*Migaud et Gallais*), ainsi conçu, sur ce chef:

Vu les articles 154 et 155 du Code d'instruction criminelle, 5, 7 et 13 de la loi du 30 mai 1851;

Vu pareillement l'article 16 du décret du 10 août—6 septembre 1852, portant règlement sur la police du roulage, en exécution de l'article 2 de cette loi;

Attendu qu'un procès-verbal du 8 décembre dernier, régulièrement affirmé et enregistré en débet, conformément aux articles 18 et 19 de la loi susdatée, constate que la charrette conduite par Migaud était dépourvue de la plaque prescrite par l'article 5 de la même loi, lorsque les gendarmes, rédacteurs de ce procès-verbal, la trouvèrent abandonnée sur le chemin de grande communication de Civray;

Que ce fait, s'il n'était pas débattu par des témoins entendus sous la foi du serment, devait être tenu pour constant par le tribunal saisi de la prévention, suivant les articles 154 et 155 du Code d'instruction criminelle, et entraîner l'application d'une amende de 6 à 15 francs contre Pierre Gallais, propriétaire de la charrette, et de 1 à 5 francs contre François Migaud, qui la conduisait, en vertu de l'article 7 de la loi du 30 mai 1851;

Que ledit Gallais devait, en outre, aux termes de l'article 13 de cette loi, être déclaré responsable de l'amende et des frais prononcés contre Migaud; .

Qu'en se fondant, pour relaxer l'un et l'autre, sur la déclaration écrite de deux individus, produite par les prévenus, et portant que, ledit jour, cette charrette aurait été munie de la plaque, le même jugement a violé ainsi expressément les articles ci-dessus visés.

873. On sait qu'en principe, le défaut d'enregistrement d'un procès-verbal de contravention ne vicie pas cet acte, mais il n'en est pas de même en matière de police du roulage, parce que la loi spéciale exige l'enregistrement des procès-verbaux, à peine de nullité.

C'est ce que la cour de cassation a rappelé, par un arrêt (ch. crim.), en date du 15 octobre 1852 (*Derme*), ainsi conçu, sur ce chef:

Attendu, sur le premier moyen, que la loi du 30 mai 1851 est introductive d'un droit nouveau, en ce qui concerne les agents qu'elle désigne, et spécialement les gendarmes qui constatent les contraventions par eux reconnues à la police du roulage; qu'elle déclare, en effet, par les articles 18 et 19, que ces procès-verbaux doivent, *à peine de nullité*, être enregistrés en débet dans les trois jours de leur date ou de leur affirmation;

Que le procès-verbal dont il s'agit, dressé en cette matière par la gendarmerie n'a point été soumis à l'enregistrement, ainsi que l'exigent les dispositions précitées ;

Qu'en décidant, dès lors, par ce motif, qu'il ne pouvait faire foi du fait qui s'y trouve énoncé, le tribunal de simple police de Charleville s'est littéralement conformé aux susdits articles 18 et 19.

§ 3. — *Barrières de dégel*.

874. A l'époque où la législation sur la police du roulage limitait le poids des chargements dans le but de prévenir la dégradation des routes, cette restriction avait paru insuffisante encore, dans certains départements du nord de la France, notamment, où la circulation de lourdes voitures sur les chaussées pavées, en temps de dégel, détériore ces chaussées de la manière la plus grave, en désagrégeant le pavé qui les constitue. Pour protéger ces voies publiques, une ordonnance royale du 23 décembre 1816 permet d'établir, sur les routes pavées, des *barrières de dégel*, qui demeurent fermées pendant un certain nombre de jours, au moment du dégel, et empêchent la circulation de toutes les voitures de roulage.

875. Dans ces mêmes départements de la zone septentrionale, beaucoup de chemins vicinaux de grande communication sont, comme les routes, construits en chaussées pavées, et il paraissait logique d'étendre à ces voies publiques le bénéfice de l'ordonnance du 23 décembre 1816. Mais il se présentait là un doute, sur la légalité de l'application aux chemins vicinaux, d'une disposition édictée en vue des routes, et le ministre de l'intérieur, à la demande de plusieurs préfets, crut devoir consulter, sur ce point, le comité de l'intérieur.

Le comité, par un avis, en date du 3 décembre 1839, émit l'opinion que l'ordonnance royale du 23 décembre 1816 ne pouvait pas être déclarée applicable aux chemins vicinaux de grande communication, mais que, en s'appuyant sur l'article 21 de la loi du 21 mai 1836, les préfets pouvaient préparer un projet de règlement relatif à l'établissement de barrières de dégel sur ceux de ces chemins qui sont construits en chaussée pavée, le communiquer au conseil général du département et le soumettre ensuite à l'approbation du ministre de l'intérieur.

876. La loi du 30 mai 1851, sur la police du roulage, a, aujourd'hui, levé toute difficulté à l'établissement des barrières de dégel sur les chemins vicinaux de grande communication dont les chaussées sont pavées. En effet, l'article 2 de cette loi range au nombre des mesures qui doivent être réglementées par un décret rendu sur l'avis du conseil d'Etat, les mesures à prendre pour régler momentanément la circulation pendant les jours de dégel, et l'article 7 du décret du 10 août 1852, portant règlement sur la police du roulage, charge les préfets, dans chaque département, de déterminer les chemins de grande communication sur lesquels des barrières de dégel pourront être établies. Ce n'est même plus pour les chaussées pavées seulement que la circulation peut être interrompue en temps de dégel, c'est encore sur les chaussées empierrées. Cela serait résulté suffisamment de l'absence, dans la loi, du mot *pavés* ; mais tout doute, à cet égard, disparaît en présence de l'article 7 précité du décret, qui détermine les exceptions qui doivent être faites à la défense de circuler, selon que les chaussées sont pavées ou empierrées.

SECTION II.

Mesures ayant pour objet la sûreté des voyageurs.

***

877. L'autorité administrative a le droit, en vertu de la loi du 16-24 août 1790, d'ordonner toutes les mesures nécessaires pour assurer *la sûreté du passage* sur les voies publiques.

Par application de cette disposition, les règlements généraux faits par les préfets ont interdit de pratiquer, dans le voisinage des chemins vicinaux, des excavations de quelque nature que ce soit, si ce n'est aux distances ci-après déterminées, à partir de la crête extérieure des fossés, ou, à défaut de fossés, à partir de la limite légale desdits chemins, savoir :

Pour les carrières, marnières et galeries souterraines........ 15 m.
Les puits et citernes.................................... 10
Les argilières, sablonnières et excavations du même genre, à ciel ouvert.. 3
Mares publiques ou particulières........................ 3
Caves.. 1

Les maires peuvent, en outre, imposer aux propriétaires de ces excavations l'obligation de les couvrir ou de les entourer, selon les cas, de clôtures propres à prévenir tout danger pour les voyageurs.

878. En ce qui concerne les carrières, le droit d'en prohiber l'ouverture à une certaine distance des chemins vicinaux s'appuyerait, au besoin, sur les arrêts du conseil du roi des 14 mars 1741 et 5 avril 1772, qu'une décision du Conseil d'Etat, section du contentieux, en date du 17 juillet 1849 (*Martin*), reconnaît être encore en vigueur. Cette décision est ainsi conçue :

Vu l'arrêt du conseil du 14 mars 1741 ;
Vu l'arrêt du conseil du 5 avril 1772 ;
Vu la loi du 27 juin 1855 ;
Considérant que, aux termes des arrêts du conseil des 14 mars 1741 et 5 avril 1772, il est interdit à tout particulier d'ouvrir une carrière à moins de 50 toises des routes et chemins publics, sous peine d'être condamné à 500 livres d'amende et à rétablir les lieux dans leur premier état ;
Considérant qu'il résulte de l'instruction que le sieur Martin, en ouvrant une carrière dans le talus de la route stratégique n° 8, a contrevenu à cette prohibition, et qu'ainsi c'est avec raison que le conseil de préfecture l'a condamné à l'amende et à rétablir les lieux dans leur premier état.

A la vérité, cette décision a été rendue à l'occasion d'une carrière ouverte près d'une *route*, mais la mesure répressive qu'elle prononce serait évidemment applicable à la voirie vicinale, puisque les arrêts du conseil du roi, sur lesquels elle est basée, prohibent l'ouverture de carrières à proximité de tous *chemins publics*.

879. En ce qui concerne les fossés, la légalité de la réglementation a été reconnue par la cour de cassation, dans un arrêt (ch. crim.) en date du 4 janvier 1840 (*Lacoste*), ainsi conçu :

Vu le n° 1er de l'article 3, titre XI, de la loi des 16-24 août 1790 ; l'article 46, titre Ier de la loi des 19-22 juillet 1791 ; l'article 4 de l'arrêté du 23 février 1838 dûment approuvé, par lequel le maire de Malmort a défendu aux propriétaires riverains des chemins vicinaux, de creuser des fosses ou fossés, d'une certaine profondeur, attenant au bord de ces chemins, *pour y faire déposer les eaux*, si le côté touchant au sol du chemin *n'est fermé par des pieux ou une claire-voie;* le nᵒ 15 de l'article 471 du Code pénal et l'article 161 du Code d'instruction criminelle; attendu que le procès-verbal dressé, le 29 août dernier, à la charge de Pierre Lacoste constate que celui-ci a creusé sur sa propriété un fossé *attenant au bord du chemin* du Puch à la route de Brives à Vernesul, afin *d'y faire déposer les eaux*, et qu'il a refusé de se conformer à l'arrêté précité, en le fermant *par des pieux ou une claire-voie;* que, néanmoins, le tribunal de simple police de Brives, saisi de la contravention résultant de ce refus, s'est abstenu de la réprimer, sur le motif que la disposition dont il s'agit a été prise par le maire *hors du cercle de ses attributions;* attendu, en droit, que ce tribunal a expressément méconnu, en statuant ainsi, le pouvoir attribué à l'autorité municipale par le nᵒ 1er de l'article 3, titre XI, de la loi des 16-24 août 1790, puisque le susdit article 4 (de l'arrêté municipal) a pour but d'assurer la sûreté de la voie publique, sur le point où le fossé en question peut la compromettre.

880. Il doit être également interdit de creuser des caves *sous la voie publique*, et les maires ne doivent donner aucune autorisation pour de semblables constructions.

Enfin, il peut être interdit d'établir, le long des chemins vicinaux, des moulins à vent ou tout autre usine mue par le vent, s'il n'est laissé huit mètres de distance entre le bord de ces chemins et le point où devront s'étendre, en tournant, les ailes de ces usines.

881. Une mesure qui a pour objet, non pas *la sûreté*, mais bien la commodité des voyageurs, c'est l'établissement de poteaux indicateurs aux points d'intersection des chemins vicinaux de grande communication, soit entre eux, soit avec les routes impériales ou départementales. Des tableaux indicateurs sont également placés sur les murs, à l'entrée et à la sortie des villes, bourgs et villages.

Cette mesure, dont l'utilité est si bien appréciée, a été prise dans un très grand nombre de départements, partout où les fonds affectés aux chemins vicinaux de grande communication ont permis cette dépense, qui d'ailleurs est peu considérable.

CHAPITRE XI.

CONTRAVENTIONS.

---

882. Nous avons été conduits, par l'ordre naturel des idées, à traiter, dans un autre chapitre, de la seule nature de contraventions qui soit, d'après la jurisprudence du conseil d'État, de la compétence des conseils de préfecture, les anticipations. Nous n'avons donc plus à nous occuper ici que de la forme de la répression des autres contraventions, qui, toutes, rentrent dans la compétence des tribunaux ordinaires. On comprend, du reste, qu'il ne s'agit pas ici de suivre tous les détails de la procédure devant ces tribunaux, mais seulement de donner quelques indications en ce qui concerne le service vicinal.

SECTION I.

Constatation.

----

§ 1. — *Fonctionnaires et agents aptes à rédiger procès-verbal.*

883. L'article 11 du Code d'instruction criminelle désigne les fonctionnaires qui doivent rechercher et constater *les contraventions de police*, dans lesquelles rentrent les contraventions en matière de voirie vicinale : ce sont les commissaires de police, et, dans les communes où il n'y en a point, les maires ; enfin, à défaut de ceux-ci, les adjoints aux maires. A cette énumération, il faut ajouter les gardes champêtres, les gendarmes et les agents voyers.

884. Le droit des adjoints, et, par voie de conséquence, celui des maires, a été reconnu par une ordonnance du 6 décembre 1820 (*Boudeville*), ainsi conçue, sur ce chef :

> Considérant que les adjoints aux maires sont institués par les lois officiers de police judiciaire, et que, dès lors, l'adjoint de la commune de Marcilly avait qualité pour constater la contravention commise par le sieur Boudeville ; considérant que ladite contravention a eu lieu sur une communication reconnue vicinale par l'administration.

885. Les gardes champêtres n'ayant reçu qualité, aux termes de l'article 16 du Code d'instruction criminelle, que pour rechercher les délits et les contraventions de police qui ont porté atteinte *aux propriétés rurales*, il aurait pu paraître douteux qu'ils eussent qualité pour constater les contraventions et délits relatifs aux chemins vicinaux ; cependant, leur aptitude, à cet égard, a toujours été admise.

Ainsi, une ordonnance du 28 février 1828 (*Bavoux et Pochet c. commune de Nesles*) a prononcé, sur ce point, en ces termes :

> Considérant, sur l'exception tirée de ce que l'instance n'a été introduite devant le conseil de préfecture que par des procès-verbaux dressés par le garde champêtre sur la réquisition du maire ; que le maire avait qualité pour faire constater, dans l'intérêt de la commune, les empiétements qui auraient été pratiqués sur les chemins vicinaux, et pour transmettre les procès-verbaux à l'autorité administrative.

L'autorité judiciaire a également reconnu le droit des gardes champêtres, et cela résulte des condamnations qui sont journellement prononcées sur les procès-verbaux de ces agents ; nous citerons au besoin, un arrêt de la cour de cassation qui admet, implicitement, au moins, l'aptitude des gardes champêtres pour des contraventions autres que les délits ruraux.

Cet arrêt (ch. crim.), en date du 17 janvier 1845 (*Berger*), est ainsi conçu, sur ce chef :

> Vu l'article 11 de la loi du 23 floréal an x ;
> Attendu que le jugement attaqué prononce l'acquittement du prévenu Benoit Berger, par le motif unique que le procès-verbal du garde champêtr n'est pas af-

firmé, ou, du moins, que les qualités du fonctionnaire qui aurait reçu l'affirmation ne sont point indiquées.

886. Nous avons indiqué les gendarmes comme ayant qualité pour rédiger procès-verbal des contraventions commises sur les chemins vicinaux, et cette indication pourrait paraître inexacte si l'on en cherchait la base uniquement dans le Code d'instruction criminelle. En effet, l'article 9 de ce Code place bien *les officiers de gendarmerie* au nombre des fonctionnaires auxquels est confié l'exercice de la police judiciaire, mais il ne parle pas des *gendarmes*, ce qui semblerait exclure ces derniers.

Mais il faut se rappeler, d'une part, que la loi du 28 septembre-6 octobre 1791, titre II, article 1er, porte que « la police des campagnes « est............. sous la surveillance des gardes champêtres et *de la* « *gendarmerie nationale* »; d'autre part, que l'ordonnance du 29 octobre 1820, qui règle le service de la gendarmerie, range, par son article 179, au nombre des fonctions habituelles et ordinaires des brigades [de la gendarmerie, le soin « d'arrêter tous ceux qui seraient trouvés cou-« pant ou dégradant d'une manière quelconque les arbres plantés *sur* « *les chemins vicinaux* »; dès lors, pourquoi les gendarmes, qui ont qualité pour constater ce délit, ne pourraient-ils pas également constater les autres contraventions?

Nous dirons, enfin, que, par un arrêt (ch. crim.) en date du 8 novembre 1838 (*Chareyre*), la cour de cassation a reconnu que les gendarmes ont qualité pour constater toutes les infractions aux règlements de police. Cet arrêt est ainsi conçu :

Vu l'article 1er de la loi du 17 avril 1798 (28 germinal an vi), et l'article 154 du Code d'instruction criminelle;

Attendu, en droit, que la gendarmerie royale est instituée, aux termes du premier de ces articles, pour assurer dans toute l'étendue du royaume le maintien de l'ordre et l'exécution des lois;

Que les gendarmes sont, dès lors, nécessairement compris dans la classe des agents et préposés dont les rapports font foi, jusqu'à preuve contraire, des contraventions par eux signalées dans l'exercice de leurs fonctions habituelles et légales, en vertu de l'article 154 du Code d'instruction criminelle;

Qu'ils ont donc qualité pour rendre compte de toutes les infractions qu'ils découvrent aux règlements de simple police, dans la circonscription de leur brigade, puisque ces règlements ont pour objet de maintenir le bon ordre en chaque lieu, et que leurs rapports à cet égard doivent avoir en justice autant de force que ceux des officiers locaux de police judiciaire;

D'où il suit qu'en décidant le contraire dans l'espèce, le jugement dénoncé a faussement appliqué les articles 129 de la loi précitée, 182, 184 et 185 de l'ordonnance royale du 29 octobre 1820, et commis une violation expresse des deux dispositions ci-dessus visées.

En présence de ces actes, nous croyons donc que les gendarmes sont aptes à rédiger procès-verbal de toutes les contraventions relatives aux chemins vicinaux, puisque ces contraventions constituent toujours une infraction à un règlement de police.

887. Mais, quel que fût le nombre des fonctionnaires ou agents qui avaient le droit et le devoir de constater les contraventions, l'expérience avait appris qu'il était rare qu'elles fussent constatées, et le législateur crut devoir y pourvoir, en instituant, par l'article 11 de la loi du 21 mai 1836, des agents voyers qui, après avoir prêté serment « au-« ront le droit de constater les contraventions et délits, et d'en dresser « procès-verbaux. »

La mission donnée ici aux agents voyers, ne change rien, on le comprend, au droit qu'avaient précédemment les fonctionnaires et agents dont nous venons de parler ; ce n'est qu'un moyen de plus d'assurer la constatation des contraventions.

§ 2. — *Affirmation des procès-verbaux.*

888. Les procès-verbaux dressés par les gardes champêtres doivent être affirmés, en matière vicinale, comme pour toute autre nature de contraventions. L'affirmation peut, aux termes de l'article 11 de la loi du 28 floréal an X (18 mai 1802), en être faite, soit devant les juges de paix et leurs suppléants, soit devant les maires et adjoints, selon les cas spécifiés dans cet article de loi.

889. Sur la forme de cette affirmation, nous croyons devoir rapporter ici un arrêt rendu par la cour de cassation (ch. crim.), à la date du 17 janvier 1845 (*Berger*), et ainsi conçu, sur ce chef :

Vu l'article 11 de la loi du 28 floréal an x ;

Attendu que le jugement attaqué prononce l'acquittement du prévenu Benoît Berger, pour le motif unique que le procès-verbal du garde champêtre n'est pas affirmé, ou du moins que le nom et la qualité du fonctionnaire qui aurait reçu l'affirmation ne sont point indiqués ;

Attendu que, d'après le paragraphe 2 de l'article 11 de la loi précitée, les maires ont pouvoir de recevoir l'affirmation des procès-verbaux relatifs aux délits commis dans leurs communes respectives ;

Attendu qu'au bas du procès-verbal du garde champêtre, dans l'affaire actuelle, on lit la mention de l'affirmation, et que cette mention est signée du sieur F. Garnier ; qu'il importe peu que ce nom ne soit pas accompagné de l'indication de la qualité de *maire* de Viviers-le-Gros ; qu'aucune loi n'exige la mention de cette qualité ; qu'il suffit que cette qualité soit constante, comme elle l'est dans l'espèce actuelle ;

Attendu que, dès lors, le jugement attaqué a commis un excès de pouvoir et violé l'article 11 de la loi du 28 floréal an x.

890. Mais les procès-verbaux rédigés par les agents voyers ne sont pas sujets à l'affirmation.

Des doutes s'étant élevés, à cet égard, le ministre de l'intérieur a, dès l'abord, répondu que cette formalité n'était pas nécessaire. Il a fait remarquer, à l'appui de cette opinion, que l'affirmation n'est pas une formalité exigée, d'une manière générale, de tous les fonctionnaires et agents aptes à rédiger des procès-verbaux ; qu'au contraire, l'affirmation a été prescrite pour certains cas et pour certains fonctionnaires et agents seulement, et que la loi du 21 mai 1836 n'ayant rien prescrit à cet égard, il y avait lieu d'en conclure que les agents voyers n'étaient pas assujettis à affirmer leurs procès-verbaux.

La cour de cassation a décidé la question dans le même sens, par un arrêt (ch. crim.) du 5 janvier 1838 (*Mayeur*), ainsi conçu :

Vu l'article 11 de la loi du 21 mai 1836 sur les chemins vicinaux ; vu pareillement les articles 154 et 161 du Code d'instruction criminelle ; attendu qu'il résulte de la combinaison de ces articles que les procès-verbaux dressés par les agents voyers n'ont pas besoin d'être préalablement affirmés par ces agents, pour faire foi en justice, jusqu'à preuve contraire, des contraventions commises aux règlements concernant les chemins vicinaux ; d'où il suit qu'en prononçant l'annulation du procès-verbal dont il s'agit dans l'espèce, par le motif qu'il n'a pas été soumis à la formalité de l'affirmation que l'article 2 du décret du 18 août 1810 exige, à peine de nullité, en matière de grande voirie, le jugement dénoncé a fait une fausse application de cet article, et commis une violation expresse des dispositions ci-dessus visées.

Il a été prononcé de même par deux autres arrêts (ch. crim.), en date du 23 février 1838 (*Benjamin et Jacob*) (*Varnier*).

Le conseil d'Etat a adopté la même doctrine sur ce point, ainsi que cela résulte d'une ordonnance royale du 14 mars 1845 (*Billet*), ainsi conçue :

Considérant que la loi du 21 mai 1836 n'impose pas aux agents voyers l'obligation d'affirmer les procès-verbaux par eux dressés ; que, dès lors, c'est à tort que le conseil de préfecture de la Charente-Inférieure a refusé de donner suite au procès-verbal dressé par un agent voyer, le 11 juin 1843, contre le sieur Billet, à l'effet de constater une usurpation qu'il aurait commise sur un chemin de grande communication, par le motif que ledit procès-verbal n'avait pas été affirmé.

§ 3. — *Enregistrement des procès-verbaux.*

891. Les procès-verbaux rédigés pour constater des contraventions en matière de voirie vicinale n'ayant été exemptés par aucune loi de la formalité du timbre et de l'enregistrement, ils restent soumis aux dipositions de l'article 12, titre II, de la loi du 13 brumaire an VII (3 novemcre 1798) et de l'article 68 de la loi du 22 frimaire an VII (12 décembre 1798).

Toutefois, ces procès-verbaux doivent être enregistrés en débet, par application de l'article 70 de la loi précitée du 22 frimaire an VII (12 décembre 1798).

892. Nous ajouterons que l'omission de la formalité du timbre et de l'enregistrement n'entraîne pas la nullité du procès-verbal.

C'est ce qui a été déclaré par une décision du conseil d'Etat, section du contentieux, en date du 1er février 1851 (*Bertron*), ainsi conçue :

Vu les lois des 22 frimaire an VII et 25 mars 1817 ;

Considérant que les formalités d'enregistrement et de visa pour timbre, auxquelles sont assujettis les procès-verbaux dressés en matière de grande voirie, sont étrangères à la substance de ces actes; qu'elles ont surtout pour but d'assurer la perception de certains droits au profit du trésor ; que leur omission ne peut rendre lesdits procès-verbaux nuls, si ce n'est dans le cas où la loi y aurait formellement attaché cette peine ;

Considérant que si l'article 34 de la loi du 22 frimaire an VII a prononcé d'une manière générale la nullité des exploits ou procès-verbaux non enregistrés dans le délai prescrit, cette disposition générale a été nécessairement restreinte par l'article 47 de la même loi, qui ne défend de rendre jugement sur des actes non enregistrés que lorsque le jugement serait rendu en faveur des particuliers ; que, par cette restriction, la loi a évidemment voulu conserver toute leur force aux actes qui intéressent l'ordre et la vindicte publique, et ne pas subordonner leur effet aux intérêts pécuniaires du fisc, sauf le recouvrement de ces droits à la charge de qui il appartient;

Considérant que le procès-verbal susvisé, du 30 juin 1849, avait pour objet de constater une contravention de grande voirie qui aurait été commise par le sieur Bertron; qu'ainsi, c'est à tort que le conseil de préfecture a annulé ledit procès-verbal par le motif qu'il n'aurait été ni visé pour timbre ni enregistré, et renvoyé purement et simplement le sieur Bertron des fins de la plainte.

Quoique la décision que nous venons de rapporter soit relative à un procès-verbal constatant une contravention de grande voirie, nous avons cru devoir la faire connaître, attendu que le principe qu'elle pose est évidemment applicable aux procès-verbaux constatant des contraventions en matière de voirie vicinale. Cette décision est conforme, d'ailleurs, à la jurisprudence constante de la cour de cassation, sur le même point, et elle a prononcé dans le même sens, en matière de voirie vicinale, par un arrêt (ch. crim.), en date du 15 octobre 1852 (*Benoist*).

§ 4. *Valeur des procès-verbaux.*

893. Aux termes de l'article 154 du Code d'instruction criminelle, les procès-verbaux dressés par les fonctionnaires désignés en l'article 11 du même Code, pour toutes les contraventions qu'ils ont mission de constater, font foi jusqu'à preuve contraire.

894. Quant aux procès-verbaux rédigés par les agents voyers, il résultait, implicitement, de l'arrêt de la cour de cassation (ch. crim.), en date du 5 janvier 1838 (*Mayeur*), qu'ils ne font également foi que jusqu'à preuve contraire.

Ce point de procédure a été décidé, explicitement, par un arrêt de la cour de cassation (ch. crim.), en date du 3 mai 1850 (*Sauffrignon*), ainsi conçu :

Vu les articles 154 du Code d'instruction criminelle et 479 du Code pénal ;

Attendu que quiconque a dégradé, de quelque manière que ce soit, un chemin public, est passible de la peine portée par l'article 479 précité ;

Qu'aux termes de l'article 154 du Code d'instruction criminelle, les contraventions sont prouvées par procès-verbaux, et que les procès-verbaux dressés par les officiers de police qui n'ont pas reçu de la loi le droit d'être crus jusqu'à inscription de faux, font foi jusqu'à preuve contraire ;

Attendu que d'un procès-verbal dressé par l'agent voyer communal, le 15 octobre dernier, il résulte que Guillaume Sauffrignon et autres susnommés ont, par des dépôts de terre, dégradé le chemin vicinal de Sept-Fonds ;

Que, sans que les faits constatés par ce procès-verbal aient été débattus par la preuve contraire, le tribunal de police de Vaucouleurs a renvoyé les susnommés des poursuites dirigées contre eux, sur le motif que des débats il était résulté que les défendeurs n'avaient fait, sur le chemin public, aucun dépôt de terre de nature à le dégrader ;

Qu'en méconnaissant ainsi la foi due au procès-verbal, le jugement attaqué a violé l'article 154 du Code d'instruction criminelle, et, par suite, l'article 479 du Code pénal.

895. Lorsqu'un procès-verbal, régulier en la forme, n'est pas débattu par la preuve contraire, dans le sens de la loi, il lie le tribunal, qui ne peut admettre aucun motif d'excuse, ainsi que cela résulte d'un arrêt de la cour de cassation (ch. crim.), en date du 15 octobre 1852 (*Benoist*), que nous avons rapporté plus haut, n.° 799.

896. Il est à remarquer, d'ailleurs, qu'alors même qu'un procès-verbal serait déclaré nul pour vice de formes, le tribunal n'en devrait pas moins prononcer la peine, s'il y avait aveu du contrevenant.

C'est ce qui résulte d'un arrêt de la cour de cassation (ch. crim.), en date du 15 octobre 1852 (*Derome*), ainsi conçu, sur ce chef :

Vu les articles 53, titre Iᵉʳ, de la loi des 19-22 juillet 1791 sur la police municipale et correctionnelle, 154 du Code d'instruction criminelle et 471, n° 4, du Code pénal ;

Attendu qu'il résulte de la combinaison des deux premiers articles susénoncés que la répression des contraventions n'est point subordonnée à la validité des procès-verbaux qui les ont constatées ; d'où il suit que les prévenus ne peuvent être renvoyés de la poursuite exercée contre eux sur l'unique motif de la nullité ou de l'irrégularité des procès-verbaux rapportés à leur charge, quand l'existence du fait qu'ils spécifiaient se trouve d'ailleurs établie par leur aveu ;

Et attendu, dans l'espèce, que Auguste Derome est prévenu d'avoir conduit, sur un chemin public de grande communication, le 7 août dernier, une voiture dépourvue de la plaque prescrite par les règlements;

Qu'il a formellement avoué cette contravention en ne la déniant point, et que, néanmoins, le jugement dénoncé l'a renvoyé de l'action du ministère public, uniquement parce que le procès-verbal qui l'a déterminée n'a pas été enregistré; en quoi il a violé expressément les articles précités.

SECTION II.

Pénalité.

---

897. Lorsque le procès-verbal constatant la contravention n'a pas été combattu par la preuve contraire, et que le fait est reconnu constant, le tribunal doit, aux termes de l'article 161 du Code d'instruction criminelle, prononcer la peine, et, par le même jugement, statuer sur les demandes en restitution et en dommages-intérêts.

En matière de voirie vicinale, comme en matière de voirie urbaine, les dommages-intérêts ne sont pas autre chose que l'obligation, pour le contrevenant, de faire disparaître l'œuvre indûment faite, ou de réparer la dégradation commise sur le chemin.

898. Nous rappellerons aussi que, pour les simples contraventions, les tribunaux ne peuvent, en considération de ciconstances qu'ils considéreraient comme *atténuantes*, abaisser les peines prononcées par la loi. Les contraventions commises sur les chemins vicinaux ne peuvent donc jamais donner lieu à l'application de l'article 463 du Code pénal.

C'est ce qui résulte d'un arrêt de la cour de cassation (ch. crim.), en date du 15 mars 1845 (*Ricochon*), ainsi conçu, sur ce chef:

Vu l'article 463 du Code pénal;

Attendu que l'article 463 du Code pénal, qui autorise et prescrit une diminution de peine en cas qu'il **y** ait des circonstances atténuantes, ne s'applique pas aux simples contraventions, et qu'ainsi la peine prononcée par la loi pour les diverses classes de contraventions doit toujours être appliquée par les tribunaux qui en sont saisis.

899. La disposition de l'article 365 du Code d'instruction criminelle, qui prohibe le cumul des peines, ne s'applique pas non plus au cas où les poursuites ont pour objet de simples contraventions.

C'est ce que la cour de cassation a décidé par un arrêt (ch. crim.), en date du 15 mars 1845 (*Ricochon*), ainsi conçu, sur ce chef:

Vu l'article 479, nᵒˢ 11 et 12 du Code pénal et l'article 365 du Code d'instruction criminelle;

Attendu que le procès-verbal du garde champêtre et le jugement attaqué constatent, contre le sieur Ricochon, le fait d'avoir dégradé ou détérioré un chemin public, et le fait d'y avoir enlevé des gazons; lesquels faits sont prévus et punis chacun d'une amende de 11 à 15 francs par les nᵒˢ 11 et 12 de l'article 479 du Code pénal;

Attendu que l'article 365 du Code d'instruction criminelle, qui interdit la cumulation des peines en cas de conviction de plusieurs crimes ou délits, ne s'applique pas aux simples contraventions; d'où il suit que chaque contravention déclarée constante doit être passible d'une peine spéciale.

SECTION III.

Frais.

---

900. Aux termes de l'article 162 du Code d'instruction criminelle, les jugements prononçant une condamnation doivent mettre les frais à la charge des contrevenants, et cette disposition s'applique aux contraventions en matière de voirie vicinale, comme en toute autre matière.

Mais il peut arriver que les contrevenants soient insolvables, et, dans ce cas, par application de l'article 157 du décret du 18 juin 1811 contenant tarif général des frais, les frais liquidés retombent à la charge des communes considérées comme parties civiles.

901. A la vérité, dans la poursuite des contraventions en matière de voirie vicinale, les communes ne se constituent pas parties civiles par un acte formel, mais leur intervention virtuelle résulte des termes de l'article 158, n° 2, du décret précité.

Ainsi donc, que, dans les cas prévus par cet article, les poursuites aient lieu d'office ou sur la requête de la commune, qu'il y ait ou non demande de dommages-intérêts, les communes au profit desquelles la répression est poursuivie, sont toujours parties civiles, car les chemins vicinaux étant la propriété des communes, c'est dans leur intérêt que la poursuite a lieu, autant que dans l'intérêt de la vindicte publique. En conséquence, elles doivent, soit le paiement, soit l'avance des frais, selon que le condamné est solvable ou ne l'est pas.

On pourrait craindre, sans doute, que cette jurisprudence ne tendît à détourner les communes de poursuivre la répression des contraventions commises sur les chemins vicinaux; mais nous ferons remarquer, d'une part, que le cas d'insolvabilité des délinquants est assez rare, et d'autre part, que les communes ont un intérêt si puissant à la conservation de leurs chemins, qu'elles ne sauraient être arrêtées dans la poursuite des contraventions, par la considération de frais à exposer, frais qui n'ont jamais qu'une faible importance.

FIN.

SUPPLÉMENT.

DES CHEMINS RURAUX.

902. L'ouvrage que nous publions a pour objet le régime des *chemins vicinaux*, mais il présenterait une lacune, ce nous semble, si nous le terminions sans parler d'une autre catégorie de voies publiques qui, sans présenter autant d'importance, est cependant d'une utilité assez grande pour appeler la sollicitude de l'autorité ; ce sont ceux auxquels l'administration centrale a donné le nom de *chemins ruraux.*

En traitant des chemins ruraux, nous nous trouverons naturellement conduit à revenir sur quelques-unes des règles relatives aux chemins vicinaux, afin de faire ressortir la différence entre la législation applicable aux uns et celle applicable aux autres ; mais ce sera toujours d'une manière sommaire et avec les seuls développements que la matière rendra indispensables. Nous prendrons pour base de ce que nous avons à dire, non plus l'instruction ministérielle du 24 juin 1836, qui ne s'est pas occupée des chemins ruraux, mais la circulaire du ministre de l'intérieur en date du 16 novembre 1839, spéciale à ces chemins.

CHAPITRE Ier.

CARACTÈRE DES CHEMINS RURAUX.

903. A l'époque où l'entretien des chemins vicinaux était, pour les communes, une dépense à peu près facultative, elles avaient généralement compris dans le tableau de ces chemins toutes les voies publiques communales, et jusqu'aux simples sentiers. La révision des classements précédents, prescrite par l'instruction ministérielle du 24 juin 1836, a fait sortir de la catégorie des chemins vicinaux un très-grand nombre de chemins qu'il importait de conserver à l'usage du public ; ce sont les *chemins ruraux*, à l'égard desquels la circulaire du ministre de l'intérieur, en date du 16 novembre 1839, s'exprime en ces termes :

Monsieur le Préfet, la loi du 21 mai 1836 donne à l'autorité publique, dans ses différents degrés, le moyen de pourvoir à l'entretien des chemins vicinaux, c'est-à-dire de ceux qui ont été déclarés tels par arrêté du préfet, sur une délibération du conseil municipal. La répression des usurpations sur le sol de ces voies publiques est assurée par l'article 8 de la loi du 9 ventôse an XIII. Une législation complète existe donc pour les chemins vicinaux ; mais les conseils municipaux n'ont généralement proposé et les préfets n'ont déclaré la vicinalité que d'un certain nombre de chemins publics de chaque commune, ceux qui présentaient assez d'importance pour que leur entretien dût être mis à la charge de la commune.

En dehors des chemins vicinaux, il se trouve donc, dans toutes les communes, un certain nombre de voies de communication qui, bien que d'une moindre importance, ne pourraient cependant pas être supprimées sans inconvénient, soit parce qu'elles donnent accès à une fontaine publique, à un abreuvoir, à un pâturage communal, soit parce qu'elles sont nécessaires à l'exploitation des différents cantons de terres arables ; elles sont même très-nombreuses, car il est tel commune où le relevé général des chemins publics en a présenté deux cents, et où cependant quinze ou vingt seulement ont été déclarés chemins vicinaux. Ces voies de communication, que nous appellerons *chemins ruraux*, sont bien réellement des chemins publics, car ils servent ou peuvent servir à l'usage de tous, et ils ne sont réclamés par personne à titre de propriété privée ; l'autorité publique ne peut donc pas rester étrangère au régime des *chemins ruraux;* elle doit surveillance et protection à cette partie de la propriété communale; mais par cela seul que des dispositions législatives récentes ont statué sur tout ce qui a rapport aux *chemins vicinaux*, il a semblé en naître plus d'incertitude sur les droits et les devoirs de l'autorité en ce qui concerne les chemins non déclarés vicinaux, les *chemins ruraux*. Plusieurs questions m'ont été adressées à cet égard, et comme elles portaient sur des points que la législation paraissait avoir laissés indécis, j'ai cru devoir prendre à cet égard l'opinion du conseil d'Etat. Je vais, Monsieur le Préfet, en résumant l'avis que m'a donné le conseil d'Etat et la législation existante, vous dire ce que l'autorité administrative peut et doit faire à l'égard des chemins ruraux.

C'est à la loi du 16-24 août 1790 que nous devons remonter pour trouver l'attribution donnée, en cette matière, à l'autorité administrative. L'article 8 du titre XI de cette loi comprend, parmi les objets de police confiés à la vigilance et à l'autorité des corps municipaux, *tout ce qui intéresse la sûreté et la commodité du passage dans les rues, quais, places et voies publiques*. Cette attribution générale de surveillance donnée à l'autorité municipale pour toutes les voies publiques a été modifiée par des lois postérieures en ce qui concerne les routes royales et départementales et les chemins vicinaux, mais elle est restée entière pour toutes les autres voies publiques. Les maires peuvent donc, et ils doivent même, aux termes de l'article précité de la loi du 16-24 août 1790, prescrire les mesures nécessaires *pour assurer la sûreté et la commodité du passage sur les chemins ruraux*. Il est entendu d'ailleurs que les arrêtés qu'ils prendront à cet égard, portant règlement permanent, doivent vous être adressés immédiatement par l'intermédiaire des sous-préfets, que vous pouvez les annuler ou en suspendre l'exécution, et qu'en cas de silence de votre part, ils ne deviendraient exécutoires qu'un mois après la remise de l'ampliation, constatée par le récépissé donné par le sous-préfet : c'est l'application de la règle posée dans l'article 11 de la loi du 18 juillet 1837, pour la révision des arrêtés municipaux.

CHAPITRE II.

CLASSEMENT.

SECTION I

Formes du classement.

904. Nous nous servons ici du mot de *classement*, parce que c'est celui qui exprime le plus brièvement la formation de l'état général des chemins ruraux; mais ce mot ne doit pas être entendu dans la signification qu'il a, lorsqu'il s'agit de chemins vicinaux; c'est ce qui sera facilement reconnu.

Sur les formes de ce classement, voici les règles tracées par la circulaire ministérielle du 16 novembre 1839:

Pour que les maires puissent exercer sur les *chemins ruraux* la surveillance qui leur est dévolue, il est indispensable, Monsieur le Préfet, que, dans chaque commune, il soit dressé un état général de tous les chemins publics autres que les routes royales et départementales et les chemins vicinaux. Il est à présumer que déjà cet état existe dans beaucoup de communes, dans celles au moins où la reconnaissance générale des chemins vicinaux a été opérée postérieurement à la loi du 21 mai 1836, et où l'on a suivi, pour ce travail, le modèle annexé à l'instruction du 24 juin 1836. En effet, ce modèle indiquait qu'on devait former le relevé de *tous les chemins existants* sur le territoire de chaque commune, pour en extraire ceux qui, en raison de leur importance, devaient être déclarés *chemins vicinaux* : ceux qui n'ont pas reçu cette qualification sont restés *chemins ruraux*. Comme il se peut cependant que, dans beaucoup de communes, il n'ait pas été procédé ainsi, je vais vous indiquer, d'une manière générale, ce qui doit être fait pour arriver à la reconnaissance de ces voies publiques.

Vous devrez, au reçu de la présente circulaire, Monsieur le Préfet, prescrire à MM. les maires de rechercher ou faire rechercher, sur tout le territoire de la commune, les chemins publics autres que les rues, les routes et les chemins vicinaux : ils en dresseront un état qui sera intitulé : *Etat général de tous les chemins ruraux de la commune de*.......... Cet état devra comprendre, comme l'indique son titre, tous les chemins ruraux appartenant à la commune, sans excepter même les simples sentiers, afin qu'il puisse servir à établir pour toujours les droits de la commune. Ce tableau, dont vous devrez faire imprimer le cadre, présentera, dans ses diverses colonnes : 1° un numéro d'ordre ; 2° le nom sous lequel le chemin est communément désigné ; 3° la désignation du point où il commence, du lieu vers lequel il tend, des lieux qu'il traverse, tels que hameaux, ruisseaux guéables, ponts, etc., et du lieu où il se termine ; 4° sa longueur en mètres sur le territoire de la commune ; 5° sa largeur actuelle sur différents points.

Le tableau qui aura été ainsi dressé devra être déposé pendant un mois à la mairie, et avis de ce dépôt sera donné par deux publications successives, afin de mettre tous les propriétaires de la commune, qu'ils y soient domiciliés ou non, à portée de venir en prendre connaissance, et de réclamer, soit contre les omissions qu'ils remarqueraient, soit contre l'inscription au tableau de chemins dont ils prétendraient avoir la propriété à titre privé. Ces réclamations devront être soumises, avec le tableau même, à l'examen du conseil municipal, qui devra discuter les réclamations, s'il en a été présenté, et proposer de les admettre ou de les rejeter ; il donnera aussi son avis sur la nécessité ou l'utilité de chacun des chemins ruraux portés au tableau, et sur la possibilité d'en supprimer une partie pour en vendre le sol au profit de la commune.

Le tableau, avec les réclamations, s'il en a été fait, et la délibération du conseil municipal, devront vous être transmis, et vous en ferez l'objet d'un examen attentif. Vous devrez d'abord rapprocher cet état de celui des chemins vicinaux, afin de reconnaître si, par erreur, on n'aurait pas compris quelques-uns de ces derniers parmi les chemins ruraux, auquel cas vous ferez rectifier le travail.

SECTION II.

Opposition au classement.

---

905. La publicité donnée au tableau de classement peut amener, de la part des propriétaires intéressés, des oppositions fondées sur deux moyens principaux; ils élèvent la question de propriété du sol du chemin, ou bien ils prétendent que le chemin n'est pas public.

Nous allons voir comment il doit être procédé à l'égard de chacune de ces deux espèces d'oppositions.

§ 1. *Opposition fondée sur la propriété du sol.*

906. Nous avons vu, n° 69, que lorsqu'il s'agit du classement d'un chemin au nombre des *chemins vicinaux*, le préfet n'a pas à s'arrêter devant la question de propriété du sol de ce chemin, l'article 15 de la loi du 21 mai 1836 lui donnant le droit passer outre, si l'intérêt des communications l'exige.

Il n'en est pas de même en matière de chemins ruraux, et c'est ce que fait remarquer le ministre de l'intérieur, en ces termes, dans sa circulaire du 16 novembre 1839 :

> Si, parmi les réclamations qui auront été présentées pendant le délai de publication ou même après, il en est qui aient pour objet la propriété du sol des chemins, et que ces prétentions n'aient pas été admises par le conseil municipal, vous devrez renvoyer les parties devant les tribunaux civils, et ce ne sera qu'après le jugement du litige, et si la commune triomphe, que le chemin pourra être définitivement maintenu dans la catégorie des chemins ruraux. Il y a ici, comme vous voyez, une notable différence avec la manière de procéder relativement aux chemins vicinaux. Pour le classement de ceux-ci, en effet, vous n'avez pas à vous arrêter devant les exceptions de propriété, puisque, aux termes de l'article 15 de la loi du 21 mai 1836, votre arrêté transfère la propriété du sol à la commune, sauf indemnité ; mais la loi précitée n'étant applicable qu'aux chemins vicinaux, les contestations sur la propriété des chemins ruraux doivent être vidées avant que vous donniez à ces chemins le caractère de chemins publics.

907. Nous rappelons ici que la commune ne pourrait plaider, sans y avoir été autorisée par le conseil de préfecture, et nous ferons remarquer qu'elle se trouvera, le plus souvent, amenée à prendre l'initiative devant les tribunaux civils, c'est-à-dire à se porter demanderesse. Ce sera donc à elle qu'il incombera de faire la preuve du droit de propriété qu'elle prétend avoir. Ce droit, elle pourra rarement l'appuyer sur des titres positifs, et, la plupart du temps, elle se bornera à invoquer la publicité immémoriale des chemins.

Ceci nous conduit à examiner ce second moyen d'opposition au classement des chemins ruraux.

§ 2. Opposition fondée sur la non publicité du chemin.

908. Un sentier privé, qui ne constitue qu'une simple servitude de passage, ne pourrait évidemment être classé au nombre des chemins ruraux ; le classement ne peut avoir lieu qu'à l'égard des chemins dont le public est en jouissance depuis un temps plus ou moins long.

La *publicité* des chemins est donc souvent contestée par les propriétaires intéressés à s'opposer au classement, mais ce n'est pas l'autorité judiciaire, c'est l'autorité administrative qui est compétente pour prononcer sur cette question ; nous l'avons vu, en matière de chemins vicinaux ; la même règle existe à l'égard des chemins ruraux.

C'est ce que la cour de cassation a reconnu et déclaré par un arrêt (ch. crim.), en date du 12 juin 1845 (*veuve Lignon*), ainsi conçu :

> Attendu que Louise Estival, veuve Lignon, et Emmanuel Bonnel, son fermier, sont poursuivis, suivant le procès-verbal dressé contre eux par le commissaire de police de Saint-Pons, le 15 novembre 1844, d'avoir édifié deux murs sur ou joignant la voie publique, sans avoir demandé à l'autorité municipale et obtenu d'elle l'alignement dont ils étaient tenus de se pourvoir ;
>
> Qu'en contestant d'avoir fait cette construction *le long d'un chemin public* de ladite commune, ils ont opposé à la poursuite une exception préjudicielle dont la décision appartient exclusivement à l'autorité administrative ;
>
> Qu'il suit de là qu'en s'attribuant le pouvoir de la résoudre au profit des défendeurs, au lieu de surseoir à statuer sur la prévention jusqu'à ce qu'elle aurait été vidée par cette autorité, le jugement dénoncé a commis une violation expresse des règles de la compétence.

Il a été prononcé de même par les arrêts (ch. crim.), en date des 26 septembre 1843 (*de Gineste*) et 11 octobre 1845 (*Lebrun*).

909. On comprend que ce n'est pas par une simple déclaration non motivée que l'autorité administrative doit prononcer sur la question de publicité. Avant de statuer, elle doit ordonner une enquête qui lui permette de reconnaître si véritablement le chemin contesté est public, et qui mette ainsi sa décision à l'abri du reproche d'arbitraire.

SECTION III.

Effets du classement.

---

910. Après qu'il a été prononcé sur les oppositions, le classement peut avoir lieu, et, sur les effets de ce classement, le ministre de l'intérieur s'exprime ainsi, dans sa circulaire du 16 novembre 1839 :

Lorsque vous aurez terminé l'examen du tableau des chemins ruraux d'une commune, vous apposerez au pied de ce tableau un arrêté portant que les *chemins numéros tels sont déclarés chemins publics ruraux de la commune de*.......... Si des réclamations sur la propriété de quelques chemins avaient été présentées, votre arrêté devrait contenir la réserve *qu'il sera ultérieurement statué à l'égard des chemins numéros tels.* Il sera nécessaire que vous conserviez à la préfecture un double de ce tableau, pour y avoir recours au besoin.

Le tableau des chemins ruraux ainsi arrêté fera titre pour la commune, et le maire devra s'opposer à toute anticipation sur le sol de ces chemins.

911. En disant que le tableau *fait titre pour la commune*, le ministre n'a pas entendu, on le comprend, que la commune ait pu se faire à elle-même un titre incontestable, qui pût être opposé purement et simplement aux prétentions ultérieures des intéressés. Ce tableau ne peut évidemment être considéré que comme établissant, en faveur de la commune, une présomption de droit, équivalente à la possession.

Si donc, après l'approbation du tableau, un propriétaire qui aurait gardé le silence pendant le délai de publication, prétendait à la propriété d'un des chemins portés au tableau, il devrait se porter demandeur, et, par suite, il aurait à fournir la preuve de son droit.

Sur les effets de l'inscription d'un chemin sur le tableau des chemins ruraux, l'autorité judiciaire et l'autorité administrative sont parfaitement d'accord. Ainsi la cour de cassation (ch. crim.) a rendu, le 1er mars 1849 (*Michel*), un arrêt ainsi conçu, sur ce chef :

Attendu, sur le deuxième état de poursuite, relatif à un embarras de la voie publique, par application de l'article 471, n° 4, du Code pénal, qu'un arrêté de classement approuvé par le préfet de la Haute-Saône, le 4 octobre 1843, arrêté pris en exécution de la circulaire du ministre de l'intérieur, en date du 16 novembre 1839, a classé le chemin sur lequel la contravention aurait été commise comme *chemin rural public ;*

Attendu que ce classement n'a pas eu pour effet légal d'en transférer la propriété au domaine public communal ;

Attendu, en effet, que l'expropriation déclarée par l'article 15 de la loi du 21 mai 1836 ne s'applique qu'aux chemins vicinaux, et qu'il n'appartient pas au pouvoir judiciaire d'étendre ce droit exorbitant à d'autres cas que le cas prévu par la loi ;

Attendu que, par des conclusions formelles, l'intervenant avait élevé la question préjudicielle de propriété du chemin dont il s'agit ; que cette question était du domaine des tribunaux ordinaires ;

Attendu que le juge de police, au lieu de surseoir à statuer conformément à l'article 182 du Code forestier, a tranché la question, déclaré le chemin privé, et, par suite, relaxé le prévenu de la poursuite intentée contre lui, en quoi il a dépassé les limites de sa compétence et violé, en ne l'appliquant pas, l'article 182 du Code forestier.

912. Lors donc, qu'un chemin a été déclaré, par arrêté du préfet, *chemin rural*, cette déclaration ne fait pas obstacle à ce qu'un particulier forme une action au possessoire dans l'année du trouble apporté à sa possession. Cette action, qui ne serait pas admissible s'il s'agissait d'un chemin vicinal, l'est, au contraire, à l'égard d'un chemin rural.

C'est ce qui résulte d'un arrêt de la cour de cassation (ch. crim.), en date du 9 mai 1849 (*Coiffier c. Gatherias*), ainsi conçu :

Vu l'article 6 de la loi du 25 mai 1838 ;

Attendu qu'aux termes de cet article, les juges de paix connaissent des actions possessoires fondées sur des faits commis dans l'année ;

Attendu que lors de la citation en complainte possessoire devant le juge de paix du canton de Saint-Diez, donnée par exploit du 15 août 1845, à la requête de Coiffier, contre les défendeurs, ceux-ci, pour justifier leur droit de passage sur le terrain litigieux, s'étaient prévalus d'une délibération du conseil municipal de la commune de Tours, du 24 mars précédent, soumise à l'approbation du préfet, qui avait proposé, pour être déclaré rural, un chemin dont ce terrain faisait partie; que c'est dans cet état de choses qu'a été rendu le jugement de première instance du 8 septembre suivant, qui a déclaré rural ce chemin dans les limites qu'il détermine ;

Attendu qu'avant ce classement, l'existence du chemin public étant contestée par Coiffier, il s'agissait d'une action purement civile, de la compétence des tribunaux ordinaires ; que ce classement, quelles qu'en puissent être les conséquences, ne pouvait influer, dans l'espèce, sur la compétence du juge de paix ;

Attendu, néanmoins, que le jugement attaqué, méconnaissant cette distinction, et attribuant à l'arrêté de classement du préfet un effet rétroactif, a annulé la décision du juge de paix du canton de Saint-Diez comme incompétemment rendue, par le double motif qu'il s'agissait d'un chemin public ne pouvant s'acquérir par une possession particulière et donner lieu à la complainte possessoire ; que, d'un autre côté, en admettant la complainte, nonobstant les actes de l'autorité administrative, le premier juge se serait immiscé dans les attributions de cette autorité ;

En quoi le jugement attaqué a expressément contrevenu à l'article précité.

Il a été prononcé, sur ce point, d'une manière plus explicite encore par un arrêt de la cour de cassation (ch. civ.), en date du 3 juillet 1850 (*Dumarnieu c. Chassin*), ainsi conçu, sur ce chef :

Attendu que, sur l'action en réintégrande du demandeur, le juge de paix du canton de Mézières, par sentence du 25 novembre 1846, a prononcé un sursis de deux mois, par le motif que le maire de la commune de Saint-Barbant ayant annoncé s'être pourvu administrativement, il importait de connaître la décision administrative à intervenir sur la nature du chemin litigieux avant de statuer au fond ;

. . . .

Attendu, d'autre part, qu'un chemin, fût-il public et communal, reste soumis aux principes du droit commun, à moins qu'il n'ait été reconnu et classé administrativement comme chemin *vicinal* ; qu'il est, dès lors, susceptible d'une possession privée, et que le possesseur, troublé par une voie de fait, peut agir ou par voie de *complainte*, s'il est depuis une année, au moins, en possession paisible à titre non précaire, ou par voie de *réintégrande*, s'il n'a qu'une possession actuelle et de fait.

22

Le tribunal des conflits a prononcé dans le même sens, par une décision du 27 mars 1852 (*Delert c. commune de Couze*), ainsi conçue :

Vu la loi du 21 mai 1836 et l'article 6 de la loi du 25 mai 1838 ;

Considérant que l'action possessoire intentée par Pierre Delert portait, non sur un chemin vicinal reconnu et maintenu comme tel, auquel les articles 10 et 15 de la loi du 21 mai 1836 auraient été applicables, mais sur un chemin compris seulement dans l'état arrêté par le préfet, des chemins ruraux de la commune de Couze ;

Considérant que cet arrêté n'a pas eu pour effet légal d'attribuer au domaine public communal la propriété ou la possession de l'objet litigieux, et ne fait pas obstacle à ce que les parties intéressées fassent valoir leurs droits devant l'autorité judiciaire ; que, dès lors, il appartient à cette autorité de connaître de l'action possessoire intentée par Pierre Delort contre le maire de la commune de Couze ;

Art. 1er. L'arrêté de conflit ci-dessus visé est annulé.

913. Mais lorsque le classement d'un chemin rural est devenu définitif, et tant qu'il est maintenu, la circulation, sur ce chemin, est libre, et l'autorité administrative, elle-même, ne peut la restreindre, même temporairement, par des motifs qui seraient d'intérêt privé plutôt que d'intérêt public.

C'est ce qui résulte d'un arrêt de la cour de cassation (ch. crim.), en date du 14 janvier 1848 (*Schiltigheim*), ainsi conçu :

Attendu que le pouvoir réglementaire de police dont la disposition combinée des articles 10 et 11 de la loi du 18 juillet 1837, 4 et 9, titre II, du Code rural de 1791, investit l'autorité municipale, ne concerne que la conservation des récoltes, et qu'il ne peut, dès lors, s'étendre jusqu'à interdire aux citoyens l'exercice des droits que d'autres lois leur attribuent, et, spécialement, de la jouissance des sentiers publics qui traversent les propriétés sur lesquelles ces récoltes existent ;

Et attendu, dans l'espèce, qu'il s'agit d'une contravention à l'arrêté du 26 août 1847, par lequel le maire d'Hangenbieten a interdit, depuis le 30 du même mois jusqu'après la vendange de la même année, le sentier traversant les vignes de cette commune qui sont situées au canton dit de Jundberg, afin de prévenir les maraudages que l'on pourrait y commettre ; que le jugement dénoncé déclare, en fait, que ce sentier est un ancien sentier vicinal dont l'usage appartient au pays ; qu'il suit de là qu'en se fondant sur ce motif pour décider que l'arrêté précité n'a pas été pris dans l'exercice légal du pouvoir qui est conféré par la loi à l'autorité publique, en matière de police rurale, ce jugement n'a nullement violé les articles susénoncés.

CHAPITRE III.

ÉLARGISSEMENT.

914. Les besoins de la circulation peuvent rendre nécessaire l'élargissement d'un chemin rural trop étroit pour le passage des voitures. Dans ce cas, un arrêté du préfet ne suffirait pas pour effectuer cet élargissement ; c'est ce qu'a fait remarquer le ministre de l'intérieur, en ces termes, dans sa circulaire du 16 novembre 1839 :

Il ne vous échappera pas, Monsieur le Préfet, que, par une autre conséquence de la différence de législation, les chemins ruraux doivent être maintenus dans leur largeur actuelle, mais que vous ne pourriez ordonner leur élargissement, comme vous le feriez s'il s'agissait d'un chemin vicinal.

Il faut se rappeler, en effet, que sous la législation antérieure à la loi du 21 mai 1836, l'élargissement des chemins vicinaux ne pouvait avoir lieu qu'au moyen de l'acquisition préalable, soit à l'amiable, soit par expropriation pour cause d'utilité publique, des terrains qui devaient être incorporés à ces chemins. L'article 15 de la loi précitée a voulu que l'élargissement eût lieu par l'effet d'un simple arrêté du préfet qui attribue définitivement le sol au chemin, dans les limites qu'il détermine ; mais cet article ne s'applique qu'aux chemins vicinaux. Les chemins ruraux sont donc restés sous l'empire de l'ancienne législation.

915. Si, d'ailleurs, la commune avait un intérêt réel à ce que l'élargissement d'un chemin rural eût lieu par une voie moins lente que l'expropriation pour cause d'utilité publique, elle pourrait demander le classement de ce chemin au nombre des chemins vicinaux, et, dès lors, l'application de l'article 15 de la loi du 21 mai 1836 pourrait y être faite.

CHAPITRE IV.

SUPPRESSION.

916. Le nombre des chemins ruraux dépasse souvent les besoins auxquels ils sont destinés, et, dans ce cas, il est avantageux de les supprimer, ne fût-ce que pour en rendre le sol à l'agriculture. Cette mesure a été conseillée, en ces termes, par la circulaire ministérielle du 16 novembre 1839 :

> Vous vous attacherez aussi à rechercher si tous les chemins portés au tableau sont assez utiles pour devoir être conservés, ou si une partie ne pourrait pas être supprimée. Il est des communes où le nombre des chemins et des sentiers ruraux excède tous les besoins ; souvent on en voit plusieurs qui se rendent au même endroit, tandis qu'un seul suffirait. Il importerait de rendre à l'agriculture un sol qui lui est pour ainsi dire enlevé sans utilité. Cette mesure a déjà été prescrite par les articles 3 et 4 de l'arrêté du gouvernement du 23 messidor an v.

917. La suppression d'un chemin rural ne pourrait être prononcée, toutefois, que sous la réserve des droits de servitude de passage ou autres, que des propriétaires prétendraient avoir acquis sur cette voie publique. Nous avons traité ce point, à l'occasion de la suppression des chemins vicinaux ; nous ne pouvons que nous référer à ce que nous avons dit alors.

CHAPITRE V.

ALIÉNATION.

918. Lorsqu'un chemin rural a été supprimé comme inutile, le sol doit en être aliéné au profit de la commune, à moins, toutefois, comme nous venons de le dire, que ce sol ne soit grevé de servitudes que la commune devrait respecter.

919. C'est par la voie des enchères publiques que l'aliénation de ce terrain doit avoir lieu ; les propriétaires riverains, en effet, ne peuvent se prévaloir du droit de préemption créé en leur faveur par l'article 19 de la loi du 21 mai 1836, car cette loi, spéciale aux chemins vicinaux, n'est pas applicable aux chemins ruraux.

CHAPITRE VI.

ENTRETIEN.

---

920. Toute voie publique livrée à la circulation peut avoir besoin de réparations, et quoique la circulation sur les chemins ruraux, soit en général, peu considérable, ces chemins peuvent exiger, parfois, quelques dépenses d'entretien. Ils se trouvent, cependant, à cet égard, dans une fâcheuse exception, et c'est ce que fait comprendre le passage suivant de la circulaire ministérielle du 16 novembre 1839 :

Après avoir passé en revue les mesures prises, soit pour opérer la reconnaissance des chemins ruraux, soit pour réprimer les usurpations sur le sol de ces chemins, ou pour faire disparaître les obstacles apportés à la libre circulation, je dois répondre aux questions qui m'ont été soumises relativement aux moyens à employer pour assurer la réparation de ces voies publiques, et, comme le pressentaient les fonctionnaires mêmes qui me consultaient, les solutions que j'ai à donner à ces questions seront presque entièrement négatives.

En effet, Monsieur le Préfet, les ressources créées par la loi du 21 mai, les prestations en nature, les centimes spéciaux, et même les centimes extraordinaires qui seraient imposés en vertu de l'article 6 de la loi du 28 juillet 1824, sont exclusivement affectés à la réparation et à l'entretien des *chemins vicinaux*. Ce n'est qu'en vue de ces chemins que le législateur a autorisé l'assiette et le recouvrement de ces impositions diverses, et, comme l'a rappelé l'instruction du 24 juin 1836, aucune partie de ces ressources ne pourrait être détournée pour être employée sur des chemins autres que les chemins vicinaux.

On a demandé si, dans l'impossibilité d'user, pour l'entretien des *chemins ruraux*, des ressources réservées aux *chemins vicinaux*, l'autorité n'aurait pas le droit d'astreindre à pourvoir à cet entretien les sections de communes, ou, pour parler plus exactement, les propriétaires auxquels ces chemins ruraux sont nécessaires pour l'exploitation de leurs terres et le transport de leurs récoltes.

L'absence de toute disposition légale, Monsieur le Préfet, sert de réponse à cette question. La loi du 21 mai 1836 a mis la réparation et l'entretien des chemins vicinaux à la charge des communes, et a voulu qu'en cas d'insuffisance des revenus communaux cette charge fût imposée directement aux citoyens au moyen de prestations en nature et de centimes, jusqu'à un maximum fixé ; mais il n'existe aucune loi qui permette d'imposer aux citoyens, d'une manière obligatoire, l'entretien et la réparation des chemins non déclarés vicinaux, c'est-à-dire des chemins ruraux. Il est à désirer, sans doute, que les particuliers qui fréquentent habituellement les chemins ruraux pour l'exploitation de leurs propriétés comprennent assez bien leurs intérêts pour se déterminer volontairement à améliorer ces voies publiques, et s'entendent entre eux à cet effet ; mais l'autorité ne peut intervenir ni pour prescrire l'entretien, ni même pour rédiger ou rendre exécutoires les rôles des contributions volontaires en nature ou en argent que les propriétaires intéressés consentiraient à s'imposer : tout, dans ces travaux doit être libre, en fait comme en droit.

Il n'est qu'un seul cas où l'administration municipale pourrait faire quelque chose pour l'entretien des chemins ruraux : c'est celui où une commune peut entretenir ses chemins vicinaux sur ses seuls revenus, sans avoir recours aux prestations ni aux centimes spéciaux, et où, toutes ses dépenses obligatoires assurées, le conseil municipal voudrait affecter quelques fonds à l'entretien des chemins ruraux, sous l'approbation, bien entendu, de l'autorité qui règle le budget ; mais ce cas sera bien rare, puisque, ainsi que vous l'avez vu dans mon rapport au roi sur le service vicinal de 1838, il n'y a dans tout le royaume que 1,591 communes qui aient pu assurer, sur leurs seuls revenus, l'entretien des chemins vicinaux. Presque partout, il faut donc le reconnaître, les communes seront dans l'impossibilité de rien faire pour la réparation des chemins ruraux, et c'est une conséquence de la classification de nos voies publiques secondaires, qui a mis à la charge des communes les plus importantes de ces voies de communication sous le titre de *chemins vicinaux*. Il ne vous échappera pas, d'ailleurs, Monsieur le Préfet, que si un chemin rural venait, par l'effet de quelque circonstance, à acquérir assez d'importance pour que son entretien fût indispensable, ou seulement utile aux intérêts de la commune, on pourrait, en remplissant les formalités voulues, le porter dans la catégorie des chemins vicinaux, ce qui permettrait alors de pourvoir à son entretien sur les ressources créées par la loi du 21 mai 1836.

Si la situation qui ressort de ce passage de la circulaire ministérielle peut paraître fâcheuse, au point de vue de la viabilité, il faut se rappeler aussi combien sont pesantes les charges qui grèvent les communes pour leurs dépenses obligatoires ; aggraver ces charges pour des dépenses facultatives ne serait pas, il faut le reconnaître, d'une bonne administration.

CHAPITRE VII.

ANTICIPATIONS.

SECTION I.

Compétence.

---

921. Le ministre de l'intérieur, dans son instruction du 24 juin 1836, avait dit quelques mots de la répression des anticipations commises sur les chemins qui n'ont pas été déclarés vicinaux, c'est-à-dire, les chemins ruraux. Il s'exprimait, à cet égard, en ces termes :

De ce que l'article dont nous nous occupons n'attribue le privilége de l'imprescriptibilité qu'aux chemins qui sont légalement déclarés *vicinaux*, il ne s'ensuit cependant pas que tous les autres chemins, que les nombreux sentiers qui appartiennent aux communes puissent être usurpés, sans qu'il y ait répression pour ce délit; les communes peuvent et doivent s'opposer à ces usurpations, mais elles doivent les poursuivre par une voie autre que les usurpations sur les chemins vicinaux. Ceci me conduit, Monsieur le Préfet, à vous rappeler les différentes juridictions devant lesquelles les communes doivent porter leurs actions pour obtenir la répression des contraventions de différentes espèces qui se commettent sur les chemins et sur les objets qui en dépendent.
. . . .
. . . .

C'est devant les tribunaux ordinaires que doivent être poursuivies les usurpations commises sur les chemins *qui n'ont pas été déclarés vicinaux*. On a pu s'abstenir de les déclarer vicinaux, parce que, tout utiles qu'ils soient à une partie de la commune, pour l'exploitation des terres, par exemple, cette utilité n'était pas assez générale pour que leur entretien fût mis à la charge de la commune, ce qui serait une conséquence nécessaire de la déclaration de vicinalité. La commune a cependant un intérêt réel à conserver intact le sol de ces chemins, et à le défendre contre toute anticipation de la part des riverains. Les maires devront donc constater ou faire constater ces usurpations et les poursuivre devant les tribunaux ordinaires.

Ces principes ont été rappelés dans le paragraphe suivant de la circulaire ministérielle du 16 novembre 1839 :

Procès-verbal des anticipations commises devrait être rédigé par les fonctionnaires ou agents ayant qualité pour verbaliser sur les délits ruraux.

Les procès-verbaux constatant des anticipations sur les chemins ruraux doivent être déférés par les maires, non pas aux conseils de préfecture, qui ne sont compétents que pour les chemins vicinaux, mais bien aux tribunaux de simple police, pour être fait application du paragraphe 11 de l'article 479 du Code pénal, qui condamne à 5 francs d'amende ceux qui auront usurpé sur la largeur des chemins publics.

922. Nous avons rapporté, plus haut, n° 760, plusieurs ordonnances qui ont, en effet, déclaré que les conseils de préfecture ne sont pas compétents pour réprimer les anticipations sur les chemins qui n'ont pas été classés comme vicinaux ; nous nous bornerons à citer ici celle du 13 juin 1845 (*Poylecot-Lebon c. commune de Foëcy*), ainsi conçue.

Vu les lois des 9 ventôse an XIII et 21 mai 1836 ;

Considérant qu'il résulte de l'instruction que le chemin dont il s'agit n'a pas été classé comme chemin vicinal ; que, dès lors, aux termes des lois ci-dessus visées, le conseil de préfecture n'était pas compétent pour réprimer les usurpations qui auraient été commises sur ledit chemin.

Il a été prononcé de même, par l'ordonnance royale du 6 février 1846 (*de Drée c. commune de Saint-Martin-de-Lixy*).

La cour de cassation est, sur ce point, parfaitement d'accord avec le conseil d'État, et elle a prononcé en ce sens par un arrêt (ch. crim.), en date du 20 décembre 1851 (*Carrière*), ainsi conçu :

Vu les articles 3, § 1er, du titre XI de la loi des 16-24 août 1790, 8 de la loi du 9 ventôse an XIII et 11 de la loi du 18 juillet 1837, 471, n° 15, du Code pénal, et 161 du Code d'instruction criminelle ;

Attendu qu'il est constaté par un procès-verbal régulier en date du 4 janvier 1851, et reconnu par le jugement attaqué, que le sieur Carrière a construit un mur de clôture le long du chemin du cimetière, malgré le refus d'autorisation et les avertissements réitérés du maire et de l'agent voyer ;

Attendu que le tribunal de simple police, par le jugement attaqué, après avoir condamné ledit sieur Carrière à 1 franc d'amende pour contravention à l'article 471, n° 15, du Code pénal, s'est déclaré incompétent pour ordonner la démolition du mur en question, par le motif qu'il s'agissait d'une construction faite sur un chemin vicinal, et qu'il appartenait à l'autorité administrative seule de statuer à cet égard ;

Attendu qu'il résulte des pièces et documents produits que ledit chemin appelé autrefois le *chemin de l'Évêque*, n'est point un chemin vicinal ; qu'il n'a point été compris dans le classement des chemins vicinaux de la commune de Béziers arrêté par le préfet de l'Hérault ; que, dès lors, il doit être considéré comme simplement rural ou comme dépendant des faubourgs de Béziers, dont les remparts ont été démolis, par suite de l'ordonnance du 1er août 1821, qui a déclassé la ville de Béziers comme place de guerre ;

Attendu que l'article 8 de la loi du 9 ventôse an XIII, qui charge le conseil de préfecture de faire cesser les usurpations sur les chemins vicinaux, ne peut, en conséquence, recevoir aucune application dans l'espèce ; que ledit chemin est complétement soumis à la surveillance et aux règlements de l'autorité municipale ;

Attendu que le jugement attaqué, après avoir constaté la contravention, devait ordonner la démolition des travaux exécutés, comme réparation du dommage causé à la voie publique, aux termes de l'article 161 du Code d'instruction criminelle ; que le tribunal de simple police, en se déclarant incompétent pour prononcer cette démolition, a expressément violé les dispositions précitées.

SECTION II

Répression.

————

§ 1. *Constatation.*

923. Les anticipations commises sur les chemins ruraux doivent être constatées par les fonctionnaires et agents que nous avons indiqués plus haut, n° 883, comme ayant qualité pour verbaliser des anticipations commises sur les chemins vicinaux.

Il faut en excepter, toutefois, les agents voyers qui, institués par la loi en vue du service des chemins vicinaux, ne peuvent valablement dresser procès-verbal des anticipations commises sur les autres voies publiques.

C'est ce que la cour de cassation a déclaré par un arrêt (ch. crim.), en date du 13 décembre 1843 (*Chalou*), ainsi conçu, sur ce chef :

Attendu que la contravention dont il s'agit ayant été commise sur un chemin *rural*, l'agent voyer de l'arrondissement de Saint-Jean-d'Angély était sans caractère pour la constater, par la raison que la loi du 21 mai 1836 l'a institué uniquement dans l'intérêt de la surveillance des chemins *vicinaux* ; mais que le tribunal de simple police n'en a pas moins statué légalement sur la prévention, puisque le prévenu a fait l'aveu du fait qui la constitue, à l'audience ;

§ 2. *Questions préjudicielles.*

1. — Propriété du sol.

924. Nous avons vu plus haut, n° 772, que lorsqu'un particulier poursuivi devant les tribunaux ordinaires pour avoir anticipé sur un chemin vicinal, se prétend propriétaire du sol, cette prétention ne constitue pas une question préjudicielle devant laquelle les tribunaux doivent s'arrêter.

Il n'en est pas de même lorsqu'il s'agit d'une anticipation sur un chemin rural, et, dans ce cas, la question de propriété constitue une question préjudicielle sur laquelle il doit être statué, avant qu'il puisse être prononcé sur le fait de l'anticipation.

C'est ce que la cour de cassation a rappelé par un arrêt (ch. crim.), en date du 10 juin 1843 (*de Béarn*), ainsi conçu :

Vu l'article 182 du Code forestier ;
Attendu que le comte de Béarn, poursuivi pour avoir supprimé à son profit un chemin rural appartenant à la commune de Sains, a excipé formellement de la propriété de ce chemin ;
Que le tribunal correctionnel d'Amiens devait, dès lors, d'après le principe consacré par l'article 182 du Code forestier, surseoir à statuer sur l'appel interjeté par ledit comte de Béarn, du jugement que le tribunal de simple police du canton de Sains a rendu contre lui, le 30 novembre 1842, jusqu'à ce que cette exception préjudicielle eût été décidée ;
Qu'en infirmant donc la décision du premier juge et en relaxant le défendeur de l'action du ministère public, par le motif que le chemin en question paraît n'être

qu'un chemin de vidange, qu'il aurait lui-même établi sur son propre terrain, ce tribunal a commis une violation expresse tant des règles de la compétence que du susdit article 182.

Il a été prononcé dans le même sens, par un autre arrêt de la cour de cassation, (ch. crim.), en date du 3 avril 1851 (*Brandeault de Saulxures*), ainsi conçu, sur ce chef :

Attendu que le demandeur était poursuivi en simple police pour avoir, en contravention à l'article 479, n° 11, du Code pénal, dégradé le chemin rural non classé, dit du Pré-du-Bois, et anticipé sur sa largeur;

Sur le deuxième moyen, tiré d'une usurpation sur les pouvoirs de la juridiction civile, en ce que le juge correctionnel a passé outre, malgré l'exception préjudicielle de propriété qui était soulevée :

Vu l'article 182 du Code forestier;

Attendu que le prévenu élevait la question de propriété en articulant qu'il était propriétaire du sol; que ses ancêtres en avaient toujours joui; que lui-même y avait fait des travaux sans opposition de la commune, et que ce n'était que par tolérance qu'il y avait laissé passer les habitants depuis quatre à cinq ans;

Que le tribunal correctionnel eût dû statuer sur cet incident dans la forme tracée par l'article 182 du Code forestier, en examinant d'abord si les actes de propriété ou de possession articulés étaient suffisamment précisés, puis, si, en les supposant prouvés, ils enlèveraient au fait incriminé le caractère de contravention, et, dans le cas de l'affirmative, il eût dû surseoir à statuer sur la poursuite, jusqu'à ce que l'exception de propriété eût été jugée par les tribunaux civils, et fixer un bref délai dans lequel le prévenu devrait saisir les juges compétents;

Qu'en s'abstenant de procéder ainsi, et en statuant immédiatement au fond sur la contravention, le tribunal a violé ledit article 182.

925. On comprend facilement la cause de cette différence dans la marche de la procédure.

Lorsqu'il s'agit d'un chemin vicinal, en effet, le seul classement a enlevé la propriété du sol à celui qui le possédait et dont les droits se résolvent en une indemnité. Puisqu'il a cessé d'être propriétaire, il ne peut donc présenter utilement, comme moyen de défense, l'exception de propriété, et les tribunaux ne doivent pas s'arrêter devant cette exception.

Lorsqu'il s'agit d'un chemin rural, au contraire, le classement au tableau ne tranche aucunement la question de propriété. Si donc, un particulier établit qu'il est propriétaire du sol, il est évident qu'il ne peut être condamné comme ayant usurpé ce sol; dès lors, aussi, le tribunal répressif doit surseoir, jusqu'au jugement, au civil, de la question de propriété.

II. — Publicité du chemin.

926. Les particuliers poursuivis pour anticipation sur un chemin rural allèguent quelquefois aussi, comme moyen de défense, que ce chemin n'est pas public; de là, la question de savoir à quelle autorité il appartient de décider sur ce point?

En thèse générale, c'est à l'administration, c'est-à-dire aux préfets, qu'il appartient de déclarer la *publicité* des chemins, même de ceux qui ne sont pas vicinaux; toutefois, le tribunal saisi de la poursuite peut, sans excéder ses pouvoirs, statuer sur la question de publicité.

C'est ce qu'a décidé la cour de cassation par un arrêt (ch. crim.), en date du 3 avril 1851 (*Brandeault de Saulxures*), ainsi conçu, sur ce chef :

Sur le premier moyen, pris d'une prétendue violation des lois des 14-22 décembre 1789, de l'article 2, section 6, titre Ier, de la loi des 28 septembre-6 octobre 1791, de l'article 6 de la loi du 9 ventôse an XIII, et des règles de compétence, en ce que le jugement attaqué aurait usurpé sur les pouvoirs de l'administration, en déclarant public un chemin rural non classé :

Attendu que le demandeur était poursuivi en simple police pour avoir, en contravention à l'article 479, n° 11, du Code pénal, dégradé le chemin rural non classé, dit du *Pré-du-Bois*, et anticipé sur sa largeur ;

Attendu qu'aucune partie ne demandait que le chemin fût déclaré vicinal ; qu'il s'agissait seulement de savoir s'il était public, dans le sens de l'article 479, n° 11, du Code pénal ;

Attendu que ce n'est pas l'acte qui le reconnaît qui crée la publicité d'un chemin ; que celle-ci lui est préexistante ; qu'il résulte de l'état ancien des choses et des lieux, et de la destination à laquelle le terrain a été depuis longtemps consacré ;

Attendu que, s'il appartient exclusivement à l'autorité préfectorale, en vertu des lois des 9 ventôse an XIII, 28 juillet 1824 et 21 mai 1836, de déclarer, dans une forme déterminée, la vicinalité d'un chemin ; s'il résulte même de l'ensemble de la législation que l'administration municipale peut faire rechercher les chemins non vicinaux existants, en dresser des états descriptifs et veiller à leur conservation, ainsi que le prescrit l'instruction du ministre de l'intérieur du 16 novembre 1839, en se fondant sur l'article 5, titre XI, de la loi des 16-24 août 1790, aucune disposition législative ne confère aux maires ou aux préfets le droit exclusif de reconnaître l'existence d'un pareil chemin ;

Attendu que la justice répressive, quand elle est légalement saisie de la poursuite d'un crime, d'un délit ou d'une contravention, devient par cela même, juge des exceptions invoquées en défense, toutes les fois que celles-ci n'ont pas été formellement réservées par la loi à un autre pouvoir ; qu'ainsi, lorsque la publicité d'un chemin sur lequel a été commise l'infraction poursuivie en devient une circonstance constitutive ou aggravante, le juge de l'action a compétence pour statuer sur l'exception de non publicité ;

D'où il suit qu'en conservant, dans la cause, la connaissance de la question de savoir si le chemin du *Pré-du-Bois* était public, le tribunal correctionnel de Langres, jugeant en appel de simple police, s'est conformé aux vrais principes de la matière, et s'est renfermé dans les limites de sa compétence.

Il a été prononcé dans le même sens, par un arrêt de la cour de cassation (ch. crim.), en date du 12 août 1852 (*Beaulieu et autres*).

III. — Prescription de l'anticipation.

927. La prescription est un moyen que font quelquefois valoir, également, les particuliers poursuivis pour anticipation sur un chemin rural, et il importe de reconnaître la valeur de ce moyen.

L'article 10 de la loi du 21 mai 1836 ayant déclaré que les chemins vicinaux sont imprescriptibles, le ministre de l'intérieur en avait conclu que les chemins non reconnus vicinaux ne jouissaient pas du privilége de l'imprescriptibilité, et il avait exprimé cette opinion dans un paragraphe de son instruction du 24 juin 1836 que nous avons rapporté plus haut, n° 921.

La cour de cassation avait, d'abord, paru différer d'opinion avec l'administration sur ce point, et un arrêt (ch. des req.), en date du 3 mars 1846 (*de Kerautem*), admettait l'imprescriptibilité à l'égard des chemins ruraux.

Cet arrêt est ainsi conçu :

Attendu qu'il résulte des faits déclarés constants par le jugement attaqué, que le chemin dont il s'agit a existé de tout temps comme voie publique, sans cesse fréquentée par les habitants pour leurs besoins journaliers, et nécessaire pour la communication de commune à commune ; que, dans de telles conditions, ce chemin a un caractère qui le place hors du commerce et le rend imprescriptible, conformément aux dispositions de l'article 2226 du Code civil ; que la loi du 21 mai 1836 n'a pu porter atteinte au principe consacré par cet article ; que si elle a

déclaré, article 10, que les chemins vicinaux reconnus et maintenus sont imprescriptibles, il ne s'ensuit pas que les chemins non classés, mais non supprimés,
et de la nature de celui dont il s'agit dans la cause, aient perdu le caractère de
chose publique, qu'ils doivent à leur destination et à l'usage qui en est fait; que,
dès lors, l'article 2220 du Code civil reste avec toute son autorité pour les maintenir hors du commerce et en protéger la conservation par le principe de l'imprescriptibilité ;

Attendu que le jugement attaqué constate, en fait, qu'il résulte des titres produits au procès et de l'état des lieux, que les berges ont, de tout temps, fait
partie du chemin ; que, par suite, il a pu décider, comme il l'a fait que les
berges étaient imprescriptibles au même titre que le chemin dont elles font partie;
qu'une telle décision, loin de contrevenir aux textes de loi invoqués, en a fait, au
contraire, une juste application ;

La cour de cassation a eu à examiner de nouveau cette question, et
elle n'a pas maintenu la doctrine qui résultait de cette décision. Un arrêt
(ch. civ.), en date du 13 novembre 1849 (*Bernard c. commune de Fos*), déclare, en effet, que les chemins ruraux sont soumis aux règles du droit
commun, et, par conséquent, prescriptibles. Il est ainsi conçu :

Vu les articles 10, titre III de la loi des 16-24 août 1790, 25, Code de procédure, et 6 de la loi du 25 mai 1838 ;

Attendu, en fait, que le chemin ou *carraire* dont il s'agit dans l'espèce, ne
fait point partie de la grande voirie, et qu'il n'a été ni reconnu ni classé administrativement comme chemin vicinal;

Attendu, en droit, que si les chemins dépendant de la grande voirie et ceux
qui, objet d'une déclaration de *vicinalité*, ont été classés comme vicinaux, ne
sont pas susceptibles d'une propriété privée, et s'il appartient exclusivement à
l'autorité administrative de maintenir le public en jouissance de ces chemins, et
de prononcer sur les questions qui en intéressent le maintien ou l'existence, il en
est autrement des chemins, qui, ne dépendant pas de la grande voirie, n'ont été
ni reconnus ni classés comme *chemins vicinaux ;* que cette seconde catégorie de
chemins comprenant les chemins ruraux, les chemins d'exploitation, les sentiers,
alors même que l'usage en serait public, rentre dans la classe des propriétés
communales ou particulières, soumises aux principes du droit commun, prescriptibles, par conséquent, et peuvent donner lieu à l'action possessoire; que les
questions qui intéressent soit la propriété, soit la possession du sol de ces chemins,
sont dans les attributions de la justice ordinaire ;

D'où il suit que le tribunal civil d'Aix, en confirmant la sentence du juge de
paix du canton d'Istres, du 16 septembre 1847, qui renvoie devant l'autorité administrative la connaissance de la question d'existence ou d'emplacement du
chemin ou *carraire* dont il s'agit dans l'espèce, et surscoit à prononcer sur l'action
en maintenue possessoire du demandeur, a méconnu les règles de sa propre compétence et violé les dispositions ci-dessus visées.

Le dernier arrêt que nous venons de citer pouvait laisser quelques
doutes sur sa portée, attendu qu'il s'applique à l'un de ces chemins
d'une nature toute spéciale, connus dans le midi de la France, sous le
nom de *carraires* et qui constituent plutôt une servitude de passage
qu'un chemin public; mais un nouvel arrêt de la cour de cassation
(ch. civ.), en date du 3 juillet 1850 (*Dumareau c. Chassin*), lève toute incertitude en déclarant que les chemins non classés sont soumis à toutes
les règles du droit commun.

Cet arrêt est ainsi conçu, sur ce chef :

Attendu que sur l'action en réintégrande du demandeur, le juge de paix du canton
de Mézières, par sentence du 25 novembre 1843, a prononcé un sursis de deux
mois, par le motif que le maire de la commune de Saint-Barbant ayant annoncé
s'être pourvu administrativement, il importait de connaître la décision administrative à intervenir sur la nature du chemin litigieux avant de statuer au fond;
. . . .

Attendu, d'autre part, qu'un chemin, fût-il public et communal, reste soumis aux principes du droit commun, à moins qu'il n'ait été reconnu et classé administrativement comme chemin vicinal; qu'il est, dès lors, susceptible d'une possession privée, et que le possesseur, troublé par une voie de fait, peut agir ou par voie de *complainte*, s'il est depuis une année au moins en possession paisible à titre non précaire, ou par voie de *réintégrande*, s'il n'a qu'une possession actuelle et de fait.

Il faut donc reconnaître, d'après ces décisions, qu'en matière d'anticipations sur les chemins ruraux, la prescription peut être opposée par le prévenu, non-seulement en ce qui concerne l'amende, mais encore quant à la restitution du sol.

§ 3. *Pénalité.*

928. Le fait d'anticipation sur un chemin rural rend passible de la peine portée en l'article 479, n° 11, du Code pénal, et non de celle portée en l'article 471, n° 15, du même Code. C'est ce que la cour de cassation a rappelé par un arrêt (ch. crim.), en date du 13 décembre 1843 (*Chatou*), ainsi conçu, sur ce chef:

Vu l'article 10 de la loi du 18 juillet 1837, le n° 1er de l'article 5, titre XI, de celle des 16-24 août 1790, l'article 161 du Code d'instruction criminelle, et l'article 479, n° 11, du Code pénal ;

Attendu qu'il résulte du jugement dénoncé que Jacques Chatou, en curant ou réparant un fossé le long du chemin *rural* en question, a commis, sur la largeur de ce chemin *public*, une usurpation de 40 centimètres;

Que ce fait entraînait contre lui l'application du n° 11 de l'article 479 du Code pénal ;

Qu'en se bornant à le considérer comme une simple infraction des règlements généraux de petite voirie, qui défendent d'entreprendre aucun travail sur ou joignant la voie publique, sans avoir demandé et obtenu l'alignement à suivre, ledit jugement a faussement appliqué l'article 471, n° 15, du même Code, et violé expressément les dispositions ci-dessus visées.

929. Lorsque le fait de l'anticipation est constaté, et qu'il n'est combattu par aucune question préjudicielle, les tribunaux doivent nécessairement prononcer la peine encourue, et ils ne peuvent admettre aucune excuse, ainsi que cela a été déclaré par un arrêt de la cour de cassation (ch. crim.), en date du 15 mai 1845 (*Garcet*), ainsi conçu.

Vu le n° 11 de l'article 479 du Code pénal et l'article 65 du même Code ;

Attendu que le chemin dont il s'agit est public, et qu'il se trouve, dès lors, protégé par la première des dispositions précitées, puisqu'une délibération du conseil municipal de Valence, en date du 31 mars 1840, approuvée par le préfet du département de Seine-et-Marne, le 17 novembre 1842, et portée légalement à la connaissance des habitants, l'a compris parmi les chemins ruraux de cette commune, et a fixé sa largeur à 6 mètres ;

Qu'il est constant que Louis Garcet a commis une anticipation sur ce chemin en labourant le long d'icelui ;

Que le jugement dénoncé l'a néanmoins renvoyé de l'action exercée contre lui à ce sujet, par le motif que ledit chemin n'avait autrefois que 4 mètres de largeur ; et que, d'ailleurs, son frère, Désiré Garcet, poursuivi aussi comme civilement responsable du fait, a promis de s'y conformer à l'avenir, et de remettre en état cette voie publique ;

D'où il suit qu'en prononçant ainsi sur la prévention, ce jugement a créé une excuse qui n'est point établie par la loi, et violé expressément les articles ci-dessus visés.

SECTION III.

Maintien provisoire du passage.

---

930. Lorsque, à l'occasion d'un chemin rural dont le public est en jouissance, une contestation s'élève entre la commune et un propriétaire, soit avant, soit après l'approbation du tableau de classement, l'autorité administrative a-t-elle, comme en matière de chemins vicinaux, le droit de maintenir provisoirement la liberté du passage, et de faire enlever les barrières ou autres obstacles apportés au passage ?

La jurisprudence du conseil d'État a varié sur ce point.

931. Ainsi un décret du 4 juin 1809 (*Chabrié c. commune de Villeneuve*) reconnaissait à l'administration le droit de maintenir provisoirement le passage ; il est ainsi conçu, sur ce chef :

Vu le procès-verbal dressé par le maire de la commune de Villeneuve, le 25 mars 1807, duquel il résulte que les habitants étaient en possession de passer sur ce chemin pour se rendre au moulin de Laroque, et que le sieur Chabrié s'est emparé d'une partie de ce chemin, et y a substitué un autre passage ;

. . . .

Considérant que si le sieur Chabrié se croyait fondé à soutenir que le chemin de Pontons n'était qu'un chemin de tolérance qu'il avait laissé pratiquer sur sa propriété, il ne pouvait se permettre aucun changement avant d'avoir fait décider la contestation.

Il a été prononcé dans le même sens par un décret du 18 août 1811 *Robin c. Hamelin*), ainsi conçu :

Vu la requête du sieur Louis Robin, tendante à ce qu'il nous plaise annuler un arrêté du conseil de préfecture de l'Indre, du 21 septembre 1807, lequel maintient, comme chemin appartenant au public, un passage à travers les prés des Porchons, appartenant à la pupille dudit sieur Robin ; considérant qu'il s'agit de savoir si les prés des Porchons sont ou non grevés d'un droit de passage pour le service des forges et du public ; que le sieur Robin prétend qu'il n'existe sur lesdits prés aucune servitude de cette espèce, fondée en titre ou sur la prescription, et que cette question de servitude est entièrement du ressort des tribunaux ; que, néanmoins, l'autorité administrative pouvait et devait maintenir le passage provisoirement et jusqu'à la décision des tribunaux. — Art. 1er. L'arrêté du conseil de préfecture du département de l'Indre, en date du 21 septembre 1807, est maintenu quant à la jouissance provisoire du droit de passage sur les prés des Porchons.

932. Une ordonnance du 27 mai 1816 (*Lantin c. commune de Bey*) a, au contraire, annulé un arrêté de préfet prononçant le maintien provisoire du passage ; elle est ainsi conçue :

Vu la requête tendante à l'annulation d'un arrêté du préfet du département de Saône-et-Loire, par lequel il a décidé que ledit sieur Lantin ferait combler le fossé qu'il a fait ouvrir à l'entrée d'un chemin en litige entre lui et la commune de Bey ; considérant que le requérant affirme que le chemin susmentionné est établi sur sa propriété, et qu'il ne doit pas cette servitude ; considérant qu'il résulte de cette contestation une question de propriété, qui est du ressort des tribunaux. — Art. 1er. L'arrêté du préfet du département de Saône-et-Loire, du 22 avril 1815, est annulé, et les parties sont renvoyées devant les tribunaux ordinaires.

Une ordonnance du 18 mai 1818 (*Morlé c. Zermicelle*) a statué de même.

933. Depuis, une ordonnance du 18 juillet 1821 (*Peterinck c. commune de Marquillis*) semble être revenue à la doctrine du maintien provisoire du passage ; elle est ainsi conçue :

Vu le rapport de notre garde de sceaux, au sujet du conflit élevé par le préfet du département du Nord, le 5 novembre 1820, à l'occasion d'un jugement du juge de paix du canton de la Bassée, du 12 août précédent, qui autorise le sieur Peterinck à rétablir une porte que l'autorité administrative avait fait enlever, comme interceptant un passage considéré comme public ;

Considérant que, par décision du 24 juillet 1820, le préfet avait maintenu le public en possession du passage contesté, jusqu'à décision des tribunaux sur la question de propriété ;

Que, dans cet état de choses, le juge de paix devait s'abstenir de prononcer sur le possessoire, et renvoyer les parties à se pourvoir contre la décision du préfet, devant l'autorité administrative supérieure, si elles s'y croyaient fondées.

934. La cour de cassation, de son côté, maintient que lorsqu'un particulier, traduit devant un tribunal de simple police pour avoir intercepté un sentier public, prétend que ce sentier est sa propriété, le tribunal doit surseoir à statuer sur les poursuites jusqu'à ce qu'il ait été statué sur la question de propriété ; c'est ce qui résulte d'un arrêt (ch. crim.), en date du 11 octobre 1845 (*de Gauville*), ainsi conçu :

Vu les articles 479, n° 11, du Code pénal et 159 du Code d'instruction criminelle ;

Attendu que le sieur de Gauville, traduit pour avoir commis la contravention réprimée par le n° 11 de l'article 479 du Code pénal ci-dessus visé, en dégradant et interrompant au moyen d'un fossé un sentier public et existant de temps immémorial, avait, par sa défense, engagé une question de propriété qui devait préalablement être jugée par un tribunal civil, puisque, jusque-là, il était incertain si l'interruption dudit sentier pourrait constituer l'infraction poursuivie ;

Attendu que le tribunal de police se fondant sur ce qu'il n'était pas constant que le sentier dont il s'agit, qui n'était point porté sur le tableau des chemins de la commune, fût la propriété de cette dernière, a renvoyé l'inculpé, par le jugement attaqué, de l'action intentée contre lui ;

Qu'en statuant ainsi, le juge de police a prononcé incompétemment et commis un excès de pouvoir.

Il a été prononcé d'une manière analogue par un arrêt (ch. crim.), en date du 19 juin 1846 (*Touchard*).

935. Comme c'est l'autorité judiciaire qui est, en définitive, appelée à prononcer sur les contraventions de cette nature, nous croyons donc qu'il est prudent que l'autorité administrative s'abstienne de toute mesure provisoire qui pourrait être contredite par le jugement à intervenir ; il ne peut résulter de cette abstension un inconvénient bien grave pour les communications, puisqu'il ne s'agit que d'un chemin reconnu trop peu important pour être classé parmi les chemins vicinaux.

CHAPITRE VIII.

DÉGRADATIONS

---

936. Les dégradations commises sur un chemin rural constituent, comme les anticipations, des contraventions dont la répression appartient aux tribunaux ordinaires. Le ministre de l'intérieur l'a rappelé dans sa circulaire du 16 novembre 1839, en ces termes :

Les dégradations commises sur les chemins ruraux, enlèvements de pierres, de terre ou de gazon, tout ce qui tend enfin à nuire à la sûreté et à la commodité du passage, doivent également être constatés par procès-verbaux des mêmes fonction-naires et agents, et poursuivis aussi devant le tribunal de simple police pour l'application des mêmes articles du Code pénal.

937. Les tribunaux ordinaires ne peuvent, pas plus qu'en matière d'anticipations sur ces chemins, se dispenser de prononcer les peines édictées par le Code pénal.

C'est ce qui résulte d'un arrêt de la cour de cassation (ch. crim.), en date du 18 décembre 1846 (*Legeay*), ainsi conçu :

Vu les articles 479, n° 11, du Code pénal, et 154 du Code d'instruction criminelle ;

Attendu que René Legeay est prévenu, suivant le procès-verbal dressé à sa charge par le garde champêtre de Brains, le 18 octobre dernier, d'avoir rendu impraticable le chemin *rural* de cette commune, dit de la Mare, conduisant à la Gautronnière et au Pil, en comblant la douve qui le borde, et par laquelle s'écoule naturellement le ruisseau de la Mare de la Guerche ;

Que ce fait n'a point été débattu par la preuve contraire, conformément à l'article 154 du Code d'instruction criminelle, puisque le tribunal saisi de la contravention y a statué par défaut ;

Que cependant ledit Legeay a été relaxé de la poursuite, sur le motif qu'il ne serait pas formellement exprimé, dans le procès-verbal susdaté, que la dégradation dont il s'agit ait été commise sur un chemin *public* ;

En quoi le jugement dénoncé a expressément violé les articles ci-dessus visés.

938. Pour que les dégradations commises sur un chemin public puissent être réprimées, il n'est pas indispensable que ce chemin ait été inscrit, par l'autorité administrative, au nombre des chemins ruraux de la commune. Le fait que ce chemin est d'usage public suffit pour que les contraventions tendant à en rendre l'usage difficile soient poursuivies.

C'est ce qu'a déclaré la cour de cassation par un arrêt (ch. crim.), en date du 6 décembre 1851 (*Jouet*), ainsi conçu :

Vu les articles 471, n° 4, et 479, n° 11, du Code pénal ;

Attendu que, par deux procès-verbaux, en date des 28 juin et 14 juillet derniers, il était constaté que Louis Jouet avait déposé une masse considérable de terre, qu'il avait même détruit, sur une longueur de plus de six mètres, un chemin longeant l'ancien cimetière et conduisant à l'église de la commune des Loges ;

Attendu que, devant le tribunal de simple police, il était articulé par le ministère public et qu'il n'y a pas été méconnu que ce chemin était à l'usage des habitants de ladite commune des Loges, en sorte que le fait imputé audit Jouet aurait constitué les contraventions prévues par les articles ci-dessus visés ;

Que, pour refuser à ces faits les qualifications qui leur étaient données, le jugement attaqué s'est borné à déclarer que ce chemin n'était compris dans aucun état de classement des chemins vicinaux et qu'il n'était rangé au nombre des *chemins communaux* par aucun acte régulier de l'administration ;

Attendu que le chemin qui est reconnu à l'usage des habitants d'une commune peut avoir le caractère de chemin public ou communal, indépendamment de tout acte de classement, et que les droits qui peuvent résulter, pour les habitants, de l'usage qu'ils ont de ce chemin, ne peuvent être appréciés par la question de propriété qui est hors de la compétence d'un tribunal de simple police ;

Attendu que, dans cet état des faits, le jugement attaqué, en renvoyant le défendeur Jouet de l'action à lui intentée, au lieu de surseoir à statuer à raison de l'exception de propriété opposée par ledit Jouet, a ainsi violé les dispositions du n° 4 de l'article 471 et du n° 11 de l'article 479 du Code pénal, et celles de l'article 182 du Code forestier.

CHAPITRE IX.

PLANTATIONS.

---

939. Le ministre de l'intérieur s'est occupé également, dans la circulaire du 16 novembre 1839, des inconvénients qui peuvent résulter, pour la circulation, de l'existence de plantations et de haies le long des chemins ruraux. Il s'exprime, à cet égard, en ces termes :

Il est un autre genre d'obstacle qui nuit souvent à la liberté du passage sur les chemins ruraux : c'est celui résultant de l'excroissance des haies et des arbres plantés le long de ces chemins, et les maires ont toujours le droit comme le devoir d'y pourvoir, car cela rentre dans la série des mesures que la loi des 16-24 août 1790 les autorise à *prendre pour assurer la sûreté et la commodité du passage sur les voies publiques.* L'autorité administrative doit régler la distance du bord des chemins vicinaux à laquelle les haies et les arbres doivent être plantés, en vertu de la loi du 21 mai 1836, comme l'a expliqué ma circulaire du 10 octobre dernier, n° 77 ; mais, pour les chemins ruraux, il existe des usages et même des règlements de police qui doivent être maintenus : en conséquence, si les racines des plantations faites le long des chemins ruraux anticipent sur le sol de ces chemins de manière à gêner la circulation, ou même à restreindre graduellement la largeur, les maires peuvent et doivent prendre un arrêté pour ordonner le recépage de ces racines. De même, si le branchage des haies ou des arbres, en s'avançant au-dessus des chemins ruraux, fait obstacle au libre passage des voitures, les maires doivent en ordonner l'élagage : le refus d'obtempérer à ces arrêtés serait constaté par procès-verbal, et déféré au tribunal de simple police. Je rappellerai ici qu'il s'agirait d'un arrêté permanent qui serait soumis, pour être exécutoire, aux formes prescrites par l'article 11 de la loi du 18 juillet 1837.

L'autorité administrative ne peut donc, à moins qu'il n'existe d'anciens règlements encore en vigueur, rien prescrire quant à la distance des plantations ni quant à l'espacement des arbres ; maintenir la liberté du passage, là se borne son droit en matière de plantations le long des chemins ruraux.

CHAPITRE X.

ALIGNEMENTS.

---

940. Les propriétaires riverains des chemins ruraux qui veulent faire, le long de ces chemins, des constructions, des plantations, des fossés, une œuvre quelconque, enfin, peuvent-ils être astreints à demander alignement, comme s'il s'agissait de voies publiques d'un autre ordre? Nous le pensons, car il faut que l'autorité publique soit informée, afin de prévenir les anticipations.

Nous pouvons citer, sur ce point, un arrêt de la cour de cassation favorable à l'opinion que nous venons d'émettre : cet arrêt (ch. crim.) en date du 10 juin 1843 (*Descottes Marcy*), ainsi conçu :

Vu les articles 10 et 11 de la loi du 18 juillet 1837, le n° 1er de l'article 3, titre XI, de celle des 16-24 août 1790 ; l'article 40 de l'arrêté du maire de Saint-Pierre-lès-Calais, en date du 28 mars 1839, qui défend de creuser, de relever ou de gazonner aucun fossé le long des rues et des chemins ruraux de cette commune, sans avoir préalablement reçu de lui l'alignement à suivre ; l'article 471, n° 15, du Code pénal ;

Attendu, en droit, que la défense portée par l'arrêté précité l'a été légalement, et qu'elle a pour but de reconnaître et de fixer, dans l'intérêt public, contradictoirement avec les propriétaires riverains, les limites des voies communales qui en sont l'objet, sauf recours, s'il y a lieu, devant l'administration supérieure ;

Et attendu qu'il est constant, dans l'espèce, que les prévenus ont enfreint la disposition dudit article 40, en établissant, avant d'y avoir satisfait, un talus gazonné le long de la rue de l'ancienne route de Gravelines ;

Qu'en refusant donc de considérer ce fait comme une contravention, sur le motif que le chemin dont il s'agit n'est pas limité par des bornes placées en présence des riverains, et que ce talus se trouve à une assez grande distance de la voie sur laquelle on passe à pied ou en voiture, le jugement dénoncé a commis une violation expresse des articles ci-dessus visés.

Il a été prononcé d'une manière plus explicite encore, par un autre arrêt de la cour de cassation (ch. crim.), en date du 21 décembre 1844 (*Carrière*), ainsi conçu, sur ce chef :

Vu l'édit du mois de décembre 1607, le n° 1er de l'article 3, titre XI, de la loi des 16-24 août 1790, les articles 10 et 11 de la loi du 18 juillet 1837 et l'article 1er de l'arrêté du maire de Pamiers, du 12 juin 1843, portant défense de construire des clôtures quelconques le long des chemins vicinaux, des rues, places et *autres voies publiques* de cette commune, sans avoir demandé et obtenu l'alignement à suivre ;

Vu pareillement la lettre remise au greffe dans l'intérêt du défendeur ;

Attendu qu'il résulte d'un procès-verbal régulièrement dressé le 28 mai dernier, que ledit Carrière avait commencé, sans avoir préalablement satisfait à l'arrêté précité, la construction d'un mur en pierres sèches le long du chemin rural et public du Calvaire ;

Que, néanmoins, le jugement dénoncé a refusé de punir cette contravention, sous le prétexte que l'arrêté en question ne concerne que les chemins vicinaux, et ne peut s'appliquer aux chemins ruraux ou communaux ;

Attendu qu'en statuant ainsi sur la poursuite, ce jugement a commis un excès de pouvoir et une violation expresse de l'arrêté dont il s'agit.

941. Il est évident, toutefois, que l'obligation de demander alignement le long des chemins ruraux ne peut être imposée aux propriétaires riverains qu'afin de prévenir les anticipations, et qu'on ne pourrait obliger ces propriétaires à reculer leurs constructions, car, ainsi que nous l'avons vu, n° 914, l'élargissement de ces chemins ne peut être obtenu que dans des formes autres que celles du simple alignement. Encore moins pourrait-on leur défendre de faire, aux constructions existantes, toutes les réparations qu'ils entendent y faire, même celles réputées *confortatives* ; la défense de faire des réparations de cette nature n'a pour objet, en effet, que d'incorporer aux voies publiques le sol nécessaire pour les élargir, et comme nous venons de le dire, cette disposition des règlements de la voirie n'est pas applicable aux chemins ruraux.

CHAPITRE XI.

DES CARRAIRES.

942. Nous terminerons ce que nous avions à dire sur les chemins publics *non déclarés vicinaux*, par quelques mots sur une nature toute spéciale de voies de communication connues seulement dans quelques départements du Midi, et qui peuvent, sous certains rapports, être considérées comme des chemins ruraux ; il s'agit des voies publiques appelées *carraires*, destinées exclusivement au passage des nombreux troupeaux qui, chaque année, se rendent, alternativement, des pâturages de la plaine aux pâturages de la montagne. Ces *carraires* constituent, à vrai dire, des servitudes sur les terres qu'elles traversent, bien plus que des voies publiques proprement dites ; toutefois, comme les usages agricoles de ces contrées exigent impérieusement le maintien des passages affectés à la transhumance des troupeaux, l'administration publique, c'est-à-dire les préfets, est investie du droit de faire rétablir ceux que les propriétaires auraient supprimés, et d'en déterminer la direction et les dimensions. C'est ce qui résulte d'une ordonnance du 26 décembre 1827 (*Bernard c. commune de la Colle*), ainsi conçue :

Vu le règlement concernant les *carraires* destinées au passage des troupeaux, ledit règlement homologué au parlement de Provence, le 21 juillet 1783 ;

Vu les articles 649 et 650 du Code civil sur les servitudes établies par la loi pour l'utilité publique et qui sont régies par des lois et règlements particuliers ;

Considérant que les carraires, pratiquées en Provence pour les passages périodiques des troupeaux, font partie des servitudes établies par la loi pour l'utilité publique ou communale, et qu'elles sont régies par l'arrêt de règlement susvisé, du parlement de Provence, du 21 juillet 1783 ;

Considérant qu'aux termes dudit règlement, c'est à l'administration qu'appartient le droit de rétablir les *carraires* dans tous les lieux où il doit y en avoir, et d'en déterminer la direction et les dimensions ;

Considérant que les décisions de l'administration, en ce qui concerne la reconnaissance des *carraires*, ne préjugent rien sur les questions de propriété, ni sur les indemnités pour cause de servitudes, lesquelles questions sont du ressort des tribunaux ordinaires ;

Considérant que les arrêtés attaqués ont été pris par le préfet du Var, dans les limites de sa compétence et qu'ils auraient dû être déférés par le sieur Bernard au ministre que la matière concerne ;

Art. 1er. La requête du sieur Bernard est rejetée, sauf à lui à se pourvoir devant notre ministre de l'intérieur, contre les arrêtés du préfet du Var, s'il s'y croit fondé.

943. Le conseil d'Etat, saisi récemment d'une affaire de même nature, a décidé que les arrêtés administratifs pris pour maintenir le passage sur ces chemins ne font pas obstacle aux actions relatives, non-seulement à la propriété du sol, mais encore à la possession.

La décision du conseil d'Etat, section du contentieux, en date du 19 janvier 1850 (*Dubourguet*), est ainsi conçue, sur ce chef :

Vu les requêtes sommaire et ampliative présentées par le sieur Saint-Prix d'Audibert Caille Dubourguet, propriétaire, domicilié à Draguignan (Var), lesdites requêtes tendant à ce qu'il plaise au conseil d'État annuler, comme ayant commis un excès de pouvoirs, une décision du ministre de l'intérieur du 19 avril 1845, qui a rejeté le recours formé par le requérant contre un arrêté du préfet du Var, du 9 décembre 1843, et contre deux arrêtés du maire de Fayence, des 21 avril et 4 novembre 1843 ; annuler également lesdits arrêtés et ordonner que les nouveaux fossés creusés par ledit requérant, et dont les arrêtés ont prescrit le comblement, seront maintenus provisoirement, jusqu'à ce que les tribunaux civils aient prononcé sur la question de propriété qui divise les parties ;

Vu 1° l'arrêt de règlement du parlement de Provence, du 21 juillet 1785, concernant les carraires à l'usage des troupeaux ; 2° l'état des chemins, dits *carraires*, de la commune de Fayence, reconnus en vertu de l'arrêté du préfet du Var, du 25 juin 1819 ;

Vu la loi des 16-24 août 1790 ;

Considérant que les arrêtés du maire de Fayence, en date des 21 avril et 4 novembre 1843, et les décisions du préfet du Var et du ministre de l'intérieur qui les ont confirmés, ne sont que des actes d'administration qui ne font point obstacle à ce que le requérant, s'il s'y croit fondé, fasse valoir devant l'autorité judiciaire ses droits, soit *à la possession* ou à la propriété du sol des carraires dont il s'agit, soit aux indemnités ou dommages-intérêts qu'il prétendrait lui être dus à raison de l'atteinte qui aurait été portée à ces mêmes droits ; que, dès lors, lesdits arrêtés et décisions ne sont entachés d'aucun excès de pouvoir.

944. Mais si les préfets ont le droit de déterminer la direction et les dimensions des *carraires* là où il doit en exister, il ne s'ensuit pas que ces voies publiques puissent être considérées comme des chemins vicinaux et que les conseils de préfecture soient compétents pour réprimer les anticipations commises sur le sol de ces passages.

C'est en ce sens qu'il a été prononcé par une ordonnance du 27 avril 1847 (*Bernard*), ainsi conçue :

Vu les lois des 28 pluviôse an VIII, 29 floréal an X, 9 ventôse an XIII ;

Considérant que le chemin ou carraire dont il s'agit ne fait pas partie de la grande voirie et n'a pas été reconnu comme chemin vicinal ; que, dès lors, les empiétements que le sieur Bernard aurait commis sur ledit chemin ne sont pas de ceux dont les lois des 29 floréal an X et 9 ventôse an XIII ont attribué la répression au conseil de préfecture ; d'où il suit qu'en statuant sur le procès-verbal dressé contre le sieur Bernard, le conseil de préfecture a excédé les bornes de sa compétence.

Il a été statué dans les mêmes termes par un arrêté du Gouvernement, rendu en matière contentieuse, le 21 avril 1848 (*De Villeneuve*).

FIN.

APPENDICE

PRÉSENTANT LE TEXTE DES DISPOSITIONS LÉGISLATIVES QUI ONT SUCCES-
SIVEMENT RÉGI OU QUI RÉGISSENT ENCORE LES CHEMINS VICINAUX.

LOI (EXTRAIT DE LA) DU 28 SEPTEMBRE - 6 OCTOBRE 1791.

TITRE 4er. — Section 6.

Art. 2. Les chemins reconnus par le directoire de district pour être
nécessaires à la communication des paroisses seront rendus praticables
et entretenus aux dépens des communautés sur le territoire desquelles
ils sont établis ; il pourra y avoir, à cet effet, une imposition au marc
la livre de la contribution foncière.

Art. 3. Sur la réclamation d'une des communautés ou sur celle des
particuliers, le directoire du département, après avoir pris l'avis de celui
du district, ordonnera l'amélioration d'un mauvais chemin, afin que les
communications ne soient interrompues dans aucune saison, et il en dé-
terminera la largeur.

ARRÊTÉ DU DIRECTOIRE (EXTRAIT DE L') DU 23 MESSIDOR AN V (11 juillet 1797).

Art. 1er. Dans chaque département de la République, l'administration
centrale fera dresser un état général des chemins vicinaux de son arrondissement, de quelque espèce qu'ils puissent être.

Art. 2. D'après cet état, elle constatera l'utilité de chacun des chemins
dont il sera composé.

Art. 3. Elle désignera ceux qui, à raison de leur utilité, doivent
être conservés et prononcera la suppression de ceux reconnus inutiles.

DÉCRET (EXTRAIT DU) DU 4 THERMIDOR AN X (23 juillet 1802).

TITRE II. — Des recettes et des dépenses ordinaires des communes.

Art. 6. Les chemins vicinaux seront à la charge des communes.

Les conseils municipaux émettront leur vœu sur le mode qu'ils jugeront le plus convenable pour parvenir à leur réparation. Ils proposeront,
à cet effet, l'organisation qui leur paraîtrait devoir être préférée pour la
prestation en nature.

Loi (extrait de la) du 9 ventose an XIII (28 février 1805).

Art. 6. L'administration publique fera rechercher et reconnaître les anciennes limites des chemins vicinaux, et fixera, d'après cette reconnaissance, leur largeur, suivant les localités, sans pouvoir cependant, lorsqu'il sera nécessaire de l'augmenter, la porter au delà de six mètres, ni faire aucun changement aux chemins qui excèdent actuellement cette dimension.

Art. 7. A l'avenir, nul ne pourra planter sur le bord des chemins vicinaux, même dans sa propriété, sans leur conserver la largeur qui leur aura été fixée en exécution de l'article précédent.

Art. 8. Les poursuites en contravention aux dispositions de la présente loi seront portées devant les conseils de préfecture, sauf le recours au conseil d'État.

Loi du 28 juillet 1824.

Art. 1er. Les chemins reconnus, par un arrêté du préfet, sur une délibération du conseil municipal, pour être nécessaires à la communication des communes, sont à la charge de celles sur le territoire desquelles ils sont établis, sauf le cas prévu par l'article 9 ci-après.

Art. 2. Lorsque les revenus des communes ne suffisent point aux dépenses ordinaires de ces chemins, il y est pourvu par des prestations en argent ou en nature, au choix des contribuables.

Art 3. Tout habitant, chef de famille ou d'établissement à titre de propriétaire, de régisseur, de fermier ou de colon partiaire, qui est porté sur l'un des rôles des contributions directes, peut être tenu, pour chaque année :

1° A une prestation qui ne peut excéder deux journées de travail ou leur valeur en argent, pour lui et pour chacun de ses fils vivant avec lui, ainsi que pour chacun de ses domestiques mâles, pourvu que les uns et les autres soient valides et âgés de 20 ans accomplis.

2° A fournir deux journées, au plus, de chaque bête de trait ou de somme, de chaque cheval de selle ou d'attelage de luxe, et de chaque charrette en sa possession pour son service ou pour le service dont il est chargé.

Art. 4. En cas d'insuffisance des moyens ci-dessus, il pourra être perçu sur tout contribuable jusqu'à cinq centimes additionnels au principal de ses contributions directes.

Art. 5. Les prestations et les centimes mentionnés dans l'article précédent seront votés par les conseils municipaux qui fixeront également le taux de la conversion des prestations en nature. Les préfets en autoriseront l'imposition ; le recouvrement en sera poursuivi comme pour les contributions directes ; les dégrèvements prononcés sans frais, les comptes rendus comme pour les autres dépenses communales.

Dans le cas prévu par l'article 4, les conseils municipaux devront être assistés des plus imposés, en nombre égal à celui de leurs membres.

Art. 6. Si des travaux indispensables exigent qu'il soit ajouté par des contributions extraordinaires au produit des prestations, il y sera pourvu, conformément aux lois, par des ordonnances royales.

Art 7. Toutes les fois qu'un chemin sera habituellement ou temporairement dégradé par des exploitations de mines, de carrières, de forêts ou de toute autre entreprise industrielle, il pourra y avoir lieu à obliger les entrepreneurs ou propriétaires à des subventions particulières, lesquelles seront, sur la demande des communes, réglées par les conseils de préfecture, d'après des expertises contradictoires.

Art. 8. Les propriétés de l'Etat et de la couronne contribueront aux dépenses des chemins communaux, dans les proportions qui seront réglées par les préfets en conseil de préfecture.

Art. 9. Lorsqu'un même chemin intéresse plusieurs communes, et en cas de discord entre elles sur la proportion de cet intérêt et des charges à supporter, ou en cas de refus de subvenir auxdites charges, le préfet prononce, en conseil de préfecture, sur la délibération des conseils municipaux assistés des plus imposés, ainsi qu'il est dit à l'article 5.

Art. 10. Les acquisitions, aliénations et échanges ayant pour objet les chemins communaux, seront autorisés par arrêtés des préfets en conseil de préfecture, après délibération des conseils municipaux intéressés et après enquête *de commodo et incommodo*, lorsque la valeur des terrains à acquérir, à vendre ou à échanger n'excédera pas trois mille francs.

Seront aussi autorisés par les préfets, dans les mêmes formes, les travaux d'ouverture ou d'élargissement desdits chemins, et l'extraction des matériaux nécessaires à leur établissement, qui pourront donner lieu à des expropriations pour cause d'utilité publique, en vertu de la loi du 8 mars 1810, lorsque l'indemnité due aux propriétaires pour les terrains ou pour les matériaux n'excédera pas la même somme de trois mille francs.

LOI DU 21 MAI 1836.

SECTION 1.— Chemins vicinaux.

Art. 1er. Les chemins vicinaux légalement reconnus sont à la charge des communes, sauf les dispositions de l'article 7 ci-après.

Art. 2. En cas d'insuffisance des ressources ordinaires des communes, il sera pourvu à l'entretien des chemins vicinaux à l'aide, soit de prestations en nature dont le maximum est fixé à trois journées de travail, soit de centimes spéciaux en addition au principal des quatre contributions directes, et dont le maximum est fixé à cinq.

Le conseil municipal pourra voter l'une ou l'autre de ces ressources, ou toutes les deux concurremment.

Le concours des plus imposés ne sera pas nécessaire dans les délibérations prises pour l'exécution du présent article.

Art. 3. Tout habitant, chef de famille ou d'établissement, à titre de propriétaire, de régisseur, de fermier ou de colon partiaire, porté au rôle des contributions directes, pourra être appelé à fournir chaque année une prestation de trois jours :

1o Pour sa personne et pour chaque individu mâle, valide, âgé de dix-huit ans au moins et de soixante ans au plus, membre ou serviteur de la famille et résidant dans la commune ;

2o Pour chacune des charrettes ou voitures attelées, et, en outre, pour chacune des bêtes de somme, de trait, de selle au service de la famille ou de l'établissement dans la commune.

Art. 4. La prestation sera appréciée en argent, conformément à la valeur qui aura été attribuée annuellement pour la commune à chaque espèce de journée, par le conseil général, sur les propositions des conseils d'arrondissement.

La prestation pourra être acquittée en nature ou en argent, au gré du contribuable. Toutes les fois que le contribuable n'aura pas opté dans les délais prescrits, la prestation sera de droit exigible en argent.

La prestation non rachetée en argent pourra être convertie en tâches, d'après les bases et évaluations de travaux préalablement fixées par le conseil municipal.

Art. 5. Si le conseil municipal, mis en demeure, n'a pas voté, dans la session désignée à cet effet, les prestations et centimes nécessaires, ou si la commune n'en a pas fait emploi dans les délais prescrits, le préfet pourra d'office, soit imposer la commune dans les limites du maximum, soit faire exécuter les travaux.

Chaque année, le préfet communiquera au conseil général l'état des impositions établies d'office en vertu du présent article.

Art. 6. Lorsqu'un chemin vicinal intéressera plusieurs communes, le préfet, sur l'avis des conseils municipaux, désignera les communes qui devront concourir à sa construction ou à son entretien, et fixera la proportion dans laquelle chacune d'elles y contribuera.

SECTION II.— Chemins vicinaux de grande communication.

Art. 7. Les chemins vicinaux peuvent, selon leur importance, être déclarés chemins vicinaux de grande communication par le conseil général, sur l'avis des conseils municipaux, des conseils d'arrondissement, et sur la proposition du préfet.

Sur les mêmes avis et proposition, le conseil général détermine la direction de chaque chemin vicinal de grande communication, et désigne les communes qui doivent contribuer à sa construction ou à son entretien.

Le préfet fixe la largeur et les limites du chemin et détermine annuellement la proportion dans laquelle chaque commune doit concourir à l'entretien de la ligne vicinale dont elle dépend; il statue sur les offres faites par les particuliers, associations de particuliers ou de communes.

Art. 8. Les chemins vicinaux de grande communication, et, dans des cas extraordinaires, les autres chemins vicinaux, pourront recevoir des subventions sur les fonds départementaux.

Il sera pourvu à ces subventions au moyen des centimes facultatifs ordinaires du département et de centimes spéciaux votés annuellement par le conseil général.

La distribution des subventions sera faite, en ayant égard aux ressources, aux sacrifices et aux besoins des communes, par le préfet, qui en rendra compte chaque année au conseil général.

Les communes acquitteront la portion des dépenses mises à leur charge au moyen de leurs revenus ordinaires, et, en cas d'insuffisance, au moyen de deux journées de prestation sur les trois journées autorisées par l'article 2, et des deux tiers des centimes votés par le conseil municipal en vertu du même article.

Art. 9. Les chemins vicinaux de grande communication sont placés sous l'autorité du préfet. Les dispositions des articles 4 et 5 de la présente loi leur sont applicables.

DISPOSITIONS GÉNÉRALES.

Art. 10. Les chemins vicinaux reconnus et maintenus comme tels sont imprescriptibles.

Art. 11. Le préfet pourra nommer des agents voyers.

Leur traitement sera fixé par le conseil général.

Ce traitement sera prélevé sur les fonds affectés aux travaux.

Les agents voyers prêteront serment; ils auront le droit de constater les contraventions et délits, et d'en dresser procès-verbaux.

Art. 12. Le maximum des centimes spéciaux qui pourront être votés par les conseils généraux, en vertu de la présente loi, sera déterminé annuellement par la loi de finances.

Art. 13. Les propriétés de l'État, productives de revenus, contribueront aux dépenses des chemins vicinaux dans les mêmes proportions que les propriétés privées, et d'après un rôle spécial dressé par le préfet.

Les propriétés de la couronne contribueront aux mêmes dépenses, conformément à l'article 13 de la loi du 2 mars 1832.

Art. 14. Toutes les fois qu'un chemin vicinal, entretenu à l'état de viabilité par une commune, sera habituellement ou temporairement dégradé par des exploitations de mines, de carrières, de forêts ou de toute entreprise industrielle appartenant à des particuliers, à des établissements publics, à la couronne ou à l'État, il pourra y avoir lieu à imposer aux entrepreneurs ou propriétaires, suivant que l'exploitation ou les transports auront eu lieu pour les uns ou les autres, des subventions spéciales dont la quotité sera proportionnée à la dégradation extraordinaire qui devra être attribuée aux exploitations.

Ces subventions pourront, au choix des subventionnaires, être acquittées en argent ou en prestations en nature, et seront exclusivement affectées à ceux des chemins qui y auront donné lieu.

Elles seront réglées annuellement, sur la demande des communes, par les conseils de préfecture, après des expertises contradictoires, et recouvrées comme en matière de contributions directes.

Les experts seront nommés suivant le mode déterminé par l'article 17 ci-après.

Ces subventions pourront aussi être déterminées par abonnement; elles seront réglées, dans ce cas, par le préfet en conseil de préfecture.

Art. 15. Les arrêtés du préfet portant reconnaissance et fixation de la largeur d'un chemin vicinal attribuent définitivement au chemin le sol compris dans les limites qu'ils déterminent.

Le droit des propriétaires riverains se résout en une indemnité, qui sera réglée à l'amiable ou par le juge de paix du canton, sur le rapport d'experts nommés conformément à l'article 17.

Art. 16. Les travaux d'ouverture et de redressement des chemins vicinaux seront autorisés par arrêté du préfet.

Lorsque, pour l'exécution du présent article, il y aura lieu de recourir à l'expropriation, le jury spécial chargé de régler les indemnités ne sera composé que de quatre jurés. Le tribunal d'arrondissement, en prononçant l'expropriation, désignera, pour présider et diriger le jury, l'un de ses membres ou le juge de paix du canton. Ce magistrat aura voix délibérative en cas de partage.

Le tribunal choisira sur la liste générale, prescrite par l'article 29 de la loi du 7 juillet 1833, quatre personnes pour former le jury spécial, et trois jurés supplémentaires. L'administration et la partie intéressée auront respectivement le droit d'exercer une récusation péremptoire.

Le juge recevra les acquiescements des parties.

Son procès-verbal emportera translation définitive de propriété.

Le recours en cassation, soit contre le jugement qui prononcera l'expropriation, soit contre la déclaration du jury qui réglera l'indemnité, n'aura lieu que dans les cas prévus et selon les formes déterminées par la loi du 7 juillet 1833.

Art. 17. Les extractions de matériaux, les dépôts ou enlèvements de terre, les occupations temporaires de terrains, seront autorisés par arrêté du préfet, lequel désignera les lieux; cet arrêté sera notifié aux parties intéressées au moins dix jours avant que son exécution puisse être commencée.

Si l'indemnité ne peut être fixée à l'amiable, elle sera réglée par le conseil de préfecture, sur le rapport d'experts nommés, l'un par le sous-préfet, et l'autre par le propriétaire.

En cas de discord, le tiers-expert sera nommé par le conseil de préfecture.

Art. 18. L'action en indemnité des propriétaires pour les terrains qui auront servi à la confection des chemins vicinaux, et pour extraction de matériaux, sera prescrite par le laps de deux ans.

Art. 19. En cas de changement de direction ou d'abandon d'un chemin vicinal, en tout ou en partie, les propriétaires riverains de la partie de ce chemin qui cessera de servir de voie de communication pourront faire leur soumission de s'en rendre acquéreurs, et d'en payer la valeur, qui sera fixée par des experts nommés dans la forme déterminée par l'article 17.

Art. 20. Les plans, procès-verbaux, certificats, significations, jugements, contrats, marchés, adjudications de travaux, quittances et autres actes ayant pour objet exclusif la construction, l'entretien et la réparation des chemins vicinaux, seront enregistrés moyennant le droit fixe d'un franc.

Les actions civiles intentées par les communes ou dirigées contre elles, relativement à leurs chemins, seront jugées comme affaires sommaires et urgentes, conformément à l'article 405 du Code de procédure civile.

Art. 21. Dans l'année qui suivra la promulgation de la présente loi, chaque préfet fera, pour en assurer l'exécution, un règlement qui sera communiqué au conseil général, et transmis, avec ses observations, au ministre de l'intérieur, pour être approuvé, s'il y a lieu.

Ce règlement fixera, dans chaque département, le maximum de la largeur des chemins vicinaux; il fixera, en outre, les délais nécessaires à l'exécution de chaque mesure, les époques auxquelles les prestations en nature devront être faites, le mode de leur emploi ou de leur conversion en tâches, et statuera en même temps sur tout ce qui est relatif à la confection des rôles, à la comptabilité, aux adjudications et à leur forme, aux alignements, aux autorisations de construire le long des chemins, à l'écoulement des eaux, aux plantations, à l'élagage, aux fossés, à leur curage et à tous autres détails de surveillance et de conservation.

Art. 22. Toutes les dispositions des lois antérieures demeurent abrogées en ce qu'elles auraient de contraire à la présente loi.

TABLE DES CHAPITRES.

INTRODUCTION.

TITRE I.

DISPOSITIONS RELATIVES AU CLASSEMENT ET AU DÉCLASSEMENT, A L'ÉLARGISSEMENT, A L'OUVERTURE ET AU REDRESSEMENT DES CHEMINS VICINAUX.

TITRE II.

DISPOSITIONS RELATIVES A LA CRÉATION DES RESSOURCES DESTINÉES A LA DÉPENSE DES CHEMINS VICINAUX.

———

TITRE III.

DISPOSITIONS RELATIVES A L'EMPLOI DES RESSOURCES AFFECTÉES
AUX CHEMINS VICINAUX.

TITRE IV.

DISPOSITIONS SPÉCIALES AUX CHEMINS VICINAUX DE GRANDE COMMUNICATION ET A CEUX DE MOYENNE COMMUNICATION.

CHAPITRE I.

TITRE V.

DISPOSITIONS DIVERSES.

CHAPITRE I.

SUPPLÉMENT.

DES CHEMINS RURAUX.

—

APPENDICE.

FIN.

—

TABLE

ALPHABÉTIQUE DES MATIÈRES.

(NOTA. Les chiffres indiquent les numéros des paragraphes).

A.

ABANDON GRATUIT DE TERRAIN. — Est souvent fait verbalement, 140. — Il n'est pas indispensable qu'il soit constaté par écrit pour les faibles parcelles, 141. — Il est mieux qu'il le soit pour les chemins vicinaux de grande communication, 194.

ABONNEMENT.
V. *Subventions industrielles.*

ACQUISITIONS DE TERRAIN. — Etaient, sous la loi de 1824, autorisées par les préfets en conseil de préfecture, jusqu'à concurrence de 3,000 fr., 25. — Aujourd'hui par le préfet seul, et sans limite de valeur, 146, 185. — Et sans enquête, 146. — Sur convention entre le maire et le propriétaire, adoptée par le conseil municipal, 146. — Le préfet ne peut qu'approuver ou rejeter, mais non modifier la convention, 147.

ACTES DE VENTE.
V. *Aliénation du sol des chemins vicinaux.*

ACTION POSSESSOIRE. — Est inadmissible après l'arrêté de classement, 81. — Sauf le cas où elle aurait seulement pour objet d'appuyer une demande en indemnité, 82.

AFFIRMATION.
V. *Contraventions.*

AGENTS VOYERS. — Institués par la loi, 622. — Sont nommés par les préfets, 623. — Après examen de leur aptitude, 624. — Leur hiérarchie, 626. — Leur nombre, 627. — Leur traitement est fixé par le conseil général, 625-626. — Il ne doit jamais consister en remises sur le montant des travaux, 628. — Il est prélevé sur le fonds des travaux, 629. — Il peut être imputé, en partie, sur les ressources communales, 630. — Montant total des traitements, 632. — Costume, 631. — Retraites, 633. — Leurs attributions ne sont pas restreintes aux chemins vicinaux de grande communication, 634. — Ne peuvent rédiger de procès-verbaux que pour les contraventions commises sur les chemins vicinaux, 635. — Doivent prêter serment, 636. — Leur contre-seing opère la franchise, 637. — Ils peuvent être poursuivis sans l'autorisation du conseil d'Etat, 638-641. — Ils ont sous leurs ordres des conducteurs, des piqueurs et des cantonniers, 642, 643. — Leurs procès-verbaux ne sont pas soumis à la règle de l'affirmation, 890. — Ils font foi jusqu'à preuve contraire, 894.

ALIÉNATION DU SOL DES CHEMINS VICINAUX. — Sous la loi de 1824, était autorisée par les préfets en conseil de préfecture, jusqu'à concurrence de 3,000 francs, 25. — Aujourd'hui, sans limite de valeur, 271. — L'arrêté qui autorise l'aliénation peut être attaqué devant le ministre de l'intérieur, 272. — Les propriétaires riverains ont un droit de préférence absolu, en cas d'aliénation, 273. — Mais ils ne pourraient empêcher la commune de conserver le sol, 273. — En cas d'aliénation, les propriétaires riverains doivent être mis en demeure d'user de leur droit de préférence, 274. — Le ministère d'un notaire n'est pas obligatoire, 275. — Le prix des terrains doit être versé à la caisse municipale, et non ap-

B.

Barrières de dégel. — Il peut en être établi sur les chemins vicinaux de grande communication, 876.

Bornage des chemins vicinaux. — Le bornage doit être fait, autant que possible, 123. — Il doit se faire dans la forme administrative, 124. — Les propriétaires riverains doivent être mis en demeure d'y assister, 125, 126. — Le maire est assisté de deux membres du conseil municipal et, autant que possible, d'un agent voyer, 127. — Circonstances qui peuvent résulter du bornage, 128, 129. — Des bornes limitatives ou médiaires sont placées selon les cas, 129, 130, 131. — Il doit être rédigé procès-verbal de l'opération, 132, 133, 134. — Les frais du bornage ne sont pas à la charge des propriétaires riverains, 135. — Après le bornage, il est, autant que possible, dressé un plan du chemin, 136. — Le bornage peut faire reconnaître des anticipations, 137.

C.

Cantonniers.
V. *Agents voyers.*

Cantons. — Leur nombre, 5.

Carraires. — Leur caractère, 942. — L'administration a le droit de les maintenir, 942. — Sans préjudice des droits de propriété ou de possession, 943. — Les conseils de préfecture sont incompétents pour poursuivre les anticipations sur le sol des carraires, 944.

Carrières. — L'administration a le droit d'en prohiber l'ouverture à une certaine distance des chemins vicinaux, 877, 878.

Cendres noires (Carrières de).
V. *Subventions industrielles.*

Centimes spéciaux communaux — Autorisés jusqu'à 5 en 1824, 25. — Votés avec l'assistance des plus imposés, 25. — Rendus exécutoires par le préfet, 25. — Portent aujourd'hui le nom de centimes spéciaux, 294. — Leur vote n'est plus subordonné à celui des journées de prestation, 294, 376. — Sont votés sans l'assistance des plus imposés, 376, 377.

Centimes spéciaux départementaux.
V. *Subventions départementales.*

Centralisation des ressources.
V. *Chemins vicinaux de grande communication; Chemins vicinaux de moyenne communication.*

Chemins ruraux. — Leur caractère, 903. — Formes de leur classement, 904. — Il doit être sursis au classement, en cas d'opposition fondée sur la propriété du sol, 906. — La commune ne pourrait plaider sans autorisation, 907. — Le classement ne peut comprendre que les chemins ruraux dont le public est en jouissance, 908. — L'autorité administrative est compétente pour déclarer la publicité de ces chemins, 908. — Le classement n'opère pas l'expropriation, 911. — L'action possessoire peut être admise nonobstant le classement, 912. — Toutefois, la circulation peut y être provisoirement maintenue, 913, 933. — Ils ne peuvent être élargis que dans les formes du droit commun, 914. — Ceux reconnus inutiles doivent être supprimés, 916. — Sous la réserve des droits de servitude, 917. — Le sol doit alors être aliéné, 918. — Les propriétaires riverains n'ont pas de droit de préférence, 919. — L'entretien n'est pas obligatoire, 920. — Les anticipations doivent être réprimées, 921. — Elles doivent être poursuivies devant les tribunaux de simple police, 921. — Les conseils de préfecture sont incompétents, 922. — Les agents voyers n'ont pas qualité pour constater les anticipations, 923. — Ces chemins ne sont pas imprescriptibles, 927. — Le tribunal doit surseoir devant la question de propriété du sol anticipé, 924. — Il peut statuer sur la question de publicité, 926. — Lorsque le procès-verbal d'anticipation n'est pas combattu par la preuve contraire, le tribunal doit condamner, 929. — La pénalité est celle portée en l'article 479, nº 11, du Code pénal, 928. — La dégradation des chemins ruraux doit être poursuivie devant le tribunal de simple police, 936. — Les tribunaux ne peuvent se dispenser de les réprimer, 937. — Alors même que le chemin ne serait pas compris au tableau de classement, 938. — Les plantations ne peuvent être réglementées, 939. — Mais l'élagage peut être prescrit en vue de la liberté de la circulation, 939. — Les propriétaires riverains ne peuvent élever de constructions qu'après avoir obtenu alignement, 940. — Mais l'administration ne peut les obliger à reculer au delà des limites actuelles du chemin, 941. — Ni leur défendre de faire des réparations, même confortatives, 941.

Chemins vicinaux. — Dénominations successivement adoptées, 56. — Leur division en trois catégories, 37. — Leur caractère, 58. — Leur imprescriptibilité, 59.

Chemins vicinaux de petite communication. — Leur longueur, 55.

Chemins vicinaux de grande communication. — Leur origine, 644. — Leur nombre et leur longueur, 5, 638. — Les *rues* formant le prolongement de ces chemins en font partie intégrante et sont soumises au même régime, 59, 668. — Sans que cela change l'ordre des juridictions en matière de contraventions, 60. — Ils ne cessent pas d'avoir le caractère de chemins vicinaux, 645. — Sont classés par le conseil général, 647. — Sans que les délibérations aient besoin d'approbation, 648. — Les avis des conseils municipaux et des conseils d'arrondissement doivent être pris, 649-651. — A peine de nullité, 652-654. — Les communes intéressées peuvent seules attaquer en nullité la délibération du conseil général, 655. — Le préfet peut s'abstenir de donner exécution à une délibération irrégulière du conseil général, 656. — La proposition du préfet est également indispensable, à peine de nullité, 657. — Le conseil général fixe la direction, après les mêmes avis et propositions, 660, 665. — Le préfet détermine le tracé, 661. — La direction ne peut être modifiée qu'après l'accomplissement des mêmes formalités, 662, 665. — Le préfet détermine la largeur, 667.. — Les terrains à acquérir sont à la charge des communes, 669, 670. — Sauf les cas exceptionnels, 671. — Le déclassement peut avoir lieu dans les mêmes formes que le classement, 672. — Le conseil général désigne les communes intéressées, 673. — Sans s'arrêter à celles qui sont traversées, 673. — La désignation doit être précédée des mêmes formalités que le classement, 675, 676. — Elle doit se faire pour chaque chemin, 674. — Une commune peut ultérieurement être ajoutée à la liste de celles intéressées, 677. — Elle peut aussi être retranchée de la liste, 678. — Le préfet détermine le contingent de chaque commune intéressée, 679. — Il doit le fixer annuellement, 680. — Le conseil général ne peut intervenir dans cette fixation, 681. — Ni le conseil de préfecture, 682. — Le préfet ne peut dépasser, dans la fixation des contingents, le maximum déterminé par la loi, 685. — Cette limite n'est pas applicable aux communes dont les revenus ordinaires suffisent aux dépenses du service vicinal, 685. — Pour opérer la fixation des contingents, il est utile de réunir les maires, 685-687. — Si une commune refusait son contingent, elle pourrait être contrainte à le fournir, 688. — Les arrêtés portant fixation des contingents ne peuvent être attaqués par la voie contentieuse, 689. — Les diverses ressources affectées aux chemins vicinaux de grande communication doivent être centralisées, 708. — Elles sont, à cet effet, rattachées à la comptabilité départementale, 709. — Mais sous la réserve de la spécialité de celles applicables à chaque ligne, 710. — Les travaux se font sous l'autorité des préfets, 711. — Qui déterminent le nombre d'ateliers à ouvrir, 712. — Ils sont dirigés par les agents voyers, 712. — Ils sont précédés de la rédaction de projets et de devis réguliers, 713. — Les prestataires peuvent être requis de travailler hors de leur commune, 714. — Les réquisitions se font par les maires sur les indications des agents voyers, 715. — Les journées peuvent être transformées en fournitures de matériaux, 717. — Elles le sont quelquefois en tâches communales, 717. — L'emploi des ressources en argent se fait comme pour les routes départementales, 718-726. — Dans les contestations relatives aux travaux, c'est le préfet qui agit, 727. — Le compte annuel à rendre par le préfet au conseil général doit embrasser toutes les ressources, 728.

Chemins vicinaux de moyenne communication. — Leurs diverses dénominations, 731. — Ont leur origine dans la loi de 1824, 731. — Sont régis par l'article 6 de celle de 1836 , 731. — Le préfet désigne seul les communes intéressées, 735. — Son arrêté peut être attaqué devant le ministre de l'intérieur, 736.— Mais non devant le conseil d'État, 736. — Le préfet statue seul sur la répartition de la dépense entre les communes, 752. — La fixation des contingents appartient au préfet seul, 757. — Elle peut être faite pour plusieurs années, 757. — Les arrêtés portant fixation des contingents ne peuvent être attaqués que devant le ministre de l'intérieur, 738. — Et non devant le conseil d'État, 738.— Les dépenses sont obligatoires, 733. — Mais dans les limites du maximum fixé par la loi, 733. — Les ressources sont centralisées, 759.

CIRCONSTANCES ATTÉNUANTES.
V. *Contraventions.*

CLASSEMENT DES CHEMINS VICINAUX. — Appartenait aux administrations centrales en 1797, 16.— Synonyme des mots, reconnaissance ou déclaration de vicinalité, 40. — Appartient aux préfets seuls, 41. — A l'exclusion des conseils de préfecture, 41. — Prononcé par décret, lorsqu'il s'agit d'une route abandonnée, 42. — Une délibération préalable du conseil municipal était prescrite par une instruction ministérielle, 44. — Rendue obligatoire par la loi, 43. — Une enquête doit précéder la délibération, 43. — Pour le classement, il faut que le chemin soit nécessaire, 50. — Et qu'il existe en nature de chemin, 51. — Et qu'il soit public, 51, 71. — Les rues ne peuvent pas être classées comme chemins vicinaux, 54. — Il y a exception pour les rues formant le prolongement des chemins vicinaux de grande communication, 59. —Cette exception ne change pas la juridiction en matière de contraventions, 60. — Les opposants au classement doivent être mis en demeure de produire leurs dires, 45. — Ils peuvent être entendus en personne par le conseil municipal, 48. — Leur audition n'est pas obligée, 48. — Le conseil municipal doit apprécier leurs dires, 47. — Le classement peut être prononcé malgré l'opposition fondée sur la propriété du sol, 69. — Sauf le cas où la commune ne pourrait payer la valeur du sol, 70. — L'opposition fondée sur la non-publicité du chemin doit être jugée avant que le classement soit prononcé, 72. — C'est à l'autorité administrative à statuer sur ce moyen, 73, 74. — Après enquête administrative, 75. — Le classement peut être prononcé contrairement à l'avis du conseil municipal, 76, 78. — Ou sur son abstention de délibérer, 79. — Le classement transfère immédiatement à la commune la propriété du sol, 80. — Sous la réserve d'une indemnité, 138. — Il empêche toute action possessoire, 81. — Sauf le cas où cette action a seulement pour objet d'appuyer une demande en indemnité, 82. — Les classements antérieurs à la loi de 1836 produisent les mêmes effets, 83. — Les classements peuvent être attaqués, 84. — Par les communes, 85. — Par les propriétaires du sol, 86. — Non devant le conseil de préfecture, 87. — Non directement devant le conseil d'État, 88. — Mais bien devant le ministre de l'intérieur, 89. — Pas de délai pour le recours, 90, 91. — Le recours n'est pas suspensif, 92. — L'anulation du classement en fait cesser toutes les conséquences, 93, 94, 95. — Le classement peut être refusé par le préfet, 101. — Par quels motifs, 102. — Le refus de classement peut être attaqué devant le ministre de l'intérieur, 103. — L'interprétation des arrêtés de classement appartient aux préfets, 104. — Le classement doit être complété par la fixation de la largeur du chemin, 105.
V. *Largeur des chemins vicinaux.*

COMMISSIONS DE SURVEILLANCE. — Leur organisation, 729.

COMMUNES. — Ne peuvent plaider sans l'autorisation du conseil de préfecture, 63, 907. — Sont responsables des frais faits pour la poursuite des contraventions, 901.

COMPTABILITÉ.
V. *Emploi des ressources; Chemins vicinaux de grande communication.*

CONDUCTEURS.
V. *Agents voyers.*

CONSEILS GÉNÉRAUX DE DÉPARTEMENT.
V. *Prestation en nature; Chemins vicinaux de grande communication.*

CONSEILS MUNICIPAUX.— Votent les ressources.
V. *Allocations sur les revenus ordinaires des communes ; Prestation ; Centimes ordinaires, spéciaux, extraordinaires.*

D.

E.

rement entre le maire et les propriétaires riverains, 119. — Et avec l'assistance d'un agent voyer, 119. — La résistance d'un propriétaire à l'exécution de l'arrêté est un délit, 120. — Les terrains non employés doivent être rétrocédés.— V. *Rétrocession*.

 Emploi des ressources. — Il doit en être délibéré par le conseil municipal, 506. — La portion des ressources affectée aux chemins vicinaux de grande communication doit être laissée en réserve, 507. — L'emploi est préparé par le maire, pour les chemins vicinaux de petite communication, 508.— *Emploi de la prestation.*—V. *Prestation en nature.— Emploi de l'Argent.* — Il doit être passé des adjudications pour les sommes au-dessus de 300 francs, 531.— Les adjudications se font au chef-lieu de l'arrondissement, 532. — Et, par exception, à la commune, 533. — Les régies sont surveillées par le maire, 554. — Les ressources ont une affectation spéciale et exclusive, 556, 557. — Il doit en être rendu compte, 558-560. —Pièces comptables soumises au timbre, 561.

 Emprunts.
 V. *Offres de concours ; Subventions départementales.*

 Encombrements. — N'étant que temporaires, ne constituent pas une anticipation, 795. —Doivent être poursuivis, non devant les conseils de préfecture, mais devant les tribunaux de simple police, 793. — Ne constituent une contravention que s'ils ont été faits sans nécessité, 794, 796. — Ils ne peuvent donc être défendus d'une manière générale, 795. — C'est aux tribunaux seuls qu'il appartient de reconnaître et de déclarer la nécessité, 801. — La nécessité du dépôt doit être mentionnée dans le jugement de renvoi, 800. — Lorsqu'il n'y a pas nécessité, ils doivent être punis, même en cas de simple négligence, 797. — La propriété du sol ne constitue pas une excuse valable, 798. — Non plus que l'enlèvement du dépôt avant le jugement, 799. — Le dépôt de paille et autres matières analogues peut être défendu, même lorsqu'il y avait usage, 802.

 Enlèvement de terre sur les chemins vicinaux. — Peut être prohibé, même lorsqu'il y a usage ancien, 807. — Ne peut être autorisé que par les préfets, 808.

 Enquêtes.
 V. *Classement des chemins vicinaux ; Ouverture et redressement des chemins vicinaux ; Expropriation pour cause d'utilité publique.*

 Enregistrement (Droits d').
 V. *Aliénation du sol des chemins vicinaux ; Expropriation pour cause d'utilité publique.*

 Enregistrement des procès-verbaux.
 V. *Contraventions.*

 Entrepreneurs de travaux publics.
 V. *Subventions industrielles.*

 Entreprises industrielles.
 V. *Subventions industrielles.*

 Entretien des chemins vicinaux. — A la charge de la propriété foncière en 1791, 13. — Et en 1793, 14. — A la charge des communes en 1798, 17, 19. — Et en 1800, 19.
 V. *Dépenses des chemins vicinaux.*

 Établissements industriels.
 V. *Subventions industrielles.*

 Étangs salins.
 V. *Subventions industrielles.*

 États-matrices.
 V. *Prestation en nature.*

 Excavations. — L'administration a le droit d'en prohiber l'ouverture à une certaine distance des chemins vicinaux, 877, 880.

Experts.

V. *Indemnités de terrains en cas de classement ou d'élargissement ; Subventions industrielles ; Occupation temporaire et fouille de terrains.*

Exploitations industrielles.

V. *Subventions industrielles.*

Expropriation pour cause d'utilité publique. — Lorsque les terrains nécessaires à l'ouverture ou au redressement des chemins vicinaux ne peuvent être obtenus gratuitement ou à l'amiable, il faut recourir à l'expropriation, 197. — Il faut alors remplir toutes les formalités prescrites par la loi sur l'expropriation pour cause d'utilité publique, 199. — L'enquête préalable à la déclaration d'utilité publique n'est pas nécessaire lorsqu'il s'agit d'un chemin vicinal de grande communication, 201. — Elle est nécessaire, s'il s'agit d'un chemin vicinal de petite communication, 202. — Formes de l'enquête, 203, 204. — Pour les opérations préparatoires, les agents voyers ont le droit, après mise en demeure des propriétaires, de pénétrer dans les propriétés particulières, 205. — Les dommages causés par les opérations préparatoires donnent droit à indemnité, 206. — Lorsqu'il y a nécessité de pénétrer dans des terrains soumis au régime forestier, il faut remplir les formalités prescrites par le Code forestier, 207. — La déclaration d'utilité publique résulte de l'arrêté du préfet qui autorise les travaux, 208, 209. — Le second arrêté qui désignerait les *localités* ou *territoires* n'est pas toujours nécessaire, 210. — Cas où l'arrêté autorisant les travaux peut être attaqué, 211, 212, 213. — Le recours contre cet arrêté n'a pas d'effet suspensif, 214. — L'accomplissement de ces formalités n'est pas nécessaire intégralement lorsqu'il n'y a pas refus de cession, mais seulement désaccord sur le prix, 216. — Le plan parcellaire doit être déposé à la mairie, 217. — Dans chacune des communes dont le territoire est atteint, 218. — Pour les ouvertures et redressements des chemins vicinaux, il n'y a pas lieu de former de commission, 219, 220. — L'avis du conseil municipal tient lieu de celui de la commission, 220. — Cet avis est indispensable, 221. — Époque à laquelle il doit être donné, 222. — Il n'est pas obligatoire, 223. — Sur le vu des pièces qui précèdent, le préfet prend, en conseil de préfecture, un arrêté indiquant les parcelles qui doivent être cédées, 224. — Cet arrêté ne peut être suppléé par aucun acte antérieur, 225. — Il doit nécessairement être pris *en conseil de préfecture*, 226. — Il peut être annulé par le ministre de l'intérieur, 227. — Cas où il doit être approuvé par le ministre, 228. — Il est limitatif, pour le tribunal, quant au nombre et à l'étendue des parcelles à exproprier, 229. — Il doit, avec toutes les pièces à l'appui, être transmis au procureur impérial du ressort, 231. — Ainsi que la délibération du conseil général, s'il s'agit d'un chemin vicinal de grande communication, 231. — Le désistement de la poursuite en expropriation ne peut être donné que par le fonctionnaire qui a intenté cette poursuite, 232. — Le tribunal a le droit et le devoir d'examiner si toutes les formalités prescrites par la loi ont été accomplies, 233. — Et si la délibération du conseil général a été prise compétemment, 233. — Mais non pas de juger la délibération, quant au fond, ou quant aux formalités inhérentes à cette délibération, 234. — Il doit vérifier si les terrains indiqués par l'arrêté du préfet sont compris dans la direction du chemin vicinal de grande communication fixée par la délibération, 235. — Sans cependant pouvoir critiquer la largeur assignée au chemin par le préfet, 236. — Le jugement d'expropriation doit être publié, affiché et inséré dans les journaux, 237. — Les notifications à faire incombent à l'administration, 238. — Elles peuvent être faites par les agents de l'administration, notamment les porteurs de contraintes, 239. — Le recours en cassation contre le jugement d'expropriation et contre la décision du jury a lieu dans les cas, les formes et les délais déterminés par la loi sur l'expropriation, 240, 247. — La consignation de l'amende n'est pas nécessaire pour l'admission du recours en cassation, 241. — Le tribunal peut charger des fonctions de directeur du jury d'expropriation, soit l'un de ses membres, soit le juge de paix du canton, 243. — Le jury ne peut agir en l'absence de son directeur, 245. — Le nombre des jurés est de quatre, 246. — C'est le préfet qui agit lorsqu'il s'agit d'un chemin vicinal de grande communication ; c'est le maire, lorsqu'il s'agit d'un chemin vicinal de petite communication, 248. — Les actes faits pour l'expropriation sont visés pour timbre et enregistrés gratis, 249. — Il n'est pas nécessaire pour cela que le jugement d'expropriation ait été rendu, 250.

J.

Juge de paix.
V. *Indemnités de terrain en cas de classement ou d'élargissement ; Expropriation pour cause d'utilité publique.*

Jugement d'expropriation.
V. *Expropriation pour cause d'utilité publique.*

Jury d'expropriation.
V. *Expropriation pour cause d'utilité publique.*

L.

Largeur des chemins vicinaux. — **La largeur des chemins vicinaux doit être fixée** pour que le classement soit complet, 105. — C'est au préfet qu'appartient la fixation de la largeur, 106. — Ainsi que la réparation d'une erreur commise dans cette fixation, 107. — La largeur peut être fixée comme l'exigent les besoins de la viabilité, 108. — Outre la largeur du chemin, il peut, s'il y a lieu, être ajouté des fossés ou des talus, 109. — Un maximum général doit être fixé, 110. — Il faut aussi fixer la largeur de chaque chemin ou partie de chemin, 110. — Lorsqu'il y a lieu d'augmenter la largeur d'un chemin, il convient, sauf exception, de prendre également sur les deux rives, 111. — Les arrêtés de préfet fixant la largeur des chemins peuvent être attaqués devant le ministre de l'intérieur, 116. — L'interprétation de ces arrêtés appartient aux préfets, 117. — L'arrêté fixant la largeur attribue le sol au chemin, 118. — Il en est de même pour les fossés et talus, 118. — La largeur des chemins doit être fixée sur le terrain par un bornage.
V. *Bornage.*

M.

Marnières. — L'administration a le droit d'en prohiber l'ouverture à une certaine distance des chemins vicinaux, 877.

Membres de la famille.
V. *Prestation en nature.*

Moulins.
V. *Subventions industrielles.*

Mutations de cotes.
V. *Prestation en nature.*

N.

Notifications.
En matière d'expropriation :
V. *Expropriation pour cause d'utilité publique.*
En matière de subventions industrielles :
V. *Subventions industrielles.*
En matière d'anticipation :
V. *Anticipations.*

O.

Obstacles a la circulation. — Lorsqu'ils sont permanents, ils constituent une usurpation du sol et doivent être poursuivis comme les anticipations, 787. — Le rétablissement de la circulation peut être ordonné provisoirement par les maires et par les préfets, 788. — Les tribunaux ne peuvent apporter obstacle à l'exécution de l'arrêté, 789. — S'il n'est pas obtempéré à l'arrêté administratif, l'infraction doit être déférée au tribunal de simple police, 790. — Si l'obstacle est enlevé sur l'injonction administrative, il n'y a plus lieu de saisir le conseil de préfecture, 791. — L'arrêté ordonnant le rétablissement provisoire de la circulation peut être attaqué devant le ministre, 792. — Mais non devant le conseil d'Etat, 792.

OCCUPATION IRRÉGULIÈRE DE TERRAINS. — Peut donner lieu à des réclamations de diverses natures, 251. — C'est aux tribunaux à prononcer sur l'action possessoire, 252. — Mais sans qu'ils puissent ordonner la destruction des travaux, 252. — C'est à l'administration à régler l'indemnité due pour dommages aux propriétés contiguës, 252. — C'est aux tribunaux à prononcer sur les demandes en dommages-intérêts, 253.

OCCUPATION TEMPORAIRE ET FOUILLE DE TERRAINS. — Sont autorisées par l'article 17 de la loi du 21 mai 1836, 575. — Doivent avoir lieu sur les terrains communaux autant que possible, 577. — Ne peuvent avoir lieu que sur les propriétés privées non closes, 578. — Interprétation des mots *non closes*, 579-582, 584. — Il n'y a pas d'exemption spéciale pour les terrains ensemencés, 585. — C'est dans les devis que doit être faite la désignation des terrains, 585. — Ou, à défaut, par un arrêté postérieur, 585. — Le maire doit intervenir pour obtenir l'occupation sans indemnité, 586. — Et, à défaut de consentement, proposer une indemnité fixe, 587. — En cas de refus absolu, le préfet prend un arrêté, 588. — Qui doit être notifié dix jours avant l'occupation, 588. — Et qui met le propriétaire en demeure de nommer son expert, 588. — Le recours contre l'arrêté est porté devant le conseil de préfecture, 589, 590. — L'état du terrain doit être constaté avant l'occupation, 591. — Si le propriétaire ne nomme pas son expert, le conseil de préfecture le nomme d'office, 592. — Les experts doivent prêter serment à peine de nullité, 595, 603. — L'indemnité n'est pas préalable, 595. — Pour les terrains soumis au régime forestier, les formalités prescrites par les lois et règlements doivent être préalablement accomplies, 594.—Les contestations, lorsque les formalités légales ont été accomplies, sont de la compétence des conseils de préfecture, 596. — Même lorsqu'il s'agit de terrains ensemencés, 597. — La compétence des conseils cesse, si les formalités légales n'ont pas été accomplies, 598. — C'est à l'autorité administrative à prononcer sur la question de savoir si des terrains ont été désignés ou non, 599. — La résistance à l'exécution des arrêtés constitue une contravention de la compétence des tribunaux ordinaires, 600. — Le refus de désigner un terrain ne peut être l'objet d'un recours par la voie contentieuse, 601. — Les indemnités dues doivent être réglées lorsque l'occupation ou les fouilles ont cessé, 602. — Elles peuvent être réglées à l'amiable, 602. — Sinon, elles doivent l'être sur des expertises, 602. — Les experts rédigent procès-verbal de leurs opérations, 604. — Le conseil de préfecture statue sur ce procès-verbal, 604. — Pour l'occupation temporaire, l'indemnité est basée sur la dépréciation du sol, 605. — Pour les extractions de matériaux, la valeur de ceux-ci doit être payée, si la carrière était en exploitation, 607-609. — Et pour les matériaux ramassés par un propriétaire, 610. — Il est dû indemnité pour les dommages accessoires à l'extraction, 612. — Lorsque l'entrepreneur extrait plus de matériaux que ne l'exige son entreprise, la compétence du conseil de préfecture cesse, 613. — La question de prescription de l'indemnité est de la compétence des tribunaux ordinaires, 614.

OFFRES DE CONCOURS.
   — *Des communes :*
Doivent être faites par une délibération régulière, 488. — Peuvent porter sur les revenus ordinaires ou extraordinaires, 489. — Ou être réalisées au moyen d'une imposition extraordinaire, 490. — Ou au moyen de portion des ressources en prestations et centimes spéciaux, 491. — En cas de refus de réalisation, il y a lieu de contraindre la commune comme pour une dépense obligatoire, 492.
   — *Des particuliers :*
Peuvent être faites par lettre missive, si elles sont individuelles, 494. — Doivent être faites par liste de souscription, si elles sont collectives, 494. — Si elles ont en vue un chemin vicinal de petite communication, le conseil municipal doit en délibérer, 495. — Et le maire accepter, sous l'approbation du préfet, 495.— Si elles ont en vue un chemin vicinal de grande communication, le préfet accepte ou refuse directement, 496, 692. Les souscripteurs ne sont liés que par l'acceptation, 497, 498. — Jusque-là, on peut les modifier, 498. — Les condi-

tions des offres acceptées sont obligatoires pour l'autorité, 499. — Lorsqu'il y a
nécessité de poursuivre, il faut procéder par voie administrative, 501, 502. —
Pour les chemins vicinaux de grande communication, c'est le préfet qui agit,
693. — Les offres de prêts sont assimilées aux emprunts, 694, 695.

OPPOSITION AU CLASSEMENT.
V. *Classement.*

OPTION.
V. *Prestation en nature.*

OUVERTURE ET REDRESSEMENT DES CHEMINS VICINAUX. — Les règles sont les
mêmes pour l'ouverture et pour le redressement des chemins vicinaux, 180. —
C'est aux préfets qu'il appartient de l'ordonner, 182. — L'arrêté du préfet constitue la déclaration d'utilité publique, 183. — Les préfets peuvent l'ordonner,
quelle que soit la valeur des terrains à acquérir, 185, 195. — L'ouverture ou
le redressement peut être ordonné d'office, 187. — Dans tous les cas, le conseil
municipal doit être préalablement entendu, 187. — Sans enquête, si les terrains
peuvent être obtenus à l'amiable, 187. — Ou s'il s'agit d'un chemin vicinal de
grande communication, 188. — L'arrêté ordonnant l'ouverture et le redressement n'est pas pris en conseil de préfecture, 187, 188. — Formalités préalables
à remplir dans la zone frontière, 190, 191, 192. — L'abandon gratuit des terrains doit être constaté par écrit, 194. — L'acquisition des terrains peut avoir
lieu à l'amiable, 195. — Il convient que le prix en soit immédiatement payé,
196. — Lorsque les terrains n'ont pu être obtenus gratuitement ou à l'amiable,
il faut recourir à l'expropriation.
V. *Expropriation pour cause d'utilité publique.*

P.

PIQUEURS.
V. *Agents voyers.*

PLAN DES CHEMINS VICINAUX. — Il doit, autant que possible, être dressé un plan
des chemins vicinaux, après le bornage, 136.

PLAN PARCELLAIRE.
V. *Expropriation pour cause d'utilité publique.*

PLANTATIONS LE LONG DES CHEMINS VICINAUX. — Peuvent être réglementées,
824-827. — Ainsi que l'élagage, 828. — Ne peuvent être faites qu'après alignement, 829. — Les plantations d'arbres antérieures aux règlements peuvent être
conservées, mais non renouvelées, 830. — Les communes peuvent planter sur
les terrains communaux qui bordent les chemins vicinaux, mais en observant
les distances, 831. — Les plantations sur le sol des chemins sont absolument
prohibées, 832. — Celles antérieures aux règlements peuvent être conservées,
si l'intérêt de la viabilité le permet, mais non renouvelées, 832. — Les contestations relatives à la propriété des arbres sont de la compétence des tribunaux
civils, 833. — La plantation d'arbres ne peut être rendue obligatoire, 834. —
La plantation des haies peut également être réglementée, 835. — Ainsi que l'élagage, la tonte des haies et le récépage des racines, 836, 837. — Les plantations
faites sur le sol des chemins vicinaux constituent une anticipation et doivent être
poursuivies devant le conseil de préfecture, 838. — Les autres contraventions
aux règlements sont de la compétence des tribunaux de simple police, 839.

PLUS-VALUE. — Le principe de la plus-value prévue par l'article 51 de la loi du
3 mai 1841 est applicable aux expropriations faites pour le service vicinal, 234.
— Même en cas de simple élargissement, 161. — Mais elle ne doit pas absorber
l'indemnité due, 162. — Le principe de la plus-value prévue par l'article 30 de
la loi du 16 septembre 1807 est applicable aux travaux d'ouverture ou de redressement des chemins vicinaux, 257, 258. — Mais l'application n'en a pas encore
été faite, 258.

POURSUITES.
V. *Prestation en nature.*

POURVOI CONTRE LES DÉCISIONS DES CONSEILS DE PRÉFECTURE.
V. *Anticipations; Prestation en nature; Subventions industrielles.*

Pourvoi contre les décisions ministérielles. — En matière de classement de chemins vicinaux, était considéré comme admissible, 97, 99. — N'est plus admis, 100.

Prélèvements d'office sur les revenus des communes. — Peuvent avoir lieu comme pour les autres dépenses obligatoires et dans les mêmes formes, 396, 397, 399. — Ne peuvent porter que sur les revenus ordinaires, 398.

Prescription.

V. *Anticipations ; Contraventions ; Indemnités de terrain en cas de classement ou d'élargissement ; Occupation temporaire et fouille de terrains ; Prestation en nature ; Subventions industrielles.*

Prestataires.

V. *Prestation en nature.*

Prestation en nature. — Sa réglementation en 1802, 19. — En 1805, 21. — En 1818, 25. — En 1824, 25. — Ne doit plus nécessairement être votée avant les centimes spéciaux, 294. — Est votée sans le concours des plus imposés, 311. — Ne peut être remplacée par une imposition extraordinaire. 298. — Ne peut être votée au delà du maximum de trois journées, 299, 311.—Bases de l'assiette de l'impôt, 304.—Il doit être rédigé des états-matrices, 305.— La rédaction en est faite par les contrôleurs des contributions directes, 306.—Le taux de la conversion en argent est fixé, chaque année, par les conseils généraux de département, 308. — Les tarifs de conversion doivent présenter le moins de dissemblances possible, 309. — Importance de la juste fixation du taux de conversion en argent, 310. — Les journées sont votées par nombres entiers, 312. — Le vote doit porter sur l'ensemble des bases de l'impôt, 313. — Les rôles sont rédigés par les directeurs des contributions directes, 314. — Des avertissements sont, en même temps, rédigés pour chaque contribuable, 315. — La publication des rôles doit avoir lieu dans les premiers jours de novembre, 316. — Les rôles sont généralement rédigés par ordre alphabétique, 317.—Ils peuvent l'être par ordre topographique, 317. — Remises allouées aux directeurs, contrôleurs et percepteurs, 518. — Conditions qui rendent imposable personnellement, 519-524, 552. — Ou comme membre ou serviteur de la famille, 525-551. — Exemptions, 554-557. — Conditions qui permettent d'imposer les journées d'animaux et de voitures, 558-541. — Exceptions, 545-552. — Interprétation des mots, charrettes attelées, 542, 545. — On ne peut contraindre à transformer les journées, 544. — L'option doit être déclarée dans le mois de la publication du rôle, 555. — La déclaration est reçue et enregistrée par le maire, 555. — Un bordereau des options est envoyé au maire et au préfet, 556. — Les dégrèvements ne peuvent être demandés que par les intéressés ou un fondé de pouvoirs, 557. — Les demandes peuvent être formulées sur papier libre, 559. — Elles n'ont pas d'effet suspensif, 571. — Elles doivent être présentées dans le délai de trois mois, à partir de l'ouverture de l'exercice, 560, 561. — Lorsque l'avis du directeur est contraire, il doit être communiqué au réclamant, 562. — Les conseils de préfecture ne peuvent réformer leurs arrêtés rendus contradictoirement, 563. — Ni accorder plus qu'il n'est demandé, 564. — Ni prononcer des mutations de cotes, 565. — Les pourvois ne peuvent être formés que par les intéressés ou par un fondé de pouvoirs, 566.—Une commune peut se pourvoir contre un dégrèvement, 567. — Les pourvois sont déposés à la préfecture, 568. — Ils doivent l'être dans les trois mois de la notification de la décision du conseil de préfecture, 569. — Sont formés sans le ministère d'avocat au conseil, 570. — Les cotes exigibles en argent sont recouvrées comme en matière de contributions directes, 572. — Il doit en être référé au préfet pour les poursuites après la garnison collective, 573.—Les cotes exigibles en argent se prescrivent par trois ans, 574. — Les oppositions aux poursuites doivent être portées devant le conseil de préfecture, 575. — Le préfet détermine les époques des travaux de prestation, 511. — Les journées doivent être employées au plus tard dans le cours de l'exercice, 512. — Les prestataires doivent travailler aux époques fixées, 513. — Ils sont convoqués par le maire, 514. — Le maire peut accorder un ajournement, 515. — Il faut proportionner le nombre des prestataires à l'étendue des ateliers, 516, 517. — Et éviter de les envoyer trop loin de leur domicile, 518, 519. — On peut les faire travailler hors du territoire de leur commune, 520, 714. — Ils doivent être munis d'outils de travail, 521. — La commune fournit ceux que les prestataires ne possèdent pas, 522. — Les animaux doivent être

R.

s.

Serment.
> V. *Agents voyers ; Indemnités de terrain en cas de classement ou d'élar-gissement ; Occupation temporaire et fouille de terrains ; Subventions in-dustrielles.*

Serviteurs de la famille.
> V. *Prestation en nature.*

Servitudes.
> V. *Suppression de chemins.*

Souscriptions volontaires.
> V. *Offres de concours.*

Spécialité des ressources.
> V. *Emploi des ressources ; Chemins vicinaux de grande communication ; Subventions industrielles.*

Subventions départementales. — Peuvent être accordées, soit sur le produit des centimes facultatifs, soit sur celui des centimes spéciaux, 504. — Sont affectées principalement aux chemins vicinaux de grande communication, 504. — Peuvent, dans des cas extraordinaires, être accordées à des chemins vicinaux de petite communication, 505. — Ne sont jamais qu'un secours, 697. — Sont imputées, s'il est possible, sur les centimes facultatifs, 699. — Ou sur des centimes spéciaux, 699, 700. — Votés dans les limites d'un maximum annuellement fixé, 700. — Et encore sur des centimes extraordinaires autorisés par des lois spéciales, 702. — Et même sur des emprunts autorisés dans la même forme, 703. — C'est le préfet qui répartit les subventions entre les différentes lignes, 704. — Eu égard aux ressources, aux sacrifices et aux besoins des communes, 705. — Sans qu'il soit tenu d'en accorder à toutes les lignes, 706.

Subventions industrielles. — Établies par la loi de 1824, 25. — Maintenues par celle de 1836, 411. — Elles sont la représentation des dégradations extra-ordinaires causées aux chemins vicinaux par certaines exploitations, 411. — Peuvent être exigées, sans égard à la situation financière des communes, 412. — Et d'établissements situés hors de la commune dont les chemins sont dégradés, 413. — Les forêts de l'Etat donnent lieu à des subventions, 417. — Même exploitées en charbonnage, 418. — Ainsi que les bois des communes, 419. — Les exploitations purement agricoles ne sont pas imposables, 420 — Non plus que celles qui en sont simplement une annexe, 420. — Un moulin est imposable, s'il forme une entreprise industrielle, 420. — Il en est de même du transport des grains pour le commerce, 421. — Et des fabriques de sucre de betterave, 422, 423. — Et des étangs salins, 424. — Et des carrières de cendres noires, 425. — Et des entreprises de travaux publics, 426. — Le maire a seul qualité pour former les demandes en vue des chemins vicinaux de petite communication, 427. — C'est le préfet pour les chemins vicinaux de grande communication, 428. — Le *redevable* est celui pour le compte duquel se fait l'exploitation, 430. — Mais pour les exploitations passagères, c'est le propriétaire du sol, 431. — Les demandes doivent être formées, au plus tard, dans l'année qui suit celle où l'exploitation a eu lieu, 432. — Il faut que le chemin dégradé soit vicinal, 433. — Il n'importe pas qu'il soit de petite ou de grande communication, 434. — Il faut qu'il ait été entretenu à l'état de viabilité, 435. — Il n'est cependant pas nécessaire que l'état de viabilité soit constaté contradictoirement, 435, 436. — Il faut que les dégradations soient extraordinaires, 437. — Il importe peu, dans ce cas, qu'elles soient temporaires ou habituelles, 438. — Les travaux d'entretien ou de réparation, et non ceux de construction d'un chemin donnent ouverture aux demandes de subventions, 439. — Il en est de même de la réparation d'un pont, 440. — Et de sa reconstruction, 441. — Le règlement des subventions est de la compétence exclusive des conseils de préfecture, 442. — Doit être fait sur des expertises contradictoires, 443. — L'expert de l'administration ne peut procéder seul, 444. — Le propriétaire ou l'exploitant ne peut agir au lieu et place de son expert, 445. — Les expertises ne lient pas les conseils de préfec-

T.

U.

Z.

FIN.

Paris, Paul Dupont,
Rue de Grenelle-Saint-Honoré, 45.